中国石油天然气集团有限公司统编培训教材

中国石油控参股公司
股东代表、董事、监事履职实务

《中国石油控参股公司股东代表、董事、监事履职实务》编委会 | 编

上 册

石油工业出版社

内 容 提 要

本书系统地介绍了公司及公司治理等相关理论知识，结合国内外大型企业集团管控模式，阐述了股东、股东代表、董事、监事履职实务以及股东（大）会、董事会、监事会的建设与运作。同时，为提高外派股东代表、董事、监事的履职能力，本书列举了国内外大公司的公司治理相关案例，阐述了董事、监事业务管理信息化、公司治理及股权管理的相关术语，提供了工作模板及范本。本书还包括董事、监事履职常见问题解答，专职董事、监事任职资格考试样题及题库，公司治理常用网址及微信公众号等实操知识。本书可作为股东代表、董事、监事、董事会秘书、高管、董事会、监事会工作人员以及股权管理人员的培训教材。

图书在版编目（CIP）数据

中国石油控参股公司股东代表、董事、监事履职实务 /
《中国石油控参股公司股东代表、董事、监事履职实务》
编委会编 . —北京：石油工业出版社，2021.6
中国石油天然气集团有限公司统编培训教材
ISBN 978-7-5183-4623-3

Ⅰ. ①中… Ⅱ. ①中… Ⅲ. ①石油工业－股份有限公司－工业企业管理－中国－技术培训－教材 Ⅳ. ① F426.22

中国版本图书馆 CIP 数据核字（2021）第 085696 号

出版发行：石油工业出版社
　　　　　（北京安定门外安华里 2 区 1 号　100011）
　　　　　网　　址：www.petropub.com
　　　　　编辑部：(010) 64252978　图书营销中心：(010) 64523633
经　　销：全国新华书店
印　　刷：北京晨旭印刷厂

2021 年 6 月第 1 版　2021 年 6 月第 1 次印刷
710×1000 毫米　开本：1/16　印张：52.5
字数：920 千字

定价：180.00 元（上、下册）
（如出现印装质量问题，我社图书营销中心负责调换）
版权所有，翻印必究

《中国石油天然气集团有限公司统编培训教材》编审委员会

主任委员：刘志华

副主任委员：张卫国　黄　革

委　　员：范　宁　张品先　翁兴波　王　跃
　　　　　马晓峰　闫宝东　杨大新　吴苏江
　　　　　张建军　刘顺春　梅长江　于开敏
　　　　　张书文　雷　平　郑新权　邢颖春
　　　　　张　宏　梁　鹏　王立昕　李国顺
　　　　　杨时榜　张　镇

《中国石油控参股公司股东代表、董事、监事履职实务》编委会

主　　任：蔡　勇　　卢耀忠

副 主 任：饶瑞久　刘　强　刘雅伟　马晓峰
　　　　　陆德喜　周远鸿

委　　员：施杰炎　冯保国　曲海潮　杨会杰
　　　　　丁　泉　戚振忠　夏　颖　李书江
　　　　　孙　森　岳松伟　杨惠明　袁振江
　　　　　杨晓红　张　旭　马保华　杜玉涛
　　　　　陈　忠　乔　宁　吴立群　刘立旺
　　　　　顾　翀　路云鹏　左建威　胡晓云
　　　　　李树芳　李　丽　朱吉好　贾永昌
　　　　　晁建东　李　致　刘　岩　程小舟
　　　　　张　荻

《中国石油控参股公司股东代表、董事、监事履职实务》编审人员

主　　编：丁　泉

副 主 编：于建忠　戚振忠　夏　颖　朱嘉红
　　　　　朱国武　姚　龙　高文全　王　华
　　　　　李恒根　吴　昊　石宝峰　任柏明

编写人员：孙东彬　黄　迈　徐　军　张　倩
　　　　　聂　春　席巍巍　李昱东　王　晶
　　　　　刘全才　张舒婷　汪　平　徐海涛
　　　　　贾　琰　李玉明　乔　凯　张广智
　　　　　赵大鹏　金　晶　凌　雁　何　涛
　　　　　王　婧　边　莉　许　萍　付　荣
　　　　　卢　洋　王海锋　李　敏　叶菲菲
　　　　　张　楠　王　震　徐　航　徐　春
　　　　　肖浩星　侯永新　谢　勇　王云锋
　　　　　张　坤　李建卫　王广忠　张　震

张　安	白小众	王立群	李冬鹏
武晓春	许志红	李　波	褚彦吉
陈建军	马　恒	张礼安	赖世林
邹晓锋	曲　博	周雯雯	陈　奥
刘晓峥	王治清	程潇实	郝　菁
谷文渊	林敬东	杜维丰	于宝东
朱德操	刘　亮	夏宝权	刘　磊
雷尚林	李子诚	刘一心	周　黎
张玉良	朱保强	李　涤	向　婧
吴　名	崔　潇	王尊友	李孔军
陈　明	张　耀	李长展	沈向军
罗晓东	鹿　伟	陈卫广	谢晓庆
汤　旸	袁　野	余　楠	郑志斌
秦延平	佟魁杰	唐道彬	陈佳佳
刘晓军	李文涛	张　尧	徐贝妮
李佳宜	张　为	马力行	姜　鹏
祝亚男	孙　悦	王石龙	谢冬
何婷婷	王　予	周宝明	张　辉
琴苏楠	王伟生	柳　靖	李昆容

审定人员： 武立东　姜　涛

序

企业发展靠人才，人才发展靠培训。当前，中国石油天然气集团有限公司（以下简称"集团公司"）正处在加快转变增长方式、调整产业结构、全面建设综合性国际能源公司的关键时期。做好"发展""转变""和谐"三件大事，更深更广参与全球竞争，实现全面协调可持续发展，特别是海外油气作业产量"半壁江山"的目标，人才是根本。培训工作作为影响集团公司人才发展水平和实力的重要因素，肩负着艰巨而繁重的战略任务和历史使命，面临着前所未有的发展机遇。健全和完善员工培训教材体系，加强培训基础建设，是推进培训战略性和国际化转型升级的重要举措，也是提升公司人力资源开发整体能力的一项重要基础工作。

集团公司始终高度重视培训教材开发等人力资源开发基础建设工作，明确提出要"由专家制定大纲、按大纲选编教材、按教材开展培训"的目标和要求。2009年以来，由人力资源部牵头，各部门和专业分公司参与，在分析优化公司现有部分专业培训教材、职业资格培训教材和培训课件的基础上，经反复研究论证，形成了比较系统、科学的教材编审目录、方案和编写计划，全面启动了《中国石油天然气集团有限公司统编培训教材》（以下简称"统编培训教材"）的开发和编审工作。"统编培训教材"以国内外知名专家学者、集团公司两级专家、现场管理技术骨干等力量为主体，充分发挥地区公司、研究院所、培训机构的作用，瞄准世界前沿和集团公司技术发展的最新进展，突出现场应用和实际操作，精心组织编写，由集团公司"统编培训教材"编审委员会审定，集团公司统一出版和发行。

根据集团公司员工队伍专业构成及业务布局，"统编培训教材"按"综合管理类、专业技术类、操作技能类、国际业务类"四类组织编写。综合管理类侧重中高级综合管理岗位员工的培训，具有石油石化管理特色的教材，以自编方式为主，行业适用或社会通用教材，可从社会选购，作为指定培训教材；专业技术类侧重中高级专业技术岗位员工的培训，是教材编审的主体，按照《专业培训教材开发目录及编审规划》逐套编审，循序推进，计划编审300余门；操作技能类以国家制定的操作工种技能鉴定培训教材为基础，侧重主体专业（主要工种）骨干岗位的培训；国际业务类侧重海外项目中外员工的培训。

"统编培训教材"具有以下特点：

一是前瞻性。教材充分吸收各业务领域当前及今后一个时期世界前沿理论、先进技术和领先标准，以及集团公司技术发展的最新进展，并将其转化为员工培训的知识和技能要求，具有较强的前瞻性。

二是系统性。教材由"统编培训教材"编审委员会统一编制开发规划，统一确定专业目录，统一组织编写与审定，避免内容交叉重叠，具有较强的系统性、规范性和科学性。

三是实用性。教材内容侧重现场应用和实际操作，既有应用理论，又有实际案例和操作规程要求，具有较高的实用价值。

四是权威性。由集团公司总部组织各个领域的技术和管理权威，集中编写教材，体现了教材的权威性。

五是专业性。不仅教材的组织按照业务领域，根据专业目录进行开发，且教材的内容更加注重专业特色，强调各业务领域自身发展的特色技术、特色经验和做法，也是对公司各业务领域知识和经验的一次集中梳理，符合知识管理的要求和方向。

经过多方共同努力，集团公司"统编培训教材"已按计划陆续编审出版，与各企事业单位和广大员工见面了，将成为集团公司统一组织开发和编审的中高级管理、技术、技能骨干人员培训的基本教材。"统编培训教材"的出版发行，对于完善建立起与综合性国际能源公司形象和任务相适应的系列培训教材，推进集团公司培训的标准化、国际化建设，具有划时代意义。希望各企事业单位和广大石油员工用好、用活本套教材，为持续推进人才培训工程，激发员工创新活力和创造智慧，加快建设综合性国际能源公司发挥更大作用。

《中国石油天然气集团有限公司统编培训教材》
编审委员会

前 言

为适应中国石油天然气集团有限公司战略发展需要，规范控参股公司外派股东代表、董事、监事及控参股公司的股权管理工作，完善股权管理从业人员业务培训体系，持续提升集团公司股权管理水平，由集团公司财务部牵头组织，编写了这本《中国石油控参股公司股东代表、董事、监事履职实务》。

全书共七部分：第一章公司及公司法，第二章公司治理，第三章国内外大型企业集团管控模式，第四章股东、股东代表与股东（大）会，第五章董事、董事会的建设与运作，第六章监事、监事会的建设与运作，第七章中国石油专职董监事制度的探索与实践，附录1公司治理相关案例，附录2董监事业务管理信息化，附录3公司治理及股权管理相关词条，附录4工作范本及模板，附录5履职常见问题解答，附录6专职董监事任职资格考试样题及题库，附录7公司治理常用网址及微信公众号。

本书第一章由张广智、金晶、李玉明、徐海涛、赖世林、凌雁、付荣、徐航、汤旸、陈奥、郝菁、周雯雯、谢勇、张坤、张宽、刘亮等编写，第二章由张倩、乔凯、张舒婷、刘全才、汪平、何涛、黄迈、张坤、向婧、边莉、徐航、王立群、李敏编写，第三章由张倩、王海锋、王晶、周黎、乔凯、李敏、张楠、王震、王尊友、张舒婷、李建卫、徐海涛、何涛、武晓春编写，第四章由徐军、赵大鹏、徐海涛、张震、徐春、周黎、侯永新、肖浩星、叶菲菲、刘晓峥、李子诚、卢洋、李孔军、许志红、杜维丰、汤旸、周雯雯、余楠、郑志斌、秦延平、唐道彬编写，第五章由李昱东、王婧、贾琰、王震、张礼安、谢勇、许萍、曲博、邹晓锋、王石龙、孙东彬、李致、吴名、刘晓峥、李子诚、陈明、沈向军等编写，第六章由席巍巍、侯永新、佟魁杰、周黎、肖浩星、崔潇、杜维丰、李冬鹏、李波、褚彦吉、程潇实、陈建军、谷文渊、林敬东编写，第七章由聂春、王海锋、边莉、贾琰、雷尚林、谢晓庆、袁野、陈佳佳、周宝明编写；附录1由曲博、白小众、李波、褚彦吉、谷文渊、林敬东编写，附录2由汪平、罗晓东、鹿伟、陈卫广、李长展、汤旸、周雯雯、余楠、郑志斌、秦延平、刘晓军、李文涛、张尧、徐贝妮、李佳宜、姜鹏、祝亚男等编写，附录 3 由孙东彬、张耀、夏宝权、马恒、朱德操、王云峰、张玉良、朱保强、马力行、张为等编写，附录 4 由孙东彬、肖浩星、李冬鹏、李波、褚彦吉、王治清、谢冬、雷尚林、夏宝权、吴名等编写，附录 5 由王云峰、王治清、凌雁、陈建军、张耀、夏宝权、刘一心、马恒、朱德操、朱保强、李涤、孙东彬编写，附录 6、附录 7 由凌雁、刘磊、张耀、夏宝权、李子诚、马恒、王云峰、张玉良、刘晓峥、卢洋、李孔军、何婷婷、王予、张辉、琴苏楠、王伟生、柳靖、孙悦、李昆容编写。

  在本书编写中，昆仑能源、西南油气田、辽河油田、大庆油田、中油资本、专属保险公司、上海销售、长庆油田、山东销售、北京销售、福建销售、青海销售、东方物探、华油集团、中意人寿、昆仑信托、昆仑金融租赁、重庆销售、天津销售、北京石油管理干部学院、广州培训中心、管道局工程有限公司、锦州输油气分公司、中油技开、管研院等单位给予大力支持和协作，对教材初稿提出了修改意见和建议。中国社会科学院鲁桐教授、仲继银教授对本书的写作提纲进行了评审，南开大学中国公司治理研究院副院长武立东教授、内蒙古大学经济管理学院姜涛教授对书稿进行了评审。此外，本书参考了近年来原资本运营部有关软课题研究成果以及大量文献资料，已在本书参考文献中刊列，但仍有部分文献资料遗漏，恕未能一一列举。

  在此，一并致以衷心感谢！

编者
2020 年 12 月 30 日

目 录

上册

第一章　公司及公司法 （1）
　第一节　企业组织及公司 （1）
　第二节　公司法概述 （30）
　第一章小结 （45）
第二章　公司治理 （47）
　第一节　公司治理的概念 （47）
　第二节　公司治理理论的产生及发展 （60）
　第三节　公司治理理论基础 （66）
　第四节　公司治理机制 （88）
　第五节　公司治理博弈 （104）
　第六节　公司治理模式 （113）
　第七节　公司治理评价 （119）
　第二章小结 （145）
第三章　国内外大型企业集团管控模式 （150）
　第一节　国外企业集团的管控模式及案例 （151）
　第二节　国有企业集团的管控模式 （172）
　第三节　国内外企业集团管控的经验借鉴 （196）
　第四节　控参股公司管控力评价 （212）
　第三章小结 （214）
第四章　股东、股东代表与股东（大）会 （216）
　第一节　股东的权利与义务 （216）
　第二节　股东代表 （231）
　第三节　股东（大）会 （271）
　第四章小结 （310）

第五章　董事、董事会的建设与运作 （312）
第一节　董事 （312）
第二节　董事长 （340）
第三节　董事会 （347）
第四节　董事会的评价 （375）
第五章小结 （381）

第六章　监事、监事会的建设与运作 （384）
第一节　监事 （384）
第二节　监事会 （390）
第三节　监事会会议种类、召集和表决 （401）
第四节　监事会监督内容和要点 （404）
第五节　监事会监督方式 （421）
第六节　监事会监督评价报告制度 （424）
第七节　监事会制度与独立董事制度 （427）
第六章小结 （428）

第七章　中国石油专职董监事制度的探索与实践 （431）
第一节　中国石油专职董监事制度创立的背景和目的 （431）
第二节　中国石油专职董监事制度的内涵和特征 （436）
第三节　中国石油专职董监事制度的实践 （444）
第四节　推进中国石油专职董监事制度的措施建议 （451）
第五节　中国石油专职董监事制度的发展方向与目标 （455）
第七章小结 （472）

下册

附录1　公司治理相关案例 （475）

附录2　董监事业务管理信息化 （519）

附录3　公司治理及股权管理相关词条 （563）

附录4　工作范本及模板 （579）

附录5　履职常见问题解答 （665）

附录6　专职董监事任职资格考试样题及题库 （716）

附录7　公司治理常用网址及微信公众号 （807）

参考文献 （809）

后　　记 （813）

第一章　公司及公司法

第一节　企业组织及公司

一、企业及组织形式

1. 企业概念

企业一词，是由日语（きぎょう）翻译而来。企业作为现代社会使用频率最高的词语之一，从学术角度讲，通常指所有营利性组织，是集合土地、自然资源、劳动力、资金、技术和信息等生产要素，在利润动机驱使和承担风险的条件下，为社会提供产品和服务的单位。

从社会性质和功能的视角来看，企业是专门从事商品生产经营活动和商业服务的经济组织；从生存和发展的目的来看，企业以营利为宗旨；从存在的法律条件来看，企业必须依法成立和运行，并具备一定的法律形式。

企业是市场经济活动的主要参加者，是国民经济的细胞；它以获得利润为动力，以向社会提供有效的产品与服务为目的。

2. 企业组织形式

企业组织形式是指企业存在的形态和类型，它表明一个企业的财产构成、内部分工协作及其与外部社会经济联系的方式。其具体形态取决于企业内外部具体情境因素。从法律意义上讲，现代企业的组织形式通常按照财产的组织形式和所承担的法律责任划分为独资企业、合伙企业和公司制企业，公司制企业区别于其他形态之处在于其作为独立法人而存在。

《中华人民共和国民法典》规定，法人是具有民事权利能力和民事行为能力，依法独立享有民事权利和承担民事义务的组织。法人主要分营利法人、非营利法人及特别法人。营利法人包括有限责任公司、股份有限公司和其他企业法人；非营利法人包括事业单位、社会团体、基金会、社会服务机构等；特别法人包括机关法人、农村集体经济组织法人、城镇农村的合作经济组织法人、基层群众性自治组织法人等。

企业的组织形式反映了企业的性质、地位、作用和行为方式，规定了企业与出资人、企业与债权人、企业与政府、企业与企业、企业与员工等内外部关系。企业的组织形式必须和生产力发展水平相适应，与社会制度、国家治理水平等相契合，并充分考虑所属行业特征。企业只有选择合理的组织形式，才有可能充分地调动各方面的积极性，焕发出蓬勃的生机和活力。在决定企业的组织形式时，要考虑的因素很多，主要包括以下几个方面。

1）税收

在西方发达国家，首先考虑的因素是税收。在美国公司法中将这一因素称为决定性因素。在我国，税收因素同样占据着重要的位置。我国对公司制企业和独资企业、合伙企业分别实行不同的纳税规定，独资企业与合伙企业只需要缴纳个人所得税，税负较轻，而公司制企业则需要交纳公司所得税与个人所得税，税负较高。虽然公司制企业面临公司层面与个人层面的双重税收，但是综合考虑企业税基、税率与税收优惠政策等多种因素，公司企业在税收方面也存在着一定优势。例如，《关于股份制企业转增股本和派发红股免征个人所得税的通知》（国税发〔1997〕198号）文规定，"股份制企业用资本公积金转增股本不属于股息、红利性质的分配，对个人取得的转增股本数额，不作为所得，不征收个人所得税"。这一点合伙企业就不能享受；其次，在测算两种性质企业的税后整体利益时，不能只看名义税率，还要看整体税率，由于股份有限公司施行"整体化"措施，消除了重叠课征，税收便会消除一部分，优于合伙企业。

2）亏损的法律承担方式

独资企业，由一个自然人投资，财产为投资人个人所有，投资人以其个人财产对企业债务承担无限责任。合伙企业，包括普通合伙企业和有限合伙企业，普通合伙企业中，全体合伙人均对合伙企业的债务承担无限连带责任；有限合伙企业中，普通合伙人对合伙企业的债务承担无限连带责任，有限合伙人则以其财产份额为限对合伙企业的债务承担有限责任。有限公司和股份有限公司，公司具有独立的财产，公司对自身的债务以其全部财产承担责任，股东仅以其认缴的出资额（或认购的股份）对公司承担有限责任，通常情况下债权人不能向公司背后的股东追索。

3）利润分配的风险规避

企业的利润分配是指企业在一定时期（通常为年度）内对所实现的利润总额以及从联营单位分得的利润，按规定在国家与企业、企业与企业之间的

第一章　公司及公司法

分配。对外部而言，各个行业利润指标均有所不同，同行业具有均值标准确定。对内部而言，利润分配由企业分红比例来确定：一是要考虑股东的要求，二是企业自身发展对资金的需求。初创期、成长期的企业通常少分配多留存于企业，用于扩张发展，赚取更高回报。成熟期或衰退期企业分红占比较高，因为企业利润逐渐萎缩，利润分配理性回归股东。对于大型且具有股权分配的企业，更重要的风险规避方式为子公司要保留控制权；对于参股企业也是如此，加大失控或被大股东侵占利益的监督和管控，持续保持享有对经营决策的参与权和知情权。

4）资本和信用的需求程度

通常，投资人自有一定的资本。如果资金不足，企业规模不大或规模扩张受到客观条件的限制，所需资金有限，适宜采用合伙或有限责任公司的形式；如果希望经营的企业规模较大，资金缺口较大，适宜采用股份制；如果开办人愿意以个人信用作为企业信用的基础，且不准备扩展企业的规模，适宜采用独资形式。

此外，企业产品授信额度对股东或投资人的资本金也会产生一定影响，尤其是年初授信额度在战略规划落实形成规模时，在授信限额没有持续监控的情况下，产品回收期会变慢，且股东的资金回笼受阻，股东、合伙人或者投资人的资金受到重创，企业走向发展滞后，企业产品授信额度投放、回收以及授信压缩或放松都会影响股东、合伙人或投资人的所有者权益。

另外，企业的开办费用额度多少，年初应设定和限定目标范围，逐年压缩到临界点。按照公司费用管理办法以及流程的繁简、企业的存续期限、投资人的权利转让、投资人的责任范围以及企业的控制和管理方式等诸多因素，也会对投资人在选择企业组织形式时具有深远影响。投资者一般会按照最低成本、最大收益、最小风险等原则，对各项因素进行综合分析，选择适合的企业组织形式。企业及组织形式如图1-1所示。

知识栏：企业类型相关知识

（1）按照国家工商总局、国家工商行政管理总局《关于划分企业登记注册类型的规定调整的通知》国统字〔2011〕86号，将按照企业登记注册类型分为以下几种：内资企业，国有企业，集体企业，股份合作企业，联营企业，有限责任公司，股份有限公司，私营企业，其他企业，港、澳、台商投资企业，合资经营企业（港或澳、台资），合作经营企业（港或澳、台资），港、澳、台商独资经营企业，港、澳、台商投资股份有限公司，其他港、澳、台商投资企业，外商投资企业，中外合资经营企业，中外合作经营企业，外资企业，外商投资股份有限公司，其他外商投资企业。

（2）工信部等四部委印发《统计上大中小微型企业划分办法》（2017）按照行业门类、大类、中类和组合类别，依据从业人员、营业收入、资产总额等指标或替代指标，将我国的企业划分为大型、中型、小型、微型等四种类型。

具体适用范围包括：农、林、牧、渔业，采矿业，制造业，电力、热力、燃气及水生产和供应业，建筑业，批发和零售业，交通运输、仓储和邮政业，住宿和餐饮业，信息传输、软件和信息技术服务业，房地产业，租赁和商务服务业，科学研究和技术服务业，水利、环境和公共设施管理业，居民服务、修理和其他服务业，文化、体育和娱乐业等15个行业门类以及社会工作行业大类。

（3）按照企业所有制形式划分，有全民所有制企业、集体所有制企业、外商投资企业（包括中外合资经营企业、中外合作经营企业和外商独资企业）及私营企业。

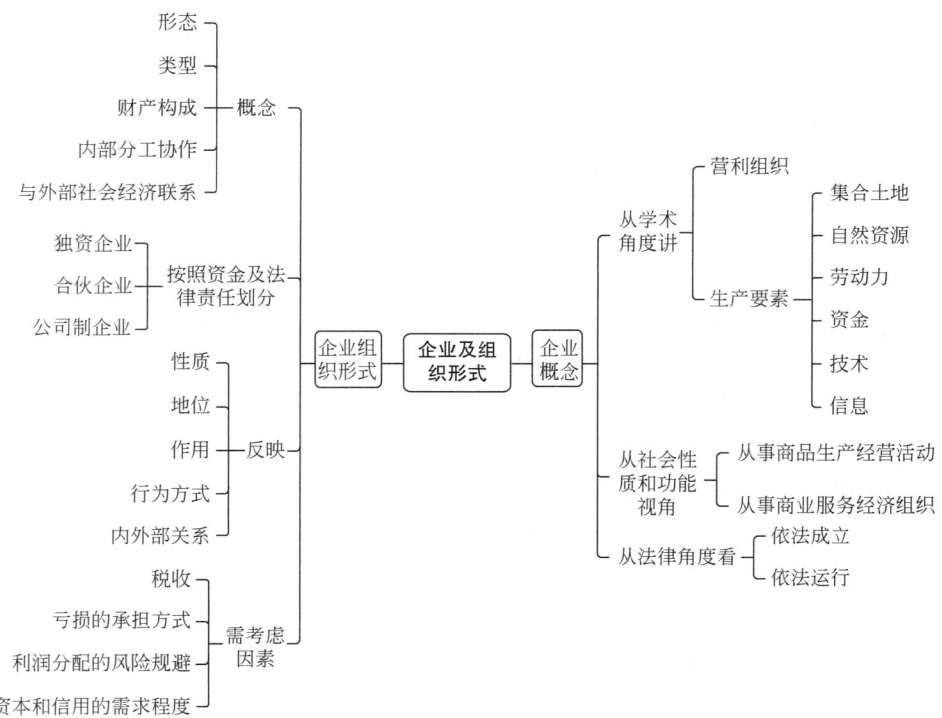

图1-1 企业及组织形式

第一章　公司及公司法

二、公司的起源与发展

公司作为当今世界各国企业的重要组织形式，其产生和发展经历了漫长的历史时期。在人类经济发展史上，个人企业和合伙企业曾是经济活动的主要组织形式，尤其是16—19世纪前期，这两类企业处于统治地位。但由于公司具有分散单个资本所承担的经济风险、满足大规模资本需求、适应科学管理的比较优势，在经济发展中具有其他企业组织形式无法比拟的优越性。随着商品经济和社会化大生产的发展，公司逐步取代传统的企业组织形式，成为现实经济生活中占主导地位的企业组织形式。公司制企业的诞生使企业的创办者和企业家在资本的来源上摆脱了对个人财富、银行和其他金融机构的绝对依赖。公司是企业法人，有独立的法人财产，享有法人财产权，公司以其全部财产对公司的债务承担责任。随着社会与经济的发展，公司这种组织形式也不断发展、完善，并且日益规范化和标准化，并最终在企业组织形式中占据优势地位，公司是企业制度发展史上的伟大创举。公司的起源与发展如图1-2所示。

1. 公司的起源

现代公司的雏形可以追溯至14—15世纪。当时，在欧洲国家开始出现了将个人的财产或资金委托给他人经营的组织形式，经营收入按事先的约定进行分配，经营失败时被委托人只承担有限责任。

15世纪末，伴随全球地理大发现和大航海时代的到来，地中海沿岸国家的商业贸易空前繁荣，英法等国先后爆发了资产阶级革命和"产业革命"，机器大工业取代工场手工业。公司作为有效的组织形式应运而生并迅速发展、逐步完善、日趋成熟。到1600年，英国成立了由政府特许的、专司海外贸易的东印度公司，这被认为是全球第一个典型的股份公司。17世纪，英国确立了公司的独立法人地位，从此公司成为一种法定的、广泛运用的企业组织形式。

这种最早在欧洲兴起的股份公司制度，是一种以资本联合为核心的企业组织形式。它是在业主制、合伙制基础上发展起来的一种全新的企业制度形式，相比于古典企业有着独特的优势：一是股份制企业实施规模筹资更为便利；二是按股份出资使得原本承担无限责任的投资者变成了承担有限责任的股东，投资风险得到降低和分散，而且股票可以转让，大大增加了对投资者的吸引力；三是股份公司的法人特性使其具有了稳定且延续不断的生命，只要公司经营合理、合法，运营良性循环，公司就可以长久、持续地经营下去。

公司经历了无限责任公司、股份有限责任公司与有限责任公司三个较为明显的发展阶段。

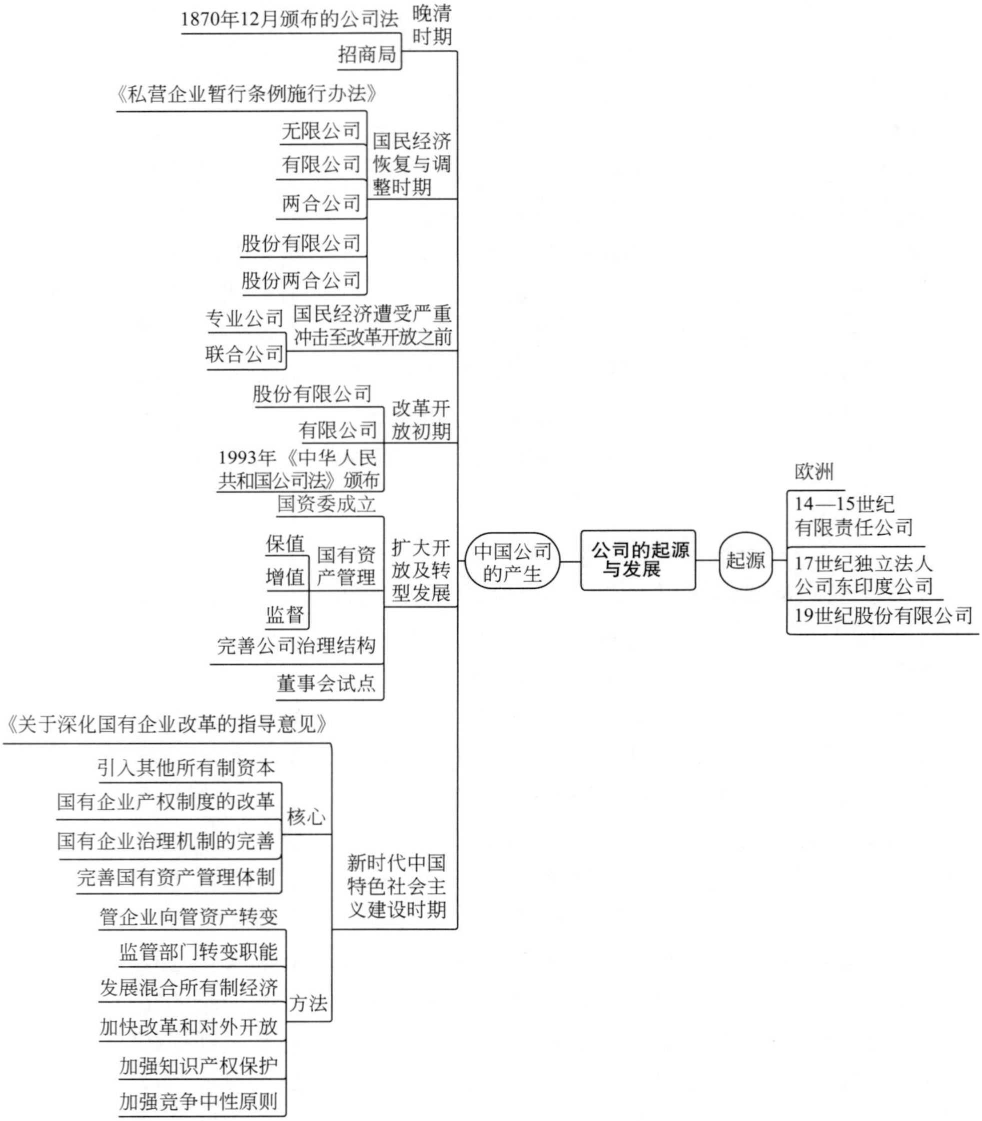

图1-2 公司的起源与发展

第一章 公司及公司法

现代意义的公司产生于19世纪,其代表是股份有限公司。到19世纪末,随着市场经济的发展、公司规模的壮大以及世界各国法律环境的持续完善,以美国为代表,出现了大规模的股份公司。19世纪末20世纪初,伴随着资本主义自由竞争走向垄断阶段,有限责任公司最早在德国开始出现。有限责任公司被称为"简易化的股份公司",既汲取股份公司有限责任的优点,又采纳合伙企业中投资人亲自参与企业经营管理的特点,成为一种"资合"兼"人合"的商业组织形式。

知识栏:现代工商企业

钱德勒在《看得见的手:美国企业的管理革命》书中提出:现代工商企业在协调经济活动和分配资源方面已取代了亚当·斯密的所谓市场力量无形的手。市场依旧是对商品和服务需求的创造者,然而现代公司企业已接管了协调流经现有生产和分配过程的产品流量的功能,以及为未来的生产分配、分派资金和人员的功能。由于获得了原先为市场所执行的功能,现代公司企业已成为美国经济中最强大的机构,经理人员则已成为最有影响力的经济决策者集团。并且将现代工商企业定义为:它包含许多不同的营业单位,且由各层级支薪的行政人员所管理。

延伸阅读:CCTV2《公司的力量》一集至十集

公司作为迄今为止最有效的经济组织形式,它的出现被称作是"人类的成就",尤其是股份公司惊人的崛起和当前无可争辩的统治性地位,被公认为是现代历史中最引人注目的现象之一。公司能扩展一个经济单位所能掌握和支配的资源,分散商业活动的高风险。公司凝聚了生命个体,让它成为强大于任何个人的经济动力。公司使得血缘、地缘联系之外的陌生人之间的合作成为可能。

2. 中国公司的产生与发展

在中国,历经近现代的深刻社会变革,中国的公司制度显示出历史发展的阶段性和丰富变化的特点,中国公司的产生与发展主要经历了以下六个阶段:

第一阶段,1840—1949年,中华人民共和国成立之前。因为中国古代一直秉持重农抑商的政策,真正发展起来的企业形态要追溯到1840年以后对外通商和1860年洋务运动时期。满清政府仿效英美国家，才使企业形态逐步真正发展起来，例如，1870年12月颁布的公司法，以及通过招商集股方式兴办的轮船、电报等公司，包括以现代集股方式成立的最早公司之一的招商局。1904年清政府颁布的《公司律》，是我国历史上第一部以公司组织活动和行为为调整对象的法律。

第二阶段，1949—1965年，国民经济恢复与调整时期。1951年3月，政务院财经委员会颁布了《私营企业暂行条例施行办法》，规定了五种公司形式：无限公司、有限公司、两合公司、股份有限公司以及股份两合公司。

第三阶段，1965—1978年，国民经济遭受严重冲击至改革开放之前。这一时期，传统公司被商业、钢铁、纺织、建筑等行业建立的各种专业公司和由若干企业组成的联合公司取代。

第四阶段，1978—1992年，改革开放初期。在经济较为发达的东部沿海地区和其他中心城市，特别是深圳、珠海等经济特区，一批股份有限公司、有限责任公司纷纷成立，其中有些股份有限公司面向全省，甚至面向全国发行股票。1992年，当时的国家经济体制改革委员会发布的《有限责任公司规范意见》以及《股份有限公司规范意见》实现了对此两类公司制企业的最先法律规范。1993年12月，《中华人民共和国公司法》（以下简称《公司法》）颁布实施，这是中国公司发展史上的一个重要里程碑。

第五阶段，1992—2012年，扩大开放及转型发展期。2003年3月，国务院国有资产监督管理委员会成立（以下简称"国务院国资委"）。国务院授权国务院国资委代表国家履行出资人职责。国务院国资委的监管范围是中央所属企业（不含金融类企业）的国有资产、负债，指导推进国有企业改革和重组；对所监管企业国有资产的保值增值进行监督，加强国有资产的管理工作；推进国有企业的现代企业制度建设，完善公司治理结构；推动国有经济结构和布局的战略性调整。2004年6月，国务院国资委印发了《关于中央企业建立和完善国有独资公司董事会试点工作的通知》，陆续启动了董事会试点工作。

第六阶段，2012年至今，新时代中国特色社会主义建设时期。党中央高度重视国资国企改革发展，习近平总书记多次就国有企业改革作出重要指示和批示。2015年9月，中共中央、国务院印发了《关于深化国有企业改革的指导意见》，这是新一轮国资国企改革的纲领性文件，提出新时期国有企业改革的目标任务和重大举措：发展混合所有制经济、完善现代企业制度和国有资产管理体制等；国有企业混合所有制改革的核心是引入其他所有制资本，参与国有企业产权制度的改革和治理机制的完善，从而让国企保持活力和竞争力；完善国有资产管理体制，监管部门转变职能，由"管资产为主"向"管资本为主"转变，改组和组建国有资本投资运营公司，推动国有资本做强、做大、做优。2018年10月9日，在全国国有企业改革座谈会上，中央政治局委员、国务院副总理刘鹤指出：充分认识增强"微观市场主体活力"的"极端重要性"，切实转变国有企业经营机制、提高创新能力是当前国有企业改革的核心任务。2018年10月16日，在G30国际银行业研讨会上，中国人民银行行长、货币政策委员会主席易纲强调："为解决中国经济中存在的结构性问题，我们将加快国内改革和对外开放，加强知识产权保护，并考虑以'竞争中性'原则对待国有企业。我们将大力促进服务部门的对外开放，包括金融业对外开放。"

知识栏：招商局

招商局创立于1872年晚清洋务运动时期，是中国民族工商业的先驱。招商局创办者以公开招募商股的方式，创立了中国第一家真正现代意义上的股份制公司，对近代中国经济及至社会产生了全面而深刻的影响。140余年来，招商局曾组建了中国近代第一支商船队，开办了中国第一家银行、第一家保险公司、第一家电报局，修建了中国第一条铁路，开创了中国近代民族航运业和其他许多近代经济领域，在中国近现代经济史和社会发展史上具有重要地位。

三、公司的核心内涵

公司制度是现代社会最伟大的发明，是企业发展史上的伟大创举。在资本来源上，它使企业家摆脱了对个人、银行等金融机构的绝对依赖，为实现长期持续发展提供了保障。正如卡尔·马克思在《资本论》中所说："假如必须等待积累，以使某些单个资本增长到能够修建铁路的程度，那么恐怕直到今天，世界上还没有铁路。但是，通过股份公司转瞬之间就把这件事完成了"。哥伦比亚大学校长尼古拉斯·巴特勒说："现代社会最伟大的发明就是有限责任公司，即使蒸汽机和电气的发明也略逊一筹"。1999年《经济学家》杂志曾将"有限责任制度"列为"最终改变了全世界工业资本主义制度的关键"。因"有限责任"使创业者可以免于失败后倾家荡产的风险，特别是在过去几个世纪里，公司制这一创举改写了国与国之间竞争的规则。到2009年时，公司为全球81%的人口解决工作机会，构成了全球经济力量的90%，制造了全球生产总值的94%。全球100大经济体中，51个是公司，世界上有161个国家的财政收入不及沃尔玛公司，全球最大的10个公司的销售总额超过了世界上最小的100个国家国内生产总值的总和。巴黎高等商学院院长伯纳德将公司称之为"创造财富的主要参与者之一"。经济是国家竞争的基础，国家之间的经济竞争本质上就是公司之间的竞争。

公司作为一种组织形式，是现代社会经济与自由发展的一种必然要求和选择。公司概念的核心内涵包括以下几个方面：公司是一种集体财产组织，对外是一个独立法人，公司的成员即股东承担有限责任，公司以其全部财产对公司的债务承担责任，通过股东（大）会、董事会（经理层）、监事会等内部机构治理，如图1-3所示。

1. 公司是一种集体财产组织

公司是一种集体组织，一种集体控制财产和资产的制度，具有社团性，设有独立的组织机构。完善、健全的组织机构是形成公司独立的法人意志的必要条件，同时也是公司进行正常经营活动的组织条件，是公司法对每个公司提出的法定要求。这种组织机构主要指公司的管理机构，是形成公司重大决策、对内管理公司事务、对外代表公司进行业务活动的机构，包括股东（大）会、董事会、监事会、经理层等。

2. 公司是独立的法人实体

公司作为独立法人的外部含义是：公司可以像一个自然人那样拥有法律上起诉和被诉的权利。在公司制度产生之前，也有一些大型的集体企业组织，采取了合伙制的形式。在合伙制下，合伙企业本身没有独立法人地位，所有的法律权利和义务都要直接追究到每一位合伙人，合伙人之间互相承担着无限连带责任。合伙组建集体企业的方式，一方面实施起来很麻烦，另一方面也严重限制了成员边界，只有互相高度信赖的人之间才能合伙。

公司作为独立法人的内部含义是独立于其成员（股东），公司有自身的权利和义务边界，以公司自身拥有的财产对公司债务承担责任；与此对应的就是公司成员（股东），以投入公司的资本（股本）为限，承担有限责任。要真正做到这一点，不仅仅是名义上称为有限责任公司以及在工商局注册为有限责任公司就可以了，而是需要健全配套的公司破产和债务重组制度在内的一整套公司法律制度。

第一章 公司及公司法

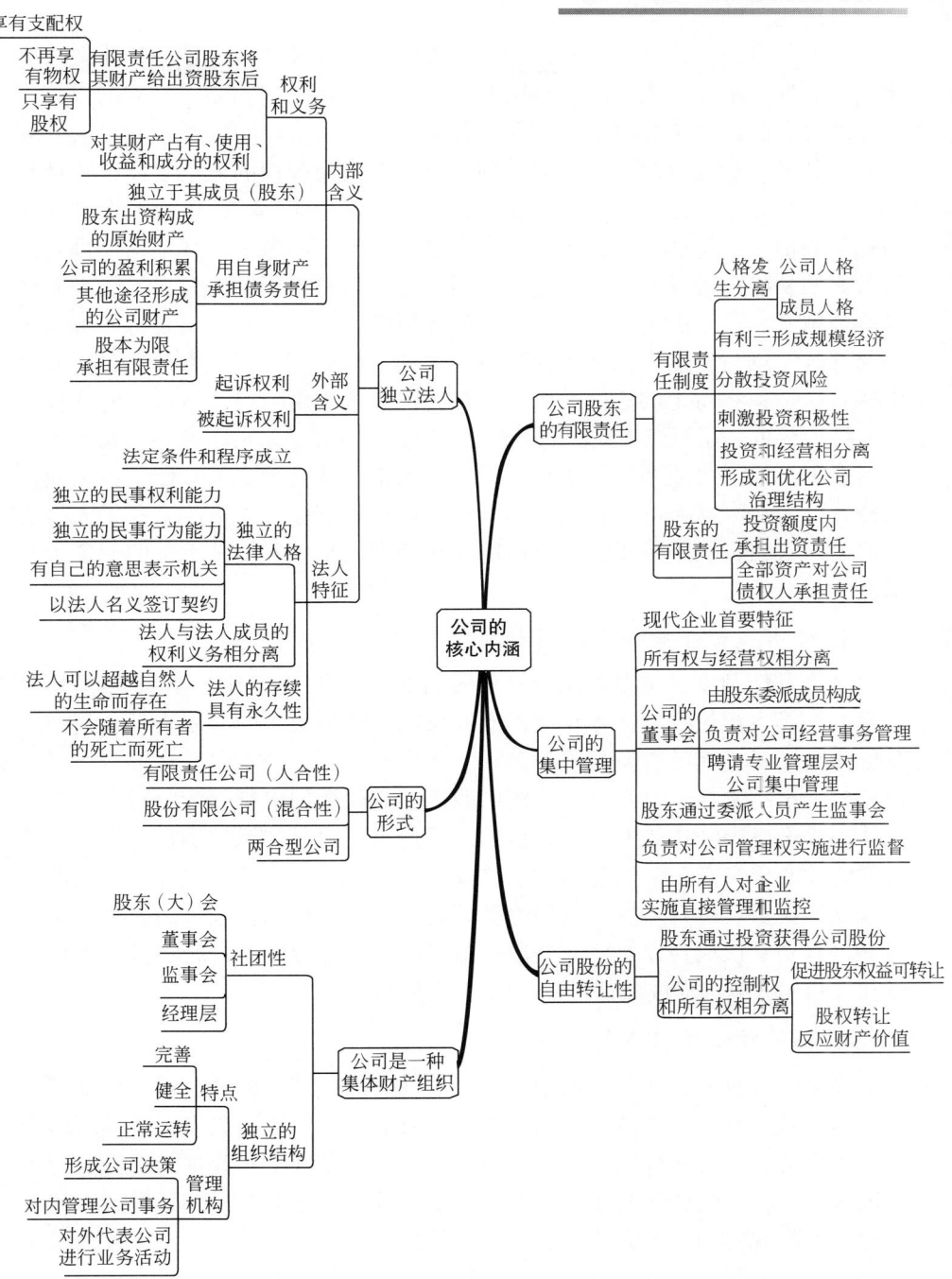

图 1-3 公司的核心内涵

法人具有以下特征：一是依法定的程序和条件成立；二是具有独立的法律人格，即具有独立的民事权利能力和民事行为能力，它有自己独立的权益，可以以自己的名义独立享受权利和承担义务；三是法人的权利义务与法人成员的权利义务相互分离，即法人是独立于自然人而存在的民事主体；四是法人的存续具有永久性，法人可以超越自然人的生命而存在，不会随着所有者的死亡而消亡。将公司定性为法人，是法律政策上的考量，其中主要目的是为了方便从事各种经营活动。然而公司毕竟与自然人不同，公司的法人人格具有虚拟性。正是因为公司法人人格的虚拟性，所以公司人格具有"可否认性"。这一点与自然人完全不同，自然人的人格具有"不可否认性"。公司人格否认是指在特定的法律关系中，对公司股东滥用公司人格产生的各种不正当行为导致公司债权人损害的，公司债权人可直接请求股东偿还公司债务，公司有限责任变为股东无限责任。因此，人格否认实际上是对已经丧失独立人格特征之法人状态的一种揭示和确认，通过剥离徒有人格之名而无人格之实的公司人格，让隐藏于公司背后的股东凸现出来，并使其承担的责任由有限向无限复归。

3. 公司成员（股东）的有限责任

有限责任制度，是在英国经过长时间的演变和1840年至1850年间整个社会的一场大辩论之后，才正式确立起来的。所谓股东的有限责任，是指股东作为投资者只在其投资额内对公司承担出资责任，公司以其全部资产对公司债权人承担责任。有限责任公司的股东以其认缴的出资额为限对公司承担责任，股份有限公司的股东以其认购的股份为限对公司承担责任。有限责任制度的核心要义是在公司与其股东之间划出了一条鲜明的分隔界限，股东只是单纯的投资者。有限责任的理论基础是公司的人格和其成员的人格发生分离，它有利于形成规模经济，分散投资风险，刺激投资者的积极性，促使投资和经营相分离，形成和优化专门的公司治理结构。

4. 公司股份的自由转让性

股东通过投资获得公司的股份，通过自己的代理人管理公司，实现了公司控制权和所有权的分离，控制权和所有权的分离促进了股东权益的可转让性。《公司法》第一百三十七条和第一百三十九条规定，股东持有的股份可以依法转让。股东转让其股份，应当在依法设立的证券交易场所进行，或者按照国务院规定的其他方式进行。股权的自由转让意义重大，它不仅为股东提供了退出机制，而且这个自由转让有利于提高公司的管理水平；同时股权的转让能够最大限度地反映财产的价值，特别是在公众公司中，公司股份的自由转让促进了证券市场的发展，同时证券市场的发展又为股权的自由转让提供了良好的条件和环境。

5. 公司的集中管理

集中管理是现代企业的首要特征。在公司制条件下，股东所有权与对企业的经营管理权的分离导致了对企业的集中管理。公司法将公司的管理权赋予公司的董事会，董事会成员主要由股东委派的成员构成，它专门负责对公司经营事务的管理，董事会聘请专门的管理层实现对公司的集中管理，同时股东通过委派人员组成监事会，负责对公司管理权的实施进行监督。这一点不同于合伙企业和独资企业，合伙企业和独资企业由其所有人直接管理和监控。

依据《中华人民共和国合伙企业法》第六十七条和第六十八条之规定：有限合伙企业由普通合伙人执行合伙事务，有限合伙人不执行合伙事务，因此，有限合伙企业普通合伙人对其实施直接管理。

公司除以上核心内涵外还包括公司依法定内容、依程序设立、以营利为目的等相关方面的含义。各国对公司的概念处理方式各不相同。有的国家对公司概念有总括规定，有的只针对各种公司分别作出规定。就我国情况而言，公司是依照法定程序设立，以营利为目的，股东以其认缴的出资额或认购的股份为限对公司负责，公司是以其全部财产对外承担民事责任的具有法人资格的经济组织。

知识栏：法人人格否认制度

法人人格否认制度，又称"揭开公司面纱原则"，是指为防止法人独立人格的滥用和保护公司债权人的合法利益，就具体法律关系中的特定事实，责令公司的股东对公司债权人或公共利益直接负责的一种法律制度。法人人格否认是在特定情形下，对股东有限责任的修正，以实现"矫正的公平"。它具有以下特征：

1. 以承认公司具有独立法人资格为前提

法人人格否认针对法人人格被滥用的公司，只有具有独立人格才可能被滥用。因此，法人人格否认不是对法人人格独立原则的否认，而是对法人人格独立原则的恪守。

2. 股东是滥用法人人格的主体

股东在享有对公司的有限责任的同时，必须维护公司的独立人格，如果股东借公司的独立人格，危害公司、债权人等第三人的利益，可能导致公司人格否认的适用。

3. 只适用个案中特定法律关系

法人人格否认不是对公司法人人格的全盘否定，只适用于特定场合个案，法律效力不具普遍性，不涉及其他法律关系，不影响该公司作为一个独立法人继续存在。

4. 是对滥用后的一种事后规则

对法人人格滥用者责任的事后追究，使其对公司的债务承担无限连带责任，维护受害人的权益，体现法律公平正义的原则。

法人人格否认理论源于西方，该理论是对传统法人制度的补充与完善。1809年，美国最高法院为了维护联邦法院的司法审判权而采用揭开"公司面纱"的办法来确定公司背后的股东个人身份。我国《公司法》第二十条规定："公司股东滥用公司法人独立地位和股东有限责任，逃避债务，严重损害公司债权人利益的，应当对公司债务承担连带责任"。

知识栏：公司法人否认适用的情形

1. 公司资本显著不足

公司以资本作为对外独立承担责任的最低担保。资本显著不足，是指公司成立时股东实际投入公司的资本额与公司经营所隐含的风险相比明显不足，其判断的依据是经营的需求而非法律的具体规定。公司资本显著不足往往意味着股东缺乏从事公司实际经营的诚意，可能会利用较少资本从事高风险的经营，利用公司人格和有限责任把投资风险转移给公司的债权人。

2. 利用公司独立人格逃避合同义务

公司成立的目的在于独立从事经营活动，如果股东设立公司仅仅为利用公司独立人格来逃避合同义务，那么公司人格的独立性就存在疑问，公司的法人人格也会被否认。具体情形主要包括：

（1）为逃避契约上特定的不作为义务，如竞业禁止义务、商业保密义务等，设立新公司从事相关活动。

（2）"脱壳经营"，即为逃避原公司债务，抽逃资金，或解散该公司，或宣告公司破产，或另设一新公司。

（3）利用公司名义转移财产，对债权人进行欺诈以逃避合同义务。

3. 利用公司规避法律义务

股东利用新设公司的独立人格，人为规避法律所规定的强制性义务，如

第一章 公司及公司法

股东为了使其财产免于强制执行、洗钱等非法目的而成立公司,并将财产转移至该公司等。

4. 公司与股东人格混同

公司与股东人格混同是指公司仅仅是股东行为的工具,不具有独立存在的价值。具体表现在:

(1)股东对公司的不正当控制,公司成为股东谋取利益的工具。

(2)财产混同。公司的财产不能与该公司的股东或其他公司的财产作清晰的区分。

(3)业务混同。公司与股东从事同一业务,且业务的开展不加区分,大量交易活动形式上的交易主体与实际主体不符或无法辨认。

(4)组织机构混同。公司与股东在组织机构上存在严重的交叉、重叠,出现"一套班子、两块牌子"的情况等。

案例:他人垫付出资后抽逃导致法人人格否认

中国石油销售企业在2000年左右开拓区外市场(指东北、西北市场)时,为了迅速占领市场,在合作中以中国石油商标名义出资,参股社会单位,取得名义股权,但不参与经营、不分红,这些参股企业成为网员单位,分销产品。由于合作方不规范甚至违法操作,给中国石油带来了很大风险,这个案例就是因合作方垫资后又抽逃出资,致使参股企业被适用法人人格否认,中国石油股东方承担连带责任。

2000年,中国石油天然气股份有限公司(以下简称"中国石油"或"股份公司")的一家子公司A,为开拓某省市场,想利用B公司的市场网络分销油品,与其共同设立一家合资公司——C公司,出资120万元,持股比例15%。由于A公司投资摊子很大,对于小比例参股的公司定位为经销商,不参与经营管理,不愿投入货币资金,合同约定以中国石油商标出资。在C公司设立中,由于中国石油商标不能评估作价,工商部门不予登记注册。后来,合资方替A公司垫付出资,垫资并未签正式合同,只是有对方一纸垫资通知函。C公司注册成立后,合资方将包括垫付的120万元的注册资金全部抽回。

C公司成立后,一直由合资方经营。几年后,该公司因欠第三方货款及利息380万元一直不能偿还,被第三方起诉,一审判决后,因C公司无财产可供执行,法院裁定执行中止。"某国际贸易有限公司"是一家专门低价收购债权的追债公司,它了解到C石油销售有限公司设立时,股东有抽逃出资行为,收购了该笔债权,并以股东抽逃注册资本为由,追加C公司的两家股东为被告，要求对债务承担连带责任。此时，C公司另一股东B公司已下落不明，基层人民法院做出（2006）民二（商）初字第5120号民事判决，认定A公司和合资方抽逃注册资本，认定合资公司对外的债务应当由出资人承担，即股东对380万元欠款承担连带清偿责任。

A公司不服这个"凭空掉下来"官司的判决，提起上诉，C公司一中院维持原判。最终，A公司为六年前的行为买单，教训极其深刻！

案例：法人人格连环否决

2000年3月17日，刘某、王某等六人发起设立了海安公司，注册资本为108万元，但上述注册资本全部系借用资金，在公司注册完毕的次日即被归还。2000年3月31日，海安公司又和另一家公司共同出资成立了南通公司，注册资本51万元，海安公司出资50万元，但海安公司仍是以借款50万元出资，在用于南通公司验资后即将50万元抽回归还。

后因南通公司无力偿还到期债务，其债权人储某等人遂将刘某、王某等海安公司的六位股东告上法庭，要求六人承担偿还责任。经法院判决，六位股东对南通公司债务承担连带清偿责任。

本案是一件公司法人人格连环否决案。刘某、王某等六人向海安公司虚假出资，海安公司又虚假出资设立南通公司，严重损害了南通公司债权人的利益，故应连环否认南通公司和海安公司的法人资格，由刘某、王某等六人对海安公司的债务承担连带责任。

四、公司的法律特征

公司作为一种企业组织形式，有如下法律特征。

1. 公司的法人性特征

我国《公司法》规定，公司是企业法人。《中华人民共和国民法典》规定，法人具有民事权利能力和民事行为能力，依法独立享有民事权利、承担民事义务。公司拥有独立的财产，对其财产享有法律上的所有权。虽然这些财产由股东出资构成，但股东一经出资，所有权即归公司所有，股东只享有股权。公司有独立的组织机构。《公司法》对公司的组织机构有严格要求，包括股东（大）会、董事会、监事会、经理层等管理机构。公司独立承担法律责任。

第一章 公司及公司法

除非适用法人人格否定制度，公司完全独立承担法律责任，与股东责任完全分离。独立的法律责任，是公司作为独立法人的集中体现。

2. 公司的法定性特征

公司的法定性特征是指：公司依法定条件、程序成立，并在法律许可范围内活动。一是公司类型法定。公司只能严格按照法律规定的主体类型和标准创设、变更。例如，西方大多数国家认可无限公司、两合公司、股份两合公司，而我国法律未承认，不能成为公司。二是公司内容法定。法律明确了可以进行经营活动的公司财产关系与组织关系，任何公司要改变其内部关系性质，须经变更登记。三是公司公示法定。公司成立必须按法定程序公示，以便交易第三人及时知晓，不能对抗善意第三人。

3. 公司的营利性特征

公司营利性特征指通过经营获得利润，世界上许多国家和地区的公司立法都确认了公司这一基本属性。《美国商事公司示范法》强调公司营利性的同时，明确将公司法意义上的公司限定为商事公司，日本、韩国的商法都强调了公司的营利性，法国、德国法律通过公司商事性质的规定间接肯定了公司的营利性。

4. 公司的社会性特征

公司作为企业法人，是社会的重要组成部分，不只是一个经济机构，同时也是社会性单位。公司不仅负有经济与法律上的义务，也承担着相应的社会责任。公司在作出追求经济目标决策时，必须兼顾社会责任，具有担负保护与促进社会福利的义务。

5. 公司的社团性特征

公司的社团性是公司产生的基础。说到公司的社团性，不能不说一人公司，随着越来越多的国家对一人公司的承认，如何理解一人公司的社团性呢？一种观点认为一人公司也有社团性，其社团性并不表现为公司成员的结合，而是表现为股东、高级管理人员、普通员工、供应商、债权人、社区等一切利益相关之间的结合；也有另一种观点认为，一人公司是公司社团性的例外。

知识栏：公司设立与公司成立

公司作为一个具有法人资格的社会实体，有着较为复杂的设立过程。从法律角度看，是设立人依照法律规定和程序组建一个具有独立人格的法律主体的过程，必须完成多种连续的准备行为。公司设立有如下特征：一是公司设立的主体是发起人。公司发起人是指依法认购公司股份并承担公司筹建事务的人。完成设立行为，如果公司得以成立，发起人转为公司股东；如果公司未成立，则发起人对设立行为承担法律后果。二是公司设立须依法进行。公司设立法律行为，既要满足实体要求，又要满足程序要求后，才能取得主体资格，否则公司将不能成立。三是公司设立包括一系列连续的法律行为。公司设立反映了一个完整的法律阶段：确定公司的名称、种类、经营范围；确定公司股东和资本，完成设立合同、公司章程，设置公司机构；完成设立登记，最终取得法人资格。

公司成立是指经过设立程序，具备法定条件，经主管机关核准登记，取得法人资格的一种事实状态。通常，人们容易混淆公司设立和公司成立，尤其不能正确认识公司设立的法律性质和设立中公司的法律地位。我们来看看两者的主要区别。

（1）性质不同。

公司设立是发起人为创办公司的一系列行为。公司成立是政府主管部门认可公司设立行为，公司以申请营业执照的方式，取得法人资格的一种状态。

（2）效力不同。

设立是成立的前提条件，但没有法人资格。公司成立后才能成为享有权利和承担义务的法人主体。

（3）发生阶段不同。

公司取得营业执照的过程为公司成立，此前统称公司设立。公司成立是公司设立成功的结果。

（4）法律关系不同。

公司设立的行为人是发起人，是一种民事法律关系。公司成立的行为人是申请人和审批机关，属于行政法律关系。

五、公司的分类

1. 按照财产责任分类

公司按照财产责任可分为有限公司、无限公司和两合公司三大类。

有限公司的股东以其出资额为限对外承担责任；无限公司的股东对公司债务负无限责任；两合公司部分股东负有限责任，部分股东负无限责任。我

第一章 公司及公司法

国《公司法》只规定了有限公司，没有规定无限公司和两合公司。

有限公司进一步分为有限责任公司和股份有限公司。有限责任公司包括一人有限责任公司和国有独资公司，有限责任公司的股东以其认缴的出资额为限对公司承担责任；股份有限公司的股东以其认购的股份为限对公司承担责任。这表明我国立法认为股东只以其出资额或所持股份对公司负责，而不对公司的债务承担责任。股份有限公司还分为发起设立的和募集设立的两类。募集设立是发起人认购公司应发行股份的一部分，其余股份向社会公开募集或者向特定对象募集而设立的公司；发起设立则是由发起人认购公司应发行的全部股份而设立的公司。股份公司是我国公司中数量最为庞大的部分，主要是上市公司，但也有股份公司为非上市公司的。股份公司的上市公司是其股票在证券交易所上市交易的股份有限公司，上市公司的股票在证券交易所公开上市，公司上市必须符合法定条件并经相关机关批准，如图1-4所示。

无限公司即无限责任公司，由其全部股东承担无限连带责任，本质上与两合公司相同。两合公司是部分股东对公司债务负无限责任，其他股东负有限责任的公司，两合公司与有限合伙或隐名合伙基本相同，现已被有限合伙取代（图1-5）。

知识栏：有限责任公司与股份有限公司对比

1. 有限责任公司

有限责任公司简称有限公司，中国的有限责任公司是指根据《中华人民共和国公司登记管理条例》规定登记注册，由五十个以下的股东出资设立，每个股东以其所认缴的出资额为限对公司承担有限责任，公司法人以其全部资产对公司债务承担全部责任的经济组织。有限责任公司包括国有独资公司以及其他有限责任公司。

从法律角度诠释，我国《公司法》对有限责任公司的认定，有限责任公司（有的文献认为有限责任公司具有人合性，其中，人合性并未列入《公司法》规定，公司要想维系经营管理和正常运转等，既要求股东之间"资合"，又要求股东之间"人合"，其中"人合"是"资合"的基础，"资合"是"人合"的表现形式）。股东人数：50人以下；注册资本：认缴制；出资形式：货币、实物、知识产权、土地使用权。

2. 股份有限公司

股份有限公司（Stock Corporation）是指公司资本为股份所组成的公司，股东以其认购的股份为限对公司承担责任的企业法人。

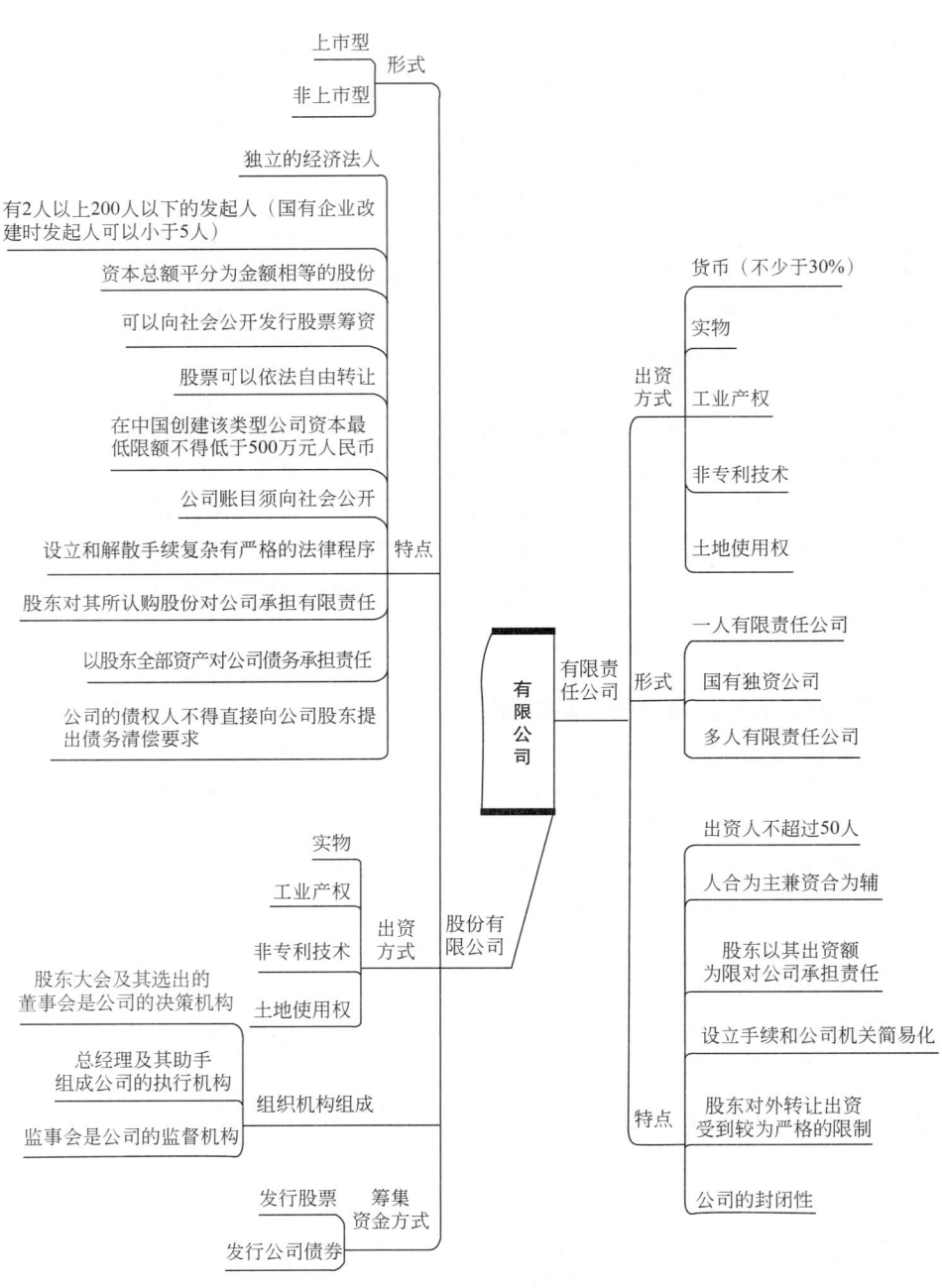

图 1-4 有限公司的分类

第一章　公司及公司法

从法律角度诠释，我国《公司法》对股份有限公司的认定，股份有限公司（资合性，分上市和非上市）。设立形式：发起设立；募集设立；发起人数：2~200人；注册资本：认缴制；出资形式；货币、实物、知识产权、土地使用权（货币不少于30%）。

有限责任公司与股份有限公司对比情况见表1-1。

表1-1　有限责任公司与股份有限公司对比表

比较内容	有限责任公司	股份有限公司
股东法定人数	由50个以下股东出资设立	有2人以上200人以下的发起人
公司是否上市	一定不上市	不一定上市
最高权力机构	股东（大）会	股东大会
公司规模大小	相对来说规模小	一般规模较大
公司资金来源	发起人出资	社会募集、发起人出资
相关信息披露	可以不公开披露财务状况	要依法进行公开披露
机构复杂程度	相对来说不复杂	机构全面复杂
出资证明形式	出资证明书，必须采用记名方式	股票，记名或不记名
章程确立方式	不需要创立大会	召开创立大会
股权转让方式	向他人转让需要其他股东过半数同意	以自由转让为原则
两权分离程度	较低	较高

一人有限责任公司特殊形式：指只有一个自然人股东或者一个法人股东的有限责任公司。

（1）为了避免自然人滥用一人有限责任公司的法律资格，《公司法》规定一个自然人只能投资设立一个一人有限责任公司。该一人有限责任公司不能投资设立新的一人有限责任公司。

（2）由于作为一人有限责任公司唯一股东的自然人与法人在运作及承担连带责任下的偿债能力不同，《公司法》规定一人有限责任公司应当在公司登记中注明自然人独资或者法人独资，并在公司营业执照中载明。

（3）一人有限责任公司不设股东（大）会。股东做出应由股东（大）会决议事项的决定时，应当采用书面形式，并由股东签名后置备于公司。

（4）一人有限责任公司的股东不能证明公司财产独立于股东自己的财产的，应当对公司债务承担连带责任。

国有独资公司：由国家单独出资、由国务院或者地方政府国有资产监管机构履行出资人职责。

2. 按照有无公开义务分类

公司按照有无公开义务可分为公众公司和封闭公司，如图1-5所示。

这种分类主要是英美法上的分法。公众公司向社会公众公开发行它的证券，因此法律要求它公开财务和经营方面的重要信息及各种风险因素；封闭公司不向社会公众公开集资，所以没有公开公司信息的义务。一般来说，公众公司的规模较大，封闭公司的规模较小。就我国公司而言，公众公司主要是指向社会公开募集设立的股份有限公司即上市公司，封闭公司主要是指有限责任公司、发起设立的股份有限公司以及定向募集设立的股份有限公司。从风险角度来说，伴随着社会进步发展，封闭公司将会越来越不适应政府监管要求，信息公开是社会共同责任。政府加快推进社会信用立法进程，建立全国信用评估体系，让企业信用信息公开评审评级，阳光透明。

3. 按照内部管理和公司内部依附关系分类

公司按照内部管理和公司内部依附关系可分为总公司和分公司。

总公司与分公司是两个互相对应的概念。我国《公司法》第十四条规定，公司可以设立分公司。分公司不具有法人资格，其民事责任由总公司承担。它是由总公司依法定程序设立并隶属于总公司的，具有营业资格的不能独立承担民事责任的非法人经济组织。分公司是总公司法人的必要组成部分，其经合法设立，能领取自己的营业执照，以自己的名义开展总公司营业范围内的商业活动，并以自己的名义参与诉讼活动，经营后果由总公司承担。分公司的特征表现为：一是分公司不同于子公司，不具备独立的民商事主体资格；二是分公司经依法成立后，可以自己的名义在总公司营业范围内开展营业活动，民事后果由总公司承担；三是分公司的名称通常是总公司名称后加上"区域名称＋分公司"构成；四是分公司一般没有董事会等公司机关，只设分公司经理，其地位相当于业务部门负责人；五是分公司没有自己独立的财产，其占用的财产直接归总公司所有，列入总公司的资产负债表中；六是分公司的经营收益应纳入总公司的收益，由总公司一并缴纳企业所得税。

知识栏：分公司的民事责任

我国《公司法》规定，分公司不具有法人资格，其民事责任由总公司承担。为了诉讼的方便，依照《民事诉讼法》及其意见的规定，分公司可以独

第一章　公司及公司法

立作为民事诉讼的当事人，但其民事责任最终由总公司承担。

4. 按照控股关系分类

公司按照控股关系可分为母公司和子公司。

母公司与子公司是两个互相对应的概念。

1）母公司

母公司是指拥有另一公司一定比例以上的股份，或通过协议方式能够对另一公司的经营产生实际控制的公司。母公司也称为控股公司，但控股公司的概念范围更广，它有时还指专门从事股权控制而不直接进行生产经营活动的母公司，如某些投资公司。

2）子公司

子公司是指在国际商务中由母公司投入全部或部分股份，依法在世界其他国家或地区设立的东道国法人企业。它指一定比例以上的股份被另一公司持有或通过协议方式受到另一公司实际控制的公司。全部股份被另一公司控制的子公司，又称全资子公司。

母公司与子公司之间的法律关系特点是：

（1）子公司受母公司的实际控制。母公司拥有子公司重大事项的决定权，尤其是能够决定子公司董事会的组成。

（2）母公司对子公司的控制关系主要是基于股权的占有，而不是直接依靠行政权力控制。由于股份的分散，母公司无须拥有50%以上的股份，而只需要拥有一定比例以上的股份即可获得股东（大）会表决权的多数，从而取得控制地位。母公司拥有子公司股权的比例从10%到50%，各国规定标准不尽相同，也有些国家承认通过协议或契约关系而成为母子公司。

（3）母公司、子公司各为独立的法人。子公司虽然受母公司控制，但在法律上仍是具有法人地位的独立企业；它有自己的名称和章程，并以自己的名义开展业务活动，其财产与母公司的财产彼此独立。在财产责任上，除非适用法人人格否认制度，母公司和子公司各以自己所有的财产对各自的债务负责，互不连带。子公司独立承担公司行为所带来的一切后果和责任。

知识栏：不同国家对母子公司的定义

美国法律界定母子公司的核心概念是"控制"。在司法实践中，美国法院一般把母公司界定为"对他公司持有过半数股权而实际控制他公司者"。此时被控制公司即为子公司。但"持有过半数股权"并非绝对条件，法院在审理两公司之间是否为母、子公司关系时，主要从实质关系的审查出发，从是否有实质上的控制来判断。

英国1989年《公司法》对子公司的规定如下。
（1）如果乙公司控制着甲公司大多数的投票权。
（2）有权任命或罢免大多数的甲公司董事会。
（3）通过甲公司的章程或签订合同，有权对甲公司实施实质性影响。
（4）根据与其他股东或成员的协议独自控制着甲公司的大多数投票权。
（5）享有甲公司的股份参与利用并对其实施实质性的影响或进行联合管理。
满足上述条件之一，则乙公司是甲公司的母公司。

确定母子公司关系的重要实际意义之一，是公司之间的合并财务报表。合并财务报表是指反映母公司和其全部子公司形成的企业集团整体财务状况、经营成果和现金流量的财务报表。母公司可以将子公司的财务报表与自身的财务报表合并，从而使母公司与所属子公司的经营活动表现出整体的状态，并扩大母公司的资产实力、经营规模和商业影响。

知识栏：合并财务报表

我国《企业会计准则第33号：合并财务报表》规定，合并财务报表的合并范围应当以控制为基础予以确定。控制是指投资方拥有对被投资方的权力，通过参与被投资方的相关活动而享有可变回报，并且有能力运用对被投资方的权力影响其回报金额。投资方应当在综合考虑所有相关事实和情况的基础上，对是否控制被投资方进行判断，除非有确凿证据表明其不能主导被投资方相关活动。下列情况，表明投资方对被投资方拥有权力：一是投资方持有被投资方半数以上表决权的；二是投资方持有被投资方半数或以下的表决权，但通过与其他表决权持有人之间的协议能够控制半数以上表决权的。投资方应当在综合考虑所有相关事实和情况的基础上对是否控制被投资方进行判断。

公司应当将其全部子公司（包括母公司所控制的单独主体）纳入合并财务报表的合并范围。但是，如果母公司满足以下三个条件：一是该公司是以向投资者提供投资管理服务为目的，从一个或多个投资者处获取资金；二是该公司的唯一经营目的，是通过资本增值、投资收益或两者兼有而让投资者获得回报；三是该公司按照公允价值对几乎所有投资的业绩进行考量和评价，则该母公司是投资性主体。母公司应当仅将为其投资活动提供相关服务的子

第一章 公司及公司法

公司(如有)纳入合并范围并编制合并财务报表,其他子公司不应当予以合并,母公司对其他子公司的投资应当按照公允价值计量且将其变动计入当期损益。一个投资性主体的母公司,如果其本身不是投资性主体,则应当将其控制的全部主体,包括投资性主体以及通过投资性主体间接控制的主体,纳入合并财务报表范围。

知识栏:子公司与分公司的区别

1. 民事主体不同

我国《公司法》规定,公司可以设立分公司,分公司不具有企业法人资格,没有独立的名称,其名称应冠以隶属公司的名称,由隶属公司依法设立,只是公司的一个分支机构,其民事责任由总公司承担。子公司具有企业法人资格,依法独立承担民事责任,是独立的法人,拥有自己独立的名称、章程和组织机构,对外以自己的名义进行活动,在经营过程中发生的债权债务由自己独立承担。

2. 母公司对子公司的控制必须符合一定的法律条件

母公司对子公司的控制一般不是采取直接控制,更多的是采用间接控制方式,即通过任免子公司董事会成员和投资决策来影响子公司的生产经营决策。而分公司则不同,其人事、业务、财产受隶属公司直接控制,在隶属公司的经营范围内从事经营活动。

3. 承担债务的责任方式不同

母公司作为子公司的最大股东,仅以其对子公司的出资额为限对子公司在经营活动中的债务承担责任。子公司作为独立的法人,以子公司自身的全部财产为限对其经营负债承担责任。分公司由于没有自己独立的财产,与隶属公司在经济上统一核算,因此,其经营活动中的负债由隶属公司负责清偿,即由隶属公司以其全部资产为限对分公司在经营中的债务承担责任(表1-2)。

表1-2 子公司与分公司对比

项目	子公司	分公司
关系	对应母公司,母子公司存在控制与被控制关系	对应总公司,分公司在隶属的总公司的经营范围内从事活动
性质	独立法人	不具备法人资格
财产	独立的财产	没有独立的财产

续表

项目	子公司	分公司
责任承担	以自身全部财产为限对其债务独立承担责任	由总公司承担
执照	取得企业法人营业执照	取得营业执照

通常，成员企业的产权形式主要有分公司、全资子公司、控股子公司、参股子公司。其中：分公司是按母公司根据集团统一管控需求，对企业重大事项进行统一管控、集中授权，分公司在母公司授权下开展企业生产经营活动；集团公司对全资子公司的管控是以子公司的《公司章程》为基础，主要通过控制股东（大）会、董事会、经理层实现对子公司的管理；集团公司对控股子公司的管控是以子公司的《公司章程》为基础，通过控制股东（大）会和董事会实现对子公司的管理；参股子公司是集团公司授权委派的股东代表或外派董事代表公司履行股东权利，主要行使公司重大事项的表决权、公司经营管理情况的知情权及公司管理的建议权。

5. 按照隶属关系分类

公司按照隶属关系可分为集团公司和关联公司，如图1-5所示。

一个公司可以设立多家子公司，子公司与子公司之间是"兄弟关系"。子公司可以再设立子公司，从而进一步出现"孙公司"甚至"重孙公司"，由此形成了公司集团，也称集团公司。集团公司内部各公司之间都具有相应的关联关系。具有关联关系的公司称为关联公司。我国《公司法》第二百一十六条第四款，"关联关系"是指公司控股股东、实际控制人、董事、监事、高级管理人员与其直接或者间接控制的企业之间的关系，以及可能导致公司利益转移的其他关系。但是，国家控股的企业之间不能因为同受国家控股而具有关联关系。

设立集团公司的条件：一是企业集团的母公司（核心企业）注册资本在5000万元人民币以上，并至少拥有5家子公司；二是母公司（核心企业）和其子公司的注册资本总和在1亿元人民币以上；三是企业集团的母公司（核心企业）应登记为有限责任公司或股份有限公司，全民所有制企业可以作为核心企业组建企业集团，但注册资金应在1亿元人民币以上；四是集团成员单位均具有法人资格。

第一章 公司及公司法

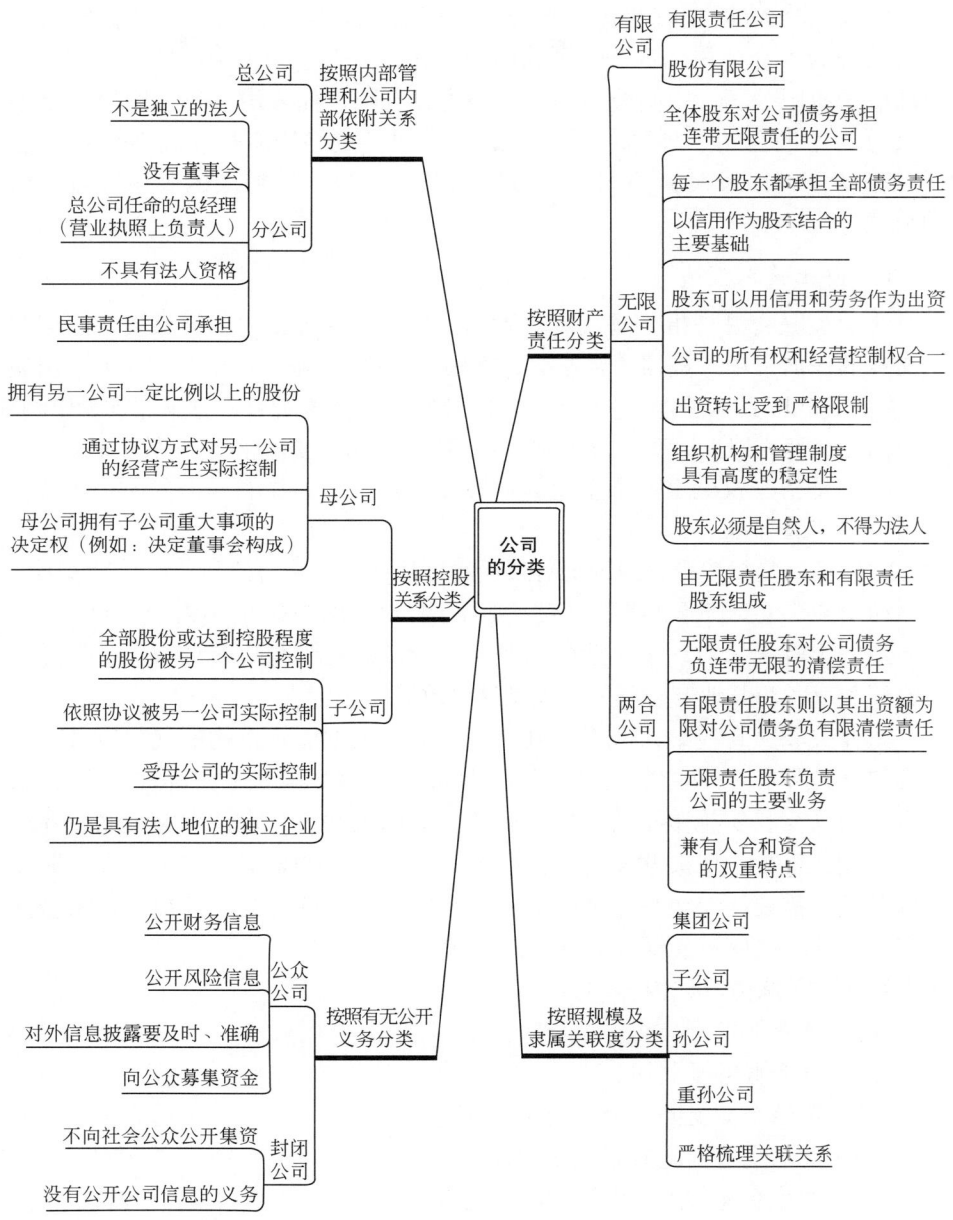

图1-5 公司的分类

除以上分类外，还有其他分类。如大陆法系国家由于公司的信用基础不同，把公司分为人合公司、资合公司和中间公司。人合公司即无限公司，资合公司即股份有限公司，中间公司即两合公司和有限责任公司。公司按照国籍不同又分为本国公司、外国公司以及跨国公司，按照资本性质可分为国营公司、公营公司以及民营公司等，按照法源不同分为一般法的公司和特别法的公司等。

6. 企业关联交易

企业关联交易是指公司或者其附属公司与关联方发生的转移资源、服务或义务的任何事项。按照《企业会计准则》〔第36号〕对企业关联方作出披露，企业关联方具体是指一方控制、共同控制另一方或对另一方施加重大影响，以及两方或两方以上同受一方控制、共同控制或重大影响的，构成关联方。

控制是指有权决定一个企业的财务和经营政策，并能据以从该企业的经营活动中获取利益。

共同控制是指按照合同约定对某项经济活动所共有的控制，仅在与该项经济活动相关的重要财务和经营决策需要分享控制权的投资方一致同意时存在。

重大影响是指对一个企业的财务和经营政策有参与决策的权力，但并不能够控制或者与其他方一起共同控制这些政策的制定。

企业关联交易应纳入股东大会、董事会，根据监管机构的规定以及公司章程的有关要求对关联交易实施管理。例如，成立董事会关联交易控制委员会，对企业关联交易实施董事会授权，确认公司的关联方；审议有关关联交易的管理制度；审批一般关联交易或接受一般关联交易的备案；审查重大关联交易以及其他需要提交董事会或者股东大会审议的关联交易，并提交董事会或股东大会批准；承担董事会交办的其他事宜。

企业的关联方具体内容包括：

（1）该企业的母公司。

（2）该企业的子公司。

（3）与该企业受同一母公司控制的其他企业。

（4）对该企业实施共同控制的投资方。

（5）对该企业施加重大影响的投资方。

（6）该企业的合营企业。

（7）该企业的联营企业。

（8）该企业的主要投资者个人及与其关系密切的家庭成员。主要投资者个人,是指能够控制、共同控制一个企业或者对一个企业施加重大影响的个人投资者。

(9) 该企业或其母公司的关键管理人员及与其关系密切的家庭成员。关键管理人员,是指有权力并负责计划、指挥和控制企业活动的人员。与主要投资者个人或关键管理人员关系密切的家庭成员,是指在处理与企业的交易时可能影响该个人或受该个人影响的家庭成员。

(10) 该企业主要投资者个人、关键管理人员或与其关系密切的家庭成员控制、共同控制或施加重大影响的其他企业。

知识栏：公司关联交易管理范畴

1. 遵循原则

关联交易应当遵循诚实信用及公允原则。关联交易管理应当遵循差别化、重点化的原则,区别不同的监管规则、不同的关联方和不同的业务特点；应当遵循与业务经营和管理相结合的原则,防范关联交易合规风险。

2. 适用范围

公司的关联方包括关联董事、关联股东、关联法人、关联自然人或其他组织。

(1) 关联董事具体包括：

①为交易对方；

②为交易对方的直接或者间接控制人；

③在交易对方任职,或者在能直接或间接控制该交易对方的法人单位、该交易对方直接或间接控制的法人单位任职；

④为交易对方或者其直接或间接控制人的近亲属；

⑤为交易对方或者其直接或间接控制人的董事、监事或高级管理人员的近亲属；

⑥监管机构或者公司基于其他理由认定的其独立商业判断可能受到影响的人士。

(2) 关联股东具体包括：

①为交易对方；

②为交易对方的直接或者间接控制人；

③被交易对方直接或者间接控制；

④与交易对方受同一法人或者自然人直接或间接控制；

⑤因与交易对方或者其关联方存在尚未履行完毕的股权转让协议或者其他协议而使其表决权受到限制和影响的股东；

⑥监管机构认定的可能造成公司利益对其倾斜的股东。

（3）关联法人具体包括：

①直接或者间接地控制上市公司的法人；

②由前项所述法人直接或者间接控制的除上市公司及其控股子公司以外的法人；

③关联自然人直接或者间接控制的、或者担任董事、高级管理人员的，除上市公司及其控股子公司以外的法人；

④持有上市公司5%以上股份的法人或者一致行动人；

⑤在过去12个月内或者根据相关协议安排在未来12月内，存在上述情形之一的；

⑥证监会、证券交易所或者上市公司根据实质重于形式的原则认定的其他与上市公司有特殊关系，可能或者已经造成上市公司对其利益倾斜的法人。

（4）关联自然人具体包括：

①直接或者间接持有上市公司5%以上股份的自然人；

②上市公司董事、监事及高级管理人员；

③直接或者间接地控制上市公司的法人的董事、监事及高级管理人员；

④①②所述人士的关系密切的家庭成员，包括配偶、父母、年满18周岁的子女及其配偶、兄弟姐妹及其配偶，配偶的父母、兄弟姐妹，子女配偶的父母；

⑤在过去12个月内或者根据相关协议安排在未来12个月内，存在上述情形之一的；

⑥证监会、证券交易所或者上市公司根据实质重于形式的原则认定的其他与上市公司有特殊关系，可能或者已经造成上市公司对其利益倾斜的自然人。

第二节　公司法概述

一、公司法的渊源

说到公司法，就要先了解西方国家的两大法系。一是英美法系（又称普通法系），它起源于1066年被诺曼底公爵威廉征服后的英国，在判例基础上，

第一章 公司及公司法

至13世纪基本形成了一套适用于全英国的普通法。随着英国的殖民扩张，英国的公司法也被移植到它的殖民地和附属国。美国独立后继承并发展英国法，特别是民商法的基本规范与英国法相同或近似，形成了英美法系。除了美国以外，现在英联邦的大部分成员国也实行普通法。二是大陆法系，它有三个主要来源。首先是罗马法，《国法大全》是罗马法发展达到最高峰的标志，罗马法和注释法学派成为欧洲法律的基础，即共同法。其次是教会法，教会法院被剥夺民事审判权后，教会法融入共同法。随着国家主权概念的发展，在欧洲部分地区（如德国），共同法正式成为有约束力的法律，与习惯法等地方法律融合，形成具有民族特色的法律制度。最后是商法，欧洲重新控制地中海沿岸的商业时，意大利商人组织了同业公会，制定了商事活动规则。随后，沿海城市的商法很快具有了国际性，在18世纪和19世纪被大陆法系各国汇编成商法典。

公司法的概念由英国的普通法系而来，在20世纪发展迅速。公司法的渊源基本上是国内法，受国内立法传统影响很大，各国包括大陆法系和英美法系国家，根据本国的实际制定本国的公司法，主要存在形式包括成文法和判例法。从成文法的国家来看，有以下几种情况：一是单独制定公司法，将公司的各类问题予以全面系统地制定，如英国、日本等；二是在商法典中做出系统规定，后来又补充单行公司法规，如法国、德国等；三是民商合一传统的国家，在民法典中做出公司的相关规定，如瑞士、意大利等；四是没有统一的公司法典，而是由地方自行制定公司法规，如美国，因其商业组织法立法权限在各州，因此，由各州负责制定本州的公司法。此外在英美法系国家，公司法渊源还包括公司法制度的案例，某些制度仅存在于法官对案件处理的解释之中。同时，国际上由于某些区域经济组织在政治上一体化的演变，包括公司法在内的一些民商、经济法律也逐渐产生了国际法律规范，如欧盟公司法。

我国公司法的渊源，主要是全国人大常委会制定的《中华人民共和国公司法》《中华人民共和国证券法》《中华人民共和国企业破产法》《中华人民共和国企业国有资产法》《中华人民共和国外商投资法》《中华人民共和国民法典》《中华人民共和国刑法》也对公司相关问题进行了规定。除法律规定外，国务院及有关部委颁布的《中华人民共和国公司登记管理条例》《中华人民共和国企业法人登记管理条例》《公司资本登记管理规定》《企业名称登记管理规定》《上市公司收购管理办法》等行政法规，也是公司法的渊源。最高人民法院对审判工作中具体应用法律问题做出的司法解释，以及最高人民法院发布的对具体适用公司法律问题的指导性案例,也是公司法法律渊源的构成部分。

二、各国公司立法

1. 各国公司立法特征

从各国公司发展过程来看,公司立法存在以下特征:

(1) 立法形式上趋向从民商法中分离出来单独立法,内容则从简到繁,日渐完备,如图1-6所示。

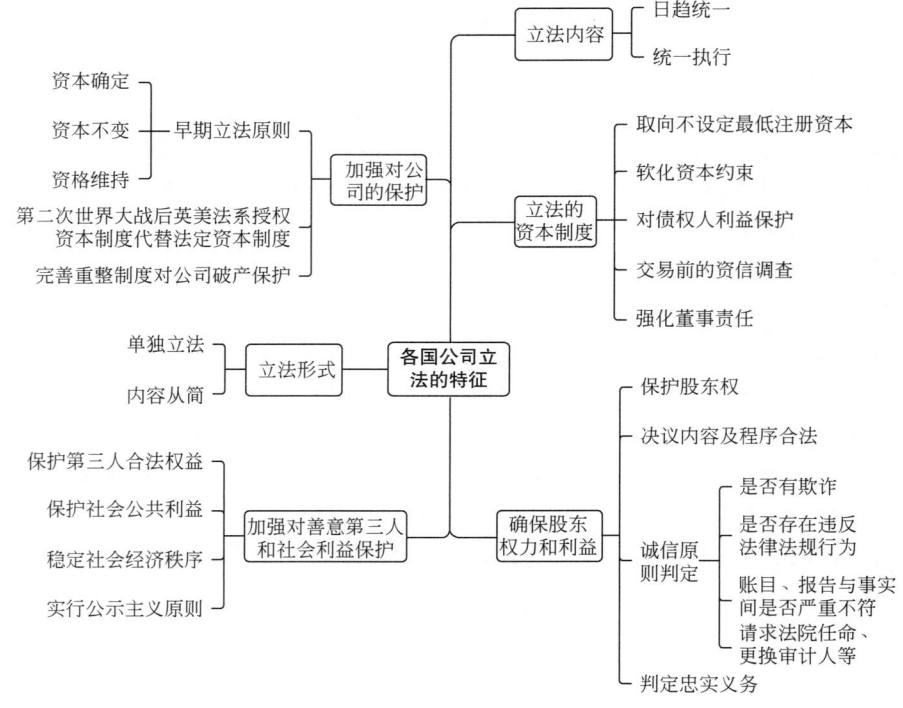

图1-6 各国公司立法的特征

(2) 立法内容上,各国立法内容日趋统一。欧洲共同体进行的统一公司法的尝试最具代表性。

(3) 确保股东的权力和利益。早期公司立法普遍规定对股东权力的保护,通过确认股东(大)会的权力凸显投资者的身份和地位。20世纪后董

第一章 公司及公司法

事会权限和作用扩张，形成了对股东（大）会的削弱。在此情况下，各国纷纷强调保护股东权利，尤其是保护小股东的权利。如在公司立法中增加，若股东（大）会的决议在内容和程序上违反法律或者章程的规定，任何股东均有权请求法院宣告决议无效或者撤销；公司或董事、经理人员有欺诈或者其他严重违反法律或者章程的行为，或公司年度账目或董事会报告与事实严重不符，持有公司股份10%或更低些的股东，可请求法院任命、更换审计人等；同时通过判例确认了董事、管理人员对公司负有忠实义务，实际控制公司的股东对少数股东也负有忠实义务。此外，大陆法系国家法院还常根据民法中的"诚实信用原则"，判定公司管理机关侵犯股权权利的行为无效等。

（4）加强对公司的保护。早期公司立法确定的公司资本确定原则、不变原则和维持原则，要求股东必须在公司成立时缴足资本，并不得抽回，以保证公司的运营和对债权人的保护。二战后，为加速公司的设立和扩大，英美法系国家纷纷采取授权资本制度代替法定资本制度，允许公司在没有认缴全部资本的前提下先成立，并授权董事会在公司成立后缴纳，通过完善重整制度给予公司破产保护。同时，各国公司法规定派生诉讼，就是少数股东为维护公司的利益而发展起来的。

（5）加强对善意第三人和社会利益的保护。保护第三人的合法权益，体现了公司内部的错误不涉及与之交往的正常善意第三人的原则，以稳定社会经济秩序。20世纪，西方各国公司发展规模急剧膨胀，迅速形成了对国民经济有影响的实力效应，公司的不轨行为就会直接危及社会公众和国家的利益。在此背景下，各国在公司立法中纷纷确立了公司的社会责任，以保护社会公共利益，约束公司的行为，最为突出的是实行公示主义原则，要求公司将其主要事项、商业账簿、财务状况定期向社会公布，上市公司须承担信息披露的强制性义务。

（6）大陆法系国家的公司立法借鉴英美法系公司立法的资本制度，取向不设定最低注册资本、软化资本约束、对债权人利益保护、通过交易前的资信调查和强化董事责任等方面来实现。

2. 国外公司立法

1）德国的公司立法

德国的公司立法最早见于1861年的旧商法，其中一编专门是关于公司的规定。1897年制定了新商法，其中第二编为《商事公司及隐名合伙》，规定了无限公司、两合公司、股份公司、股份两合公司的组织和活动。1892年，通过了世界上第一个有限公司法——《有限责任公司法》。1957年颁布了《股份及股份两合公司法》，原商法中的有关规定废止。1980年修改了《有限责任公司法》，规定"有限责任公司，可按本法规定，为任何合法目的，由一人或数人设立"。进入21世纪后，德国《有限责任公司法》的修改面临着两个环境压力：一是面对欧洲一体化和英国公司法的简单、便捷，需要简化设立程序，降低设立成本，其2.5万欧元的注册资本标准明显偏高；二是要防止股东滥用有限责任特权和恶意破产，损害交易安全和债权人利益。2008年11月1日生效的《有限责任公司法改革和防止滥用法》，内容不仅涉及有限责任公司，还涉及股份有限公司和有关破产方面的事宜等。此外，2007年颁布生效的《电子工商登记、合作社登记和企业登记法》，使企业登记时间缩短到平均16天以内。由于欧洲法院判令要求各国承认外国设立的公司，因此英国无最低资本要求对德国造成压力。2008年修订的法律设立了低于普通有限公司标准的企业公司制度，是有限公司的低标准形式，运营规制十分严格，如税后利润的25%应当提取公积金等，而普通有限公司的2.5万欧元的最低资本标准仍得以维持，公司设立时得首先缴付1/4以上的资本，每个股东的出资不得低于100欧元，如图1-7所示。

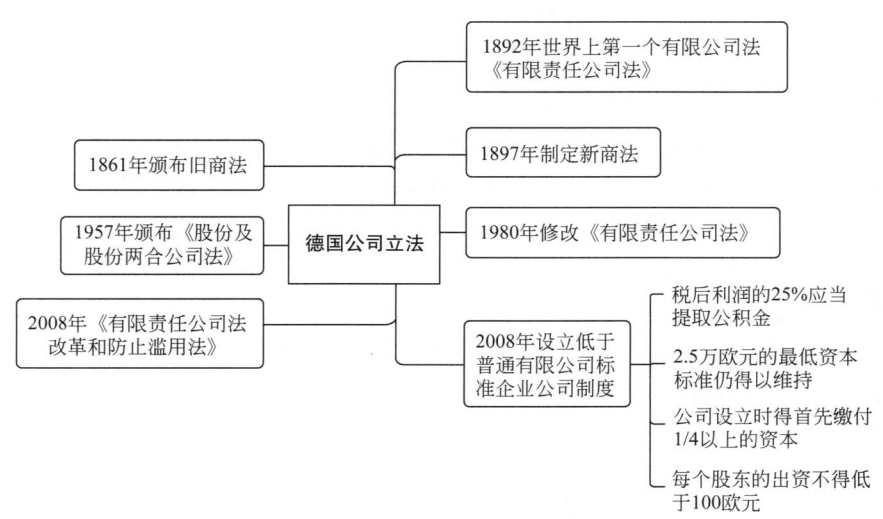

图1-7 德国公司立法

第一章 公司及公司法

2）法国的公司立法

法国实行民商分立，公司法属于商法范畴。在拿破仑时代，1807年颁布了第一部资本主义商法典，即《法国商业法典》。《法国商业法典》是近代以来的第一部商法典，标志着现代统一商法的形成，同时为民法体系中民法与商法的分离开创了先例。《法国商业法典》由四部分组成，第一部分，一般规则，分为9章，包括：商人、商业书籍、公司、商业交易所和票据经纪人、旅行记录、交易、汇票、本票和及时性；第二部分，海商，分为14章，包括：船舶、船舶抵押、船舶所有人、船长、海员、仆人合同、货物证券、租赁合同、基于船舶的抵押品借款、海上保险、海上损害、货物遗弃、限制；第三部分，拒绝破产，分为3章，包括：家族资本的多元化、破产和权力恢复；第四部分是商事法庭，它规定了商事法庭的设立、管辖权、诉讼方式和仲裁程序。《法国商业法典》是世界上第一个商业法典，标志着现代商业法的形成，具有划时代的意义。它采用客观原则（商业行为主义）立法原则，在商业行为的基础上构建准则，突破了自中世纪以来商法仅适用于商人的传统，体现了自革命以来的平等和自由的理念，从而将商人法扩展为商业行为法。同时，《法国商法典》的颁布为民法和商法民法体系的三维案例创造了立法先例。例如，该守则包含了程序法的内容。土地商人的规则比海洋商人的规则弱，而股份公司的规则较少（只有13条）。除了商业法典，法国还有一些特殊的商业法，例如，《商事公司法》《期货交易法》《参加股份公司的工人法》《商业登记法》等。

自《法国商业法典》实施以来的近两百年时间里，它已被多次修订和补充，直到今天仍然适用。在该法规的影响下，许多国家，特别是欧洲国家，制定了自己的商业法规。1867年，为适应公司的大规模发展，制定并颁布了《公司法》，规定了除有限责任公司以外的所有公司形式，对商法典中股份有限公司的旧规定进行了全面修改。1925年学习德国的做法制定了《有限公司法》。1966年，制定了一部全面规定各种公司形式的《商事公司法》，共509条，该法颁布后，过去有关公司的立法相应废止。1985年7月议会通过决定，明确承认一人公司，2001年进一步修订其公司法。2003年颁布了《经济创新法》，废除有限公司7500欧元最低资本金限制，允许股东自由确定公司资本，2004年又作了修订。法国股份有限公司和股份两合公司的最低注册资本为3.7欧元，特殊行业的公司如金融、保险等可能更高。结合法国2001年5月15日的《经济规制法》和2003年8月1日《经济创新法》的规定，法国已经取消了有限责任公司的最低注册资本，对于股东认缴的出资额，公司成立时应先缴付 1/5，其余部分由公司经理决定在登记成立后 5 年内缴足。但是，如果公司发行新股，则所有分期缴付的出资应全部缴足，否则新股发行无效。商法典修订规定，有限责任公司章程可规定允许股东以劳务、手艺、专有技术、产业折股作为出资，如图 1-8 所示。

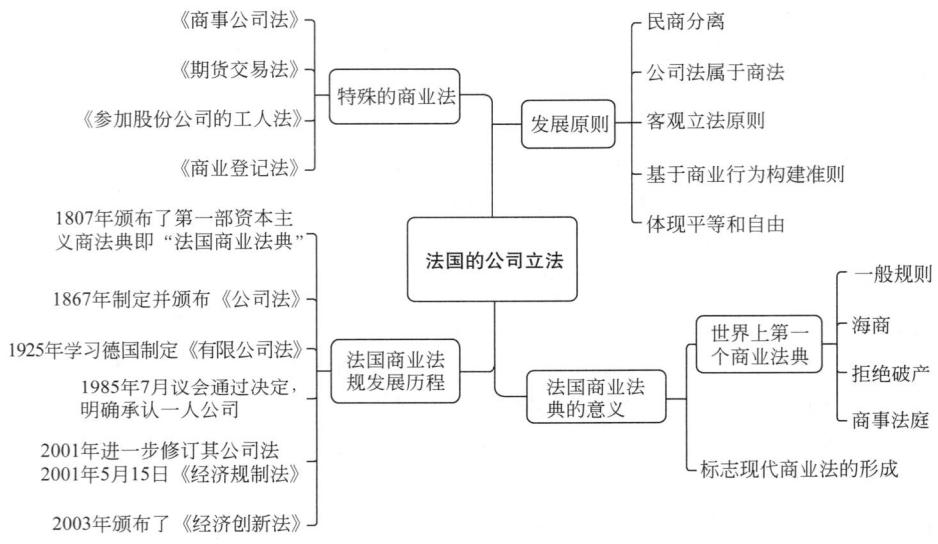

图 1-8　法国的公司立法

3）日本的公司立法

日本也是民商分立的国家。1890 年，日本仿照德国法例，颁布了第一部商法典，即旧商法。该法典第一编第六章对公司做了规定。1899 年新商法典第二编，对除有限公司以外的其他各种形式的公司做了完整系统的规定，还确立了日本公司立法的基础框架。1938 年又参照欧洲公司立法，做了部分修订，同时颁布了《有限公司法》。第二次世界大战后受美国公司法的影响，多次对《有限公司法》进行改动。1990 年对《商法典》和《有限公司法》进行修订，允许一人公司设立。2005 年日本《公司法》脱离《商法典》而单独立法，2006 年 1 月 1 日起实施，取消了有限责任公司形式，借鉴英美做法将股份公司分为封闭式公司和公开公司两种予以规定，并取消了最低注册资本标准。2013 年 11 月日本内阁通过了《部分修改公司法的法律案》和《伴随部分修改公司法的法律的实施完善有关法律的法律案》的内阁决定，涉及的公司法修改内容主要有：一是公司治理机构的进一步完善，包括强化

第一章 公司及公司法

董事会的监督功能,完善会计监察人(外部审计人)选聘解聘等议案表决方式(由监事会或监事行使),完善资金筹集相关规范(包括控股股东变化引起的募集股份的发行、虚假认缴引起的募集股份的发行、新股预约权无偿配发时的配发通知等);二是进一步完善母子公司相关规范,包括母公司股东的保护(如引进多层股东代表诉讼制度、确保企业集团业务合规的必要体制构建、实施股份交换时的股东代表诉讼、母公司转让子公司股份的情形等),以及现金排挤合并、公司组织重整中股份回购请求等,如图1-9所示。

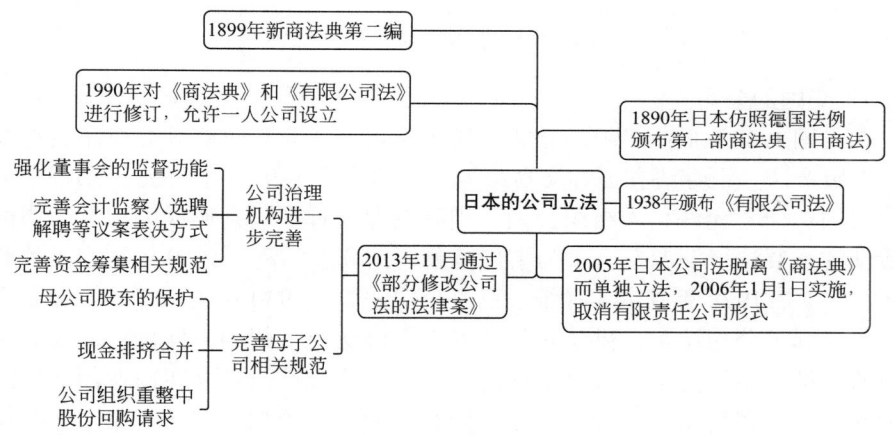

图1-9 日本的公司立法

4)英国的公司立法

英国公司法传统上由国王特许设立或议会通过法令许可,后来为适应自由经济发展的需要,英国对私人公司的开办实行开放政策。1844年通过一项法律,允许私人组织公司,并采用完全公开的原则作为保护投资公众利益的方式。1856年颁布了现代有限责任的公司法。英国公司法不规定无限公司、两合公司和股份两合公司,有限公司中公开发行股份的公司被称为公开公司。类似大陆法系的无限公司和两合公司,由1890年颁布的《合伙法》和1907年的《有限合伙法》加以规定。1908年制定了《统一公司条例》。英国的公司法经常修改,1992年公司法修正案确立了一人公司的合法地位,之后公司法被修订的期限频率更高,2006年英国以强化股东参与和优化长期投资环境、确保更好的管理及方便公司设立为目标,对公司法进行了最重大的修订,最新的一次修订完成于2008年,如图1-10所示。

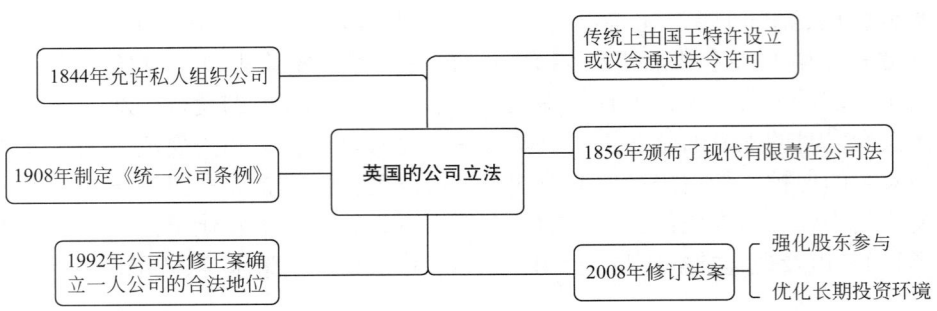

图 1-10　英国的公司立法

5）美国的公司立法

在美国，有关企业组织的立法权属于州议会，联邦政府只有权制定涉及公司的破产法、证券法和证券交易法等。纽约州于 1807 年就制定了第一个关于公司的法律，允许私人组织公司，当时在很大程度上判例成为指导公司商业活动的重要法律渊源。后来为了规范公司的商业活动，1909 年制定了《股票转让法》，1928 年制定了《统一商事公司法》。1950 年美国律师协会制定起草了《标准公司法》，供各州议会参考。该法经各州的不同修订，为大多数州所采纳。由于美国经济对全球的决定性影响和美国社会在商业活动中的巨大活力，其在公司立法方面的改革同样引领了各国的公司法变革，如公司法人治理结构、公司人格否认、股东派生诉讼等制度为各国效仿。2004 年最新版本的美国《标准公司法》修订产生，成为日后各州新的参考对象，如图 1-11 所示。

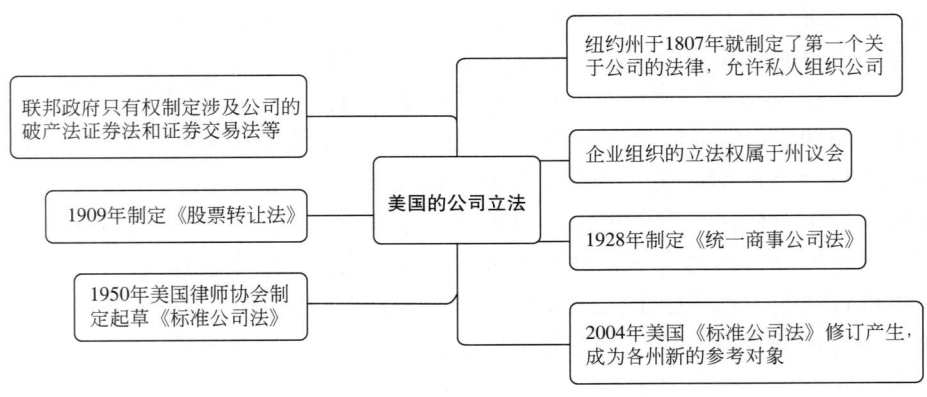

图 1-11　美国的公司立法

6）韩国的公司立法

韩国的公司法最早为1961年实施的韩国商法典，后于2009年5月28日和2011年4月14日先后两次修订。2009年的修订主要简化了注册资本不足10万亿韩元的小规模股份公司的设立和经营（通过设立一名或两名董事而代替设立董事会，将监事规定为任意机关等），废止了股份公司最低注册资本并规定了电子股东名册、股东大会电子投票方式等。2011年的修订是韩国商法典实施近50多年来修改规模最大的一次，修改条文达到260条之多，主要内容涉及合资合伙、有限责任公司新的企业形态的引入、董事对公司的责任以及责任的减免等，于2012年4月15日实施。

三、公司法的定义

公司法是规定各种公司的设立、活动、解散以及其他对内对外关系的法律规范的总称。公司法规范了公司的组织及行为，保护了公司、股东及债权人的合法权益。根据我国《公司法》第一条，公司法还有维护社会经济秩序，促进社会主义市场经济发展的重要作用。

知识栏：中国公司法历次修正（订）情况简介

1993年12月29日第八届全国人民代表大会常务委员会第五次会议通过了《中华人民共和国公司法》，自1994年7月1日起施行，以适应国企股份制改革。

根据1999年12月25日第九届全国人民代表大会常务委员会第十三次会议《关于修改〈中华人民共和国公司法〉的决定》第一次修正。明确了国有独资公司需要设立监事会，授权国务院放宽高新技术股份有限公司中发起人以工业产权和非专利技术作价出资的金额占公司注册资本的比例，以及公司发行新股和申请股票上市的条件，允许在证券交易所内部为高新技术股份有限公司股票开辟第二板块市场等。

根据2004年8月28日第十届全国人民代表大会常务委员会第十一次会议《关于修改〈中华人民共和国公司法〉的决定》第二次修正。删去了"以超过票面金额为股份发行价格的，须经国务院证券管理部门批准"的规定。

根据2005年10月27日第十届全国人民代表大会常务委员会第十八次会议要求进行了再次修订。降低了公司设立门槛；给公司以充分地自主权；允许设立一人有限责任公司;建立了法人否定制度、股东诉讼制度、独立董事制度等,奠定了现代公司制的基础。

根据2013年12月28日第十二届全国人民代表大会常务委员会第六次会议《关于修改〈中华人民共和国海洋环境保护法〉等七部法律的决定》第三次修正,并于2014年3月1日起施行。2014年公司法共修改了12个条款,将公司注册资本实缴登记制改为认缴登记制,认缴登记制是指登记机关只登记公司股东(发起人)认缴的出资总额(注册资本),公司股东(发起人)可以自主约定认缴出资额、出资方式、出资期限等,并记载于公司的章程。此外,新修订的公司法取消了公司注册资本最低限额、放宽注册资本登记条件、简化登记事项和登记文件等,公司登记时不再需要提交验资报告等,公司资本制度改革,鼓励创新创业。

根据2018年10月26日第十三届全国人民代表大会常务委员会第六次会议《关于修改〈中华人民共和国公司法〉的决定》第四次修正,增加了允许股份回购的情形,简化了股份回购的决策程序,延长了公司持股期限。

为正确适用《中华人民共和国公司法》,最高人民法院结合人民法院审判实践,就人民法院审理相关民事纠纷、合并、兼并、公司解散和破产清算、股东权益保护等纠纷案件中,具体适用公司法的有关问题相继做出了规定,分别是:2014年2月20日,最高人民法院公布了最新修正的《最高人民法院关于适用〈中华人民共和国公司法〉若干问题的规定(一)》,明确了公司法的适用范围;《最高人民法院关于适用〈中华人民共和国公司法〉若干问题的规定(二)》,主要涉及公司解散与破产清算;《最高人民法院关于适用〈中华人民共和国公司法〉若干问题的规定(三)》,主要涉及公司设立与股东权问题;2017年8月25日,最高人民法院公布了《最高人民法院关于适用〈中华人民共和国公司法〉若干问题的规定(四)》,主要涉及公司决议行为与股东权问题;2019年4月28日,为了保护公司股东尤其是中小股东权益,优化营商环境,最高人民法院公布了《最高人民法院关于适用〈中华人民共和国公司法〉若干问题的规定(五)》。上述五个司法解释,极大地丰富了公司法的内容。

另外,为了确认公司的企业法人资格,规范公司登记行为,依据《中华人民共和国公司法》制定了《中华人民共和国公司登记管理条例》(1994年

第一章　公司及公司法

6月24日中华人民共和国国务院令第156号发布）。根据2005年12月18日《国务院关于修改〈中华人民共和国公司登记管理条例〉的决定》修订了《中华人民共和国公司登记管理条例》，自2006年1月1日起施行。根据2014年2月19日《国务院关于废止和修改部分行政法规的决定》修订了《中华人民共和国公司登记管理条例》，自2014年3月1日起施行。根据2016年2月6日国务院令第666号《国务院关于修改部分行政法规的决定》修正了《中华人民共和国公司登记管理条例》，自2016年3月1日起施行。

四、公司法的内容和特征

公司法规定了公司设立过程、存续期间和终止过程中的法律行为和法律关系。设立过程中的行为和关系，包括设立人之间及设立人与第三人之间的行为和关系。存续期间的行为和关系，包括股东之间、股东与公司之间、公司管理机构之间、股东与管理机构之间，股东、公司与第三人之间，公司与国家管理机关之间的行为和关系。终止过程中的行为和关系除上述关系外，还包括股东与清算组织、清算组织与第三人等的行为和关系。

1. 公司法的内容

1）规定了公司的概念、类型、组织形态和责任

公司是一种企业组织形态，是依照法定条件与程序设立以营利为目的的商事组织。我国公司法所规定的公司类型是指依法在中国境内设立的有限责任公司或股份有限公司。公司从事经营活动，必须遵守法律和行政法规，遵守社会公德、商业道德、诚实守信，接受政府和社会公众监督，承担社会责任。

2）规定了股东的权利和义务

公司股东是公司的投资人，依法享有资产收益、参与重大决策和选择管理者等权利，并且在法定情形下有向人民法院提起诉讼的权利。股东的主要义务是出资义务以及权利不得滥用义务，如果公司股东滥用公司法人独立地位和股东有限责任逃避债务、严重损害公司债权人的利益，应当对公司债务负连带责任。

3）规定了公司章程

设立公司必须依法制定公司章程。公司章程被称为公司内部的宪法，全面指导公司活动。公司章程对公司、股东、董事、监事、高级管理人员具有约束力。

4）规定了公司董监高与职工的利益平衡

公司董监高是指对公司决策、经营、管理负有领导职责的人员，如董事、监事、总经理、副总经理、公司财务负责人等。担任公司董监高须符合法定条件，遵守法定义务。公司必须保护职工的合法权益，依法与职工签订劳动合同，参加社会保险，加强劳动保护，组织工会开展活动，维护职工权益。

2. 公司法的特征

1）公司法是商业组织法

商事主体通常有独资企业、合伙企业、公司企业三种，公司制企业是其中最高级的组织形式。针对公司企业的法律就是公司法，其规定了公司的种类、设立程序、章程、变更、法律地位、股东权利、组织机构以及公司的名称、住所、经营范围、法定代表人等内容，因此说公司法是商业组织法。

2）公司法是商业行为法

公司法有着规范公司商业活动的作用。商业行为种类繁多，需要多种法律加以规范和调整，如票据法、证券法、保险法、海商法、合同法等。公司法所规范的商业行为往往与公司自身主体的运作和发展有关，如商业代理、股东（大）会的举行、股权的发行、债券的发行、股份的转让、董事行为的规范和制约、公司合并和收购、公司营业转让、公司重整、解散和清算等。

3）公司法的主体内容由成文法构成

公司是现代社会的产物，有着纷杂的内外部关系，需要成文法加以明确规定，在世界各国无一例外地采用了成文法的形式。除成文法外，随着各种新情况的发生，在英美法系国家，一些涉及公司内部关系的判例事实上也是公司法的组成部分。在中国除了颁布的公司法典外，涉及公司组织机构与公司运行、公司变更和股东权益保护等方面的规定，如最高人民法院发布的司法解释、指导性案例也是公司法的必要补充。

4）公司法的规范主要是强制性规范

设立人及公司必须遵守公司法。公司法关注股东利益的保护，同时体现

第一章 公司及公司法

对相关者利益的平衡维护发展的理念和价值,如债权人利益、员工利益、政府税收利益以及社会责任等。较其他市场主体法律,公司法更多体现了国家对社会生活的干预和渗透,如在合伙中,普通合伙人可以信用、劳务出资,但公司则不允许。

五、公司法的性质和归类

公司法的性质是指其在法律分类体系中的基本属性。在法律性质的界定上,公司法应属于私法、商事法和商事主体法。

首先,公司法属于私法。在西方国家,把法律分为公法与私法。所谓公法是指调整国家与社会组织和个人关于公共生活关系的法律规范。所谓私法是指调整上述组织和个人之间以及相互间关于私人生活的法律规范。虽然随着现代经济的发展,社会整体观念的加强,对于私法逐渐改变以往放任的态度,而采取积极干预的方式,从而出现"私法公法化"的趋势,但就其本性而言,公司法仍属私法。原因在于公司法主要调整私人或民事主体之间的关系,调整的直接目的是保护和协调民事主体的私人利益,促进商业活动的增长和发展,调整方法则主要是通过民事权利义务的设定和民事责任的追究。

其次,公司法属于私法中的商事法。公司本身是一种营利性的社团法人组织,不管其具体经营活动是从事生产制造,还是商品流通,抑或是商品交换中介活动,其目的都是为了营利。股东组成公司或购买公司股份的目的也是为了使自己的财产增值。这种经济活动正是商法所调整的商事关系。公司本身也是商事关系中最普通、最主要的商业组织或团体。因此,公司法属于商事法。

最后,公司法属于商事法中的商事主体法。商事法中有的侧重商事主体调整,有的侧重商事活动调整,有的侧重商事关系的客体或对象调整,而公司法是其中的商业组织法或商事主体法。公司是一种社团法人组织,是由多数人组成的团体,因而对其实行法律调整的公司法具有主体法或组织法的性质,如图1-12所示。

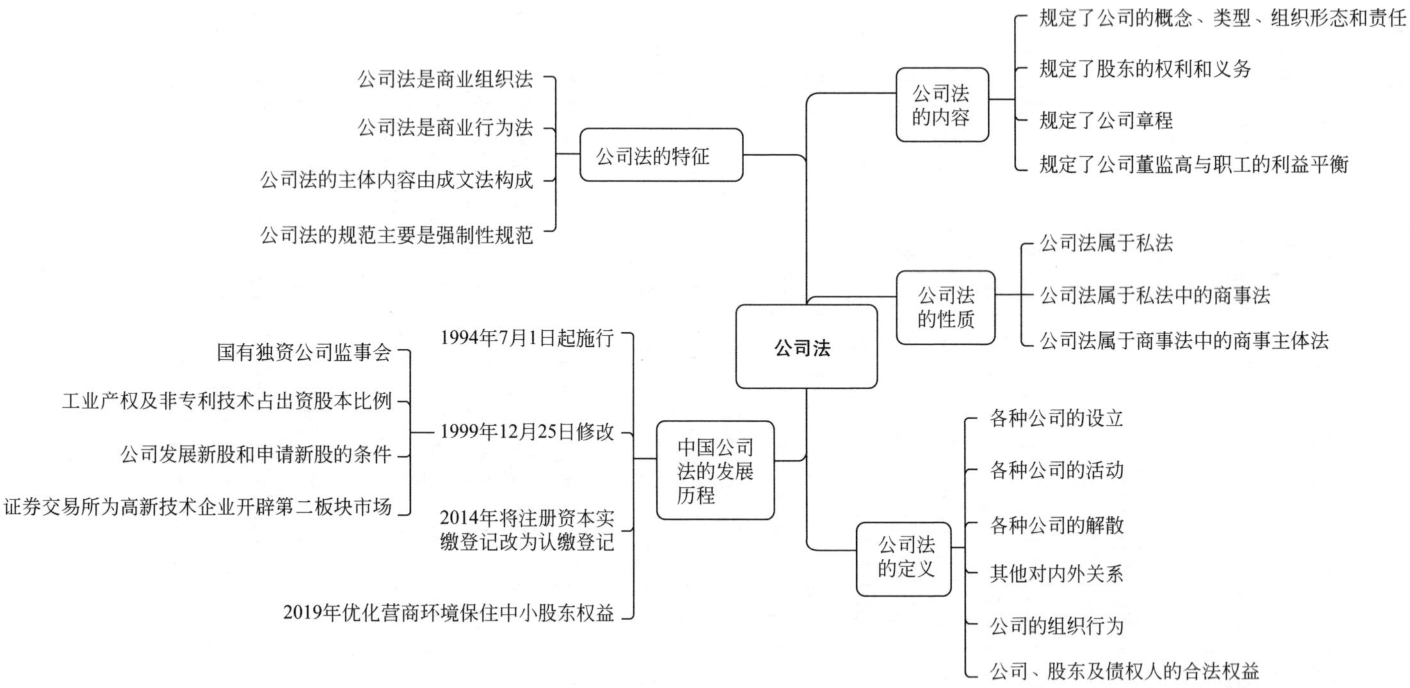
公司法
公司法的内容
规定了公司的概念、类型、组织形态和责任
规定了股东的权利和义务
规定了公司章程
规定了公司董监高与职工的利益平衡
公司法的性质
公司法属于私法
公司法属于私法中的商事法
公司法属于商事法中的商事主体法
公司法的定义
各种公司的设立
各种公司的活动
各种公司的解散
其他对内外关系
公司的组织行为
公司、股东及债权人的合法权益
公司法的特征
公司法是商业组织法
公司法是商业行为法
公司法的主体内容由成文法构成
公司法的规范主要是强制性规范
中国公司法的发展历程
1994年7月1日起施行
1999年12月25日修改
国有独资公司监事会
工业产权及非专利技术占出资股本比例
公司发展新股和申请新股的条件
证券交易所为高新技术企业开辟第二板块市场
2014年将注册资本实缴登记改为认缴登记
2019年优化营商环境保住中小股东权益

图 1-12　公司法

第一章 公司及公司法

延伸阅读1：郭凡炬，付晓，山东琴岛律师事务所律师：《中国百年《公司法》的发展历程》。

延伸阅读2：朱慈蕴，清华大学法学院教授、博士生导师：《论中国公司法本土化与国际化的融合——改革开放以来的历史沿革、最新发展与未来走向》，《东方法学》2020年第2期。

延伸阅读3：邓峰，北京大学法学院教授、北京大学法律经济学研究中心主任：展望《公司法》修订——定位、原则和蓝图。

第一章小结

本章共有2节，重点阐述了公司及公司法的内涵、外延、分类及其主要特征。

第一节企业组织及公司，包括企业及组织形式、公司的起源与发展、公司的核心内涵、公司法律特征、公司的分类五部分内容。

公司作为当今世界各国企业的重要组织形式，其产生和发展经历了漫长的历史时期。在人类经济发展史上，个人企业和合伙企业曾是经济活动的主要组织形式。随着商品经济和社会化大生产的发展，公司逐步取代传统企业，成为现实经济生活中占主导地位的企业组织形式。

公司制度是现代社会最伟大的发明，是企业发展史上的伟大创举。在资本来源上，它使企业家摆脱了对个人、银行等金融机构的绝对依赖，为实现长期持续发展提供了保障。公司作为一种组织形式，是现代社会经济与自由发展的一种必然要求和选择。

从法律上界定，公司有以下五个特征：公司的法人性特征、公司的法定性特征、公司的营利性特征、公司的社会性特征和公司的社团性特征。

关于公司的分类，一是按照财产责任，可分为有限、无限和两合三大类；二是按照有无公开义务，可分为公众公司和封闭公司；三是按照内部管理和公司内部依附关系，可分为总公司与分公司；四是按照控股关系，可分为母公司和子公司；五是按照隶属关系，可分为集团公司与关联公司。

第二节公司法概述，主要包括公司法的渊源、各国公司立法、公司法的定义、公司法的内容和特征、公司法的性质和归类五部分内容。

公司法的概念由英国的普通法系而来。我国公司法的渊源，主要是全国人大常委会制定的《中华人民共和国公司法》《中华人民共和国证券法》《中华人民共和国企业破产法》等法律，以及国务院颁布的《中华人民共和国公司登记管理条例》《中华人民共和国企业法人登记管理条例》《公司资本登记管理规定》等行政法规。

公司法是规定各种公司的设立、活动、解散以及其他对内对外关系的法律规范的总称。公司法规范了公司的组织及行为，保护了公司、股东及债权人的合法权益。根据我国《公司法》第一条，公司法还有维护社会经济秩序，促进社会主义市场经济发展的重要作用。

公司法有四个主要特征：一是公司法是商业组织法；二是公司法是商业行为法；三是公司法的主体内容由成文法构成；四是公司法的规范主要是强制性规范。

在法律性质的界定上，公司法应属于私法、商事法和商事主体法。首先，公司法属于私法。其次，公司法属于私法中的商事法。最后，公司法属于商事法中的商事主体法。

第二章 公司治理

以支薪职业经理人出现为标志的现代公司制企业形成了股权结构分散化、所有权与经营权分离两个重要特征,由此产生现代公司治理问题。公司治理最早出现在经济学文献中的时间是 20 世纪 80 年代初期。西方学者对公司治理的研究主要围绕三个主题展开:一是如何监督和控制经理人员的行为;二是如何保护公司利益相关者的权益;三是如何强化董事会的战略参与。在我国,如何控制上市公司控股股东的道德风险,家族企业、民营企业、国有企业如何治理等问题,成为公司治理的研究热点。在经济全球化影响下,公司治理成为国家治理的重要组成部分,越来越受到世界各国政府和学者的关注和重视。科学合理的公司治理是保证现代企业有效运营的基础和条件,无论是发达国家还是发展中国家,都把完善公司治理看作是改善投资环境、夯实经济基础的必要手段。

第一节 公司治理的概念

一、公司治理的内涵

因所有权与经营权分离而产生的委托代理关系,催生了公司治理的产生。公司治理的英文为"Corporate Governance",直译为法人规制或法人治理结构。西方学者对公司治理内涵的界定,主要是围绕着控制和监督经理人行为、保护包括股东在内的公司利益相关者利益两个主题展开的。公司治理一方面需要通过一定的制度安排向投资者和经营者提供激励,另一方面则需要通过控制权的安排对经营者的行为进行约束。公司治理的内涵应包含公司治理结构与公司治理机制两个层次:公司治理结构是指以剩余控制权与剩余索取权分配以及投资者权利保护为内容的产权安排;公司治理机制则是指利用法律、行政法规和管制框架、控制权市场、公司制度设计等来降低代理成本,从而在一定程度上解决代理问题的各种制度或机制的总称,如图 2-1 所示。

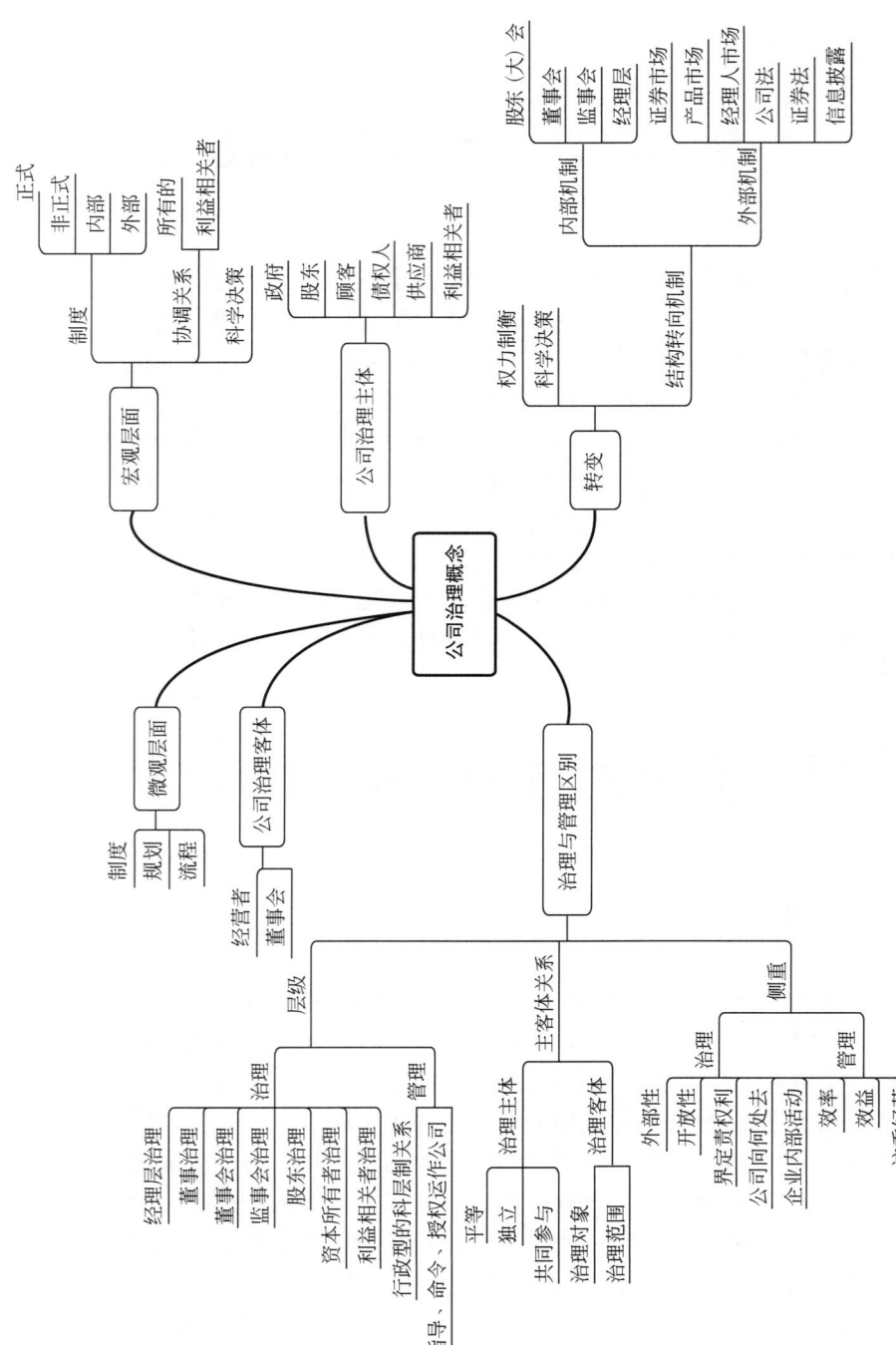

图2-1 公司治理的概念

第二章　公司治理

从社会学层面看公司治理是文化与理念，从管理学视角看公司治理是组织与行为，从法学层面看公司治理是规则与制度。公司治理起源于代理和不完备合约，国内外学者和机构对公司治理的内涵主要有以下几种代表性观点：公司治理是一种权利关系，公司治理是一种企业内部的制衡机制，公司治理是一种制度安排。

1. 学者及机构对公司治理的定义

公司治理理论的先行者鲍勃·特里克提出，公司治理为企业提供全面的指导，监控管理者的行为，以满足超过企业边界的利益主体的合法预期。

凭借"在契约理论方面的贡献"于2016年获得诺贝尔经济学奖的哈佛大学经济学教授奥利弗·哈特认为，只要存在代理成本和不完备合约，公司治理在一个组织中就会必然产生。代理问题表明组织成员之间存在利益冲突。在合约不完备情况下，公司治理是一个决策机制，治理机构分配公司非人力资本的剩余控制，即资产使用权如果没有在初始合约中详细设定，治理机构将决定其如何使用。

英国卡德伯瑞（Cadbury）公司治理报告将公司治理直接定义为经营和控制的制度。现代公司的最重要特征之一就是所有权、经营权两权分离，所有者面临对经营者激励和约束的两难选择，因而，公司治理的实质是创造一个所有者和经营者之间的利益制衡机制。公司治理中董事会起主导作用，制定公司的战略目标并领导有效实施，董事和审计员由股东委派。

鲍勃·特里克提出，公司治理包括董事和董事会的思维方式、理论和做法，它涉及的是董事会和股东、高层管理部门、规制者与审计员，以及其他利益相关者的关系。特里克还认为，公司治理与公司管理是不同的两个概念，公司管理涉及的是在公司边界内的业务动作，如生产、开发、人事、营销、融资等；而公司治理涉及的则不是这种管理本身，而是关于在公司边界之外董事如何全面指导企业、监察和控制管理部门的执行行为，满足公司边界之外利益集团对责任和规制的合法预期。因此，"如果说管理是关于经营业务的话，那么，治理则是确保能够恰当地经营"。

美国公司治理领域权威学者玛格丽特·M. 布莱尔指出，狭义的公司治理是"探讨有关董事会的结构和权利，或者是股东在董事会决策中的权利和天赋特权"。布莱尔还认为，股东的权益资本是总体投入组合中极为重要的构成部分之一，但对企业的投资并不仅限于股东，供应商、贷款人、顾客尤其是企业雇员往往都做出了特殊的投资，这些投资的价值在极大程度上依赖于他们与公司的长期关系。

中国社会科学院主攻公司法领域研究的崔勤之教授认为，公司治理就是公司组织机构的现代化、法治化问题。从法学角度讲，公司治理结构是指为维护股东、公司债权人以及社会公共利益，保证公司正常、有效地运营，由法律和公司章程规定的有关公司组织机构之间权力分配与制衡的制度体系。公司治理结构是一个法律制度体系，它主要包括法律和公司章程规定的公司内部机构分权制衡机制，以及法律规定的公司外部环境影响制衡两部分。

著名经济学家吴敬琏、吉尔森和罗强调公司治理结构的相互制衡作用，认为所有者、董事会、经理层之间的权力制衡是实现公司治理的关键。只有公司内部之间明确了责权利关系，公司治理结构才能被建立起来。

北京大学光华管理学院经济学教授张维迎强调，企业的所有权安排是公司治理的关键。他认为公司治理结构，狭义地讲是指有关公司董事会的功能、结构、股东的权利等方面的制度安排，广义地讲是指有关公司剩余控制权和剩余索取权分配的一整套法律、文化和制度性安排。这些安排决定公司的目标、谁在什么状态下实施控制、风险和收益如何在不同企业成员之间分配等问题。他还认为企业所有权是公司治理结构的一个抽象概括，公司治理要解决的核心问题是如何使企业的剩余索取权和剩余控制权相互对应。

中国社会科学院研究员刘小玄认为，公司治理结构是企业所有权安排的具体化，企业所有权是公司治理结构的一个抽象概括。具体说，就是在特定条件或阶段下分别由不同的企业投资者、经营者或出资者控制的决策权、剩余权和财产权等状态。

北京大学教授林毅夫认为公司治理结构是指所有者对一个企业的经营管理和绩效进行监督和控制的一整套制度安排，而人们通常所关注或定义的公司治理结构，实际指的是公司的直接控制或内部治理结构。他强调市场机制在公司治理中的决定性作用，认为企业要获得健康发展，最主要是看能否形成一个良好的市场利润率，一个合理的市场利润率恰能正常反映企业经营者的经营水平，这种市场监督和约束构成了公司治理结构的关键。

中国人民银行前行长周小川提出保护所有者利益、监督激励经营者论，认为公司治理结构是来自出资人和利益相关人对公司的控制，大体上是指股东大会、董事会如何通过制度性安排监督和控制高层经理人员的经营。

经济合作与发展组织（OECD）在1999年5月通过的《经济合作与发展组织公司治理原则》中，主要规定了五个方面内容：股东权力、股东的平等

第二章 公司治理

对待、利益相关者在公司治理中的作用、信息披露和透明度、董事会的责任。该治理原则提出：公司治理是指导和控制公司的制度，具体包括公司的管理层、董事会、股东和其他利益相关者的一整套关系。公司治理提供了一个架构，通过这个架构，公司的目标、实现目标的方法和监督实施的手段得以确定。良好的公司治理应当能提供适当的激励，使董事会和管理层有效地实施有益于公司和股东的目标，并能提供有效的监督，从而激励公司更有效地利用资源。公司治理是公司赖以生存的包括诸如宏观经济政策、产品等要素市场的竞争程度等更大的经济体系的一部分。公司治理的框架也依赖于法律、规章和制度环境。

南开大学中国公司治理研究院院长李维安认为，狭义的公司治理主要是股东对经营者的一种监督和制衡机制，即通过一种制度安排来合理地配置所有者与经营者之间的权利与责任关系。公司治理的目标是保证股东利益最大化，特点是通过股东大会、董事会、监事会及管理层所构成的公司治理结构的内部治理，防止经营者对所有者利益的背离。广义的公司治理则涉及广泛的利益相关者，包括股东、债权人、供应商、雇员、政府和社区等与公司有利益关系的集团或个人。

李维安对公司治理的概念做出了界定。他认为所谓公司治理，是指通过一套包括正式或非正式的、内部或外部的制度或机制，来协调公司与所有利益相关者之间的利益关系，以保证公司决策的科学化，从而最终维护公司各方面利益的一种制度安排。这种公司治理是公司利益相关者通过一系列的内部和外部机制实施的共同治理。公司治理的目标不仅是股东利益的最大化，而且还要保证公司决策的科学化，从而保证公司各方面利益相关者的利益最大化。

清华大学中国经济研究中心常务副主任宁向东教授将公司治理的问题分为两类：一类是代理型公司治理问题，另一类是剥夺型公司治理问题。代理型公司治理问题面对的是股东与经理之间的关系，而剥夺型公司治理问题则涉及股东之间的利益关系。

在《新帕尔格雷夫货币与金融大词典》的"公司治理"条目中，并没有直接给予定义，而是描述了公司治理的形式："接管市场被看作过去二十多年里英美公司治理的有效、简单和一般的方法。它的本质是使经营者忠于职守，并且在其他对公司治理可能产生的影响因素如董事会、经理人市场、产品市场、资本市场贷款约束等不起作用时，接管仍然能发挥作用。但是由于决策会失误和成本高昂，近年来它的影响下降。后来人们又对董事会产生了兴趣，认为它是监督经营者、协调股东与经营者关系的精致工具"。

综上所述，公司治理从宏观上是指通过一套正式或非正式的、内部或外部的制度来协调公司与所有利益相关者之间的关系，以保证公司决策的科学化，从而最终维护公司各方面利益的一种制度安排。公司治理从微观上是指导、控制公司运行的一套制度、规划和流程，在组织形式上体现为法人治理结构。简而言之，公司治理是一整套制度安排，用于管理和协调公司所有利益相关者之间的关系。

2. 如何理解公司治理

1）必须明确公司治理的主体和客体

公司治理的主体具体是指政府、股东、顾客、债权人、供应商等利益相关者，公司治理的客体一般包括经营者和董事会。经营者，对其治理来自董事会，目标在于公司经营管理是否恰当，判断标准为公司的经营绩效；董事会，对其治理来自股东及其他利益相关者，目标在于公司的战略决策是否恰当，判断标准为股东及其他利益相关者投资回报率（表2-1）。

2）必须实现两个方面的观念转变

一是以权力制衡实现科学决策。公司治理通过制衡各方的权力，保证公司的科学决策。公司治理所要解决的主要问题是所有权和经营权分离条件下的代理问题，通过建立一套正式或非正式的制度，通过分权和制衡实现科学决策。

二是以公司治理结构建设完善公司治理机制。公司治理结构既包括内部的法人治理结构，也包括职业经理人市场、产品市场、资本市场、政府监管等配套制度体系。公司治理结构是完善"负责、公平、透明、履行社会责任"等公司治理机制的制度保障。

表2-1 公司治理与公司管理的主要区别

内容	公司治理	公司管理
科学属性	社会科学	技术科学
制度形式	产权制度	组织与管理制度
层次结构	以董事会为中心的治理结构	以总经理为中心的内部组织结构
涉及主体	所有者、债权人、经营者、雇员、客户	客户、经营者、债权人、雇员、所有者

第二章 公司治理

续表

内容	公司治理	公司管理
公司地位	规定公司构架，确保管理处于正确轨道	规定公司具体的发展路径及手段
实施基础	市场机制和内外部的显性、隐性契约	组织内部的行政权威关系
实施内容	资源配置	资源的进一步配置和利用
实施手段	内部、外部、相关治理机制	计划、组织、决策、控制、激励、创新
基本职能	监督控制和战略指导	人、财、物等资源的管理活动
主要目标	保证公司决策科学化，实现利益相关者利益最大化	保证公司正常运营，完成公司既定的目标，以实现公司价值最大化
导向类型	战略导向，规定公司的基本框架，确保管理处于正确的轨道上	任务导向，通过具体的管理操作来完成公司任务
侧重中心	公司外部	公司内部
法律地位	主要由法律、法规决定	主要由经营者决定
政府作用	政府通过制定相关法律等发挥作用	政府不干预具体管理过程
资本结构	反映股东、债权人的相对地位	反映公司的财务状况
股本结构	体现各股东的相关地位	反映所有者对管理行为的影响

知识栏：治理与管理的区别

公司治理重点强调制度安排，以使公司决策科学化，从而维护各相关利益者之间的关系，保证公司的可持续发展。管理是指在一定的社会制度等外部环境中，一个组织为了实现预期的目标，由管理者对组织内部的各种资源进行决策、计划、组织、领导、激励、控制和创新，促进其相互协调，以取得最大效益的动态过程。治理与管理之间区别很大，治理尤其关注董事会、股东及经理层等，而管理重点关注产品运营、销售、服务等问题。传统的企业管理金字塔结构模型，包含高层管理、中层管理及基层管理等。但是要描述公司，还需在金字塔结构模型上面添加"倒三角形"部分，即公司治理，上下两个三角形组合起来构成公司的组织模型。

治理具有外部性和开放性，侧重的是公司决策和对经营管理的监督控制；管理是内部的，主要是经营者行使管理权，侧重于业务经营管理。具体来说，主要从以下几方面对治理与管理区别进行说明。

1. 从层级上看

公司治理体系由内而外依次是经理层和董事的治理、董事会和监事会治理、股东治理、资本所有者治理、利益相关者治理等。

而公司管理体系可能比公司治理更复杂，层级更多，但基本关系是比较简单的上级指挥下级、下级对上级负责的行政型的科层制关系，描述和界定公司最高管理者如何通过指导、命令、授权运作公司，实现公司目标。

2. 从主客体上看

公司治理主体包括股东、债权人、经理人员、雇员、顾客、政府、社区等利益相关者，各组成部分在平等、独立的关系上共同参与公司治理；公司治理的客体是指公司治理的对象及其范围，治理对象包括董事会和经理层。

而管理是由计划、组织、领导和控制等职能为要素组成的活动；管理主体回答"谁管"的问题，包括董事会和经理人员，管理客体回答"管什么"的问题，涉及管理过程中的人、财、物、技术、信息、时间等要素，管理内容包括生产运作、市场营销、人力资源管理、财务管理、信息化建设等职能活动。管理，主要是经理行使指挥权，管理主要关心的是实现目标的措施——"公司怎样到达那儿"。

3. 从侧重中心上看

公司治理具有外部性和开放性，侧重的是确定公司目标，界定经理人员（高层管理人员）基本的责、权、利，对经理人员是否进行有效的战略和经营管理进行监督和控制，主要关心的问题通常涉及目标及主要路线的"公司向何处去"。而管理主要围绕企业内部活动，目的是如何使企业变得更有效率和效益，侧重业务经营。

公司治理与管理既有区别又有联系，就像一个硬币的两面不能截然分割，两者交叉部分在于战略管理。缺乏良好治理模式的公司，即使有再好的管理，也没有牢固的根基；没有通畅的管理体系，美好的治理模式也只是一张缺乏实际内容的蓝图。

4. 从公司治理结构和公司管理作用上看

公司治理结构要解决涉及公司成败的三个基本问题。一是如何保证投资者（股东）的投资回报，即协调股东与公司的利益关系。在所有权与经营权分离的情况下，由于股权分散，股东有可能失去控制权，公司被内部人（即管理者）所控制。这时控制了公司的内部人有可能作出违背股东利益的决策，侵犯了股东的利益。这种情况会引起投资者不愿投资或股东"用脚表决"的后果，有损于公司的长期发展。公司治理结构正是要从制度上保证所有者（股

第二章　公司治理

东）的控制与利益。二是公司内各利益集团的关系协调。这包括对经理层与其他员工的激励，以及对高层管理者的制约。这个问题的解决有助于处理公司各集团的利益关系，又可以避免因高管决策失误给公司造成的不利影响。这就是公司的基本层。三是提高公司自身抗风险能力。随着公司的发展不断加速，公司规模不断扩大，公司中股东与公司的利益关系、公司内各利益集团的关系、公司与其他公司关系以及公司与政府的关系将越来越复杂，发展风险增加，尤其是法律风险。合理的公司治理结构，能有效地缓解各利益关系的冲突，增强公司自身的抗风险能力。

公司战略目标确立了公司的发展方向；公司精细化管理的作用能使公司的运作效率大大增强；使每个员工都充分发挥他们的潜能；使公司财务有了清晰目标和管理方向，资本结构合理，投融资恰当。向顾客提供满足的产品和服务，树立企业良好形象，为社会多做贡献。使公司每个员工都实现自我价值，从中获得成就感和幸福感，最终提高了企业的经济效益和社会效益。

二、公司治理问题的产生

公司治理的核心是要解决公司所有权与经营权分离所产生的种种问题。这些问题包括企业的代理成本、所有权安排、内部人控制等。

1. 代理成本

股东作为委托人有权要求经营者的行为符合股东利益最大化的要求，经营者往往利用对企业资本的控制权来满足自己的偏好，使股东的利益遭受不同程度的侵害。

为了防范代理人的道德风险，必须对经营者进行监督。现代公司的实践和理论研究表明，解决公司代理问题的方法之一是通过适当的组织设计来解决企业内部监督问题。企业内部监督主要是指股东通过股东大会、董事会对经营者的行为进行监督，这是股东"用手投票"，属于公司内部治理范畴，即将公司决策的拟订、执行与决策的评估、控制加以分离，前者是代理人的职权，后者归出资者管理，这是通过内部机制设计来控制代理问题。企业内部管控主要通过控股股东对经营者的信用准入、评估评级，增强对经营者的支持力度和充分信任，在经营者对企业运营过程中实施动态有效管控，防止经营者随着时间推移以及环境改变而对股东造成侵害。股东代表大会是投资者对企业进行内部监督的基本形式，也是公司治理中最基本的组织结构。但由于股东代表大会中存在"免费搭车"行为，使其只有形式而没有内容，召开股东代表大会常常只是例行公事，监督作用往往难以有效发挥。解决代理问题的另一种方法是外部监督或市场监督，主要有两种途径：一是通过股东买卖股票所引起的股票价格波动来达到监督的目的，这是股东"用脚投票"的结果；二是通过收购兼并，提高公司市场份额，获取超额利润。

2. 企业的所有权安排

企业监督机制遇到的最大障碍是监督者和被监督者之间的信息不对称，不对称信息使得企业监督不可能完全奏效。解决代理问题还可以通过企业的所有权安排来实现，如让经营者也成为公司的股权所有者。现代企业实际上是一个"状态依存"的经济存在物，是一个以所有权为中心的社会关系的集合或称为产权束。企业所有权、所有者的外延不断向外扩展，受到法律保护的权利已从昔日的所有者扩展到其他的利益相关者，包括管理者、债权人、客户、供应商、政府、社区等。

3. 内部人控制

企业内部人控制是指有能力直接影响企业决策的人，通常包括企业的经营者、管理人员和企业员工。他们的素质、道德观念以及经营理念都要考量。内部人控制并不是指一般意义上的公司控制，而是特指在控制公司过程中，内部人通过控制公司运营各个重要环节，行使职权，忘记履责，追求自身利益、损害股东利益的现象。在分析转轨国家的公司治理时，青木昌彦（1994）指出：在转轨国家中，在私有化的场合，多数或相当大量的股权为内部人持有；在企业仍为国有的场合，在企业的重大决策中，内部人的利益得到有力的强调。其实，在非转轨国家的公司治理实践中，同样存在着内部人控制问题。

三、法人治理结构

1. 法人治理结构分类

法人治理结构，指由所有者、董事会、监事会和经理层组成的一种组织结构。公司治理结构主要包括下述四个方面：公司所有权治理结构、公司法人治理结构、公司经营权治理结构、公司制度治理结构。公司治理结构的实

第二章 公司治理

质就是权力分配制衡机制,即明确股东、董事、监事、经理和其他利益相关人之间权利和责任的分配,规定公司议事规则和程序,并决定公司目标和组织结构以及实施目标和进行监督的手段。1998年经合组织(OECD)制定的《公司治理原则》指出:"公司治理是一种据以对工商业公司进行管理和控制的体系。公司治理结构明确规定了公司的各个参与者的责任和权利分布,诸如董事会、经理层、股东和其他利益相关者,并且清楚说明了决策公司的事务时所应遵循的规则和程序。同时,它还提供了一种结构,使之用以设置公司目标,也阐述了达到这些目标和监控运营的手段"。公司治理结构侧重于公司的内部治理,常涵盖股东大会、董事会、经理层之间责、权、利相互制衡的制度体系。在这一治理结构下,相互之间形成一定的制衡状态,其中,所有者提供资产并交由公司董事会托管;董事会为公司最高决策机构,拥有对经理人员的聘用、奖惩以及解雇权;监事会为公司的内部监督机构,代表公司股东和职工对公司董事会和经理人员的履职情况进行监督;经理人员受雇于董事会,组成在董事会领导下的执行机构,在董事会的授权范围内经营企业。

各国公司法人治理结构大致可以分为:单层制和双层制两种形式。

单层制,也称一元制,即公司只设董事会,不设监事会。董事会集执行职能与监督职能于一身,对公司的监督由董事会下的审计等专业委员会承担,其中监督职能在很大程度上是通过独立董事制度来实现的。

双层制,也称二元制,即公司既设董事会又设监事会,执行职能和监督职能是分开的。董事会负责履行执行职能,监事会负责履行监督职能,监事会对董事会有制衡作用。

单层制和双层制尽管在公司治理结构的形式上存在差异,但无论是单层制还是双层制,其治理机制的设计本质上是一致的,都必须有决策、执行、监督、评价、奖惩等一系列互相制约机制存在。当然,在实际运行过程中关于董事会和监事会的职能等在不同的国家仍有着具体操作的差异。

2. 我国的法人治理结构

我国法人治理结构建设借鉴了英美模式和德日模式,主要表现在三个方面:

一是借鉴了英美模式的董事会设置,引入了独立董事制度和专门委员会制度。如我国上市公司要求三分之一的董事必须是独立董事,董事会应当设立审计委员会,并可以根据需要设立战略、提名、薪酬与考核等相关专门委员会。

二是在治理结构上学习了日本的"平行三角制"模式。股东大会是最高权力机构，董事会是管理决策机构，监事会是监督机构。不同的是，由于中国引进了独立董事和委员会制度，因此，董事会权力比日本的要大。而日本更多依赖监事履行监督职能，因此其监事权力大于中国模式的监事会。

三是在监事会成员构成上学习了德国的"共同决策制"。我国《公司法》规定，股份有限公司监事会中的职工代表的比例不得低于三分之一，职工代表由公司职工通过职工代表大会、职工大会或者其他形式民主选举产生。

在我国的公司治理结构中，股东大会是公司的最高权力机构，负责公司的重大经营管理事项的决策。股东大会的决策是通过投票表决的，一般以累积投票制的方式行使决策权，对公司股东负责。

董事会是公司常设的日常经营管理决策机构。公司董事由股东大会选举产生，对股东大会负责。董事会决策以民主形式集体讨论，一般以一人一票制的方式投票决定重要事务。我国董事会中要求应有至少三分之一比例的独立董事来行使监督权，加强公司董事会的决策有效性与独立性。

监事会是公司的内部监督机构，对董事会和经理层等治理主体行使监督权，对公司股东负责。公司监事由股东大会选举产生，监事会应当包括股东代表和适当比例的公司职工代表，其中职工代表的比例不得低于三分之一，以加强监事会的监督有效性。

经理层是公司的日常经营管理机构，主要行使公司的日常经营管理权，对公司董事会负责。作为公司的日常经营管理机构，股东大会及董事会经营决策形成之后，由经理层在授权范围内行使职权，具体贯彻实施。

这其中主要包含两层制衡关系：一是公司股东大会、董事会、监事会三个主体的分权结构和内部制衡关系，我国法律法规对包括大股东与中小股东之间的关系、股东权利、股东权利的保护、股东权利事后弥补等方面进行规定，同时对董事会、监事会的结构与组织及其权利义务予以界定，确保其发挥应有职能；二是董事会与总经理的经营决策权与执行权的分权结构和内部制衡关系，包括董事会对以总经理为代表的公司经理层进行监督与审计，设置必要的内部控制监管等，如图2-2所示。

第二章 公司治理

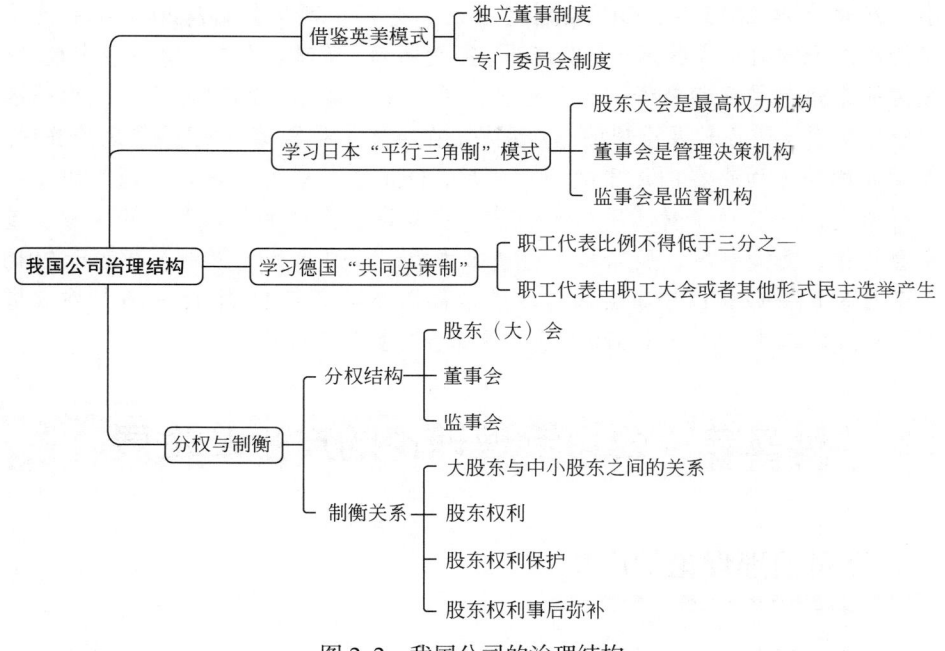

图 2-2 我国公司的治理结构

知识栏：经济合作与发展组织（OECD）公司治理原则

良好的公司治理既需要国家有强制性的法规规定，又应制定与市场环境变化相适应的、具有非强制性和灵活性的公司治理原则。公司治理原则是评价公司治理结构的标准，制定公司治理原则逐渐成为全球的普遍做法。其中，《OECD公司治理原则》（以下简称《原则》）自1999年问世以来，在推动各国建立本国的公司治理规范、制定相关法律法规和加强资本市场监管等方面都产生了一定的积极影响，成为全球公司治理原则的范本。该原则旨在帮助政策制定者评估和完善公司治理的结构、法律监管及制度框架，从而助力于经济效益、可持续增长和金融稳定。

OECD（Organization for Economic Cooperation and Development经济合作与发展组织）认为，尽管健全的公司治理没有一定的模式，但《原则》表达的共识对于建立健全的公司治理不可或缺。《原则》涵盖五方面内容：（1）股东的权利；（2）股东的平等待遇；（3）利益相关者的权利；（4）信息披露和透明度；（5）董事会的责任。《原则》对各国并无约束性，但发布之后也已成为全球范围内政策制定者、投资者、公司以及其他利益相关者的国际基准。2004年和2015年，OECD对《原则》进行了两次修订。2004年的首次修订在以下方面达成共识：高度透明、问责明确、董事会监督、尊重股东权利、关键股东角色是运营良好的公司治理体系的重要基础。2008年之后，由美国次贷危机引发进而波及全球的金融危机，在事实上暴露了《原则》在风险管理、高管薪酬等方面存在的严重缺陷。此后，OECD针对上述重点问题组织了一系列研究，并启动了对《原则》的第二次修订。修订主要涉及风险管理、董事会运作、薪酬制度、股东权利行使等内容。修订后的《原则》草案于2015年7月8日获OECD理事会通过。随后被提交至当年11月15—16日在安塔利亚召开的二十国集团（G20）领导人峰会，并获审议通过。

第二节 公司治理理论的产生及发展

一、公司治理理论的产生

亚当·斯密（Adam Smith）在《国富论》中指出："合伙公司的成员完全为自己打算，而股份公司的董事却在为他人尽力。因此，对公司资本用途的监督，后者不会像前者那样卖力，疏忽和浪费就在所难免"。即股份公司要想取得更好效益，必须化解公司所有者和经营者之间的利益冲突，而完善、有效的激励和监督机制无疑是解决问题的保障。亚当·斯密提出了关于股份制公司中因所有权和经营权分离而产生的一系列问题，并认为应该建立一套行之有效的制度来解决两者之间的利益冲突的观点，奠定了古典公司治理理论的基石。1932年，伯利和米恩斯（Berle & Means）在其名著《现代公司与私有财产》中较为系统地论述了现代公司的所有权与控制权分离的特征及其引发的相关问题。1937年科斯（Coase）的《企业的性质》所开创的现代公司理论经过几十年的发展也日益成熟。1975年，威廉姆森（Williamson）提出的治理结构（Governance Structure）概念是现代意义上的公司治理概念的雏形。公司治理这个词在1983年由法玛和詹森（Fama & Jensen）提出。随后出现了大量西方学者关于公司治理问题的专著，公司治理逐渐成为现代企业管理的重要组成部分。

从根本上讲，公司治理理论是随着公司制企业的发展呈现出股权结构分散化、所有权与经营权分离等重要特征，出现因所有权与经营权分离而产生

第二章 公司治理

的委托代理关系而产生并发展的，如图2-3所示。

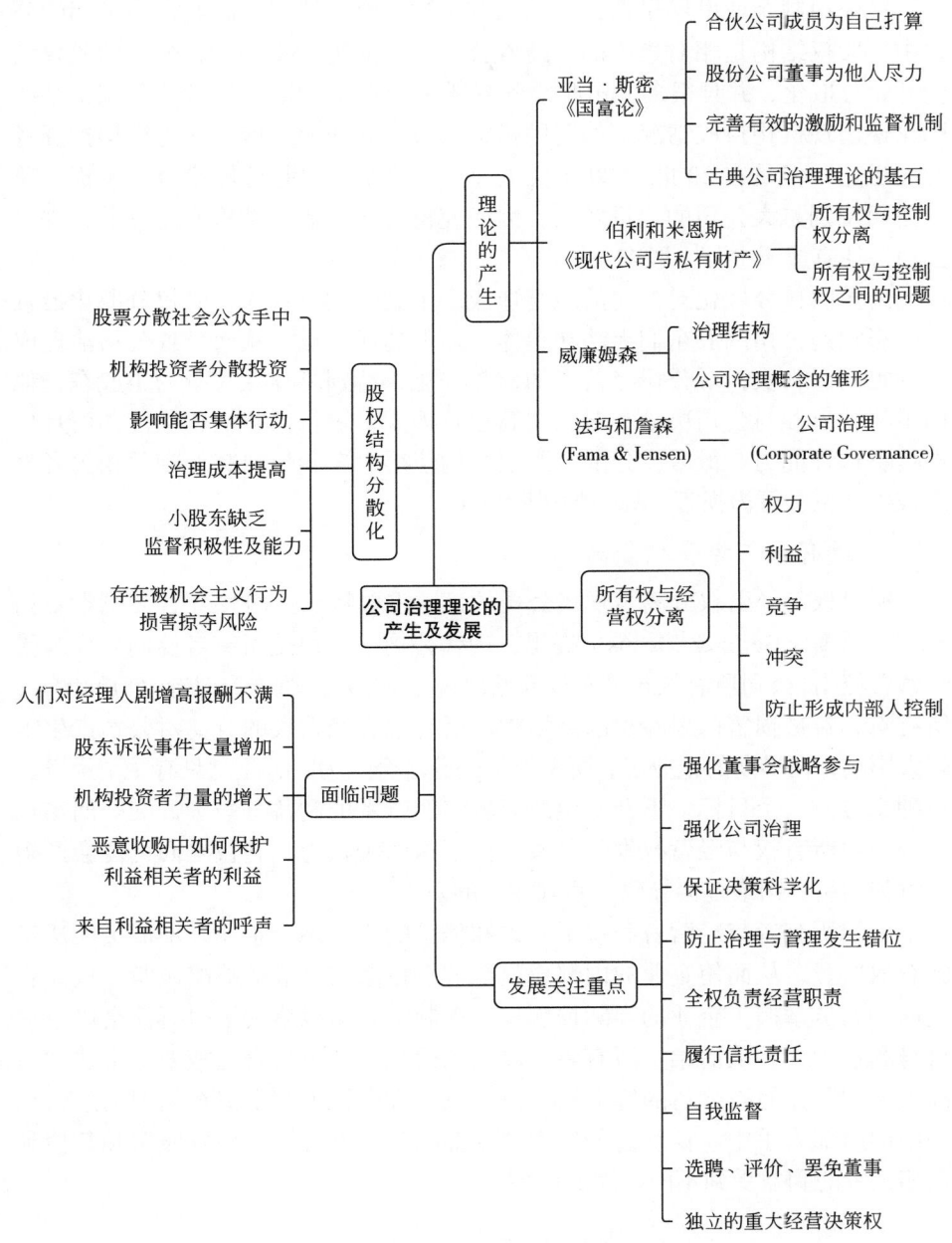

图2-3 公司治理理论的产生与发展

1. 股权结构分散化

在公司制企业发展早期，公司只有少数的个人股东，因此，在早期的公司中，股权结构是相对集中的。随着公司规模的进一步扩大，公司的股权结构开始分散化，并且很多公司股票分散到社会公众手中。近20多年来，某些国家还出现机构持股情况，如美国机构持股得到快速发展。尽管机构投资者发展迅速，但是在20世纪80年代以前，这些机构也是分散投资，投资于单个公司特别是大公司的比重较低，因而使得公司的股权结构高度分散，许多公司往往有成千上万个股东。

公司股权分散化对公司的经营造成了不利影响。首先，股权分散化最直接的影响是公司的股东们无法在集体行动上达成一致，从而导致公司治理成本的提高。其次，对公司经营者的监督弱化，特别是存在大量的小股东，他们不仅缺乏参与公司决策和对公司高层管理人员进行监督的积极性，而且也不具备这种能力。最后，分散的股权结构使得股东和公司其他利益相关者处于被机会主义行为损害、掠夺的风险发生。

2. 所有权与经营权分离

所有权与经营权分离是现代公司的又一重要特点。1932年，美国学者伯利和米恩斯（Berle & Means）提出，现代公司已经由受所有者控制转变为受经营者控制，公司所有权与经营权开始出现分离，并且随着管理者权力的增大，所有者利益被损害的风险也随之增大。所有权和经营权的分离对公司产生了较大影响，在早期的企业里，所有者与经营者合二为一，此时只有一个声音、一种意志、一个目标，不会产生所有者与经营者的利益分歧和冲突。而当现代公司中所有权与经营权发生分离，由于这两种权力、利益之间可能会产生竞争和冲突，则最终会导致一系列冲突的发生。

由于所有者与经营者利益不一致和信息的不对称，企业外部成员无法实施有效监督，从而使企业的内部成员能够直接参与企业的战略决策，进而企业内部人员掌握了企业的实际控制权，在制定公司战略决策时可能会以追求自身利益为主，从而架空所有者，以此来侵蚀外部人的合法权益，形成"内部人控制"，使得公司的筹资权、投资权、人事权等都掌握在公司的经营者手中即内部人手中。权利过分集中"内部人"，就可能会导致股东和其他利益相关者的利益受到不同程度的损害。

第二章　公司治理

知识栏：职业经理制度的由来

1841 年，美国的一家铁路公司发生了比较严重的事故，死伤了不少人，社会舆论都在指责资本家无能，说他们的管理能力根本经营不了复杂的现代化企业。

这次严重事故之后，一批有专业管理才能的专家开始成为铁路公司的高层管理者，他们被称为"经理人"，而资本家退居幕后，只拿股票享受分红。这就是所谓的经理革命，职业经理制度就这样在资本主义世界蔓延开来。正好很多股东没有意愿，或者没有能力去经营公司，也乐于把公司交给职业经理去打理。很显然，经理革命是劳动分工的产物。分工以后，股东专注于给公司找钱，经理专注于经营管理，这就极大地提高了公司经营效率。可以说，是管理能力与货币财富的合作造就了伟大的现代公司。这样的话，在股东和经理之间的关系上，既要保护股东的利益，去制约经理的控制权；又要确保经理具有足够的权力和足够的利益，有动力去创造更多价值。这就是公司治理要解决的问题。

二、公司治理面临的现实问题

20 世纪 60 年代以来，公司所有权与经营权的分离日趋严重。在美国，很多公司经理既是首席执行官又是公司董事长，公司经理权力过大，控制公司的现象逐渐增多，这种分离也损害了公司利益并逐渐引起人们的关注。于是在 20 世纪 70 年代中后期至 80 年代早期，美国开始讨论上述所涉及的公司治理问题。20 世纪 80 年代末，英国不少著名公司，如蓝箭、科拉罗尔、波莉佩克等相继破产，从而又引发了人们对公司治理问题的激烈讨论。另外，在实践中出现的以下问题又进一步地推动了公司治理理论的发展。

1. 人们普遍对经理人与日俱增的高报酬感到不满

20 世纪 50 年代以来，经理人员的报酬有了较快增长。以美国为例，据统计，1957 年美国只有 13 个公司的 CEO 年薪达到 40 万美元；到 1970 年，《财富》500 强公司的 CEO 平均年薪就达到了 40 万美元；到 1988 年，美国最大 300 家公司的 CEO 的平均年薪是 95.2 万美元。以英国为例，据统计，1981—1990 年，英国 100 家大公司高级职员的报酬增长了 351.5%，而同期这些公司的盈利增长只有 106.8%。

2. 股东诉讼事件大量增加

以美国为例,在《财富》1000家大公司中,20世纪初没有一家公司涉及股东诉讼赔偿案,而1977年有1/11的公司董事和经理、1979年有1/9的公司董事和经理、1985年有1/6的公司董事和经理卷入了股东诉讼赔偿案。

3. 机构投资者力量的增大

20世纪80年代以来,随着机构投资者力量的增大,一些西方发达国家的股权结构进入了分散化与集中化并存阶段。以美国为例,机构投资者占企业资产的比例,1950年为6.1%,1960年为12.6%,1970年为12.4%,1980年为33.9%,1990年为47.2%,1995年为46.6%,1996年为48.8%。可以看出,随着机构投资者的发展,美国公司股权结构集中化趋势逐步加强。机构投资者正在对美国的公司董事和经理人员行为产生重要影响。20世纪90年代以来,通用汽车、IBM等大公司的CEO被解雇,都与机构投资者的作用有关。

4. 恶意收购导致的利益相关者利益受损问题

在20世纪80年代出现的并购浪潮中,有相当高比例是恶意收购。恶意收购对目标公司利益相关者所产生的结果是不同的。对于公司股东而言,恶意收购可以使他们获利更多;而对于其他利益相关者而言,恶意收购会使他们的利益受到损害。由于恶意收购者常常会对被收购公司董事会及经理层进行重组,使被收购公司董事会成员和经理人员职位不保,并且恶意收购者还可能出于某种目的做出对公司进行裁员、随意终止经营业务等损害利益相关者的行为。因此,如何保护利益相关者的利益是公司治理需要重点解决的问题。

5. 来自利益相关者的呼声

公司应对谁负责,是西方学术界一直探讨的问题。公司应对股东利益负责,是古典经济学理论和公司法理论的基本理念。对于这一理念,有些学者并不认同。

1924年,谢尔顿(Sheldon)在《管理哲学》一书中,就把公司社会责任与公司经营者满足产业内外各种人类需要的责任联系起来,认为道德因素应包含在社会责任中。因而主张公司经营战略对社会提供的服务应有利于增进社区利益,社区利益作为一项衡量尺度远比公司盈利更重要。在20世纪60年代兴起的环保主义和70年代兴起的消费者权益运动中,一部分学者开

第二章 公司治理

始研究对公司开展社会监督的问题。20世纪80年代,许多学者认为,公司社会责任就是公司对股东之外的利益相关者的责任。在学术界进行有关公司应对谁负责的讨论的同时,西方企业界对公司的社会责任在认识上也存在不同意见。

1995年美国《长期计划》发表了一份关于大公司的公司治理原则的调查报告。该报告就大公司的治理是按"股东的利益应当占第一优先权"设置,还是按"企业的存在是为所有的利益群体服务的"原则设置,对美国、英国、法国、德国和日本公司的经理人员进行了调查。调查结果显示,在英国和美国70%以上的公司经理人员认为股东的利益是最重要的,但仍然有超过20%的经理人员认为公司存在是为所有的利益集团服务的;而法国、德国都有超过80%、日本有超过95%的经理人员认为,企业的存在是为所有的利益集团服务的。正是在这种背景下,如何维护公司除股东之外利益相关者的利益成了公司治理研究的重大课题。

利益相关者的多边公司治理理论发端于20世纪30年代,布赖恩·科伊尔将其称为利益相关者流派或多元化流派。尽管利益相关者多边公司治理理论同股东至上的公司治理理论都视公司为委托代理关系,但由于这一理论的着眼点在利益相关者一边,因此就形成了这样的公司治理理论主张:利益相关者利益至上、管理者是公司的受托人而不仅仅是股东的受托人、人力资本的投入者应当拥有公司治理的参与权、公司的所有决策要充分考虑所有利益相关者的利益均衡、劳动力市场的刚性是实施利益相关者多边治理的重要约束条件。随着社会的快速发展,资本的稀缺性降低,出现劳动雇用资本的情形,公司的法人属性被进一步突出,进而出现了强调经营管理者主导的公司治理理论。梯若尔(Tirole)在理论上说明了当股东的利益扭曲决策时,利益相关者参与的治理能调节和弥补股东控制的缺陷。

正是在机构投资者兴起、基于公司利益相关者公司治理理论研究的不断深入,公司治理开始强化董事会的战略参与,但经理层和董事会对于战略参与具有不同的视角。董事会负责指明战略愿景,经理层负责把战略愿景转变为现实。在这一过程中,他们必然专注于公司长远发展战略,并最大限度地提高公司获利能力。另外,董事会在战略监督上的责任是代表投资者,对战略路线本身提出质疑,所以,董事会对既定战略的合理性评价不应该简单地建立在公司相对于自身、所在行业或其历史绩效基础上,而应建立在对当前战略所实现的收益和其他战略可能实现收益的比较基础之上。

知识栏：公司治理

随着公司治理实践和理论的不断发展，治理关注的重点开始发生变化。在公司治理产生的阶段，由于股权结构分散化，管理权与经营权分离、监督弱化等问题的出现，伯利和朱恩斯（Berle & Means）等学者更多强调的是监督，理论基础为委托代理理论。20世纪60年代以来，美国又出现了经理人高薪酬、股东诉讼事件、恶意收购、机构投资者兴起、来自利益相关者的呼声等问题。在这些问题共同作用之下，公司的组织结构发生了变化，治理关注的重点开始强化董事会的战略参与、强化公司治理，保证决策科学化，治理与管理发生错位，即治理开始下移。全权负责经营职责，履行信托责任，自我监督，选聘、评价、罢免董事。治理作为公司运营的核心，不仅是独立的组织存在，还拥有多项独立的权力，如独立的重大经营决策权、对外代表公司的权力以及对公司管理层的监督和任免权。因此，现代公司治理不再仅仅是监督与激励，而更多的是董事会介入管理层，参与战略实施，把握战略科学性，从而维护公司利益相关者利益不受侵害，保证公司的可持续发展。

第三节　公司治理理论基础

一、委托代理理论

1. 理论介绍

由詹森（Jensen）等经济学家在1976年系统地提出了委托代理理论。该理论自此之后就成为组织与战略管理研究领域中最重要的理论之一，并在公司产权、治理机制、企业绩效和多元化、CEO激励等组织与战略决策方面有着广泛的应用。委托代理理论的着眼点是契约关系，分析了因公司所有者和高层管理者之间的契约安排所引发的代理成本问题。当经营者不是企业的完全所有者时，不可能具有充分的积极性，当代理人管理下的企业价值小于它属于一个完全所有者时的价值时，两者之差就是所谓的"代理成本"。代理关系引起的代理成本包括订约成本、监督控制成本、确保代理人做出最优决

第二章 公司治理

策的保证成本，以及不能完全控制代理人行为引发的剩余损失。

委托代理理论认为，现代公司的委托代理关系主要涉及委托人和代理人。股东是委托人，而董事会和总经理是代理人。在这一委托代理关系中，由于委托人和代理人都是效用最大化者，都具有各自不同的利益，因而在代理行为中，当代理人追求自己利益时，就有可能造成对委托人利益的损害，这就是所谓代理问题的产生。

委托人与代理人之间的利益分歧、信息不对称性、契约不完备性和交易费用，都是产生代理问题的根本原因。委托人可以通过设立适当的激励机制或花费一定的监督成本，来限制代理人发生背离委托人利益的行为，从而降低委托人与代理人之间的利益冲突。

伯利和米恩斯（Berle & Means）在1932年的研究中发现，在美国200家大公司中，有相当比例的公司是由并未持有公司股权的高层管理人员控制的，由此得出结论：现代公司已经发生了所有权与控制权的分离，公司实际已由职业经理组成的"控制者集团"所控制。哈佛商学院钱德勒教授（1987）认为，股权分散的加剧和管理的专业化，使得拥有专业管理知识并垄断了专门经营信息的经理，从实质上掌握了对企业的控制权，导致"两权分离"。

从更具体的经济学理论分析，代理问题的产生主要有以下几方面原因：第一，代理人是一个具有独立利益和行为目标的"经济人"，他的行为目标与委托人的行为目标不可能完全一致；第二，代理人作为"经济人"，同样存在所谓的"机会主义倾向"，在代理过程中会产生职务怠慢、损害或侵蚀委托人利益的道德风险与逆向选择问题；第三，市场环境存在不确定性，难以准确判定代理人行为的努力与否；第四，委托人与代理人之间存在严重的信息不对称性，因此，委托人难以准确判断代理人努力程度的大小，有无机会主义行为。管理层为了追求自身利益，可能在以下方面使股东权益受到侵害：一是管理层进行"在职消费"和建立"经理帝国"的倾向。二是管理层的声誉效应。一般来说，经理市场通过管理层以往工作经历来判断管理层能力大小，因此，管理层往往不愿开拓进取，拒绝投资于利润高但风险较大的项目，倾向于能够还清债务的风险小的项目，而不是真正使公司价值最大化的项目。三是管理层和股东之间的经营分歧。经营者认为公司资本规模的扩大有利于提高他们的权益和地位，往往把经营收益的绝大部分留在公司，一味地送股、配股而少发现金红利。四是管理层的"职位防御效应"。由于经营者不能通过分散化来降低人力资本的风险，因而经营者在投资、融资和股利分配上更为保守，经营者会从个人利益出发竭力反对有利于公司股东利益的公司合并，他们害怕由此影响自身的地位。

所有权与控制权分离所带来的直接问题，作为失去控制权的所有者如何监督制约拥有控制权的经营者，实现以所有者利益最大化为目标进行经营决策，而不是滥用经营决策权。同时，这也是委托代理理论所要解决的最重要问题。委托代理理论是公司治理理论的重要组成部分，该理论将在两权分离的公司制度下，把所有者（委托人）和经营者（代理人）双方关系的特点归结为：经济利益不完全一致，承担的风险大小不对等以及公司经营状况和资金运用的信息不对称。负责公司的日常经营的经营者，掌握着绝对的信息优势，为追求自身利益的最大化，其行为很可能与所有者和整个企业的利益不一致，甚至于侵害所有者和公司的利益，从而引发风险。为了规避风险，确保资本安全和最大的投资回报，就要引入公司治理这一机制，实现对经营者的激励和监督。委托代理首先是区分委托人和代理人，信息经济学将拥有私人信息的一方定义为代理人，没有私人信息的一方定义为委托人。对所有者和经营者来说，委托代理被定义为公司治理中的第一类委托代理问题，在此基础上分析大股东和中小股东之间的关系时也有类似的情形，这被定义为公司治理中的第二类委托代理问题。当然现实中也可能存在知情委托人，即存在与经典的委托人和代理人之间完全相反的信息结构，如大股东比经理人可能有更多的信息优势。

总之，所有权与经营权的分离，导致的委托代理主要问题表现为：一是代理问题，包括在职消费膨胀、侵占和转移企业资产、经营决策行为短期化、信息披露不规范、财务关系透明度低、抵制兼并重组等。二是剥夺问题，包括不分红或少分红、大量拖欠债务、在资金拆借或贷款担保中滥用关联交易、在产品买卖中滥用关联交易，在转让、置换和出售资产中滥用关联交易，在债务冲抵中滥用关联交易，在无形资产的使用和买卖中滥用关联交易等。

2. 管理启示

委托代理理论假设每个人总是根据自己的最大利益行事，因此，代理人将以牺牲委托人的利益为代价达到自身利益最大化，这迫使委托人采取某些行动约束代理人。委托人可以采取多种做法来保证代理人正确行事，例如，与代理人签订合同、监督代理人的行为、购买特定保险以及雇用另一代理人进行监督。所有这些遏制代理人不端行为的办法，都需要委托人花

第二章 公司治理

费时间和金钱等资源。为了降低代理成本,解决代理问题,委托人必须设立一套有效的制衡机制来规范和约束代理人的行为,这就是公司治理结构产生的经济学背景,而公司治理结构就是这样一种解决公司内部各种代理问题的机制。

在实践中,需要确定组织中由代理人代表委托人完成工作的边界,制定出有助于代理人根据委托人的最大利益行事的机制,如建立行为准则、进行绩效评估、股权激励等。同时,还要权衡好激励与风险之间的关系,一方面要给予代理人"高能"激励,即使其收益与绩效挂钩;但另一方面又要保障其面临的风险不太大,在一定程度上"旱涝保收"。

公司治理结构实际上要解决两个基本问题,即股东能否选择出最具有企业家才能的经营者,并有办法激励约束他们努力工作;最具有企业家才能的人能否从千千万万竞争者的人群中脱颖而出,获得企业控制权并有足够的积极性搞好经营管理工作。因此,以代理理论的观点来看,代理人的行为是自我利益导向的,委托人需要用制衡机制来对抗代理人潜在的权利滥用,用激励机制来激发代理人为委托人谋利的积极性。从这个意义上说,公司治理与代理关系有着渊源上的关系,如图2-4所示。

案例:道奇兄弟诉福特公司案

早年福特公司的运营非常成功,一直派发高额的股利给股东,但是到了1916年福特公司宣布停止了分红。道奇兄弟拥有公司10%的股份,没了这笔分红非常不满,就提起了诉讼。福特停止支付这笔分红的理由也很充分,就是公司需要资金建造一家工厂,这样可以扩大规模,降低汽车的价格,福特甚至认为一味地追求利润并不光彩,让更多的工人就业,让更多的消费者买得起车,为社会公众创造更美好的生活是更有价值的事情。你若是法官大人,会怎么来判这个案子呢?

法官是这么判的,福特公司被判应该支付1930万美元的特别分红。法官的意见是:公司的主要目的是为股东创造利润,公司的管理者追求社会目标只能用自己的钱,不能用别人的钱。这个案例在法律上奠定了美国公司治理以股东为中心的基础,替股东赚钱被认为是经理人天经地义的职责,股东至上成为资本主义社会的铁律。

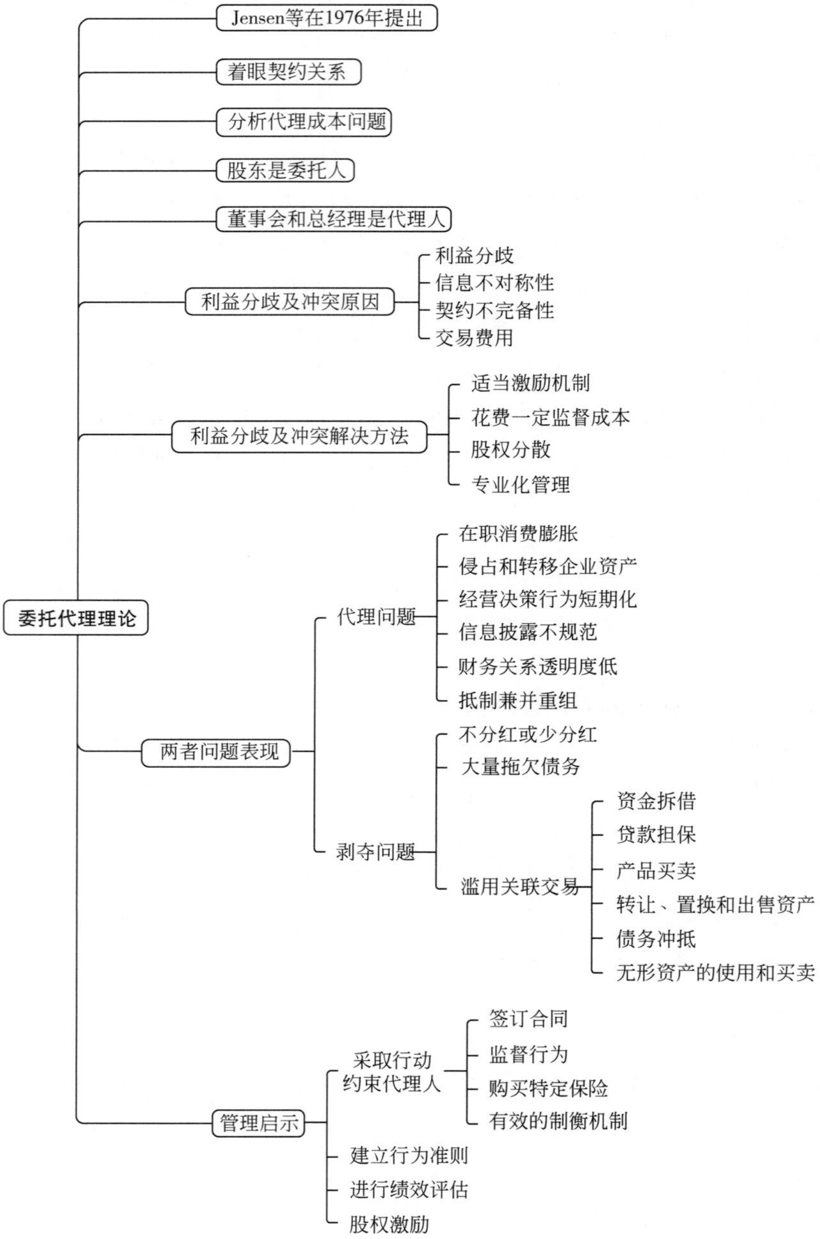

```
                              ┌─ Jensen等在1976年提出
                              ├─ 着眼契约关系
                              ├─ 分析代理成本问题
                              ├─ 股东是委托人
                              ├─ 董事会和总经理是代理人
                              │                    ┌─ 利益分歧
                              ├─ 利益分歧及冲突原因 ┤  信息不对称性
                              │                    │  契约不完备性
                              │                    └─ 交易费用
                              │                        ┌─ 适当激励机制
                              ├─ 利益分歧及冲突解决方法 ┤  花费一定监督成本
                              │                        │  股权分散
                              │                        └─ 专业化管理
                              │                    ┌─ 在职消费膨胀
                              │                    │  侵占和转移企业资产
                              │          ┌─ 代理问题 ┤  经营决策行为短期化
  委托代理理论 ─┤                    │           │  信息披露不规范
                              │                    │  财务关系透明度低
                              ├─ 两者问题表现 ─┤           └─ 抵制兼并重组
                              │                    │  ┌─ 不分红或少分红
                              │                    │  │  大量拖欠债务
                              │          └─ 剥夺问题 ┤           ┌─ 资金拆借
                              │                       │           │  贷款担保
                              │                       └─ 滥用关联交易 ┤  产品买卖
                              │                                   │  转让、置换和出售资产
                              │                                   │  债务冲抵
                              │                                   └─ 无形资产的使用和买卖
                              │                  ┌─ 签订合同
                              │        ┌─ 采取行动 ┤  监督行为
                              │        │  约束代理人│  购买特定保险
                              └─ 管理启示┤           └─ 有效的制衡机制
                                       │  建立行为准则
                                       │  进行绩效评估
                                       └─ 股权激励
```

图 2-4　委托代理理论

二、分权制衡理论

1. 理论介绍

分权制衡理论是最早由英国的洛克（Locke）和法国的孟德斯鸠（Montesquieu）提出，美国的汉密尔顿（Hamilton）等人发展起来的一种政治学说，是资产阶级宪法的一项基本原则。西方国家公司法学家视公司如国家，他们认为"除公司不是主权国家而唯一有资格限制外，公司与国家无其他差别"。因此，公司必须服从一些支配政府机构本身的法律原则。美国学者阿道夫·贝利在《公司制度的现代职能》中指出："大公司是不精致政治制度的一个种别，就公司内部制衡机制的建立和完善而言，必须遵循以权力制约权力之理念，使决策权、执行权、监督权得以科学的划分并平衡、协调不同利益主体的利益"。正是这一理论，为出资人对企业进行监督的模式提供了大体的轮廓——监管要保证企业运转的效率，要平均地分配各种权利。监督权利过小容易造成内部人控制，产生代理人道德风险；监督权利过大，则可能降低决策和执行的效率，阻碍企业发展。形成最有效公司治理的关键是在各种权力和利益之间寻找最佳平衡点。

公司分权制衡理论认为，公司有效运转的制度安排与实现，是以对公司各种权力合理分配、相互制衡为出发点而进行配置的结果。分权制衡会形成权责分明、管理科学、激励和约束相结合的内部管理体制，是公司运作的精髓。

公司重大问题的决策权由公司权力机构股东（大）会行使，公司经营管理权由公司业务执行机构董事会（执行董事）行使，公司监督检查权由公司监督机构监事（会）行使。公司的三种权力分别由三种机构独立行使，在制度层面明确规定股东及股东（大）会与董事会（执行董事）之间、董事会与监事会之间的制衡关系，为不同机构采取制衡措施提供明确的理论依据，避免公司内部权力的不当使用，形成内在的约束。

2. 管理启示

根据分权制衡理论，公司在进行重要项目安排、重大事项决策、大额资金的使用、重要干部任免时，必须经领导班子集体讨论才能做出决定。重大事项提交会议集体决策前应当认真调查研究，经过必要的研究论证程序，充分吸收各方面意见。重要投资和工程建设项目，应当事先充分咨询有关专家，听取专业意见。

就国有企业而言，重要人事变动、任免，应当事先征求国有企业和履行国有企业出资人职责机构的纪检监察机构的意见。研究决定企业改制及经营管理方面的重大问题、涉及职工切身利益的重大事项、制定重要的规章制度，应当听取企业工会的意见，并通过职工代表大会或其他形式听取职工群众的意见和建议。党委要进一步把握有效参与重大问题决策的三大原则：一是要牢牢把握国有企业党委参与重大问题决策必须建立在集体参与的基础上，不能被个人参与代替；二是要牢牢把握国有企业党委参与重大问题决策，是按照党的路线、方针、政策，对关系企业改革、发展、稳定的重大问题提出意见和建议，不能由党委决策代替行政决策；三是要牢牢把握企业党委参与决策的关键在于企业党委和企业领导人努力提高参与决策的能力和水平，如图 2-5 所示。

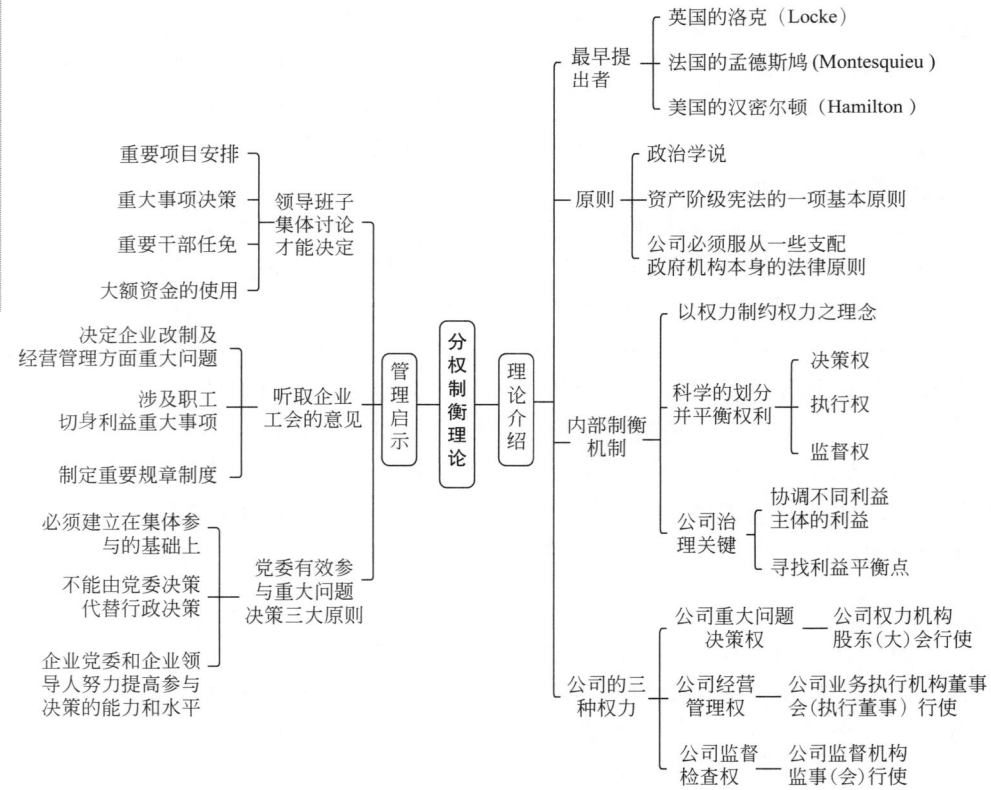

图 2-5　分权制衡理论

三、股东主义理论

1. 理论介绍

该理论认为股东利益至上，认为企业出资人就是企业的合法所有者和企业的权利主体，企业全部经济活动应遵循出资人的意志，服务于出资人的利益。自资本主义制度产生以来，从私有财产神圣不可侵犯到股东主权，这是市场经济的"金科玉律"。古典经济学也把股东利益最大化作为一个基本的经济学假设。股东至上主义理论认为，股东是企业的真正所有者，企业"剩余控制权和收益权"都是股东的，其他潜在的公司利益相关者的利益被严格排除在公司治理之外。因此，假定其他利益相关者的权利被很好地界定，则"剩余"的权利，包括控制和收益两个方面都属于股东。企业应该服从于股东利益，实现股东利益的最大化，同时也就使社会效率最大化了。股东的财产所有权凌驾于企业其他成员的财产所有权之上，企业的出资人通过财产所有权的占有而"合法"地占有或取得了企业所有权。此时，财产所有权便实际地等同于企业所有权。

股东主义理论是长期居于主流地位的公司治理理论。美国经济学家米尔顿·弗里德曼是这一理论最具代表性的学者。他在1962年出版的《资本主义与自由》中明确指出"企业仅具有一种而且只有一种社会责任——在法律和规章制度许可的范围内，利用它的资源从事旨在增加它的利润的活动"。布莱恩·科伊尔（2005）将其称为"股东价值（最大化）流派"。这一理论的基本思想源自新古典经济学最基本的假设之一，即企业的目标就是追求利润最大化。这个被他们奉为"铁律"的假设实际上源于古典经济学的创始人亚当·斯密（1776）所谓"看不见的手"的思想。亚当·斯密指出："各个人都不断地努力为他自己所能支配的资本找到最有利的用途。固然，他所考虑的不是社会的利益，而是他自身的利益，但他对自身利益的研究自然或者毋宁说必然会引导他选定最有利于社会的用途"。将这一思想扩展到公司治理领域，那就是：如不考虑"外部性"，公司对利润的追逐最终将会为公司所有的契约参与方即利益相关者带来利益。美国大多数学者是股东主义者，迈克尔·詹森（2000）指出"公司治理是公司普通股持有者非常关心的问题，因为他们的财富与公司战略制定者的目标息息相关"；梯若尔（2006）认为"公司治理主要研究如何确保公司资金提供者能获得投资收益。出资者如何使管理者分一部分利润给他们？如何防止管理者偷窃他们的资本或胡乱投资？如何控制管理者？公司治理可以从公司管理受多种利益相关者影响这一角度来定义"。

股东利益至上，公司的核心是资本雇佣劳动的契约安排，股东作为委托人，是公司最主要的出资人，股东的权利是公司一切权力的来源。股东大会是公司的最高权力机构，股东参与公司治理天经地义。由于股东是公司中唯一没有契约保证获取固定收益的参与者，理所应当成为公司的剩余索取者。将公司的剩余收益分配给股东是对股东承担风险和耐心等待行为的回报。伯利和米恩斯（1932）在评价这一理论时指出："按照传统的看法，公司是属于股东的，或者在更为广泛的意义上，是属于其证券持有者的，他们的利益是公司经营目标中唯一被承认的利益……，公司控制着集团将被置于受托者的位置，他们对公司的经营者以及对公司运营的安排，必须只能是为了证券持有者的利益"。对于公司应当服务于哪些股东的问题，股东主义者认为，不应只服务于公司大股东，而应该保护所有股东包括少数股东或非控股股东的权益。

2. 管理启示

董事会是股东的受托机构。既然认为股东是公司唯一的委托人，董事会由股东（大）会选举产生，行使由股东（大）会授予的公司决策权，董事被看作股东的信托人，股东通过授权董事会对代理人进行激励和约束，董事会对股东负有忠诚、谨慎的义务。

管理层是直接治理的对象。管理层由董事会聘任，是公司契约中的真正代理人，他们行使公司日常的经营管理决策。管理者与股东追求的目标有偏差，只有由股东实施必要的激励约束，才能最大限度地矫正其机会主义行为。

监事会的权力来源于董事会。监事会是由股东选举产生的监事与由公司职工民主选举产生的职工代表监事组成，并对公司董事和管理层的经营管理行为及公司财务进行监督的常设机构，是公司的监督机构。在所有权与经营权分离的情况下，通过成立监事会或委派监事来监督经营者，是股东及股东（大）会权力的延伸，监督、评价经营者的绩效要以股东利益最大化或股东损失最小化为准则，如图2-6所示。

第二章 公司治理

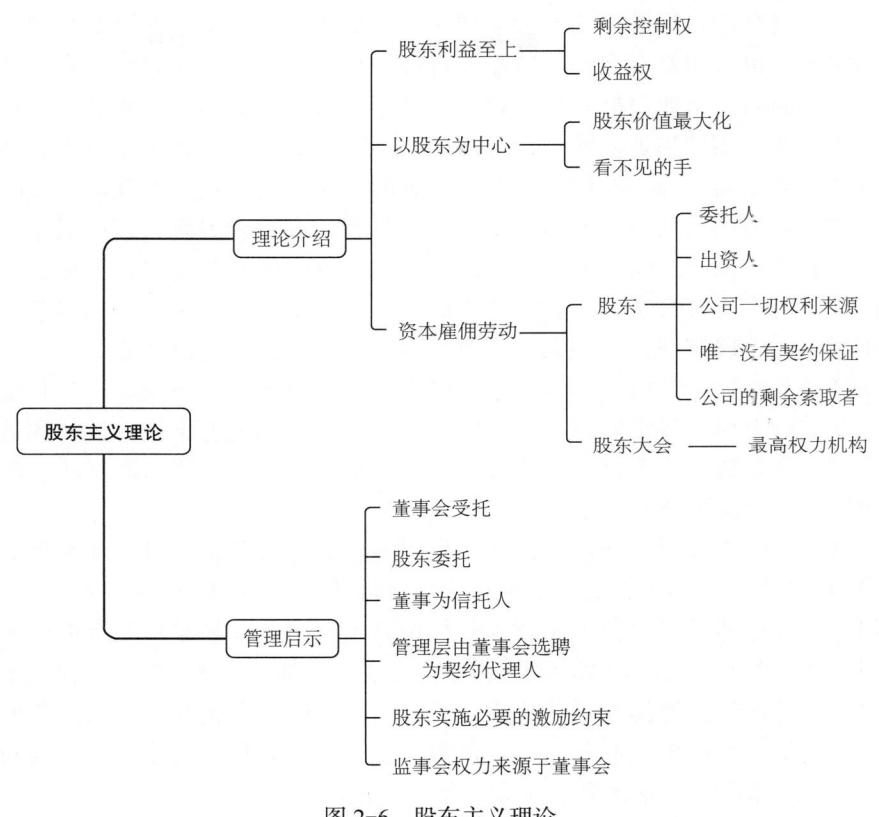

图 2-6 股东主义理论

四、利益相关者理论

1. 理论介绍

利益相关者概念在公司治理理论发展中扮演着重要的角色。利益相关者的概念首次出现在 1963 年,斯坦福研究所推出与"股东"相对应的一个词——"利益相关者"来表示与企业密切关联的所有人。他们认为,利益相关者对企业来说是这样的一些利益群体,如果没有他们的支持,企业就无法生存。美国学者弗里曼是首位完整构建出利益相关者理论框架的学者,1984 年出版了具有里程碑意义的专著《战略管理:利益相关者方法》,该书奠定了利益相关者理论的发展基础。他认为,企业利益相关者是指那些能影响企业目标的实现或被企业目标的实现所影响的个人或群体,他强调企业所受影响可能是单向的,也可能是双向的,他不仅将影响企业目标的个人和群体视为利益相关者,同时把企业目标实现过程中,受企业行动影响的个人和群体也看作利益相关者,如把当地社区、政府部门、环境保护主义者等实体纳入利益相关者的研究范畴,大大扩展了利益相关者的内涵。利益相关者理论的核心观点在于,公司不仅仅属于股东,而是属于所有的利益相关者,包括股东、管理层、职工、社区、债权人、供应商、顾客、政府等,这其实就意味着企业应该承担更多的社会责任。企业应当综合平衡各个利益相关者的利益要求,而不仅专注于股东财富的积累。企业不能一味强调自身的财务业绩,还应该关注其本身的社会效益。企业管理者应当了解并尊重所有与企业行为和结果密切相关的个体,尽量满足他们的需求。根据利益相关者理论,将各利益相关者纳入企业决策,既是一种伦理要求,也是一种战略需要,而这两点都有助于提升企业在竞争方面的优势。

从字面意思来看,利益相关者是指影响企业行为及企业目标的实现,或是受到企业目标实现及其过程影响的个体和群体。根据这种解释宽泛的定义,任何个体和群体都可以称为企业利益相关者。基于此,利益相关者理论常常将利益相关者的定义范畴缩小到主要的、合法的个体和团体。在很大程度上,利益相关者理论已经排除了利益相关者中同企业运营和企业目标相去甚远的部分。这是因为如果企业分散过多精力,去满足不同利益集体间各不相同的利益要求,那么该企业就很难维持正常的经济运转。

利益相关者分为内部利益相关者、外部利益相关者和远端利益相关者三类。内部利益相关者包括企业员工、管理人员、企业部门和董事会。外部利益相关者包括企业股东、债权人、供应商、本地社区和自然环境。而远端利益相关者包括竞争对手、选民、消费者、工会、宣传媒体和政府机构等。

利益相关者理论的基本观点:一是认为把所有权作为起点来讨论公司治理是错误的,董事会是资产的受托人,而不仅仅是股东的受托人;二是强调在现代经济生活中,小股东数目空前壮大,他们对企业承担的责任减少,从而更加突出了重视非股东的其他利益相关者的必要性和重要性;三是指出除股东承担剩余风险外,所有利益相关者的投入都可能关系到专用性资产,这部分资产改变用途时价值就会降低,因此,应设计出一种治理制度,让利益相关者享受一定的剩余收益和企业控制权;四是明确提出,出资者投资的资产、经营过程中的财产增值和无形资产共同形成了企业的法人财产,法人财产是不同于股东资产而相对独立的,忽视其他利益相关者对企业财富的创造是不

第二章 公司治理

利的，从而论证了"新所有权观"的合理性。利益相关者理论的核心思想在于，一部分由股东掌握的企业决策权力和利益，应该移交到利益相关者的手中。而弗里曼（1984）也谨慎地指出，任何与决策权相关的类似理论，都有可能被非股东滥用，因为权力正从掌握财富较多的股东流向掌握财富较少的利益相关者手中。这种财富的再分配很可能会损害从企业盈利中获益的股东的权益。

利益相关者理论不断完善和扩展，区分主要利益相关者和次要利益相关者，关注狭义的和广义的利益相关者战略，平衡各方利益相关者的取向，从不同利益相关者的角度评价企业绩效。近年来，关于利益相关者理论的争论集中于管理者对利益相关者的道德和伦理职责。Greenwood 提出利益相关者理论是道德中立的，因为纳入利益相关者及其需求并非强制基于企业利益相关者的利益最大化来行事。对利益相关者的研究也开始探索，依据利益相关者的意愿和期望，管理者可行使的权力、自由和能力的大小，即所谓的管理权限。利益相关者本身既可以约束管理行为，也可以促进管理行为。

2. 管理启示

利益相关者理论探讨了企业除了增加股东财富，还应该树立更广阔的目标。也应该尽量同时满足股东和其他利益相关者的需求，从而保证企业的经济效益和社会效益共同提升。企业是利益相关者依据各自的价值预期和判断，为追求价值创造而凝结的开放式系统。企业获得和使用各利益相关者提供的资源，理应对利益相关者的需求承担责任，为他们创造价值。企业社会责任的价值驱动因素有很多，包括提高声誉、减少成本、吸引员工和顾客满意、增加收入等。

该理论对管理实践具有重要意义，它启发管理者有必要识别最重要、相关性最高的利益相关者。但是，管理者需要投入时间和资源来识别哪些利益相关者在权力、合法性和紧迫性方面对其所在组织有最大的影响力。一旦识别出利益相关者，就需要管理者与他们建立联系、进行沟通，确保自己清晰认识并了解他们对组织的期望和需求。利益相关者理论是在对传统企业管理理论反思的基础上，所提出的一套新的企业治理理念与理论结构，它在健全企业社会责任观与完善企业治理理论方面，对我国企业或相关组织治理与协调社会各利益主体关系方面具有重要启示，其基本管理理念及某些分析方法具有借鉴意义，如图 2-7 所示。

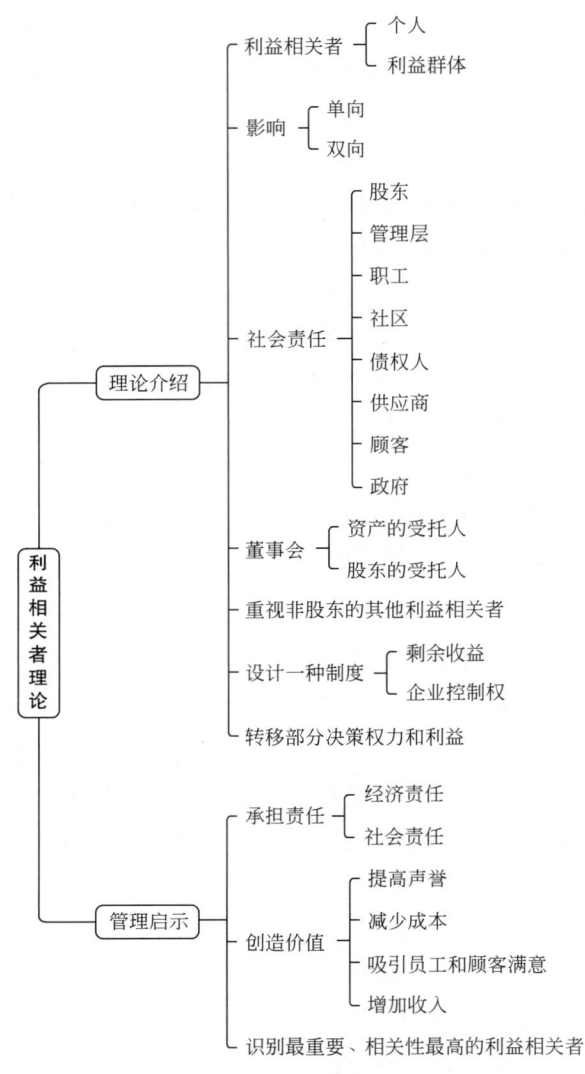

图 2-7 利益相关者理论

知识栏：《公司的目的》宣言

2019 年 8 月 19 日，包括亚马逊的贝佐斯、苹果的库克在内的美国 181 家顶级公司的 CEO 共同签署了一份《公司的目的》的宣言，这些商业领袖声明不会再把股东的利益放到第一位，而是要同时追求客户、员工、供应商、社区和股东的利益,让每一个美国人都过上有意义和有尊严的美好生活。宣言一出,马上就引起了热烈的讨论,有叫好的,认为这是公司史上里程碑意义的事件,也有嘲讽的,说这是作秀,没有实际意义。

然而,公司的利益相关者实在是太多了,经理做决策的时候到底以谁的利益为目标呢?社区要环保,政府要税收,员工要就业,股东要利润,客户要产品,目标并不一致,甚至是冲突的。那经理人怎么做出一个有效的决策呢?经理人根本不知道该怎么做!再仔细看那181个美国大公司CEO的宣言,里面根本没有任何路线图和行动细节,可以说是纸上谈兵。但是股东至上的目标是非常清楚的,可以给公司建立一个统一的行为模式。

虽然利益相关者理论缺乏操作性,不能取代股东至上在公司治理中的基础地位,但还是一个值得推广的价值观念,并且已经演化成一股巨大的社会力量。在这股力量的推动下,这个世界确实变得更加美好了。1983年宾夕法尼亚州率先修改公司法引入"利益相关者条款",目前美国绝大多数州的法律都规定了相关条款。

其实,社会反感的不是股东至上,而是股东不择手段的至上,不惜伤害他人利益的至上。主动承担起社会责任,满足相关者的利益需求,公司盈利才是健康的、持续的,长期看总是好的。利益相关者理论和股东至上理论并不完全矛盾,1995年华盛顿大学的琼斯(Jones)教授把这两个理论给整合到了一起,提出了一个新理论称为实用主义利益相关者理论(Instrumental Stakeholder Theory),简单说就是公司承担社会责任会促进自己的财务绩效,换句话说,对利益相关者好,其实最终就是对股东好。

五、产权理论

1. 理论介绍

西方产权理论是新制度经济学的流派之一。它是20世纪60年代由美国经济学家科思在对传统的西方古典经济学和福利经济学的一些根本缺陷进行反思、批判和修正的基础上首先提出,并在20世纪70—80年代由威廉姆森(Williamson)、诺思(North)、舒尔茨(Schultz)、斯蒂格勒(Stigler)、阿尔钦(Alchian)、德姆塞茨(Demsetz)和张五常(Steven Cheung)等人丰富和发展之后逐步形成的。产权主要指财产权或财产权利。从权利本身看,它是以财产权为主体的一系列财产权利的总和,包括占有、使用、收益和处分等权利。产权主要包括私有产权、公有产权、国有产权。以产权为依托,对财产关系进行组合、调整的制度就是产权制度,有关产权及产权制度的理论就是产权理论。西方产权理论的主体是交易费用理论。交易费用理论认为,只要存在交易费用,产权制度就是必要的。建立一套法律上强有力的产权制度,承认并保护产权就是为了减少交易费用。不同的产权制度安排就有不同的交易费用,继而决定了不同的经济运行效率。西方产权理论认为,市场交换的实质不是物品或服务,而是各方的权利,市场交换主体必须对其交换对象有明晰的唯一的可自由转让的产权,才能使市场机制运转起来,实现资源的最优配置。清晰的产权较好地体现了产权排他性和自由转让,但西方产权理论并不认为私有产权是唯一有效的产权制度安排。

产权理论研究的另一个重要问题,就是企业内部产权结构该如何安排。西方产权理论不是将企业简单地看作是通过权威、计划来配置资源的组织形式。西方产权理论认为,企业中的董事与经理、经理与工人之间的契约关系,仍然是一种交易,这与市场交易、市场契约没有什么不同。因此,企业内部企业产权结构安排不同,企业的效率也会大不相同。西方产权理论重点分析了企业所有权、剩余支配权和控制权的关系,对企业内部的委托代理问题,从它的产生原因、发展过程、解决办法等进行了比较全面和深入地探讨,提出许多有关公司治理结构的原理,这是西方产权理论发展的重点,也是它的一个重要理论贡献。另外,西方产权理论还对产权概念、产权的效率、产权的成本、产权的功能与收益、产权的制度的变迁等进行了阐释。

2. 管理启示

人类的历史上出现过各种各样的产权形式。一个社会采取何种产权形式,主要取决于每一种产权形式在特定的政治、经济、文化条件下配置稀缺资源的交易费用的大小。西方产权理论认为,产权的最终归属并不是最重要的,只要产权主体明确,产权边界清晰,就可以减少交易费用,从而形成有效的产权制度安排。

随着社会主义市场经济体制的逐步建立,西方产权理论对中国国有资产管理体制改革的影响也越来越大。交易费用理论对国有企业的规模、国有企业的兼并重组有着很大的启示作用。现阶段国有企业的兼并重组浪潮从经济现实中侧面反映了西方产权理论。西方产权理论中企业内部产权结构安排的论述以及企业内部不同的产权结构对企业效率影响的理论,更是为现阶段中国国有企业以股权多元化为改革目标的产权制度改革提供了重要的理论基础,如图2-8所示。

第二章 公司治理

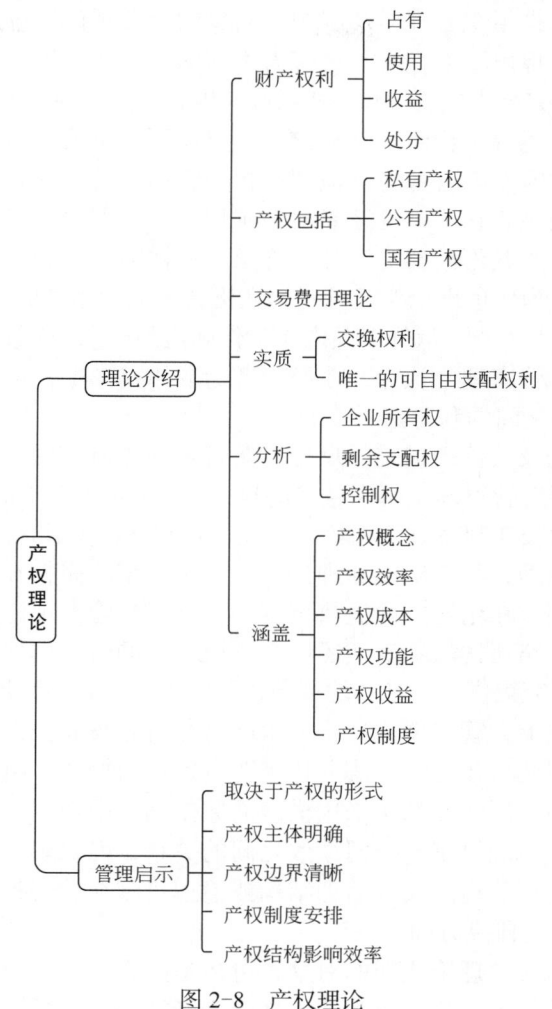

图 2-8 产权理论

六、管家理论

1. 理论介绍

20世纪90年代以来，现代管家理论（Stewardship Theory）得到迅速发展。它从代理理论的对立角度揭示了经理人和委托人之间存在的另一种关系，为解决公司治理问题提供了新的思路，在一定程度上弥补了代理理论的不足。

现代管家理论依据组织心理学和组织社会学的有关理论，进一步从委托代理理论的对立角度提出了委托人与经理人之间的另一种关系，即经理人在经营过程中，并不是完全依赖监督和物质激励，领导和同事的信赖、社会的认可、取得成功的荣誉感等，会激励其从追求自身尊严、价值的角度出发，勤勤恳恳努力工作。这时，经营者与其他利益相关者的利益是一致的。现代管家理论的代表人物唐纳森认为，经营者对精神层面，如尊严、信仰、成就以及荣誉的追求，会激励其不断努力，像"管家"一样为公司勤勉的工作和服务。现代管家理论认为代理理论对经营者内在机会主义和偷懒的假定是不合适的，而且经营者对自身尊严、信仰以及内在工作满足的追求，会使他们努力工作，做好"管家"。管家理论认为，在经营者的自律基础上，经营者与股东以及其他利益相关者之间的利益是一致的。

对代理理论及其治理措施的反思以及管家理论研究的不断深入，引发了理论界和企业界对管家理论越来越多的重视。Caldwell 和 Karri 认为，管家理论在追求组织的长期利益方面相较代理理论和利益相关者理论是更好的选择，是更好的治理模型，具有实践和理论基础，是系统、完整和整体的管理理论和组织发展原则，在伦理方面优势更多。尽管现代管家理论的研究还处于初期阶段，研究思路还比较零散，还没有形成统一的研究框架，但管家理论无疑为公司治理研究提供了一种新的视角，开辟了一条新的路径。

在研究方法上，管家理论从行为角度研究管家与委托人之间的交互影响和行为结果，因此，在分析方法上将主要借鉴行为博弈、组织行为学等分析工具。国内外的实证研究都是采用横截面数据和面板数据，直接分析上市公司的治理结构、治理机制与公司绩效之间的关系，但忽视了另一种更有效的研究方法，即分析公司在改变治理结构或治理机制前后公司绩效的变化。这应该是未来的一个研究方向。

管家理论与代理理论之间的对立，更多是因为经济学与管理学研究方法的差别。经济学把人视为一个整体，把管理者视为普通的人，因此，具有高度的概括性和抽象性，能够抓住问题的本质和根本，但忽视了作为个体的人的独特性，忽视了管理者不同于普通人的特殊内在需求。而管理学则面对一个个活生生的人、作为人力资本的管理者，更为重视其具体特征和需求。因此，将管家理论与代理理论的融合，本质就是管理学与经济学研究方法的融合。如果能够找到这样的方法，无论是对经济学、管理学，还是公司治理的研究，都将具有划时代的意义。

总体来看，理论界对管家理论的研究主要侧重于四个方面：一是对经理人的人性分析和假设，究竟经理人是个人主义、机会主义、自利的"代理人"，

第二章 公司治理

还是集体主义、组织至上、值得信任的"管家";二是在公司治理结构设计上,究竟是建立独立的董事会、增加外部或独立董事,以加强对经理人的监督和控制,还是将董事会主席与 CEO 二职合一、增加内部或关联董事,以利于经理人在相互信任的环境中充分发挥其管家才能;三是在公司治理机制设计上,究竟是建立控制与物质激励为主的长期薪酬计划,还是建立非物质的激励计划;四是管家理论与代理理论的相互关系究竟如何,是这种理论比另一种理论更有效,还是二者都只是适用于解释某一些现象。

目前现代管家理论正处于研究探索的初期,尚未形成完整统一的研究框架,相对于已经发展多年的其他成熟理论,影响力要小得多。其侧重于对经营者激励的研究,从新的人性假设出发,认为荣誉、成就和责任这些精神层面的激励因素,远高于物质的激励和约束作用,主张公司所有者应该充分信任经营者,合理授权,而经营者则应充分感激信任、实现自身价值,自觉为公司经营管理尽心尽责。现代管家理论对公司治理中,如何选择对公司经营者合理、有效的激励方式有着重要的指导作用。

2. 管理启示

中国正在进行的公司治理改革基本上复制了典型的美国公司治理模式,其思路与代理理论相一致。但是,中国的公司治理改革却是在转型经济框架和集体主义文化背景下进行的,因此,尽管进行了多年努力的摸索,但成效有限,公司治理尚未对中国企业的改革发展发挥出实质性作用。研究表明,代理理论和管家理论都是对某些特定情境具有理论解释力,管家理论揭示了董事与经理人动态的相互影响和内在的长期人际关系下的社会变化。因此,在代理理论框架下,借鉴管家理论的研究思路与相关研究成果,建立起适合中国国情的公司治理体系,对提高中国企业的公司治理整体水平和国际竞争力,保持经济持续健康科学发展,具有很重要的理论意义和现实意义。

长期以来,加强董事会的独立性、要求董事长与总经理分设、增加外部或独立董事、股票期权或薪酬与考核挂钩等做法,被视为中国公司治理的"灵丹妙药"。事实上,这些观点即使在西方也没有得到定论,与此相反,二职合一、强调内部或关联董事的作用、弱化物质激励等做法还得到一定程度理论和实证的支持。因此,将代理理论视为中国公司治理改革的唯一理论根据,盲目效仿西方的公司治理措施是不合适的。突破传统的代理理论研究假设和思路,从委托人、经理人两个利益主体的角度去分析他们之间的治理关系,对传统的公司治理研究是一个很好的补充,有利于解释公司治理实践中已经暴露出来的种种问题,有利于对传统公司治理结构和治理机制进行有益的修正,如图2-9所示。

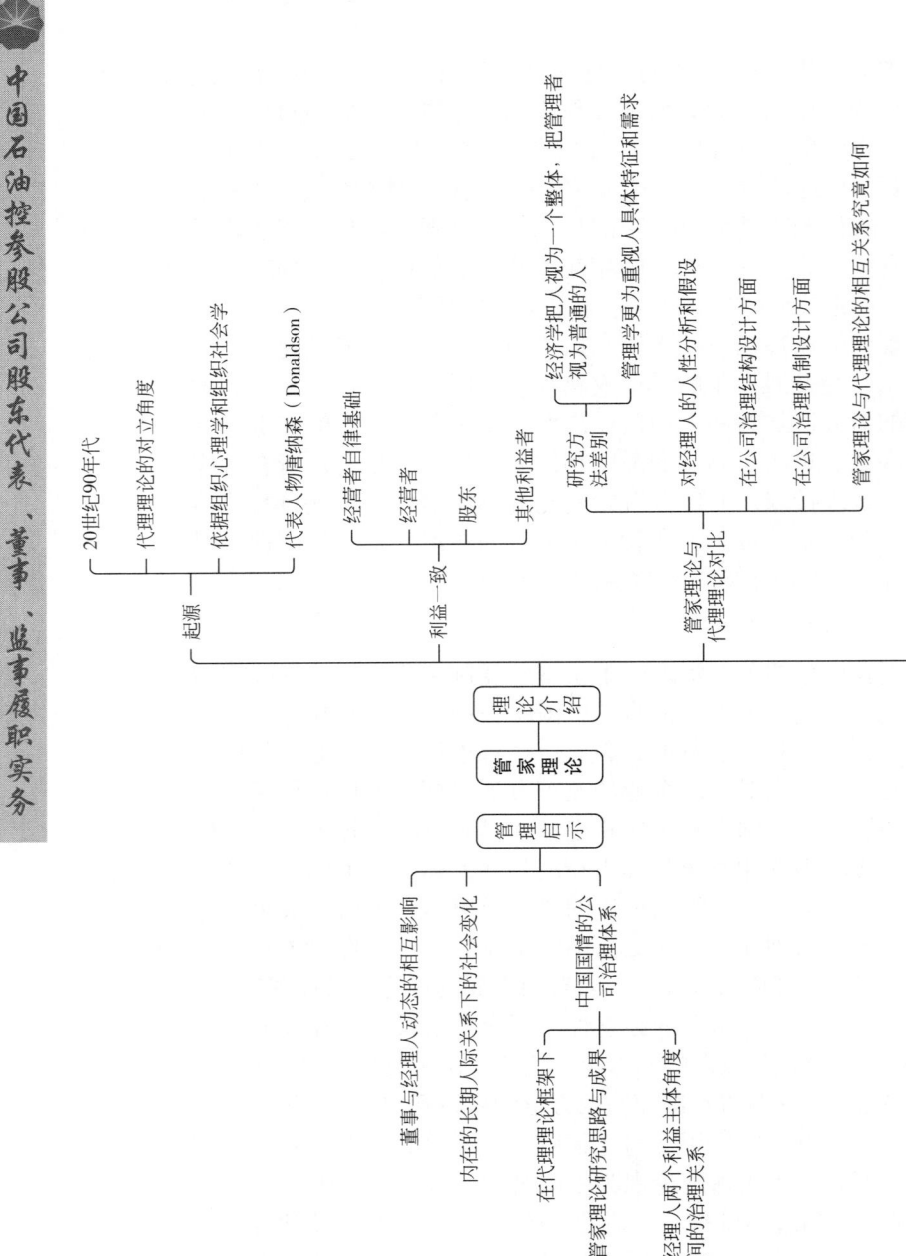

图 2-9 管家理论

七、其他理论

1. 有效市场理论

有效市场理论认为,股东拥有公司,公司应按照股东的利益进行管理;公司的价值可以在金融市场得到表现,或者说最大化股票的价值即等同于最大化公司财富创造,其理论基础是有效市场理论,即股票价格完全由金融市场决定并有效地反映该公司的所有相关信息。哈佛大学商学院的哈耶斯和阿伯纳思指出,由美国公司控制和管理方式中的制度安排可以看出:当一家公司的股价完全由金融市场决定并有效地反映该公司所有相关信息时,其股价就是衡量该公司价值的充分信息指标。根据这一理论,金融市场能够比较有效地解决代理问题,通过金融市场特别是控制权市场机制能对公司经营者构成有效的威胁,从而校正公司管理者对股东的不负责任的经营行为。因为,如果管理者经营不善,市场价值下降的公司在控制权市场将面临被收购的危险。当然,迫使不负责任的经理人员承担责任的主要机制——控制权市场事实上其作用远没有那么强烈。因此,该理论也提出了相关的改革公司治理结构的措施,其政策着眼点在于试图促使经理人员对股东的利益更负有责任。

2. 市场短视理论

市场短视理论认为,金融市场是短视和缺乏忍耐性的,股东们并不了解自身的长期利益,在公司为长期利益进行投资时,如在研究与开发、市场拓展战略等方面进行持续投资而延期对股东支付股利时,股东们通常会卖出股票或降低股票的价格。据此,该理论认为,来自金融市场的短期压力迫使公司管理层在很多情况下将精力集中在短期业绩上,因此,公司的实际业绩可能远低于可能达到的业绩,并导致公司牺牲了长期利益和竞争能力。该理论认为,金融模式理论的基本前提是错误的、不现实的,股票价格在公司实际潜在的价值上提供的只是一种粗浅的信息。主要原因在于:

第一，股票价格运动基本上是无规律的；第二，股票价格的变化受基金等机构投资经理们的交易行为影响，而这些经理们则是根据他们的短期业绩来取得报酬的；第三，机构投资经理们在评估公司长期投资方面可能是具有误导性的。

基于以上观点，市场短视理论提出了与金融模式截然相反的公司治理改革措施，即当金融模式理论的主张者极力强调增加股东对公司的监督和控制时，市场短视理论则将改革方案集中在如何使经理人员从股东的压力（或者说金融市场的短期压力——短期股票价格业绩的压力）中解放出来，包括通过阻止交易和鼓励长期持有股票来试图实现股东的利益等。

3. 内部人控制理论

公司制企业中对董事会和经理层的监督与约束，激励机制与约束机制的设计与运行，直接关系到公司的控制权问题。由于现实与制度的缺陷造成治理结构的失衡，使得企业的控制权不是掌握在股东手中，而是掌握在内部人手中，这样就出现了内部人控制现象。内部人控制是指公司治理结构中由于"所有者缺位"和控制权与剩余索取权不匹配而产生的经营者群体侵占所有者利益的行为。内部人控制一般可分为法律上的内部人控制和事实上的内部人控制两种。法律上的内部人控制是指内部人（经理层与职工）通过持有本企业的股权而掌握对企业的控制权；事实上的内部人控制是指内部人虽然不持有本企业的股份，也不是该企业法律上的所有者，然而却拥有该企业的控制权。我国在经济体制改革和转轨时期，国有企业中也出现了不同程度的内部人控制现象。其主要表现为：

一是事实上的内部人控制。国有企业的经理人在法律上不拥有该企业多数或大量股权，但拥有对企业的控制权。

二是政府行政干预下的内部人控制。对于国有企业来说，国家是企业的最终所有者，但是企业拥有相当多的自主权，特别是企业的经营者拥有过多的控制权，国家保留对企业的最终干预权利，如对经理人员的任免等，如图2-10所示。

第二章 公司治理

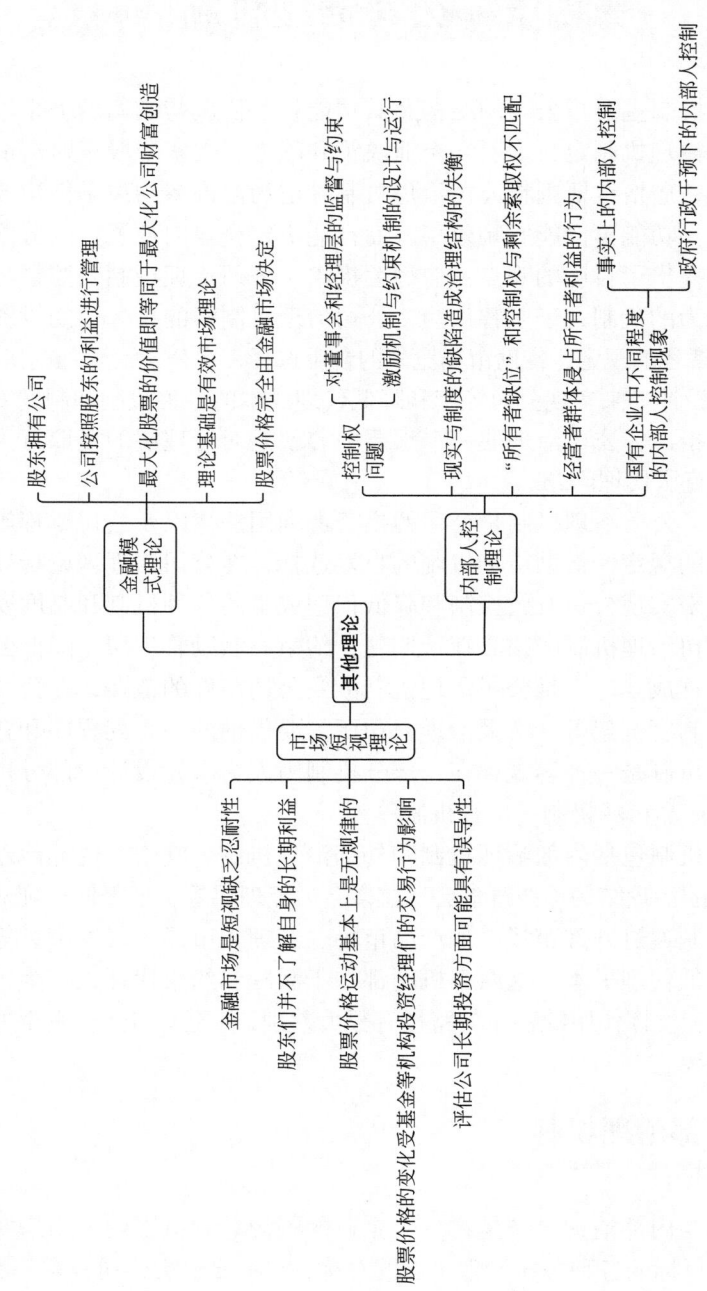

图 2-10 其他理论

第四节 公司治理机制

公司治理机制主要指公司的结构及其功能相互协调与制衡的关系。艾伦和盖尔将公司治理机制定义为引导企业决策和战略，去实现股东财富最大化的一系列规定；詹格拉斯则将公司治理机制界定为由许多约束条件构成的一个集合，其主要功能不但能影响效率，而且能决定企业内部资金的分配。国内不少学者也提出了自己的观点：曾德明提出，公司治理机制是监督与约束公司管理层行为的机制；于东智认为，公司治理机制指的是公司的投资者利用法律、公司章程的规定，借助市场竞争的自由选择，在公司治理理论指导下，通过人为制度设计等来实现公司控制和降低代理成本的各种机制和制度安排的总称；董志强指出，公司治理的一个重要内容就是对管理层的攫取行为构成有效约束，以克服代理问题。

综上所述，公司治理机制是公司的投资者利用法律以及公司章程等对投资者权益保护的规定，借助市场机制的自发选择，在公司治理理论指导下通过制度设计等来实现公司有效控制和降低代理成本的各种机制和制度安排的总称。一是公司治理机制的核心在于监督、约束和激励管理层，降低公司运行中的各种代理成本；二是公司治理机制涉及公司制度的范畴，在公司治理的基本组织与制度框架下，实现治理公司所需要借助的一系列程序和路径；三是公司治理机制是一种客观存在，部分机制为人为事先设计，部分机制早已存在，比如产品市场机制、声誉机制等。

公司治理机制包括内部治理机制和外部治理机制。其中，内部治理机制通过公司内部的治理结构（如董事会、监事会、经理层等）来降低代理成本，而外部治理机制通过外部市场（如产品市场、经理人市场、资本市场等）或外部机构来降低代理成本。这两类机制都在于激励和约束代理人行为，但二者的基本性质和发挥作用的程序与路径有很大差别，甚至有时还会发生冲突，如图 2-11 所示。

一、公司内部治理机制

李维安认为内部治理机制是在一个企业的资源计划范围内，用来实现企业的公司治理目标的各种公司治理机制的总称，它主要解决公司股东、董事、经理、雇员之间，因委托代理关系而产生的激励与约束问题。它包括激励机

第二章 公司治理

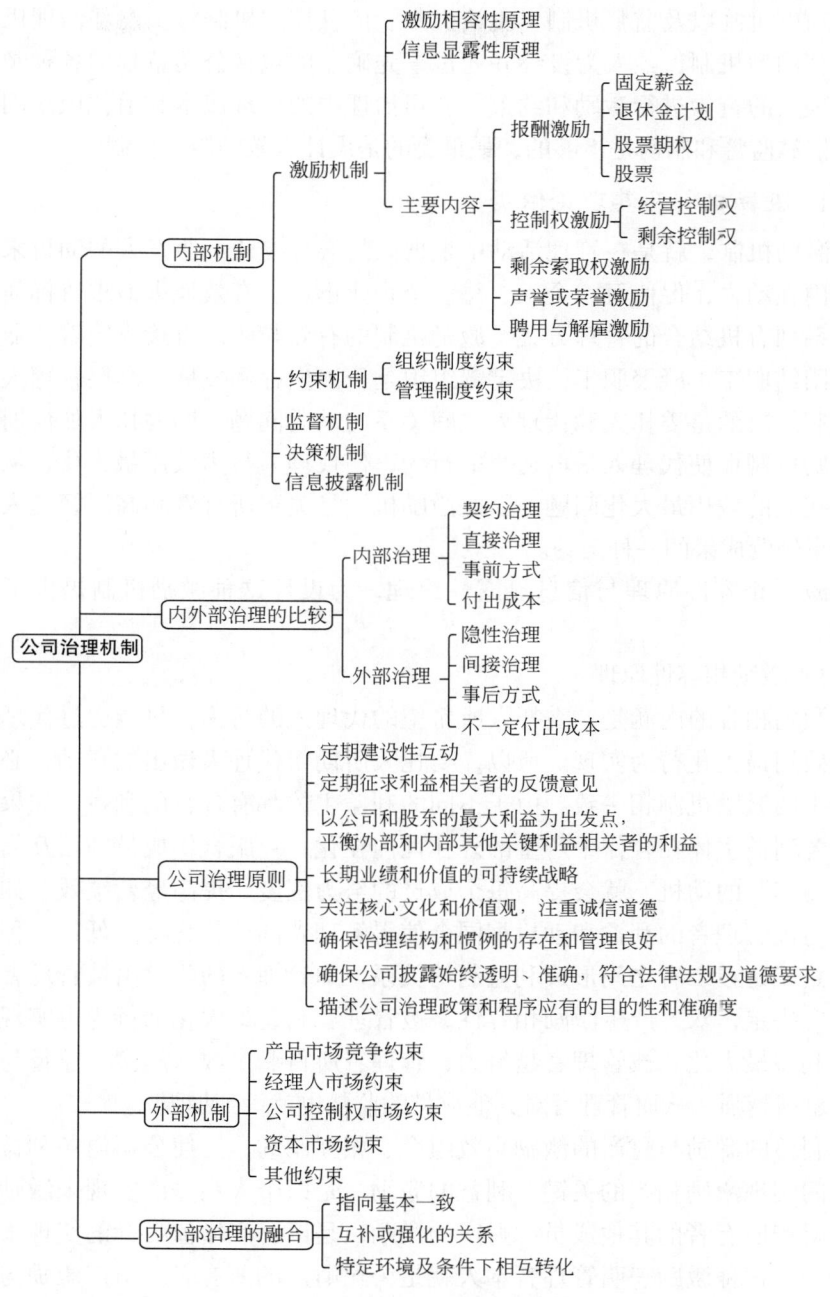

图 2-11 公司治理机制

制、约束机制以及监督机制、决策机制、信息披露机制等。内部治理机制是一种契约型机制，经人为设计并通过事先确立的包括公司章程的各种契约，对经理人的行为进行激励和约束。公司治理中的代理成本和道德风险问题，仅仅依靠监督和制衡是不够的，最重要的是设计有效的激励机制。

1. 激励机制及其理论依据

激励机制，就是在管理活动中根据人的心理变化，激发人的动机来启动人的内在动力，促使每一个人、每一个企业迅速、有效地去追求目标而建立的一系列有机结合的管理方式。激励机制的有效与否，直接决定着企业是否可以团结职工、凝聚职工，决定着组织是否能生存和发展。高层管理人员激励机制解决的是委托人和代理人之间关系的动力问题，即委托人如何通过一套激励机制促使代理人采取适当的行为，使代理人行为效用最大化，从而实现委托人的效用最大化问题。因此激励机制是关于所有者和高层管理人员如何分享经营成果的一种契约。

激励相容性原理与信息显露性原理，为设计这种激励机制提供了理论基础。

1）激励相容性原理

激励相容的内涵是，委托人所希望的代理人的行为，只能通过代理人自己的效用最大化行为实现。所以，委托人所期望代理人做出的行动，必须与契约中的激励机制相一致。由于不同的利益主体都有各自的利益，如果公司能将各利益主体在合作中产生的外在性内在化，克服合作成员的相互偷懒与"搭便车"的动机，就会提高每个成员的努力程度，提高经营绩效。如果管理者与被管理者的利益和动机相同会使得管理者的监督程度降低，一种有效的方式就是在二者之间形成利益制约关系，即管理者的收益由被管理者的努力程度决定，双方产生激励相容性，被管理者利益最大化的行为也实现了管理者利益最大化。被管理者越努力，管理者所得剩余收入越多，监督与管理动机也就越强，从而管理者对其他成员的监督也就得到加强。

利益的激励与财产的激励高效组合、相互制约，是使公司内各利益相关者之间实现激励相容的关键。利益的激励，是以个人利益的实现来激励公司内非财产所有者的其他成员。财产的激励，是以财产增值目标的实现来激励其行为，这种激励表明管理者本人就是公司财产的所有者。财产激励与利益激励既相互制衡又相互依赖，两者相辅相成、缺一不可。

第二章 公司治理

2）信息显露性原理

建立激励约束机制最重要的是获得代理人行为的信息。这是由于委托人与代理人之间的信息分布是不对称的，委托人想要获取完全信息比较困难。通常遇到的困难是，当委托人向代理人了解他们所掌握的信息时，只有通过货币支付或者某种控制工具作为刺激和代价，代理人才会如实相告。因此，要使代理人公布其私人信息，必须确立博弈原则。依据信息显露性原理，对每个导致代理人撒谎的契约，都对应着一个具有同样结果但代理人提供的信息完全属实的契约。任何能充分预计隐蔽和撒谎的机制，其效果都不会好于直接显露机制。这样，显露原理大大简化了博弈过程，通过代理人之间的静态贝叶斯博弈〔在博弈论中，贝叶斯博弈是指博弈参与者对于对手的收益函数没有完全信息（incomplete information），因此贝叶斯博弈也称不完全信息博弈〕来代替需要运用动态贝叶斯博弈方法来分析其均衡解的一个多阶段对称信息的博弈机制设计，就能获得最大的期望收益。

为使期望收益最大化，作为机制设计者的委托人需要建立满足一些基本约束条件的最佳激励约束机制。而最基本的约束条件通常有两个。

首先，是所谓刺激一致性约束。机制所提供的刺激，必须能诱使作为契约接受者的代理人自愿地选择根据他们所属类型而设计的契约。如果委托人设计的机制所依据的有关代理人的类型信息与实际相符，那么这个机制给代理人带来的效用应该不小于其他任何根据失真的类型信息设计的机制所提供的效用。不然代理人可能拒绝接受该契约，委托人无法实现其效用最大化。

其次，是个人理性约束。即对代理人的行为提出一种理性化假设。这一假设要求代理人做到接受这一契约比拒绝契约在经济上更合算，这就保证了代理人参与机制设计博弈的利益动机。

如果配置满足了刺激一致性约束，那么此配置就是可操作的。如果可操作的配置满足个人理性约束，那么该配置可行，从而保证激励约束机制处于最佳状态。

2. 激励机制的主要内容

公司对高层管理人员主要有物质激励和精神激励两种方式。传统的精神激励更注重提升公司高层管理人员的社会地位，使他们在得到社会尊重的基础上，消除其后顾之忧，得以全身心投入工作，不断努力提高业务技能和管理水平，进而更好地将自己的才能贡献给公司。传统的物质激励是指高层管理人员所得的工资和奖金。激励的核心是将高层管理人员对个人效用最大化的追求转化为对公司利润最大化的追求。激励机制的主要内容包括：报酬激励机制、经营控制权激励机制、剩余索取权激励机制、声誉或荣誉激励机制、聘用与解雇激励机制。

1）报酬激励机制

对高层管理人员的报酬激励一般包括固定薪金、退休金计划、股票期权与股票等构成。其中，固定薪金优点在于稳定、可靠、无风险，能够作为基本保障，但不够灵活、缺少刺激性。奖金和股票与其经营业绩紧密相关，对高层管理人员来讲有一定风险，也有较强的激励作用，但易引发高层管理人员短期行为。退休金计划则有助于激励高层管理人员长期行为。

在我国公司中，建立健全高层管理人员的利益激励机制，首先应当把他们作为独立的利益主体对待，将其利益和一般职工利益区分开来，适当拉开收入差距，逐步提高收入。其次，必须改变高层管理人员收入形成的方式。在国有控股的股份制公司中，应由有关政府部门参照市场化原则决定董事长、总经理和董事的工资标准和奖励办法，由董事长或者总经理提出其他高层管理人员的工资标准和奖励办法，最后由董事会批准。高层管理人员的收入应由以下三部分组成：一是工资，工资形成既可以是月薪制，也可以是年薪制。工资要进入运营成本。二是奖金，它要与高层管理人员的业绩挂钩。奖金只能从公司的利润中开支，没有利润则不能发给奖金。三是股份收入，高层管理人员在通过一定方式获得优先认购股权后，可以通过股份或股票的升值获得一定收入。不同形式的收入对高层管理人员起着不同的激励与约束的作用，以保证高层管理人员行为长期化和规范化。

结合我国公司法人治理实际情况，高层管理人员的报酬激励机制应加强以下两个方面工作：

首先，在年薪制方面。在西方国家，年薪制实际上是对高层管理人员的薪俸制度，是保障性制度。在社会主义初级阶段的中国，年薪制也是行之有效的激励制度。目前，中国各地试点公司的高层管理人员年薪收入主要由基本收入和风险收入组成。其实，还应该在高层管理人员的收入中加入其他奖罚指标。一是基本收入，应体现高层管理人员的人力资本价格，应当以公司职工平均工资为基数，以公司规模结合其他因素来确定高层管理人员基本收入系数。高层管理人员在完成资产的保值增值任务后，可以获得基本收入。二是风险收入，是在企业运营过程中抓住机遇，挖掘隐含风险并加以科学度量，控制潜在风险所带来的收益。从机会成本的角度来讲，也是高层管理人员窥探风险的来临，决策及时，避免和控制经营风险的成本收益和获益收入。三

第二章 公司治理

是奖罚指标,即在高层管理人员的年薪收入中加入一定奖罚指标,以对高层管理人员的年薪收入加以修正。奖罚指标可以分为两类:一类是对公司效益规避重大风险影响,从而产生经营效益,用以嘉奖高层管理人员或业务人员;另一类是对企业经营业绩产生重大风险影响的事项,如高层管理人员严重违反财经纪律或者重大决策失误,导致企业整体业绩下降产生的重大损失等给予惩罚的案例事项,依据考核百分比,可以一次性惩罚兑现,也可以抵扣年薪奖金兑现。总之,奖罚分明,精神奖励与物质奖励等多种形式并举。

其次,在股票期权方面。实行股票期权制度,可以使高层管理人员更关心所有者的利益和资产的保值增值,使高层管理人员和利益相关者达成共同的利益愿景。股票期权制度已成为全球先进企业的共性激励方式,因此可以在已经完成股份制改造的国有企业中加快股票期权制度试点,并在总结经验的基础上逐步推行。这样高层管理人员为了获得高额回报,一定会想方设法把公司经营好,而且也一定会把个人利益同国有企业的长期健康稳定发展战略直接联系起来,更有利于从根本上克服高层管理人员的短期行为。

2)经营控制权激励机制

按照产权理论的分析框架,企业的契约性控制权可以分为经营控制权和剩余控制权。

经营控制权是指能在事前通过契约加以明确界定的控制权力,即在契约中明确规定的契约方在什么情况下具体如何使用的权力。在创业企业中,特定控制权通过契约授权给了创业企业家,这种特定控制权就是高层管理人员的经营控制权,包括日常的生产、销售、雇佣等权利。经营控制权对高层管理人员通常会产生激励作用,使其拥有职位特权、享受职位消费,给高层管理人员带来正规报酬激励以外的物质利益满足。因为高层管理人员的效用除货币外,还有非货币物品,如豪华办公室、合意的雇员和舒适的公务旅行等。

剩余控制权则是指那种事前没在契约中明确界定如何使用的权力,是决定资产在最终契约所限定的特殊用途以外如何被使用的权力。剩余控制权一般由股东的代表董事会拥有,如任命和解雇总经理、重大投资、合并和拍卖等战略性的决策权。剩余控制权决定了经营控制权的授予。

3)剩余索取权激励机制

剩余索取权激励机制表现为向高层管理人员转让部分剩余索取权。对剩余索取权的分配,表现为如何在股东和高层管理人员之间分配事后剩余或利润,这影响到对高层管理人员的激励。如果契约能使效率最大化,那么契约肯定是一种最优化的选择。高层管理人员得到的剩余索取权越接近其开创性

努力，激励效果越好。如果缺少剩余索取权或剩余索取权很小，忽略对创造剩余的直接承担者的激励，就不能实现这种效率的最大化。

4）声誉或荣誉激励机制

除物质激励外，在公司治理中精神激励也是不可或缺的。公司高层管理人员一般格外重视自身长期职业生涯的声誉。良好的职业声誉之所以可作为激励高层管理人员努力工作的重要因素，一是可以使高层管理人员通过获得社会赞誉及地位满足成就感，二是声誉、荣誉会带来明天的货币收入。高层管理人员预期货币收入和声誉之间有着高度正相关关系。

5）聘用与解雇激励机制

虽然对高层管理人员行为进行激励主要是通过货币支付的方法，但还有另外一种重要的激励手段，即股东对高层管理人员人选的决定权。聘用和解雇对高层管理人员行为的激励，是股东通过经理市场竞争自由选择经理人才来实现的。已被聘用的高层管理人员一方面要面对外部经理市场的竞争压力，另一方面又得承受公司内部下级的竞争威胁，这种竞争使已被聘用的高层管理人员面临解雇的潜在危机。高层管理人员被聘用或解雇的重要条件往往是声誉，如果高层管理人员对自己声誉看得越重要，那么聘用与解雇机制的激励作用就越大。

3. 约束机制

1）组织制度约束

在规范的公司治理结构中，股东（大）会、董事会和监事会制度本身就是一种约束机制。董事会通过对公司重大决策权的控制和对经理人员的任免、奖惩进行直接约束。股东（大）会通过对董事会的信任委托实现对经理人员的间接约束。监事会对董事、经理执行公司职务时违反法律、法规或者公司章程以及损害公司利益的行为进行监督。公司内部约束机制的核心是组织制度约束。

组织制度约束有效的关键是：董事会真正代表股东的利益；监事会具备检查公司财务的权力和能力。为此，要加强组织机构建设，在符合规范的公司体制下，由公司股东（大）会、董事会、监事会与经理层组成一套分工明晰、权责明确、协调配合、互相制衡的公司领导机构，从而起到组织约束的效应。

2）管理制度约束

监事会的约束大多是事后的检查监督。而科学的管理制度，尤其是严格规范的财务制度则是经常性的、事前的约束，是有效防止高层管理人员挥霍公款、过度在职消费、贪污转移公司资产以及违反法律、行政法规、公司章程或是股东会决议的董事、高级管理人员罢免等重要的监管保证，也是组织制度约束的基础。目前，很多国有企业内部管理混乱，且财务部门在高级管理人员的完全控制下，难以避免虚报、瞒报、漏报、错报等粉饰报表的现象。改变这种状况的方法是，在决策层与执行层职务分离的前提下，由董事会主持制定公司财务制度，并委派财务总监，使财务部门具有相对独立性，以保证公司财务报表的真实性和可靠性，为股东及时了解公司经营状况并实施监督提供可靠的依据。

二、公司外部治理机制

公司的有效运行和科学决策不仅需要通过股东（大）会、董事会和监事会发挥作用的公司内部治理机制，还需要通过国家法律、证交所、资本市场、产品市场、经理人市场和社会媒体等外部约束力量对企业形成的监管。外部治理机制是指影响和约束公司行为和表现的各种外部力量，主要包括产品市场竞争约束、经理人市场约束、公司控制权市场约束、资本市场约束等。外部治理机制是一种干预型机制，通过事后可能发生的潜在威胁的约束及压力对经理人的行为产生影响，它的作用在时间上不确定，也难以由人操控。

1. 产品市场竞争约束

产品市场竞争是指市场经济中同类产品为着自身利益的考虑，以增强自己的经济实力，排斥同类产品的相同行为的表现。经济学家认为，作为公司治理机制的重要组成部分，产品市场竞争对稀缺资源的有效配置起着重要作用，而对高层管理人员的监督是其作用发挥的途径之一。由于信息不对称的存在，高层管理人员会利用自己的信息优势，在企业经营决策中有可能做出追求个人利益的行为，而该行为与股东利益最大化是相悖的。但是，理性的经理人都会尽力改善企业产品质量和服务。总的来说，产品市场的竞争对经理人员的约束来自两个方面：一是充分竞争的市场，只有最有效率的企业才能生存，作为企业的经理人员自然也就面临更大的压力；二是产品市场的竞争可以提供有关经理人员行为的更有价值的信息。

2. 经理人市场约束

经理人市场是指按照市场规律进行职业经理人这种特殊的人力资源使用

权的交易关系总和。经理人市场的建立与完善对公司治理质量会产生一定的影响。在完善的经理人市场中，职业经理人的人力资源有着与股东资本、企业资产同等甚至更加重要的作用，其声誉与自身价值高度正相关，并通过其为所在企业的贡献大小得以体现。若经理人员的薪酬由市场决定，经理人员作为重要的生产要素便可以自由流动。如此一来，具备责任感、有能力的经理人会作为稀有资源被公司竞相争聘。反之，责任感较差、能力欠缺的经理人则会被淘汰，其在就业市场上的价格也会下降，甚至面临失业威胁。因此，经理人在职时都必须自我约束，以便减少声誉损失、避免声誉制裁。中国产品和要素市场的快速发展给职业经理人市场的培育提供了现实基础，国有企业改革明确提出经理人员由董事会聘任，政府不再加以干预。

3. 公司控制权市场约束

公司控制权市场是各个不同管理团队相互竞争公司资源管理权的市场。作为一种外部公司治理机制，公司控制权市场对高层管理人员具有一定的约束作用，对促进公司的良性发展具有重要作用。公司控制权市场的治理效力产生于公司股东、管理层和外部竞争者的控制权争夺行为，主要通过兼并收购机制来促进资源的有效配置和降低代理成本。如果由于高层管理人员的管理导致公司经营业绩不佳，会给外部的竞争者带来有利的接管机会，现有的高层管理人员就会面临失业的风险和声誉的损失。因此，公司控制权市场的存在使现有的公司高层管理人员始终存在面临被外部的竞争者接管的威胁激励，迫使公司高层管理人员致力于改善公司经营，确保公司经营效益良好。

4. 资本市场约束

资本市场是企业进行外部融资以保证企业持续发展的场所，主要分为借贷市场和股票市场。借贷市场是指企业通过和债权人发生联系以获取所需资金的场所。债权人主要包括银行、公众及其他金融机构。二者通过借贷市场签订债务契约，明确规定双方的权力和责任。由于企业经常会发生借贷行为，这就要求企业必须建立良好的信用，才会有助于顺利实施借贷行为。这对公司高层管理人员的行为形成了一定约束作用，迫使公司高层管理人员必须要努力经营，致力于维持企业的良好财务状况，确保企业信用良好。股票市场是指已经发行的股票转让、买卖和流通的场所。同时，股票市场是通过信息披露制度和公司的市场价值的涨跌反映经理人员的能力和努力程度的。股价反映企业的价值，当企业经营不善、偏离利润最大化状态时，其股价就会下降，这时企业面临被收购的风险。企业一旦被收购，收购公司就会对被收购公司的内部实施一系列重组整合措施，包括替换董事会成员、重新聘任经理人员等，构成了对公司高层管理人员的职业安全威胁。这也对公司高层管理人员的行为形成了一定约束作用，迫使公司高层管理人员必须要付出必要的努力，确保实现企业利润最大化。就国内情况而言，由于国有股在国有控股公司中拥有的绝对优势地位，导致其他股东很难在股东（大）会发挥作用，股票市场对国有企业上市公司的约束作用更大些。

5. 其他约束

除了以上各种市场机制的作用外，国家的法律法规、监管机构、监督机构、社会舆论、企业工会以及会计、审计、律师、评估等第三方中介机构等，对公司的约束、评判也在不同层面对公司的经营产生重要影响，起着外部治理作用。

公司治理机制的指向基本是一致的，他们之间是一种互补或强化的关系。一般情况下，以董事会为核心的内部治理是公司治理的主要体现，但在股权高度分散的情况下，外部各种市场机制的作用也将会对公司内部治理产生重要影响。同时，在特定情况下，外部治理可以转化为内部治理。例如，当公司出现重大决策失误或经营不善情形，而公司内部治理又失效的情况下，甚至出现内部人互相勾结损害股东或其他利益相关者的利益时，外部资本市场或公司控制权市场将发挥作用，出现改组董事会、更换经理层、接管公司等情形。总之，良好的公司治理，必定是公司内部治理与外部治理的有机融合，以最大限度地发挥二者的协同作用。

三、公司治理原则

投资者在创业时，都希望能够选择一种有效且合法的企业组织形式，并将其成功地打造成基业长青的百年老店，这就需要一种良好的企业治理机制。在现代公司制度中，良好的公司治理机制对企业可持续健康发展起着关键性、决定性作用。公司的关键利益相关者通过建立并完善适合公司自身发展的有效公司治理机制，合理地定义风险偏好、阐明运营策略、设定道德界限，从而奠定对公司有效管控的基础，确保公司始终按照既定的发展目标和战略规划前行。建立并完善有效的公司治理机制，一般应遵循以下八个原则：

（1）确保关键利益相关者（董事会、监事会、管理层、内部审计、法律顾问、外部审计和其他顾问）之间的定期建设性互动。

（2）董事会应确保确定关键利益相关者，并在适当情况下定期征求利益相关者的反馈意见，以评估公司政策是否满足关键利益相关者的需要和期望。

（3）董事会成员应以公司和股东的最大利益为出发点，同时平衡外部和内部其他关键利益相关者的利益。

（4）董事会应确保公司保持着眼于长期业绩和价值的可持续战略。

（5）董事会应确保公司的文化健康，定期监测和评估公司的核心文化和价值观，评估高级管理层的诚信和道德，并根据需要适时进行干预和纠偏。

（6）董事会应确保治理结构和惯例的存在和管理良好，以便及时、完整、准确、可靠地获得信息。

（7）董事会应确保公司披露始终透明、准确，并符合法律要求、监管期望和道德规范。

（8）公司在选择和描述其与公司治理有关的关键政策和程序时，应具有目的性和透明度，以便关键利益相关者有机会评估所选择的政策和程序是否适合特定公司。

案例：从公司治理角度看某公司财务舞弊事件

摘要：公司治理是确保投资者收回投资并获取投资回报的重要机制安排。某公司财务舞弊引发对上市公司治理问题的思考，对于一家上市公司的治理，仅仅依靠内部治理体系是远远不够的，尤其需要来自外部的监督力量，内部治理与外部治理共同发力，才是一个健康运行的公司治理体系。

一、引言

2020年4月2日，某公司在提交给美国证监会的文件中，承认公司首席运营官刘某和部分员工财务造假，伪造业绩收入高达22亿元人民币，成为史上造假规模最大的中概股。此事件一经爆出就引起国内外广泛关注，证监会随即发布声明表示高度关注该公司造假事件，并对该公司进行强烈谴责。然而在如此规模巨大的财务舞弊事件中，公司治理必然存在严重缺陷，本文梳理在其财务舞弊事件中，内外部公司治理所发挥的作用及暴露的问题。

二、事件回顾

1. 公司简介及事件概述

某公司于2017年6月注册成立。公司充分利用移动互联网和大数据技术的新零售模式为客户提供其产品，致力于打造中国的优质品牌。该公司从成立时起一直保持快速扩张，截至2019年年底共拥有4507家直营门店，并于2019年5月17日在美国纳斯达克上市，成为从成立到上市速度最快的公司，

第二章 公司治理

仅用了18个月，在2020年1月继续完成增发，公司的发展可谓一派欣欣向荣。若没有曝出财务造假，外界或许还会把该公司归入优质公司。

2020年1月31日，做空机构浑水公司发布第三方提供的做空报告，指控该公司财务造假，称其虚增收入，夸大广告支出，并从根本上否定了公司的商业模式。公司股价当日跌幅一度超过20%，至收盘跌幅收窄至10.74%。2月3日，公司否认做空报告中的所有指控，并称报告毫无逻辑，论证方式存在缺陷，属于恶意指控，此回应使公司股价迅速反弹。同时，公司上市承销商均发布相同看法。至此，该公司基本收复失地。

2020年4月2日，该公司承认经新成立的特别委员会的初步调查发现，公司2019年二季度、三季度、四季度虚增销售额达22亿元。当天，该公司股价跌幅达75.57%，截止到4月3日收盘，两天时间，股价跌去80%。同日，多家律所以虚假陈述、遗漏重要信息为由，对该公司发起集体诉讼。

2. 财务造假主要手段

根据浑水公司发布的做空报告、该公司财报、某会计师事务所发布的声明及相关媒体报道，该公司主要通过虚增销售收入、夸大成本费用、隐藏关联交易的方式进行财务造假。

1）虚增销售收入

一方面，通过后台直接批量伪造订单虚增单店日销售量，实地调研数据显示该公司2019年第三季度和第四季度，每家门店每天的销量分别至少夸大了69%和88%。

另一方面，夸大净售价，公司报告称2019年第三季度每件商品的净售价为11.2元人民币，然而实地调查数据显示其净售价只有9.97元人民币。也就是说，公司将每件商品的净售价至少提高了1.23元或12.3%，不包括免费产品，实际销售价格为上市价格的46%，而不是管理层声称的55%。

2）夸大成本费用

为配合虚增的收入，该公司通过计算虚增交易相应的原材料金额，进而虚增原材料采购成本，主要通过向关联方支付原材料采购货款来实现。据相关媒体报道，高达1.4亿美元的转给供应商的交易中，是由一个虚构的梁女士处理的。

除此之外还虚构了大量广告费。根据该公司的招股说明书、季度报告及第三方媒体跟踪显示，公司将2019年第三季度的广告支出夸大150%以上，尤其是在分众传媒上的支出。二季度的数据显示，广告总支出2.4亿元，其中

分众传媒达到 1.4 亿元，占比 60%。但在三季度，公司自己披露广告费用支出为 3.82 亿，按照原比例，分众传媒应该占到 2.29 亿元。但是 CTR 市场研究跟踪的数据显示，2019 年第三季度公司在分众传媒支出为 4600 万人民币，仅占公司广告支出的 12%，远低于前几个季度。公司很可能将其夸大的广告费用用于抵消虚增的利润，在总的数据上保持平稳，但又制造出单店盈利的现象，从而使投资者继续看好公司。

三、该事件中公司治理的角色

内部治理一般被认为是公司治理的核心。狭义的公司治理往往指的就是内部治理，主要涉及股东大会、董事会、监事会、管理层之间的权利与责任的分配及相互制衡。而有限的公司治理仅仅依靠内部治理体系是远远不够的，还尤其需要来自外部的监督力量。控制权市场形成的外部收购威胁，促使管理层以股东利益而非自身利益最大化来进行经营管理，有效缓解代理问题；外部审计对上市公司财务数据进行审计，增强公司的合法合规性，大大降低信息不对称；监管部门对公司进行合规性审查；媒体对上市公司形象与舆情的关注。经理人市场、资本市场、债权市场等外部治理也同时发挥作用。

1. 内部治理失效

1）诚信意识缺失

资本市场承担着将社会闲散资金汇集起来进行有效配置的角色，其设立最初的作用是为受到债务融资约束的企业提供充足的权益资本，这使得企业不用像对待债务一样担心到期偿还，而能够专心投入生产经营，发展企业核心实力。这本是一种服务实体企业、发展经济的绝佳设计，但是也使得一些为了上市而上市的企业，通过取悦投资者、赢得投资者信任而获取资本成为一种更加容易的事。这些质量不高、前景不佳的企业通过包装进行上市，他们违背股东利益并且利用虚假信息为少数人谋取私利。

诚信经营是企业的立身之本。委托代理理论是现代公司治理的逻辑起点，而这种机制正常运行的前提是履行诚信职责，财务造假不仅是对股东的欺骗，更是对社会诚信体系的破坏。该公司不缺诚信道德准则，在该公司《商业行为及道德准则》中曾多次强调，公司努力培养诚实和负责的文化，然而这些文件也只是浮于表面，并没有付诸实际。爆发的财务舞弊也验证了公司诚信文化的缺失，管理层热衷于资本游戏，而抛弃了企业在经营中应该固守的诚信原则，这种短视的行为必将使企业在竞争中被淘汰。

第二章 公司治理

2）主要股东高度利益相关

在该公司2019年5月17日上市时，公司高度利益相关的主要股东（也是公司前五大股东）持股近70%，这些主要股东利益、意志高度一致，使得公司实际控制人陆某拥有绝对的控制权和决策权，严重缺乏制衡，为财务造假埋下隐患。

3）内部控制失效

内部控制的目标之一是要实现反舞弊的目的。因此加强内部控制，对于反舞弊来说是一个非常系统的手段。但是内部控制体系的控制有效性只在于"合理保证"，能够增强控制目标实现的把握，而并非"绝对保证"，而且有两点局限性，合伙舞弊和管理层凌驾，合伙舞弊使得由几个人执行的控制变成一个人，管理层凌驾使得公司的最高管理层游离在控制之外，从而让整个控制体系失效。

该公司内部调查显示，首席运营官及下属员工在2019年三个季度共伪造销售额22亿元，如此巨大规模的造假，财务部门竟然没有发觉，单凭首席运营官实现接近70%的销售数据造假很难令人信服。有报道称有关部门已经掌握了该公司董事长陆某指挥财务造假的电子邮件，若此文件属实，一切操作也就不难理解了。内部控制的两点局限在该公司都存在，其内部控制处于完全失效状态，所以即使公司有着完善的控制体系，仍然无法避免造假行为的发生。

2. 外部治理构成有效补充

在内部治理失效的情况下，外部治理构成了有效的补充，从而促使该公司开展自查，自爆财务舞弊，并及时予以披露。

1）外部审计

为该公司IPO和2019年年报提供审计服务的是"四大"之一的某会计师事务所。在该公司自曝财务舞弊的事件中，浑水公司的做空报告起到了导火索的作用，而某会计师事务所则极大地促进了财务舞弊的揭露。从浑水公司在2020年1月31日代为发布做空报告时，该公司管理层立即否认其所有指控，到4月2日自爆家丑，短短两个月发生如此大的扭转，可想而知某会计师事务所在其中发挥的作用，与浑水公司背后的对冲基金通过现场调查获取的间接性、推测性的证据不同，作为该公司的年报审计机构，可以更为直接地接触到公司内部资料，从而获取公司财务造假的直接且无可辩驳的证据。根据审计准则的相关规定，在美上市的公司，若董事会已经被审计机构告知公司管理层存在财务舞弊行为，却不立即启动自查程序且向SEC报告的，审计机构可以直接向SEC报告。据某外部审计机构发布的声明，在对公司2019年年报进行审计中发现虚假交易，并就此事实汇报公司董事会。迫于压力，董事会成立特别委员会开展自查，并自曝财务造假。

会计师事务所作为独立的第三方机构，能够帮助投资者核查上市公司的财务状况，降低信息不对称，增强资本市场的有效性，是外部公司治理的重要组成部分。在广义的公司治理中，会计师事务所通过提供审计鉴证服务，确保公司财务报表的真实性及可靠性，进而达到保护投资者及其他利益相关者的利益的公司治理目标，是重要的市场监督力量。在美国的安然事件中，曾作为"五大"之一的某会计师事务所由于参与财务舞弊，在被判处妨碍司法公证后破产。随后美国出台《萨班斯法案》，在给予审计机构一定权力的同时，进一步强化了审计机构的责任，加大了审计机构参与财务舞弊的处罚力度。此次某会计师事务所在2019年年报审计中发现虚假交易并及时汇报公司董事会，推动公司开展自查，守住了职业底线，展现了极高的专业水平，充分发挥了来自市场的监督作用。

2）做空机制

由浑水公司代为发布的做空报告，构成了该公司财务造假自爆的导火索。做空机构通过案头分析、实地调研、调查供应商及客户、聘请行业专家等方式进行调查并撰写做空报告，随后建立卖空仓位，通过发布做空报告打压股价，最终与公司进行反复博弈，在股价下跌后平仓获利。这种机制使得以盈利为目的的做空机构在完成对目标公司的数据尽职调查时，客观上形成了对财务质量低劣的公司的市场监督，构成对试图进行财务舞弊的公司的威慑。

上市公司之所以敢于进行财务造假，一个主要原因是信息不对称。相比于公司内部管理层，大多数中小投资者处于信息劣势地位，即使是在信息披露制度足够完善的美国资本市场，依旧存在中小投资者由于无法获取真实可靠的公司经营信息而受到巨额损失。同样，监管机构也未能及时获取上市公司的造假信息，虽然监管机构能够通过对造假公司进行严惩构成威慑作用，但是当造假收益远高于失败的损失时，公司依旧会侥幸的选择舞弊。做空势力的存在能够产生对造假行为的遏制作用，加强公司治理的市场监督，有效净化资本市场。

3）集体诉讼

在普通法系国家，集体诉讼是一种允许多个原告针对同一被告的多个索

第二章 公司治理

赔请求能够在同一诉讼中得到解决的诉讼制度。在证券领域，集体诉讼通过激励专业律师的积极参与，提高投资者发起违反诚信责任的公司诉讼成功的概率，从而达到法律对投资者权益的有效保护。由于美国实行胜诉酬金制，在巨额胜诉奖励金的诱惑下，律师事务所会积极主动地寻找上市公司信息披露中存在的虚假陈述及未能及时披露的信息，一旦发现疑点，便会积极联系因股价下跌而备受损失的投资者，进而发起集体诉讼。这种机制的运行加强了市场的监督力量，巨额的赔偿对企图进行财务舞弊的公司形成了威慑，倒逼上市公司合规经营，从而起到加强公司外部治理的作用。

该公司新成立的特别委员会在发现财务造假之后，第一时间发布公告予以披露，是出于在集体诉讼的威慑下，希望通过事后及时披露重要信息来降低公司承担的法律责任及相应的民事赔偿。该公司一旦面临集体诉讼，即使获得"董责险"赔付，按照美国集体诉讼历史赔偿数量，公司依旧需要承担巨额民事赔偿。在巨大的财务压力下，公司的烧钱模式还能坚持多久？走向破产或已是无法避免。因而，外部分散股东发起集体诉讼对于一个试图进行财务造假，隐瞒真实业绩的公司构成潜在巨大的威慑。

集体诉讼能够有效约束资本市场的违规行为，巨额的民事赔偿、诉讼成本、企业声誉的损害，以及专业律师的持续监督，迫使上市公司进行合规经营，规范上市公司及其管理层人员的行为。除此之外，培育出了一支由专业律师组成的市场监督力量，在美国专门从事代理证券诉讼案件的律所就有200多家，在利益的驱动下，他们积极为中小投资者站台，进而达到监督上市公司，保护投资者的目的，改善了资本市场生态。

四、启示及反思

在该公司财务舞弊事件中，主要的内部治理存在严重缺陷，并未发挥预期作用。但是在外部审计推动下，以及来自"市场监督力量"的做空机制及集体诉讼的潜在威慑，董事会开展自查，并自曝丑闻。对于一家上市公司的治理，仅仅依靠内部治理体系是远远不够的，尤其还需要来自外部的监督力量，内部治理与外部治理共同发力，才是一个健康运行的公司治理体系。我国企业一直致力于完善内部治理体系，对外部治理机制不够重视，有效的外部治理配套机制的缺乏，将使企业陷入治理系统失灵下的外部治理困境，在新《证券法》实施的背景下，应该进一步关注外部治理，完善公司治理体系，遏制类似失信行为。

第五节 公司治理博弈

一、博弈论

1. 博弈论的概述

早在 18 世纪初，人们便开始了对具有策略依存特点的决策问题的零星研究，但博弈论真正的发展还是在 20 世纪。20 世纪初期是博弈论的萌芽阶段，其研究对象主要是从竞赛与游戏中引申出来的严格竞争博弈，即二人零和博弈。此时，关于二人零和博弈理论有丰硕的研究成果，尤其是提出了博弈扩展型策略、混合策略等重要概念，为日后研究对象、范围的拓展与研究的深化奠定了基础。1944 年，美国数学家冯·诺伊曼和摩根斯坦合著的《博弈论与经济行为》一书的出版，标志着系统的博弈理论的初步形成。该巨著汇集了当时博弈论的研究成果，将其框架首次完整而清晰地表述出来，使其作为一门学科并获得应有的地位。

纳什奠定了非合作博弈的理论框架与概念基础。他的名字与博弈论的中心概念——纳什均衡联系在了一起。豪尔绍尼与泽尔滕则致力于博弈论的进一步发展与应用。泽尔滕的研究成果使纳什均衡概念进一步精致化与详细化，并推动了博弈论在各学科中的应用。针对纳什均衡概念的不完善性，纳什以后的不少研究者试图精化原来的概念，附加条件以便排除无说服力的纳什均衡点。泽尔滕在这方面提出了两个著名的新概念：子博弈完美均衡点和颤抖手完美均衡点。豪尔绍尼则以纳什均衡的出发点和以现实的不完全信息为条件，证明了如何分析不完全信息下的博弈，从而为研究信息经济学奠定了理论基础。他在纳什均衡的基础上，吸取了贝叶斯的研究成果，以贝叶斯理性原则为出发点，对纳什均衡做了全面广泛的展开。

随着现代经济的迅猛发展，博弈论日益为人们所认识，并应用于经济现象的分析与研究中。博弈论已成为博大精深的体系，广泛应用于经济学、政治学、军事决策、计算机科学、生物演化等研究，同时与数学、心理学、统计学以及认识论、伦理学等学科有重要联系。它与各学科之间相互影响、相互促进，一方面借鉴其他学科的思想成果，另一方面也促进了其他学科的发展。博弈论与经济学的关系尤为密切，其最直接的应用领域是在契约、合作及各

第二章 公司治理

种公共产品等领域，博弈论的影响遍及市场理论、契约与合同、政府行为等诸多方面，为研究各种经济现象开辟了全新视野。

博弈论在西方经济学及经济实践中已得到广泛应用。我国经济理论研究引入博弈论理论和研究方法，对于利用新的科学方法和科学成果推动我国经济学的发展，为我国经济建设和经济改革提供必要的理论指导，具有重要意义。

一个博弈包括参与人、策略集和得益函数三个构成要素。参与人又称博弈方，是指博弈中选择策略以最大化自己效用函数的决策主体；策略集是指每个参与人在进行决策时，可供选择策略的集合；得益函数是指参与人从博弈中获得的效用水平，它是所有参与人策略或行动的函数。按照参与人的行动顺序及其对信息的掌握程度，可以将所有的博弈分为四种类型：完全信息静态博弈、完全信息动态博弈、不完全信息静态博弈和不完全信息动态博弈，如图2-12所示。

知识栏：纳什均衡

纳什均衡（Nash equilibrium）又称非合作博弈均衡，是博弈论的一个重要术语，以约翰·纳什命名。在一个博弈过程中，无论对方如何选择策略，当事人一方都会选择某个确定的策略，则该策略称为支配性策略。如果任意一位参与者在其他所有参与者的策略确定的情况下，其选择的策略是最优的，那么这个组合就定义为纳什平衡。当每个博弈者的平衡策略都是为了达到自己期望收益的最大值，与此同时，其他所有博弈者也遵循这样的策略。这一策略组合称为纳什均衡。

2. 委托代理关系的构成条件

现代企业理论认为，企业是一系列契约关系的集合。在公司治理的制度安排上，这种契约关系表现为股东（大）会与董事会和监事会之间、董事会与总经理之间、总经理与基层管理者之间、基层管理者与职工之间的一系列委托代理关系。构成委托代理关系必须具备两个基本条件：

第一，市场中存在两个以上相互独立的主体，且双方都是在约束条件下理性效用最大化者。在这两个主体中，其中之一（代理人）必须在许多可供选的行动中选择一项预定的行动，该行动既影响其自身的收益，也影响另一方（委托人）的收益。

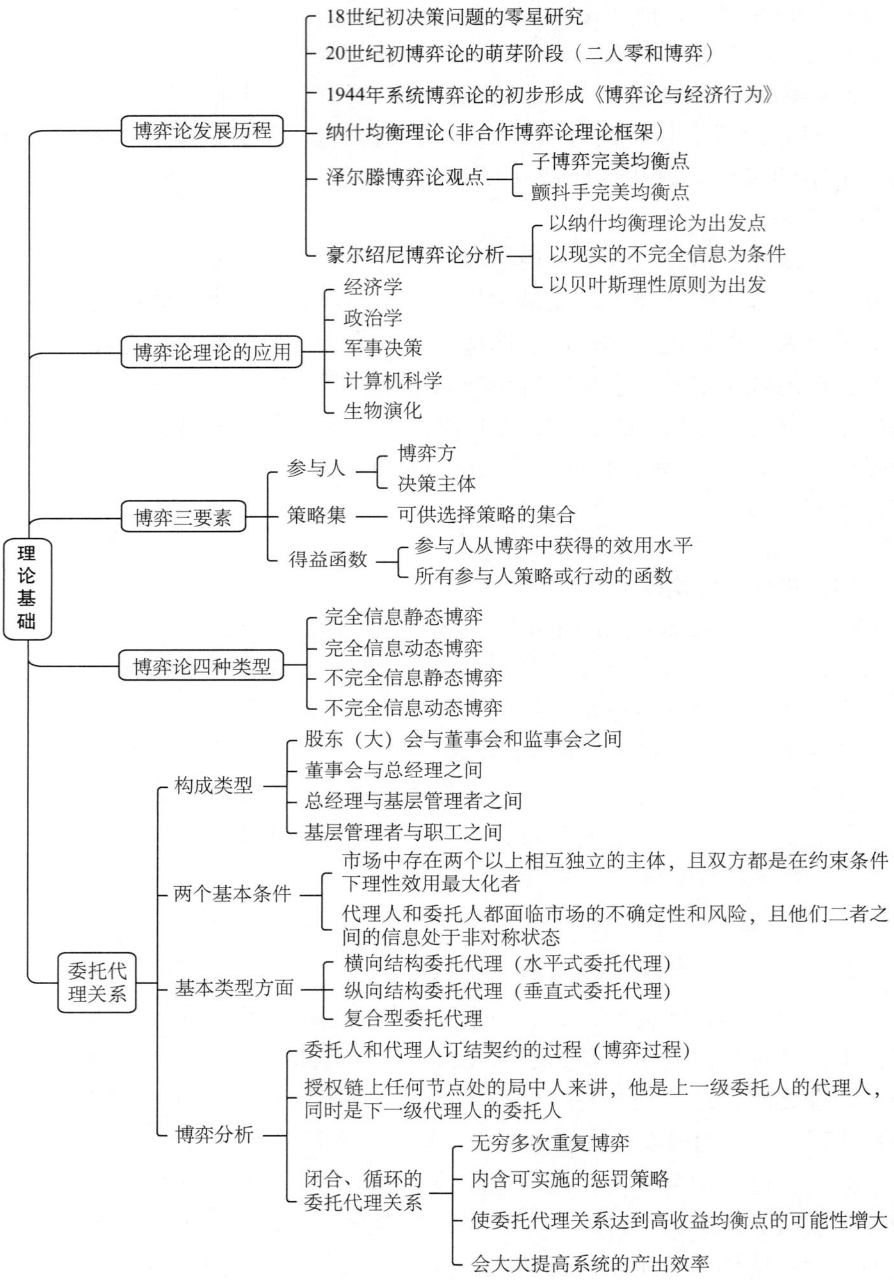

图 2-12 公司治理博弈论理论基础

第二章 公司治理

第二，代理人和委托人都面临市场的不确定性和风险，且他们二者之间的信息处于非对称状态。委托人不能直接观察代理人的具体操作行为，不能完全根据对代理人行为的观察结果来判断代理人工作努力的程度。代理人不能完全控制行为的最终结果，因为代理人选择行为的最终结果是一种随机变量，其分布状态取决于代理人的行为。在公司治理的一系列委托代理关系中，始终存在着信息的不对称性。与股东相比，董事拥有私人信息优势；而与董事相比，经营者则具有私人信息优势。正是由于存在这种私人信息的非对称性，构成了现代公司治理的各种委托代理关系。

3. 委托代理关系的基本类型

一般来说，委托代理关系的基本类型包括以下三个方面：

横向结构的委托代理，或称为水平式委托代理。这类委托代理关系的主要特征是：委托人一般是资产所有者，决策的独立性较强；处于同一层次上的代理人较多，而且从初始委托人到最终代理人纵向转递的级次较少，授权链较短。这种委托代理关系一般存在于私人企业中。

纵向结构的委托代理，也称垂直式委托代理。其主要特征是：资产为共同体成员所共有，一般以各级政府和公共管理机构为主要代表，其中决策机制和信息传导方式复杂；从初始委托人到最终代理人由上至下的纵向传递级次较多，授权链冗长；中间层次的局中人具有双（多）重身份，既为上一级的代理人，同时又是下一级的委托人；所形成的委托代理关系整体规模较大。这类委托代理关系主要存在于传统计划经济条件下的公有制企业中。

复合型的委托代理。这是一种与当前我国国有企业现实最为贴近的委托代理关系，其明显的特征是交互委托、代理。即同一类事情可委托多个代理人，同一代理人可接受多人委托；在某种事情上 A 是委托人，B 是代理人；而在另一种事情上，B 是委托人，A 换位为代理人。在这种情况下，委托人与代理人之间相互包涵，他们之间构成一张错综复杂的关系网。然而，一旦一个节点出现问题就会造成整个网络的松弛与无效。

4. 委托代理关系的博弈分析

委托人和代理人订结契约的过程，实质上是作为局中人的双方讨价还价并实现某种均衡的博弈过程。在纵向结构的委托代理关系中，对于授权链上任何节点处的局中人来讲，他是上一级委托人的代理人，而同时又是下一级代理人的委托人，这样的局中人具有双重身份。这种关系依次延伸，就会形成多级多重的委托代理关系。由于每一个局中人都有、并且总有获得更多超额剩余（从下一级代理人获取的剩余超过向上一级委托人所付出的剩余）的动机。在这种情况下，"最终代理人"的积极性就会降低甚至消失，出现消极怠工。这是一种非最优的纳什均衡，而对个体来讲却是一种理性选择。在一种不健全合同的约束下，代理人向其上级委托人讨价还价的余地一般很小，只好"变本加厉"地从下一级代理人手中索取，如此传递、扩散，逐步向下类推，规模越大，层次越多，授权链越长，这种结构组织系统的效率也就越低。假设某企业的公司治理结构由 n 级的纵向委托代理关系所组成，其中的委托人或代理人的级数以 k 表示，$k=1, 2, \cdots, n$。此纵向多级委托代理关系具有如下特点，即第 k 级代理人就是第 $k+1$ 级委托人，$k=1$ 时的委托人为初始委托人，$k=n$ 时的代理人则为最终代理人。只有在层级 n 较小、博弈的次数增多的情况下，才有可能促使每一级从非最优的纳什均衡逐步转化为最优的纳什均衡。而在横向结构的委托代理关系中，可能有一部分会实现最优的纳什均衡，但不可能使所有的都同时达到最优的纳什均衡。经过历史的分化和积聚，那些从最优的纳什均衡获得较多收益的局中人，在下一轮竞争中会显示出更大的优势。长此以往，受益者更加受益，受损者损失更大。不断地调整和改组会使许多方面的结构性失衡加剧，从而影响并可能最终危及社会安定和经济发展。

若能使委托代理链闭合，"最终的"第 n 级代理人也能转化为委托人，就构成了闭合、循环的委托代理关系。现实经济活动中他们相互之间博弈可以进行任意多次。当人们研究无穷多次重复博弈时，得出了一个重要的结论，即无名氏定理，其主要含义是：具有相同结构博弈进行足够多次，均衡结果会大大不同于一次性博弈。一次博弈中难以获得的高收益，会成为足够多次重复博弈中的一种可实现结果。这个定理的成立需要具备两个基本条件：无穷多次重复博弈；内含可实施的惩罚策略。值得一提的是，在信息不完全条件下，即使是有限次重复博弈，也可能提高博弈均衡时的收益。由于闭合、循环委托代理关系的存在，对每一级局中人均能形成有效约束，于是便有一些不可置信地威胁或惩罚策略变成了现实可行的。因为在单向非循环关系中，当代理人指责委托人的过失时，可能会担心受到委托人报复而给自己带来更大的损失。此时，监督便成了一句空话，或者说是不可行策略。但是，若能实现闭合、循环委托代理关系，代理人能通过正常途径来约束和监督其委托人，且可实施必要的惩罚，就不会担心遭受报复。这样，代理人监督委托人就转化为可实施策略。所以，闭合、循环委托代理关系能够满足定理中的两个基本条件，使委托代理关系达到高收益均衡点的可能性增大，会大大提高系统的产出效率。

第二章 公司治理

二、母子公司的委托代理问题

1. 单体企业的委托代理问题

在现代经济学中，委托代理关系被视为一种契约。在这种契约下，委托人授权代理人为委托人的利益从事某项活动，这不同于一般的雇佣关系。委托人授予代理人相当大的自主决策权，而且委托人很难监视和控制代理人的活动。经济学家斯蒂格利茨认为，委托代理关系描述的是"一个个人即委托人，可以设计一个用来激发另外一个个人（他的代理人）按委托人的利益而行动的报酬体系（一个契约）"。在现代市场经济中，委托代理关系大量地表现为股份公司中资本所有者和企业最高决策者（董事会或总经理）之间的关系，代理理论的主要研究范畴是公司股东与董事会和高级经理人员之间的委托代理关系。现代股份公司中的委托代理关系，是基于劳动分工的专业化发展，伴随比较利益优势而产生的一种制度创新，它可以为资本所有者（股东）带来比自身管理企业更高的收益。正如戴维斯等人所指出，一项制度创新只有在预期净收益超过预期成本时才会产生。

在委托代理关系中，委托人和代理人都是为了实现各自的利益目标（效用最大化）。委托人要实现自己的目标，同时也力求让代理人在代理过程中去努力实现委托人的目标。但代理人也有自身的利益目标，现代股份公司的股权高度分散，经营者（代理人）不拥有或只拥有一小部分股份，作为代理人，为了追求自身效用的极大化（这是符合"经济人"假定的，也是现代委托代理理论的基本出发点），同时也为了不使自己成为"免费搭车"的牺牲品。经营者可能不会完全按照委托人的利益目标行事，甚至会利用委托人授予的权力，通过逆向选择等方法，以损害委托人的利益为代价而增加自身的效用，由此就产生了代理人问题。

代理人问题可能会带来企业效率的损失和高昂的代理成本，即委托人为了减少代理人可能造成的损失而付出的成本，包括委托人对代理人激励、监督、调整的费用和剩余损失。一般来说，委托人要想在零成本下确保代理人采取使委托人效用最大化的决策是不可能的。由于委托人效用最大化主要反映在企业经营业绩上，所以，委托代理问题和代理成本最终大部分反映在企业的财务上，集中表现为企业脱离股东财富最大化的财务目标。

2. 企业集团的多级委托代理问题

企业集团是一个多层次的、产权网络化的法人联合体，在本质上是一组多重的契约关系，其委托代理关系具有多重性的特征。具体表现为：集团母公司的股东作为原始出资人,与母公司的经营者有委托代理关系;集团母公司作为子公司的出资人,与子公司的经营者也有委托代理关系。依此类推,由于集团内部的层层资本控制关系,企业集团具有多层级委托代理关系。

企业集团的多层级委托代理关系,要求将财务监督和激励方式提升到财务控制的层次。理由如下:其一,在企业集团中,母公司股东的所有权与经营实业的最低层子公司经营者的经营权之间,两权分离的层次多、跨度大,一般的监督和激励机制已经力不从心。其二,两权分离的加剧使得委托代理双方信息更加不对称,与单体企业的情况相比,原始出资人参与企业内部经营活动的机会更少;财务信息更加复杂,如合并报表的编制等,使得股东对财务报告信息的理解难度显著增加。其三,母公司作为出资人对子公司经营者(以及子公司作为出资人对孙公司经营者等)的委托代理关系不同于一般企业,在大部分情况下,这种股权控制本身就是为经营控制而产生的,这迫使出资方直接加强财务控制,以求降低(除母公司股东与母公司经营者这一层次之外的)各层次的代理成本。

由于多层级委托代理关系的存在,企业集团中管理者违背所有者的目标,而追求个人目标效用最大化的倾向更为突出,使企业集团所有者面临的资本风险及风险控制难度进一步加大。企业集团的所有者为了避免或减少这类风险导致的损失,确保实现其资本保值增值的目标,必须要通过有效的机制切实强化风险控制。

三、集团母子公司间的静态博弈分析

在企业集团母公司与子公司之间的委托代理关系中,基于双方信息的不对称,母公司有两种策略,即监督和不监督;子公司有两种策略,即以企业集团利益最大化为目标和以自身利益最大化为目标。

如果母公司对子公司违规行为的处罚越少,子公司为谋求自身利益所得的收益越大,则子公司选择以自身利益最大化为目标的可能性越大,子公司越有可能侵犯企业集团和母公司的利益,致使母公司不得不选择监督的策略。

如果子公司追求自身利益最大化时,母公司对子公司违规行为的处罚越大,子公司追求自身利益最大化所得的收益越小,那么母公司选择监督的概率将降低。

如果母公司对子公司违规行为的处罚越大,而母公司监督子公司所需成本越小,母公司会倾向于选择监督的策略,子公司选择以企业集团利益最大化为目标的概率就会加大。

如果子公司追求自身利益最大化时,母公司对子公司违规行为的处罚减小,而母公司监督子公司所需成本增大,那么子公司选择以企业集团利益最大化为目标的概率则会降低。

上述博弈结果说明,在母子公司的静态博弈中,母子公司的委托代理关系受到来自监督成本、代理成本以及惩罚成本的影响。

四、集团母子公司间的重复博弈

重复博弈旨在解决以下两个问题:一是使博弈双方在更大程度上了解对方的信息,使得更多的私人信息变为博弈双方的公共信息;二是使"以牙还牙"式的报复得以实现。"以牙还牙"式的报复指的是博弈一方永远不先背叛对方,而且还会在下一轮中给予对手前次合作相应的回报,同样,也会采取背叛的行动来惩罚对手前一次的背叛。设阶段博弈G,无限次重复G博弈,并且在每次重复之前,各博弈方能观察到以前的博弈结果,这样的博弈过程称为G的无限次重复博弈。

在母子公司的静态博弈模型中,不存在纯策略的纳什均衡,企业集团不能实现最大可能收益。当静态博弈由一次博弈扩展为多期博弈时,动态博弈的参与者是母公司和子公司,当两者保持长期关系时,博弈可以被视为无限期重复博弈。

假设母公司和子公司都有各自的贴现因子,且双方在重复博弈中得到的收益等于各自在所有阶段博弈中得到的收益的现值;假设母公司进行的监督有助于企业集团整体利益的增加,且监督获得的收益大于其监督支出,否则母公司没有动力去进行监督,重复博弈将与一次博弈相同。在无限重复博弈中,母公司是否选择监督,依赖于母公司对监督得到的收益与不监督得到的收益的现值的比较。

贴现值越大,表示母公司的耐心程度越高。母公司选择监督的收益现值大于母公司选择不监督的收益现值,母公司选择监督的可能性越大、动能越强。在其他因素不变时,监督成本越大,母公司决定监督的贴现值之临界值越高,母公司监督的可能性就越小;反之,监督成本越小,母公司决定监督的贴现值之临界值就越低,母公司监督的可能性就越大。而代理成本越大,母公司决定监督的贴现值之临界值就越低，母公司监督的可能性就越大，动能也会增强；反之，代理成本越小，母公司决定监督的贴现值之临界值就越高，母公司监督的可能性就越小，动能也会减弱。代理成本也受到惩罚成本的影响。当惩罚成本增加时，代理成本将会降低，使贴现值之临界值增加，那么母公司进行监督的可能性将减小，监督的动能减弱；当惩罚成本减少时，代理成本将会增加，使得贴现值之临界值降低，那么母公司进行监督的可能性将增大，监督的动能增强。

在多次重复博弈中，参与的双方会在短期利益和长期利益之间做出权衡。当博弈进行有限次时，博弈的双方只关心每个阶段的当期支付，而无限次重复博弈解决了这个问题，参与者会牺牲短期利益来选择长远利益。博弈的双方都通过自己的行动来争取对方的信任和合作，从而在合作的基础上取得长期利益，最大化自己的效用，以达到"双赢"策略。从长期来看，母子公司将选择以监督为主（以企业集团利益最大化为目标）的策略组合。如果博弈重复无穷次且双方有足够耐心，任何短期的机会主义行为的所得都是微不足道的，参与者有积极性为自己建立乐于合作的声誉，同时也有积极性惩罚对方的机会主义行为，从而使母子公司的委托代理走出困境。

综上所述，从母子公司静态博弈和重复博弈过程可以看出，来自母公司的监督策略是实现母子公司的委托代理走出困境的前提，母公司对子公司的监督策略受到来自监督成本、代理成本和惩罚成本的影响。在静态博弈中，母公司可能会选择监督或不监督的策略；而在重复博弈中，母公司将选择监督的策略。但是，要实现母公司的监督策略，或者使得母公司有积极性发挥监督职能，就要采取措施完善企业集团的治理机制，包括母子公司的控制机制。如果母子公司在控制权与自主权上没有平衡，即母公司控制权过度，或子公司自主权过大，都将影响母公司监督职能的发挥。

在分析企业集团母子公司治理时，通过构建母子公司静态博弈模型以及对母子公司治理的重复博弈过程进行分析得出，耐心程度越高的母公司越倾向于选取监督策略，在控制权与自主权之间进行平衡，有益于母子公司的委托代理走出困境。

现阶段需要进一步研究并处理好母子公司以下四方面关系：一是控股子公司独立法人地位、合作股东要求参与控股公司管理与国有企业总部直线职能管理之间的关系；二是在法律上公司对不同产权关系与结构的控股子公司拥有不同程度的控制权与国有企业对所有类型的控股子公司执行统一、一致的管理模式之间的关系；三是国有企业对所属控股子公司领导班子成员进行业绩考核与董事会对领导班子成员的业绩考核之间的关系；四是国有企业对派出的经理人员进行单方面领导干部考核、聘用标准与控参股公司领导班子成员需要全部进行干部考核、聘用标准之间的关系。

处理好以上四方面关系，将有利于控参股公司的协调运转，有利于公司内部制衡的实现，有利于对经营者形成公平有效的监督约束机制，有利于充分发挥利益相关者的积极性、主动性，促进合资公司的规范运作，实现股东权益最大化。

第六节 公司治理模式

公司治理模式指不同的国家和地区为解决公司治理问题而形成的各种治理制度和治理方式的总称。世界上许多公司都遇到治理难题，有些是在董事会的行为、构成、功能方面，还有一些是在公司与股东（特别是大股东和机构投资者）及其他利益相关者的关系方面。这些难题在不同的国家有不同的解决方法，从而形成了不同的公司治理模式，如图2-13所示。

一、德国的公司治理模式

德国企业股权集中度较高，最大股东是公司、银行、创业家族等。德国允许银行持有企业的股票，同时银行作为企业的债权人，可以在监事会派驻代表，参与公司治理，监督公司的运作。1992年，德国个人投资者仅占公司股份总数的4%，银行是股份公司的大股东，德国所有银行在33家大公司中的投票权占82.7%。德国银行还通过长期贷款和作为小股东的代理人来控制企业，德国的3家最大银行通过接受小股东的委托，代他们选举公司董事会，从而控制了德国许多公司的大部分权力。银行既是公司债权人，又是股东，还通过选举代理人进董事会对公司经营实行监督。

股东大会、监事会、董事会权责分明，并相互制约。股东大会是公司的权力机构，监事由股东大会选任和劳动方委派。在德国股份公司中，监事会成员由股东代表与职工代表共同组成，股东代表由股东大会选举产生，职工代表由代表职工利益的工会选举产生，监事会在董事会之上。监事会不仅是一个监督机构，而且是一个决策机构。它负责任命和解聘董事，监督董事会是否按公司章程经营；对诸如超量贷款而引起公司资本增减等公司的重要经

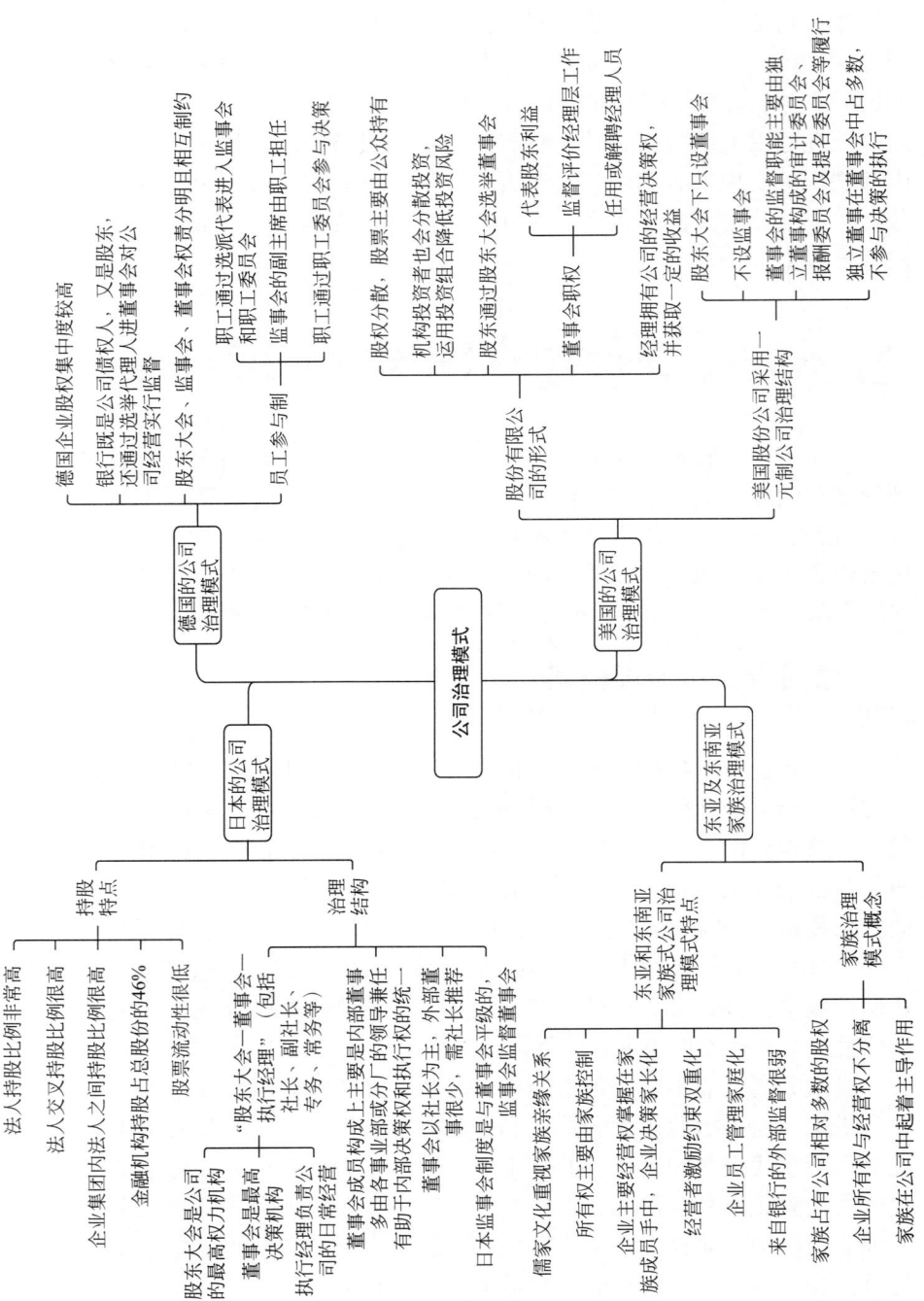

图2-13 公司治理模式

第二章 公司治理

营事项做出决策；审核公司的账簿，核对公司资产，并在必要时召集股东大会。监事会主席由监事会成员选举，须经三分之二以上成员投赞成票确定，监事会主席在出现投票表决僵局时多一票。而董事会是执行监事会决议、负责公司日常运营的执行机构，实则为企业的管理机关。它对内向监事会报告和负责，对外代表公司，向股东及利益相关者提供必要的信息。

员工参与制是德国公司治理机制的一个重要特征。职工通过选派代表进入监事会和职工委员会，监事会的副主席由职工担任，以此来行使参与企业管理的"共同决策权"。职工通过职工委员会参与决策，职工委员会保护职工在劳资协议及福利等方面的权利，是保护职工利益的组织，能在一定程度上缓和劳资矛盾，为公司稳定经营提供保障（图2-14）。

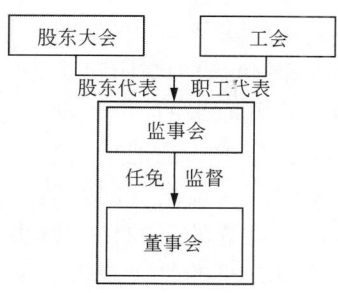

图2-14 德国的公司治理模式

二、日本的公司治理模式

在日本公司的治理结构中，法人控制了企业的大部分股权，个人股东的持股份额很低。法人不能持有自身股票，但可以相互持股。日本的股权结构有以下五个特点：一是法人持股比例非常高；二是法人交叉持股比例很高；三是企业集团内法人之间持股比例很高；四是金融机构持股占总股份的46%；五是股票流动性很低。由于日本的股权结构具有上述特点，加之法人股东持股的主要动机不在于获得股票投资收益，而在于加强企业间的业务联系，通过稳定经营增加企业利润。因此，即使公司经营不好，法人股东也不轻易出售股票。法人持股能够避免经营行为的短期化，增加了企业间稳定的合作关系，有利于企业追求长期发展。

日本公司的治理结构采用"股东大会—董事会—执行经理"（包括社长、副社长、专务、常务等）的结构。股东大会是公司的最高权力机构，董事会是最高决策机构，执行经理负责公司的日常经营。日本企业受到银行的监督和约束作用较强，因此在董事会成员构成上主要是内部董事，多由各事业部或分厂的领导兼任，有助于内部决策权和执行权的统一。董事会以社长为主，外部董事很少，须社长推荐，监事会也在社长的控制之下。日本在监督方式上继承了德国的监事会制度，内部监督方式开始以监事会监督为主，但在 2002 年商法改革以后，又移植了盛行于英、美的独立董事制度。这样，自 2002 年以来，日本在公司治理结构上形成了与法国等相似的治理模式，即符合条件的公司既可以选择独立董事制度又可以保持原来监事会制度的自愿选择内部结构的治理机制。根据改革后的商法，那些大公司或者视为大公司的企业如果满足一定的条件，可以有监事会设置型的治理结构、重要财产委员会设置型的治理结构和委员会等设置型的治理结构三种选择，而小公司只能够沿袭着原来的治理结构，选择监事会设置型的治理结构。重要财产委员会设置型指的是把从前被认为是董事会专项决策的重要事项决策权委让给重要财产委员会，同时监事制度存置。重要财产委员会由三名以上的董事构成，设置的目的在于解决人数多的董事会不能够机动运营的弊端。委员会等设置指的是设置提名委员会、监督委员会以及报酬委员会三个专门委员会和一名或多名执行经理（执行官），同时废止监事制度。与德国的监事会置于董事会之上不同，日本监事会制度是与董事会平级的，监事会监督董事会（图 2-15）。

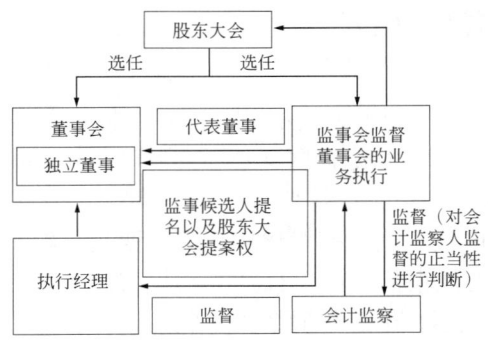

图 2-15　日本的公司治理模式

三、美国的公司治理模式

美国的大公司基本上都采用股份有限公司的形式，股权分散，股票主要由公众持有，机构投资者也会分散投资，运用投资组合降低投资风险。同时，法律禁止银行和非银行机构持有足以控制公司的大宗股票，虽然机构投资者

第二章　公司治理

持有大量股票，但其持有特定公司的股份不超过1%，因此，不大可能对公司实施控制。单个股东通过资本市场对公司行为进行约束。当公司业绩不佳时，股东无法获得预期的红利就会"用脚投票"，卖掉持有的股票，改变其投资组合。

在美国，股东通过股东大会选举董事会，董事会代表股东的利益，监督评价经理层的工作，任用或解聘经理人员。经理拥有公司的经营决策权，并获取一定的收益。当股东对经理的经营业绩不满时，可以通过股东大会改选董事会，并通过董事会罢免经理层。美国股份公司采用一元制的公司治理结构，即股东大会下只设董事会，不设监事会。由于美国公司股权高度分散，股东缺乏影响、控制董事会的动机和能力，为了保护股东的利益，需要增强董事会的监督职能。董事会一般有13人左右，以外部董事为主，外部董事多为行业专家或曾任高级领导，内部董事是公司的高管，通常董事长由外部董事担任。通过加大外部董事的比例，能有效监督和约束管理层，保护中小股东的利益。董事会的监督职能主要由独立董事构成的审计委员会、报酬委员会及提名委员会等履行。该种结构的一个基本理念是：由于独立董事在董事会中占多数，他们不参与决策的执行，相对于高级管理人员的独立性强，因此能够从制度上保证董事会履行其监督职能。在这种情况下，就没必要在董事会之外再设专门的监督机构来对董事会和高级管理人员进行监督，否则会引起机构职能的交叉和重叠。虽然美国企业不设置专门的监事会，但由聘请的外部审计事务所履行审计监督职能，负责审计公司的年度财务报告。公司内部的审计委员会主要是协助董事会或总公司监督子公司的财务状况（图2-16）。

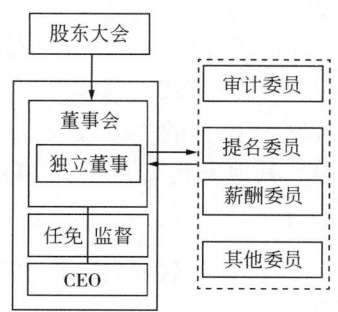

图2-16　美国的公司治理模式

四、东亚及东南亚的家族治理模式

李维安认为,家族控制主导型公司治理是指家族占有公司相对多数的股权,企业所有权与经营权不分离,家族在公司中起着主导作用的一种治理模式。与此相适应,资本流动性也相对较弱。这种治理模式的代表有东亚的韩国、东南亚的新加坡、泰国、印度尼西亚、马来西亚、菲律宾及中国香港等。

东亚和东南亚家族式公司治理模式形成的同一个原因是儒家文化。儒家文化重视家庭亲缘关系,注重"和谐",奉行"和为贵""家和万事兴""仁者爱人"等价值观念,对东亚和东南亚华人有较强影响,并在东亚和东南亚华人中形成了稳固的家族观念。这种家族观念被企业引入并推广,就形成了企业的家族性,同时在企业经营过程中形成了由家族成员共同治理企业的家族治理模式。一般来讲,家族控制主导型公司治理模式的特点如下。

1. 所有权主要由家族控制

所有权集中于家族成员是家族企业的普遍现象。这种现象在小公司里比在大公司里更加明显,即使是大公司,所有权的集中程度也超过了60%。如菲律宾和印度尼西亚全部资本市场的1/6可以最终追溯到一个家族的控制,即苏哈托家族和阿亚拉斯家族;在泰国,通过控股公司,个人和家族股东拥有多于60%的企业。

2. 企业主要经营权掌握在家族成员手中,企业决策家长化

由于受到儒家伦理道德准则的影响,家族企业的决策被纳入了家族内部序列。企业创办新企业、人事任免、决定企业接班人等的重大决策,都由作为企业创办人的家长一人做出,家族中其他成员做出的决定也必须征得家长的允许和肯定。即便这些家长已经退居二线,当家族第二代成员做出重大决策时,也必须征询家长的意见或得到家长的首肯。当家族企业的领导权传递给再下一代、下两代后,前一代家长的决策权威也同时赋予第二代或第三代接班人,由他们做出的决策,其他家族成员一般也必须遵从。

3. 经营者激励约束双重化

在这样的家族企业中,经营者受双重激励和约束,分别来自家族利益和亲情。对于第一代创业者来说,他的经营行为通常是为了光耀门楣或使自己的家庭生活得更好,还有就是给自己的子孙后代留下一份家业。对于家族继任者来说,发扬光大父辈留下的事业、实现家族资产的保值增值、维持家族

成员的亲情,是对他们的经营行为进行激励和约束的主要机制。因此,与非家族企业经营者相比,家族企业经营者的道德风险、利己的个人主义倾向比较少。但是,这种建立在家族利益和亲情基础上的激励约束机制,使家族企业经营者所承受的压力较大,并为家族企业的解体留下了隐患。

4. 企业员工管理家庭化

儒家关于"和谐"和"仁者爱人"的思想不仅用于家族成员的团结上,还被应用于对员工的管理上,从而在企业中创造和培育一种家庭式的文化氛围,使员工产生一种归属感和成就感。如韩国的家族企业都为员工提供各种福利设施,包括宿舍、食堂、通勤班车、医院等。对员工的家庭式管理,不仅能增强员工对企业的忠诚度,能增强企业经营管理者与员工之间的亲和力和凝聚力,还能减少和削弱员工和企业间的摩擦和矛盾,保障企业的顺利发展。

5. 来自银行的外部监督很弱

在东南亚,很多家族企业都加入银行业,但是银行只是家族的系列企业之一,银行必须服从于家族的整体利益,为家族的其他系列企业服务。因此,来自银行的约束基本上是软约束。而没有涉足银行的家族企业,一般都采取由下属的系列企业之间相互担保的形式向银行融资,这也削弱了银行对家族企业的监督力度。在韩国,银行由政府控制,银行只是一个发放贷款的工具,对企业的监督和约束力度不大。

第七节 公司治理评价

一、公司治理评价的概念

公司治理评价是人们(不仅限于投资者)对企业法人治理制度安排及其运作的评价,即对公司治理结构、治理机制和治理有效性的状况进行的评判。具体来说,就是依据公司治理环境,选择评价指标和评价标准,运用科学有效的方法,构建能够反映公司治理水平的综合指标体系,采用定量分析与定性分析相结合的方法,以指数形式对公司治理有效性状况进行评价,即为公司治理评价指数。

人们可以通过开展公司治理评价工作,判断其是否达到了公司治理的预期效果。并揭示存在的问题，有针对性地提出公司治理改进措施，不断提升公司治理能力。对于上市公司，通过外部的第三方和监管部门对公司治理有效性的评价，评判公司是否达到公司治理预期要求的状况，以进一步完善并提高监管部门的有效监管，完善资本市场，改善投资者信息不对称的状况，从而得到资本市场中投资者的认可甚至追捧。根据麦肯锡的研究报告，上市公司良好的公司治理会有 10%～30% 的估值溢价。

二、公司治理评价的意义

现代企业的两权分离和委托代理关系，是产生公司治理评价的根本原因。世界范围内不断出现的大公司财务造假及信用危机，推动了公司治理评价实践。

一是投资者对公司治理评价的客观需求。股东作为委托代理关系的委托人，必定关心其投资的价值。越来越多的投资者不仅仅关心公司的效益和分红，而且更多关注对公司绩效起决定作用的治理质量，公司治理评价是股东的客观需求。

二是信用危机推动公司治理评价。近年来，安然、世界通讯、雷曼兄弟等国际大公司纷纷爆发丑闻，引发投资者对公司治理质量的担忧和关注，推动了一些机构投资者组织、国际性组织、研究机构建立对公司治理状况的评价系统。通过公司治理评价结果，投资者更易于了解公司治理状况，分析投资风险和价值。

三是内部提升绩效结果的外部感知需要。公司治理评价，能使公司清楚自身治理状况是否达到要求、在行业内或区域中的水平、治理中的问题所在，是否取得应有的治理绩效，可以有针对性地采取有效措施优化治理结构、完善治理机制，提升绩效，树立良好公众形象。

三、良好的公司治理特征

建设与世界一流公司相适应的治理体系，主要体现在体制机制充满活力、管理制度成熟定型、业务结构科学合理、商业模式行业领先、市场竞争优势突出，不断推进公司治理体系和管控能力现代化建设。良好的公司治理特征主要体现在以下几个方面。

第二章　公司治理

1. 治理理念先进

先进的治理理念是公司治理体系和管控能力现代化、国际化的前提。国有企业不仅要履行追求股东利益最大化的"股东责任",更要践行以股东为主、兼顾利益相关者(员工、客户、供应商、政府、公司所在社区及公众等)利益最大化的"社会责任"。遵循"共同治理、合作共赢"治理理念,实现公司可持续发展的长远目标。

2. 治理结构合理

治理结构是界定企业与其所有者之间关系的制度安排。必须符合国家法律法规和国际通行惯例,做到独立、专业、公正、尽责、高效,公司产权清晰,决策权、执行权、监督权分立,股东(大)会、董事会、经理层、监事会各司其职、各负其责,充分体现"权责明确、相互制衡、密切配合、富有效率"的原则。

3. 治理制度规范

治理制度主要指股东大会议事规则和董事会、监事会管理制度,也包括公司管理的一系列基本制度。必须做到制度体系完善,制度成熟定型并动态优化,制度执行有力、落实到位。

4. 治理机制有效

治理机制包括决策机制、监督机制、问责机制、激励机制、信息披露机制等公司治理机制。建立股东大会、董事会科学决策机制,健全股东监督、股东大会监督、董事会监督和监事会监督,逐步形成公正公平、科学合理、长期激励监督的内部治理机制和长效机制。

5. 治理能力一流

一流的治理能力主要体现在:管控目标明确、权责配置对等,组织结构合理、管控模式规范,管控制度健全,资源充分整合利用、管理体系统一,管控手段先进、效率效益最优,人才队伍规模均衡、结构优化、布局合理、素质优良,形成良好的企业文化氛围,增强企业凝聚力和向心力。最终,反映在管理成本低、效率高、业绩指标良好。

四、公司治理评价的主要内容

公司治理评价的主要内容主要包括股权结构评价、董事会评价、监事会评价、经理层评价、股东评价、信息披露与公司的独立性评价和治理业绩评价等。

1. 股权结构评价

股权结构是公司治理的基础，它决定了股东结构，影响公司治理模式的形成、运作及绩效。股权结构的评价包括以下三个层面：

股权集中度。股权集中度是指全部股东的股权集中、分散程度，是衡量公司股权分布状态的一个重要量化指标，在一定程度上也决定着股东对公司经营的控制程度和监督能力，对公司治理、公司绩效产生影响。对股权集中度的评价主要内容包括：一是前五大股东的持股比例情况，包括第一大股东的持股比例、公司第一大股东与第二大股东持股比例的比值、第二到第四大股东的持股比例之和是否超过第一大股东及对第一大股东的制衡关系等；二是前十大股东的持股比例情况；三是其他股东持股比例情况等。

股权构成。股权构成是指不同背景的股东持有股份的状况，如我国上市公司股本中的国家股、法人股、A股、B股、H股、内部职工股和转配股。其中A股、B股和H股为流通股，流通股又可分为机构投资和中小投资者股份。

股权结构清晰度。不清晰的股权结构可能会导致投资者无法准确掌握公司相关信息并判断公司的投资价值及风险程度，从而担心利益遭受损害。可从以下四个方面来考察股权结构的清晰度：一是公司股权中各股东股权是否存在瑕疵、争议或纠纷；二是公司股权中国有股的地位和作用；三是公司股权中前几大股东之间名义上、实际上的关联关系；四是公司股权中控股股东本身的控制权与所有权结构等。

2. 董事会评价

董事会是公司治理核心，公司治理工作是否规范关键在于公司董事会的实际作用发挥。对董事会的评价包括对公司董事会的人员、构成、运行机制等方面的评价，主要内容包括公司董事会构成人数、公司董事会中各董事的履职能力、各董事实际参与公司治理具体工作的程度；董事会的议事规则；董事会的决策程序、决策方式；董事会决策的民主性；董事会决策的科学性；股东（大）会对董事会授权的合理性等。

3. 监事会评价

监事会是公司的监督机构，依法行使监督权。对监事会的评价包括对公司监事会的人员、构成、运行机制等方面的评价，主要内容包括公司监事会构成人数、各监事的履职能力、各监事实际参与公司治理具体工作的程度；监事会的议事规则；监事会的监督程序、监督方式；监事会监督的有效性；

股东大会对监事会授权的合理性，以及为保障监事有效履职而建立的相关工作机制等。

4. 经理层评价

对经理层评价主要关注激励与约束两个关键因素。一方面是对经理层薪酬、股权的激励与约束进行评价，包括经理层薪酬总量、总经理薪酬、经理人员的薪酬与公司业绩相挂钩的程度；经理层持股数量、总经理持股比例、在任期内股份的可转让性等评价，另一方面是对经理层任免、业绩的激励与约束进行评价，包括总经理任免程序的透明性、经理人员的来源渠道、控股股东是否干预经理人员任免、上市公司是否公开披露对经理人员的选拔考核结果、经理人员的任免程序是否符合规定、业绩评价是否公开和透明、业绩评价是否公正、业绩是否与经理人员的经济利益挂钩、业绩评价结果是否对外披露等评价。

5. 信息披露与公司的独立性评价

为加强市场约束，要求上市企业对公司重要指标对外信息披露。尤其是重大并购交易、企业季度和年度财务报告定期向社会公布，接受社会监督。董事会及管理层保证所披露信息的真实、准确和完整，并承担相应的法律责任和义务。信息披露是投资者判断公司价值的主要来源和依据，主要从真实性、完整性和及时性三个方面来判断上市公司经营状况等。规范的企业信息披露，可以有效维护投资者的合法权益，促进上市公司安全、稳健、高效运行。

6. 治理业绩

公司治理水平最终反映在公司业绩上。高水平的公司治理，必然产生高水平的公司业绩和可持续发展能力。评价的内容主要围绕三个方面：一是公司的业绩指标，完成公司战略目标的业务量，包括产量、销售量、产品和边际贡献等定量指标；二是财务业绩，各种财务指标，如市净率、资产负债率、净资产收益率、社会贡献率等；三是利益主体的满意度，包括股东、职工、利益相关者、董事、监事、经理人员等各方对公司治理运行的满意程度。

五、国外公司治理评价发展和主要评价系统

1. 国外公司治理评价演进简况

1950年，有学者开始从董事会视角构建了包括社会贡献、股东服务、董

事会业绩、财务政策等要素的公司治理评价体系（Jackson Martindell）。此后，一些商业性组织也推出了公司治理状况的评价系统。1952年，美国机构投资者协会针对董事会设计出更为规范的系统，成为第一个专门评价董事会的程序。该协会颁布的《优秀经理人员手册》对10个方面的要素进行评价，这是公司治理评价的首次量化。

随后，公司治理诊断与评价的研究成果和系统不断涌现。Walter J.Salmon（1993）提出22个董事会存在的问题；创立于1998年的标准普尔公司治理服务系统；1999年戴米诺公司（Deminor）推出治理评价系统，这是欧洲第一个开展公司治理评级的公司；2000年亚洲证券推出里昂公司评价系统（CLSA）。此后，受到广泛关注的还有由Gompers、Ishii和Metrick（2003）构建的G指数以及Bebchuck、Cohen和Ferrell（2004，2009）构建的E指数。

近年来，国际上各类机构和学者在构建公司治理评价体系时，逐步将目光转向董事会特征、信息披露、治理机制运作、社会责任等方面。例如，布朗斯威克（Brunswick Warburg）、ICLCG（Institute of Corporate Law and Corporate Govermance）、ICRA（Information and Credit Rating Agency）、世界银行公司评价系统、泰国公司治理评价系统、韩国公司治理评价系统、日本公司治理评价系统（JCG Index）等机构提出了针对不同国家公司治理情况的指标体系，以及Lacker、Rchardson和Tuna（2007），Djankov（2008），Chhaochharia和laeven（2009），Balasubramaniam、Black和Kbanna（2010），Aggarwal（2010），Amm ann、Oesch和Schmid（2011）等学者对于公司治理评价体系和指标的研究。

2. 国外有代表性的公司治理评价系统

1）标准普尔评级系统（S&P）

著名的标准普尔（S&P）公司治理系统成为一个全球性的公司治理评分标准，能衡量不同国家及地区治理水平和不同公司治理水平，真正将公司治理评价体系用于企业经营实践当中。标准普尔的公司治理评级系统侧重于评价宏观层面的外部力量以及公司内部治理结构与运作对公司治理质量的影响。具体来说，其将公司治理评级分为国家评分与公司评分两部分：前者从法律基础、监管、信息披露制度以及市场基础四个方面予以考核；后者包括所有权结构及其影响、金融相关者关系、财务透明与信息披露、董事会结构与运作四个维度的评价内容，见表2-2。

第二章　公司治理

表 2-2　标准普尔评级系统

国家评分	法律基础
	监管
	信息披露制度
	市场基础
公司评分	所有权结构和影响
	金融相关者关系
	财务透明与信息披露
	董事会结构与运作

2）戴米诺公司评价系统

戴米诺公司（Deminor）从1999年开始建立公司治理评价体系，是欧洲第一个开展公司治理评级的公司，欧洲机构投资者对其有着较为广泛的认同。其公司治理评级是从机构投资者的利益角度出发，更加关注公司治理中股东利益能否得到保障，主要从股东的权利和义务、接管防御策略的范围、关于公司治理的披露、董事会结构及作用等方面设置评价指标，见表2-3。

表 2-3　戴米诺公司评价系统

股东权利和义务	"一股一票一份红利"的原则	遵守/违反"一股一票"原则
		遵守/违反"一股一份红利"原则
	投票权限制	有义务提交给股东大会议题的范围
		对参会人数比例和大多数人数的要求
		股东大会选举董事占董事会的比例
股东权利和义务	股东提案和派生诉讼	股东提案
		派生诉讼
		对损害的派生诉讼
		废除议案的行动
	投票程序和方法	召开年度股东大会的法定时间
		进入股东大会的程序
		邮件和网上投票
		代理投票
		秘密投票

续表

股东权利和义务	投票程序和方法	在股东大会上的投票方法
		股东大会后续行为
	出席率	
	维护目前股东的优先权利	
接管防御策略的范围	结构性接管防御安排	资本结构
		董事会不受影响
		投票权扭曲
		所有权权利扭曲
	资本接管防御安排	股票回购
		授权资本
	其他接管防御安排	
关于公司治理的披露	一般信息披露	文件的语言和可获得性
		会计标准
		遵守最佳做法守则
		对审计师的授权
		政治和慈善事业信息
		环境信息
	关于公司资本和股东结构信息	
	关于董事会信息	董事会的构成和运作
		董事会薪酬
	公司委员会的信息	
	股票期权信息	
董事会结构及运用	董事选举	一般描述
		公司董事选举
		年龄限制
		董事会规模
	董事会构成	执行董事数目
		独立董事
		多样性
		不由一人同时担任首席执行官和董事长

第二章 公司治理

续表

董事会结构及运用	董事会的运作	董事会的运作
		内部行为
	董事会的薪酬	董事薪酬
		执行董事薪酬
		股票期权计划
	董事会下设委员会	

3）亚洲里昂证券公司治理评价系统（CLSA）

2000年，亚洲里昂证券公司推出了针对新兴市场的评价系统（CLSA），从公司透明度、管理层约束、董事会的独立性与问责性、小股东保护、核心业务、债务控制、股东现金回报以及公司的社会责任等八个方面评价公司治理的状况。该体系考虑的利益相关者有所扩大，强调董事会独立性以及对中小股东的保护，也强调社会责任的履行亚洲里昂证券公司主要对银行业的基金和证券评级具有较强的治理能力，见表2-4。

表2-4 亚洲里昂证券公司治理评价系统

管理层约束	清楚地定义主营业务
	在年报中讨论公司治理
公司透明度	即时发布年报
	即时发布中报
	即时发布季报
	迅速披露经营成果，且在宣布前无事先泄露
	根据国际一般公认会计专责编制财务报表
公司透明度	立即披露重大信息
	立即更新网站上的公告
董事会的独立性	董事会和高层管理者公平对待股东
	董事长由独立董事担任
	高层管理者较少担任董事，且未受大股东所支配
	审计委员会由独立董事担任
	薪酬委员会由独立董事担任
	提名委员会由独立董事担任
	在董事会无银行代表或其他债权人

续表

董事会的问责性	董事会扮演监督而不是执行的角色（高层管理者担任董事席位比率须小于一半）
	非执行董事具有明确的独立性
	独立的非执行董事占董事会人数的一半以上
	每季度至少举行一次全体的董事会会议
	董事会成员能够有效地执行监督
	审计委员成员可任命和评估会计师的表现
	审计委员会可监督内部审计人员和会计程序
	当有人伤害公司价值时能够有效制裁和处罚
	有保障小股东利益的方法
	有处罚高层管理者的机制
	董事会成员的股票交易以公平且完全公开的方式进行
	董事会小而有效率和效能
公平性	容易取得投票权
	在开会前提供股东大会的资料
	重视投资人关系
	所有董事会薪酬上升幅度不得超过净利
社会意识	清楚的政策强调严格的道德行为
	对环境责任有严格的政策
	避免在政局不稳定的国家投资

4）穆迪公司治理评价系统

穆迪公司为了增强其信用分析，加入了公司治理评价内容（CGA）。其指标选取主要针对美国和加拿大的公司，关注公司治理特征和实践，评价体系包括董事会、审计委员会和关键审计/责任功能、高管薪酬及管理层发展及评价、股东权利、利益冲突、所有权、治理透明度等方面，重点在于董事会独立性和程序质量。CGA 的主要目的在于提高评级质量和帮助投资者评估发行者的信用风险，将其作为综合评估公司治理质量的指标体系并不能全面反映公司的治理水平。穆迪公司主要针对公用事业和工业债券信用评级具有独到见解，见表 2-5。

第二章 公司治理

表 2-5 穆迪公司治理评价系统

董事会	董事会和委员会独立性
	董事质量、深度和多样性
	董事会和委员会领导力
	明确董事会职责范围、委员会章程和程序的全面检查
	董事会和董事评估
	董事培训
	董事报酬和相关政策
审计委员会和关键审计/责任功能	审计委员会的效力
	审计委员会章程
	财务责任
	风险评估
	内部控制
利益冲突	董事会和高管的利益冲突
	这些冲突如何管理
高管薪酬和管理层发展及评价	激励结构
	可能对高管产生的影响
股东权利	
所有权	公开交易公司的绝对控股股东或大股东
	对公司治理和债权人利益的意义
治理透明度	

5）美国机构投资者服务组织评价系统（ISS）

ISS 建立了全球性的上市公司治理状况数据库。作为其会员的投资者，可以得到监督上市公司治理情况的服务。该系统包括 300 项公司治理标准，涉及股东权利与责任、公司治理披露、董事会结构与机能等范畴，全球评价标准涉及 8 个方面 55 项指标。

6）韩国公司治理评价系统（KCGS）

2001 年，韩国证券交易所等六家机构合作的 KCGS 推出了韩国公司治理评价系统，评价样本为全部 600 家上市公司。KCGS 主要从股东权利、董事会和委员会结构、董事会和委员会程序、向投资者的披露、所有权等方面进行公司治理评价，如图 2-17 所示。

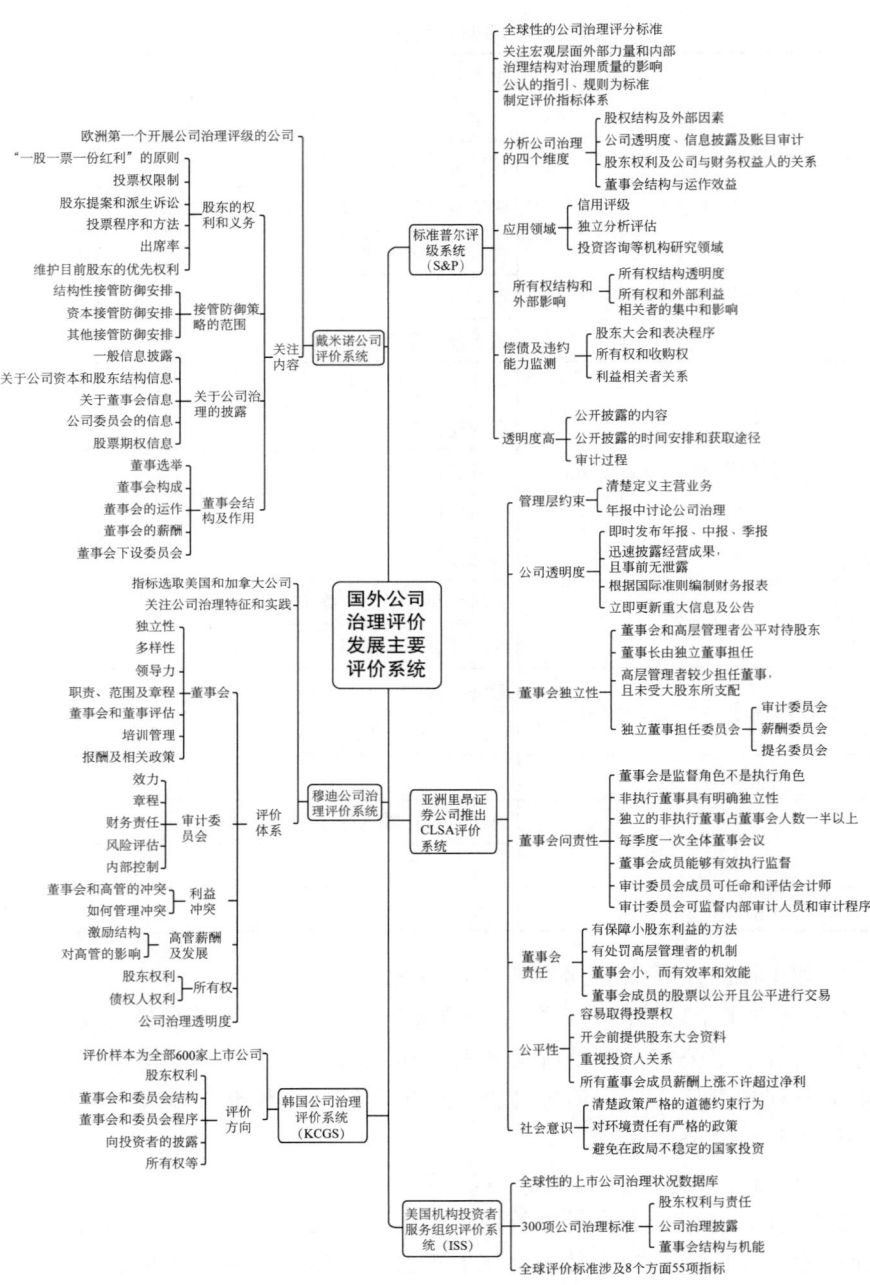

图 2-17 国外公司治理评价系统

第二章 公司治理

六、中国公司治理评价实践

中国公司治理评级体系是从公司治理理论研究逐步深入到公司治理原则与应用研究，逐步形成各具特色的公司治理评价体系。在我国，治理环境、治理结构和机制与其他国家有很大的差别。例如，我国公司与英美相比，外部治理环境仍然不够完善，公司控制权市场难以对上市公司形成强有力的约束，且许多上市公司是由国有企业改制而来，形成国有股"一股独大"特有的上市公司股权结构，如果直接将国外的公司治理评价系统移植到国内，很难真实反映我国公司的治理现状。因此，国内许多学者与机构在借鉴国际经验的基础上，结合我国公司所处的法律环境、政治制度、市场条件以及公司本身的发展状况，提出了具有中国特色的公司评价指标体系，如图2-18所示。

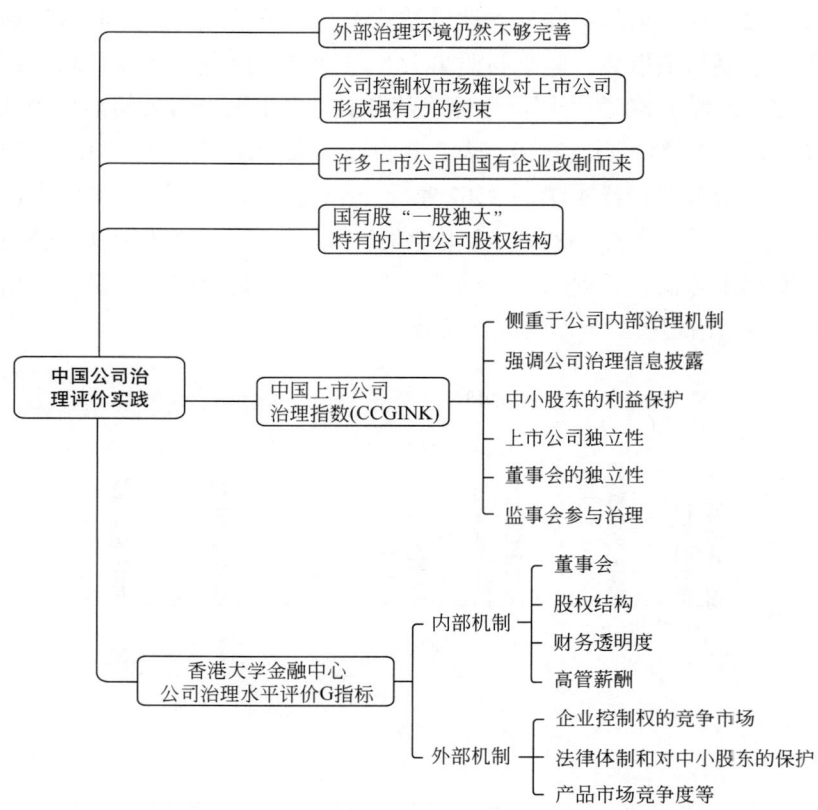

图 2-18 中国公司治理评价实践

李维安教授在2000年主编的《中国公司治理原则与国际比较》一书中，提出了《中国公司治理原则（草案）》，并被2002年中国证监会发布的《中国上市公司治理准则》所吸收借鉴；南开大学于2001年在国内率先制订《中国公司治理原则（草案）》，被中国证监会《中国上市公司治理准则》及太平洋经济合作理事会组织（PECC）《东亚地区治理原则》所吸收借鉴，均为建立公司治理评价指标体系提供了参考性标准。

由南开大学中国公司治理研究院提出的中国上市公司治理指数（CCGINK），是综合国内外实证研究与规范研究的成果。该指标体系以国际公认的公司治理原则、准则为基础，结合中国上市公司所处的特殊历史阶段，同时考虑中国公司治理环境的特殊性而制定的公司治理评价标准。该指标体系侧重于公司内部治理机制，强调公司治理的信息披露、中小股东的利益保护、上市公司独立性、董事会的独立性以及监事会参与治理等，从股东权利与控股股东、董事与董事会、监事与监事会、经理层、信息披露以及利益相关者六个维度，设置了80多个评价指标，其目的是对中国上市公司治理的状况做出全面、系统的评价。图2-19、表2-6为近年来的评价结果。2019年中国上市公司治理指数评价样本量为3562家上市公司。其中，主板1827家，中小企业板909家，创业板738家，金融业板块88家。近年来连续几年公司治理改善幅度趋于降低，呈现出公司治理提升的"天花板效应"。这主要是由当前行政经济型治理模式下的摇摆性所致。

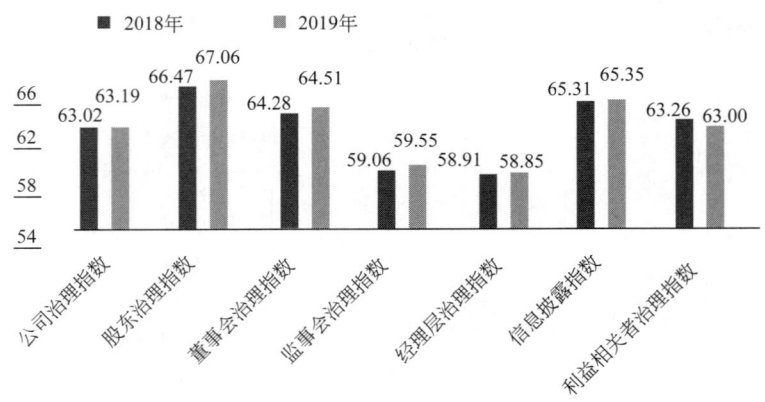

图2-19　2018—2019年中国上市公司治理分维度指数

第二章 公司治理

表 2-6 2019 年中国上市公司治理指数登记分布

公司治理指数等级		公司数	比例，%
CCGI^{NK} I	90～100	—	—
CCGI^{NK} II	80～90	—	—
CCGI^{NK} III	70～80	20	0.56
CCGI^{NK} IV	60～70	3026	84.95
CCGI^{NK} V	50～60	514	14.43
CCGI^{NK} VI	50 以下	2	0.06
合计		3562	100.00

此外，香港大学中国金融研究中心也提出了公司治理水平评价指标——G 指标。该指标体系以《OECD 公司治理准则》和公司治理理论为依据，描述了在中国想要拥有良好的公司治理所必须具备的内部机制与外部机制，其中内部机制通过董事会、股权结构、财务透明度、高管薪酬表示，外部机制通过企业控制权的竞争市场、法律体制和对中小股东的保护、产品市场竞争度等多个因素综合分析与公司市场价值的关系表示。北京连城于 2002 年推出的中国上市公司董事会治理考核指标体系涉及经营效果、独立董事制度、信息披露、诚信与过失、决策效果五个方面。该指标主要根据董事会治理效果对董事会治理进行评价，没有将董事会特征纳入评价范围。

此后，还有郑志刚、宁向东、严若森、杨建仁、高明华等学者基于中国公司治理水平提出了指标评价体系。

七、中国石油控参股公司治理评价

2019 年原中国石油资本运营部委托由武立东教授领衔的南开大学中国公司治理研究院课题组，对中国石油 2100 家控参股公司治理评价进行研究，经过课题组一年多的努力，课题取得初步研究成果。

1. 初步构建控参股公司治理评价指标体系

中国石油控参股公司评价体系由目标层、准则层、要素层和指标层四级评价要素构成。根据中国石油控参股公司治理实践状况，目标层设置为公司治理结构、公司治理机制和公司治理有效性三部分：治理结构旨在考察公司

治理基本架构及规范建设情况；治理机制旨在评价治理规范具体实施情况；治理有效性则考察公司治理的实施效果。

基于《公司法》《证券法》及国务院国资委的相关文件，借鉴国内外的公司治理评价体系，并综合中国石油控参股公司的特点，制定了各目标层的细分指标。其中，公司治理结构包含股东（股东会）规范，董事（董事会）规范，监事（监事会）规范，党委会、董事会与总经理办公会职责分工规范四项，共19个一级指标、39个二级指标、88个三级指标；公司治理机制包含董事会决策机制、监督机制、激励机制等三项，共10个一级指标、7个二级指标、6个三级指标；公司治理有效性包含股东回报、社会责任、治理文化三项，共12个一级指标。

2. 治理评价总体情况

就治理评价总得分（满分为1）而言，样本公司的均值为0.36。评价结果表明，经过多年的公司治理改革实践，控参股公司在公司治理结构建设上表现突出（均值为0.57）；公司治理机制建设有待进一步提升（均值为0.29）；公司治理有效性存在不足（均值为0.22）。

3. 具体评价指标情况

1）公司治理结构

股东（股东会）规范方面（均值为0.89），在股东（大）会规范性（均值为0.91）、股东（大）会参与性（均值为0.88）方面表现突出。但就股东权益而言，各细分指标得分差异较大。样本公司在股利分配制度、临时提案制度和分红制度方面表现优异，而在股东知情权、查询权、质询权、提案权、提名权、投票权征集、累积投票权制度建设方面明显不足。

董事（董事会）规范（均值为0.45），包括董事会组织建设（均值为0.56）和董事会制度建设（均值为0.33）。在董事会组织建设方面，董事会合规性表现突出（均值为0.74）；董事会专业性方面（均值为0.40）各公司间差异较大；董事会多样性（均值为0.54）方面，来源多样性（平均得分0.71）优于专业多样性（均值为0.38）。在董事会制度建设方面，董事个体规范建设（均值为0.17）低于组织层面规范建设（均值为0.5）。

监事（监事会）规范（均值为0.37），包括监事会组织建设（均值为0.46）和监事会制度建设（均值为0.28）。在监事会组织建设方面，监事会专业性（均值为0.17）低于监事会多样性（均值为0.48）和监事会合规性（均值为0.75）。评价表明专职监事专业能力和专职监事委派均表现较差，而监事会专业能力

第二章 公司治理

处于相对较高的水平。监事来源多样性优于专业多样性,而监事会行为合规表现优异。在监事会制度建设方面,监事个体层面制度不完善(均值为0.15),组织层面制度建设略好(均值为0.40),但在监督制度和报告制度方面建设不足。

党委会、董事会与总经理办公会职责分工规范(均值0.77),样本公司治理评价得分较高。

2)公司治理机制

董事会决策机制(均值为0.22),包括董事会决策效果(均值为0.32)和董事会决策过程(均值为0.52)。其中,决策效果方面的执行反馈制度建设不足(均值为0.2);而决策过程方面的决策议事充分性表现突出(均值为0.61)。

监督机制(均值为0.65),包括经营监控(均值为0.44)和风险预警(均值为0.86)。其中,经营监控方面的总体水平相对较低;在风险预警方面,对违规风险、声誉风险和财务风险的预警工作表现优异。

激励机制(均值为0.02),包括多样性(均值为0.02)和长期性(均值为0)。在多样性方面,样本公司主要以薪酬激励为主,缺乏多样化的激励方式,而且在长期性方面存在明显不足。

3)公司治理有效性

股东回报均值为0.37,其中股东权益方面得分较低,均值为0.02;股东权益的组织保障方面的表现相对较好(均值为0.38)。

社会责任均值为0.07,其中促进环境保护方面(均值为0)存在明显不足;相比之下,在促进就业(均值为0.12)、社会公平(均值为0.05)以及贡献税收方面(均值为0.12)略有提升。

4. 主要评价结论

中国石油控参股公司治理规范化建设方面取得长足进展,尤其在股东(股东会)规范化、董事(董事会)规范化以及在党组织参与公司治理制度建设方面取得突出成效。

评价报告还发现以下治理问题:

第一,董事会和监事会的组织建设不完善。董监事队伍来源单一且专业性仍有不足,同时针对董监事的培训体系尚未建立,未能全面、准确地分析董监事的培训需求,对培训效果缺乏有效的分析、评价和反馈。组织建设的不足将会抑制监督和决策主体作用的发挥。

第二，董事会决策机制不完善。国有企业董事会仍处在传统行政化治理的"一把手体制"而难以有效发挥议事功能，在以内部董事为主、少量外部董事不发挥作用的情况下尤甚。董事会成为层级治理中的行政部门，由于缺乏依法行使选人用人、薪酬分配等权利，董事会徒具其形而难以担负现代公司治理体系中的核心领导作用。控参股公司的董事会决策过程信息不充分、缺乏通畅的信息沟通渠道和反馈机制。

第三，激励机制不足。在晋升激励方面表现为人员"只上不下"，行政任命、行政晋升、刚性升迁的职业晋升激励难以适应市场竞争。在薪酬激励方面则缺乏多样化、长期化的激励方式。未能建立起行之有效的与责权利相对应、与履职效果相联系、与选任方式相匹配、与企业功能性质相适应、与经营业绩相挂钩的差异化激励机制，委托代理的深层次问题未能有效解决。

第四，参股公司的股东权益相关制度建设不完善。参股公司在股东知情权、查询权、提案权、提名权、投票权征集、累积投票权等制度建设方面存在欠缺，股东权益保护水平有待提升。参股企业游离于中国石油的管控体系之外，却处于其控股股东和经理层的双重控制之下，内部人控制问题为控参股公司管控带来风险。

总体来看，样本公司的治理状况有较大的提升空间且发展较不均衡，不同公司间治理水平差异较大。

延伸阅读：中国特色公司治理制度纳入国家治理体系现代化建设

党的十九届四中全会明确了新时代坚持和完善中国特色社会主义制度、推进国家治理体系和治理能力现代化的总体要求、总体目标和重点任务。加强和完善国有企业公司治理，是国家治理体系和治理能力现代化的重要组成部分，是把我国宏观政治体制落实到微观公司治理的有效方式，是完善管资本为主的国资监管体制的重要前提，是培育世界一流企业的重要基础和保障，也是深化国有企业改革发展混合所有制经济的一项重要目标。推进国家治理体系和治理能力现代化建设，必须把完善国有企业公司治理作为重要环节，摆在突出位置。

延伸阅读：中国石油集团公司领导干部会议提出推进公司治理体系和治理能力现代化建设

2020年8月，集团公司董事长、党委书记戴厚良在2020年中国石油集团有限公司领导干部工作会上，作了《深入学习贯彻党的十九届四中全会精神，

第二章 公司治理

推进公司治理体系和治理能力现代化》的报告。推进公司治理体系和治理能力现代化建设是贯彻落实习近平总书记重要批示指示精神和党中央决策部署、彰显国企责任担当的实际行动，是解决公司突出矛盾、实现战略目标的内在需求，这是顺应国内外宏观大势、有效应对风险挑战的迫切需求。目前公司对标世界一流还存在不少差距，最新的企业发展能力评价结果表明，"大而不强"的矛盾更加突出，需要进一步深化内部改革，完善体制机制，健全管理制度，以更好的治理效能推进集团战略目标的实现。

集团公司推进公司治理体系和治理能力现代化的总体思路是：以习近平新时代中国特色社会主义思想为指引，深入贯彻党的十九大和十九届二中、三中、四中全会精神，贯彻落实新发展理念，按照"坚持高质量发展、坚持深化改革开放、坚持依法合规治企、坚持全面从严治党"的兴企方略，紧紧围绕完善中国特色现代企业制度，遵循"专业化发展、市场化运作、精益化管理、一体化统筹"治企准则，突出问题导向、目标导向、结果导向，构建与现代化经济体系相适应、具有中国石油特点的体制机制和制度体系，不断增强企业竞争力、创新力、控制力、影响力、抗风险能力，把制度优势更好地转化为治理效能，为建设世界一流综合性国际能源公司提供有力保证。集团公司治理体系和治理能力现代化建设总目标如图2-20所示。

进一步推进公司治理体系和治理能力现代化工作主要抓好以下三方面工作：一是坚持和巩固中国特色现代企业制度，彰显其强大生命力和巨大优越性；二是优化和完善公司治理体系，持续深化内部改革，认真贯彻落实国企改革三年行动方案；三是进一步统一思想、提高认识，加强组织领导，加强统筹结合，以企业治理能力的新提升和高质量发展的新成效检验会议精神贯彻落实的效果。

延伸阅读：昆仑能源法人治理工作的实践与探索

自20世纪90年代以来，法人治理结构及改进不仅成为国内学术界、政府和企业界讨论的热门话题，而且成为各国政府和相关国际组织的重要议题。在中国，"完善法人治理结构"几乎成了国有企业改革的口头禅、代名词。但实际上，多年来国企改革沉浸在"只喊号、不走道"的自我陶醉状态，改革效果并不尽人意。直至2015年，党中央、国务院颁布《关于深化国有企业改革的指导意见》，尤其是2017年国务院办公厅颁布《关于进一步完善国有企业法人治理结构的指导意见》后，国企改革出现了触动神经的新迹象——悄然进入"双百"新时代。昆仑能源作为混合所有制经济的代表，已先后经

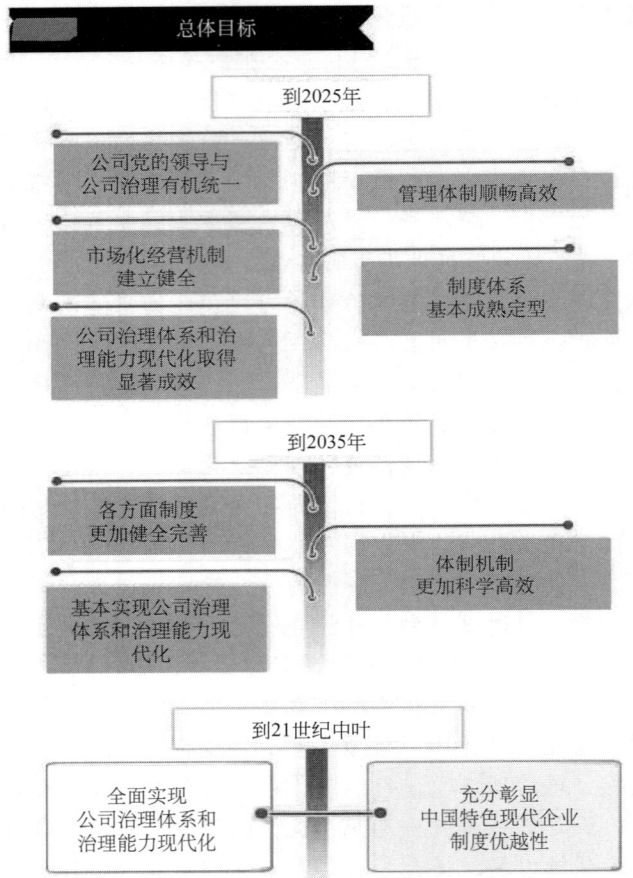

图 2-20　中国石油治理体系和治理能力现代化建设总体目标

历了六次大型改革重组,率先成为国企"双百"改革的试点企业,走在了改革的前沿。昆仑能源在体制机制以及法人治理领域的实践与探索,取得了丰富的成果。

1. 昆仑能源重组发展历程及特点

1)昆仑能源重组发展历程

2008年8月,中国石油决定,由中国石油天然气管道燃气投资有限公司、中国华油集团燃气事业部、中油燃气有限责任公司重组设立中石油昆仑燃气有限公司;12月,大庆油田燃气业务整体划归昆仑燃气。2010年9月,中国石油 LPG 销售业务分两批划转昆仑燃气。2012年4月,昆仑燃气、昆仑利用

第二章 公司治理

重组整合。2015年12月昆仑能源、昆仑燃气重组整合。自此,中国石油燃气业务由三足鼎立到完全整合统一。2018年12月,中国石油决定进一步调整优化天然气销售体制,天然气销售分公司与昆仑能源实施管理整合,中国石油天然气销售实现一体化发展。

短短10年,昆仑能源先后经历了6次大型改革重组,并在改革重组中迅速发展壮大起来。2017年8月,昆仑能源成为国企"双百改革"试点企业。

2)昆仑能源股权多元化特点

重组后的昆仑能源拥有境内外法人747家。其中,全资206家,控股466家,参股75家。

(1)项目数量多,规模普遍较小,且分布广泛。源于"国家对燃气经营实行许可证制度""管道燃气按照燃气经营区域授予特许经营权""特许经营权竞标者应当具备企业法人资格"等行业准入特点。

(2)合作股东多,类型多样,诉求各异。基本符合"国有资本、集体资本、非公有资本等交叉持股、相互融合的混合所有制经济"以及"引导公益类国有企业规范开展混合所有制改革。在水电气热行业和领域,推进具备条件的企业实现投资主体多元化。通过购买服务、特许经营、委托代理等方式,鼓励非国有企业参与经营。"的国企改革政策如图2-21所示。

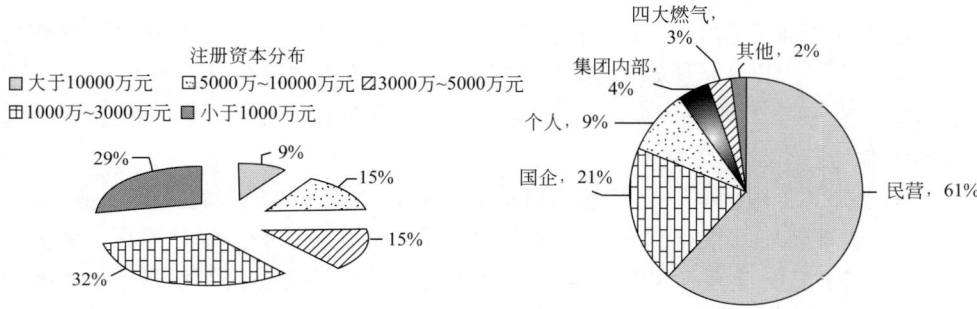

图2-21 注册资本分布及股东构成

2.昆仑能源法人治理工作的探索与实践

昆仑能源以合资公司为主体,已实现混合所有制经济和股权多元化发展。经过多次改革重组后,目前已进入改革的深水区,所面临的最大挑战已不是形式上的"混",而是实质意义上的"改"。

1）昆仑能源法人治理总体思路的形成

昆仑能源形成法人治理的工作思路：以参股子公司为切入点，以分类治理为原则，以发挥专职董监事作用为主线，以三会（股东会、董事会、监事会）即法人治理结构为龙头，推动"集团—昆仑—省区公司—项目公司"法人治理体系"四级共建"，推动中国石油的管控体系与法人治理有机结合，推动行政管理向监督的转变，突出法定代表人的中心地位，防范"内部人控制"风险。

2）分类治理思路的形成

昆仑能源成立初期，针对控、参股企业风险的巨大差异，提出了对股权企业实施分类治理的策略。

对于控股企业，按照中国石油管控体系运行，重点推动中国石油管控体系与企业法人治理模式有机结合，防止形成两层皮。即推行由控股企业的管理主体（省区公司）经理层或部门正职出任子公司董事，使其获得参与企业决策的合法身份。

对于参股企业，不仅游离于中国石油的管控系统之外，成为管理的空白，还处于对方控股股东、管理层的双重控制之下，无法掌控内部控制人（控股股东、管理层）是否存在私人收益风险。

3）董监事办公室的设立与定位

昆仑能源发展前期，董监事业务仅为资本运营处的一个业务科室，股权投资管"生"，股权处置管"死"，董监事办公室管中间，负责三会（股东会、董事会、监事会）即法人治理结构运行，并列于股权投资、股权处置，成为资本运营处三大业务之一。

鉴于分类治理的思路，目前公司对董监事办公室的职能进行了重新定位：(1)董监事管理、指导、培训，专职董监事配备方案编制、履职测评、业务考核。(2)三会管理，包括三会议案的审查审批、三会会议组织召开、授权三会议案审查情况抽查。(3)法人治理结构的审批和运行。(4)参股企业和托管企业的股东行权管理。(5)双百改革法人治理专项方案的编制，公司治理结构研究。(6)股东关系管理与协调。

4）董监事制度体系的搭建

结合三会法人治理工作实际，昆仑能源形成"三级管理、两级审查"的框架体系。与之相配套，成立董监事办公室，省公司成立资本运营部门或机构，配备专门人员来负责三会法人治理工作。

自2010年以来，昆仑能源先后起草《控股企业三会管理办法》《参股企

第二章　公司治理

业股东行权管理办法》《董事、监事业务管理细则》《董监事业务工作手册》《董监事业务考核细则》《股权管理规范》等6项制度，以及与之相配套的业务流程，为董监事业务发展构建一个基础的框架。

同时，建立健全两级董监事业务考核指标体系。公司层面包括直管企业三会召开率（权重占15%），参股企业股东行权管理情况（权重占15%），三会议案审查系统运行情况（权重占20%），完善合资公司法人治理结构情况（权重占10%），董监事履职测评情况（权重占20%），三会议案审查情况抽查情况（权重占20%）。二级单位层面包括三会召开、三会议案审查审批、三会决议合法合规、董监事履职等8个考核指标及评分标准。

通过明确思路和定位、设立机构、构建制度和流程，昆仑能源基本完成董监事业务的顶层设计，通过三会管理办法明晰了两级审查的界面及权责，明确了"两级审查、三级管理""先内部、后法定""先审查，后开会"等工作原则。

5）董事、监事配备原则的确立

企业改革之时，昆仑能源借鉴先进企业的成功做法，经多年研究和实践，确立了"董事平配、监事高配、参股专配"的原则。

董事平配：本着"谁管理、谁决策、谁出任董事"的原则，主要由控股企业的管理主体（省区公司）经理层或部门正职出任控股企业董事，便于地区公司管理者、决策者以合法的身份参与子公司决策，防止形成两层皮。

监事高配：主要由控股企业管理主体上一级管理机构派出监事，贯彻"由上而下"进行监督的原则，便于监事监督作用的发挥，有利于各种监督力量的有机整合。

参股专配：对于参股企业，我方出资人与企业管理层信息不对称，增加了我方治理风险，为加强股东行权管理，委派我方专职董监事出任参股企业董事、监事一职。

6）三会法人治理实施统一归口管理

昆仑能源董监事办公室负责所投资的股权企业法人治理工作。

首先，三会议案实施统一归口管理。对于一个以投资股权为主体的全国性运营公司，昆仑能源需要受理大量三会议案。下级管理单位提报的具体事务越来越多，董监事办公室议案审查量不断增大，越需筑牢董监事办公室在法人治理中的地位和作用。

其次，依据股权企业章程中法人治理约定，董监事办公室，结合治理实际，制定了"三大类、五小类"的治理结构设置标准，并在法人治理结构审批中发挥出重要作用。下面三个实践案例可见一斑：

一是双重投票权的创新实践。中国石油具有品牌优势、资源优势、管理优势，如何将这些优势发挥出来，化为现实的效益和控制权，一直是思考的课题。例如，A公司就是诸多案例中的创新典范。A公司股权结构：昆仑40%，乙方30%，丙方30%。公司章程规定："昆仑能源负责合资公司日常经营管理，拥有50%表决权；股东出资额占50%表决权，由股东根据出资比例分享"。昆仑能源持股仅40%，股东会的表决权却占70%，董事长（法定代表人）、总经理、财务总监均由我方担任，实现了对合资公司全方面管控的目标。

二是股东一致行动的创新实践。例如，B公司股权结构：昆仑能源40%，乙方股东38%，丙方股东12%，丁方股东10%。为实现昆仑能源对合资公司有效管控的目标，昆仑能源与丙方股东签订一致行动协议，即双方保持一致行动人，对方让渡12%的股东表决权给昆仑能源。双方在公司股东会会议中保持的"一致行动"是指：双方在以公司股东会表决或书面表决的方式行使股东会职权时，由甲方股东代表丙方股东表决。若双方内部无法达成一致意见，双方应按照甲方的意向进行表决。双方承诺，如其将所持有的公司的全部或部分股权对外转让，则该等转让需以受让方同意继承本协议项下的义务并代替出让方重新签署本协议作为股权转让的生效条件之一。最终，昆仑能源持股40%，通过股东一致行动、让渡表决权的方式，实现了对合资公司有效管控的目标。

三是形成多米诺骨牌效应。引导合资公司大胆创新实践，将中国石油品牌优势、资源优势、管理优势等"口号优势"内化为实践行动。

四是董事长兼CEO的创新实践。董事长和总经理职责权限的划分是公司治理中的难题。经过多年研究和实践，提出诸多建议和意见，基本解决了董事长授权及其与总经理职权划分的问题。C公司就是诸多案例中的典范。在昆仑能源持股51%任董事长（法定代表人）、对方持股49%任总经理的模式下，通过扩大并明确法定代表人职权的方式，扩大并固化昆仑能源董事长职权，进而防止对方总经理对合资公司实质控制。法定代表人的职权被定义为：主持股东会和召集主持董事会会议；主持公司经营管理会议，对经营管理负责；代表公司签署文件；代表公司签订合同；对公司资金支付进行审批；有权向董事会提议聘任或解聘高级管理人员，组织研究决定中层干部任免。此时的董事长相当于美国模式的董事长兼CEO（首席执行官），对方总经理则相当于COO（首席运营官），最终实现昆仑能源对股权企业全面管控的目标。

第二章　公司治理

指导意义：不应墨守成规，一味强调"董事会领导下的总经理负责制"。否则，必然造成合作股东委派的总经理对公司的实质控制。该案例回答了多数公司中"昆仑能源担任董事长、法定代表人"的情况下该怎么办的问题。

7）三会法人治理的科学化、系统化、智能化

首先，建立并完善三会法人治理信息系统。昆仑能源在总结多年管理经验的基础上，主持开发了三会管理信息系统，实现了三会议案审查、董监事履职测评、法人治理信息统计全链条的信息化，为董监事业务提供科学化、专业化管理手段。这大大提高了效率，降低了成本，收到良好的效果。

其次，形成董监事业务培训体系。目前，昆仑能源已组织过6次法人治理培训班，培训达1200人次，独立形成4套培训课件，初步形成董监事业务培训体系。同时在系统开发时，就从总体上考虑了董监事培训体系的建设，包括题库的建立与维护、董监事在线考试及培训、董监事的任职及退出、董监事业务培训档案等功能。

3.昆仑能源在法人治理方面取得的成效

多年来，昆仑能源法人治理工作呈现出"六个一"的特点：

（1）设立董监事办公室。正因为有了这个部门（机构），有了相应权限和职能，法人治理才能做到"有人抓、有人管"，昆仑能源法人治理工作体系才能得以建立和完善，董监事办公室才能在股权企业管控中发挥别人无法替代的作用。

（2）实现三会法人治理统一归口管理。明确董监事办公室就是在三会法人治理统一归口管理。

（3）对股权事务实施信息化管理。三会议案审查审批、董监事测试、法人治理信息全链条实现了信息化、科学化、专业化管理。这套系统大大提高了三会法人治理工作效率，在实践中发挥了巨大作用，得到广泛认可和推广。

（4）创新分类治理思路。昆仑能源首先意识到参股企业游离于中国石油管控体系之外，极有可能成为管理的空白，并尽早把参股企业纳入法人治理体系，填补了管理的漏洞和空白。

（5）提出控股企业管控新模式。昆仑能源有500家股权企业，结合企业实践需要，提出在控股企业中推行中国石油管控体系与法人治理相结合的模式，即由子公司管理主体派出董事，参与子公司决策，使其具有合法身份，防止形成两层皮。

（6）践行董监事配备制度。经过长期的实践实证，昆仑能源充分地认识到了"董事平配、监事高配、参股专配"的必要性和紧迫性，并在省公司、

项目公司两个层面予以推广，收到良好的效果。

4. 进一步完善昆仑能源法人治理的思考

目前，昆仑能源三会法人治理仍在不断探索。现有的管理体制与市场化机制之间、集团管理与子公司活力之间、法人治理主体责权利不匹配、不对等问题尚待解决。

1）加快构建法人治理体系

鉴于参股企业游离于中国石油管控体系之外，极易成为管理的空白，这是一个巨大的风险和漏洞。所以，加快法人治理体系的构建，尽快把参股企业纳入法人治理轨道成为当前最为迫切的需要。加快法人治理的顶层设计，建立以专职董监事作用发挥为主、既合作又制衡的法人治理体系。主要做了以下三方面工作：

首先，在组织上要实现顶层设计。总部层面设置专门管法人治理工作的部门或机构，系统内公开招聘专业人才。所属股权企业具有一定规模的地区公司，应设立专职董监事办公室，并按制度要求配备专职董监事。

其次，由上而下推进法人治理体系。出台总的方针政策、指导原则，明确专职董监事任职条件，统一选拔，公开竞聘，择优录取；所属地区单位具体委派，总部进行业务管理；制定统一考核办法，总部与所属地区单位共同考核、奖惩，根据考核结果以绩定薪，明确职业发展通道。

最后，从参股企业入手，逐渐扩大至50%：50%公司以及管理失控的"控股企业"，以填补当前管理的漏洞和空白。同时，完善股权管理系统，使其成为总部进行业务管理的重要抓手。

2）加快专职董监事队伍建设

建立市场化、专业化的专职董监事队伍。首先，要从优化专职董监事队伍结构、组建专业优势互补的专职董监事团队入手。目前，中国石油管控体系的支撑是各专业部门。与其相对应，由董监事办公室下设的专业委员会（团队）是整个法人治理体系构建的核心支撑。该专业委员会（团队）由专业优势互补的专职董监事组成。

其次，专职董监事队伍应"由专到全"。一是形成以专职董监事作用发挥为主、专（兼）共融的法人治理机制；二是以专职董监事业务培训为抓手，以业务考核为手段，全面提升董监事行权履职能力，全面提升合资公司管控水平；三是董监事办公室应对董监事业务暨公司法人治理进行全方位管理与研究，进而成为董监事业务管理中心、专职董监事培养输出中心和法人治理机制研究中心。

第二章 公司治理

再次,制定专职董监事任职的基础条件。建立健全专职董监事选聘标准和选聘程序以及绩效考评标准和绩效考评程序,使其成为一个公开透明的规则,并遵照执行。

3)法人治理的重构

昆仑能源所属子公司均属于中国石油二级及以下子公司,董事会战略决策、重大决策、政策制定职能存在先天性缺失,急需对法人治理进行重构,如图 2-22 所示。

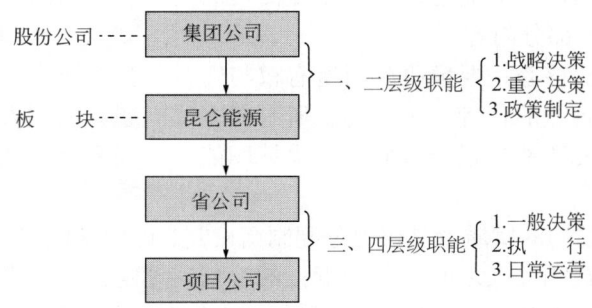

图 2-22 管理层级示意图

与美国相比,中国具有与德国相近的背景,如证券市场不发达、重视内部监督、大股东银行或产业集团的存在。因此,应该更多研究和借鉴德国公司治理模式为宜。

一是以德国公司治理结构(双层结构)为蓝本,构建以业务监督、一般决策为核心职能的监督董事会。此处的监督,不仅仅指审计监督,重点强调的是业务监督、过程中的监督,属于事前监督和防范,发挥着类似美国外部董事的监督作用。监督董事会成员均来自外部。

二是监督董事会构建在管理董事会之上,此处管理董事会相当于美国 CEO 领导下的管理团队。不同的是,为防个人权力过分集中而被滥用,采用德国的代议制,相当于我国国企总经理办公会的角色,符合"三重一大"集体决策制度要求。管理董事会成员均来自内部,均由执行层组成。

第二章小结

本章共有 7 节,重点阐述了公司治理的概念、公司治理理论的产生和发展、公司治理理论基础、公司治理机制、公司治理博弈分析、公司治理模式、公司治理评价等内容。

公司治理最早出现在经济学文献中的时间是20世纪80年代初期。在经济全球化影响下,公司治理成为国家治理的重要组成部分,越来越受到世界各国政府和学者的关注和重视。科学合理的公司治理是保证现代企业有效运营的基础和条件,无论是发达国家还是发展中国家,都把完善公司治理看作是改善投资环境、夯实经济基础的必要手段。

第一节公司治理的概念,包括公司治理的内涵、公司治理问题的产生和公司治理结构三部分内容。

公司治理的核心是要解决公司所有权与经营权分离所产生的种种问题。这些问题包括企业的代理成本问题、所有权安排问题、内部人控制问题等。公司治理的主要职能包括合规职能、决策职能、权利配置、激励监督和协调职能。

公司治理结构的实质就是权力分配制衡机制,即明确股东、董事、监事、经理和其他利益相关人之间权利和责任的分配,规定公司议事规则和程序,并决定公司目标和组织结构以及实施目标和进行监督的手段。

第二节公司治理理论的产生及发展,包括公司治理理论的产生、公司治理面临的现实问题两部分内容。

公司治理理论最早可追溯至亚当·斯密(Adam Smith)的《国富论》。公司治理一方面需要通过一定制度的安排向投资者和经营者提供激励,另一方面则需要通过控制权的安排对经营者的行为进行约束。

公司治理面临的现实问题,主要包括五个方面:一是人们普遍对经理人与日俱增的高报酬感到不满;二是股东诉讼事件大量增加;三是机构投资者力量的增大;四是恶意收购中如何保护利益相关者的利益;五是来自利益相关者的呼声。

第三节公司治理理论基础,包括委托代理理论、分权制衡理论、股东主义理论、利益相关者理论、产权理论、管家理论及其他理论七部分内容。

委托代理理论认为,现代公司的委托代理关系主要涉及委托人和代理人。委托人与代理人之间的利益分歧、信息不对称性、契约不完备性和交易费用,都是产生代理问题的根本原因。

公司分权制衡理论认为,公司有效运转的制度安排与实现,是以对公司各种权力合理分配、相互制衡为出发点而进行配置的结果。

股东主义理论认为股东利益至上,企业的出资人就是企业的合法所有者

第二章 公司治理

和企业的权利主体,企业的全部经济活动应遵循出资人的意志,服务于出资人的利益。

利益相关者理论探讨了企业除了增加股东财富,还应该树立更广阔的目标,尽量同时满足股东和其他利益相关者的需求,从而保证企业的经济效益和社会效益共同提升。

产权理论认为,产权的最终归属并不是最重要的,只要产权主体明确,产权边界清晰,就可以减少交易费用,从而形成有效的产权制度安排。

管家理论提出了委托人与经理人之间的另一种关系,即经理人在经营过程中,并不是完全依赖监督和物质激励,领导和同事的信赖、社会的认可、取得成功的荣誉感等等,会激励其从追求自身尊严、价值的角度出发,勤勤恳恳努力工作。

其他理论主要包括:金融模式理论、市场短视理论和内部人控制理论。

第四节公司治理机制,包括公司治理内部机制、公司外部治理机制、公司治理原则三部分内容。

公司治理机制主要指公司的结构及其功能相互协调与制衡的关系。公司治理机制包括内部治理机制和外部治理机制。其中,内部治理机制通过公司内部的治理结构(如董事会、监事会、经理层等)来降低代理成本,而外部治理机制通过外部市场(如产品市场、经理人市场、资本市场等)或外部机构来降低代理成本。

公司治理是由公司内外部两种治理机制共同作用的产物。

第五节公司治理博弈,包括博弈论的基本介绍、母子公司的委托代理问题、集团母子公司间的静态博弈分析、集团母子公司间的重复博弈分析四部分内容。

现代企业理论认为,企业是一系列契约关系的集合。委托人和代理人订结契约的过程,实质上是作为局中人的双方讨价还价并实现某种均衡的博弈过程。

母子公司的委托代理问题,包括两个方面:一是单体企业的委托代理问题;二是企业集团的多级委托代理问题。

在企业集团母公司与子公司之间的委托代理关系中,基于双方信息的不对称,母公司有两种策略,即监督和不监督;子公司有两种策略,即以企业集团利益最大化为目标和以自身利益最大化为目标。在母子公司的静态博弈中,母子公司的委托代理关系受到来自监督成本、代理成本以及惩罚成本的影响,可能会选择监督或不监督的策略;而在重复博弈中,母公司将选择监督的策略。

第六节公司治理模式,包括美国治理模式、日本治理模式、德国治理模式、东亚及东南亚家族治理模式四部分内容。

公司治理模式指不同的国家和地区为解决公司治理问题而形成的各种治理制度和治理方式的总称。

日本治理模式是以大陆法系为基础,由日本上市公司普遍采纳的一类公司治理模式,也称银行主导型公司治理模式。日本公司治理模式具有二元单层董事会结构、主银行制度、交叉稳定持股等主要特征。

美国治理模式是以英美法系为基础,由美国上市公司普遍采纳的公司治理模式,也称市场主导型公司治理模式。美国公司治理模式具有股权高度分散、单层委员会制以及控制权市场治理等主要特征。

德国治理模式是以大陆法系为基础,由德国上市公司普遍采纳的一类公司治理模式。德国治理模式具有双层委员会制度、银行主导型治理结构以及员工参与制等主要特征。

东亚及东南亚家族式公司治理模式是家族占有公司相对多数的股权,企业所有权与经营权不分离,家族在公司中起着主导作用的一种治理模式,儒家文化是该模式形成的一个重要因素。

其代表有东亚的韩国、东南亚的新加坡、泰国、印度尼西亚、马来西亚、菲律宾及中国香港等。

不同公司治理模式的形成,往往与特定的历史背景、人文文化、社会环境、法律体系、产权市场、职业经理人市场等息息相关。

第七节公司治理评价,包括公司治理评价的概念、公司治理评价的意义、良好的公司治理特征、公司治理评价的主要内容、国外公司治理评价发展和主要评价系统、中国公司治理评价实践、中国石油控参股公司治理评价七部分内容。

现代企业的两权分离和委托代理关系,是产生公司治理评价的根本原因。

公司治理评价是指人们(不仅限于投资者)对企业法人治理制度安排及其运作的评价,即对公司治理结构、治理机制和治理有效性的状况的评判。

公司治理评价的意义包括三个方面:一是投资者的客观需求;二是回应信用危机引发的投资者对公司治理质量的担忧和关注;三是有效提升评价主体对绩效结果的外部感知。

良好的公司治理特征主要体现在以下五个方面:一是治理理念先进;

第二章　公司治理

二是治理结构合理；三是治理制度规范；四是治理机制有效；五是治理能力一流。

公司治理评价的主要内容，包括股权结构评价、董事会评价、监事会评价、经理层评价、信息披露与公司的独立性评价、治理业绩评价六个方面。

第三章　国内外大型企业集团管控模式

2015年8月14日，中共中央、国务院印发的《关于深化国有企业改革的指导意见》（中发〔2015〕22号），是国企改革纲领性文件，确立了国有企业改革的目标、原则及要求。对于大型企业集团管控而言，需要通过改革建立完全符合市场经济要求的新型市场关系，使国企成为真正的市场主体，这是当前迫切需要解决的问题之一。为此，要处理好三个关系：

第一，建立政府与市场的新型关系。这是此轮国企改革最为关键的方面之一。理顺政府与市场的关系，协调好政府的有形之手和市场无形之手之间的关系，发挥市场对资源的优化配置，进一步规范政府行为。

第二，建立监管机构与企业的新型关系。监管机构不能既当"裁判员"又当"教练员"。通过设立国有资本投资运营公司，在监管机构与企业之间建立一种平衡器，形成监管机构、国有资本投资运营公司和企业的三层架构。国有资本投资运营公司扮演连接监管机构和企业之间纽带的角色。

第三，建立国有资本与其他资本的新型关系。推进国有企业的分类改革，发展混合所有制经济，让民间资本参与到国有企业改革中，让董事会成为企业真正的决策机构。

集团公司管控简称"集团管控"，实质上是为了解决企业集团内部母子公司之间的责、权、利关系所进行的一系列制度安排。它不仅涉及母公司、子公司（事业部）各自的管理和治理，而且还涉及母子公司之间关系的协调。管控模式，是指企业通常在内部结合母子公司功能定位及控制体系设计采取的内部管理安排。集团公司管控的重点在于促进集团内部协同效益发挥的内部资源整合，以及作为保障协同效应实现的规范治理和有效管控。集团风险管控是围绕战略目标开展，制定出符合战略发展需要的集团风险管控体系，能够辅助业务有效执行，履行管控职责，督导和监督业务按照管控以及战略目标前行，逐步实现年度管控目标。管控的基本要素主要包括股权、人事、财务、战略四个方面。

第三章 国内外大型企业集团管控模式

第一节 国外企业集团的管控模式及案例

一、国外企业集团管控模式

不同国家的企业集团面临的外部政策环境、政治环境等各不相同，其管控模式也呈现出不同的特征。下面分别介绍美国、日本、韩国企业集团的管控模式。

1. 美国集团公司管控模式发展

美国集团公司对控参股公司的管控，具有阶段性特征。从19世纪末到20世纪初，伴随着美国大企业的第一次兼并高潮，美国集团公司通过设立董事会委员会对控参股公司进行管控。

知识栏：杜邦公司董事会委员会的建立

杜邦公司在董事会中设立了执行委员会、财务委员会和管理委员会。执行委员会负责对现有设备的规划和新资源的开发，财务委员会负责监督公司的管理和经营，管理委员会负责全公司的生产和销售等业务。杜邦公司依托董事会委员会制度，还强化了对生产、研究开发和市场销售的统一管理。公司在集团公司一级设立了由生产、实验、运输、销售等各部门组成的中心管理机构，由这些机构监管和协调各个控参股公司的生产和经营活动，而公司的执行委员会负责监管和协调各控参股公司的运行。

从20世纪60年代中期到70年代初，美国许多集团公司向着经营多样化的方向发展，成为经营项目越来越复杂的混合型公司。混合型公司多是通过收购现有的企业而形成的，而且被收购的企业往往与集团公司处于不相干领域。在这一背景下，被收购的经营单位（控参股公司）拥有更多的自主权。集团公司集中精力从事针对新产业的投资，而把采购、研发、销售、生产等职能划归控参股公司。集团公司对控参股管理控制的分权化趋势较为明显。

从20世纪70年代中期到90年代初期，美国大企业出现大规模兼并，在这过程中大量使用金融衍生工具，而且涉及资产规模极大。在这一时期，美国集团公司的管理技术不断现代化。许多集团公司为了协调对各控参股公司的管理，集团公司下设事业部，事业部再对控参股公司进行管理控制。

20世纪90年代中期以来，与经济全球化的发展和高科技革命的兴起同步，美国集团公司为了适应动态变化的全球市场环境，采取了战略联盟、虚拟企业等组织形式。借助计算机网络和企业管理软件，集团公司以新的模式确立了与控参股公司的集权与分权关系。一方面，处于经营一线的控参股公司被赋予很大的自主权，可以根据经营环境做出决策并加以实施；另一方面，全球各地的控参股公司的信息可以实时反馈到母公司，并通过在线分析、数据挖掘等技术手段形象地呈现在集团公司高层管理者面前，母公司由此得以对子公司进行实时的管控。

集团公司董事会的合理构成是其对控参股公司进行管控的前提条件。美国集团公司对控参股公司管控的突出特征是集团公司治理结构相对完善，尤其是集团公司董事会组成科学、运行有效。这为集团公司对控参股公司进行管理控制提供了组织保证和机制保障。从董事个体角度分析，董事会由内部董事与外部董事（包括独立董事）构成，所有的董事由股东选举产生，具有平等地位，对公司重大事项进行集体决策。从这一角度看，董事会构成可以表示为：董事会＝内部董事＋外部董事（独立董事＋非独立董事），如图3-1所示。

知识栏：美国集团公司董事会专业委员会的类型

从专业委员会角度分析，董事会设立了各种专业委员会。董事会内部设置专业委员会，能够充分发挥董事的监督作用。美国集团公司董事会下设的委员会可以分为两种类型。

一类是公司治理类委员会，成员以外部董事为主（例如纽约证券交易所要求董事会审计委员会的所有委员必须由独立董事担任），主要负责实现董事会的监控职能，目的在于规范公司的运作，保护股东利益，起到制衡作用。常见的公司治理类委员会包括执行委员会、审计委员会、薪酬委员会、提名委员会、治理委员会等。

另一类是公司管理类委员会，成员包括内部董事和外部董事，主要负责执行董事会的战略和管理职能，做好相应专业领域中的公司管理工作，目的在于促进公司取得良好业绩。常见的公司管理类委员会包括战略与投资委员会、政策与公共关系委员会等。

第三章　国内外大型企业集团管控模式

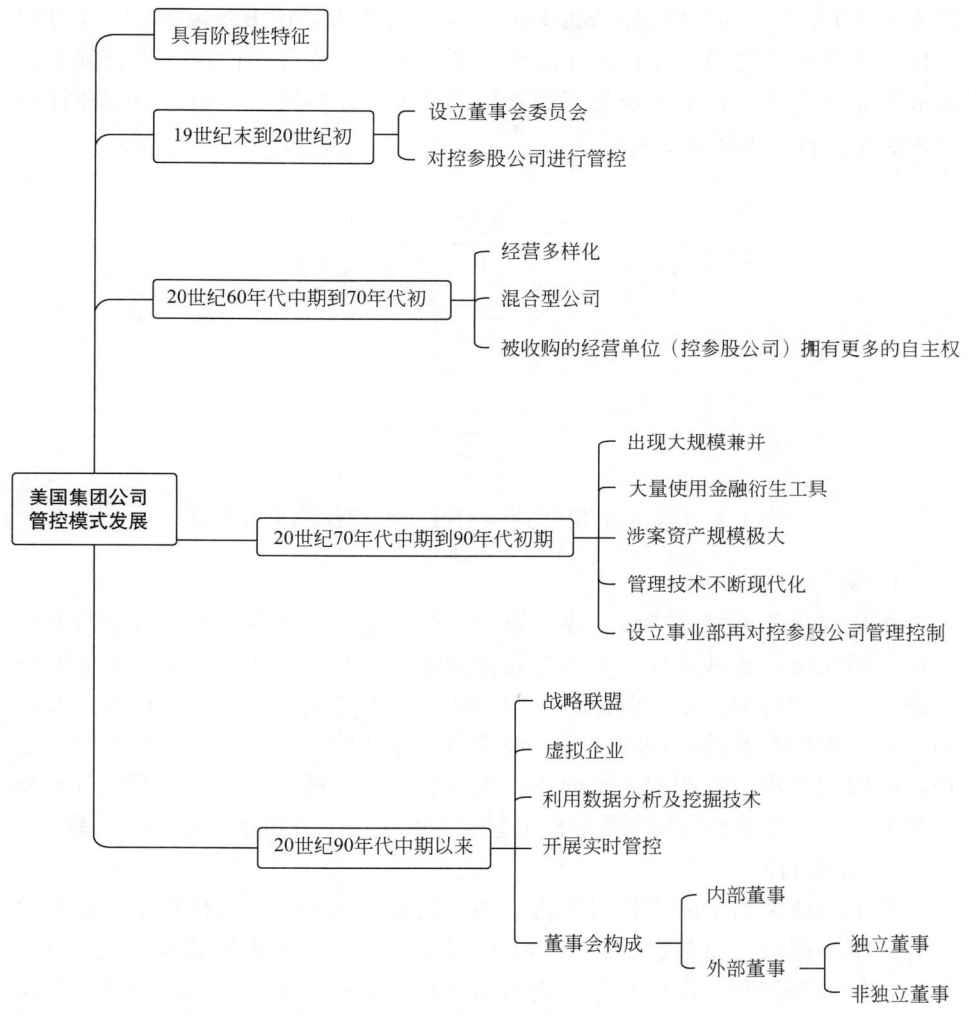

图 3-1　美国集团公司的管控模式

2. 日本集团公司管控模式发展

在日本，以家族和同族支配为核心，开展多元化经营，在各行业占有垄断地位的大企业集团成为财阀。日本财阀有充足的内部资金，通过家族化的控股公司对下设的众多企业实施金字塔式的封闭控制，下设的企业依靠财阀内部资金融资经营。日本战败后，财阀被解散。目前，在日本经济中占据主导地位的几家大企业集团，都是在第二次世界大战之后重新组合形成的。

20世纪50年代后期，原来所属旧财阀的大企业以大城市银行为核心，通过相互持有同系企业股份、互相派遣高级职员、集中融资等手段重新聚合起来，形成了企业集团。日本企业集团的管控以成员相互持股、主银行制度和社长会为突出特征，如图3-2所示。

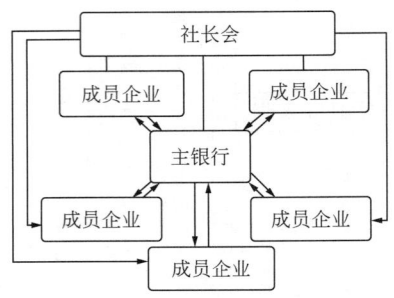

图3-2 日本企业集团的相互持股、主银行制度和社长会

1）相互持股

在日本，公司相互持股主要指银行与企业或企业与企业相互持有对方的股份。相互持股通常是许多企业之间作为稳定股东，长期持有对方企业发行的股票的一种行为。稳定股东持有股份的目的不是为了进行资产运营，而是为了相互支持企业的管理层，稳定地进行日常经营，能够防止敌意收购，是稳定的股权结构。就产权关系而言，集团成员之间通过相互持股形成母子公司关系，而这种母子公司不是纵向的垂直控制关系，而是横向的协调关系。

2）主银行制

日本企业集团中的主银行为集团内有资金需求的企业提供资金，是企业结算的中心银行，通常也是企业的主要股东，通过向企业派遣人员担任重要职务行使自身权利。银行与企业之间通过长期交易形成了主银行制度。在这种制度中，银行与企业的权利义务关系不是以合同形式明确规定的，而是双方默认的。

知识栏：主银行制度

主银行制度的特征包括以下几方面：一是在银行与企业的融资交易中，主银行的融资额最大。这一特征使银行与企业双方确立了重要的交易关系。二是主银行与企业保持长期的综合交易关系。主银行与企业交易关系遵循金融惯例，通常是长期的和持续的。同时，主银行与企业的交易是综合性的，

第三章　国内外大型企业集团管控模式

融资份额最大的主银行通常也是企业债券发行的委托银行,主银行也负责企业的国际业务结算。三是主银行是企业的大股东。日本企业集团中的主银行既是企业的债权人,又是企业的股东,具备了对企业进行控制的条件。四是主银行对企业有监督功能。主银行的监督主要体现在贷款实施后的监督。主银行跟踪企业投资计划的实施情况,观察进展是否顺利,通过了解企业的销售额、收益的变化掌握企业经营情况。在企业经营业绩恶化时,主银行会进行支援、救助。五是主银行向企业派遣人员担任重要职务。通过这一方式,主银行可以从企业内部掌握其经营情况,参与企业重要事务的决定。

3）社长会

在日本,社长就相当于总经理。社长会是由企业集团核心成员和企业的最高负责人组成的集团最高协调机构。社长会是企业集团成员对共同问题进行协商评议的机构。社长会以集团内成员企业相互持股为基础,在形成初期,具有企业集团"大股东(大)会"的形式。社长会是调整企业集团重大经营战略的机构,主要针对企业集团或主要成员企业的重要经营战略、重要人事调整及对外方针等事项进行商议决策,并在信息共享、一致行动和调整集团成员企业间利害冲突等方面发挥重要作用。社长会实施的是制约性的横向水平协调,而非垂直控制的股权式控制。

1997年亚洲金融危机爆发之后,日本大企业集团受到内外挑战,处于困境。原有的相互持股和主银行制度的负面影响逐渐显现出来,成了日本企业集团改革的"导火索"。在众多改革措施中,控股公司的引入有着重要的制度意义。引入控股公司给日本企业集团带来的变化主要表现在以下方面:一是引起日本企业管理效率的提高。日本的大公司都拥有数百家子公司、孙公司。母公司在对庞大的企业群进行管理时,既要进行实体运营,又要进行战略管理。控股公司的导入可以使企业将日常的业务与产业资本的管理分离,从而提高企业的效率。二是能分隔风险,使企业发展策略弹性化,也使企业在进入新的业务领域时减少风险。在控股公司的经营方式中,子公司作为独立的利润中心承担风险。因此,当某一子公司的经营业绩恶化时,风险不会波及其他子公司或整个企业集团。三是企业组织得到精简,子公司的规模和组织架构可以根据从事的业务灵活设置,使子公司能够快速适应不断涌现的技术创新,提高其决策效率。

综上所述,日本企业集团公司管控模式如图3-3所示。

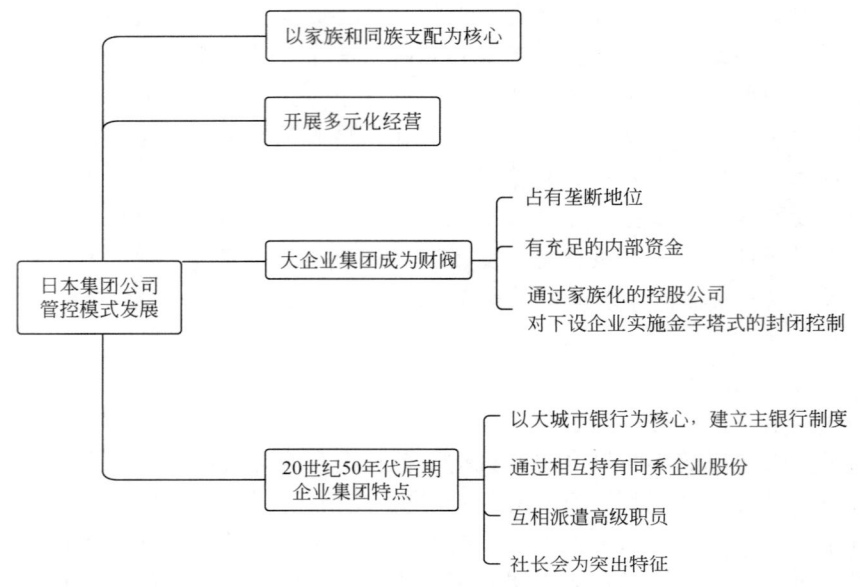

图 3-3　日本企业集团公司管控模式

3. 韩国集团公司管控模式发展

韩国经济主要以大企业集团为核心力量。从 20 世纪 50 年代开始，韩国陆续组建了一些大企业集团。

所有权结构。韩国绝大多数的大企业集团都被其创始人或创始人的后代所控制。根据对 300 家韩国上市公司的股权分布调查表明，韩国多数大企业集团的主要股东是个人及其家族。韩国大企业集团所有权架构可以归纳为以下三种形式：

第一种为直接所有权结构（图 3-4）。一个家族以其个人或家族的名义直接拥有子公司的大量股份并成为每个公司的控股股东。

第二种为持股公司结构（图 3-5）。在这种所有权结构安排中，家族是一个或多个战略核心公司的控股股东，这些核心公司持有子公司足够数量的股权。

第三种为交叉所有权结构（图 3-6）。在这种形式中，家族直接控制一家核心公司和一家非营利基金，然后通过它们对子公司进行投资。家族本身也在一些子公司中持有股份，子公司之间也相互投资。

第三章 国内外大型企业集团管控模式

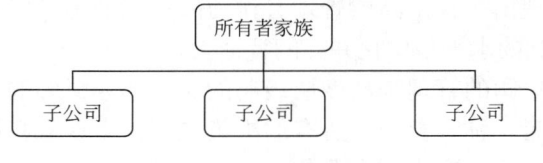

图 3-4 直接所有权结构

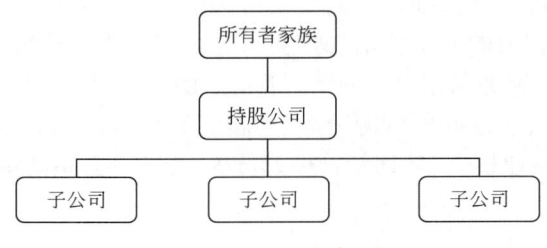

图 3-5 持股公司结构

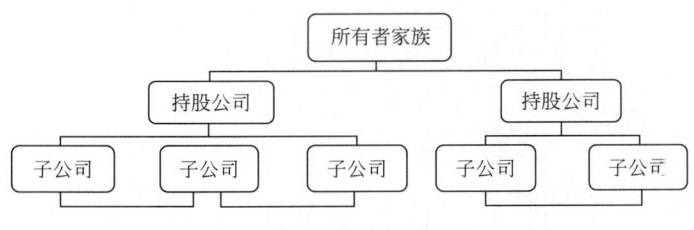

图 3-6 交叉所有权结构

组织结构。大多数韩国大企业集团的组织结构，表现出一种高度集权化和形式化的特征。虽然在形式上，企业对一项决策通常会在各层经理和雇员中广泛讨论和征求意见，但事实上权力集中在高层管理者手中，重大决策均需要通过高层管理者参与、表决。

韩国大企业集团的组织结构层级通常都非常分明。层级结构的最上层是会长，接下来是总经理、副总经理、高级执行经理、执行经理、部门经理、分支部门经理，最下层是领班和蓝领工人。韩国大企业集团组织结构的另一个特征是由企划、财务和人事等参谋部门实施较强职能功能的垂直和层级控制。韩国大企业集团非常重视职能专业化，允许企划和财务部门在主要管理者的领导下实施重要的职能控制。许多财阀都设有企划和协调办公室，负责在集团中分配主要的内部资源（如人员、资金、信息等）。因此，韩国大企业集团通常都体现出一种由高层管理者作为决策者的垂直集权化和由参谋部门实施职能型控制的水平集中化并存的特征。

韩国大企业集团的管理是高度层级制的。大部分财阀的创始人都是家长式的专制的管理者，称为会长，所有的决策主要是由他们自己来制定。财阀的会长采用两种方式对庞大的企业集团进行管理，一是设立一个被称为会长办公室的内部智囊团对其进行支持，二是由会长家族的成员担任重要职务对公司进行日常管理。会长办公室是整个财阀组织的核心系统，主要为高层管理者提供与决策相关的有价值信息。会长办公室负责战略的规划、人力资源的获取以及配置、财务与审计、创新型管理、团队发展以及维护公共关系等，同时负责协调子公司之间的资源分配、监督子公司及主要管理人员的绩效、把握集团层面的商业机会、培训新管理人员等。会长办公室的组织地位如图3-7所示。

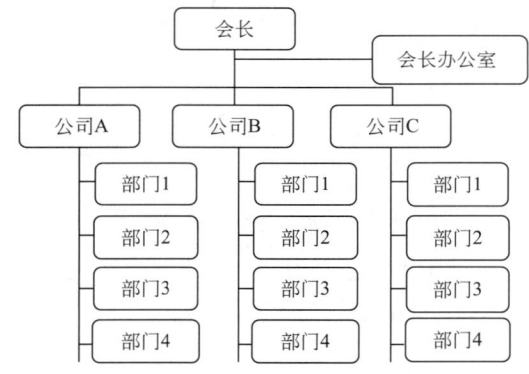

图3-7 会长办公室的组织地位

综上所述，韩国企业集团管控模式发展如图3-8所示。

知识栏：企业集团的类型

企业集团通过沿着两个重要的方面运用各种内部机制适应外部环境。其中一个侧重于集团附属企业的独特作用（横向连接），如通过子公司间的内部交易机制、交叉持股、连锁董事、社会关系等方式，在有着更强的横向连接的企业集团中，这些子公司紧密地相互联系在一起，一个子公司的战略管理可能依据其他子公司的行动或反应而定。另一个侧重于母公司和其子公司（垂直连接）之间的耦合和秩序，存在掌握所有权股份和控制子公司的权利

第三章　国内外大型企业集团管控模式

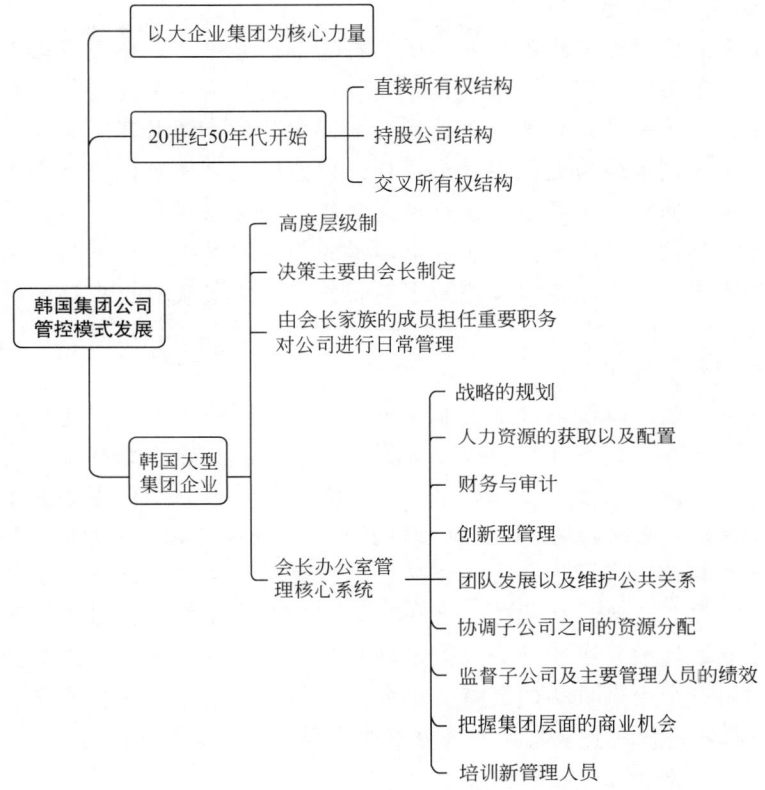

图 3-8　韩国企业集团管控模式发展

的母公司或核心公司的集团，垂直控制更紧凑一些。基于这两个维度形成了四种类型的企业组织：网络型（N型）、俱乐部型（C型）、持有型（H型）和多部门型（M型），如图3-9所示。

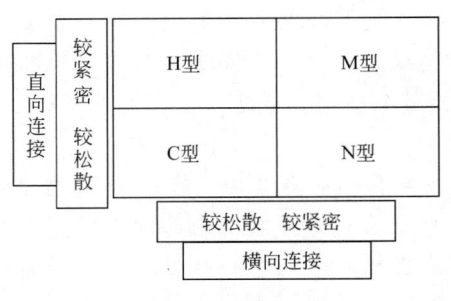

图 3-9　组织结构图

1. N 型企业集团

N 型企业集团即网络型企业集团。在这个网络中,母公司充当着领导者的角色,其他公司专门为其提供技术支持、中间产品及其他功能。在这个结构安排中,处于领导地位的公司通过公司间交易和资源共享,而非垂直的所有权结构来控制其他为之服务的公司群,即使它们之间可能会有交叉持股或者连锁董事。同时,不同公司执行者之间的社会关系对它们之间经营活动协调是较为重要的。N 型集团企业一个典型的例子就是中国台湾的关系企业,在这些集团中很多企业都是围绕一个高科技产业或者致力于出口的行业中的一个大型公司而组建的。

2. C 型企业集团

C 型企业集团即俱乐部型企业集团。这个类别的企业集团通过总裁俱乐部或者以品牌命名的商业协会建立更紧密的联系。在这个结构里,成员企业可能是一个包括了大量子公司和单个公司的大公司。一个 C 型企业集团会提供一个平台或者基础设施,让成员公司能够共享战略资源,比如信息和融资,以及通过互相协调来获取共同的利益,比如获得公共关系或者为了具体的产业政策去游说各国政府。此外,这种类型的企业集团的子公司之间可能会通过交叉持股、连锁董事和社会关系来增加连接和协调。这种形式的企业集团常常会受到一个金融机构的支持,比如说他们会与主银行存在联系。典型的例子就是日本的横向企业集团和俄罗斯的金融工业企业集团。

3. H 型企业集团

H 型企业集团即持有型企业集团。在这种企业集团里,控股公司拥有部分或全部处于不同市场或行业的个体公司的所有权。最终,H 型企业集团常常都是高度多元化的。在一个 H 型企业集团里,被核心拥有者控制的控股公司或者母公司通过投资来控制单个的集团子公司,从而充当公司总部的角色。控股公司或者母公司是否在其子公司中占据主导地位或者控制大部分股份,很大程度上取决于子公司对其战略目标实现的重要程度。此外,控股公司能够通过垂直所有制结构或企业金字塔实现对公司各层的控制,不过单个公司可能会存在交叉持股或连锁董事,或者两者皆有的情况。

4. M 型企业集团

M 型企业集团即多部门型企业集团。在一个 M 型企业集团里,母公司或者核心企业通过对单个子公司部分或者全部的投资充当着公司总部的角色,子公司是根据母公司或者核心企业的战略目标或者根据垂直的各个生产阶段(包括原材料供应、制造、分配)组建的。通过这个方法,这些集团子公司

第三章 国内外大型企业集团管控模式

就与那些 M 型公司的分部门很类似了。另外，分部门或子公司都在相关的行业运行，这样他们就能够共享资源或者核心竞争力。这样，内部交易不仅转移一般性资源，例如金融资本，还有行业特定资产，如技术、资本设备等。因此，这样的企业集团就拥有更紧密的垂直联系。同样，横向的社会关系对于加强其他企业和核心企业之间的联系很重要，交叉持股和连锁董事对于抵御外部威胁（比如敌意接管和收购）也是非常重要的。包括 LG 和三星在内的许多韩国财团，以及拉美的佩雷斯集团、比利时的工业企业集团和意大利的家族企业都采用此类结。

二、BP 管控案例

1. BP 公司简介

BP 是世界上最大的石油和石化集团公司之一，是世界最大私营石油公司之一（即国际石油七姐妹之一），也是世界前十大私营企业集团之一，由前英国石油阿莫科·阿科和嘉实多等公司整合重组形成。BP 集团的 CEO 约翰·布朗在 1998 年合并阿莫科和 2000 年收购阿科之后，成功地把 BP 打造成一个超级企业，同时挥师俄罗斯，创建了对所有西方投资者来说最大的合资公司，从而展示了实力。

2. BP 的发展历程

BP 是当今世界著名的跨国能源企业。它于 1909 年成立，在其发展史上先后经历过国有化改革与私有化改革的历程。1914 年，BP 的国有化改革使得公司从一个小企业发展成为"七姐妹"成员；而 1979 年的私有化改革不仅为公司的发展注入活力，并使公司摆脱了国际化的瓶颈。国有化与私有化是 BP 发展的两个重要契机。

第一阶段：BP 的国有化改革。

BP 的诞生源于英国投资商威廉·诺克斯·达西在伊朗进行的石油冒险。1909 年 BP 成立后，公司因不堪承受石油行业的巨额投资而陷入困境。困顿中的 BP 恰逢英国海军的燃料革命而获得了英国政府的资助，英国政府把对国防的应急性投资扩大到了海军燃料层面，对 BP 进行了国有化改革。BP 和英国政府在经历了最初的了解与磨合后很满意对方的举措，BP 满足于英国政府给予的政策优惠和军事保护；英国政府也乐于接受从 BP 获得的财政收入以及通过 BP 加强其在伊朗的影响力。此后伴随公司的持续经营发展，BP 国有化的问题逐渐暴露出来，最终成为伊朗石油国有化运动的导火索，公司在国有化后第一次经历了重大挫折。

第二阶段：BP 的私有化改革。

BP 在经历了伊朗石油国有化运动后，开始正视其发展中暴露出来的问题，努力多元化其上游石油生产基地，在世界范围内勘探石油资源。二战后世界石油市场的变化使 BP 面临着新的问题，石油输出国组织的建立严重削弱了"七姐妹"的影响力，世界石油市场领导权的天平倒向于产油国。BP 的大股东英国政府此时也面临困境，在经历数次失败的尝试后，英国政府衰落的影响力不但无法成为 BP 的政治保护，反而经常成为 BP 的政治包袱。英国战后建立的国有经济也开始出现问题，国有企业普遍效率低下，BP 也未能幸免。

在此背景下，BP 时常因为其国有企业的身份而在上游石油生产和下游石油销售方面受到双重刁难。BP 不再能够作为国有企业享受政策优惠，英国的石油安全也不能指望 BP。BP 最终借撒切尔政府私有化改革实行了私有化，成为一个完全私营的能源企业集团。私有化期间，BP 取得了可喜的发展成就，公司内部通过管理体制改革和金融创新给企业发展融入新的活力；外部通过资本市场的运作，成功并购了俄亥俄标准石油公司和 Brtoil，扩大上游石油开采业务和下游市场分配业务。BP 在私有化过程中，隶属科威特政府的科威特投资局曾短暂收购大量公司股票，一举成为 BP 的最大股东，使 BP 面临刚摆脱本国政府又落入外国政府控股的尴尬境地。英国政府和 BP 的管理层不允许这种情况发生，迫使科威特投资局放弃对 BP 的控股。私有化改革后的 BP 随即又进行了一系列的扩张和并购，踏上了新的发展历程。

3. 股权结构

BP 基于"美英治理模式"（一元制治理模式）下，在全世界有 110 万股东，他们主要采取寻找代理的方式，在其代理声明中宣布自己如何投票，这被确认为是有效的。

其中，普通股的主要市场是伦敦证券交易所（LSE）。在美国，BP 的证券以 ADS 的形式在纽约证券交易所（NYSE）进行交易，每个 ADS 代表六股普通股。2017 年 12 月 31 日，BP 有 243333 个普通股股东，其中持股超过 100 万股的股东有 658 个，占普通股股东人数的 0.27%，占普通股总额（不含库存股）的 95.47%。大股东持股情况：贝莱德公司持有 6.51% 的股份，美国先锋集团持有该公司普通股已发行股本的 3.15%。2017 年 12 月 31 日，BP 有 85517 个 ADSs（American Depositary Shares，美国存托股份或美国存托凭证）的持有者，其中持有超过 100 万个 ADSs 的人数只有 1 个，持有 93.99% 的 ADSs。2017 年 12 月 31 日，BP 有 1337 名优先股股东。优先股股东占公司总股本的 0.43%，普通股股东占公司已发行股本总额（不包括库存股）的 99.57%。

BP 公司的前三大机构持股情况如下：Barrow Hanley Mewhinney & Strauss LLC 持有份额为 35512384 股，持股比例为 1.08%；State Street Corp 持有 28131291 股，持股比例为 0.85%；Dimensional Fund Advisors, Inc. 持有 18610242 股，持股比例为 0.56%。主要的共同基金持股情况如下：Franklin Income A 持有 9000000 股，持股比例为 0.27%；Vanguard Energy Inv 持有 7066174 股，持股比例为 0.21%；DFA International Value I 持有 6553298 股，持股比例为 0.2%。

4. BP 的董事会构成

BP 在全世界有 110 万股东，董事会及董事长要了解股东的利益所在，并将其明确反映到公司的各种活动中去。这些利益包括股东对财务方面的期望，同时也包括他们对文化、社会以及道德领域的期望。每年股东大会的任务之一就是任命内部和外部董事。内部董事和外部董事的权利和义务是一致的，他们既要制定公司的长期发展目标，还要制定一些政策方面的限制。

BP 董事会由 14 名董事组成，其中 10 名是独立非执行董事，董事长为执行董事。董事会负责集团业务的整体运作。董事有英国公司法和英国石油公司章程规定的职责。董事会的主要任务包括：积极考虑和指导长期战略，批准年度计划；根据战略和计划监测 BP 的表现；确保对 BP 的主要风险和不确定性进行识别，并建立风险管理和控制系统；董事会和高管人员的继任。

董事会与管理层双方职责有明确界定。董事会不参与公司日常运行，只是负责制定公司长远的目标和期望值，并且制定边界；而执行董事和 CEO 负责制定短期计划，以保证公司长期目标得以实现。BP 董事会下设六个委员会，分别是：提名委员会、薪酬委员会、主席委员会、安全、道德和环境保证委员会、地缘政治委员会、审计委员会等，各个委员会职责不同。

提名委员会。委员会确保有秩序地提名董事和公司秘书候选人。主要职责：识别、评估和推荐聘任或续聘董事候选人；确定、评估和推荐被任命为公司秘书的候选人；继续审查董事会的知识、技能和经验，以确保董事的有序继任；审查外部董事、非执行董事的承诺。

薪酬委员会。委员会的作用是决定和建议董事会主席和执行董事的薪酬政策。在确定政策时，委员会考虑到各种因素，包括制定促进公司长期成功的政策，并将奖励和业务业绩挂钩。

主席委员会。委员会为非执行董事须讨论的事项提供一个平台。主要职责：评价集团首席执行官的业绩和有效性；审查高级行政人员发展制度，并确定集团行政长官、执行主任和其他高级行政管理人员的继任计划；确定非执行董事认为适当的任何其他事项。

安全、道德和环境保证委员会。持续密切监控，在安全和可靠操作方面为管理层提供建设性意见，这包括委员会收到的关于公司管理海洋、管道、爆炸或设施排放的个人报告以及重大安全事故的报告，委员会还进行了一些实地访问，并遵循时间表与行政管理人员定期会晤。

地缘政治委员会。监测该公司对地缘政治风险的识别和管理。

审计委员会。在富有挑战性的外部环境中，关注该集团的财务表现。所考虑的问题包括商品价格疲软对石油和天然气会计判断和资产账面价值的影响，以及关键长期价格假设的变化如何影响投资评估。

BP通过在董事会下分设委员会，实现了进一步的权利分离。六个委员会各司其职，相互制约，形成了有效的权力制衡机制。此外，需要注意到的是：

BP并没有另设监事会，而是董事会下设的审计委员会，履行对公司运营的监督职责。目前BP董事中独立董事比例高，这主要是为了帮助并保证董事会有很强的独立性，使其独立于公司日常管理之外。同时，这种结构还可以获得多维专业视角以及对公司的深层次剖析，这通常是执行董事所不具备的。BP的董事会成员组成是多样化的，外部董事和内部董事都是由董事会提名，经股东大会投票选举产生。其中外部董事选择的范围很广，他们可能是其他行业领域的成功人士或成功的企业家，也可能是一个社区的领导或学术研究人员。外部董事往往有自己独立的工作，如独立咨询师或教授等，他们不是管理层成员，不负责公司的日常运行，薪水也不像执行董事那么多，外部董事通常代表着和公司管理层不同的观点。这些观点有助于在董事会内部取得一定的平衡，而这正是BP公司寻求外部董事的一个基本出发点。

5. 对中国石油专职董监事制度建设的启示

制定专职董监事业绩合同。除了专职董监事职责和权力的明确划分，其与集团公司业绩合同的订立也至关重要。业绩合同是专职董监事向集团公司做出的整体表现和个人表现的承诺，包含了财务、非财务以及日常运行的目标。整体表现可以通过与企业其他董事会成员及集团公司商议制定，而个人的业绩合同可以参考对专职董监事的考核标准与集团公司商议制定。业绩合同的完成程度，可以作为激励机制的基础，对专职董监事做出相应的奖惩。业绩

第三章　国内外大型企业集团管控模式

合同渗透到专职董监事职责的每个领域，更加强调专职董监事个人责任。

不断完善激励机制。根据 BP 石油公司的案例，可以得出经验：要保证董事立足于公司的长期利益和长远发展，就一定要让董事的个人利益与公司的长远发展捆绑在一起，例如通过股权、股票期权等方式。集团公司的长期利益与集团公司的战略和子公司的发展密切相关。专职董监事作为集团公司意志的延伸，应充分贯彻集团公司的战略方向。对于中国石油众多的控参股公司而言，集团公司赋予子公司的战略定位肯定是有所差别的，但目前中国石油专职董监事的激励机制并没有因为子公司战略定位不同和集团公司的长期利益而做进一步区分。所以，集团公司的长期利益应该在专职董监事激励机制的权重上得以体现，这样专职董监事个人利益与集团公司长期利益才能有效绑定。

扩展专职董监事的职责范围。专职董监事不仅要维护公司业绩，其职责范围还要扩展到非财务方面，在目前专职董监事的职责中并没有涉及维护公司声誉。如果公司追求短期业绩或政绩，不仅导致公司声誉受损，更会严重影响公司长远发展。声誉非常容易被损害，损害后的损失通常又难以弥补，如果一家公司的声誉不好，它与社会各方面的关系都很难维系或发展，公司未来的发展必定会处处受限。专职董监事必须注意这种损害公司未来发展的行为，一切的公司业绩基础都应该建立在维护公司声誉上。对于专职董监事如何维护公司声誉，可以通过设置一些目标来明确其职责。同时，集团公司对文化、社会以及道德领域的期望同样可以纳入专职董监事的职责范围。

完善专职董监事的选拔体系。BP 石油公司董事会独立董事的比例非常高，这保证了董事会的独立性。BP 非常注重独立董事的选拔工作，不仅仅选拔在某个领域具有资深经验的专业人士，并且对其道德、偏好等都做了较为完善的评估工作。专职董监事有独立董事的监督职能，要逐步增加专职董监事比例。由于每个人对薪资、地位、荣誉、人格等的偏好是不一样的，在履职过程中，高度关注候选人的道德品质和个人偏好，督促其约束自己的行为且能有效地杜绝懈怠行为。

建立规范的内外部协助体系。由于专职董事对其候选人要求较高，合适人选少，建立培训体系又耗费较大。在专职董监事的履职过程中难免会遇到困难，除了加强与集团公司委员会沟通以外，可以加强各子公司专职董监事的交流，特别是其公司属性和业绩目标相似的子公司，每隔一段时间开一次会，共同探讨彼此关注的问题，交换意见。也可建立包括由各业务特长的专家组成的微信群，共享履职经验，研究履职中遇到的问题，集思广益。同时，还可以借助外部力量，例如，集团企业统一聘请独立的会计、法律等咨询公司，为其履职过程中遇到的问题提供咨询服务。

综上所述，BP 管控案例如图 3-10 所示。

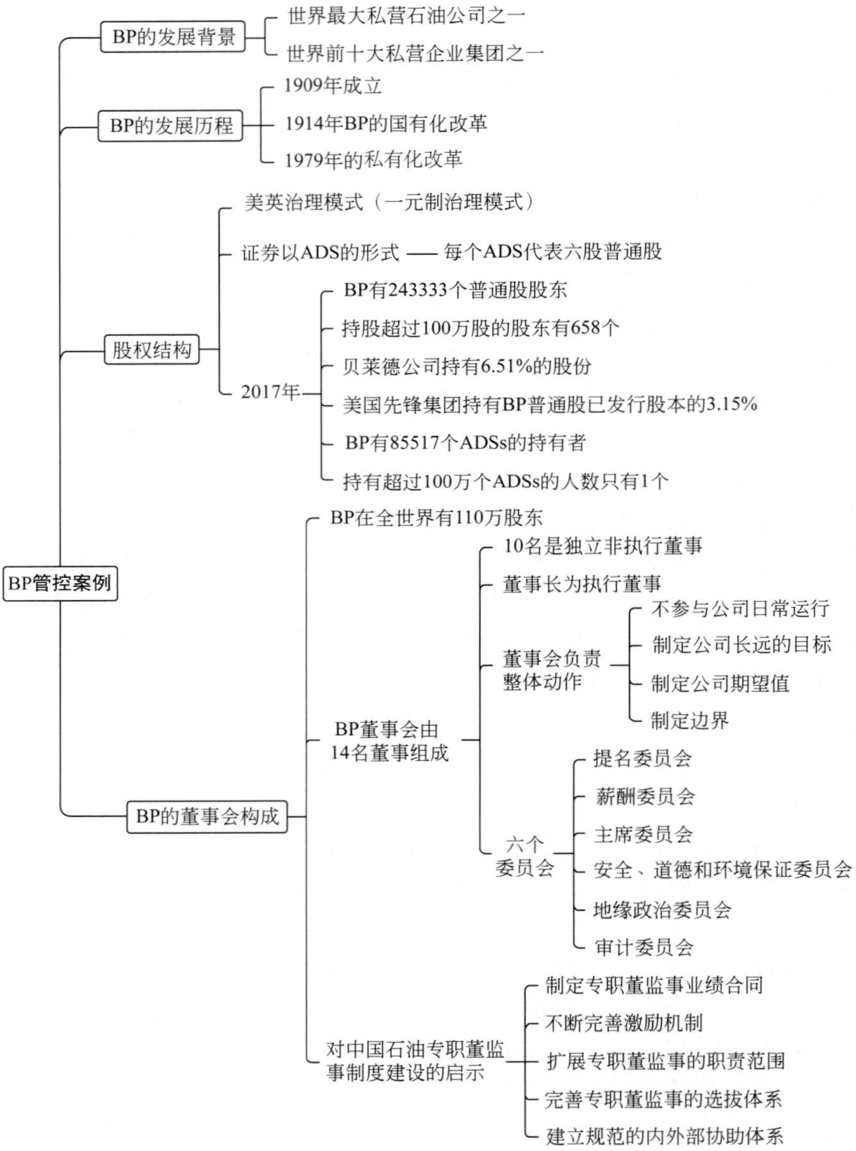

```
BP管控案例
├─ BP的发展背景
│   ├─ 世界最大私营石油公司之一
│   └─ 世界前十大私营企业集团之一
├─ BP的发展历程
│   ├─ 1909年成立
│   ├─ 1914年BP的国有化改革
│   └─ 1979年的私有化改革
├─ 股权结构
│   ├─ 美英治理模式（一元制治理模式）
│   ├─ 证券以ADS的形式 —— 每个ADS代表六股普通股
│   └─ 2017年
│       ├─ BP有243333个普通股股东
│       ├─ 持股超过100万股的股东有658个
│       ├─ 贝莱德公司持有6.51%的股份
│       ├─ 美国先锋集团持有BP普通股已发行股本的3.15%
│       ├─ BP有85517个ADSs的持有者
│       └─ 持有超过100万个ADSs的人数只有1个
├─ BP的董事会构成
│   ├─ BP在全世界有110万股东
│   └─ BP董事会由14名董事组成
│       ├─ 10名是独立非执行董事
│       ├─ 董事长为执行董事
│       ├─ 董事会负责整体动作
│       │   ├─ 不参与公司日常运行
│       │   ├─ 制定公司长远的目标
│       │   ├─ 制定公司期望值
│       │   └─ 制定边界
│       └─ 六个委员会
│           ├─ 提名委员会
│           ├─ 薪酬委员会
│           ├─ 主席委员会
│           ├─ 安全、道德和环境保证委员会
│           ├─ 地缘政治委员会
│           └─ 审计委员会
└─ 对中国石油专职董监事制度建设的启示
    ├─ 制定专职董监事业绩合同
    ├─ 不断完善激励机制
    ├─ 扩展专职董监事的职责范围
    ├─ 完善专职董监事的选拔体系
    └─ 建立规范的内外部协助体系
```

图 3-10　BP 管控案例

第三章 国内外大型企业集团管控模式

三、GE 公司管控案例

1. GE 公司简况

通用电气公司（General Electric Company，以下简称"GE 公司"）创立于 1892 年，前身是美国发明家托马斯·爱迪生于 1878 年成立的爱迪生电力照明公司。1890 年，爱迪生把自己创办的各个公司组建为爱迪生通用电气公司。1892 年，爱迪生通用电气公司与当时在美国交流电领域排名第二的汤姆森·休斯敦公司合并，组成了 GE 公司。GE 公司自创立以来，不断创新，业绩骄人。在 2012 年《财富》世界五百强公司排名中，以 1476.16 亿美元的营业收入位列第 22 位。

GE 公司根据美国和全球经济发展情况和产业演进特征，在不同时期设立了多个控参股公司。集团公司对控参股公司的管控，主要表现为设置公司整体组织结构，确立公司基本制度，安排管控程序和确定公司治理结构（特别是董事会）并发挥其作用。集团公司对控参股公司的管控呈现出一定的阶段性，不同时期企业领导人的战略对管控有着深刻影响。

2. GE 公司管控发展阶段

1）组织结构的调整与管控原则的形成

GE 公司从创立到 20 世纪 80 年代初，经历了经济的剧烈起伏和产业的不断演进，集团公司对控参股公司的管控不断调整。

从创立到 20 世纪 20 年代初期，GE 公司建立了层级分明的纵向组织结构。经过 1893 年的美国经济危机，为了增强防范和控制风险的能力，公司开始建立透明的、高度严谨的会计和财务系统。公司把投资回报率和现金流当作衡量财务状况的最重要的指标，所有的投资必须基于这两个指标来考量。这一时期形成的稳健保守的财务政策理念，至今仍然是集团公司对各个控参股公司进行管控的基本原则。

第二次世界大战之前后，GE 公司大幅度增加产品种类，扩展业务范围，促进了发电和供电设备的发展，同时加速了美国家庭的电气化。公司在相关产业内成立多个控参股公司，由世界电气产业的领导者发展成为业务高度多元化和管理集权化的大型企业，旗下的控参股公司大多作为生产中心而存在。

从 20 世纪 50 年代开始，GE 公司采用了"分权的事业部制"的组织结构，将权力分散，将长期以来高度集权的企业进行分权化改革，以实现分散化经营。公司在组织结构上分散成许多部门。这些部门规模很小，只需少数人员就可以运营。当一个部门的收入超过 5000 万美元时，就会被分解为更小的部门。部门被赋予制定竞争战略、业务战略以及运营计划的权力，同时要达到公司整体的财务目标，即 7% 的销售回报率和 20% 的投资回报率。

1968 年后，GE 公司建立了"战略性企业单位"（SBU），公司内部 350 多个部门分属 43 个竞争力较强的战略性企业单位。设立战略性企业单位后，使得公司的管理层级更加复杂。集团公司的规划人员和新成立的企业执行室（包括总裁和三位副董事长）每年都重新评估控参股公司的企业战略规划。

20 世纪 70 年代中期，美国经济出现停滞，GE 公司在管理体制方面出现了集权化的趋势。公司从 1978 年开始实行"执行部制"（"超事业部制"的一种形式）。这种体制是在各个事业部上建立一些"超事业部"，称为"执行部"，来统辖和协调各事业部的活动，即在事业部之上增加了管理层级。这一时期，公司的最高管理机构是执行局，下面设立 5 个执行部，执行部下设 50 个事业部，49 个战略事业单位。各事业部的日常事务以及有关市场、产品、技术、客户等方面的战略决策向执行部报告。

2）业务的战略重组和管控程序的完善

1981 年，杰克·韦尔奇出任 GE 公司董事长兼 CEO。公司当时虽然盈利丰厚，但是面临着官僚主义盛行、对市场反应迟缓的内部问题以及科技进步迅速、产业结构调整的外部问题。为了应对内外挑战，在集团公司董事会的积极支持下，韦尔奇大力推动集团公司对控参股公司管控变革。

从管控的战略层面来看，针对当时的市场环境和 GE 公司内部存在的问题，韦尔奇要求控参股公司"能够洞察到真正有前途的行业并加入其中，并且坚持要在自己进入的每一个行业里做到数一数二的位置，无论是在精干、高效，还是成本控制、全球化经营等方面都是数一数二……"，这就是 GE 公司"数一数二"的战略。为了贯彻实施"数一数二"的战略，集团公司于 1983 确定了三大战略业务范围，即核心（包括照明设备、大型设备、发动机、交通运输用涡轮机、建筑设备）、高技术（工业电子、医疗系统、材料技术、航空、飞机引擎）、服务（包括信息服务、建筑与工程服务、核工业服务）。以三大战略业务范围作为依据，集团公司对控参股公司的指导思想是"整顿、出售或者关闭"，关闭没有竞争力的公司。公司投入巨额资金进行业务重组，出售了旗下的 200 多家企业，同时并购了 70 多家企业。经过大规模的业务战略的重组，公司将资源逐步集中到了具有优势的产业中，经济效益得到大幅度提升。

从管控的程序方面而言，从 20 世纪 60 年代到 80 年代，GE 公司形成了

第三章 国内外大型企业集团管控模式

四个会议系统,分别是会议Ⅰ(SESSION Ⅰ)、会议Ⅱ(SESSION Ⅱ)和C级会议(SESSION C)、D级会议(SESSION D)。这四个会议系统对于GE集团公司对控参股公司进行管控起到了卓有成效的作用。

会议Ⅰ的目标是针对控参股公司确定业务战略,确定预期的目标和行动计划。要求控参股公司的最高领导者必须亲自陈述本公司的运营情况和战略构想,必须提供内容详细的相关材料,而且在会前送至集团公司的领导层。由集团公司组织内部和外部专家,对经济、政治和社会等环境因素进行预测,在会议Ⅰ上提交给控参股公司的管理层,供他们来开发和评估自己的业务战略。在会议Ⅰ确定为期三年的战略规划后,集团公司会对于每个控参股公司在战略和财务提出反馈建议。

会议Ⅱ的目标是确定控参股公司为期一年的经营计划,规定控参股公司的年度业绩指标,同时编制用于操作的翔实预算方案。经营计划是战略规划的细化和具体化,周期为一个财年。集团公司财务部门确定公司总体财务目标,确定收入、每股收益、利润、现金流的指标值。这些计划指标都作为控参股公司业绩的考核标准,确保各控参股公司的财务状况达到投资者和股东的预期。

C级会议主要用来考核目标实现情况,并确定对人力资源配置。在C级会议之前,对控参股公司的年度经营情况进行公正客观地评估。根据业绩表现,把所有的员工强制分为ABC三类,同时采取必要的人力资源措施。A类员工占20%,是优秀的最具潜力的员工,将得到提升和奖励,获得股票期权。B类员工占70%,B类员工中大多将增加工资而且得到股权期权(A类员工得到的奖励是B类员工的2到3倍)。而绩效表现处于底部10%的是C类员工,C类员工不会得到奖励,被要求在限定条件下提升技能和绩效,否则将被劝退或解雇。

D级会议关注诚信。GE公司全程跟踪控参股经营计划的实施情况,同时关注价值观表现。每个季度检查对价值观的践行实施,随时矫正不符合"恪守诚信"价值观的思想和行为。GE公司的董事会和董事会执行委员会都非常关注诚信问题,公司同时设立了强大的审计队伍,专门处理控参股公司的诚信问题。

3)业务战略调整和董事会功能的强化

杰夫·伊梅尔特于2001年出任GE公司董事长兼CEO。伊梅尔特上任后,继续推进业务战略重组并加强了集团公司董事会的功能。

2004年,GE公司将原来的13个业务集团重组为11个,包括作为增长引擎的商务融资、消费者金融、能源、运输、医疗、NBC 环球和基础设施，以及包括作为现金增长点的高新材料、保险、消费与工业产品和设备服务。作为增长引擎的业务在全球市场领先，给公司带来了 85% 的利润；而作为现金增长点的业务，在不断变革的经济环境中持续产生现金流和利润。2005 年，GE 公司将业务集团整合为基础设施、工业、医疗、NBC 环球、商务融资和消费者金融，分别设立控股公司。截至 2012 年 8 月份，通用电气公司旗下的业务集团有七个，分别是全球增长与运营、能源、财务、家庭和企业解决方案、医疗、航空、交通。

3. GE 公司董事会构成和运作

集团公司董事会的构成和运作，对控参股公司的监督起到了卓有成效的作用。GE 集团公司对控参股公司进行管控，强化了董事会的功能。集团公司的董事会由股东选举产生。根据纽约证券交易所（NYSE）的指导意见，GE 公司要求董事会成员中的独立董事至少达到三分之二。同时，公司采纳了 NYSE 有关董事独立性的指导意见，即独立董事不应当与 GE 公司存在直接的或间接的"物质联系"。从股东的角度看，对公司董事会的要求，包括监督公司管理层的行为，即担当"监督者"的角色，以及认真关注和保证股东的长期利益，即担当"照看者"的角色。

集团公司董事会每年举行八次例行全体会，对重要控参股公司的财务战略、其他商务战略和重要运行实施评估、审核和监督。在这些会议上，董事会要审读公司管理层提交的有关公司业绩、公司发展计划等情况的报告。除了在一般意义上对管理层和公司运行进行"监督"和"照看"外，公司董事会还要承担下列各项职能：一是选择、评价 CEO 的工作，为 CEO 确定薪酬，监督 CEO 的继任计划及其执行；二是对公司高级管理人员的选任、发展和薪酬实施监督，提供相关的参考和评估意见；三是对公司重要的财务和业务战略、重要的公司行动，实施审读、通过和监督等程序；四是对公司面临的主要风险进行评估，检查缓解风险的方案；五是保证维护公司诚信的要求得到落实——包括财务诚信、守法和道德诚信、对顾客和供应商的诚信，以及在处理与其他利益相关人关系方面的诚信。每一位外部董事至少考察两个重要的控参股公司，关注的重点是战略决策、风险管理和人员配置。

GE 公司董事会下设各种委员会，在各专业领域监督控参股公司的经营管理，监督公司管理层的行为，以使其经营行为符合股东的利益。董事会设审计委员会、管理发展和薪酬委员会、提名和公司治理委员会以及公共责任委

第三章　国内外大型企业集团管控模式

员会等 4 个委员会。其中前 3 个委员会的所有委员都是外部董事；公共责任委员会由 5 名外部董事和 4 名内部董事组成，主席由外部董事担任。GE 公司强调董事会委员会成员的独立性，除要求董事会成员中大多数应当是外部董事之外，还对不同董事会委员会的成员提出不同的独立性要求。例如，要求审计委员会的成员符合 NYSE 提出的董事独立性要求。审计委员会的成员除接受正常的董事报酬外，不得直接地或间接地从公司那里获得其他报酬。作为一条政策和附加要求，这也适用于管理发展和薪酬委员会、提名和公司治理委员会的成员。审计委员会、管理发展和薪酬委员会在对控参股公司的管控中发挥重要功能。董事会审计委员会完全由独立董事组成，协助董事会监督集团公司和控参股公司的财务状况、内部审计职能情况，以及是否遵守法律和规章制度；对公司的财务报告、外部审计和内部审计员工的组织和活动进行评估。董事会管理发展和薪酬委员会完全由独立董事组成，审核批准给予公司高层管理人员的薪酬，审查管理人员薪资计划、政策和规范，协助董事会评估和决定重要控参股公司领导人员的继任计划。

综上所述，GE 公司管控案例如图 3-11 所示。

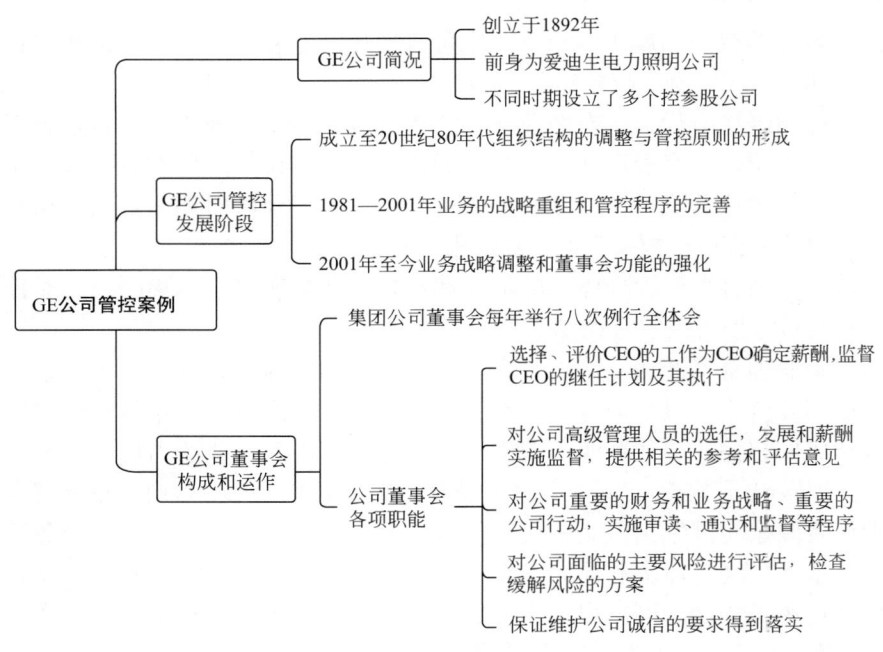

图 3-11　GE 公司管控案例

第二节　国有企业集团的管控模式

一、国有集团公司管控模式发展

国有集团公司对控参股公司的管控实践发展，是在社会主义市场经济体制建设和完善、国有资产管理体制改革不断探索、国有企业改革持续深化的宏观背景下演进的。国有集团公司对控参股公司的管控主要体现在集团公司与控参股公司（母子公司）的产权关系、公司治理、组织架构、功能定位等方面。

1. 集团公司与控参股公司产权关系的明晰

产权是物主对其财产的权利，即对财产广义的所有权，包括归属权、占有权、支配权和使用权。产权由权能和利益两部分组成，权能是指财产主体对财产的权利或职能，表现为对财产的权利的掌握和行使，体现了产权主体的意志；利益是指产权为产权主体带来的各种效用。国有产权是指产权的使用、收益和转让的权利归属于国家，国家可以通过一定程序指定某些机构来行使这些权利，即使国有产权人格化。

在计划经济时代，国有企业产权关系模糊，突出表现为国有企业真正的所有者不到位，国有资产在条块分割的体制下缺乏统一的所有者代表，企业法人财产权无法落实。在建立和完善社会主义市场经济时期，集团公司对控参股公司的管控以产权关系的不断明晰为背景演进。

首先，国有资产管理体制的形成和产权链条的明确，为集团公司对控参股公司进行管控提供了宏观框架。

《企业国有资产法》清晰界定了国有资产的内涵和外延，规定"本法所称企业国有资产（以下简称《国有资产》），是指国家对企业各种形式的出资所形成的权益"。《企业国有资产法》对国有出资企业的出资人代表和被代表类别做出了规定，"国务院和地方人民政府依照法律、行政法规的规定，分别代表国家对国家出资企业履行出资人职责，享有出资人权益。国务院确定的关系国民经济命脉和国家安全的大型国家出资企业，重要基础设施和重要自然资源等领域的国家出资企业，由国务院代表国家履行出资人职责。其他的国家出资企业，由地方人民政府代表国家履行出资人职责"。

国务院国资委和各省（市、自治区）国资委于2003年成立，标志着"国

第三章　国内外大型企业集团管控模式

有资产管理机构——国有资产经营机构——国家投资的企业"三层次架构的国有资产管理体制开始建立。国务院和地方国资委是受政府（中央政府和地方政府）委托统一管理国有资产的特殊法定机构，代表政府专门行使国有资产出资人职能，以资本为纽带，理顺出资关系，进行产权管理。国有资产经营主体是由国有资产管理机构授权，作为国有资产的出资人代表专门负责国有资产投资运作和产权经营的法人组织，是整个国有资产管理体制中不可或缺的关键层次。国有资产经营主体可以由大型企业集团公司、投资公司、资产经营公司、控股公司等担当。中央企业集团公司大多为国有资产经营主体。国家投资企业包括国有独资、控股和参股企业，还包括以承包、租赁、托管、联营等方式经营国有资产的各类企业。这些企业占有国有资产、直接从事生产产品或提供服务。它们是国有资产经营的载体，也是整个国有资产管理体系中的基层经济组织。

其次，现代企业制度的建立为集团公司管控控参股公司提供了制度保证。

产权制度是现代企业制度的核心。产权关系的明晰过程与建立现代企业制度的过程同步。现代企业制度以公司制度和股份制度为关键，其基本原则体现在《公司法》中。《公司法》明确了股东的权利，"股东（大）会行使下列职权：（1）决定公司的经营方针和投资计划；（2）选举和更换非由职工代表担任的董事、监事，决定有关董事、监事的报酬事项；（3）审议批准董事会的报告；（4）审议批准监事会或者监事的报告；（5）审议批准公司的年度财务预算方案、决算方案；（6）审议批准公司的利润分配方案和弥补亏损方案；（7）对公司增加或者减少注册资本做出决议；（8）对发行公司债券做出决议；（9）对公司合并、分立、解散、清算或者变更公司形式做出决议；（10）修改公司章程；（11）公司章程规定的其他职权"。《公司法》的规定，为集团公司作为股东对控参股公司进行管控提供了法律依据。

2. 集团公司与控参股公司治理的完善

公司治理是集团公司对控参股公司实施管控的重要抓手。就集团公司与控参股公司组成的企业集团而言，公司治理跨越了单体公司的范围，不仅包括各自的公司治理，而且包括集团公司对控参股公司的治理。

国务院国资委成立以来，对中央企业集团公司开展董事会试点，深化外部监事会制度，不断完善其自身治理。为了进一步推进国有企业加快建立现代企业制度，完善国有企业法人治理结构，进一步规范地行使出资人权利，2004年2月，国务院国资委决定选择部分中央企业集团公司进行建立和完善国有独资公司董事会试点工作。2004年6月，国务院国资委印发了《关于中央企业建立和完善国有独资公司董事会试点工作的通知》，陆续启动了董事会试点工作。2005年10月17日国务院国资委在上海召开宝钢集团有限公司董事会试点工作会议，宝钢集团有限公司作为中央企业建立和完善国有独资公司董事会第一批试点企业，5位外部董事全部到位且超过半数，标志着中央企业建立和完善董事会迈出了新的步伐。中央企业集团公司在董事会试点工作中采取以下改革措施。一是建立、完善符合《公司法》的董事会、内部各专业委员会及董事会办事机构。二是完善公司章程、董事会议事规则等一整套公司治理的规章制度。三是实施并建立外部董事制度。董事会试点企业建立外部董事制度，由国务院国资委选聘具备条件的入任职公司以外的人员担任试点企业的董事。四是设立经职工民主选举产生的职工董事。五是注重发挥企业党组织的政治核心作用。坚持党的领导，发挥国有企业党组织的政治核心作用，是一项重大原则。

2003年国务院国资委开始推行国有企业监事会制度。原国有企业监事会由国务院国资委代表国务院派出，监事会的日常管理工作由国务院国资委负责。外部监事会在监管中取得了很大的工作成效。经过董事会试点工作，结合外派监事会制度，试点中央企业初步形成了董事会决策、经理层执行的公司运行机制，出资人、董事会、监事会、经理层各负其责，协调运转，有效制衡的机制初步建立运转起来。

3. 集团公司与控参股公司整体组织架构的设置

国家工商行政管理局1998年4月发布了《企业集团登记条例》，指出"企业集团是指以资本为主要联结纽带的母子公司为主体，以集团章程为共同行为规范的母公司、子公司、参股公司及其他成员企业或机构组成的具有一定规模的企业法人联合体"。企业集团的组织架构是集团公司对控参股公司进行管控的重要方面。在实践中，企业集团形成了以下几种组织架构。

一是U型组织架构。U型组织架构也称一元结构、直线职能制结构。这种组织架构的典型特征是有一个庞大的总部，在专业分工的背景下实行公司总部集权控制。设立若干职能部门，总部通过职能部门对控参股公司实行高度集中的管理。U型组织架构的优点是可以做到对整个集团的发展规划的制定、实施和修改进行集中管理；能够对重点投融资项目、重要业务活动及核心业务进行严格控制；对整个集团的各种资源进行统一配置；能够迅速、严格地控制协调好控参股公司，实现集团整体的战略。当集团公司对控参股公

第三章　国内外大型企业集团管控模式

司的控制以行政模式为主或将集团公司定位为经营者时，多会选择这种组织架构。

二是 H 型组织架构。H 型组织架构也称控股公司结构，这种组织架构的基本特征是母公司持有子公司的全部或部分股份，各子公司具有独立法人资格，所从事的业务关联度一般不大，从而形成独立的利润中心和投资中心。在这种架构中，一般设立一个精干的总部和若干有限的管理机构，主要履行与出资人有关的职责，从事资本运营和股权管理。每个子公司都是独立的法人，有很大的经营自主权，是生产经营的主体。H 型组织架构可以使子公司保持较大的独立性和自由度，对于提高子公司的经营积极性和创造性，对于规避、分散整个集团的经营风险，都具有很大作用。当企业集团中集团公司定位为控股公司，并以资本控制模式对控参股公司进行控制时，多会选择这种组织架构。

三是 M 型组织架构。M 型组织架构也称事业部制组织结构。采用 M 型组织架构的企业集团的主要特征是"集中决策、分散经营"，即在集权领导下实行分权管理。集团公司总部设立少量职能管理部门，例如，总裁办公室、财务部门、人事部门、战略规划部门等。总部的主要职权是制定集团的发展战略和长远规划，协调各事业部的活动，聘用、任免事业部的高级管理人员，评价、监督事业部的业绩。在总部之下，根据产品或地区设立若干个事业部，每个事业部都是独立核算单位，在经营管理上拥有很大的自主权，负责所属生产单位的经营管理，并在集团公司总部的授权下拥有一定的投资权限，单独计算本身的营业额和费用，并据此计算利润。M 型组织架构的优点是提高了管理的灵活性，便于组织专业化生产。当企业集团中集团公司定位为战略管理者，或者以平台控制模式对控参股公司进行控制时，多会选择这种组织架构。

随着经济全球化，现代企业集团经营的地理范围和产品范围不断扩大，形成了跨地区、跨国界的运营模式。运营模式的改变要求企业集团进行组织架构的调整与变革。目前看来，企业集团组织架构的调整与变革有三种新的发展趋势。

一是事业部制向二级子集团制转变。从分权和专业化经营的角度看，企业集团组织架构向更具分权特色的二级子集团制演进，使二级子集团更灵活，分权更彻底，也更有益于专业化经营。一般来说，事业部是集团内的一个部门，不具有法人资格，事业部在对外签署合同时必须经过总部授权才有法律效力。而二级子集团在法律上是具有法人地位的企业。从经营决策的角度看，二级子集团制有利于整合集团的资源,形成核心竞争力,提升企业集团整体实力。二级子集团制的组织架构使总体战略决策集中在总部,二级子集团可以专注于专业化的发展,每一个二级子集团具有制订自身发展目标和行业竞争战略的功能,便于其找准行业标杆,明确自身定位,寻求符合自身发展的商业模式,并在所属行业中争取领导地位。同时,集团公司无须承担二级子集团的债务责任,相对降低了集团公司总体经营风险,并促使二级子集团增强其责任感和经营积极性。

二是事业部制向虚拟子集团制的调整。实现虚拟子集团制组织架构的企业,集团总部负责战略规划与决策,包括集团政策、财务、文化、品牌、重要外部关系及资源整合利用等方面,同时对虚拟二级产业集团下放部分财务权力和人事权力,尝试运用资本市场资金支持,谋求集团整体更大的发展。虚拟二级产业集团主要负责经营业务,包括销售策略、产品策略、人员任用以及经营方式等,是利润中心。在虚拟子集团制组织架构中,虚拟二级产业集团具有比事业部更充分的经营自主权,更加灵敏的市场反应能力和更加专业的经营能力。

三是按产业集群和价值链划分业务板块。现代企业集团随着规模的增大,涉及的产业越来越多。企业集团的各业务群处于不同的产业领域和不同的发展阶段,各产业的格局和定位也不同。因此,在企业集团的发展的过程中,需要按产业集群划分业务板块,按价值链将各业务集群进行优化组合。企业集团可以按照多元化要求和产业的关联度,将集团的各业务板块按产业集群和价值链调整为几大板块,让各个板块根据自己的发展目标和行业竞争战略,明确自身的定位,寻求符合自身发展的商业模式,争取各自的行业领导地位。这样的组织架构可以使资源得以再分配,改善企业集团的供应链和价值链,实现基于统一目标和整体利益以及职能、责任相关联的业务架构和流程,增强集团整体的竞争力。

延伸阅读:A 公司关于股权企业管控模式的探索、实践与思考

集团公司按产业集群和价值链划分业务板块划,其中 A 公司作为销售板块的分支机构,受托管理中国石油股份有限公司出资设立的 22 家股权企业。截至 2020 年三季度末,22 家股权企业共计运营加油站 97 座、油库 4 座。投资成本 3.17 亿,累计实现投资收益 8.2 亿元。多年来,A 公司采用"以预算为导向、分级分类管理"的方式不断提升股权企业治理水平与管控能力。

第三章 国内外大型企业集团管控模式

1. 实施会前分级审议 提高我方决策效率

A公司成立了以总经理为组长、分管副总经理为副组长的"股权管理委员会"。主要负责三会前对"投资、处置、股利、预算"等股东权益事项进行审议，并形成我方表决意见。为保障我方预期投资收益，重点对股权企业《年度预算报告》及预算外投资项目进行审查。委员会下设股权管理办公室，由总法律顾问兼任办公室主任，设置专职董监事即秘书岗位，主要负责三会议案的分级报审以及专职董监事业务等基础性管理工作。对于《年度预算报告》内的三会议案，按照先内部后法定原则，通过协同办公系统提报，由股权办主任、委员会副组长逐级审议，快速形成我方会前意见，提升我方决策效率。

2. 践行法人治理体系 探索分类管控模式

22家股权企业践行法人治理体系，并依据企业设立的初衷，实施分类管控。

1）通过"复杂型委托" 对终端类企业实施全资化管控

A公司所在地区地炼云集、零售市场形成较早，当地70%的加油站由社会机构、民营企业占据。A公司以抢占优质零售终端为目的，与加油站所有方开展合资合作，"一方出资，另一方出站"共同设立了"终端类"股权企业。

该类企业由我方控股，纳入我方并表，并通过"复杂型委托"交由我方管理。我方受托后拥有100%运营控制权，实施全资化管控标准，统筹运营股权企业和全资分公司所属站点，形成网络互补，避免在市场中产生竞争内耗。

2）通过"管理性输出"对份额类企业实施植入式管控

A公司所在地区高速公路成品油需求稳定，市场竞争低、价格到位率高，属于高效市场。为了争夺市场份额，A公司与多家高速公路管理单位成立了以经营高速公路加油站为主业的"份额类"股权企业。该类企业均为参股公司，内设管理机构，实施自主运营管理。

由于控股股东主业不在成品油领域，为保障股权公司专业化发展，股东双方在《公司章程》中约定股权企业采用"中国石油管理模式"。A公司一方面通过委派专业管理人员出任股权企业各领域关键岗位，加强我方在油品供给方面的影响力，保障油品销售渠道。另一方面先是鼓励股权企业参照我方内部控制体系，建立自有业务流程及控制措施，通过"管理性输出"使股权企业对我方产生"管理依赖"；而后将两级制度流程进行对接，纳入我方日常监管，提升我方监管能力。

3. 对法人治理的一些思考

目前，对于股权企业的管理模式主要有"自主经营"和"委托代管"两种模式，运行中发现以下值得思考的问题。

1）如何将我方管理模式与股权企业治理进行有效挂接

为加强我方实际控制力，常见做法是在股权企业《公司章程》中约定"企业管理采用中国石油模式"。但是我方现行管理模式是针对分支机构的"上下级"管理模式，与股权企业法人治理模式存在着很大区别。

在资源采购方面，分公司作为分支机构，因集中核算，可由省区公司统一定价、根据市场预期调配资源。但股权企业属于独立法人单位，一方面要根据资金情况、价格趋势调控库存周期，另一方面要调节股权企业与下属各责任中心之间的结算价差，平衡税负。

在油品销售方面，分支机构各站点可以平摊销售费用，重点按市场预期制定营销政策。股权企业不仅要考虑市场预期，还要兼顾配送运距等因素对成本的影响，以利润为中心，兼顾市场。

在财务管理方面，分支机构因"统一核算、集中纳税"，可以实现各站点之间的盈亏平衡、税收优化，资金上可由上级公司给予支持；股权企业则要根据各责任中心盈利情况分别纳税，税收筹划难度较大，同时要兼顾资金周转与现金流等资金问题。

在重大事项决策方面，分支机构与上级单位是隶属关系，一般采用自下而上逐级审批模式。股权企业要依据《公司法》《公司章程》的约定条款，通过议事规则，争取让各相关方达成有效意见，因决策机制不同，沟通协调难度更大。

综上所述，鉴于股权企业机构性质和治理环境的复杂性，如果将分支机构的管理模式直接运用到股权企业管理当中，将难以适用各股权企业治理环境，也无法体现中国石油管理模式的先进性。由此带来的矛盾和抵触效应，可能适得其反。为此，可以针对各类股权企业，分类构建不同的管理体系。再通过外派的董监事、高级管理人员，将我方管理体系延伸至股权企业治理管理中。股权企业在我方管理体系下，依据各自的内部环境，建立各自的制度与流程，从而实现我方管理体系与股权企业治理有效挂接，强化股权企业对我方体系的依赖度，通过管理输出实现我方对股权企业的长久控制。

2）如何设置股权管理机构和外派人员

（1）"委托管理模式"实则是成本转嫁。

为了加强对股权企业的实际控制，通过法定程序将股权企业委托我方管理，看似降低股权企业成本，实质是将人力成本转嫁给我方全资分公司，增加了全资公司负担。全资分公司受工资总额限制，兼职人员无法增加个人薪酬，导致薪责不对等，难以发挥股权治理的激励性。相对于"委托管理模式"，

第三章　国内外大型企业集团管控模式

"自主运营"虽然可规避上述问题，但是对于外派人员的业务指导、组织关系、薪酬构成及绩效考核等配套管理制度需进一步完善。

（2）缺少专职管理机构，运行监管无法保障。

股权企业治理涉及投资、工程、业务、财务、审计、法律等各专业领域。仅依靠专职董监事研判多领域具体事务，显然力不从心。当股权企业面临风险时，如未及时发现或得不到快速有效的决策，可能会使风险转化成危机和事件。单纯借助我方内部机构的协助，可能形成基于我方利益下的单方意见，导致议事僵局，影响股权企业整体利益和长期战略。

如构建专职管理团队，配置各领域专业人才，以股权企业发展为工作核心，与专职董监事相互配合、形成合力，不仅可提升我方运营监管力度，快速形成有效的控制意见，还可以维护股权企业长期战略和发展。同时，也可通过专职管理机构，对不利于我方股东权益的事项作出否决意见，规避股东双方派驻的管理人员因意见不同而产生的矛盾，维护股权企业内部治理机构的团结与稳定。

二、国有大型企业集团的主要内部管控模式

集团功能定位决定管控模式的选择，一般来说，按总部对成员企业的集、分权程度不同而划分成财务控制型、战略控制型、运营控制型和信用控制型四种管控模式。

1. 财务控制型管控模式

采用财务控制型管控模式的集团企业以追求资本价值最大化为目标，管理方式以财务指标考核、控制为主，其主要的特点是以总部为投资决策中心，母公司将注意力集中于财务管理和领导的功能。财务控制型集团的母公司只负责集团的财务和资产运营、集团的财务规划、投资决策和实施监控以及对外部企业的收购兼并等工作。母公司每年会给子公司制定各自的财务目标，关注下属单位的盈利情况和自身投资的回报、资金的收益，而对子公司的生产经营不予过问。在实行这种管控模式的集团中，各成员企业业务的相关性可以很小。

财务控制型管控模式的基本特点：一是倾向于分权，基本上是"分散决策、分散经营"。集团母公司一般不干涉子公司的具体业务经营活动和管理活动，

子公司作为独立的业务单元和利润中心对其经营活动享有高度的自主权，自己进行决策，并组织实施，不需要征求母公司意见及报其审批。二是母子公司联系主要是资本和金融纽带。母公司通过投资和出售股票等金融方式影响子公司，如果母公司对子公司业绩不满意，主要通过资本市场出售其股票来表达其意愿；如果母公司对子公司业绩满意则选择增持股票或者长期持有子公司股票。因此，集团母公司的核心功能是财务管理和资本运作。由于集团母公司对各子公司的业务范围没有明确的要求，以及并不追求集团协同效应，因此，集团母公司没有强有力的战略管理部门。一般也不对子公司进行业务指导和协调，不追求集团整体的文化、品牌的统一管理。三是直接目标。母公司投资子公司的直接目标是获得高质量的投资对象、追求收益最大化和资本的现金回收等。集团母公司尤其追求子公司利润最大化，而不追求集团业务的互补性和协同作用，因此，集团的业务范围可能比较宽泛，涉及领域比较广，甚至没有清晰的主营业务。

2. 战略控制型管控模式

对于采用战略控制型管控模式的集团企业而言，其总部作为战略决策和投资决策中心，以追求集团企业总体战略控制和协同效应的培育为目标，通过战略规划和业务计划体系进行管理。母公司除了在资产上对子公司进行控制外，还负责集团的财务、资产运营和集团整体的战略规划，例如，负责子公司的战略发展规划、企业资产运用、全面预算划拨、企业绩效管理和统一技术开发等。各子公司同时也要制定自己的业务战略规划，并提出达成规划目标所需投入的资源预算。集团母公司通过公司治理程序审批子公司的计划并给予有附加价值的建议，批准其预算，再交由子公司执行。母公司对子公司的管理主要通过审核年度报告或者季度报告的形式来表现。在实行这种管控模式的集团中，为了保证其成员企业目标的实现以及集团整体利益的最大化，对各成员企业业务的相关性要求很高。集团总部的规模并不大，主要集中在进行综合平衡、提高集团综合效益上做工作，如协调各成员企业之间的矛盾、平衡各企业间的资源需求、高级主管的培育、经验的分享等。

目前，世界上大多数集团企业都采用或正在转向战略管控模式。运用战略管控模式的典型公司有壳牌石油、英国石油、飞利浦等。

3. 运营控制型管控模式

采用运营控制型管控模式的集团企业，其总部作为经营决策中心和生产指标管理中心，以对企业资源的集中控制和管理、追求企业经营活动的

第三章 国内外大型企业集团管控模式

统一和优化为目标,直接管理集团的生产经营活动(或具体业务)。为了保证战略的实施和目标的达成,集团的各种职能管理非常深入。主要特征是表现出经常性地对子公司财务、营销、研发、市场等方面同类管理领域的组织协调和集中化处理,如人事管理不仅负责全集团的人事制度政策的制定,而且负责管理各子公司二级管理团队及业务骨干人员的选拔任免。在实行这种管控模式的集团中,为了保证总部能够正确决策并能应付解决各种问题,总部的职能人员的人数会很多,规模会很庞大。各成员企业业务的相关性很高。

1984年以前的GE公司就是采用了这种管控模式,导致总部职能人员多达2000多人。再如IBM公司,为了保证其全球"随需应变式"战略的实施,各子公司事业部都由集团总部进行集权化管理,所有计划都由集团总部来制定,子公司则只负责保障计划的有效实施。可见,运营控制型是集权化程度最高的模式。它不仅要求企业遵从集团统一发展战略,还从行业、供应商、采购、生产、加工、库存、物流以及客户等环节参与企业的运营管控。这种模式下,几乎所有事务的最终决策权均收在集团,子公司仅是集团决策的被动执行者。

4. 信用控制型管控模式

采用信用控制型管控模式的集团企业,其总部设有合规部或者风险管理部,强化信用体系建设、制度建立、监督执行的职责和职能,集团定期集中统一授信授权,采取行业、供应商、客户资信采集、评估评级以及法律风险等防控手段和措施,将集团信用风险分为事前、事中和事后管控,从而进一步增强政府对企业的信任度,提高客户对企业的透明度,不断地扩大市场份额和信用资源占有率,降低损失成本,提高企业盈利性。

综上所述,这四种管控模式各具特点。运营控制型和财务控制型是集权和分权的两个极端,战略管控型则处于中间状态。另外,处于中间状态的战略控制型还可以进一步细划为偏重于集权的"战略实施型"和偏重于分权的"战略指导型"。

延伸阅读:

1. 招商局的历史和困境

招商局创办于1872年,是清末洋务运动中唯一存续至今的企业,已有近150年的历史。招商局最初名为"轮船招商公局",是洋务运动中由军工企业转向兼办民用企业、由官办转向官督商办的第一个企业。

1979年7月,中国首个对外开放的工业区——招商局蛇口工业区启动。此后,招商局依托蛇口工业区,由交通部驻港的"窗口机构"发展成为一家真正地在港中资企业。1992年时,招商局已经由资产1.3亿港元的航运公司壮大成为资产超过200亿港元的大型公司,产业拓展到金融、港口、航运、公路、高科技、地产、旅游、工业等十多个领域。

从1992年开始,在"多元化经营、规模化投资"战略规划的引导下,招商局开始了大规模的不相关多元化和投资。截至1997年年底,招商局下属各种控股和参股企业已经超过200家,资产超过500亿港元,投资产业分散在数十个领域,管理架构复杂,系统内组织结构复杂,层级繁多,有着多级主体。集团权力分散,投资权、经营权、决策权基本下放,最终给集团造成大量不良资产和债务包袱。当时最突出的问题是没有核心产业,产业投入过大、资产回报过低以及面临债务危机。

1997年亚洲金融危机爆发,使招商局面临更为严重的冲击。也是从此开始,招商局经历了艰难的"甩债重组"的历程。到2000年,招商局集团总债务(有息债务)仍高达235.6亿港元,净利润仅为0.44亿港元,不良资产近50亿港元,经常性现金流量不足以支付债务利息。

2. 招商局管控模式调整再造

从2001年开始,为了走出困境,招商局开始对集团公司管控控参股公司的模式进行调整和再造,中心任务是确认核心业务板块、理顺母子公司关系、重构母子公司管控模式。招商局调整和再造的指导思想是,围绕降低集团公司的负债率,提高盈利能力,增加现金流,消化、吸收不良资产来进行资产整合与内部管理体系的改革;通过整合与改革,使公司从根本上摆脱债务危机并奠定可持续发展的基础。

1)确认核心业务板块

以集团公司为主导,从多元化、资产不相关的业务结构向着若干核心产业和资产相关联的业务结构收敛,在控参股公司的层面上则向主营业务集聚,形成专业化经营的格局。经过业务的战略调整,招商局的主业板块得到明晰,交通基建、金融、地产和物流成为"再造招商局"的核心产业(目前演变为交通运输及基础设施产业、金融业、房地产业和其他产业)。

招商局主业板块的明晰以上市公司为资本平台来实现。交通基建业务的整合平台主要是招商局国际,地产业务的整合平台是蛇口控股(2004年更名

第三章 国内外大型企业集团管控模式

为招商地产,实现整体上市),金融业务最终形成了招商银行、招商证券,物流业则组建了物流集团。经过核心业务板块的调整,招商局的组织结构趋于合理,基本形成了"集团总部—战略业务单位—生产经营单位"三个管理层级,管理层级和资产层级实现了有效的层级区分。

2)理顺母子公司关系

2008年以来,招商局集团坚持进行一体化调整,理顺母子公司关系,将组织架构调整为M型结构。M型结构由三个互相关联的层次组成。

第一个层次是由董事会和经理班子组成的总部是集团最高决策层,主要职能是制定战略、协调内部交易。

第二个层次由职能部门和支持、服务部门组成。集团公司设立人力资源部、财务部、企业规划部等一系列职能部门,这些职能部门向总部提供经营战略的选择和配套方案,指导子公司根据总部的整体战略制定中长期和年度业务发展计划,并负责审批、监控和考核子公司实施经营计划的情况。集团财务实行集中控制,财务部负责全集团的资金筹措、运用和税务安排。在此结构下,子公司的财务部门只是一个核算单位。

第三个层次是围绕公司的主导业务和核心业务,相互依存与相互独立的子公司。子公司在本质上是在同一发展战略下承担某种产品或提供某种服务的生产或经营单位。调整之后,整个集团只保留3~4个层级,集团公司与子公司之间的结构实现了扁平化。

3)重构母子公司管控模式

首先明确集团公司与子公司的关系:集团公司是战略性决策中心,子公司是经营性决策中心;集团公司是投资中心,子公司是利润中心或成本中心。集团公司负责全面的资源配置,子公司负责在给定资源条件下对资源的运用。集团公司集中的权利包括:确定集团的中长期发展战略规划;制定集团年度预算和经营计划;管理全集团范围内的资本项下活动,包括项目投资、资产处置、兼并收购等;统一管理集团各级企业资金、担保、债务等;统一管理各一级公司副总经理以上高级管理人员的任免、调整、薪酬;统一管理所属企业的机构设置;统一订立全集团范围内适用的规章制度和管理流程等。

在重构母子公司管控模式方面,招商局建立了一套强势总部主导下的以过程管理为特征的管理体系。集团把对子公司过程管理的重心转向企业内部运行,实现经营计划管理。具体方式是实行滚动修订五年发展计划,打破集团公司与子公司之间的信息不对称,从而对子公司实际经营状况、发展方向、内部管理等重大问题及时掌握,并对之进行指导。

招商局的五年发展规划是滚动修订的,即根据外部宏观形势、市场状况和企业内部情况每年都修订一次。一年实,四年虚。第一年形成,第二年修订,形成新一期的五年发展规划,此即所谓滚动调整。第一年形成具体的年度预算,年度预算又分解为总部和每个经营单位的年度经营计划。年度预算是根据已经确立的发展战略和五年规划制定的当年主要财务、经营指标编制的;经营计划是各经营单位(子公司)在总部指导下对当年预算的具体实施方案。

每年8月,招商局集团开始进行五年发展规划的滚动修订。集团总部分析经济形势和行业市场及集团经营现状,滚动修订集团发展战略,五年总体目标及经营方针、政策,并最终形成财务目标、业务目标和相应的各类预选方案。

从8月份开始,各一级子公司进行外部环境、市场供求的分析和内部条件、资源配置的分析。9月下半月,由总部主导的《五年发展规划编制纲要》和《年度经营计划编制纲要》印发至一级子公司。10月至11月上半月,子公司根据总部的规划纲要,编制各自的五年规划草案以及第一年的年度经营计划。

11月下半月至12月,总部与一级子公司就年度财务预算进行沟通。总部复核、调整一级子公司年度经营计划,包括年度主要工作、生产经营计划、财务预算、资产优化任务等,并最终平衡、滚动修订集团五年发展规划和总体目标,汇总、平衡、测算、调整集团年度财务预算草案。次年1月,总部批准执行集团五年发展规划、集团年度预算和一级子公司年度经营计划。此后,在当年的年度经营计划实施期间,集团总部主要通过每个季度的分析报告和半年一次的经营分析会实施过程管理。

三、国务院国资委董事会、监事会制度管控模式

1. 国务院国资委董事会管控模式

董事会的规模与结构。国务院国资委对中央企业董事会的规模与结构做出了规定,中央企业的董事会成员一般不少于7人,不超过13人;在结构上,董事包括在公司同时担任其他领导职务的内部董事、职工董事以及外部董事,公司外部董事人数原则上应当超过董事会全体成员的半数。公司总经理担任董事,公司副总经理、总会计师原则上不担任董事。公司党委成员符合条件的,可以通过法定程序进入董事会。公司的内部董事主要包括内部董事长、党委

第三章　国内外大型企业集团管控模式

（党组）书记、总经理，董事会中至少有1名职工董事。董事会设董事长1人，并根据需要设副董事长1人。董事长和副董事长的任命权在国务院国资委，可以由外部董事来担任。公司设董事会秘书，一般设立"董事会办公室"作为董事会的办事机构，由董事会秘书领导。董事会秘书有权出席总经理办公会等公司内部会议，要求公司有关部门和人员提供相关文件、信息和其他资料。

公司董事会成员有公司驻地以外人员且必须由董事会决策事项较多的，经国务院国资委批准，董事会可以设立常务委员会（主要由内部董事组成），以应对召集全体会议不够及时的问题。由董事长兼任召集人，行使董事会授予的部分职权。但在大多数规范建设董事会制度的企业中，都没有设立常务委员会。

知识栏：
1. 外部董事

外部董事是指国务院国资委依法聘用、由任职公司以外人员担任的董事。外部董事分为专职外部董事和兼职外部董事。专职外部董事，是指除在若干家国务院国资委出资企业中专门担任外部董事职务以外，不再在其他所出资企业和所出资企业以外的其他单位任职的人员。兼职外部董事，是指除在若干家国务院国资委出资企业中担任外部董事以外，同时也在其他所出资企业或所出资企业以外任职的人员。专职外部董事在任期内，不在任职企业担任其他职务，不在任职企业以外的其他单位任职。

2. 职工董事

所谓职工董事，是指由公司职工代表大会经过民主选举产生，并经国务院国资委同意，作为职工代表出任的公司董事。2006年3月3日，国务院国资委印发了《国有独资公司董事会试点企业职工董事管理办法（试行）》，规定公司总经理、副总经理、总会计师，党委（党组）书记和未兼任工会主席的党委副书记、纪委书记（纪检组组长），不得担任职工董事。

董事会的专门委员会。国务院国资委要求试点企业必须设置的专门委员会，包括审计委员会（或审计和风险管理委员会）、薪酬与考核委员会、提名委员会；同时也规定，根据公司实际情况，经董事会通过，可以设立其他专门委员会并规定其职责。于是，一些中央企业也设立了战略委员会。董事会专门委员会对董事会负责，专门委员会的构成由董事长与有关董事进行协商之后向董事会提出建议，包括委员会成员和召集人的人选，经董事会通过后生效。董事会提名委员会中外部董事应占多数,薪酬与考核委员会和审计委员会应当全部由外部董事组成。国务院国资委对提名委员会、薪酬与考核委员会以及审计委员会的职责做出了统一规定,而对于设立其他专门委员会的,其职责由董事会根据具体情况确定。

董事会议事制度规定。董事是通过出席董事会的会议、参加董事会的有关活动来行使其权利的,所以董事会的会议与决策机制至关重要。国务院国资委规定,董事会会议包括定期会议和临时会议。董事会每年度至少要召开四次定期会议。董事会的定期会议计划应当在前一年年底之前确定。定期会议通知和所需要的文件、信息及其他资料应当在会议召开10日之前送达全体董事,原国有企业监事会要求相关信息和资料也要同时送给监事会以及其他列席人员,有的公司的董事会年度定期会议要求必须以现场会议的形式举行。在满足召开董事会临时会议的条件时,董事长在接到有关召集临时会议的提议10日内,召集并主持董事会临时会议。除紧急事项外,临时会议的会议通知和文件、信息资料等一般应当于会议召开的10日以前或5日以前送达董事会全体成员、监事会和其他列席人员。董事会的临时会议可以采用视频会议的形式。当遇到紧急事项,并且董事能够掌握足够信息进行表决时,可以采用电话会议或者制成书面材料分别审议的形式,进行表决,如图3-12所示。

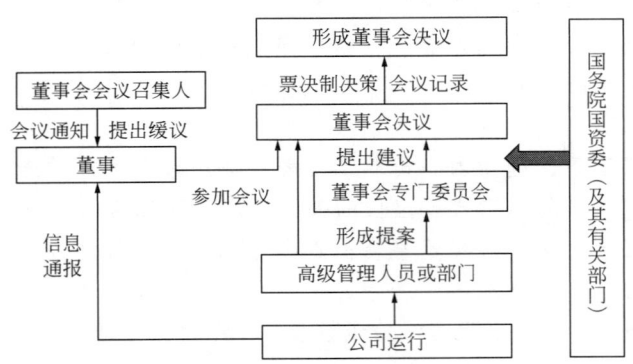

图3-12 董事会议事制度

知识栏:董事会召开临时会议的条件

(1)1/3以上的董事提议召开。

(2)监事会提议召开。

(3)国务院国资委认为有必要召开时。

(4)公司章程规定的其他情形发生时。

第三章 国内外大型企业集团管控模式

董事会会议由董事长召集和主持,董事会会议应有过半数的董事出席方可举行。董事会做出决议,必须经全体董事的过半数通过。董事会决议的表决,实行一人一票。经过国务院国资委批准,公司章程中可以规定:对于特别重大事项的决策,经 2/3 以上董事同意方可做出决议。董事对董事会会议的议案可以表示"同意""反对"或"弃权"(包括无法发表意见)。表示反对和弃权的董事,需要说明具体理由并记载于会议记录。董事会会议违反法律、法规或者公司章程规定,致使公司遭受损失,投赞成票和弃权票的董事个人要承担直接责任(包括赔偿责任);对经证明在表决时曾表明异议并载于会议记录的投反对票的董事,可以免除个人责任。当 1/3 以上的董事或两名以上外部董事认为资料不充分、论证不明确时,可以以书面形式联名提出缓开董事会会议或缓议董事会会议的议题,董事会应当采纳缓议的建议。

对于决议事项属于专门委员会职责范围内的议案,董事会一般应提交专门委员会进行研究审议,由专门委员会听取各方面意见之后,提出审议意见和建议,报董事会决定。需要聘请外部中介机构提出专业意见的,费用由公司承担。专门委员会应尽力在成员间充分沟通,形成一致意见。但当专门委员会无法达成一致意见时,应当向董事会提交不同意见,并做出说明。

2. 原国有企业监事会管控

2000 年 3 月 15 日,国务院制定《国有企业监事会暂行条例》,以健全国有企业监督机制,加强对国有企业的监督,建立外派监事会制度。国有重点大型企业监事会(以下简称"监事会")由国务院派出,对国务院负责,代表国家对国有重点大型企业的国有资产保值增值状况实施监督。国务院派出监事会的企业名单,由国有企业监事会管理机构(以下简称"监事会管理机构")提出建议,报国务院决定。监事会以财务监督为核心,根据有关法律、行政法规和财政部的有关规定,对企业的财务活动及企业负责人的经营管理行为进行监督,确保国有资产及权益不受侵犯。监事会与企业是监督与被监督的关系,监事会不参与、不干预企业的经营决策和经营管理活动。对于外派监事会的规模、构成以及议事规则做出了如下规定。

监事会规模与结构。监事会由主席 1 人、监事若干人组成。监事会成员不少于 3 人。监事分为专职监事和兼职监事。从有关部门和单位选任的监事为专职监事;国务院有关部门、单位派出代表和企业职工代表担任的监事为兼职监事。监事会主席由副部级国家工作人员专职担任,年龄一般在 60 周岁以下，人选按照规定程序确定，由国务院任命。监事会主席履行的职责包括召集、主持监事会会议、负责监事会的日常工作，审定、签署监事会的报告和其他重要文件等。专职监事由司（局）、处级国家工作人员担任，年龄一般在55周岁以下，由监事会管理机构任命。监事会中的企业职工代表由企业职工代表大会民主选举产生，报监事会管理机构批准，企业负责人不得担任监事会中的企业职工代表。监事会成员每届任期3年，其中监事会主席和专职监事、派出监事可以担任1～3家企业监事会的相应职务，不得在同一企业连任。

监事会成员行为规范。监事会主席和专职监事、派出监事实行回避原则，不得在其曾经管辖的行业、曾经工作过的企业或者其近亲属担任高级管理职务的企业的监事会中任职。监事会成员也不得接受企业的任何馈赠，不得参加由企业安排、组织或者支付费用的宴请、娱乐、旅游、出访等活动，不得在企业中为自己、亲友或者其他人谋取私利。监事会主席和专职监事、派出监事不得接受企业的任何报酬、福利待遇，不得在企业报销任何费用。

监事会议事制度规定。监事会一般每年对企业定期检查1～2次，并可以根据实际需要不定期地对企业进行专项检查。从2007年开始，监事会由当年检查企业上年度情况逐步调整为监督检查当年情况，次年上半年提交年度监督检查报告。监事会主席根据监督检查的需要，可以列席或者委派监事会其他成员列席企业有关会议。监事会在监督检查中发现企业经营行为有可能危及国有资产安全、造成国有资产流失或者侵害国有资产所有者权益以及监事会认为应当立即报告的其他紧急情况，应当及时向监事会管理机构提出专项报告，也可以直接向国务院报告。监事会管理机构应当加强同国家经济贸易委员会、财政部等有关部门的联系，相互通报有关情况。监事会根据对企业实施监督检查的需要，必要时，经监事会管理机构同意，可以聘请注册会计师事务所对企业进行审计，也可以建议国务院责成国家审计机关依法对企业进行审计。

监事会每次对企业进行检查结束后，应当及时作出检查报告。检查报告的内容包括：企业财务以及经营管理情况评价；企业负责人的经营管理业绩评价以及奖惩、任免建议；企业存在问题的处理建议；国务院要求报告或者监事会认为需要报告的其他事项。检查报告经监事会成员讨论，由监事会主席签署，经监事会管理机构报国务院；检查报告经国务院批复后，抄送国家经济贸易委员会、财政部等有关部门。监事对检查报告有原则性不同意见的，应当在检查报告中说明。

第三章　国内外大型企业集团管控模式

原国有企业监事会"六要六不"行为规范专题培训班对 2017 年上半年监事会工作进行了总结。2017 年 1—6 月，国有重点大型企业监事会累计列席企业会议 1811 次，实地检查子企业 948 户，开展各类谈话 2999 人次，自定专题开展专项检查 116 次，接待来电、来信、来访 166 人次，受理举报线索 162 件，编制各类工作底稿 4366 份；向国务院报送监事工作专报 17 份，向国务院和国务院国资委报送年度报告 100 份，向国务院国资委报送专项（情况）报告 125 份，向企业印发提醒函和整改通知 52 份，根据表 3-1 分析，原国有企业监事会工作量相当饱满。

表 3-1　2017 年 1—6 月原国有企业监事会工作概况

项目	工作总量	工作总量/监事会数量	工作总量/央企数量
监事会累计列席企业会议（次）	1811	62.45	17.08
实地检查子企业（户）	948	32.69	8.94
开展各类谈话（人次）	2999	103.41	28.29
自定专题开展专项检查（次）	116	4	1.09
接待来电来信来访（人次）	166	5.72	1.57
受理举报线索（件）	162	5.59	1.53
编制各类工作底稿（份）	4366	150.55	41.19
向国务院报送监事工作专报（份）	17	0.59	0.16
向国务院和国务院国资委报送年度报告（份）	100	3.45	0.94
向企业印发提醒函和整改通知(份)	52	1.79	0.49

2016 年 10 月，原国有企业监事会撤销原监事会工作局，新设立了监督一局（国有企业监事会工作办公室）、监督二局（52 家央企）和监督三局（50 家），具体负责监事会反映问题的深入核查、分类处置、整改督办，并组织开展国有资产重大损失调查，提出责任追究意见。监督一局为国有企业监事会工作办公室，承担原国有企业监事会的日常管理工作；监督二局和三局负责有关监督成果在国务院国资委内厅局和所监管企业的利用工作、分类处置、督办和深入核查监督检查发现移交的问题，对共性问题组织开展专项核查，组织开展国有资产重大损失调查，提出有关责任追究的意见建议。

2018 年 3 月，根据第十三届全国人民代表大会第一次会议批准的国务院机构改革方案，将国有重点大型企业监事会的职责划入中华人民共和国审计署。原国有企业外派监事会设立以来，坚持放管结合，推进职能转变，建立权力和责任清单，加大违规经营责任追究力度，加强改进外派监事会工作，形成发现问题、报告问题、督促整改问题的监督闭环，有效防范国有资产流失，在国资监管和国有企业改革发展中发挥了不可替代的重要作用。一是建立了一条独立于企业的信息渠道，实现了出资人与所出资企业之间的信息对称；二是有效发挥了监督制衡作用，推动企业依法合规经营；三是促进了企业内控体系的建立和完善，进一步夯实了管理基础；四是及时预警企业的重大风险，有效维护了国有资产安全；五是发挥了警示作用，规范了企业负责人的履职行为。时任国务院国资委副主任王文斌总结为"有形监督、无形约束、成果隐性、影响深远"。

知识栏：

1. 监事任职要求

（1）熟悉并能够贯彻执行国家有关法律、行政法规和规章制度。

（2）具有财务、会计、审计或者宏观经济等方面的专业知识，比较熟悉企业经营管理工作。

（3）坚持原则，廉洁自持，忠于职守。

（4）具有较强的综合分析、判断和文字撰写能力，并具备独立工作能力。

2. 监事会开展监督检查的方式

（1）听取企业负责人有关财务、资产状况和经营管理情况的汇报，在企业召开与监督检查事项有关的会议。

（2）查阅企业的财务会计报告、会计凭证、会计账簿等财务会计资料以及与经营管理活动有关的其他资料。

（3）核查企业的财务、资产状况，向职工了解情况、听取意见，必要时要求企业负责人作出说明。

（4）向财政、工商、税务、审计、海关等有关部门和银行调查了解企业的财务状况和经营管理情况。

四、地方国资委董事会、监事会制度管控模式（以上海为例）

为了进一步规范董事会和监事会的议事程序，确保决策效果，上海市相关政策制定部门发布了相关政策指引和示范，以完善企业的公司治理模式。

第三章　国内外大型企业集团管控模式

1. 上海市国资委董事会管控模式

董事会的构成。国有独资公司董事会一般由 7～11 人组成，原则上外部董事应多于内部董事，董事会成员除职工代表担任董事外，由市国资委等履行出资人职责的机构委派。国有资本控股公司董事会成员除职工代表担任董事外，根据《中华人民共和国企业国有资产法》《公司法》和公司章程规定，董事人选由股东方推荐，经股东（大）会选举产生。国有独资公司和国有资本控股公司董事会成员中应当有公司职工代表，并由公司职工通过职工代表大会、职工大会或者其他形式民主选举产生。公司决策层与执行层分开，董事长与总经理分设；经理人员除总经理外，原则上不进入董事会。外部董事担任董事长的，总经理为法定代表人。董事会每届任期为三年。董事每届任期一般不得超过三年。

董事会设专职董事会秘书 1 名，对董事会负责，由董事长提名，董事会决定聘任或解聘。董事会秘书负责董事会办公室的工作，并列席董事会会议，负责董事会会议记录。上市公司应至少拥有两名独立董事，且独立董事至少应占董事总人数的 20%。独立董事候选人可以由股东、董事会提名委员会提出。合计持有公司 5% 股份的股东可以联合提名独立董事候选人。对公司有控制权的股东不宜提名独立董事候选人。当公司董事长和总经理由一人担任时，独立董事占董事总人数的比重应达到 30%。董事在一年内至少亲自参加 70% 的董事会会议。

董事会下设审计委员会，可以设立薪酬委员会、提名委员会、投资决策委员会等多个专业委员会。专门委员会成员主要由董事组成，其成员和主任委员（召集人）由董事长提出人选建议，董事会通过后生效。其中：提名委员会、薪酬考核委员会、审计与风险控制委员会中外部董事占多数，薪酬考核委员会、审计与风险控制委员会的主任委员一般由外部董事担任。同时，公司对审计委员会的具体活动、年度审计会议的出席人数，以及每个董事出席会议的情况进行充分和准确的披露。专门委员会是董事会专门工作机构，对董事会负责，为董事会决策提供意见、建议。董事会各专门委员会在公司章程规定和董事会授权范围内履行职责，不得以董事会名义作出任何决定。

知识栏：董事会专门委员会职责

（1）战略投资委员会。对公司发展战略、中长期发展规划、投融资等重大决策事项进行研究，并向董事会提交建议。

（2）提名委员会。研究公司经理人员的选聘标准、程序和方法；向董事会提出经理人员选聘建议。

（3）薪酬考核委员会。研究制定经理人员的薪酬方案、业绩考核标准及考核方案，并向董事会提出考核与奖惩建议。

（4）审计与风险控制委员会。审核公司的财务信息及其披露，提出聘请和更换外部审计机构的建议；审查公司的内控制度，对企业风险管理制度及状况进行定期评估，提出完善风险管理的建议。

（5）董事会设立其他专门委员会的，其职责由董事会根据公司具体情况确定，并在公司章程中明确。

董事会下设董事会办公室，作为董事会常设工作机构，主要负责筹备董事会会议，办理董事会日常事务，与董事（包括外部董事）的沟通联络，为董事开展工作提供服务等。

董事对行使职权的结果负责。对失职、失察、决策失误等过失承担责任；对违反公司章程的规定，给公司造成损害的，应当承担赔偿责任；违反《中华人民共和国企业国有资产法》《中华人民共和国公司法》《企业国有资产监督管理暂行条例》等法律、法规规定的，追究其法律责任。

知识栏：

1. 董事会的权利

（1）制订公司的发展战略和中长期发展规划，对经理层实施战略规划情况进行指导监督。

（2）听取总经理的工作报告，检查总经理和其他经理人员对董事会决议的执行情况，建立健全对总经理和其他经理人员的问责制。

（3）决定公司的年度经营目标。

（4）决定公司的合规管理体系，包括风险评估、财务控制、内部审计、法律风险控制，并对实施情况进行监控。

（5）制订公司主营业务资产的股份制改造方案。

（6）决定公司内部重组和改革事项。

（7）依照法定程序决定或参与决定公司所投资的全资、控股、参股企业的有关事项。

（8）依照法律法规和公司章程规定，将董事会职权范围内的有关具体事项有条件的授予董事长、总经理处理；但有关法律法规和公司章程明确规定

第三章 国内外大型企业集团管控模式

应由董事会集体决策的重大事项，不得授权董事长决定。

（9）制订公司章程草案和公司章程的修改方案。

2. 董事会的义务

（1）执行市国资委等履行出资人职责的机构或股东（大）会的决定，对市国资委等履行出资人职责的机构或股东（大）会负责，最大限度地追求所有者的投资回报，实现国有资产保值增值。

（2）根据市国资委等履行出资人职责的机构或股东（大）会的要求，报告董事会建设、重大决策、年度工作状况，提供真实、准确、全面的财务和运营信息。

（3）向市国资委等履行出资人职责的机构或股东（大）会报告董事和其他高级管理人员的实际薪酬、董事在其他企业兼职以及经理人员的提名、聘任或解聘的程序和方法等情况。

（4）切实履行企业的社会责任，维护公司职工、债权人和客户的合法权益。

（5）接受监事会的监督，建立与监事会重大事项沟通制度，及时向监事会提供真实、准确、全面的财务和运营等有关情况和资料。

（6）确保国家的有关法律法规和市国资委等履行出资人职责的机构的规定在公司贯彻执行。

董事会应对会议制度和议事规则作出具体规定：董事会会议包括定期会议和临时会议。召开董事会会议的次数，应当确保满足董事会履行各项职责的需要；定期会议一般每年不少于4次；董事会定期会议应当以现场会议形式举行。董事会召开临时会议可以通过非现场会议方式审议，但应当保证董事能够及时掌握足够信息进行表决；董事会召开会议应至少提前7天将董事会议题的背景资料送达所有董事，并通知董监事列席。董事有权在会后索取董事会决议的书面资料；董事会做出决议，须经全体董事的过半数通过；董事会拟决议事项属于专门委员会职责范围内的，一般应先由董事会有关专门委员会进行研究审议，提出意见建议，报董事会审议决定；董事会专门委员会、董事会办公室等工作机构，应建立相应的会议制度、议事规则和工作细则等工作制度。董事会应建立重大事项报告、年度工作报告和董事会决议报告等制度，定期向市国资委等履行出资人职责的机构或股东（大）会报告董事会运作、自身建设和董事履职等工作情况。董事会的决议违反法律、法规或者公司章程等致使公司遭受损失，参与决议的董事对公司负赔偿责任。但经证明在表决时曾表明异议并载于会议记录的，该董事可以免除责任。

知识栏：董事会应对以下有关决策事项作出明确规定

（1）应由董事会决定的重大事项的范围和数量额度（指可量化的标准），其中重大投融资、大额担保等应有具体金额或占公司净资产比重的规定。

（2）应由董事会决定的重大事项的决策程序和规则。

（3）董事会对董事长、总经理的授权事项应有具体的范围、数量和时间界限。

2. 上海市国资委监事会管控模式

为了使监事会更好地发挥监督作用，上海市国资委结合本市国企改革的实际情况制定了相关规定。

1）监事会成员职责

监事会的成员除股东代表和职工代表外，可以设立独立监事。由国有股东提名的监事人数在监事会中不应多于三分之一。国家公务员在公司中不得担任监事。监事会可以根据需要设立专业委员会。监事会主席主持监事会工作，召集监事会会议，督促、检查监事会决议的执行，直接向市国资委报告企业的重大问题。监事会其他监事在监事会主席领导下，按照监事会内部分工履行职责。专职监事可以独立向市国资委报告企业经济运行中的重大问题。监事会一般设专职秘书，负责监事会日常事务及文秘、联络工作。监事会主席可以参加或列席企业董事会、经理办公会，以及与企业经济工作相关的有关专题会议。监事会主席可以委派监事会其他成员参加或列席会议。市国资委对专职监事会主席（监事长）、专职监事进行管理，并对其履职情况进行考核。

2）监事会运行机制

监事会会议分为定期会议和专题会议。监事会应当制定本企业监事会议事规则。监事会定期会议每年召开两次。监事会专题会议是监事会在监督过程中就专项监督工作召开的会议。监事会会议应当由全体监事参加。监事若不能参加会议，应当向会议召集人请假并委托其他监事行使表决权。监事会会议对有关事项形成的决议，应当由行使表决权的监事签字，监事有不同意见应在会议记录中予以记载。监事会会议应当形成会议纪要，由监事会主席签发，并报市国资委备案。

知识栏：

1. 监事会定期会议的议题

（1）审议通过监事会年度工作报告。

第三章　国内外大型企业集团管控模式

（2）审议通过监事会对董事会年度工作的监督评价报告。

（3）监事会主席或三分之一以上（含三分之一）监事提出需要审议的事项。

2. 监事会专题会议的议题

（1）讨论、审议专项检查事项。

（2）讨论、审议需要提请市国资委进行专项审计或稽查的事项。

（3）讨论、审议监事会向市国资委的工作报告。

（4）其他需要讨论和审议的事项。

3）监事会报告机制

监事会工作报告主报市国资委，抄报市委组织部。监事会主席专报由监事会主席（监事长）以个人名义向市国资委直接报告，一般为一事一报，包括重大经营风险、重大资产损失、重大违规经营行为等事项。主席专报应在发现重大事项后及时报送；对紧急、突发的重大情况，可以先口头报告，再书面报告。发现企业存在严重问题时，监事会可以提请市国资委对企业进行稽查和审计。经与董事长（不设董事会的总裁、总经理）协商同意，监事会可调用企业内部审计、监察力量，对所属子、分公司依法进行检查、审计。监事会通过市国资委，加强与市税务、审计、监察等部门的工作联系和信息沟通，形成监督合力。

知识栏：监事会工作报告

监事会工作报告包括：基本情况报告、年度工作报告、专项检查报告、监督评价报告。

（1）基本情况报告是新任监事会主席（监事长）到任后编制的反映企业基本情况和明确今后监督重点的报告，在监事会主席（监事长）到任六个月内报送。

（2）年度工作报告是监事会年度工作总结及下年度工作安排的报告，一般在每年1月下旬报送。

（3）专项检查报告是监事会按照市国资委监督工作的要求，结合企业的实际情况，开展各类专项监督检查所形成的报告，在成文后及时报送。

（4）监督评价报告是监事会对董事会运作情况和企业经营状况进行独立评价所形成的报告，一般在每年第一季度内报送。

延伸阅读：上海市市管国有企业专职董事监事管理中心

主要职能包括：

（1）负责外派专职监事会主席和专职董事、监事在岗期间的人事管理及后勤服务保障工作。

（2）负责外派专职监事会主席和专职董事、监事的党员管理和组织工作；

（3）负责建立外派专职监事会主席和专职董事、监事人才资料信息库；

（4）协助组织外派专职监事会主席和专职董事、监事的资格培训和在岗培训等业务培训工作；

（5）协助组织外派专职监事会主席和专职董事、监事在岗期间的政治学习、组织生活等工作。

第三节 国内外企业集团管控的经验借鉴

一、国外企业集团公司治理经验

公司内部治理机制是其对环境的适应性反映。如德国公司治理模式中的监事会制度是在其外部环境复杂性与不确定性加大，公司的经营权逐渐转移到董事会的情况下，为在经营中维护投资者的利益而产生的。日本企业集团中的交叉持股、连锁董事等也与其外部金融市场环境相关。总结起来，不同国家企业集团所面临的外部环境主要包括外部市场环境、社会环境、政治经济因素和外部监督控制系统等四个方面。而企业集团对环境的适应性可以从两个角度探索：一是侧重于企业集团附属企业单元的独特角色，通过横向连接识别集团的成员公司。横向连接是成员公司自身之间的联系，尽管企业集团中的成员公司是法律上独立的、有独特性质的实体，但在集团中它们是相互依赖的，在企业集团中不同类型的内部机制加强了成员公司的横向联系。企业集团的横向连接包括内部交易机制、交叉持股、连锁董事、社会关系等。二是侧重于企业集团耦合来源的视角，也即是对资源所有权的控制上采取垂直连接的形式。企业集团的垂直连接体现在核心所有者集团的角色、所有权结构、垂直所有权结构和控制。集团的内部机制是以垂直结构为基础，集团

第三章　国内外大型企业集团管控模式

如同一个层级指挥系统一样运作。

四种环境因素是如何对企业集团内部适应机制产生影响的呢？如果外部市场条件是不完善的，企业集团间的公司会更依赖于集团企业间的内部交易和业务协同，社会交换关系会为内部交易提供可依赖和稳定的网络。同时，政府支持增加了集团的松散资源，因此便利了内部交易。交叉补贴出现，控股股东侵蚀小股东的财富，增强了企业间的横向连接。而对于垂直连接，核心所有者集团通过所有权获得凌驾于个体公司的行政权威，社会秩序和社会权威结构帮助构建集团内的权威结构。政府对所有权直接投资，对企业集团有管理控制权，主导所有者集团通过复杂公司治理结构进行管理控制。基于横向连接和垂直连接两个维度，把企业组织分为网络型（N型）、俱乐部型（C型）、持有型（H型）和多部门型（M型）。

由于不同国家的公司所面临的外部市场环境、社会环境、政治经济因素和外部监督控制系统等各不相同，其企业集团的性质也各有其特点。

环境因素对企业集团内部结构的影响如图3-13所示。

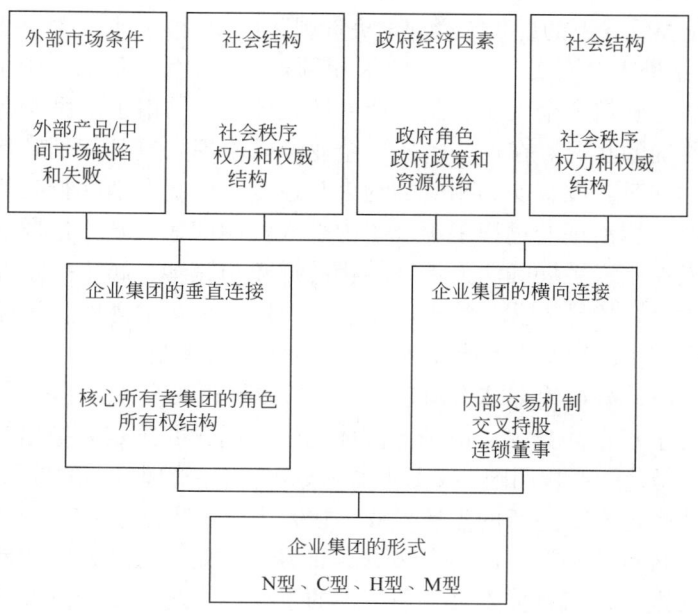

图3-13　环境因素对企业集团内部结构参数的影响

二、国内企业集团公司治理和经验总结

1. 国内公司治理制度建设的发展历程

在国内，对公司治理问题的研究是伴随我国企业改革特别是国有企业的改革而诞生的。总结这些年的实践，不难发现，公司治理是我国企业变革的核心。企业改革的大前提往往是经济体制首先发生变化，1978年之前我国实行的是计划经济体制，之后陆续进行了系列改革，直到市场经济体制建立。伴随着我国经济体制转型，公司治理也从行政型治理向经济型治理转变，这是一个从"形似"到"神似"的升华过程。回顾这些年我国经济社会和企业的发展，公司治理实践可分为观念导入、结构构建、机制建立和有效性提高四个阶段。

第一阶段，公司治理的观念导入阶段（1978—1992年）。1978年十一届三中全会以后，我国经济体制开始由计划经济向有计划的商品经济转变，国家逐步下放和扩大国有企业的自主权，企业在完成指令性计划的同时，可以自主开发市场，经批准可以投资开办企业。从1984年开始，国有企业内部管理体制由党委领导下的厂长（经理）负责制逐步转变为厂长（经理）负责制，并于1987年进入全面实施阶段。1988年颁布的《中华人民共和国全民所有制工业企业法》确定了全民所有制企业的法人地位，结束了全民所有制企业法律地位不明确的状况。在这一阶段，企业经营管理人员尤其是经理人员在获取自主权的同时，没有受到相应的约束与控制。由此在消除行政型治理，但尚未建立经济型治理的过程中出现了内部人控制问题。基于这样的背景，从解决内部人控制入手展开法人治理结构的搭建与完善，属于探索性的治理实践，从观念上开始导入公司治理。但这一阶段对公司治理的认识还局限于法人治理结构层面，建立法人治理结构更多的是为实现制衡的目的。

第二阶段，公司治理结构构建阶段（1992—1998年）。1993年十四届三中全会《关于建立社会主义市场经济体制若干问题的决定》指出，国有企业改革的方向是建立产权明晰、权责明确、政企分开、管理科学的现代企业制度。随着国内两个证券交易所的先后设立，1993年4月，国务院发布《股票发行与交易管理暂行条例》；1993年6月，证券会制定《公开发行股票公司信息披露实施细则》，信息披露是公司治理的重要内容之一。1994年7月，《中华人民共和国公司法》正式实施，从法律上规范了股份有限公司的设立和运行，对股票的发行和上市做出了明确规定，特别是明确了三会治理结构。1998年

第三章　国内外大型企业集团管控模式

《中华人民共和国证券法》（以下简称《证券法》）开始实施，其中关于投资者权益、持续信息披露和对经营者约束等规定均为公司治理内容。尽管这一阶段有了《公司法》这一根本制度，但在治理实践上，各公司多数只是满足《公司法》的基本要求而已，搭建了公司治理的基本架构，但治理机制未能充分发挥作用，最明显的就是公司章程大部分采用工商部门提供的范本，个别地区不采用范本不予登记，董事会和监事会也多数局限于开会，从"形"上被动满足公司治理的要求，仅仅是满足公司治理的合规性要求。

第三阶段，公司治理机制建立阶段（1998—2012年）。以《中共中央关于国有企业改革和发展若干重大问题的决定》（以下简称《决定》）为标志，我国公司治理实践进入一个新的阶段，即相对深入阶段，开始注重治理机制的建立。《决定》指出，公司制是现代企业制度的一种有效组织形式，而法人治理结构是公司制的核心。这是我国首次在中央文件中正式提到"法人治理结构"这一概念。为了保证董事会的独立性和更好地保护中小股东的权益，2001年8月，我国证监会推出《关于在上市公司建立独立董事制度的指导意见》，正式导入英美公司治理模式中的独立董事制度，实现了监事会和独立董事的双重监督。2002年1月，证监会和国家经贸委联合发布了《中国上市公司治理准则》，使上市公司的治理有章可循。股权结构是公司治理的基础。2002年出台的《合格境外机构投资者境内证券投资管理暂行办法》（即QFII制度），以及随后出台的《外国投资者对上市公司战略投资管理办法》《关于外国投资者并购境内企业的规定》《关于上市公司股权分置改革试点有关问题的通知》等规定，都是从完善公司股权层面进行的探索。2003年十六届三中全会通过的《中共中央关于完善社会主义市场经济体制若干问题的决定》，明确提出不但要搞公司治理，而且要完善公司治理。同年，国务院国资委成立，之后各省（市、自治区）地方国资委相继成立，结束了我国国有企业由多个政府部门"多龙治水"的局面，使国有企业出资人这一主体得到明确。为全面深入贯彻落实《国务院关于推进资本市场改革开放和稳定发展的若干意见》，中国证监会2005年推出《关于提高上市公司质量意见》的"二十六条"，其中第三条对上市公司治理进行了明确规定。随着公司治理实践的深入，实践当中出现的一些治理问题需要以法的形式对其进行总结，于2006年实施的新《公司法》在完善公司治理基本制度方面有颇多建树。2007年3月，证监会出台《关于开展加强上市公司治理专项活动有关事项的通知》，拉开了公司治理专项活动的序幕，使我国上市公司治理状况得到进一步改善。与上一阶段公司治理实践相比，该治理阶段主要是围绕如何建立治理机制，除了完善《公司法》《证券法》等法律，还有《上市公司治理准则》《国务院关于推进资本市场改革开放和稳定发展的若干意见》《关于提高上市公司质量意见的通知》《公开发行股票公司信息披露实施细则》《上市公司章程指引》等具体的规章制度。

第四阶段，公司治理有效性提高阶段（2012年至今）。2013年十八届三中全会《中共中央关于全面深化改革若干重大问题的决定》指出，要推动国有企业完善现代企业制度。具体内容有健全协调运转、有效制衡的公司法人治理结构；建立职业经理人制度，更好发挥企业家作用；深化企业内部管理人员能上能下、员工能进能出、收入能增能减的制度改革；建立长效激励约束机制，强化国有企业经营投资责任追究；探索推进国有企业财务预算等重大信息公开；国有企业要合理增加市场化选聘比例，合理确定并严格规范国有企业管理人员薪酬水平、职务待遇、职务消费、业务消费等。这一阶段，在实现公司治理"形"似的基础上，探索如何发挥公司治理机制的有效作用，改革的目标不但要实现治理的"形"似，还要"神"至，这也是未来一段时间内我国公司治理改革的风向标。

2015年8月，中共中央、国务院《关于深化国有企业改革的指导意见》指出：健全公司法人治理结构。重点是推进董事会建设，建立健全权责对等、运转协调、有效制衡的决策执行监督机制，规范董事长、总经理行权行为，充分发挥董事会的决策作用、监事会的监督作用、经理层的经营管理作用、党组织的政治核心作用，切实解决一些企业董事会形同虚设、"一把手"说了算的问题，实现规范的公司治理。要切实落实和维护董事会依法行使重大决策、选人用人、薪酬分配等权利，保障经理层经营自主权，凡无授权任何政府部门和机构不得干预。加强董事会内部的制衡约束，国有独资、全资公司的董事会和监事会均应有职工代表，董事会外部董事应占多数，落实一人一票表决制度，董事对董事会决议承担责任。改进董事会和董事评价办法，强化对董事的考核评价和管理，对重大决策失误负有直接责任的要及时调整或解聘，并依法追究责任。进一步加强外部董事队伍建设，拓宽来源渠道。之后，又分类推进国企改革、完善现代企业制度、完善国有资产管理体制、发展混合所有制经济、加强完善党对国有企业领导等多项配套政策，形成了1+N政策体系，意味着国企改革的顶层设计基本完成，为全面深化国有企业改革打下了制度基础。经过40多年的改革与发展，国资管理体制在实现"从九龙治水到统一监管"重要突破的基础上，在治理理念和治理方法上正在推进"从管企业到管资本"的根本转变。

第三章　国内外大型企业集团管控模式

2. 中国上市公司的公司治理模式

2002年1月，中国证监会发布《上市公司治理准则》，阐明了我国上市公司治理的基本原则。上市公司应当按照准则的精神完善公司治理，推动了上市公司建立和完善现代企业制度。中国上市公司的公司治理模式包括内部治理和外部治理。

1）内部治理

上市公司的内部治理机制由股东大会、董事会、监事会以及经理层构成。下面着重从控股股东行为规范、独立董事建设以及信息披露三个方面介绍上市公司的内部治理要求。

上市公司的治理结构应确保所有股东，特别是中小股东享有平等地位。股东按其持有的股份享有平等的权利，并承担相应的义务。股东对法律、行政法规和公司章程规定的公司重大事项，享有知情权和参与权。上市公司应建立和股东沟通的有效渠道。股东既可以亲自到股东大会现场投票，也可以委托代理人代为投票，两者具有同样的法律效力。上市公司的资产属于公司所有。上市公司应采取有效措施防止股东及其关联方以各种形式占用或转移公司的资金、资产及其他资源。上市公司不得为股东及其关联方提供担保。

该准则对上市公司的控股股东行为进行了规范。控股股东对上市公司及其他股东负有诚信义务。控股股东对其所控股的上市公司应严格依法行使出资人的权利，不得利用资产重组等方式损害上市公司和其他股东的合法权益，不得利用其特殊地位谋取额外的利益。控股股东不得对股东大会人事选举决议和董事会人事聘任决议履行任何批准手续；不得越过股东大会、董事会任免上市公司的高级管理人员。控股股东与上市公司应实行人员、资产、财务分开，机构、业务独立，各自独立核算、独立承担责任和风险。上市公司人员应独立于控股股东。上市公司的经理人员、财务负责人、营销负责人和董事会秘书在控股股东单位不得担任除董事以外的其他职务。控股股东单位的高级管理人员兼任上市公司董事的，应保证有足够的时间和精力承担上市公司的工作。控股股东及其职能部门与上市公司及其职能部门之间没有上下级关系。控股股东及其内部机构不得向上市公司及其下属机构下达任何有关上市公司经营的计划和指令，也不得以其他任何形式影响其经营管理的独立性。控股股东及其所属的其他单位不应从事与上市公司相同或相近的业务。控股股东应采取有效措施避免同业竞争。

上市公司应当在公司章程中规定规范、透明的董事选聘程序，保证董事选聘公开、公平、公正、独立。在董事的选举过程中，应充分反映中小股东的意见。上市公司应和董事签订聘任合同，明确公司和董事之间的权利义务、董事的任期、董事违反法律法规和公司章程的责任以及公司因故提前解除合同的补偿等内容。经股东大会批准，上市公司可以为董事购买责任保险，但董事因违反法律法规和公司章程规定而导致的责任除外。

上市公司应当建立独立董事制度，独立董事应独立于所受聘的公司及其主要股东，不得在上市公司担任除独立董事外的其他任何职务。独立董事对公司及全体股东负有诚信与勤勉义务。独立董事应按照相关法律、法规、公司章程的要求，认真履行职责，维护公司整体利益，尤其要关注中小股东的合法权益不受损害。独立董事应独立履行职责，不受公司主要股东、实际控制人以及其他与上市公司存在利害关系的单位或个人的影响。上市公司董事会可以按照股东大会的有关决议，设立战略、审计、提名、薪酬与考核等专门委员会。专门委员会成员全部由董事组成，其中审计委员会、提名委员会、薪酬与考核委员会中独立董事应占多数并担任召集人，审计委员会中至少应有一名独立董事是会计专业人士。

上市公司应持续信息披露。上市公司应严格按照法律、法规和公司章程的规定，真实、准确、完整、及时地披露信息。上市公司除按照强制性规定披露信息外，应主动、及时地披露所有可能对股东和其他利益相关者决策产生实质性影响的信息，并保证所有股东有平等的机会获得信息。上市公司披露的信息应当便于理解。上市公司应保证使用者能够通过经济、便捷的方式（如互联网）获得信息。上市公司董事会秘书负责信息披露事项，包括建立信息披露制度、接待来访、回答咨询、联系股东、向投资者提供公司公开披露的资料等。董事会及经理人员应对董事会秘书的工作予以积极支持。任何机构及个人不得干预董事会秘书的工作。上市公司应按照有关规定，及时披露持有公司股份比例较大的股东及一致行动时可以实际控制公司的股东或实际控制人的详细资料。上市公司应及时了解并披露公司股份变动的情况，以及其他可能引起股份变动的重要事项。当上市公司控股股东增持、减持或质押公司股份或上市公司控制权发生转移时，上市公司及其控股股东应及时、准确地向全体股东披露有关信息。

知识栏：公司治理信息的披露

上市公司应按照法律、法规及其他有关规定，披露公司治理的有关信息，包括但不限于：

（1）董事会、监事会的人员及构成。

第三章　国内外大型企业集团管控模式

（2）董事会、监事会的工作及评价。

（3）独立董事工作情况及评价，包括独立董事出席董事会的情况、发表独立意见的情况、对关联交易、董事及高级管理人员的任免等事项的意见。

（4）各专门委员会的组成及工作情况。

（5）公司治理的实际状况与本准则存在的差异及其原因。

（6）改进公司治理的具体计划和措施。

2）外部治理

外部治理机制是指来自企业外部主体和市场的监督约束机制。对于上市公司而言，要受到中国证券监督管理委员会（以下简称"中国证监会"）、中国银行保险监管委员会、交易所以及中国证券登记结算公司的监督约束。不同的外部治理主体从不同的角度监督约束上市公司。

中国证监会依照法律、法规和国务院授权，统一监督管理全国证券期货市场，维护证券期货市场秩序，保障其合法运行。中国证监会在以下三个方面发挥重要作用：维护市场公开、公平、公正；维护投资者特别是中小投资者合法权益；促进资本市场健康发展。中国上市公司应当严格按照中国证监会的要求，规范自身制度建设。

中国银行保险监督管理委员会是原中国银行业监督管理委员会和中国保险监督管理委员会整合组建而成的。为了解决现行体制存在的监管职责不清晰、交叉监管和监管空白等问题，强化综合监管，优化监管资源配置，更好统筹系统重要性金融机构监管，逐步建立符合现代金融特点、统筹协调监管、有力有效的现代金融监管框架。其主要职责是，依照法律法规统一监督管理银行业和保险业，维护银行业和保险业合法、稳健运行，防范和化解金融风险，保护金融消费者合法权益，维护金融稳定。

中国大陆两所证券交易所分别为上海证券交易所和深圳证券交易所。交易所主要职能包括：提供证券交易的场所和设施；制定本所业务规则；接受上市申请、安排证券上市；组织、监督证券交易；对会员和上市公司进行监管；管理和公布市场信息；中国证监会许可的其他职能。

中国证券登记结算有限责任公司（以下简称"中国结算"）为各类参与者参与场内场外、公募私募以及跨境证券现货和衍生品投融资提供规范、灵活、多样的登记结算基础设施服务。其职能包括：证券账户、结算账户的设立和管理；证券的存管和过户；证券持有人名册登记及权益登记；证券和资金的清算交收及相关管理；受发行人的委托派发证券权益；依法提供与证券登记结算业务有关的查询、信息、咨询和培训服务；中国证监会批准的其他业务。

知识栏：中国证监会在对证券市场实施监督管理中履行下列职责

（1）研究和拟订证券期货市场的方针政策、发展规划；起草证券期货市场的有关法律、法规，提出制定和修改的建议；制定有关证券期货市场监管的规章、规则和办法。

（2）垂直领导全国证券期货监管机构，对证券期货市场实行集中统一监管；管理有关证券公司的领导班子和领导成员。

（3）监管股票、可转换债券、证券公司债券和国务院确定由证监会负责的债券及其他证券的发行、上市、交易、托管和结算；监管证券投资基金活动；批准企业债券的上市；监管上市国债和企业债券的交易活动。

（4）监管上市公司及其按法律法规必须履行有关义务的股东的证券市场行为。

（5）监管境内期货合约的上市、交易和结算；按规定监管境内机构从事境外期货业务。

（6）管理证券期货交易所；按规定管理证券期货交易所的高级管理人员；归口管理证券业、期货业协会。

（7）监管证券期货经营机构、证券投资基金管理公司、证券登记结算公司、期货结算机构、证券期货投资咨询机构、证券资信评级机构；审批基金托管机构的资格并监管其基金托管业务；制定有关机构高级管理人员任职资格的管理办法并组织实施；指导中国证券业、期货业协会开展证券期货从业人员资格管理工作。

（8）监管境内企业直接或间接到境外发行股票、上市以及在境外上市的公司到境外发行可转换债券；监管境内证券、期货经营机构到境外设立证券、期货机构；监管境外机构到境内设立证券、期货机构、从事证券、期货业务。

（9）监管证券期货信息传播活动，负责证券期货市场的统计与信息资源管理。

（10）会同有关部门审批会计师事务所、资产评估机构及其成员从事证券期货中介业务的资格，并监管律师事务所、律师及有资格的会计师事务所、资产评估机构及其成员从事证券期货相关业务的活动。

（11）依法对证券期货违法违规行为进行调查、处罚。

（12）归口管理证券期货行业的对外交往和国际合作事务。

（13）承办国务院交办的其他事项。

3. 中国公司治理模式总结与发展

我国在公司治理结构和机制设计上,学习和借鉴了英美模式和德日模式,主要表现在:

一是借鉴了英美模式的董事会设置,引入了独立董事制度和专门委员会制度。例如,我国上市公司要求1/3的董事必须是独立董事,董事会应当设立审计委员会,并可以根据需要设立战略、提名、薪酬与考核等相关专门委员会。

二是在治理结构上学习了日本的"平行三角制"模式。股东大会是最高权力机构,董事会是管理决策机构,监事会是监督机构。不同的是,由于中国引进了独立董事和委员会制度,因此,董事会权力比日本的要大,而日本更多依赖监事履行监督职能,其监事权力大于中国模式的监事会。

三是在监事会成员构成上学习了德国的"共同决策制"。我国公司法规定,股份有限公司监事会中的职工代表的比例不得低于三分之一,职工代表由公司职工通过职工代表大会、职工大会或者其他形式民主选举产生。

中国上市公司采用独立董事和监事会的双重监督模式。独立董事和监事会的监督功能是不同的,监事会在一定程度上还是以内部人为主,包括代表职工利益的监事;而独立董事是代表公众投资者利益。董事是由股东大会选举产生的,对内管理公司事务,对外代表公司进行经济活动。董事会中一般设董事长一人(也可设副董事长),董事长是董事会权力的集中代表。董事按其与公司的关系可分为执行董事和非执行董事(独立董事是它的一种特殊形式)。上市公司董事会可以按照股东大会的有关决议,设立战略、审计、提名、薪酬与考核等专门委员会。专门委员会成员全部由董事组成,其中审计委员会、提名委员会、薪酬与考核委员会中独立董事应占多数并担任召集人,审计委员会中至少应有一名独立董事是会计专业人士。

从董事会的战略决策职能来看,对于公众公司而言,董事会不应该涉及公司日常的经营管理,这些事务应由公司的高级管理人员负责。董事会应该关注那些影响公司发展的重大方面,应该注意更广范围内的公司战略目标。董事会负责指导公司,它是风险承担的主要代理人。这意味着董事会对公司应该有着整体的领导、判断和计划,并且能够制定公司的核心决策。就董事会的监督职能而言,董事会主要就是对高级管理人员进行监督。公司经营过程中,董事会不可避免地要向高级管理人员授予经营和决策的职权。当然,最终责任承担者还是董事会。在董事会的指导下,高级管理人员应该努力实现董事会的目的,按照董事会的决策行事。高级管理人员负责公司的日常经营管理,确保公司营利。虽然是高级管理人员保证了公司的实际运营,但是他们必须在董事会授权的范围内经营并接受来自董事会的监督。

关于股份公司内部专门监督机制，我国 2003 年《公司法》规定，监事会与股东（大）会、董事会是股份公司内部的三大组织机构，监事会成员中除职工代表外由股东（大）会选举产生，监事会向股东（大）会报告工作，监事会享有财务监督权、董事及经理的行为监督权。不过，2001 年中国证监会通过发布《关于在上市公司建立引进独立董事的指导意见》，在上市公司中引进了独立董事，两大交易所的相关监管规则也做了相应的要求。考虑到我国公司监事会的运行效果并不明显，2005 年修订出台的《公司法》在上市公司中引进了独立董事的制度安排。该法第 123 条规定："上市公司设立独立董事，具体办法由国务院规定"。这样，对于上市公司而言，存在监事会与独立董事的并存模式；对于其他非上市公司，无须设立独立董事，只需设立监事会即可。监事会应维护出资者权益，确保资产的安全、完整，不干预企业日常的生产经营活动，对监督中发现的问题要及时向股东（大）会或出资方报告。

中国公司治理结构框架如图 3-14 所示。

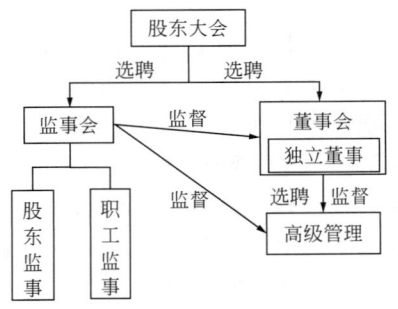

图 3-14 中国的公司治理结构框架

4. 中国公司治理有效性提升

要提升中国公司治理的有效性，需要要做好三方面的工作：一是应当树立规则意识，对内设计合理的制度规定，对外明确自身应当适用于哪些法律法规的规定。二是严格问责机制，设立了规则就应当遵守，在规则允许的范围内进行决策，如果违规就应当问责，追究违规当事人的责任。三是针对发展的不同阶段，合理调整公司治理机制。

1）树立起规则意识

从公司内部来说，最基础的规则是股权设计和公司章程。公司章程是公

第三章　国内外大型企业集团管控模式

司的自治规范，相当于公司的宪章，公司的日常经营决策要严格按照公司章程的规定开展。为避免企业存续阶段各个利益主体之间可能发生的利益冲突，股东在订立公司章程时，应当提前将可能引发利益冲突的相对记载事项或任意记载事项予以明确。从公司外部而言，规则是指各个公司所适用的法律、法规、规章等。公司应当遵循《公司法》《证券法》《合同法》《税法》《会计法》等规定。如果是上市公司，还要遵循证券监管法规以及证券交易所规则。在国外上市或者与国外企业合作的公司，应当遵循国外法律的相关规定。实践中的案例总结了规则制定方面的经验。

知识栏：公司章程

公司章程包括必要记载事项和任意记载事项。必要记载事项包括绝对必要记载事项和相对记载事项。绝对必要记载事项是每个公司章程必须记载、不可缺少的法定事项，缺少其中任何一项或任何一项记载不合法，整个章程即归无效。相对记载事项是法律列举规定的一些事项，由章程制订人自行决定是否予以记载。任意记载事项是指法律未予明确规定，是否记载于章程，由章程制订人根据本公司实际情况任意选择记载的事项。

案例：多数股东决定 vs 多数股份决定

20世纪90年代末期，证券市场走势比较好，一个青年与弟弟共同成立了一家新公司。新公司的股权设计如下：哥哥拥有50%的股权，弟弟有30%的股权，剩下的股权由财务负责人持有。由于市场较好，公司经营状况不错，同时，弟弟和财务负责人相恋并结婚，因此，哥哥跟弟弟商量，修改一下公司章程，将董事长、总经理的任免"由多数股东决定"改为"由多数股份决定"，弟弟与财务负责人商量之后，表示不同意修改。原来多数股东是哥哥和弟弟的联合，现在弟弟和财务负责人联合则变成了多数股东，考虑到哥哥是董事长兼任总经理，因此，如果修改公司章程则难以有效制约哥哥。最后，双方的争端是由其父亲出面解决。由此可以看出，股权安排和公司章程对于公司治理的重要意义。

案例：为什么30%与35%的股权差别那么大？

国内某大型公司集团A到内蒙古办企业，为了获得当地税收优惠，与当地企业联合创办企业。当地企业占35%的股权，A集团占65%，重要事项需要三分之二以上的股份同意。对方为了让A先满足自己的条件，对A集团的意见全部投反对票。A 集团虽然控股，但如果当地企业对重要事项不投赞成票，就无法获得三分之二以上的股份同意。控股与不控股，控股多少都存在底线，所以公司章程与股权设置是非常重要的。

2）严格问责机制

设立了规则，接下来就要对照实施、合规管控。随着我国法制的健全，《公司法》《证券法》《国际会计准则》都已颁布实施，一旦出错，企业将会付出很大的代价。同时，在与海外企业合作的过程中，包括海外上市，即使规则不符合中国企业的实际需求，也一定要按规则行事，否则将会遭到处罚。中国企业至少要掌握三套规则：

第一，国际规则与公司治理标准。我国公司即使不在海外上市，也会和海外企业合作。在国外开展业务时，公司应当严格遵循国际规则和国外的法律法规，依法办事。我国公司治理水平较低，难以应对国外严格的法律。但在实践中，我国公司一定要按照国际规则或者国外法律的规定，规范自身行为，在满足相应条件之后，再开展相应的业务。这要求我国企业应当与国际接轨，学习和遵守国际规则，在法律允许的范围内开展日常经营业务，提升自身价值。

第二，上市公司的规则。上市公司从首次 IPO 到上市后的日常信息披露以及退市，法律法规都有严格的要求。上市公司应当学习这些规则，严格按照上市公司的规则要求完善自身公司治理结构，规范自身信息披露，保护利益相关者的利益。

第三，现有的和过去的国有、民营企业的治理规则。对于国有企业而言，国务院国资委对于国有企业的法人治理结构提出了相应的要求，国有企业应当严格按照规定，完善自身法人治理结构。民营企业也应当严格按照《公司法》的规定严格规范自身公司治理机制，同时企业也应当与时俱进。随着法律法规的完善，会对企业提出一些新的要求，企业应当对比新旧规则的差异，严格按照法律法规的新要求完善自身的治理结构。如果违规，就需要进行问责。公司治理问责应强调个人问责，通行做法是集体决策、个人负责，而我国通常是集体决策、集体问责，这就导致了责任的不明确。我国很多企业问责不到位，导致决策失误。世界银行曾指出我国的决策失误率为 30%，而其他国家还不到 5%。决策失误会导致资源的浪费。为避免资源的浪费，应明确各方责任，违规时直接追究相应责任人的责任，从而使规则能更好地发挥其作用。

3）公司治理机制的阶段性调整

公司治理有效性应与公司的成长紧密结合。处在不同的成长阶段，对应的公司治理制度体系、目标、运作基础和手段也各不相同。一般企业的生命周期分为初创期、成长期、成熟期与衰退期四个阶段。

初创期。产品种类单一,市场份额不稳定,同时企业一般为亏损状态,生存是企业的首要目标。在这一阶段的企业,所有权与经营权的分离不明显,所有者多为经营者,股权集中,不存在制衡机制和激励机制。公司治理制度主要表现为内部监控,组织尚未明确各个利益主体的权责利,佢内部沟通协调会比较容易。

成长期。产品种类不断增多,出现主导型产品,同时企业的盈利能力不断增强,扩大市场份额是企业此时的主要经营目标。企业逐步引入战略投资者,所有权与经营权实现分离,开始朝着现代企业制度的规范化运作迈进,逐步形成权责利明晰的权力机构、管理机构和监督机构,此时需要设计激励机制,激励董事和管理层为实现公司成长效力。企业怎么成长,持续靠什么保证,需要制度建设,应提前设计章程以及换代的机制,而不应将公司的发展与某个人捆绑在一起。

成熟期。企业的发展能力出现滞缓,保持市场份额是企业此时的主要经营目标。企业开始寻求能为其发展带来新动力的投资者,股权于是出现多元化。由于股权的分散,企业由内部监控模式转向了市场监控模式。企业需要进一步细化其组织设计,设计更合理的激励机制,使股东能够有动力监督管理层的行为。

衰退期。企业盈利能力开始下降,也不会为研发再投入资金,能够实现再生是企业此时的经营目标。企业的投资者更多地关注其短期收益,公司治理体制开始僵化。在此阶段,公司应当努力寻求能够使公司再生的机会,从而开启新的生命周期。

5. 混合所有制改革与董事会建设

1) 发展混合所有制经济深化国有企业改革

十八届三中全会指出,要积极发展混合所有制经济。发展国有资本、集体资本、非公有资本等交叉持股、相互融合的混合所有制经济,通过引进不同利益主体在企业层面解决"所有者缺位"的问题,以实现国有资本放大功能、保值增值、提高竞争力,同时能够使各种所有制资本取长补短、相互促进、共同发展。发展混合所有制经济是为了巩固公有制的主体地位,发挥国有经济在市场经济中的主导地位,增强国有企业的活力、控制力和影响力;同时引导非公有制经济健康发展,使非公有制企业能够实现资产的保值增值;协调不同利益相关者的利益,平衡不同利益主体的矛盾,促进社会的和谐发展。发展混合所有制经济，国有投资项目允许非国有资本参股，允许混合所有制经济实行企业员工持股，形成资本所有者和劳动者利益共同体，同时鼓励非公有制企业参与国有企业改革，鼓励发展非公有资本控股的混合所有制企业。

发展混合所有制经济，深化国有企业改革，是推动经济增长的新动力。在推进混合所有制改革过程中，规范董事会的建设是极其关键的。目前一些国有企业存在"一股独大"的情况，尚未实现投资主体的多元化，缺乏多元主体之间相互监督与制衡的机制。国有投资项目允许非国有资本参股，能够将民营企业等非公有制企业优秀的管理制度和经验引进国有企业，提升企业的效率。随着多元主体的引进，平衡各利益主体的矛盾和冲突至关重要，需要在公司的董事会构成以及议事制度等方面改进和完善。通过董事会的规范建设，建立健全权责对等、运转协调、有效制衡的决策执行监督机制，规范董事长、总经理行权行为，充分发挥董事会的决策作用，切实解决一些企业董事会形同虚设、"一把手"说了算的问题，实现规范的公司治理。

作为一项复杂的系统工程，混合所有制公司改革的成功关键在于以下六个方面的联动，才能保证结果和目标的一致性。第一是战略层面，战略问题是很多企业容易忽视的根本问题，企业在实施混合所有制改革之前，首先要想清楚改革能够为企业带来的价值是什么，这是混改前需要明确的原点问题。第二是架构设计，混合所有制改革怎样做出最优的模式设计以有效避免对未来造成潜在风险是必须思考的问题，企业一旦"离婚"将导致财产权、企业管理的崩溃性结果，所以一开始股权结构的设计显得尤为重要。第三是投资人选择问题，对于企业来说，投资人的合理选择能够在很大程度上帮助企业实现资源搭配和优势互补。第四是定价问题，混合所有制改革无论是增资还是出让股权都涉及核心的交易定价，交易定价一不能出错、二不能违规、三不能贱卖、四不能定价过高没人要，怎样妥善地解决定价问题需要重点关注。第五是员工持股，对于员工持股、职业经理人、激励机制改革等热点问题，目前在混改中探索进展到什么程度，企业在改革时应该应用何种策略，如何找到适合自己的改革办法都是值得探索研究的。第六是管控，对混合所有制企业来说，原直管部门变身为股东，面对这样的问题采取变换管理形式，也是关系到混合所有制改革能否实现初衷的关键性问题。

对企业来说，混合所有制既要制定合理战略，也要实现合适的架构设计；既要选择互补投资人为企业增长注入新活力，也要选取合适定价机制制定合

第三章 国内外大型企业集团管控模式

理价格;既要把握机会进行员工持股改革,也要实现董事会的管理形式的有效变换。混改任重道远,把握好以上六个关键点是成功的关键。

2)强化董事会建设与规范运行

优化董事会组成结构。国有独资、全资公司的董事长、总经理原则上分设,应均为内部执行董事,定期向董事会报告工作。国有独资公司的董事长作为企业法定代表人,对企业改革发展负首要责任,要及时向董事会和国有股东报告重大经营问题和经营风险。国有独资公司的董事对出资人机构负责,接受出资人机构指导,其中外部董事人选由出资人机构有关部门提名,并按照法定程序任命。国有全资公司、国有控股企业的董事由相关股东依据股权份额推荐派出,由股东(大)会选举或更换,国有股东派出的董事要积极维护国有资本权益;国有全资公司的外部董事人选由控股股东商其他股东推荐,由股东(大)会选举或更换;国有控股企业应有一定比例的外部董事,由股东(大)会选举或更换。

规范董事会议事规则。董事会要严格实行集体审议、独立表决、个人负责的决策制度,平等充分发表意见,一人一票表决,建立规范透明的重大事项信息公开和对外披露制度,保障董事会会议记录和提案资料的完整性,建立董事会决议跟踪落实和后评估制度,做好与其他治理主体的联系沟通。董事会应当设立提名委员会、薪酬与考核委员会、审计委员会等专门委员会,为董事会决策提供咨询,其中薪酬与考核委员会、审计委员会应由外部董事组成。改进董事会和董事评价办法,完善年度和任期考核制度,逐步形成符合企业特点的考核评价体系及激励机制。

加强董事队伍建设。开展董事任前和任期培训,做好董事派出和任期管理工作。建立完善外部董事选聘和管理制度,严格资格认定和考试考察程序,拓宽外部董事来源渠道,扩大专职外部董事队伍,选聘一批现职国有企业负责人转任专职外部董事,定期报告外部董事履职情况。国有独资公司要健全外部董事召集人制度,召集人由外部董事定期推选产生。外部董事要与出资人机构加强沟通。

积极探索党管干部原则与董事会选聘经营管理人员有机结合的途径和方法。坚持和完善双向进入、交叉任职的领导体制,符合条件的国有企业党组(党委)领导班子成员可以通过法定程序进入董事会、监事会、经理层,董事会、监事会、经理层成员中符合条件的党员可以依照有关规定和程序进入党组(党委);党组(党委)书记、董事长一般由一人担任,推进中央企业党组(党委)专职副书记进入董事会。中央企业党组织书记同时担任企业其他主要领导职务的，应当设立一名专职抓企业党建工作的副书记。在董事会选聘经理层成员工作中，上级党组织及其组织部门、国有资产监管机构党委应当发挥确定标准、规范程序、参与考察、推荐人选等作用。积极探索董事会通过差额方式选聘经理层成员。要充分发挥纪检监察、巡视、审计等监督作用，国有企业董事、监事、经理层中的党员每年要定期向党组（党委）报告个人履职和廉洁自律情况。

第四节　控参股公司管控力评价

控参股公司是集团公司发挥资本聚集放大效应、实现产业链延伸控制的重要载体，是开展国内外能源并购合作、实现集团整体战略布局的有效形式。但由于控参股公司分布行业广泛、资本结构复杂、数量规模较大、利益相关者众多，实施规范有效管控的难度较大，需要在管控机制方面进行不断探索创新，逐步建立适应集团持续健康发展的、更能体现公司发展特色的控参股公司管控机制与方法。

一、控参股公司管控力评价模型

1. 总体目标

通过建立一个包含多维度、多指标体系的管控力评价模型，形成一套可以测量、比较、改进控参股公司实际管控能力的方法体系，有助于集团公司对控参股公司管控工作实现定量化、定性化、体系化，管控力评价结果可作为衡量控参股公司是否处于受控状况及管控水平持续提升的关键依据。

2. 设计原则

管控力评价模型在构建过程中，首先要注重提升治理管控能力，公司治理是基本出发点，是控参股公司管控力的来源与基础；其次要体现战略协同，战略协同是重要着眼点，必须围绕集团公司整体战略来加强对控参股公司的战略管控；第三是强化各种职能及价值链环节的专业管理，落地执行是关键衡量点；最后要注意采用各种风险控制手段开展监控与反馈，发现及纠正偏差，风险控制是特别关注点。

第三章　国内外大型企业集团管控模式

二、评价模块及评价指标

1. 主要模块组成

基于上述原则，管控力评价模型由治理管控、战略管控、业务管控和风险管控四个模块组成。

1）治理管控

对公司治理结构中内外不同治理主体管控行为进行定义。治理管控模块由股东（大）会运作及股权结构、董事会制度及决策运行、监事会能力及监督运作、经理层执行能力与评价、利益相关者参与程度等五项管控活动组成。

2）战略管控

主要基于事前、事中、事后控制的角度出发，对集团整体战略在控参股公司能否得到有效落实进行界定。战略管控模块由战略规划、经营计划与全面预算、运营监控与业绩评价、考核与激励四项管控活动组成。

3）业务管控

主要从价值链管理与职能管理的角度入手，确定专业化管控业务类别。业务管控模块由三项职能管控活动（人力资源、财务管理、品牌公关）和四项价值链管控活动（研究开发、采购物流、生产制造、营销销售）共计七项管控活动组成。

4）风险管控

主要从审计、稽核、内控、信息、安全等具体监控手段及方法入手，明确提出改善公司管控力的手段与措施，风险管控模块由审计稽核、内部控制、风险管理、信息管理、安全运营五项管控活动组成。

除了以上四个管控模块以外，还包括三个执行维度因素：一是机构与人员，二是制度与流程，三是信息系统支撑。这些是管控力分析评价模型在执行层面需要具体考虑的三个方面。

控参股公司管控力评价模型如图3-15所示。

2. 管控力分析评价指标体系

在建立管控力分析评价概念模型以后，需要建立一套完整的、可量化打分的管控力分析评价指标体系，将概念模型进一步具体化、可执行化。根据以上21项管控模块具体涵盖内容，对管控活动进行指标定义、确定评价标准及分值，可参照评价标准对每一项管控活动进行定量打分，并根据最终打分结果确定其所属管理等级。

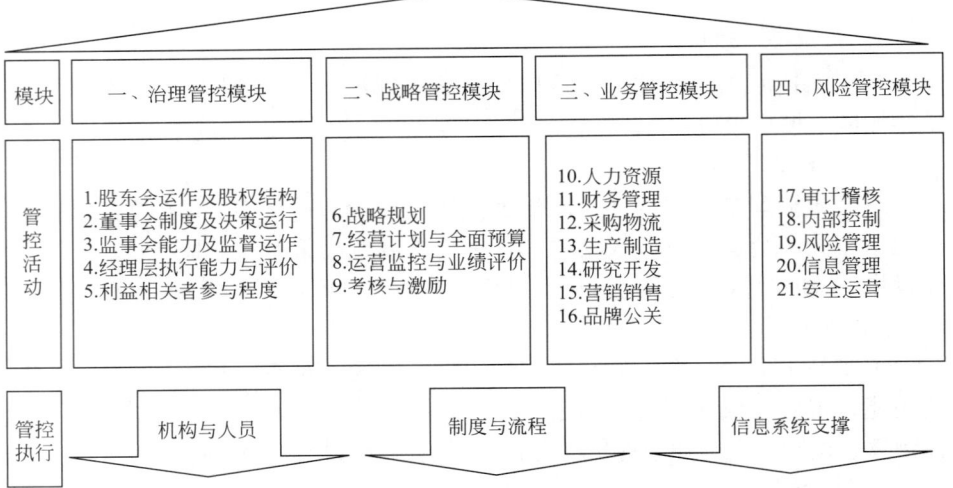

图 3-15 控参股公司管控力评价模型

第三章小结

本章共有 4 节，重点阐述了国外企业集团的管控模式、国有企业集团的管控模式、国内外企业集团管控的经验借鉴、控参股公司管控力评价等内容。

第一节国外企业集团的管控模式，包括国外企业集团管控模式、BP 管控案例、GE 公司管控案例三部分内容。重点介绍了介绍美国、日本、韩国企业集团的管控模式。美国集团公司对控参股公司管控的突出特征是集团公司治理结构相对完善，尤其是集团公司董事会组成科学、运行有效。日本企业集团的管控以成员相互持股、主银行制度和社长会为突出特征。韩国绝大多数的大企业集团都被其创始人或创始人的后代所控制，其组织结构表现出一种高度集权化和形式化的特征。

第二节国有企业集团的管控模式，包括国有集团公司管控模式发展、国有大型企业集团的主要内部管控模式、国资委董事会和监事会管控模式、地方国资委董事会和监事会管控模式（以上海为例）四部分内容。

第三章　国内外大型企业集团管控模式

国有集团公司对控参股公司的管控，主要体现在集团公司与控参股公司（母子公司）的产权关系、公司治理、组织架构、功能定位等方面。上海市相关政策制定部门发布了相关政策指引和示范，以完善企业的公司治理模式。

第三节国内外企业集团管控的经验借鉴，包括国外企业集团公司治理经验、国内企业集团公司治理和经验总结两部分内容。

我国在公司治理结构和机制设计上，学习和借鉴了英美模式和德日模式。进一步提升中国治理有效性，一要树立起规则意识，二要严格问责机制，三要阶段性的调整公司治理机制。推进混合所有制改革与董事会建设，一要发展混合所有制经济，深化国有企业改革，二要强化董事会建设与规范运行。

第四节控参股公司管控力评价，包括控参股公司管控力评价模型、评价模块及评价指标两部分内容。管控力评价模型由治理管控、战略管控、业务管控和风险管控四个模块组成。

第四章　股东、股东代表与股东（大）会

关于股东、股东代表与股东（大）会，《公司法》及司法解释、上市公司治理准则（证监会公告〔2018〕29号）、上市公司股东大会规则（证监会公告〔2016〕22号）、上市公司章程指引（证监会公告〔2019〕10号）等法规对有限责任公司、股份有限公司和上市公司有规定的，从其规定。没有规定的，可借鉴股份公司、上市公司有关规则；股份公司可以借鉴上市公司有关规则。股份公司、上市公司没有特别规定的，可以适用有限公司的一般规定。

上市公司应当制定股东大会议事规则，股东大会议事规则详细规定股东大会召开和表决程序，包括通知、登记、提案的审议、投票、计票、表决结果的宣布、会议决议的形成、会议记录及其签署、公告等内容，以及股东（大）会对董事会的授权原则、授权内容。对此，有限责任公司、股份公司可以借鉴上市公司股东大会议事规则。

第一节　股东的权利与义务

一、股东及其分类

1. 股东的概念

股东（Shareholder、Stockholder）是指基于对公司的投资或其他合法原因而持有公司股份的利益主体。股东作为公司的出资人，是公司资本和权利的来源，是公司存在的物质基础，其直接影响公司的治理。股东依法享有股东权利并承担相应义务。有限责任指的是股东以其认缴的出资额为限对公司承担责任；股份有限公司的股东以其认购的股份为限对公司承担责任。

第四章 股东、股东代表与股东（大）会

知识栏：公司股东

公司股东是指股份公司及有限公司中持有股份或者股权的人，有权出席股东大会/股东（大）会并依法享有资产受益、参与重大决策和选择管理者等权利。股东可以是自然人、法人、非法人组织，甚至可以是国家。在股东资格的取得和确认上，有限责任公司出资人认缴出资，公司成立并记载于股东名册后，其身份即成为股东，依据股东名册的记载行使股东权利。股份公司出资人认购股份，公司成立并签发股票或者记载于股东名册后，其身份即成为股东。股东名册是取得股东资格的直接证明文件，实缴出资不到位，不影响股东资格及身份。公司应进行股东登记，未经登记不得对抗第三人。股东名册是公司内部文件，是股东资格的证明文件，工商登记是对抗第三人的法律效力。

知识栏：股东理论及公司治理的目的

在英美有关公司治理的争论主要是在居于主导地位的股东理论（Shareholder Theory）与其挑战者——利益相关者理论（Stakeholder Theory）之间展开的。

股东理论倡导者认为股东是"委托人"（Principal），因此公司的经营必须符合他们的利益，尽管他们实际上是依靠他人管理公司的。如果按股东价值最大化的原则对公司加以管理，不仅股东的利益，整个经济体系的绩效都会得到提升。为此，这种观点的主张者将剩余收益看作是对股东所起的关键经济作用的奖赏。具体说来，就是将对股东的回报看成对其风险承担和等待行为的激励。

在公司制企业中，由于股东是剩余风险的承担者，因此，他有权索取剩余收益。这一观点不仅被金融经济学家（Financial Economics），而且被许多主流经济学家所接受。它认为，作为权益投资者的股东是公司投资者中唯一没有契约保证的固定回报的经济参与者。作为"剩余索取者"，股东承担了公司盈亏的风险，因此与公司是否将资源配置到可使剩余最大化的"最佳替代用途"攸关。因为公司的其他"利益相关者"都会得到约定的回报，因此"股东价值（Shareholder Value）最大化"不仅能使某一公司业绩出众，整个经济也会表现不俗。

人们认为由股东来承担公司剩余收益的风险在经济上是有效的。作为一个阶层，他们没有被约束在持有股份的公司，所以他们比管理者和工人更能够承担风险。股东可以分散其投资组合，通过对不同类型进行分类、组合使

风险最小化。就像法马和詹森所说的:"大公司的普通股是一种常用的受限制最少的剩余索取权。股东无须在组织中发挥其他什么作用;他们的剩余索取权可以不受限制地转让;因此,这种剩余索取权可使众多股东不受限制地分担其风险"。

那么公司治理的目的是什么呢?是股东价值最大化,还是利益相关者价值最大化。无论哪种观点,都有失偏颇。治理的目的是公司价值最大化。

知识栏:法定代表人

我国《公司法》规定,公司法定代表人依照公司章程的规定,由董事长、执行董事或经理担任,并依法登记。公司法定代表人变更,应当办理变更登记。从上述法律规定可见:(1)法定代表人只能是自然人。虽然《公司法》没有直接表述,但从有权担任法定代表人的人员条件上可以判断,非自然人不能担任公司的法定代表人。(2)法定代表人只能是一个人。(3)法定代表人只能从董事长、执行董事、经理三者中选择。

2. 股东的分类

按照不同的标准,可以将股东分成以下类型。

1)自然人股东和机构股东

自然人股东是指由自然人出资并持有公司股权的股东。这是股东最原始的含义。自然人股东十分关心公司的运作和自身权益,被看作是"积极股东"。但在现实中,由于自然人股东持股份额受财富限制,很难成为控制性股东。

机构股东是指由法人或机构出资并持有公司股份的股东。他是为突破自然人股东财力限制发展起来的,持股量大,通常与控制性股东联系起来。由于机构股东的行为也是由某自然人来完成,甚至机构本身就是自然人托管,必然存在代理成本,所以机构股东被看作是"消极股东"。

2)控股股东和非控股股东

这是依据股东持股数量而做出的划分方法,实践中比较常用。控股股东也称大股东,持有公司股份比例足以对公司股东(大)会、董事会决议产生决定性影响的股东。

控股股东又可分为绝对控股股东、相对控股股东和联合控股股东。绝对控股股东是指持有公司51%以上股份,能对公司股东大会各项决议形成决定性影响的股东。相对控股股东是指持股比例低于51%,但通过征求委托书、多层控股、发行优先股及交叉持股等方式获得超过50%的投票权和实际控制

第四章 股东、股东代表与股东（大）会

权的股东，或者是所有股东中最大的股东，能对公司股东（大）会、董事会产生较大影响。联合控股股东是指单个股东不是控股股东，但几个股东联合起来持股量达到控股比例，投票时一致行动，对股东（大）会决议产生较大影响的股东。非控股股东是指所持公司股权比例不能单独对公司股东（大）会、董事会决议产生决定性影响的股东。

知识栏：控股股东治理的理论依据和实证

现行的公司治理结构主要有两种模式，即内部人控制模式和控股股东模式。这两种模式有时也在一个企业中奇妙地重叠在一起。控股股东由于控制权的股份收益和额外收益的驱动承担了投资组合不分散的风险，则控股股东利益更多地与公司利益相关，因而控股股东普遍存在监督和控制管理者的激励。控股股东治理已经成为公司治理的主要形态，正发挥着日益重要的作用。部分实践数据表明，随着股权集中程度的提高，公司绩效开始下降，当达到一定程度时，公司绩效开始上升。股权集中度与公司绩效呈现左低右高的"U"形曲线。这为中国石油作为控股股东参与子公司治理提供了理论和实证依据。

3）普通股东和特别股东

根据股东所持公司股权权利的不同，将股东分为普通股东和特别股东。

普通股东是指持有公司无特别权利股份的股东，享有收益权、表决权等较为重要权利。普通股东人数多、较分散，小股东基本都是普通股东。

特别股东是指持有上市公司某种特别权利股份的股东，通常不享有表决权。特别股东又可分为优先于普通股东分配或清偿的优先股东，和劣后于普通股东分配或清偿的劣后股东。

4）隐名股东和显名股东

依据对公司出资的实际情况与登记记载是否一致，公司股东又分为隐名股东和显名股东。隐名股东指虽然实际出资认缴、认购公司出资额或股份，但在公司章程、股东名册和工商登记等材料中却记载为他人的投资者，隐名股东又称为隐名投资人、实际出资人。显名股东是指正常状态下，出资情况与登记状态一致的股东。显名股东也指不实际出资，但接受隐名股东的委托，为隐名股东的利益，在工商部门登记为股东的受托人。

知识栏：关于隐名股东的权利义务的认定

《最高人民法院关于适用〈中华人民共和国公司法〉若干问题的规定（三）》

第二十五条规定：有限责任公司的实际出资人与名义出资人订立合同，约定由实际出资人出资并享有投资权益，以名义出资人为名义股东，实际出资人与名义股东对该合同效力发生争议的，如无合同法第五十二条规定的情形，人民法院应当认定该合同有效。

前款规定的实际出资人与名义股东因投资权益的归属发生争议，实际出资人以其实际履行了出资义务为由向名义股东主张权利的，人民法院应予支持。名义股东以公司股东名册记载、公司登记机关登记为由否认实际出资人权利的，人民法院不予支持。

实际出资人未经公司其他股东半数以上同意，请求公司变更股东、签发出资证明书、记载于股东名册、记载于公司章程并办理公司登记机关登记的，人民法院不予支持。

5）国家、法人、私人和外资股东

依据公司股东的身份差异，我国法律专门界定了国家股东、法人股东、私人股东和外资股东等。

国家股东是指有权代表国家投资部门或机构以国有资产向公司投资入股而成为的股东。

法人股东是指企业法人以可支配资产或具有法人资格的事业单位、社会团体以国家允许用于经营的资产向公司投资入股而成为的股东。法人股东分为企业法人股东和非企业法人股东两种。目前，我国国有法人股东所占比重较大。

私人股东是指公民个人以合法财产向公司投资入股而成为的股东。目前，我国上市公司私人股东主要有三类：公司向社会公开募集时居民个人投资形成的社会公众股东；公司向内部职工发行本公司股份而形成的公司职工股东；私营企业所有者在企业上市时转化成为的自然人股东。

外资股东是指外国和我国港澳台地区投资者向大陆境内公司投资入股而形成的股东。

二、股东的权利

股东的权利，即股东权，股东依法享有资产收益、参与重大决策和选择管理者等权利。详见表4-1。

第四章 股东、股东代表与股东（大）会

表 4-1 股东权利及其分类

股东权利	具体分类
股东身份权	登记于股东名册
参与管理权	（1）出席会议权、表决权
	（2）选举和被选举权
	（3）知情权、查阅复制权
	（4）建议质询权
	（5）提议召开临时会议权
	（6）提案权
资产收益权	（1）分红权
	（2）优先购买权、优先认购权
	（3）转让、赠予、质押
	（4）股权回购请求权
	（5）剩余财产分配请求权
诉权	（1）股东赔偿请求权
	（2）股东代表诉讼权
	（3）公司决议的撤销权、确认权
	（4）解散公司请求权

1. 股东身份权

股东身份权与股权的取得和股东资格的确认相联系，是否享有股权、取得股东资格与股东身份权的行使密切相关。有限责任公司的股东可以要求公司签发出资证明书，将自己的出资情况记载于股东名册，并向公司登记机关登记或变更。记载于股东名册的股东，可以依股东名册主张行使股东权利。股份有限公司股东可以要求公司向其签发股票来证明所持股份及股东身份。

2. 参与管理权

1）出席会议权、表决权

有限责任公司表决权：股东（大）会由股东按照出资比例行使表决权，但是公司章程另有规定的除外。股东（大）会的议事方式和表决程序，除公司法有规定的外，由公司章程规定。

股东（大）会做出修改公司章程、增加或者减少注册资本的决议，以及

公司合并、分立、解散或者变更公司形式的决议，必须经代表三分之二以上表决权的股东通过。

知识栏：股份公司股东的表决权、表决方式

《公司法》第一百零四条规定，股东出席股东大会会议，所持每一股份有一表决权。但是，公司持有的本公司股份没有表决权。股东大会做出决议，必须经出席会议的股东所持表决权过半数通过。但是，股东大会做出修改公司章程、增加或者减少注册资本的决议，以及公司合并、分立、解散或者变更公司形式的决议，必须经出席会议的股东所持表决权的三分之二以上通过。

2）选举权和被选举权

选举权是股东最实质的管理公司的权利。股东并不直接参与公司的具体经营管理。股东通过股东（大）会选举董事，通过对董事会的控制，进而实现对公司的控制。

有限责任公司股东（大）会选举和更换非职工代表担任的董事、监事，决定有关董事、监事的报酬事项。

知识栏：累积投票制

《公司法》第一百零六条规定，股东大会选举董事、监事，可以根据公司章程的规定或者股东大会的决议，实行累积投票制。本法所称累积投票制，是指股东大会选举董事或者监事时，每一股份拥有与应选董事或者监事人数相同的表决权，股东拥有的表决权可以集中使用。

《上市公司治理准则》中也有相应规定。

知识栏：累积投票模板

×股份有限公司20××年第一次股东大会表决单

股东：×股份有限公司

股东代表姓名：×××，代表股份数×亿股（代表×%表决权）

序号	表决议案内容	同意股数	反对股数	弃权股数
1	关于第一届董事会工作报告的议案			
2	关于第一届监事会工作报告的议案			

第四章 股东、股东代表与股东（大）会

续表

序号	表决议案内容	同意股数	反对股数	弃权股数
3	关于选举公司第二届董事会董事的议案			
4	关于选举公司第二届监事会监事的议案			
5	关于公司"十三五"规划中期评估及调整报告的议案			

说明：

（1）请在议案对用的"同意股数""反对股数""弃权股数"对应的栏目填写股数。

（2）对同一表决内容作出了两项或两项以上表决表示或未做出任何表决表示，均视为弃权。

（3）若在表决栏中有修改，请在修改处加注签名。如未加注签名，视为弃权。

（4）表决单股东代表签名处无署名的，视为弃权；未提交本表决单的，视为弃权。

（5）未加盖股东单位印章的表决单无效。

股东代表签名、盖章处：

20××年×月×日

3）知情权、查阅复制权

有限责任公司股东查阅复制的范围：股东有权查阅公司章程、股东名册、公司债券存根、股东大会会议记录、董事会会议决议、监事会会议决议、财务会计报告。

4）建议质询权

股东有权对公司的经营提出建议或者质询。

5）提议召开临时会议的权利

临时会议应在确有必要时召开。有限公司代表十分之一以上有表决权的股东，提议召开临时会议的，应当召开临时会议；单独或者合计持有股份公司百分之十以上股份的股东请求时，应当在两个月内召开临时股东大会。

6）提案权

单独或者合计持有公司百分之三以上股份的股东，可以在股东大会召开十日前提出临时提案并书面提交董事会；董事会应当在收到提案后二日内通知其他股东，并将该临时提案提交股东大会审议。临时提案的内容应当属于股东大会职权范围，并有明确议题和具体决议事项。

3. 资产收益权

1）分红权

有限责任公司股东按照实缴的出资比例分取红利。但是，全体股东约定不按照出资比例分取红利除外。

股份公司股东按照持有的股份比例分配，但股份有限公司章程规定不按持股比例分配的除外。

知识栏：某股份有限公司股利分配管理细则

第十二条　股份公司按照以下标准分类设定股利分配计算基础：

（一）金融类公司股利分配计算基础为经审计的中国会计准则个别财务报表当年可供分配利润。

（二）其余公司股利分配计算基础为经审计的中国会计准则个别财务报表当年净利润。

第十三条　股份公司按照以下标准分类设定股利分配下限：

（1）全资公司（不含金融、贸易类公司）

股份公司投资的各层级独资公司、合并全资公司股利分配比例不低于30%。其中，某有限责任公司采取利润上缴方式，上缴比例执行股份公司资金管理相关制度。

（2）控（参）股公司（不含金融、贸易类公司）

股份公司投资的各层级其他控（参）股公司股利分配比例不低于50%。

（3）金融类公司

股份公司投资的各层级独资、合并全资、控（参）股的金融类公司，股利分配比例不低于30%。

（4）贸易类公司

股份公司投资的各层级独资、合并全资、控（参）股的贸易类公司，股利分配比例不低于20%。

延伸阅读：中国石油的股权投资收益管理

目前，公司股权投资收益管理以股利分配为最终成果、以股权投资预算管理为手段、以股权投资收益决算及股权项目可行性研究报告中股权投资收益指标为对标对象、以签约承诺书为激励约束条件，实施全方位全流程管理。

在配套制度《中国石油天然气集团有限公司股权管理办法》《中国石油天然气股份有限公司股利分配管理细则》中明确股利分配遵循以下四个原则：

第四章 股东、股东代表与股东(大)会

依法规范。股份公司总部部门、专业公司及地区公司应遵守法律法规和公司章程,通过公司治理程序,落实本细则相关要求。

利益兼顾。从维护全体股东权益角度出发,统筹兼顾各股东及所投资公司的近期利益和远期利益,促进各股东分享公司发展成果,并取得合理投资回报。

逐级分配。所投资公司应按照出资关系,遵照本细则规定,逐级向股东分配股利。

及时到账。股份公司总部部门、专业公司及地区公司应督促所投资公司按其个别财务报表,以现金方式分配股利,并确保股利分配资金及时足额到账。原则上,股利于次年6月30日前到账。

1. 股权投资收益预算的编制和核定

通常情况下,按照中国石油每年度预算工作的整体安排,通过印发通知来组织所属单位开展股权投资收益预算编制工作。所属单位按照中国石油统一的预算编制要求,通过规定程序编报股权投资收益预算。

原资本运营部(董监事办公室)以"股利分配下限:净利润的50%"为编制原则,结合各单位以往年度股权投资收益预算完成情况、财务状况、生产经营情况,对标上年度股利收益决算和股权投资项目可行性研究报告股权收益指标,按法人管理层级逐级制订出符合项目实际的预算指标。各单位股权投资收益预算一经核定,纳入该年度业绩考核。

合资公司、全资公司均纳入股权投资收益预算编制的范围。

2. 股权投资收益预算指标的分解及执行

原则上,股权投资收益预算一经确定,应认真严格执行,年度内不再进行调整。

3. 股权投资收益预算的反馈、检查及调整

各单位按季反馈股权投资收益预算执行情况。同时,原资本运营部对各单位股权投资收益预算执行情况进行检查。对于股权投资收益预算与实际偏差较大,给予一定程度的调整。

4. 股权投资收益预算的考核及股权投资项目后评价

股权投资收益预算指标纳入年度经营业绩考核指标中,成为中国石油针对全链条股权投资由下而下的核心考核指标,并在股权投资中发挥着不可替代的作用。原资本运营部结合股权投资收益预算的考核开展了股权投资项目后评价工作,期望通过后期的结果评价来进一步逆向探求股权投资收益管控的内在规律。

2）优先购买权、优先认购权

优先购买权：股东向股东以外的人转让股权，应当经其他股东过半数同意。经股东同意转让的股权，在同等条件下，其他股东有优先购买权。

优先认购权：公司新增资本时，股东有权优先按照实缴的出资比例认缴出资。但是，全体股东约定不按照出资比例优先认缴出资的除外。

3）转让、赠予、质押权

股东依照法律、行政法规及本公司章程的规定转让、赠予或质押其所持有的股份。

有限责任公司的股东之间可以相互转让其全部或者部分股权。股东向股东以外的人转让股权，应当经其他股东过半数同意。股东应就其股权转让事项书面通知其他股东征求同意，其他股东自接到书面通知之日起满三十日未答复的，视为同意转让。其他股东半数以上不同意转让的，不同意的股东应当购买该转让的股权；不购买的，视为同意转让。经股东同意转让的股权，在同等条件下，其他股东有优先购买权。两个以上股东主张行使优先购买权的，协商确定各自的购买比例；协商不成的，按照转让时各自的出资比例行使优先购买权。公司章程对股权转让另有规定的，从其规定。

知识栏：某股份公司关于股票转让的限制、解禁、锁定期的规定

第一百三十八条　股东转让其股份，应当在依法设立的证券交易场所进行或者按照国务院规定的其他方式进行。

第一百三十九条　记名股票，由股东以背书方式或者法律、行政法规规定的其他方式转让；转让后由公司将受让人的姓名或者名称及住所记载于股东名册。

股东大会召开前二十日内或者公司决定分配股利的基准日前五日内，不得进行前款规定的股东名册的变更登记。但是，法律对上市公司股东名册变更登记另有规定的，从其规定。

第一百四十条　无记名股票的转让，由股东将该股票交付给受让人后即发生转让的效力。

第一百四十一条　发起人持有的本公司股份，自公司成立之日起一年内不得转让。公司公开发行股份前已发行的股份，自公司股票在证券交易所上市交易之日起一年内不得转让。

在任职期间每年转让的股份不得超过其所持有本公司股份总数的百分之二十五；所持本公司股份自公司股票上市交易之日起一年内不得转让。上述

第四章 股东、股东代表与股东(大)会

人员离职后半年内,不得转让其所持有的本公司股份。公司章程可以对公司董事、监事、高级管理人员转让其所持有的本公司股份作出其他限制性规定。

4)异议股东股权回购请求权

有下列情形之一的,对股东(大)会该项决议投反对票的股东可以请求公司按照合理的价格收购其股权:公司连续五年不向股东分配利润,而公司该五年连续盈利,并且符合《公司法》规定的分配利润条件的;公司合并、分立、转让主要财产的;公司章程规定的营业期限届满或者章程规定的其他解散事由出现,股东(大)会通过决议修改章程使公司存续的。

自股东(大)会决议通过之日起六十日内,股东与公司不能达成股权收购协议的,股东可以自股东(大)会决议通过之日起九十日内向人民法院提起诉讼。

知识栏:股份回购

全国人民代表大会常务委员会关于修改《中华人民共和国公司法》的决定(2018年10月26日第十三届全国人民代表大会常务委员会第六次会议通过)

将公司法第一百四十二条修改为:公司不得收购本公司股份。但是,有下列情形之一的除外:

(1)减少公司注册资本;

(2)与持有本公司股份的其他公司合并;

(3)将股份用于员工持股计划或者股权激励;

(4)股东因对股东大会作出的公司合并、分立决议持异议,要求公司收购其股份;

(5)将股份用于转换上市公司发行的可转换为股票的公司债券;

(6)上市公司为维护公司价值及股东权益所必需。

公司因前款第(1)项、第(2)项规定的情形收购本公司股份的,应当经股东大会决议;公司因前款第(3)项、第(4)项、第(5)项规定的情形收购本公司股份的,可以依照公司章程的规定或者股东大会的授权,经三分之二以上董事出席的董事会会议决议。

公司依照本条第一款规定收购本公司股份后,属于第(1)项情形的,应当自收购之日起十日内注销;属于第(2)项、第(4)项情形的,应当在六个月内转让或者注销;属于第(3)项、第(5)项、第(6)项情形的,公司合计持有的本公司股份数不得超过本公司已发行股份总额的百分之十,并应

当在三年内转让或者注销。

上市公司收购本公司股份的，应当依照《中华人民共和国证券法》的规定履行信息披露义务。上市公司因本条第一款第（3）项、第（5）项、第（6）项规定的情形收购本公司股份的，应当通过公开的集中交易方式进行。

公司不得接受本公司的股票作为质押权的标的。

股份回购，是指公司收购本公司已发行的股份，是国际通行的公司实施并购重组、优化治理结构、稳定股价的必要手段，已是资本市场的一项基础性制度安排。

5）公司剩余财产分配请求权

公司财产在分别支付清算费用、职工的工资、社会保险费用和法定补偿金后，缴纳所欠税款，清偿公司债务后的剩余财产，有限责任公司按照股东的出资比例分配，股份有限公司按照股东持有的股份比例分配。清算期间，公司存续，但不得开展与清算无关的经营活动。公司财产按照破产清算程序在清偿前，不得分配给股东。

4. 诉权

依据诉因和目的，可以将股东诉讼划分为直接诉讼和派生诉讼。

1）股东直接诉讼

股东直接诉讼是指股东为了自己的利益而基于股份所有人地位向其他侵犯自己利益的人提起的诉讼。此处侵犯自己利益的人包括股东所在的公司及董事或其他股东。直接诉讼主要涉及董事、高级管理人员损害赔偿、决议无效、撤销、请求公司解散以及查阅请求权行使等。

知识栏：决议的无效、撤销以及请求解散

《公司法》第二十二条　公司股东（大）会或者股东大会、董事会的决议内容违反法律、行政法规的无效。

股东（大）会或者股东大会、董事会的会议召集程序、表决方式违反法律、行政法规或者公司章程，或者决议内容违反公司章程的，股东可以自决议作出之日起六十日内，请求人民法院撤销。

第一百五十二条　董事、高级管理人员违反法律、行政法规或者公司章程的规定，损害股东利益的，股东可以向人民法院提起诉讼。

第一百八十二条　公司经营管理发生严重困难，继续存续会使股东利益

第四章　股东、股东代表与股东（大）会

受到重大损失，通过其他途径不能解决的，持有公司全部股东表决权百分之十以上的股东，可以请求人民法院解散公司。

2）股东派生诉讼

股东派生诉讼也称股东代表诉讼，是指当公司的合法权益受到他人侵害，特别是受到有控制权的股东、母公司、董事和管理人员等的侵害而公司怠于行使诉权时，符合法定条件的股东以自己名义为公司的利益对侵害人提起诉讼，追究其法律责任的诉讼制度。该制度对强化公司和中小股东利益的保护机制有重要意义。

知识栏：股东代表诉讼
《公司法》第一百五十一条　董事、高级管理人员有本法第一百四十九条规定的情形的，有限责任公司的股东、股份有限公司连续一百八十日以上单独或者合计持有公司百分之一以上股份的股东，可以书面请求监事会或者不设监事会的有限责任公司的监事向人民法院提起诉讼；监事有本法第一百四十九条规定的情形的，前述股东可以书面请求董事会或者不设董事会的有限责任公司的执行董事向人民法院提起诉讼。

监事会、不设监事会的有限责任公司的监事，或者董事会、执行董事收到前款规定的股东书面请求后拒绝提起诉讼，或者自收到请求之日起三十日内未提起诉讼，或者情况紧急、不立即提起诉讼将会使公司利益受到难以弥补的损害的，前款规定的股东有权为了公司的利益以自己的名义直接向人民法院提起诉讼。

三、股东的义务

各国公司法对股东义务的规定大同小异，基本都确认了以下义务：
一是遵守公司章程。
二是按期缴纳所认缴的出资。
三是对公司债务负有限责任。有限责任公司的股东以其认缴的出资额为限对公司承担责任。股份公司的股东以其认购的股份为限对公司承担责任。有限责任的股东对于公司的债务只以其出资额为限负有间接责任，即股东不必以自己个人的财产对公司债务承担责任。

四是出资填补义务。有限责任公司成立后，发现作为设立公司出资的非货币财产的实际价额显著低于公司章程所定价额的，应当由交付该出资的股东补足其差额；公司设立时的其他股东承担连带责任。

五是追加出资义务。就是股东除了按照各自认缴额出资以外，股东（大）会还可以作出决议，要求股东超过其出资金额再次缴款。追加出资义务在公司章程中属于任意记载事项，即《公司法》并不列举其内容，但一经记载，就应发生效力。

六是在公司存续期间，不得擅自抽回出资。

七是不得滥用股东权利损害公司或者其他股东的利益。

八是不得滥用公司法人独立地位和股东有限责任损害公司债权人的利益。

知识栏：IPO 过程中对赌协议的效力

1. 案情简述

（1）2007 年，A 公司、B 公司、C 公司共同签订增资协议，约定由 A 公司向 C 公司增资 2000 万元，占 C 公司增资后注册资本的 3.85%；C 公司的另一股东 B 公司占 96.15%。

（2）增资协议中载明了对 C 公司的业绩目标和股权回购协议：如果 C 公司 2008 年未能达到业绩目标，A 公司有权要求 C 公司予以补偿，如果 C 公司不履行补偿义务，可要求 B 公司补偿；如果 C 公司至 2010 年 10 月无法上市，则 A 公司可要求 B 公司回购股权。

（3）2007 年末，A、B 公司再次签订合同，约定：如果至 2010 年 10 月，C 公司无法完成上市，则 A 公司有权在任一时刻要求 B 公司回购届时 A 公司持有的 C 公司的全部股权。

（4）2008 年，C 公司的业绩未达到指定的目标。按照对赌协议安排，A 公司要求补偿，未果，故于 2009 年 12 月起诉要求请求判令：B 公司、C 公司向其支付协议补偿款。

2. 最高人民法院判决

案件经过了一审、二审和再审，最高人民法院认为：

（1）增资协议中，A 公司与 C 公司约定未达业绩目标时可从 C 公司得到相应补偿，使得 A 公司的投资可以取得相对固定的收益，该收益脱离了 C 公司的经营业绩，损害了公司利益和公司债权人利益，因此增资协议中要求 C 公司补偿的部分条款无效。

（2）增资协议中，B 公司对于 A 公司的补偿承诺并不损害 C 公司及公

第四章 股东、股东代表与股东（大）会

司债权人的利益，不违反法律法规的禁止性规定，是当事人的真实意思表示，是有效的。

最终，法院判决 B 公司向 A 公司按照增资协议的约定支付补偿款。

第二节 股东代表

一、股东代表的概念

作为代表国有出资人利益的特殊群体，国有股权代表主要是指国有出资人向所投资公司委派或推荐出任的股东代表、董事、监事。国有股权代表是国有股权人格化的"自然人"；国有股权代表是维系国有出资人和国家投资企业的纽带；国有股权代表通过在国家投资企业中担任相应职务（董事、监事等）来发挥其国有资产的"维护者"和"代言人"的角色作用，并承担起国有资产增值保值的个人责任。

股东代表是国有股权代表的一种形式，是指受股东委托行使股东权利和履行股东义务的代表人。国有出资人与股东代表之间是委托代理的关系。履行出资人职责的机构委派的股东代表参加国有资本控股公司、国有资本参股公司召开的股东会或股东大会，应当按照委派机构的指示提出提案、发表意见、行使表决权，并将其履行职责的情况和结果及时报告委派机构。股东代表在所投资股东（大）会上必须按照出资人的意志进行表决，维护出资人的利益，保证国有资本保值增值。在股东（大）会闭会期间代表国有出资人行使股权监管职责，确保国有资本不受侵犯。

二、股东代表职责

1. 股东代表职责

由于部分合资企业股权比例比较低，无董事和监事席位，所以股东代表的委派尤为重要。根据《中国石油天然气股份有限公司股权管理办法》第五十八条之规定，我方派出的股东代表履行以下主要职责：一是出席合资公司股东（大）会，严格按授权行使股东权利；二是负责联系合资公司，了解

其运行动态，提出管理建议；三是跟踪并督促落实股东（大）会决议；四是督促合资公司按章程要求分配股利；五是根据派出单位要求，提议召开临时股东（大）会会议；六是派出单位授权的其他职责。一次性授权的股东代表，按照授权书明确的事项行权。

2. 股东代表的权利与义务

1）股东代表的权利

（1）知情权。

知情权即股东代表按时获得履职所需的各方面信息的权利，是其有效履职的基本条件。知情范围至少应包括：公司组织架构及基本管理制度；发展战略及中长期规划；主要业务和产品的基本状况、人力资源基本状况；基本财务信息、经济运行总体情况；总经理或总经理办公会作出的属于董事会授权范围的决策；股东（大）会、董事会审议事项的详细资料；公司所处行业的有关情况；其他必要信息。

（2）参会权（出席权）。

参会权即股东代表按规定出席股东（大）会和列席董事会的权利。包括：有权及时得到会议通知、相关的文件、信息及其他规定的资料；有权对提交会议的文件、材料提出补充、完善的要求；认为股东（大）会资料不充分或论证不充分时，有权提出缓开股东（大）会或缓议会议议题，董事会应予以采纳；有独立发表意见的权利。

（3）表决权。

表决权即股东代表依据法律和公司章程等规定，在股东（大）会上针对公司决策的具体事项陈述意见、表明态度和投票的权利。股东代表对某一事项可以投赞成（同意）票，也可以投反对票或者弃权。其中，投反对票和弃权的，应同时注明原因和理由。

（4）选举与被选举权。

股东代表有选举和被选举为公司董事或监事的权利。

（5）提案权。

提案权即股东代表向股东（大）会或董事会提出议案或议题的权利。包括：有权向股东（大）会提出议案；有权向董事会提出议题；有权提议召开临时股东（大）会，但须其所代表的股东持有十分之一以上表决权。

（6）建议权。

建议权即股东代表对公司改革发展、经营管理工作表述观点和建议的权利。建议的对象可以是管理机构、董事会、监事会、高管等。

第四章　股东、股东代表与股东（大）会

（7）质询权。

质询权即股东代表对公司行为提问并要求相关人员说明情况和回答所提问题的权利。股东代表的书面质询和口头质询，均可要求被质询对象予以书面答复。

（8）调研权。

调研权即股东代表根据履职需要，以走访和调查的方式，对公司有关情况进行了解的权利。在不违背法规和公司规定的情况下，股东代表行使调研权的形式一般不受限制，被调研对象应予以积极配合，无正当理由不得拒绝股东代表调研。

（9）监督权。

监督权即股东代表根据履职需要，可对董事会决策事项及公司经营事项进行监督，包括是否执行股东（大）会的决议、是否有损害公司、股东及债权人利益的行为发生等事项。

（10）其他权利。

作为股东的代表，通过股东对其本人的授权，在授权范围内代表公司股东行使公司法及公司章程赋予股东的权利，还包括参与管理权、资产收益权（分红权、优先购买权、优先认购权、转让、赠予、质押、股权回购请求权、剩余财产分配请求权）、诉权（股东赔偿请求权、股东代表诉讼权、公司决议的撤销权和确认权、解散公司请求权），以及法律法规或公司章程赋予的其他权利。

2）股东代表的义务

（1）遵守法律、行政法规和公司章程。

（2）对所任职公司负有忠实义务和勤勉义务。

（3）维护出资人和公司的合法权益，保护公司资产的安全，反对和制止有损出资人或公司合法权益的决策行为。

（4）严格在股东授权范围内行事。

（5）不得违反规定接受报酬、津贴和福利待遇等任何收入。

（6）不得让公司或者与公司有业务往来的企业承担应当由个人负担的费用，不得接受公司或者与公司有业务往来企业的馈赠。

（7）不得利用职权收受贿赂或者其他非法收入。

（8）不得侵占公司的财产。

（9）应保证有足够的时间和精力履行其应尽的责任。

（10）对股东（大）会决策事项和董事会决策事项独立判断，在了解和

掌握信息的基础上，独立、客观、认真、谨慎地就股东（大）会、董事会会议审议议题发表明确的意见。

（11）持续关注公司经营管理，履行监督职责，及时向股东报告所发现的公司股东应当关注的问题，特别是公司的重大损失和重大经营危机事件。

（12）应积极参加有关培训，熟悉有关法律法规，掌握作为股东代表应具备的相关知识，不断提高履职能力。

（13）其他应尽的义务。

三、股东代表履职

1. 股东代表履职流程

1）股东代表委派

股东代表人选：股东代表一般由股东按股东代表任职条件、管理权限选派，根据实际情况可一事一授，也可实行年度授权。

任职基本要求：

（1）法律法规规定的股东代表任职条件。

（2）熟悉并能够贯彻执行国家有关法律法规和企业的有关规章制度。

（3）掌握财务管理、法律以及合资公司相关专业知识，具有一定的经营管理工作经验。

（4）忠实履行职责，能够维护股东的合法权益。

（5）具有较强的分析判断及沟通协调能力。

2）授权

（1）受托人作为股东代表参加股权企业（含授权人直接或间接出资的全资子公司、控股公司和参股公司）年度股东（大）会，审议股东（大）会议案，按照授权人（或受托人所在单位的权限范围）对议案的审查意见行使表决权，并签署相关文书。

（2）受托人应当在授权范围内依法合规尽职尽责，有效维护授权人的合法权益。

（3）受托人应对授权人负有忠实义务和勤勉义务。

3）股东代表行权履职

（1）日常事项管理。

①联系股权企业，了解其运行动态，提出管理建议；②收集整理股权企业财务报告、生产经营情况报告等，按时提交派出单位；③督促股权企业按

第四章 股东、股东代表与股东（大）会

股东（大）会决议分配股利；④与合作股东方进行沟通和联系；⑤其他日常事项。

（2）决策事项管理。

按规定的审批程序和审批权限，通过审批后，股东代表按决策意见参加股东（大）会表决。超越授权委托书记载的授权事项所作出的行为，不能视为股东的行为；代理人超越委托权限投票作出的侵犯股东法定权利的《股东（大）会决议》无效。

（3）股东代表转授权。

股东代表应出席会议。因客观原因不能出席会议的，可以委托其他人代为出席会议，对决策事项进行表决。通过书面方式形成决议的，不可委托他人代理签字。授权事项应具体明确，授权委托书的内容一般应包括以下内容：①代理人的姓名；②是否具有表决权；③分别对列入会议议程的每一审议事项投赞成、反对或弃权票的指示；④委托书签发日期和有效期限；⑤委托人签名。委托人为法定代表人的，应加盖法人单位印章。

2. 股东代表履职应重点关注的内容

1）股权企业发展战略

发展战略可分为公司层战略、事业层战略（业务发展战略）和职能层战略。公司层战略主要是明确企业的使命、愿景和发展方向，决定企业发展或退出哪些领域的业务，确定业务结构及不同业务之间的资源配置。事业层战略主要是在所选定的业务领域内如何展开有效竞争，巩固或提升比较优势。职能层战略是与公司层战略和事业层战略匹配的特定职能领域的战略性安排，比如营销战略、人力资源战略、财务战略、信息化战略等。

（1）战略管理制度。

通常企业战略管理由董事会负责制订，股东代表行权履职时应注意公司是否明确负责发展战略和规划编制的工作机构，建立相应的战略管理制度，是企业基本管理制度。

（2）战略的制定。

①战略分析是制定战略的基础。董事会或相应的工作机构是否系统地分析了当前和未来外部环境带来的机遇和风险；是否系统地分析了当前和未来公司的优势和劣势。

②确定公司发展战略及中长期规划。董事会或相应的工作机构是否确定公司使命、愿景和战略目标，为公司日常经营活动和长远发展提供方向性指引；

确定公司价值观，引导和规范公司员工行为；组织研究公司主业优化调整方案及非主业整合方案；引导公司战略转型升级和商业模式创新研究，引导和推动公司转变发展方式，增强公司的可持续发展能力和保值增值能力。

③突出发展主业。董事会或相应的工作机构是否致力于做强做优主业，合理安排以及资源的优化配置。

④健全公司规划体系。公司的规划体系包括总体规划（比如五年发展规划、三年滚动规划等），以及人力资源规划、信息规划等职能规划。公司发展战略及中长期规划，是制定公司年度工作计划的重要依据，规划体系需健全并持续改进。

⑤战略和规划的目标体系。把能够充分体现出资人利益和关切的关键指标，比如资产保值增值率、经济增加值、资产负债率等纳入目标体系。要精心筛选对公司具有重要影响的非财务目标，应重点考虑对企业发展的重要性以及针对企业存在的突出问题和主要薄弱环节。比如：商业模式创新、管理转型升级、流程再造和优化、信息化、研发能力、品牌价值、全员劳动生产率、市场占有率、增长率、客户满意度等。

（3）战略执行。

①战略执行任务主要由企业高管人员承担。股东代表应关注董事会所制定的预算和投资计划是否满足战略实施的要求；是否重视引导和推动管理变革、管理创新，推动管理提升，确保组织结构和管理水平能够满足战略实施的需要；是否重视制定与战略相匹配的政策，激励和约束有关责任主体创造性地执行战略，保障战略目标的实现。同时，应关注高管人员是否把战略转化为年度工作计划，把规划任务层层分解落实到各责任主体，并建立起相应的考核机制。

②股东代表应关注：公司是否确定了与公司层战略相匹配的业务发展战略和计划；是否确定了与公司层战略、业务发展战略相匹配的职能战略和计划；是否确定了与公司层战略、业务发展战略、职能层战略相匹配的激励政策；是否确定了与战略实施相匹配的预算或资源配置方案；是否形成了支持公司战略的企业文化。股东代表可以通过加强沟通，向董事会或高管人员提出建议，进行质询等促进战略实施。

（4）战略控制与评估。

①战略控制与评估主要是基于两种现实：一是企业内部和外部环境不断变化，原定战略需要适应变化的要求，进行完善和调整；二是在没有必要调整战略的情况下，战略执行也难免偏离战略目标。通过战略控制与评估，可

第四章　股东、股东代表与股东（大）会

以及时调整完善战略、及时解决执行偏差，保障战略目标的实现。

②股东代表在战略控制与评估中至少应关注：制定战略时的假设是否出现重大变化；实施过程中的环境变化是否会导致战略失效；战略实施是否偏离了战略方向和目标；公司战略控制系统和战略控制手段是否能有效发挥作用；是否确有必要对战略进行调整；战略执行结果与股东要求是否一致等。

2）投资决策

企业投资决策的内容主要包括投资管理制度、投资计划、投资项目方案等。投资可分为固定资产投资、股权投资、产权收购等。股东代表审批该类事项应注意以下几点。

（1）投资管理制度。

投资管理制度是公司基本管理制度，对公司发展战略和风险管理有重要影响。

投资管理制度内容应该包括：①企业负责投资管理的机构、管理机构及相应的权限；②投资活动所遵循的原则、决策程序和投资管理的指标体系；③项目可行性研究和认证工作的具体要求；④项目组织实施中的招投标管理、工程建设的监督管理与实施过程的管理；⑤项目后评价工作体系、后评价时间及实施程序；⑥投资风险管理，特别是法律风险和财务风险管理、投资责任追究制度；⑦投资决策所需提供资料等。

股东代表应关注：公司是否建立健全了投资管理制度；投资管理制度是否符合国家有关法律法规规定；投资管理制度是否得到有效执行；投资管理制度不健全以及存在重大缺陷和严重问题的，采取以书面形式提出建议。

（2）投资计划。

投资计划对公司经营和长远都有重要影响，一般由董事会负责制订，但要充分体现股东意志，董事会应单独作为一项议题进行决议，通过后纳入公司年度预算，提报股东会进行综合平衡。

股东代表应关注：投资方向是否符合公司战略；总投资规模是否在公司投资能力范围内；资产负债率是否在合理范围内；境外投资规模是否适当；投资结构和投资分布是否合理；投资重点是否符合主业发展要求；投资风险分析是否充分；风险控制措施是否得当；投资效益水平是否达到规定要求等。

（3）投资项目议案资料的构成。

①议案主要内容包括：投资项目背景及该项目的前期工作摘要、投资主体、投资目的和意义、投资规模、投资（交易）结构、投资效益分析、资金来源、主

要风险揭示和对策等。（议案应力求简明扼要，详细内容可以附件方式提供。）

②可行性研究报告应注意董事会是否对投资项目的必要性和可行性进行全面、系统、深入的研究和分析。可行性研究报告应采用定性分析与定量分析相结合的方式，所使用的数据应注明其来源。其中，竞争分析应结合国内外同行业竞争环境及发展趋势，重点阐述投资项目的优势与劣势。投资效益分析应至少包括投资项目现金流的测算和主要经济评价指标。资金来源分析应包括资金来源构成、投资计划、资金平衡测算以及对资产负债率的影响。风险分析应包括主要投资风险构成、风险动因、风险影响、敏感性分析以及风险控制措施。还应说明可行性研究报告编制机构或人员的相关情况及其责任。

③涉及环境评价、投资主体资格、投资项目准入条件，以及国家法律法规和政策有限制性规定的，应逐一说明其具体情况。

④董事会在提交股东会审批前，应对投资项目进行认真研究，并形成明确意见。

（4）投资项目决策流程。

①依据战略规划、投资规划收集项目信息。

②根据投资管理制度以及投资能力和条件进行项目初选。

③对初选项目进行立项审议。将通过董事会审议的项目纳入年度投资计划和预算。项目立项是投资项目决策的第一关，股东会应明确投资项目立项的权限、标准和条件，特别是明确须由董事会及其委员会决定的投资项目立项范围。

④项目方案设计和可行性研究，并根据投资项目的需要，由股权企业安排尽职调查、资产审计与评估等。

⑤项目评审或可行性论证，形成评审意见或论证报告。项目评审或可行性论证是投资项目决策的第二关，股东代表应关注项目评审责任主体的独立性和资质、评审内容及标准、评审程序等，必要时应提出改进建议。

⑥重大投资项目评估，利用投资的调查工具，对投资对象股东章程、高管层展开全方位尽调；充分对项目生产技术、投资估算与资金筹措、财务数据分析、环境影响分析、社会效益以及不确定性行业风险进行评估，寻找股东章程瑕疵点，审查公司主体成立、登记、变更、年审以及吊销、注销情况；审议公司董事会决议、股东大会决议、纪要等情况，尤其是审查有关董事会与股东大会决议是否依法作出，有无达到法定或章程中规定的同意票数，投票权是否有效，确保程序上无瑕疵等风险。

第四章 股东、股东代表与股东（大）会

⑦股权企业董事会决策。董事会是投资项目决策的第四关，董事会主导公司的投资决策活动，经常是重大投资项目的决策者，并要承担相应投资项目的决策责任。董事会可以对项目进行现场调研，或聘请专家、中介机构提供咨询意见。加强法律审核把关，切实防范重大投资项目的法律风险。

（5）投资项目方案。

决定企业投资项目方案事项，一般属于董事会职权。股东代表审议审查该类事项应注意以下几点：为提高决策效率，董事会可根据高管人员的能力和具备相应条件的情况下，适度授权高管人员决策某些投资项目方案。董事会应对授权投资决策的情况进行检查、评估和监督。投资决策原则上采用集体决策方式，必须严格限制或明确禁止个人决策。关注董事会是否就相关事项进行审议审查：投资是否符合国家产业政策和公司投资管理制度的规定；是否符合公司发展战略及中长期发展规划；是否符合公司对投资方案的规范要求；是否有足够的必要性；是否有可行性研究报告和必要的论证；资金来源是否确有保障；投资收益水平是否达到公司规定的标准；投资是否会导致公司资产负债率超出控制目标值；投资方案对风险的揭示是否充分，应对风险的措施是否有力，以及投资的机会成本；项目评审过程中的分歧意见等。

投资项目方案审议主要包括以下内容：

一是审议设立新公司的投资项目方案。至少还应关注：新设立公司的经营范围是否符合发展战略；股权结构和公司治理结构是否合理；管理团队的构成和工作能力是否能够满足经营管理工作的需要；其他股东构成是否适合于合资合作；是否会导致公司管理链条过长等。

二是审议境内并购企业的投资项目方案。至少还应关注：尽职调查工作的安排及尽职调查报告、估值机构的资格和能力、估值报告的合理性、拟并购企业与本企业的协同价值、并购后的整合安排和管控措施、法律风险、隐性风险、重要的业务合同与劳动合同、无形资产接收与实际控制、关键岗位人员的稳定性及核心人才的去留、与本公司是否存在同业竞争，以及并购所承担的资本投入以外的其他义务（承接债务和担保、承诺投资、承诺收益、承诺纳税、承诺就业、承诺发展）等。

三是审议境外设立新公司或并购企业的投资项目方案。至少还应关注：政治风险、员工（尤其是高管）聘用合同的补偿风险，以及工会组织的影响等。境外并购一般有必要聘请能够胜任并购项目的专业机构（财务顾问、律师、会计师等），协助公司开展尽职调查、估值、交易方案设计等。

四是审议国有企业划转项目方案。至少还应关注：目标企业冗员情况、企业办社会情况、离休退休人员的潜在成本等。

五是审议涉及上市公司的投资项目方案，至少还应关注：信息保密和信息披露、防范内幕交易行为。

六是审议固定资产的投资项目方案。至少还应关注：固定资产投资对资产结构的影响；产能投资与社会化生产协作的优劣；固定资产投资对制造技术水平的提升作用；是否充分运用了招标采购机制等。固定资产投资范围广泛，投资决策的时效性强，总经理决策某些项目具有优势，可以合理授权总经理的固定资产投资决策权限。

七是审议非主业的投资项目方案。至少还应关注：非主业投资对主业投资能力的影响、非主业投资与主业投资 EVA 的贡献对比等。

（6）投资项目后评价。

投资项目后评价是指项目投资完成后的规定时间内进行的总结性评价，是投资活动形成闭环管理不可缺少的一个重要环节，是项目管理的重要内容，是董事会改进投资决策、强化投资监督、促进提高投资效益的重要手段，是董事了解投资效果、掌握投资管理情况的有效方式。

投资项目后评价工作主要包括：对项目筹划和决策过程、实施过程、实施结果及其影响进行调查研究和全面系统回顾，对照项目可行性研究报告及审批文件的主要内容，与项目建成后所达到的实际效果进行对比分析，找出差距及原因，总结推广经验，吸取教训，得到启示，提出相应对策和建议，以不断提高投资决策水平、管理水平和投资效益。董事会可决定投资项目后评价范围、评价机构和评价时间，并听取后评价报告。

投资项目后评价应坚持独立、科学、公正的原则。应避免"自己评价自己"，承担项目可行性研究报告编制、评估、设计、监理、项目管理、工程建设等机构不宜从事该项目的后评价工作。董事可根据需要提出投资项目后评价建议，必要时，可按规定向董事会提出正式议案。

评价投资最核心的指标是投资效益。董事应关注公司年度平均投资效益的相对水平（即比较本公司与国内同行业投资收益的平均水平和先进水平、本公司以往年度最好水平和平均水平、公司的净资产收益率等）。

3）产权转让

《企业国有产权法》明确：国有资产转让是指依法将国家对企业的出资所形成的权益转移给其他单位或个人的行为（按照国家规定无偿划转国有资产的除外）。

第四章 股东、股东代表与股东（大）会

（1）产权转让制度。

产权转让管理制度应由董事会拟定，股东会审批。管理制度应明确产权转让的主管部门以及有关责任主体的职责权限、工作流程、方案要点，以及有关资产审计、资产评估、交易方式的规定等。董事应高度关注：产权转让管理制度是否符合国务院国资委的规定；是否得到有效执行；发现存在重大缺陷和严重问题时，采取书面形式提出改进意见或建议。

（2）产权转让原则。

产权转让必须坚持公开、公平、公正的原则，保护国家和其他各方合法权益。可以采取协议转让、进场交易以及国家法律法规规定的其他方式进行。

（3）产权转让权限。

产权转让应当做好可行性研究，按照内部决策程序进行审议，并形成书面决议。

（4）产权转让方案。

产权转让方案要符合国家有关规定。内容一般应包括：转让标的产权基本情况；产权转让的原因说明；产权转让行为的有关论证情况；转让标的企业涉及的经审核的员工安置方案；转让标的企业涉及的债权债务，包括拖欠员工债务的处理方案；转让价款的支付；产权转让收益处置方案；产权转让公告的主要内容；拟采取的转让方式及其理由说明；产权转让的主要风险及对策等。

（5）产权转让关注的重点。

股东代表审批产权转让事项应重点关注：是否符合国有产权转让管理制度；是否符合国有产权转让原则；产权转让方案是否规范、完整、可行等；是否按照有关规定开展了清产核资、资产审计和资产评估；转让价款的支付是否符合有关文件、制度规定，是否合理；转让导致失去控股地位或股权地位发生实质改变的，还应关注由此带来的风险等。

4）财务预算

预算是指企业在预测的基础上，围绕战略规划，对预算年度内企业各类经济资源和经营行为合理预计、测算，并以此进行财务控制和监督的活动。预算报告是指企业预算年度内企业资本运营、经营效益、现金流量及重要财务事项等预测情况的文件。公司的财务预算方案由董事会负责制订，并由公司股东会负责审议批准。

（1）预算组织职责。

公司应当加强预算工作的组织领导，明确预算编制体制以及预算执行单

位的职责权限、授权批准程序和工作协调机制。

公司应当成立预算委员会并履行以下主要职责：拟订公司财务预算编制与管理的原则和目标；审议公司财务预算方案和财务预算调整方案；协调解决公司财务预算编制和执行中的重大问题；根据财务预算执行结果提出考核和奖惩意见。

公司财务管理部门为预算管理机构，在公司预算委员会指导下，依据国家有关规定和工作要求，组织经营、投资、人力资源等部门进行经营预算、资本预算、薪酬预算等各类预算的编制、执行和日常监控工作，形成分工明确、责任清晰、协同配合的工作机制和责任机制，为公司预算管理工作提供有效的组织保障。

（2）预算编制、执行与考核。

公司应当建立和完善预算编制工作制度，明确编制依据、编制原则、编制程序、编制方法等内容，确保预算编制依据合理、程序适当、方法科学，避免预算指标过高或过低。编制预算应当坚持以战略规划为导向，正确分析判断市场形势和政策走向，科学预测年度经营目标，合理配置内部资源，实行总量平衡和控制；编制预算应当将内部各业务机构等所属单位的全部经营活动纳入预算编制范围，全面预测公司经营成果、投融资、资金等情况，进行全面预算管理；编制预算应当将各业务机构等所属单位重点预算指标进行层层分解，层层落实预算执行责任，并坚持责权对等原则；编制预算应当坚持稳健积极、效益优先、以收定支、量入为出、控制风险等原则，并注重年度预算方案决策权限的配置、决策流程以及资源的总体配置。

财务预算应当按照相关法律法规及公司章程的规定报经董事会审议批准。批准后，应当以文件形式下达执行。公司应当根据预算管理要求，组织各项生产经营活动和投融资活动，严格预算执行和控制。严格执行经核定的年度财务预算，切实加强投资、融资、担保、资金调度、物资采购、产品销售等重大事项以及成本费用预算执行情况的跟踪和监督，明确超预算资金追加审批程序和权限；公司应当对财务预算执行情况进行跟踪监测，及时分析预算执行差异原因，及时采取相应的解决措施，加强收入成本费用预算控制，加强投资项目预算控制，加强现金流量预算管理，加强资产负债预算管理。

公司应当建立财务预算执行考核制度，将财务预算目标执行情况纳入考核及奖惩范围。

（3）预算审议关注重点。

股东代表在审议批准董事会提交的公司年度预算方案时，应关注财务预

第四章 股东、股东代表与股东（大）会

算的科学性与可行性、合理性与合规性、全面性与完整性；年度预算方案与公司内外环境、公司战略、年度生产经营计划的协调性；母子公司财务预算的协同性；预算编制、预算执行、预算考核的一致性；预算组织、预算制度、预算机制的有效性。

关注年度预算方案与公司战略匹配度。公司年度预算方案与公司战略匹配度的高低，体现了预算方案的质量，也决定了公司战略实施的基础。方案是否对各项基本假设前提进行了充分的估计和判断，并在预算方案中进行了详细的解释与说明。各项基本假设，尤其是重大事项的假设，比如国家宏观经济环境、产业政策、价格政策等，是预算编制的基础，将会对预算方案产生重要影响。

关注预算的全面性以及经营预算、资本预算和财务预算三者之间的协同性。预算方案必须同时反映预算年度的各项经营计划；需要考虑本年度各项资本性支出项目，对投资计划进行充分评估，在项目风险与收益、进度与资金等方面进行平衡，合理安排投资计划；财务预算数据要与经营预算和资本预算紧密衔接，前后数据一致，合理反映公司在预算年度的财务状况与经营成果。尤其需要关注公司现金流量预算以及融资预算等，年度预算方案务必做好全年的资金平衡工作，降低资金成本，提高资金使用效率。

关注年度预算方案是否已经充分考虑了与公司发展规划的衔接、与历史同期的比较以及与标杆公司、竞争对手的比较。综合考虑横向与纵向、时间与空间、内部与外部、优势与劣势等诸多因素；综合反映与公司发展规划的衔接情况、与公司以往年度经营业绩的比较情况以及与标杆公司的对比情况等，从不同维度、多个层次综合论证公司年度预算方案的合理性。

关注预算管理、目标计划、分析评价和管理控制是否做到有效衔接；在预算组织、预算基准、预算流程和预算报告等方面是否能够相互依托；在编制与审批、执行与控制以及评价与考核等方面能否相互循环。

5）财务决算

年度财务决算报告是指公司按照国家财务会计制度规定，根据统一的编制口径、报表格式和编报要求，依据有关会计账簿记录和相关财务会计资料，编制上报的反映公司年末结账日资产及财务状况和年度经营成果、现金流量、国有资本保值增值等基本经营情况的文件。年度财务决算报告由年度财务决算报表、财务决算专项说明、年度报表附注和年度财务情况说明书等资料构成。公司董事会制订公司年度财务决算方案，并由公司股东会审议批准。

（1）财务决算报告编报。

董事会应当严格按照国家财务会计制度及相关会计准则规定，在全面财产清查、债权债务确认、资产质量核实的基础上，认真组织编制年度财务决算报告，以全面、完整、真实、准确反映公司年度财务状况和经营成果。

年度财务决算报告应当遵循会计的全面性、完整性、真实性、准确性、稳健性、可比性原则，如实反映公司财务状况和经营成果。公司所执行的会计制度应当与国家财务会计制度的有关规定和要求保持一致。公司在年度财务决算报告编制中，对报表中各项指标的数据填报不得遗漏，报表内项目之间和表式之间各项指标的数据应当相互衔接，保证钩稽关系正确。

除涉及国家安全的特殊企业外，公司年度财务决算报表、财务决算专项说明和报表附注应当按照国家有关规定，由符合资质条件的会计师事务所及注册会计师进行审计。会计师事务所出具的审计报告是公司年度财务决算报告的必备附件，应当与公司年度财务决算报告一并上报。

公司应当严格执行会计法律法规和国家统一的会计准则，加强对财务决算报告编制、对外提供和分析利用全过程的管理，明确相关工作流程和要求，落实责任制，确保财务决算报告合法合规、真实完整和有效利用。

公司编制财务决算报告，应当重点关注会计政策和会计估计，对财务决算报告产生重大影响的交易和事项的处理应当按照规定的权限和程序进行审批。公司在编制年度财务决算报告前，应当进行必要的资产清查、减值测试和债权债务核实。

公司财务决算报告列示的资产、负债、所有者权益金额应当真实可靠。各项资产计价方法不得随意变更，如有减值，应当合理计提减值准备，严禁虚增或虚减资产；各项负债应当反映公司的现时义务，不得提前、推迟或不确认负债，严禁虚增或虚减负债；所有者权益应当反映公司资产扣除负债后由所有者享有的剩余权益，由实收资本、资本公积、留存收益等构成。公司应当做好所有者权益保值增值工作，严禁虚假出资、抽逃出资、资本不实。

公司财务决算报告应当如实列示当期收入、费用和利润。各项收入的确认应当遵循规定的标准，不得虚列或者隐瞒收入，推迟或者提前确认收入；各项费用、成本的确认应当符合规定，不得随意改变费用、成本的确认标准或计量方法，虚列、多列、不列或者少列费用、成本；利润由收入减去费用后的净额、直接计入当期利润的利得和损失等构成。不得随意调整利润的计算、分配方法，编造虚假利润。

第四章　股东、股东代表与股东（大）会

（2）财务决算报告分析。

公司应当分析公司的资产分布、负债水平和所有者权益结构，通过资产负债率、流动比率、资产周转率等指标分析企业的偿债能力和营运能力；分析公司净资产的增减变化，了解和掌握公司规模和净资产的不断变化过程；应当分析各项收入、费用的构成及其增减变动情况，通过净资产收益率、每股收益等指标，分析公司的盈利能力和发展能力，了解和掌握当期利润增减变化的原因和未来发展趋势；应当分析经营活动、投资活动、筹资活动现金流量的运转情况，重点关注现金流量能否保证生产经营过程的正常运行，防止现金短缺或闲置。

公司要对一定期间的盈利能力、资产质量、债务风险和经营增长等进行定量对比分析和评判。公司盈利能力分析与评判主要通过资本及资产报酬水平、成本费用控制水平和经营现金流量状况等方面的财务指标，综合反映公司的投入产出水平以及盈利质量和现金保障状况。公司资产质量分析与评判主要通过资产周转速度、资产运行状态、资产结构以及资产有效性等方面的财务指标，综合反映公司所占用经济资源的利用效率、资产管理水平与资产的安全性。公司债务风险分析与评判主要通过债务负担水平、资产负债结构、或有负债情况、现金偿债能力等方面的财务指标，综合反映公司的债务水平、偿债能力及其面临的债务风险。公司经营增长分析与评判主要通过销售增长、资本积累、效益变化以及技术投入等方面的财务指标，综合反映公司的经营增长水平及发展后劲。

（3）财务决算报告关注。

股东代表审议董事会提交的公司年度决算报告时，需要关注当期的主要财务与经营指标的实现情况。重点关注公司通过建立一套科学、完整的战略财务评价体系，将公司自身的当期指标与历史同期指标、年度预算指标、竞争对手指标进行比较，重点通过三个维度的比较，综合反映公司的发展能力、竞争能力和管理能力。需要关注异常指标的变化情况，并对董事会、公司高管人员提出质询。

需要重点关注中介机构在年度财务决算过程中发现并提出的提请公司需要关注和解决的问题。股东代表应该就上述问题和事项，向董事会提出质询；需要关注董事会成员是否对上述问题的形成原因进行了认真分析，是否对当前现状进行客观阐述，是否对可能影响进行深入评估，是否提供了可行、明确的解决方案。股东代表应该督促高管按照既定整改方案和整改时间表完成上述问题和事项的改进工作，并定期听取整改情况的汇报。

还应对公司当年的非经常性损益项目和金额予以重点关注。例如，非流动资产处置损益、债务重组损益、应收款项减值准备转回、与公司正常经营业务无关的或有事项产生损益、计入当期损益的政府补助（与公司正常经营业务密切相关，符合国家政策规定且按照一定标准定额或定量持续享受的政府补助除外），以及除上述各项之外的其他营业收入和支出项。这些项目反映了公司当期非经营性损益情况，不具有持续性，应当特殊关注。

还应对当期会计政策与会计估计的变更予以重点关注，对公司当期的或有事项、或有负债、预计负债等予以重点关注，对公司高管当年的考评与激励情况、公司社会责任报告的披露情况予以关注。

需要关注报告期内是否存在重大会计差错更正情况、有无重大遗漏信息补充情况以及关于公司业绩预告修正情况；是否按照信息披露的有关管理要求，真实、准确、完整、及时地披露有关信息；是否因为信息披露的失误或者违规，给公司造成损失。

股东代表还应关注承办公司年度财务决算审计的会计师事务所的选聘、委托和变更程序是否合规。同一会计师事务所承办公司年度财务决算审计业务不应连续超过5年。

股东代表应重点关注会计师事务所的审计意见及公司对审计意见的处理。公司对年度财务决算的审计报告中提出的意见和问题，应当根据国家有关财务会计制度，认真对照检查，对确实存在问题的，应当采取有效整改措施；对审计结论有不同意见的，应当在年度财务决算报告中予以说明；存在较大分歧，应当提交专项说明；出具审计报告为保留意见的，应当在年度财务决算报告中，对保留事项予以说明；出具审计报告为否定意见或无法表示意见的，应当在上报年度财务决算报告时，提交专项报告予以说明。

6）利润分配方案

公司董事会负责制订公司年度利润分配方案和弥补亏损方案，并由公司股东会审议批准。

股东代表在审议批准董事会提交的公司年度利润分配方案和弥补亏损方案时，需要关注董事会制订的公司年度利润分配程序是否符合《公司法》《企业财务通则》和公司章程的有关规定。

公司法规定，公司分配当年利润时，应当提取利润的10%列入公司法定公积金。公司法定公积金累计额为公司注册资本的50%以上的，可以不再提取；公司法定公积金不足以弥补以前年度亏损的，在提取法定公积金之前，应当先用当年利润弥补亏损；公司从税后利润中提取法定公积金后，经股东

第四章 股东、股东代表与股东（大）会

会决议，还可以从税后利润中提取任意公积金；公司弥补亏损和提取公积金后所余税后利润，有限责任公司股东按照实缴的出资比例分取红利，股份有限公司按照股东持有的股份比例分配，但章程规定不按持股比例分配的除外。

《企业财务通则》规定，公司年度净利润，除法律、行政法规另有规定外，按照以下顺序分配：弥补以前年度亏损，提取10%法定公积金，提取任意公积金，向投资者分配利润。

公司以前年度未分配利润，并入本年度利润，在充分考虑现金流量状况后，向投资者分配。

股东代表需要关注公司弥补亏损程序是否符合《公司法》和《企业财务通则》的有关规定。公司发生的年度经营亏损，依照税法规定弥补。税法规定年限内的税前利润不足弥补的，由以后年度的税后利润弥补，或者经投资者审议后用盈余公积弥补。公司弥补以前年度亏损和提取盈余公积后，当年没有可供分配利润时，不得向投资者分配利润，但法律、行政法规另有规定的除外。

股东代表在审议批准公司年度利润分配与弥补亏损方案时，应关注公司董事会提交的方案是否符合管理要求，是否与公司章程规定一致，是否有效维护了股东权益。在盈利和现金流满足持续经营和长远发展的前提下，实施积极的利润分配政策，保证一定的连续性和稳定性。

股东代表在审议批准公司年度利润分配与弥补亏损方案时，需要关注公司所处的战略发展阶段、未来一段时期公司业务、市场发展规划，对资金、股本是否存在迫切需求，是否处在高速发展通道，在回报性与成长性之间取得平衡。

股东代表在审议批准公司年度利润分配与弥补亏损方案时，需要关注公司是否严格控制内幕信息知情人范围，是否对相关内部信息知情人履行了保密和严禁内幕交易的告知义务。

7）融资计划

融资是公司根据自身的经营需要及资金供求状况，向金融机构申请贷款、发行债券、资本市场融资等方式和渠道筹集资金的行为。

担保是公司作为担保人按照公平、自愿、互利的原则与债权人约定，当债务人不履行债务时，依照法律规定和合同协议承担相应法律责任的行为。

（1）融资方案。

公司依法以吸收直接投资、发行股份等方式筹集权益资金的，应当拟订筹资方案，确定筹资规模，履行内部决策程序和必要的报批手续，控制筹资

成本。筹集的实收资本，应当依法委托法定验资机构验资并出具验资报告。公司从税后利润中提取的盈余公积包括法定公积金和任意公积金，可以用于弥补企业亏损或者转增资本。法定公积金转增资本后留存公司的部分，以不少于转增前注册资本的 25% 为限。增加实收资本或者以资本公积、盈余公积转增实收资本，由投资者履行财务决策程序后，办理相关财务事项和工商变更登记；依法以借款、发行债券、融资租赁等方式筹集债务资金的，应当明确筹资目的，根据资金成本、债务风险和合理的资金需求，进行必要的资本结构决策，并签订书面合同。

公司应当根据融资目标和规划，结合年度全面预算，拟订筹资方案，明确筹资用途、规模、结构和方式等相关内容，对筹资成本和潜在风险做出充分估计。境外筹资还应考虑所在地的政治、经济、法律、市场等因素。公司应当对筹资方案进行科学论证，不得依据未经论证的方案开展筹资活动。重大筹资方案应当形成可行性研究报告，全面反映风险评估情况。

公司应当对融资方案进行严格审批，重点关注筹资用途的可行性和相应的偿债能力。

公司应当根据批准的融资方案，严格按照规定权限和程序筹集资金。银行借款或发行债券，应当重点关注利率风险、筹资成本、偿还能力以及流动性风险等；发行股票应当重点关注发行风险、市场风险、政策风险以及公司控制权风险等。公司应当严格按照筹资方案的用途使用资金。筹资用于投资的，应防范和控制资金使用的风险。由于市场环境变化等确需改变资金用途的，应当履行相应的审批程序。严禁擅自改变资金用途。

公司应当加强债务偿还和股利支付环节的管理，对偿还本息和支付股利等作出适当安排。公司应当按照筹资方案或合同约定的本金、利率、期限、汇率及币种，准确计算应付利息，与债权人核对无误后按期支付。公司应当选择合理的股利分配政策，兼顾投资者近期和长远利益，避免分配过度或不足。股利分配方案应当经过股东会批准，并按规定履行披露义务。

股东代表在审议批准公司的融资方案时，需要关注是否对风险进行了充分、全面的考量和评估。融资行为将对公司资本结构产生重大影响，决定公司现时和未来偿债义务规模。融资方案应当包括对风险评估与管控，即存在的主要风险、风险发生的可能性、风险发生后对公司造成的损失、采取的应对措施等进行合理审慎评估、分析。融资的风险因素是董事首先需要关注的问题。

股东代表需注意董事会制订的融资方案是否体现了以下原则：战略指导

第四章 股东、股东代表与股东（大）会

原则，融资计划与方案是否符合出资人的发展战略和公司自身发展战略要求，是否与战略保持统一性。总量配合与效益优先原则，在保持公司适度合理资产负债率前提下，公司是否集中有限经济资源，优先发展对公司具有重要意义和良好经济效益回报的项目。综合权衡与降低成本原则，公司是否合理权衡资本结构对公司稳定性、再融资或资本运作可能带来的影响，是否兼顾公司长远利益与当前利益，是否充分享受政策，积极争取低成本融资。

股东代表在审议批准公司的融资方案时，还需要关注以下内容、要素是否完整：融资背景、目的和用途；项目背景介绍；融资必要性说明、融资事项是否在计划预算范围内；融资方式、方法、额度、期限、规模测算；不同融资方案的利弊比较；资金使用与还款计划；融资机构及其简介；利率与利息的估算，是否有担保等情况。

股东代表在审议批准公司的融资方案时，还需要关注以下因素：公司融资前后的资产负债率、融资款项的使用和还款资金的筹集；财务杠杆系数，平衡收益和风险；融资方式应优先考虑公司内部调剂资金，后考虑向外部机构融资；设计合理的资本结构，尽可能降低融资成本。

（2）增加或者减少注册资本方案。

公司董事会负责制订公司增加或者减少注册资本方案，并由股东会批准。

《公司法》规定，有限责任公司增加注册资本时，股东认缴新增资本的出资，依照《公司法》设立有限责任公司缴纳出资的有关规定执行。股份有限公司为增加注册资本发行新股时，股东认购新股，依照《公司法》设立股份有限公司缴纳股款的有关规定执行。公司需要减少注册资本时，必须编制资产负债表及财产清单。公司应当自作出减少注册资本决议之日起十日内通知债权人，并于三十日内在报纸上公告。债权人自接到通知书之日起三十日内，未接到通知书的自公告之日起四十五日内，有权要求公司清偿债务或者提供相应的担保。公司减资后的注册资本不得低于法定的最低限额。公司增加或者减少注册资本，应当依法向公司登记机关办理变更登记。

股份有限公司增加或者减少注册资本的条件。增加注册资本应具备以下条件：公司前一次发行的股份已募足，且间隔时间在一年以上；公司最近三年盈利，并向股东支付股利；公司在最近三年内财务会计文件无虚假记载；公司预期利润率可达到同期银行存款利率。公司以当年利润分派新股，不受前款第2项限制。公司为减少注册资本而注销股份或者与持有本公司股票的其他公司合并时，可以减少注册资本。

股份有限公司增加或者减少注册资本的形式。股份有限公司增加注册资

本一般采用送股和增发新股两种形式。送股包括送红股和转增股本。送红股是公司将当年的利润留在公司里，发放股票作为红利，从而将利润转化为股本。送红股后，公司的资产、负债、股东权益及结构并没有发生变化，但股本总额增大，每股净资产降低。转增股本是公司将资本公积金转为增加公司股本，并按照股东原有股份比例派送新股或者增加每股面值。但法定公积金转为股本时，所留存的该项公积金不得少于注册资本的25%。增发新股是公司在原股本的基础上，按照确定的价格和数额，通过发行新的股份增大股本。每股发行价格原则上不低于每股净资产价格。公司减少股股东代表在审议批准增加注册资本方案时，首先需要结合公司业务发展状况、资本金需求状况、预期利润率与同期银行贷款利率的比较，对增资必要性予以关注。以利润增加股本的，还需要结合利润分配要求。选择以资本公积转增股本的，需注意符合"留存法定公积金不得少于注册资本25%"的法定要求。减少注册资本的，董事对减资的必要性加以重点关注。

（3）发行公司债券方案。

公司发行债券，属于公司融资方式之一，应遵循公司融资的有关事项要求，由公司董事会制订方案，提交公司股东会审议批准。

《公司法》规定，发行公司债券的申请经国务院授权的部门核准后，应当公告公司债券募集办法。公司债券募集办法中应当载明以下主要事项：公司名称；债券募集资金的用途；债券总额和债券的票面金额；债券利率的确定方式；还本付息的期限和方式；债券担保情况；债券的发行价格、发行的起止日期；公司净资产额；已发行的尚未到期的公司债券总额；公司债券的承销机构。

《企业债券管理条例》规定，企业发行企业债券必须符合下列条件：企业规模达到国家规定的要求；企业财务会计制度符合国家规定；具有偿债能力；企业经济效益良好，发行企业债券前连续三年盈利；所筹资金用途符合国家产业政策。企业发行企业债券的总面额不得大于该企业的自有资产净值。企业债券的利率不得高于银行相同期限居民储蓄定期存款利率的40%。

债券发行事项的可行性研究报告应当包括下列主要内容：宏观经济环境、债券市场环境、企业所处行业状况、同行业企业近期债券发行情况；企业产权结构、生产经营、财务状况和发展规划，本企业已发行债券情况；筹集资金的规模、用途和效益预测，发行债券对企业财务状况和经营业绩的影响，企业偿债能力分析；风险控制机制和流程，可能出现的风险及应对方案。

证监会规定，发行公司债券，应当符合下列规定：公司的生产经营符合

第四章　股东、股东代表与股东（大）会

法律、行政法规和公司章程的规定，符合国家产业政策；公司内部控制制度健全，内部控制制度的完整性、合理性、有效性不存在重大缺陷；经资信评级机构评级，债券信用级别良好；公司最近一期末经审计的净资产额应符合法律、行政法规和中国证监会的有关规定；最近三个会计年度实现的年均可分配利润不少于公司债券一年的利息；本次发行后累计公司债券余额不超过最近一期末净资产额的40%；金融类公司的累计公司债券余额按金融企业的有关规定计算。

公司发行债券，应当由股东会对下列事项做出决议：发行债券的数量；向公司股东配售的安排；债券期限；募集资金的用途；决议的有效期；对董事会的授权事项；其他需要明确的事项。

股东代表在审议批准公司发行债券方案时，应关注公司的信用评级，通过良好的信用评级结果降低公司的发债成本；关注发债余额与公司净资产的比例关系；根据项目投资进度和资金使用进度，合理控制融资进度，降低债务成本。需要关注债券的融资成本、债券期限（短期、中期和长期）、还本付息方式、未来还款的资金来源。需要关注项目收益率和债券利率之间的比较关系，要建立在对项目充分可研、可控的基础上。发行可转换债券的，还应结合公司增加或减少股本的要求加以考虑。

（4）担保方案。

根据内部控制指引，公司办理担保业务至少应当关注下列风险：对担保申请人的资信状况调查不深，审批不严或越权审批，可能导致公司担保决策失误或遭受欺诈；对被担保人出现财务困难或经营陷入困境等状况监控不力，应对措施不当，可能导致公司承担法律责任；担保过程中存在舞弊行为，可能导致经办审批等相关人员涉案或公司利益受损。

公司应当依法制定和完善担保业务政策及相关管理制度，明确担保的对象、范围、方式、条件、程序、担保限额和禁止担保等事项，规范调查评估、审核批准、担保执行等环节的工作流程，按照政策、制度、流程办理担保业务，定期检查担保政策的执行情况及效果，切实防范担保业务风险。

公司应当对被担保人进行资信调查和风险评估，评估结果应出具书面报告。出现以下情形之一的，不得提供担保：担保项目不符合国家法律法规和本企业担保政策的；已进入重组、托管、兼并或破产清算程序的；财务状况恶化、资不抵债、管理混乱、经营风险较大的；与其他公司存在较大经济纠纷，面临法律诉讼且可能承担较大赔偿责任的；与本公司已经发生过担保纠纷且仍未妥善解决的，或不能及时足额交纳担保费用的；政府机关不得作为担保人；

政府不得为企业经济活动提供担保；地方各级政府不得以财政性收入、行政事业等单位的国有资产或其他任何直接、间接形式为融资平台公司融资行为提供担保；教育行业不得提供抵押和担保；典当行不得对外提供担保；典当行不可以为第三方融资担保，但是典当行要是像银行融资贷款是可以的，典当行的法人股东也不可以为第三方融资作为担保。

公司对外担保应当要求对方提供反担保，谨慎判断反担保提供方的实际担保能力和反担保的可执行性，严格控制担保风险；对境外企业进行担保的，应当遵守外汇管理规定，并关注被担保人所在国家的政治、经济、法律等因素。

证监会规定，上市公司对外担保必须经董事会或股东大会审议；上市公司的公司章程应当明确由股东大会、董事会批准的对外担保的权限及违反审批权限、审议程序的责任追究制度。应由股东大会批准的对外担保，必须经董事会审议通过后，方可提交股东大会审议。须经股东大会审议的对外担保，包括但不限于下列情形：上市公司及其控股子公司的对外担保总额，超过最近一期经审计净资产50%以后提供的任何担保；为资产负债率超过70%的担保对象提供的担保；单笔担保额超过最近一期经审计净资产10%的担保；对股东、实际控制人及其关联方提供的担保。股东大会在审议为股东、实际控制人及其关联方提供的担保议案时，该股东或受该实际控制人支配的股东，不得参与该项表决，该项表决由出席股东大会的其他股东所持表决权的半数以上通过；应由董事会审议批准的对外担保，必须经出席董事会的2/3以上董事审议同意并做出决议。

股东代表要关注公司对外担保是否遵循合法、审慎、互利、安全的原则，严格控制担保风险。要严格控制担保范围，原则上不允许向个人提供担保，原则上也不可向非控股公司或无产权关系公司提供担保；如确实需要，则可要求对方提供反担保等。董事会应当在审议对外担保议案前充分调查被担保人的经营和资信情况，认真审议分析被担保人的财务状况、运营状况、行业前景和信用情况，依法审慎作出决定。公司可以在必要时聘请外部专业机构对担保风险进行评估，以作为董事会或股东会进行决策的依据。

股东代表应关注公司是否通过担保批准权限的规范设置，规避担保的管理风险。

股东代表在审议批准公司的担保方案时，应严格遵守《中华人民共和国民法典》（以下简称《民法典》）中有关担保的相关规定，对于资金投向不符合国家法律法规或国家产业政策，最近三年存有财务会计文件虚假记载或提供虚假资料，曾提供过担保但发生过贷款逾期拖欠利息等或者经营状况已

第四章 股东、股东代表与股东(大)会

经恶化、信誉不良、资不抵债、经营风险较大且无改善迹象,已进入重组托管兼并或破产清算程序,存在较大经济纠纷、面临法律诉讼且可能承担较大赔偿责任的,公司都不应提供担保。

股东代表在审议批准公司的担保方案时,应严格关注下述事项:通过财务审计报告关注被担保公司最近会计年度、最新会计期间的财务状况;担保事项的基本内容(担保项目背景、原因、被担保方基本情况、被担保方资金使用与偿还计划、担保额度、期限、方式、被担保方资信材料、担保合同等)。

股东代表在审议批准公司的担保方案时,对担保可能涉及的抵押与质押事项予以关注。关注抵押、质押物价值与被担保主债权金额关系,抵押、质押物的所有权属,可以抵押的资产范围以及法律不允许抵押的资产范围和权利质押范围。

8)担保

(1)担保的定义及方式。

担保是指法律为确保特定的债权人实现债权,以债务人或第三人的信用或者特定财产来督促债务人履行债务的制度。担保又称债权担保、债的担保、债务担保,是个总括的概念,内涵丰富,外延极广。它是一种承诺,是对担保人和被担保人行为的一种约束。担保一般发生在经济行为中,如被担保人到时不履行承诺,一般由担保人代被担保人先行履行承诺。担保一般有口头担保和书面担保。

《民法典》对担保的方式作了规定,担保有五种方式即:保证、抵押、质押、留置、定金。

(2)担保注意事项。

《公司法》第一百四十八条规定,董事、高级管理人员不得违反公司章程的规定,未经股东(大)会或者董事会同意,将公司资金借贷给他人或者以公司财产为他人提供担保。根据《民法典》的定义,担保包含了抵押和质押。也就是说,根据法律的规定,公司对外提供担保、抵押、质押,需要经过股东(大)会或董事会同意方能实施,具体由股东(大)会还是董事会决定,则可根据公司章程的规定来确定。

《最高人民法院关于适用〈中华人民共和国担保法〉若干问题的解释》(法释〔2000〕44号)第四条规定,董事、经理违反《公司法》的规定,以公司资产为本公司的股东或者其他个人债务提供担保的,担保合同无效。除债权人知道或者应当知道的外,债务人、担保人应当对债权人的损失承担连带赔偿责任。也就是说,如果公司未经股东(大)会或董事会决策同意而对

外提供担保,在债权人不知道该担保是未经有效决策的情况下,担保人仍需对债权人的损失承担连带赔偿责任。

《最高人民法院关于适用〈中华人民共和国担保法〉若干问题的解释》(法释〔2000〕44号)第九条规定,担保人因无效担保合同向债权人承担赔偿责任后,可以向债务人追偿,或者在承担赔偿责任的范围内,要求有过错的反担保人承担赔偿责任。担保人可以根据承担赔偿责任的事实对债务人或者反担保人另行提起诉讼。

《最高人民法院关于适用〈中华人民共和国担保法〉若干问题的解释》(法释〔2000〕44号)第十一条规定,法人或者其他组织的法定代表人、负责人超越权限订立的担保合同,除相对人知道或者应当知道其超越权限的以外,该代表行为有效。也就是说,企业的法定代表人或者负责人对外签订担保合同,在相对人不知道该行为已超越法定代表人或负责人权限的情况下,担保合同有效。

根据集团公司相关制度规定,所属单位、控参股企业涉及对外提供担保、抵押、质押事项的,应报送集团公司审批,经批准后方能进行股东会表决。

为避免因法定代表人越权对外订立担保合同的风险,建议从源头处下手,在章程中对对外提供担保、抵质押的议事规则进行明确,并明确法定代表人越权对外签订担保合同的责任追究条款,避免一系列的纠纷和法律风险。

9)保理

(1)保理的定义及特点。

根据2014年中国银行业监督管理委员会公布的《商业银行保理业务管理暂行办法》的规定:保理业务是以债权人转让其应收账款为前提,集应收账款催收、管理、坏账担保及融资于一体的综合性金融服务。债权人将其应收账款转让给商业银行,由商业银行向其提供下列服务中至少一项的,即为保理业务。

应收账款催收:商业银行根据应收账款账期,主动或应债权人要求,采取电话、函件、上门等方式或运用法律手段等对债务人进行催收。

应收账款管理:商业银行根据债权人的要求,定期或不定期向其提供关于应收账款的回收情况、逾期账款情况、对账单等财务和统计报表,协助其进行应收账款管理。

坏账担保:商业银行与债权人签订保理协议后,为债务人核定信用额度,并在核准额度内,对债权人无商业纠纷的应收账款,提供约定的付款担保。

保理融资:以应收账款合法、有效转让为前提的银行融资服务。

第四章　股东、股东代表与股东（大）会

以应收账款为质押的贷款，不属于保理业务范围。

（2）保理业务具备以下特点。

①银行通过受让债权，取得对债务人的直接请求权；②保理融资的第一还款来源为债务人对应收账款的支付；③银行通过对债务人的还款行为、还款记录持续性地跟踪、评估和检查等，及时发现风险，采取措施，达到风险缓释的作用；④银行对债务人的坏账担保属于有条件的付款责任。

（3）保理业务分类。

①国内保理和国际保理。

按照基础交易的性质和债权人、债务人所在地，分为国际保理和国内保理。国内保理是债权人和债务人均在境内的保理业务。国际保理是债权人和债务人中至少有一方在境外（包括保税区、自贸区、境内关外等）的保理业务。

②有追索权保理和无追索权保理。

按照商业银行在债务人破产、无理拖欠或无法偿付应收账款时，是否可以向债权人反转让应收账款、要求债权人回购应收账款或归还融资，分为有追索权保理和无追索权保理。有追索权保理是指在应收账款到期无法从债务人处收回时，商业银行可以向债权人反转让应收账款、要求债权人回购应收账款或归还融资。有追索权保理又称回购型保理。无追索权保理是指应收账款在无商业纠纷等情况下无法得到清偿的，由商业银行承担应收账款的坏账风险。无追索权保理又称买断型保理。

③单保理和双保理。

按照参与保理服务的保理机构个数，分为单保理和双保理。单保理是由一家保理机构单独为买卖双方提供保理服务。双保理是由两家保理机构分别向买卖双方提供保理服务。买卖双方保理机构为同一银行不同分支机构的，原则上可视作双保理。商业银行应当在相关业务管理办法中同时明确作为买方保理机构和卖方保理机构的职责。有保险公司承保买方信用风险的银保合作，视同双保理。

④公开型保理和隐蔽型保理。

按照是否将应收账款转让的事实通知债务人，可分为公开型保理和隐蔽型保理。公开型保理应将应收账款转让的事实通知债务人，通知方式包括但不限于：向债务人提交银行规定格式的通知书，在发票上加注银行规定格式的转让条款。隐蔽型保理中应收账款转让的事实暂不通知债务人，但银行保留一定条件下通知的权利。

（4）保理融资相关规定。

根据《商业银行保理业务管理暂行办法》，保理融资主要有以下重要规定：

商业银行应当根据自身内部控制水平和风险管理能力，制定适合保理融资业务的应收账款标准，规范应收账款范围。商业银行不得基于不合法基础交易合同、寄售合同、未来应收账款、权属不清的应收账款、因票据或其他有价证券而产生的付款请求权等开展保理融资业务。

未来应收账款是指合同项下卖方义务未履行完毕的预期应收账款。

权属不清的应收账款是指权属具有不确定性的应收账款，包括但不限于已在其他银行或商业保理公司等第三方办理出质或转让的应收账款。获得质权人书面同意解押并放弃抵质押权利和获得受让人书面同意转让应收账款权属的除外。

因票据或其他有价证券而产生的付款请求权是指票据或其他有价证券的持票人无须持有票据或有价证券产生的基础交易应收账款单据，仅依据票据或有价证券本身即可向票据或有价证券主债务人请求按票据或有价证券上记载的金额付款的权利。

商业银行受理保理融资业务时，应当严格审核卖方和买方的资信、经营及财务状况，分析拟做保理融资的应收账款情况，包括是否出质、转让以及账龄结构等，合理判断买方的付款意愿、付款能力以及卖方的回购能力，审查买卖合同等资料的真实性与合法性。对因提供服务、承接工程或其他非销售商品原因所产生的应收账款，或买卖双方为关联企业的应收账款，应当从严审查交易背景真实性和定价的合理性。

商业银行应当对客户和交易等相关情况进行有效的尽职调查，重点对交易对手、交易商品及贸易习惯等内容进行审核，并通过审核单据原件或银行认可的电子贸易信息等方式，确认相关交易行为真实合理存在，避免客户通过虚开发票或伪造贸易合同、物流、回款等手段恶意骗取融资。

商业银行办理单保理业务时，应当在保理合同中原则上要求卖方开立用于应收账款回笼的保理专户等相关账户。商业银行应当指定专人对保理专户资金进出情况进行监控，确保资金首先用于归还银行融资。

商业银行提供保理融资时，有追索权保理按融资金额计入债权人征信信息，无追索权保理不计入债权人及债务人征信信息。商业银行进行担保付款或垫款时，应当按保理业务的风险实质，决定计入债权人或债务人的征信信息。

（5）保理业务注意事项。

申办保理业务实质上是卖方通过保理银行把其对买方的应收账款变现，

第四章　股东、股东代表与股东（大）会

卖方向保理银行支付保理手续费等费用的行为。因此，卖方应对应收账款的详细情况进行研究和判断，如应收账款通过自身能实现回收，则不应办理保理，以减少保理手续费等费用的开支。

根据公司相关管理规定，所属单位涉及保理业务事项的，应提交公司审批，经批准后方能实施。

10）合作股东股权质押

（1）合作股东股权质押定义。

合作股东股权质押是指控股股东中国石油与合作股东方合资成立子公司，合作股东方以债务人或者第三人的身份将其在出资的股权企业的全部或者部分股份（股权）进行出质，将该股份（股权）质押给债权人的行为。

（2）合作股东股权质押注意事项。

《公司法》第七十一条规定，有限责任公司的股东之间可相互转让股权而不受限制（除公司章程另有规定外），股东向股东以外的人转让股权，应当经其他股东过半数同意，不同意转让的应当购买，不购买的视为同意。根据以上的规定，有限责任公司的股东以股权出质的应当经其他股东同意。

根据《工商行政管理机关股权出质登记办法》第七条的规定，申请股权出质设立登记，应当提交的材料包括：申请人签字或者盖章的《股权出质设立登记申请书》、记载有出质人姓名（名称）及其出资额的有限责任公司股东名册复印件或者出质人持有的股份公司股票复印件（均需加盖公司印章）、质权合同、出质人、质权人的主体资格证明或者自然人身份证明复印件（出质人、质权人属于自然人的由本人签名，属于法人的加盖法人印章，下同）、国家工商行政管理总局要求提交的其他材料。该办法并没有要求提交其他股东同意的书面材料。

根据《民法典》第四百四十三条，以基金份额、股权出质的，质权自办理出质登记时设立。基金份额、股权出质后，不得转让，但是出质人与质权人协商同意的除外。出质人转让基金份额、股权所得的价款，应当向质权人提前清偿债务或者提存。

（3）合作股东股权质押的应对建议。

有限责任公司合作股东方无论是从法律依据上还是可操作性上均可以不经过其他股东方的同意，直接到工商机关办理其持有的有限责任公司股份（股权）出质手续。但根据《工商行政管理机关股权出质登记办法》第十五条规定，登记机关应当将股权出质登记事项在企业信用信息公示系统公示，供社会公众查询。因此，董监事或股权管理人员在工作中，可以通过企业信用信息公

示系统，及时了解合作股东的股权出质情况，提前做好相关风险的应对工作。

有限责任公司合作股东方如果在其他股东方不知情的情况下办理股权出质进行融资，若当合作股东方不能清偿其质权人的债务时，将涉及合作股东方以其股权出让价款偿还质权人的债务事项，此时合作股东方的股权出让事宜应该按照《公司法》及公司章程中关于股权转让的相关条款规定办理。

（4）基于有限责任公司股东之间人合性较强的特点，存在有限责任公司合作股东方在进行股权出质之前会征求其他股东方意见的情况。在此种情况下，根据公司相关管理规定，所属单位涉及合作股东股权质押事项的，应报送公司审批，经批准后方能形成书面法律文件。

（5）法律上可以的，不代表一定可以。对于公司的一切事务，公司章程拥有最高的规定权限。为避免因合作股东方股权质押事项引起的一系列纠纷，建议从源头处下手，在章程中对股权质押事项的规则进行明确，股东各方达成一致，避免一系列的纠纷和法律风险。

11）风险管理

国务院国资委制定的《中央企业全面风险管理指引》及其相关文件、财政部等部委制定的《企业内部控制基本规范》及其配套指引，是全面风险管理和内部控制的重要依据，是对企业全员、全过程、全要素的行为规范和指导。

（1）风险管理职责。

①董事会审议并向股东（大）会提交公司全面风险管理年度工作报告。

②确定公司风险管理总体目标、风险偏好、风险承受度，批准风险管理策略和重大风险管理解决方案。

③批准风险管理组织机构设置及其职责方案。

④负责内部控制的建立健全和有效实施。

⑤批准重大决策、重大风险、重大事件和重要业务流程的判断标准或判断机制。

⑥批准重大决策的风险评估报告。

⑦批准内部审计部门提交的风险管理监督评价审计报告。

⑧了解和掌握公司面临的各项潜在重大风险及其风险管理范围和现状，做出有效控制风险的决策。

⑨决定公司的资产负债率上限。

⑩批准风险管理措施，纠正和处理任何组织或个人超越风险管理制度做出的风险性决定的行为。

⑪督导公司风险管理文化的培育。

第四章 股东、股东代表与股东（大）会

⑫ 对公司风险管理的实施进行总体跟踪、监督和监控。

⑬ 审批授信规模风险预案与实施。

⑭ 编写行业风险预警报告，全面风险管理的其他重大事项等。

（2）全面风险管理体系。

公司应当根据有关法律法规，建立健全风险管理制度，并有效实施内部控制，不断完善全面风险管理体系。

风险管理基本流程包括：收集风险管理初级信息；进行风险评估评级；制定风险授信管理策略；提出和实施风险管理解决方案；风险管理的跟踪、监督、防御、规避与优化。

公司全面风险管理体系建立与运行，应当遵循以下主要原则：

①全面性原则。风险管理应当贯穿决策、执行和监督全过程，覆盖公司及其所属单位的各种业务和事项。

②重要性原则。风险管理应在全面落实的基础上，重点关注重大风险、重要业务事项和高风险领域。

③制衡性原则。风险管理应当在治理结构、机构设置及权责分配、业务流程等方面形成相互制约、相互监督，不相容职责分离，同时兼顾运营效率。

④适应性原则。风险管理应当与公司经营规模、业务范围、竞争状况和风控水平等相适应，并随着情况的变化及时加以调整。

⑤相容性原则。风险管理工作应与其他管理工作紧密结合，要把各项要求融入公司管理和业务流程中，纠正战略或业务执行中的相异偏差。

⑥成本效益原则。风险管理应当权衡实施成本与预期效益，以适当的成本实现有效风险控制。

（3）全面风险管理报告。

公司应编制全面风险管理年度报告，经董事会审议通过后，通过适当方式在公司一定范围内发布。

全面风险管理年度报告的基本内容包括：上年度全面风险管理工作计划完成情况、重大风险管理情况、重大风险管理解决方案的监督检查情况、内部控制系统建设情况、风险管理信息化情况、建立健全全面风险管理体系情况等；本年度公司风险评价及评估情况、全面风险管理工作计划、重大风险管理情况等；风险管理有关意见和建议等。

（4）风险管理的实践提示。

①风险管理应力求"五同步"。

同步决策。在决策公司各事项的同时，评估和揭示业务运行中的潜在风险，

精准度量，确定风险管理措施和运用手段。

同步部署。在部署公司各项工作的同时，部署风险管理目标和工作计划。

同步检查。在检查公司各项工作的同时，检查风险管控执行到位。

同步反思。针对战略、业务、财务等有风险的环节定期组织召开反思会，总结经验，吸取教训，业务及时关闭。

同步总结考评。在总结工作和考核评价公司各项工作的同时，单独考核评价风险管理工作。

②风险管理应注重"三落实"。

认识落实。通过学习培训、沟通交流等有效方式，提高全员的风险意识，掌握履行岗位职责所需要的风险知识，树立正确的风险理念，增强风险管理的主动性，提高风险管理能力。

组织落实。根据国务院国资委和财政部有关风险管理和内部控制的指导性文件，明确和落实董事会及专门委员会、高管、风险管理主管部门和其他各部门、专职风险管理人员及其他各岗位人员的风险管理职责。

流程落实。在管理体系建设中，把风险管理融入各工作流程中，把内部控制作为风险管理的重要基础，把风险管理贯穿于公司的全员和全过程。

③风险管理应加强骨干人才队伍建设。

根据风险管理工作需要，建设一支专职和兼职风险管理骨干人才队伍，坚持定期组织风险业务培训，适时开展不定期的专题培训，不断提高骨干人才队伍的风险管理素质。

12）审计及审计委员会

审计委员会是根据公司法、公司章程等有关规定设立的董事会专门工作机构，对董事会负责，未经董事会同意，不得以董事会名义作出任何决议。

（1）审计委员会主要职责。

指导公司内部控制机制建设。向董事会提出聘请或更换会计师事务所等有关中介机构及其报酬的建议。审核公司的财务报告、审议公司的会计政策及其变动并向董事会提出意见。向董事会提出任免公司内部审计机构负责人的建议。督导公司内部审计制度的制定及实施。对公司审计体系的完整性和运行的有效性进行评估和督导。与监事会和公司内部、外部审计机构保持良好沟通。董事会未设风险管理委员会的，应由审计委员会对风险管理制度及其执行情况进行定期检查和评估，并向董事会报告结果。

（2）审计委员会组成。

审计委员会应当全部由外部董事组成，其成员和召集人由董事长向有关

第四章　股东、股东代表与股东（大）会

董事提出人选建议，经董事会通过后产生。委员会成员应当具备会计、审计、财务管理和法律知识。

委员会任期与董事会一致，任期届满，可连选连任。

期间如有委员不再担任董事职务，自动失去委员资格，并根据有关规定补足委员人数。

（3）内部控制建设的指导与监督。

公司应根据有关法律法规和财政部、证监会、审计署、银监会、保监会等五部委发布的《企业内部控制基本规范》和《内部控制配套指引》及相关要求，加强公司内部控制制度与机制建设，制定本公司的内部控制制度并组织实施，建立规范、完善的内部控制体系，对本公司内部控制的有效性进行自我评价，披露年度自我评价报告，并可聘请会计师事务所对内部控制的有效性进行审计。按照内部控制建设与监督评价职责相分离的原则，明确内部审计或相关部门负责组织内部控制评价工作，为公司内部控制提供咨询的会计师事务所，不得同时为公司提供内部控制审计服务。

建立相关部门共同参与的跨部门联动工作机制，明确分工，落实责任，共同推进，做好公司内部控制工作。

公司建立与实施内部控制应当遵循的原则：

①全面性原则。内部控制应当贯穿决策、执行和监督全过程，覆盖公司及其所属单位的各种业务和事项。

②重要性原则。内部控制应当在全面控制的基础上，关注重要业务事项和高风险领域。

③制衡性原则。内部控制应当在治理结构、机构设置及权责分配、业务流程等方面形成相互制约、相互监督，同时兼顾运营效率。

④适应性原则。内部控制应当与公司经营规模、业务范围、竞争状况和风险水平等相适应，并随着情况的变化及时加以调整。

⑤成本效益原则。内部控制应当权衡实施成本与预期效益，以适当的成本实现有效控制。

公司建立与实施有效的内部控制应当包括以下要素：一是内部环境，是公司实施内部控制的基础，一般包括治理结构、机构设置及权责分配、内部审计、人力资源政策、企业文化等；二是风险评估，是公司及时识别、系统分析经营活动中与实现内部控制目标相关的风险，合理确定风险应对策略和实施手段；三是控制活动，是公司根据风险评估结果，采用相应的控制措施，将风险控制在可承受度之内；四是信息与沟通，是企业及时、准确地收集、

传递与内部控制相关的信息，确保信息在公司内部、公司与外部之间进行有效沟通；五是内部跟踪与监督，是公司对内部控制建立与实施情况进行监督检查，评价内部控制的有效性，发现内部控制缺陷，及时加以改进和优化。

内部审计机构应当结合内部审计监督，对内部控制的有效性进行监督检查。内部审计机构对监督检查中发现的内部控制缺陷，应当按照内部审计工作程序进行报告。对监督检查中发现的内部控制重大缺陷，有权直接向董事会及其审计委员会或监事会报告。

公司应按照内部控制建设与监督评价职责相分离的原则，认真组织开展内部控制年度评价与审计工作，促进内部控制持续改进与优化。公司可以根据需要，聘请外部中介机构协助开展内部控制评价工作或进行内部控制审计；内部控制评价和审计结果要与履职评估或业绩考核相结合，逐级落实内部控制领导责任；内部控制评价报告应当报经董事会批准后对外披露或报送相关部门，董事会应当对内部控制评价报告的真实性负责。

董事对高管准备的内部控制评价报告，包括高管对公司财务报告内部控制有效性的评估，对会计师事务所出具的证明和报告事项予以关注。

审计委员会要加强对经理层提供的财务报告和内部控制评价报告的监督，提高内部审计和外部审计的独立性，在信息披露、内部审计和外部审计之间建立起独立的监督机制。

（4）会计师事务所的聘请与更换。

聘用会计师事务所应按照"公开、公平、公正"和"统一组织、统一标准、统一管理"的工作原则，采用公开招标等方式进行。

委托的会计师事务所应当连续承担不少于两年的公司年度财务决算审计业务，应当具有较完善的内部执业质量控制管理制度，执业质量应当符合国家有关规定要求，其资质条件应当与公司规模相适应，公司与会计师事务所及注册会计师无利害关系。同一会计师事务所承办公司年度财务决算审计业务不应连续超过5年。

公司应当对向会计师事务所及注册会计师提供的会计记录和财务数据的真实性、合法性和完整性承担责任。会计师事务所及注册会计师应当对出具的审计报告承担相应责任。公司应当为会计师事务所及注册会计师开展年度财务决算审计、履行必要审计程序、取得充分审计证据提供必要条件，不得干预会计师事务所及注册会计师的审计活动，以保证审计结论的独立、客观、公正。

会计师事务所及注册会计师应当认真遵照《中华人民共和国国家审计准

第四章 股东、股东代表与股东（大）会

则》以及其他职业规范，并按照国家有关财务会计制度规定和年度财务决算的统一工作要求，对公司年度财务决算实施审计。会计师事务所及注册会计师对公司年度财务决算出具的审计结论及意见应当准确恰当，审计结论与审计证据对应关系应当适当、严密，审计结论披露信息应当全面完整。会计师事务所应当在公司年度财务决算报告规定上报时间前完成审计业务工作，并出具审计报告。

会计师事务所及注册会计师在审计工作中要按照国家有关财务会计制度、独立审计准则和年度财务决算工作要求，对公司重要财务会计事项予以关注，并在审计报告中予以披露。应当重点关注公司年度财务决算编报范围是否齐全、报表合并口径和方法是否正确、合并内容是否完整及对资产和财务状况的影响，并应当对应纳入而未纳入合并范围的子公司对资产和财务状况的影响作重点说明。会计师事务所及注册会计师应当关注与披露公司实际发生的各项经济业务是否按照国家统一的财务会计制度规定予以确认、计量和登记，会计核算方法和会计政策是否符合国家财务会计制度规定。会计师事务所及注册会计师在审计过程中发现公司内部会计控制制度存在重大缺陷的，应当予以披露，并按照要求出具管理建议书。

董事应关注会计师事务出具的审计意见和公司对审计意见的处理情况。对于会计师事务所及注册会计师对公司年度财务决算出具的审计报告，公司应当依据国家有关财务会计制度，认真对照检查所提出的审计意见，对存在的问题，应当采取有效的整改措施；对会计师事务所及注册会计师出具的审计结论有不同意见的，应当在年度财务决算报告中予以说明；存在较大分歧的，应当提交专项报告予以说明；对会计师事务所及注册会计师出具的审计报告有保留意见的，公司应当在年度财务决算报告中，对保留事项予以说明；对会计师事务所及注册会计师出具的审计报告属否定意见和无法表示意见的，公司应当在报送年度财务决算报告时提交专项报告予以说明。审计委员会应深入分析会计师事务所及注册会计师出具保留意见、否定意见和无法表示意见的原因，督促高管对存在的问题进行整改。

董事要关注会计师事务所承担独立审计的资格及其审计任务的完成情况与工作表现。审计委员会就会计师事务所等有关中介机构的聘请或更换以及报酬等事项，向公司董事会提出建议。

董事应当关注会计师事务所内部质量的控制步骤；关注会计师事务所在最近若干会计年度内承担的审计项目情况，尤其需要关注接受过处罚等事项。判断会计师事务所是否能够继续保持独立性。为保证连续审计的独立性，董

事还应关注会计师事务所连续承担审计工作的年限及定期轮换。

（5）财务报告审核与会计政策审议。

董事应该对财务决算报告中所披露的事项，以及会计师事务所的报告、声明等内容予以重点关注并审核，必要时需要与高管、公司审计部门以及会计师事务所展开讨论与评估，对财务报告的及时性、完整性、准确性进行评估并提出建议。

董事应关注在准备财力报告期间公司高管、会计师事务所或公司审计部门之间出现的任何重大分歧，关注决算与审计过程中会计师事务所遇到的任何问题，尤其是获得公司相关信息方面存在的障碍事项等，并可与公司高管进行沟通与协调。

董事应关注可能涉及公司财务事项的、可能对公司造成重大影响的公告、声明。在适当情况下，董事可提前与公司高管、会计师事务所、公司审计部门和公司律师就这些重大事项进行协调、沟通与讨论。

董事应关注并可与公司高管就资产负债表外交易、协议、债务以及与公司相关利益方可能在目前或将来对公司的财务状况、经营成果和现金流量造成重大影响的事项展开讨论与分析。

董事应关注公司会计政策的执行情况以及在各个时期的连贯性。应该与高管就公司年度财务决算报告中的异常变化进行讨论，关注其解释的合理性，尤其需要关注会计师事务所提交给公司高管的管理建议书以及高管提供的反馈意见。

董事应当关注公司高管、会计师事务所或公司审计部门提出的对公司会计原则和财务披露规定进行重大修改的建议。对公司审议通过并执行的会计和财务规定，董事可协调公司高管、会计师事务所或公司审计部门讨论需要进行哪些修改和完善。

董事就会计政策变更需要关注：会计政策变更的日期、原因、变更前后分别采用的会计政策；会计政策变更对公司的影响，包括涉及公司业务的范围、变更对财务报表所有者权益和净利润的影响等；会议政策变更中主管部门和会计师事务所的协调沟通意见和建议等内容。需要由会计师事务所出具专项审计报告的，董事应关注专项报告出具的及时性和有效性。

（6）内部审计机构与内部审计制度。

董事会提出任免公司内部审计机构负责人的建议；督导公司内部审计制度的制定及实施；对公司审计体系的完整性和运行的有效性进行评估和督导；与监事会和公司内部、外部审计机构保持良好沟通。

公司应当按照国家有关规定，建立相对独立的内部审计机构，配备相应

第四章 股东、股东代表与股东（大）会

的专职工作人员，建立健全内部审计工作规章制度，有效开展内部审计工作，强化内部监督和风险控制。

公司内部审计机构依据国家有关规定开展内部审计工作，直接对公司董事会负责，并接受审计委员会的监督和指导。

公司内部审计机构的主要职责：制定公司内部审计工作制度，编制公司年度内部审计工作计划；按公司内部分工组织或参与公司年度财务决算的审计，并对公司年度财务决算的审计质量进行监督；对国家法律法规规定不适宜或者未规定须由社会中介机构进行年度财务决算审计的有关内容组织进行内部审计；对公司的财务收支、财务预算、财务决算、资产质量、经营业绩以及其他有关的经济活动进行审计监督；组织对公司主要部门负责人进行任期或定期经济责任审计；组织对发生重大财务异常情况的单位进行专项经济责任审计；对公司的基建工程和重大技术改造、大修等的立项、概（预）算、决算和竣工交付使用进行审计监督；对公司采购、销售、招标、对外投资及风险控制等经济活动进行审计监督；对公司内部控制系统的健全性、合理性和有效性进行检查、评价和意见反馈，对有关业务的经营风险进行评估和意见反馈。

公司内部审计机构应当加强对公司有关财务审计、资产评估及相关业务活动成果的真实性、合法性进行监督，并对出具的内部审计报告的客观真实性承担责任。

公司内部审计机构应当每年向董事会及审计委员会提交内部审计工作计划和总结报告。对违反国家法律法规和公司内部管理制度的行为及时报告，并提出处理意见；对发现的公司内部控制管理漏洞，及时提出改进建议；发现的重大违法违纪问题、重大资产损失情况、重大经济案件及重大经营风险等，应当及时报告。

董事应对公司内部审计机构及其负责人的工作职责与工作范围、工作计划和工作业绩予以关注。在综合评价德、能、勤、绩、廉的基础上，审计委员会向董事会提出任免公司内部审计机构负责人的建议。

董事应当督导公司的财务审计、内控审计、基建项目审计、合同审计、责任审计、专项审计、公司年度内部控制测试与自我评价，以及其他内部审计。

董事应与监事会和公司内部审计机构、外部审计机构保持良好沟通。作为内部审计机构与外部审计机构、董事会与公司高管之间沟通的桥梁，通过相互补充、有机配合，形成全过程全方位的监督体系和治理机制。

（7）审计委员会与风险管理委员会。

董事会下设风险管理委员会，该委员会的召集人应由不兼任总经理的董

事担任。

董事会未设风险管理委员会的，可以由审计委员会对风险管理制度及其执行情况进行定期检查和评估，并向董事会报告结果。

13）高管选聘和监督

（1）高管选聘。

加强高管人才规划。董事会应根据公司发展战略，研究分析公司未来面临的外部环境和高管团队的整体情况，确定高管团队建设的中长期目标，形成高管团队梯队建设规划。

选聘活动要依法合规。董事会应严格按照选聘办法和选聘工作方案选聘高管，特别注意选聘工作的公开、公正和规范操作，特别注重提名委员会在组织筹划、考试测评、面试评价、人选考察、推荐提名等方面发挥主导作用。

选聘工作方案要合理可行。选聘工作方案应由提名委员会组织研究和拟定，应当符合选聘办法的要求，应当能够保证必要数量的可选人才，应当充分体现选人用人原则，创新选人用人机制。考试测评要突出岗位特点，注重实际能力。面试委员会构成要符合多维度评估需要，有利于增强公允性。

重要约定要达成共识。公司与选聘人选之间的承诺和相关约定应符合董事会的要求，承诺和约定包括但不限于业绩指标、薪酬及其他待遇、竞业禁止、保密义务、任职期限等。

拟聘人选要优中选优。有比较才有鉴别，董事会应优先选择通过面向社会公开招聘或公司内部竞争上岗方式选拔聘任高管，确保所聘人员认同本企业的使命与核心价值观、工作能力和实践经验能够胜任其职责，并符合高管团队成员知识结构、年龄结构、专业经验等优化的需要，注重提升高管团队的整体能力。

（2）选聘高管程序。

①人选提名。

总经理拟任人选由公司董事会提名委员会根据有关规定和总经理选聘工作方案，经与董事长、党委充分酝酿后，向董事会提名。公司董事长就拟任人选情况与管理机构进行沟通，确定考察人选。

副总经理、总会计师拟任人选由总经理根据有关规定和选聘工作方案，在听取有关方面意见后，向董事会提名委员会提名，提名委员会与董事长、党委充分酝酿后，提出拟任人选。公司董事长就拟任人选情况与管理机构进行沟通，确定考察人选。

董事会秘书拟任人选由董事长根据有关规定和选聘工作方案提名，经与

第四章 股东、股东代表与股东（大）会

党委、提名委员会充分酝酿后，确定拟任人选。公司董事长就拟任人选情况与管理机构进行沟通，确定考察人选。

②人选考察。

总经理拟任人选由公司董事会提名委员会会同管理机构组成联合考察组进行考察。

副总经理、总会计师和董事会秘书拟任人选由公司董事会提名委员会会同党委组成联合考察组进行考察。

③会议讨论。

公司党委召开会议就拟任人选进行集体研究讨论，提出推荐意见和建议，向公司董事会提名委员会反馈。

提名委员会将拟任人选提交董事会酝酿讨论。

④任前备案。

公司董事会经过充分酝酿后，向管理机构报送任职备案请示。

⑤董事会聘任。

管理机构回复公司董事会后，董事会进行聘任表决，董事会全体成员三分之二以上同意的视为董事会通过，由公司办理聘任手续。

董事会对新聘任的高管实行试用期制，试用期一般为一年。试用期满后，经考核胜任的正式任职，不胜任的免去试任职务。

解聘高管程序原则上按上述程序办理。

（3）高管的监督管理。

健全监督机制，突出监督重点。董事会应建立健全高管监督管理机制，主要包括任前合同约定、任中考核、离任审计以及薪酬延期支付等，实现对高管团队的"科学监督与动态优化"。董事应重点关注高管对董事会的忠实坦诚、战略执行、董事会决议执行、高管团队成员的分工合作、勤勉尽职、廉洁自律等情况。

完善高管退出机制。董事会应规范和完善高管任期制，使任期制成为高管优化配置的重要方式，任期届满重新聘任。董事会可积极探索任免与业绩考核相结合的用人机制，建立高管业绩考核的"红线"，包括财务指标和非财务指标等多个维度。对触碰"红线"的高管进行约谈，并通过降薪、降职、免职、辞退等强化约束。

14）高管的业绩考核与激励

（1）审定经营业绩考核办法。

董事会审定薪酬与考核委员会提出的高管经营业绩考核办法。董事应关

注：指标体系构成和权重设置与战略体系是否匹配；考核指标值的确定方式是否能够保证公司在行业发展中的定位；对高管的个性化考核指标是否能够反映其应承担的主要职责或重点工作任务；考核结果是否与高管薪酬和任免挂钩。

（2）审定薪酬管理办法。

董事会审定薪酬与考核委员会提出的高管薪酬管理办法。董事应关注：薪酬管理的原则、基本程序、薪酬结构等设计是否合规、合理；薪酬水平的测算结果是否具有市场竞争力；是否体现董事会考核的结果；相对于员工薪资收入是否在适当范围内等。

（3）审议年度经营业绩考核指标。

董事会审议薪酬与考核委员会提出的高管年度经营业绩考核指标。董事应关注：年度考核指标构成是否符合考核办法；考核指标值水平是否足以支撑公司战略目标；分类考核指标设置是否真正针对公司管理与发展的"短板"；对每位高管的个性化考核指标是否合理恰当等。

（4）高管业绩考核责任书签订和变更。

高管业绩考核通过签订业绩考核责任书的形式予以确定。依据董事会决议，可由董事长代表董事会与总经理、董事会秘书签订年度业绩考核责任书。业绩考核责任书包括以下内容：双方的职务和姓名；考核内容及指标；考核与奖惩；责任书的变更、解除和终止；其他需要约定的事项。

当出现高管无法控制的下述情况时，董事会可根据具体情况，按照签订程序变更业绩考核责任书的经营业绩指标等相关内容。主要包括：公司发生分立、合并、改制重组等重大资产重组行为；会计政策及处理办法发生重大变更；国家税收政策直接导致公司的税收发生重大变化；其他不可抗因素影响公司正常经营。

（5）审议任期经营业绩考核指标。

董事会审议高管任期经营业绩考核指标或任期经营业绩责任书。董事应关注：考核目标建议值原则上不低于前一任期的考核指标实际完成值，或者不低于目标值与实际完成值的平均值；基本指标的完成要能够支撑公司三年滚动规划目标的实现等战略安排；分类指标要根据公司所处行业特点，综合考虑公司技术创新能力、资源节约和环境保护水平、可持续发展能力及核心竞争力等因素；具体指标在任期经营责任书中明确。

（6）审定薪酬方案。

董事会审定薪酬与考核委员会提出的高管薪酬方案，董事会应规定并提示不担任董事的高管人员回避薪酬方案的审议。董事应关注：薪酬水平是否

第四章　股东、股东代表与股东（大）会

具有竞争力；薪酬结构是否合理，基薪比例是否过高；高管之间的薪酬水平是否有效体现了董事会考核的差距，差距是否适当；与前一年相比，是否体现了"业绩升、薪酬升，业绩降、薪酬降"的原则；高管业绩薪酬水平变化与员工平均收入的变化是否协调一致等。

15）全员业绩考核与收入分配

（1）全员业绩考核。

董事应从以下几个方面关注全员业绩考核体系建立和完善：

把握考核原则。坚持战略导向与价值导向；坚持按照岗位职责考核；坚持公开、公平、公正；坚持持续改进。

健全考核机构。是否建立了健全的考核工作领导机构；是否建立了考核工作机构；公司主要负责人是否担任考核机构负责人。

完善考核制度。层层考核，做到考核制度全覆盖，并健全考核档案。

用好考核结果。考核结果是否与薪酬分配挂钩；考核结果是否适当拉开差距；薪酬分配系数是否适当拉开差距；考核结果是否与职务任免和岗位调整挂钩。

加强监督检查。考核办法及相关制度是否公开；是否对全员业绩考核工作进行督导检查；是否对考核工作进行自查；考核结果是否向被考核对象反馈；考核结果是否在一定范围内公开；考核办法、考核过程是否接受群众监督。

（2）收入分配。

董事会应综合考虑多方面因素，合理制定公司的收入分配方案，包括公司工资总量预算与决算方案、企业年金方案等。董事应关注：是否按照国家收入分配政策规定和出资人的调控要求，围绕公司发展战略目标，根据公司经济效益、人工成本承受能力和劳动力市场价位等因素，综合确定公司职工工资总额和工资水平；公司分配制度改革是否与用工制度、人事制度改革同步配套进行，分配制度改革力度和进程是否合适等。

16）内部管理机构与基本管理制度

（1）内部管理机构设置。

①设置原则。

匹配战略原则。内部管理机构设置属于职能战略范畴，必须满足公司层战略和业务竞争战略实施的需要，并为战略提供有力保障。

不相容职责分离原则。内部管理机构设置须将不相容职责分离开，并优先选择分离到不同的机构，满足内部控制的需要。

效率原则。合理安排管理层次、管理幅度以及各机构的职责配置，充分

考虑工作流程的优化，减少不必要"管理接口"和管理环节。

合规性原则。国家法律法规的强制性或指导性规定，涉及的机构至少包括：战略管理机构、财务管理机构、内部审计机构、风险管理机构、法律事务机构、董事会工作支持机构等。

②设置方案。

设置方案可分为总体设置方案、个别机构设置方案、机构改革方案等。董事会和总经理可根据工作需要提出机构设置建议，并负责机构方案设计工作。董事会认为必要时，提出内部机构设置的原则要求，由总经理拟订机构设置方案，提交董事会研究决定后实施。总经理认为必要时，组织拟订机构设置方案，提交董事会研究决定后实施。

（2）内部管理机构设置的评估。

董事评估和审议内部管理机构设置时应重点关注：

战略维度。机构设置是否符合战略定位；是否有助于公司战略和业务战略的实施；管理层次和管理幅度是否适当；部门职责分工是否清晰明确，是否存在职责交叉；是否尽可能减少管理接口、缩短管理流程等。

文化维度。是否充分考虑了公司的核心价值观、习惯和历史传统等因素；是否能够充分发挥广大员工的技能和积极性；是否能够促进员工合作与交流等。只有以人为本，才能提高组织运行的效能和效率。

政治维度。是否充分考虑了组织权责的配置及其变化产生的风险；是否充分考虑了组织利益的分享及其变化产生的风险；在风险可承受的情况下，是否充分体现了战略实施的需要等。只有平衡协调好不同利益相关者的目标和利益，才有可能提高组织的效能。

学习变革维度。是否鼓励创新；是否鼓励对个人和团队的尊重与发展；是否能适应不断变化的环境等。公司受到环境的无情选择，只有不断学习和变革，才有可能应对环境变化，实现可持续发展。

（3）基本管理制度。

基本管理制度的作用。基本管理制度是公司决策机制、管理机制、工作机制的载体，发挥着指导、调节和规范的作用，能有效发挥人力资源优势，同时防止"人治"的弊端，推动公司做优做强和又好又快发展。

基本管理制度的范围。基本管理制度包括治理层面的管理制度和经营层面的管理制度。治理层面的管理制度主要包括：公司章程、董事会及其专门委员会议事规则、总经理工作规则、董事会授权管理制度、董事会秘书工作规则等。经营层面的管理制度主要包括：战略管理、人力资源管理、财务管理、

第四章　股东、股东代表与股东（大）会

投资管理、审计管理、风险管理、预算管理、安全管理、法律事务管理等管理制度。根据公司经营活动特点，具体还包括：技术管理、采购管理、营销管理、生产管理、质量管理以及信息化管理制度等。

基本管理制度的拟订。公司治理层面的管理制度一般由董事会负责组织拟订，公司经营层面的管理制度可由总经理组织拟订，提交董事会审定后实施。基本管理制度相关实施细则等由总经理决定。

基本管理制度的创新。创新的方向主要是提高效率、降低成本、保证质量和控制风险。创新既要重视内容创新，也要重视形式创新。在形式创新方面要追求简明和方便实用，实践中制度流程化、流程表单化、表单信息化，即以流程为载体表达制度内容，以表单为载体表达工作流程，通过计算机信息系统进一步加强管理制度化。

（4）基本管理制度的评估。

董事评估和审议基本管理制度时应重点关注：

规范性。制度是否符合国家法律法规；下位制度是否符合上位制度；同位管理制度是否相互协调；管理制度的综合管理机构、分类归口管理机构和管理办法。

完整性。制度的责任主体、程序、标准、时间要求以及矛盾与分歧的处理等要素是否完整、齐全。

先进性与合理性。管理理念的先进性；管理效率的改善程度；管理方法的创新性、可操作性及经济性等。

自适应性与自我完善。制度应具有较强的自我适应能力和自我完善能力，能够根据公司内外部情况变化作出及时合理的应对，形成闭环管理。

第三节　股东（大）会

一、股东（大）会的概念与地位

1. 股东（大）会的概念及特征

股东（大）会（shareholders meeting），有限责任公司称"股东会"，股份有限公司称"股东大会"，统称"股东（大）会"。股东（大）会是指公司全体股东组成的公司权力机构，是股东在公司内部行使股东职权的法定组织。

在公司的治理结构中，股东（大）会作为一种不可或缺的组织机构，具有以下特征：（1）股东（大）会是由全体股东组成的机构。（2）股东（大）会是股东行使民主权力的机构，是行使股东权力的一个平台。（3）股东（大）会是一个法定但非常设机构。（4）股东（大）会是公司最高权力机构。

2. 股东（大）会的种类

股东（大）会主要有首次会议、创立大会、定期会议和临时会议四种。

1）首次会议

一般情况下，首次会议主要是研究公司设立等相关问题，首次会议决议应包含设立公司的意思表示。

对于有限责任公司来讲，首次股东（大）会是指第一次召开的由全体股东参加的会议。首次股东（大）会由出资最多的股东召集和主持。出资最多的股东，也就是通常所说的大股东，其出资最多，利益预期和承担的风险也最大，第一次股东（大）会由其召集和主持是必要的。出资最多的含义应结合章程具体规定而确定，如章程没有具体规定，就适用《公司法》第四十二条之规定：股东（大）会会议由股东按照出资比例行使表决权。应当按照出资比例即认缴的出资额来确定。召集和主持股东（大）会是指负责首次股东（大）会组织工作，通知各个股东并掌握会议的进程并推动有关各项决议的通过。

股份有限公司分两种情况。第一种情况，就是采取发起设立公司的，即由发起人认购公司应发行的全部股份而设立公司。对于首次会议没有规定，应适用有限责任公司的一般规定，即首次股东会由出资最多的股东召集和主持。第二种情况，就是采取募集设立公司的，即由发起人认购公司应发行股份的一部分，其余股份向社会公开募集或者向特定对象募集而设立公司。发起人应当在创立大会召开十五日前将会议日期通知各认股人或者予以公告。创立大会应有代表股份总数过半数的发起人、认股人出席，方可举行。

2）创立大会

创立大会行使下列职权：（1）审议发起人关于公司筹办情况的报告；（2）通过公司章程；（3）选举董事会成员；（4）选举监事会成员；（5）对公司的设立费用进行审核；（6）对发起人用于抵作股款的财产的作价进行审核；（7）发生不可抗力或者经营条件发生重大变化直接影响公司设立的，可以作出不设立公司的决议。

创立大会对前款所列事项作出决议，必须经出席会议的认股人所持表决权过半数通过。

第四章　股东、股东代表与股东（大）会

创立大会与股东（大）会是有区别的，主要体现在以下三个方面：

（1）性质不同。股东（大）会是指由全体股东组成的决定公司经营管理的重大事项的机构。创立大会是在募集设立股份有限公司过程中召开，组成人员是参与公司设立并认购股份的人，包括发起人、认股人。

（2）权限不同。股东（大）会是公司最高权力机构，其他机构都由它产生并对它负责。股份公司的股东（大）会职权与有限责任公司股东（大）会职权相同。创立大会是设立中公司的意思决定机关，其决议涉及公司设立行为、公司能否成立等有关事项。

（3）召开方式不同。股东（大）会定期会议又称为股东大会年会，一般每年召开一次，通常是在每一会计年度终结的六个月内召开。创立大会应有代表股份总数过半数的发起人、认股人出席，方可举行。

3）定期会议

定期会议是指在一定时期内必须召开的会议，定期股东（大）会属于例会性质，又称股东常会、股东年会，是指公司按照法律和章程规定，必须定期召开的全体股东（大）会会议。

根据《公司法》的规定，有限责任公司定期会议应当按照公司章程的规定，按时召开。这就要求公司章程对定期股东会做出具体规定，比如，一年一次、一年两次等。

股份公司、上市公司股东大会应当每年召开一次年会，因此被称为股东大会年会。

4）临时会议

临时会议是一种不定期的会议，指在正常召开会议的时间之外，由于法定人员的提议，或法定情形的出现而召开的会议。临时会议应在确有必要时召开，比如，公司需要就重大事项作出决策，或公司出现严重亏损，或公司的董事、监事少于法定人数，或公司董事、监事有严重违法行为需立即更换等情况，才能由法定人员提议召开股东（大）会临时会议。法定人员提议召开临时股东（大）会的，应当召开临时会议。

对于有限责任公司来讲，《公司法》第三十九条第二款，仅规定了提议主体，未对具体情况作出规定：代表十分之一以上表决权的股东，三分之一以上的董事，监事会或者不设监事会的公司的监事提议召开临时会议的，应当召开临时会议。

对于股份公司来讲，《公司法》第一百条规定：有下列情形之一的，应当在两个月内召开临时股东大会：（1）董事人数不足本法规定人数或者公司

章程所定人数的三分之二时；（2）公司未弥补的亏损达实收股本总额三分之一时；（3）单独或者合计持有公司百分之十以上股份的股东请求时；（4）董事会认为必要时；（5）监事会提议召开时；（6）公司章程规定的其他情形。

对于上市公司来讲，除上述六种情形之外，《上市公司股东大会规则》第七条还规定了独立董事有权向董事会提议召开临时股东大会。对独立董事要求召开临时股东大会的提议，董事会应当根据法律、行政法规和公司章程的规定，在收到提议后10日内提出同意或不同意召开临时股东大会的书面反馈意见。董事会同意召开临时股东大会的，应当在作出董事会决议后的5日内发出召开股东大会的通知。董事会不同意召开临时股东大会的，应当说明理由并公告。

二、股东（大）会职权

1. 对股东（大）会职权性质的争议

对《公司法》中关于股东（大）会职权性质的认定，需要从固有权和非固有权、强制性规范和任意性规范等角度去综合分析。

1）固有权和非固有权之争

固有权又称不可剥夺权，是公司法赋予股东的、不得以公司章程或者股东（大）会决议予以剥夺或者限制的权利。非固有权又称可剥夺权，是指以公司章程或股东（大）会决议可剥夺或者限制的权利。通常，共益权和特别股东权均属固有权，自益权多属于非固有权。法律允许由公司章程或股东（大）会决议加以限制或剥夺的股东权为非固有权，自益权中的一部分便为非固有权。过去常常认为，限制股东固有权的章程条款无效，限制股东非固有权的章程条款有效。

该种理论将从权利着手区分章程自治边界，有一定的意义。但是具有如下缺陷：首先，共益权与固有权、自益权与非固有权并非严格对应关系，比如股利分配请求权、异议股份收购请求权、解散公司诉权皆属自益权，然而若由章程加以限制或剥夺，显属不当，表决权虽为共益权，但是公司可以不按出资或股份比例行使。其次，它没有回答某种权利归为固有权或非固有权的法理依据或者说正当性何在。再次，任何权利皆具有处分性，固有权标准无法清晰说明股东自身是否可以放弃其享有的固有权。最后，它忽略了章程订立过程中股东的自由意志，未能说明股东同意和公司章程规定的关系。《公

第四章 股东、股东代表与股东（大）会

司法》规定的股东（大）会职权属于固有权还是非固有权，一直争论不休。

2）任意性规范和强制性规范之辨

过去，学者们曾对《公司法》究竟是强行法还是任意法进行过激烈的探讨。但是随着市场经济的持续深入，现在的通行说法认为《公司法》是一部兼具强制性规范和任意性规范的私法。依可否由当事人的意思变更或拒绝适用为标准，可以将公司法规范分为任意性规范和强制性规范；前者为"仅为补充或解释当事人之意思，得由当事人之意思自由变更或拒绝适用"，后者为"凡法律规定之内容，不许当事人之意思变更适用者"。我国《公司法》第五条明文规定：公司从事经营活动，必须遵守法律、行政法规；《民法通则》第五十八条规定：违反法律或者社会公共利益的民事行为无效。因此，公司章程必须遵守公司法的强制性规定，否则章程内容无效。

这就引发了一个问题：如何认定《公司法》关于股东（大）会职权的性质？关于"股东（大）会职权"的条款为强制性规定的话，自无以章程改变公司法规定的可能。反之，如果上述规定为任意性规定的话，则可以章程改变公司法规定的股东（大）会和董事会的职权。

美国学者 M·V. 爱森伯格认为公司是人和财产的结合，根据不同标准可以对公司法规范进行不同分类。根据规范对象不同，公司法规则大体可分为三类：第一，结构性规则（structural rules），主要规范权力在不同公司机关的分配以及各机关行使这些权力的要件，如《公司法》第三十七条、第四十六条、第五十三条等关于股东（大）会、董事会和监事会职权的规定。第二，分配性规则（distributional rules），规范公司资产在股东之间的分配方式，如《公司法》第一百六十六条关于公司利润分配条件、分配方式的规定。第三，信义规则（fiduciary rules），规范董事、监事、控股股东的义务，如《公司法》第六章（共7条）关于公司董事、监事、高级管理人员的资格和义务的规定。根据表现形式不同，公司法规则可分为三类：第一，强制性规则（mandatory rules）不允许公司参与方以任何方式加以修正，如《公司法》第一百四十六条关于董事、监事、高级管理人员资格禁止的规定。第二，赋权性规则（enabling rules），在这种规则允许范围之内，公司参与方可自由设定规则，法律认可这些规则的效力，如《公司法》第五十条关于股东人数较少或者规模较小的有限责任公司，可以设一名执行董事，不设董事会的规定。第三，补充性规则（supplementary rules），即除非公司参与方另有约定，这些规则当然地具有效力，又称"缺省的"或"推定适用"的规则，如《公司法》第四十二条关于有限责任公司股东表决权的规定。

我国也有学者将公司法的规则分为普通规则和基本规则两大类。前者指有关公司的组织、权力分配和运作及公司资产和利润分配等具体制度的规则。后者指涉及有关公司内部关系（主要包括管理层和公司股东、大股东和小股东之间的关系）的基本性质的规则。

2. 对股东（大）会职权性质的正确理解

不宜对《公司法》的全部规定做简单的强制性规定或者任意性规定的划分。公司作为商事主体，必然要和社会上其他主体发生商业往来，会涉及其他主体的利益。因而，《公司法》为保护社会利益必然会规定一些强制性的条文规范。就股东（大）会和董事会的职权而言，应当属于公司治理方面的内容，《公司法》对这部分内容的规定，应在不同公司类型的前提下研究《公司法》的性质，在有限责任公司中，应更强调自治性，所以把亟须保护的公司内部关系的规则（基本规则）视为强制性规则，而将普通规则视为任意性规则，当然也不排除个别情形的例外。股份有限公司的情况则有所不同，由于股东和经理人员之间必然的利益冲突，所以除了普通规则中有关利润分配的规则为任意性规则外，普通规则中的权利分配规则和基本规则都应是强制性的。实践中也常常可以见到有限责任公司通过章程扩张公司董事会权限，以使公司的决策更加富有效率。

3. 对股东（大）会职权性质的界定

对《公司法》中关于股东（大）会职权性质的认定应结合公司类型、具体事项、其他相关条款规定，以及《上市公司治理准则》（证监会公告〔2018〕29号）、《上市公司股东大会规则》（证监会公告〔2016〕22号）、《上市公司章程指引》（证监会公告〔2019〕10号）等相关规定来进行综合分析认定。

1）上市公司

（1）《上市公司章程指引》规定的股东大会职权。

决定公司的经营方针和投资计划；选举和更换非由职工代表担任的董事、监事，决定有关董事、监事的报酬事项；审议批准董事会报告；审议批准监事会报告；审议批准公司的年度财务预算方案、决算方案；审议批准公司的利润分配方案和弥补亏损方案；对公司增加或者减少注册资本作出决议；对发行公司债券作出决议；对公司合并、分立、解散、清算或者变更公司形式作出决议；修改本章程；对公司聘用、解聘会计师事务所作出决议；审议批准《上市公司章程指引》第四十一条规定的担保事项；审议公司在一年内购买、出售重大资产超过公司最近一期经审计总资产30%的事项；审议批准变更募

第四章　股东、股东代表与股东（大）会

集资金用途的事项；审议股权激励计划；审议法律、行政法规、部门规章或本章程规定应当由股东大会决定的其他事项。

以上十六项职权，不得通过授权的形式由董事会或其他机构和个人代为行使。

（2）释义。

《上市公司章程指引》第四十一条规定：公司下列对外担保行为，须经股东大会审议通过：①本公司及本公司控股子公司的对外担保总额，达到或超过最近一期经审计净资产的50%以后提供的任何担保。②公司的对外担保总额，达到或超过最近一期经审计总资产的30%以后提供的任何担保。③为资产负债率超过70%的担保对象提供的担保。④单笔担保额超过最近一期经审计净资产10%的担保。⑤对股东、实际控制人及其关联方提供的担保。

《上市公司章程指引》第一百一十九条规定，董事与董事会会议决议事项所涉及的企业有关联关系的，不得对该项决议行使表决权，也不得代理其他董事行使表决权。该董事会会议由过半数的无关联关系董事出席即可举行，董事会会议所作决议须经无关联关系董事过半数通过。出席董事会的无关联董事人数不足3人的，应将该事项提交股东大会审议。

《上市公司章程指引》第一百五十二条规定，公司分配当年税后利润时，应当提取利润的10%列入公司法定公积金。公司法定公积金累计额为公司注册资本的50%以上的，可以不再提取。公司的法定公积金不足以弥补以前年度亏损的，在依照前款规定提取法定公积金之前，应当先用当年利润弥补亏损。公司从税后利润中提取法定公积金后，经股东大会决议，还可以从税后利润中提取任意公积金。这两条规定的"关联交易"和"提取任意公积金"两个事项也属于股东大会职权范围，且不得通过授权的形式由董事会或其他机构和个人代为行使。

2）有限责任公司

（1）根据《公司法》第三十七条规定，股东（大）会行使下列职权。

①决定公司的经营方针和投资计划；②选举和更换非由职工代表担任的董事、监事，决定有关董事、监事的报酬事项；③审议批准董事会的报告；④审议批准监事会或者监事的报告；⑤审议批准公司的年度财务预算方案、决算方案；⑥审议批准公司的利润分配方案和弥补亏损方案；⑦对公司增加或者减少注册资本作出决议；⑧对发行公司债券作出决议；⑨对公司合并、分立、解散、清算或者变更公司形式作出决议；⑩修改公司章程；⑪公司章程规定的其他职权。

（2）释义。

根据《公司法》第四十三条第一款规定，股东（大）会的议事方式和表决程序，除本法有规定的外，由公司章程规定。除本法有规定的外，这个"规定"一般是指法律法规的强制性规定，因此公司可以通过公司章程来划分股东（大）会和董事会职权。但《公司法》第四十三条第二款规定，股东（大）会会议作出修改公司章程、增加或者减少注册资本的决议，以及公司合并、分立、解散或者变更公司形式的决议，必须经代表三分之二以上表决权的股东通过。第二款是法律强制性条款，因此，有限公司⑦⑨⑩三项不得通过授权的形式由董事会或其他机构和个人代为行使。其中，第⑩项修改公司章程，一般是指对公司章程实质内容的修改。

综上，对于《公司法》中规定的有限公司股东会职权，除⑦⑨⑩项外，股东会可以通过授权的形式由董事会或其他机构和个人代为行使。

根据《公司法》第九十九条规定，有限责任公司股东（大）会职权的规定，适用于股份公司股东大会。因此，对于非上市股份公司来讲，应适用有限责任公司股东（大）会职权的规则。

三、股东（大）会运行

1. 股东（大）会的筹备

会议的筹备涉及会议的全过程，最为核心的是制订会议的筹备方案。会议筹备方案是会议的预演，通过想象和策划，将计划全过程形成文字，以便安排布置会议事宜。会议方案的内容通常主要包括以下内容：确定会议名称；确定与会人员；确定时间地点；确定会议通知内容；会议通知跟进落实程序与要求；会场布置要求；会议文件资料种类、内容、要求；会议设备和用品种类、要求；会议后勤安排；会议记录安排；会场服务安排；会议预算安排；议定事项催办及反馈的程序、要求、责任人；其他注意事项等。

此处所讲的会议筹备，是狭义的筹备，是指会前的筹备，主要包括会议召集、会议提案、议案的审查审批、会议通知等。

1）股东（大）会的召集

股东的会议召集权，包括召集会议提议权和直接召集权（包括经或不经向董事会提议）。

股东的召集会议提议权，是股东向董事会提出召集股东（大）会要求的

第四章 股东、股东代表与股东（大）会

权利。关于股东的提议权，各国一般均有规定，其理由是在发生须召开股东（大）会的情况时，通过向董事会提议而召开股东（大）会，在效果上最为恰当，在事实上最为便利；经向董事会提议而董事会拒不召集时，再通过其他途径召开股东（大）会，一般也不会损害股东和公司的利益。

股东的直接召集权，是指股东按规定可以按规定自行召集会议或申请有关机关召集会议的权利。这包括股东在董事会拒绝提议时的直接召集权和不经提议的直接召集权利。

为保障股东提议权的实现，经股东提议而董事仍不召集股东（大）会时，股东可以按规定自行召集会议或申请有关机关召集会议。从国内外的有关规定看，股东行使直接召集权的方法大致有以下几种：

（1）由股东自行召集。《上市公司章程指引》第四十三条规定，有下列情形之一的，公司在事实发生之日起2个月以内召开临时股东大会：董事人数不足《公司法》规定人数或者本章程所定人数的2/3时；公司未弥补的亏损达实收股本总额1/3时；单独或者合计持有公司10%以上股份的股东请求时；董事会认为必要时；监事会提议召开时；法律、行政法规、部门规章或本章程规定的其他情形。国外也有许多类似规定。

（2）通过行政机关召开股东（大）会。《上市公司章程指引》第四十九条规定，监事会或股东决定自行召集股东大会的，须书面通知董事会，同时向公司所在地中国证监会派出机构和证券交易所备案。在股东大会决议公告前，召集股东持股比例不得低于10%。召集股东应在发出股东大会通知及股东大会决议公告时，向公司所在地中国证监会派出机构和证券交易所提交有关证明材料。

（3）通过法院召开股东（大）会，即股东召集权诉讼。规定这种方式的较多，如日本商法第237条第2款规定：前项的请求提出后不立即进行召集股东大会的程序时，提出请求的股东，可得到法院的许可进行该召集。该请求提出之日起的六周内的某日未发出作为会日的召集股东大会的通知时亦同。在规定股东可以自行召集股东（大）会的加拿大，也规定在无法以规定的方式召开会议时，可以向法院申请召集会议。也有的国家规定，股东可以不经向董事会提议直接召开股东（大）会。其召集方法，与董事会不采纳召集会议提议时股东召集会议相同。

股东召集权的适用范围：一般地，股东定期会议是按照规定的时间定期召开，是董事会必须履行的职责，因而在实践上很少有应召开定期会议而董事会故意不召开的。但对于股东临时会议来说，由于不是定期召开，是否召

开完全由董事会自行决定,这就容易发生应召开临时股东(大)会而董事会不愿召开或董事会认为不需要召开的情况,因而关于股东的会议召集权,一般是针对召集股东临时会议而言,如我国《公司法》明确规定,股东、监事会等只能提议召集临时股东(大)会,未规定可以提议召集定期股东(大)会或股东年会;我国台湾《公司法》第一百七十三条第1款也只是规定了股东可以请求董事会召集股东临时会。但董事会在事实上仍有可能不召集或延迟召集定期股东(大)会或股东年会,因此,《上市公司股东大会规则》第四条规定,公司在上述期限内不能召开股东大会的,应当报告公司所在地中国证监会派出机构和公司股票挂牌交易的证券交易所,说明原因并公告。如未规定董事会不按期召开股东定期会议或股东年会时的会议召集权,容易产生对股东权利保护的缺陷。对此,美国《示范公司法》第7.03节中明确规定,公司不召开股东年度会议超过规定期限的,股东可以向法院提出召开年度会议的申请;并且,股东申请召开股东年度会议,不以曾向董事会提议为条件,即股东可以直接向法院申请召集股东年度会议。按期召开股东年会是董事会的重要工作之一,未能按期召开,不可能是疏忽所致,只能理解为董事会不愿召开;再要求股东先向董事会提议召集股东(大)会,也无必要。美国《示范公司法》关于股东享有定期会议召集权的规定,可供我国公司立法参考。

股东的会议召集权,不仅在公司正常经营中有其适用,即便是在公司清算过程中,当有召集股东(大)会的必要时,股东也可以按照规定行使召集权。如法国《商事公司法》第三百九十七条规定:全体股东,包括无表决权优先分息股的持有人,在清算结束时,被召集开会以对最后的账目、清算人管理的交卸清楚证明书,以及清算人卸职作出决定,并对清算结束予以确认。如果未召集会议,所有股东可以诉请指定一名代理人负责召集会议。第四百一十六条规定:公司继续经营时,清算人必须在第四百一十三条规定的条件下召集股东大会。如果清算人没有召集股东大会,一切有关的人可以要求召集股东大会,或由审计员、监事会或监督机构召集,或由司法裁决任命的一名代理人召集。

对于有限责任公司来讲,《公司法》第四十条规定:股东会由董事会召集,董事长主持;董事长不能履行职务或者不履行职务的,由副董事长主持;副董事长不能履行职务或者不履行职务的,由半数以上董事共同推举一名董事主持。有限责任公司不设董事会的,股东会由执行董事召集和主持。董事会或者执行董事不能履行或者不履行召集股东会职责的,由监事会或者不设监事会的公司的监事召集和主持;监事会或者监事不召集和主持的,代表十分之一以上表决权的股东可以自行召集和主持。

第四章 股东、股东代表与股东（大）会

对于股份公司来讲，《公司法》第一百条规定，股东大会应当每年召开一次年会。有下列情形之一的，应当在两个月内召开临时股东大会：董事人数不足本法规定人数或者公司章程所定人数的三分之二时；公司未弥补的亏损达实收股本总额三分之一时；单独或者合计持有公司百分之十以上股份的股东请求时；董事会认为必要时；监事会提议召开时；公司章程规定的其他情形。

《公司法》第一百零一条规定：股东大会会议由董事会召集，董事长主持；董事长不能履行职务或者不履行职务的，由副董事长主持；副董事长不能履行职务或者不履行职务的，由半数以上董事共同推举一名董事主持。董事会不能履行或者不履行召集股东大会会议职责的，监事会应当及时召集和主持；监事会不召集和主持的，连续九十日以上单独或者合计持有公司百分之十以上股份的股东可以自行召集和主持。

因此，有限责任公司和股份有限公司的召集程序并无本质区别，仅在召集主体方面略有区别。有限责任公司是代表十分之一以上表决权的股东，股份有限公司是连续九十日以上单独或者合计持有公司百分之十以上股份的股东。但在召集时限和召集会议的法定情形方面，股份公司受到了约束。

对于上市公司来讲，在召集时限、召集会议的法定情形以及召集程序方面则受到更为严格的约束。

《上市公司股东大会规则》第四条规定，股东大会分为年度股东大会和临时股东大会。年度股东大会每年召开1次，应当于上一会计年度结束后的6个月内举行。临时股东大会不定期召开，出现《公司法》第一百零一条规定的应当召开临时股东大会的情形时，临时股东大会应当在2个月内召开。公司在上述期限内不能召开股东大会的，应当报告公司所在地中国证监会派出机构和公司股票挂牌交易的证券交易所，说明原因并公告。

《上市公司股东大会规则》第五条还规定，公司应当聘请律师对会议的召集程序、召集人资格进行了法律审查。同时，《上市公司股东大会规则》第七条、第八条、第九条、第十条分四个条款对独立董事、监事会、单独或者合计持有公司10%以上股份的普通股股东（含表决权恢复的优先股股东）向董事会提议召开临时股东大会的召集主体、召集时限、召集程序等作出了详细规定：

（1）独立董事有权向董事会提议召开临时股东大会。对独立董事要求召开临时股东大会的提议，董事会应当根据法律、行政法规和公司章程的规定，在收到提议后10日内提出同意或不同意召开临时股东大会的书面反馈意见。

董事会同意召开临时股东大会的，应当在作出董事会决议后的5日内发出召开股东大会的通知；董事会不同意召开临时股东大会的，应当说明理由并公告。

（2）监事会有权向董事会提议召开临时股东大会，并应当以书面形式向董事会提出。董事会应当根据法律、行政法规和公司章程的规定，在收到提议后10日内提出同意或不同意召开临时股东大会的书面反馈意见。董事会同意召开临时股东大会的，应当在作出董事会决议后的5日内发出召开股东大会的通知，通知中对原提议的变更，应当征得监事会的同意。董事会不同意召开临时股东大会，或者在收到提议后10日内未作出书面反馈的，视为董事会不能履行或者不履行召集股东大会会议职责，监事会可以自行召集和主持。

（3）单独或者合计持有公司10%以上股份的普通股股东（含表决权恢复的优先股股东）有权向董事会请求召开临时股东大会，并应当以书面形式向董事会提出。董事会应当根据法律、行政法规和公司章程的规定，在收到请求后10日内提出同意或不同意召开临时股东大会的书面反馈意见。董事会同意召开临时股东大会的，应当在作出董事会决议后的5日内发出召开股东大会的通知，通知中对原请求的变更，应当征得相关股东的同意。董事会不同意召开临时股东大会，或者在收到请求后10日内未作出反馈的，单独或者合计持有公司10%以上股份的普通股股东（含表决权恢复的优先股股东）有权向监事会提议召开临时股东大会，并应当以书面形式向监事会提出请求。监事会同意召开临时股东大会的，应在收到请求5日内发出召开股东大会的通知，通知中对原请求的变更，应当征得相关股东的同意。监事会未在规定期限内发出股东大会通知的，视为监事会不召集和主持股东大会，连续90日以上单独或者合计持有公司10%以上股份的普通股股东（含表决权恢复的优先股股东）可以自行召集和主持。

（4）监事会或股东决定自行召集股东大会的，应当书面通知董事会，同时向公司所在地中国证监会派出机构和证券交易所备案。在股东大会决议公告前，召集普通股股东（含表决权恢复的优先股股东）持股比例不得低于10%。监事会和召集股东应在发出股东大会通知及发布股东大会决议公告时，向公司所在地中国证监会派出机构和证券交易所提交有关证明材料。

《上市公司股东大会规则》第四十二条规定，召集人应当保证股东大会连续举行，直至形成最终决议。因不可抗力等特殊原因导致股东大会中止或不能作出决议的，应采取必要措施尽快恢复召开股东大会或直接终止本次股东大会，并及时公告。同时，召集人应向公司所在地中国证监会派出机构及证券交易所报告。

第四章 股东、股东代表与股东（大）会

2）股东（大）会的提案

提案本是向国家议事机关（立法机关或国家权力机关）提出的议事原案，如法律议案（以下简称"法案"）、预算案、决算案、国民经济和社会发展计划案、对内阁的不信任案、弹劾案、质询案等。提案通常由具有提案权的机关或议员（代表）提出，但其内容必须是属于议事机关职权范围内的事项，能够列入会议议程审议的才能成为议案。

对于有限责任公司和股份有限公司来讲，《公司法》仅在两处提到"提案"这两个字。一是《公司法》第五十三条第（五）项规定，监事会或不设监事会的公司的监事有权向股东（大）会会议提出提案。二是《公司法》第一百零二条第二款规定，单独或者合计持有公司百分之三以上股份的股东，可以在股东大会召开十日前提出临时提案并书面提交董事会；董事会应当在收到提案后二日内通知其他股东，并将该临时提案提交股东大会审议。临时提案的内容应当属于股东大会职权范围，并有明确议题和具体决议事项。

再综合《公司法》第三十七条之规定，股东（大）会行使下列职权：决定公司的经营方针和投资计划；选举和更换非由职工代表担任的董事、监事，决定有关董事、监事的报酬事项；审议批准董事会的报告；审议批准监事会或者监事的报告；审议批准公司的年度财务预算方案、决算方案；审议批准公司的利润分配方案和弥补亏损方案；对公司增加或者减少注册资本作出决议；对发行公司债券作出决议；对公司合并、分立、解散、清算或者变更公司形式作出决议；修改公司章程；公司章程规定的其他职权。

董事会、监事会、不设监事会的公司的监事、单独或者合计持有公司百分之三以上股份的股东是具有提案权的提案主体。

对"单独或者合计持有公司百分之三以上股份的股东"提案权的理解是有分歧的。一种观点认为，只有达到3%这个条件才有提案权，也即3%是提案权的实质条件。另一种观点认为，每个股东都有提案权，3%只是董事会必须讨论的条件，不是行使提案权的条件。很多人坚持第二种观点，从自然法来看，天赋权利，权利是绝对的。每个股东都享有基于其身份而派生的提案权，这种权利是股东身份权的表现之一，尽管其行使需要一定的条件，但是这种条件只是立法政策而已，不是权利本身的条件。所以，提案权是股东的基本权利，3%只是这种权利必须给予特别重视的条件。

对于上市公司来讲，提案主体及提案权、提案要求、提案程序是有明确规定的。

《上市公司章程指引》第五十二条对提案的内容作出要求：提案的内容

应当属于股东大会职权范围，有明确议题和具体决议事项，并且符合法律、行政法规和本章程的有关规定。

《上市公司章程指引》第五十三条规定：公司召开股东大会，董事会、监事会以及单独或者合并持有公司3%以上股份的股东，有权向公司提出提案。单独或者合计持有公司3%以上股份的股东，可以在股东大会召开10日前提出临时提案并书面提交召集人。召集人应当在收到提案后2日内发出股东大会补充通知，公告临时提案的内容。除前款规定的情形外，召集人在发出股东大会通知公告后，不得修改股东大会通知中已列明的提案或增加新的提案。股东大会通知中未列明或不符合本章程第五十二条规定的提案，股东大会不得进行表决并作出决议。

因此，对于上市公司来讲，董事会、监事会以及单独或者合并持有公司3%以上股份的股东这三个主体是有提案权的。

3）股东（大）会议案的审查审批

列入会议议程中的股东（大）会议案，应按照《公司法》《公司章程》的规定提请各股东审阅，以便于股东在股东（大）会上进行审议表决。一般作为控股股东，都有完善的内部管理制度及管理流程，只需按照相应的权限和职责分工，对提交股东（大）会议审议的议案按照分级进行审查即可。

案例：昆仑能源公司对于三会议案提出、审查审批的实践与创新

一、关于提案制度规定

《昆仑能源有限公司控股子公司股东（大）会、董事会、监事会会议管理细则》详细规定提案的含义、提案的要求、提案的类型和不符合规定的提案。本细则所称的提案，是指由控股子公司股东、董事、监事、经理以及公司章程规定的其他人员提交的，由股东（大）会、董事会或监事会审议批准的事项。提交三会的提案必须内容完整，论证充分，形式规范。

1.提案的种类

（1）总经理工作报告、固定资产投资计划、财务预决算报告、股利分配方案等定期报告。

（2）生产经营类。

（3）安全生产类。

（4）人员调整类。

（5）对外投融资类。

（6）股权、资产处置类。

第四章　股东、股东代表与股东（大）会

（7）其他提案。

2. 议案的审查审批

所属单位管理范围内控股子公司涉及下列三会议案，由所属单位审查通过后报公司审查审批：

（1）公司设立，公司合并、分立、解散或者变更公司形式。

（2）未由我方担任的法定代表人的变动，股东方增加席位的法人治理结构设置的变动。

（3）注册资本增减，我方股权对外转让。

（4）内外部贷款、融资租赁。

（5）所属单位授权范围之外的事项。

3. 特殊议案的审查审批

所属单位管理范围内控股子公司涉及下列三会议案，由所属单位报公司审查审批：

（1）对外提供担保、抵押、质押，办理保理事项。

（2）合作股东股权质押。

4. 不符合规定的提案

（1）提案提出时间不符合本细则和章程规定。

（2）提案未按照本细则及公司章程规定的程序提出。

（3）提案内容要件残缺，不符合要求。

（4）提案处于初步处理阶段，或提案仅属于通报的事项。原则上，不符合规定的提案，不会被列入会议议程作为议案审议。

5. 提案的提出及增加、变更、取消程序

三会召开定期会议或拟召开临时会议前，控股子公司董事会秘书应当向股东代表、董事、监事和高级管理人员发出征询三会会议提案的通知，提案单位、提案个人接到通知后应及时将拟提交三会审议的提案及其附件材料提交给控股子公司董事会秘书。增加、变更或取消会议提案的，应当在会议召开之日前十五天提出，由董事会秘书在会议前十天向全体股东代表、董事、监事及其他参会人员发出增加、变更或取消会议议题的通知，并将相应材料发送给全体股东代表、董事和监事。

二、提案"两级审查三级管理"制度框架和流程

1. 议案的审查审批权限及分工

公司直接管理的控股子公司三会议案由公司审查审批；所属单位管理范围内控股子公司的三会议案按照公司管理制度规定实行分级管理。由所属单

位决策的事项，由所属单位负责三会议案的审查审批工作。由公司决策的事项，由公司负责三会议案的审查审批工作。如已取得内部决策批复文件，三会议案不再进行审查审批，需要加盖公章的按照印章管理相关规定执行。

2. 通过《授权委托书》明确对二级单位管理的授权范围

（1）按照三会业务授权，审查审批本分公司所管理范围内股权企业三会议案。

（2）组织召开本分公司所管理范围内股权企业三会会议。

（3）根据干部管理权限，向本分公司所管理范围内股权企业委派股东代表、董事、监事和管理层人员。

（4）办理本分公司所管理范围内股权企业工商登记、备案事宜，并签署所需文件。可使用本分公司公章办理与上述授权事项相关事宜。

3. 议案的审查审批流程

提交公司审查审批的三会议案由董监事办公室初审并经公司相关部门审查后，提交公司主管领导审批。每个部门审查时限最长不超过五个工作日。所属单位应制定、完善三会议案审查审批流程，配备相应专业人员，确保三会工作有序合规开展。

三、推行三会管理信息系统

对三会议案审查审批、董监事测试、法人治理信息全业务链条实现信息化、科学化、专业化管理，大大提高三会法人治理工作效率，在实践中发挥了巨大作用，得到广泛认可和推广。可以说，能完成如此大量的议案审查审批工作，完全依赖于这个现代化管理手段。

4）股东（大）会的通知

股东大会召集通知是指召集股东（大）会的信息何时及如何到达应收到信息的股东，以便股东出席股东（大）会。召集的通知是股东（大）会召集制度一个重要的组成部分，没有召集的通知，股东（大）会的召集便无从实现。

一般来说，通知有三个方面的意义：一是使股东能出席股东（大）会；二是使股东能够准确了解即将召开的股东（大）会的议题内容；三是使股东有适当的时间对会议作出准备，以便在会议上行使其权利。

（1）通知方式。

对于股东（大）会的通知方式，各国有两种立法例：

一种是强制主义立法例，即以强行法明确规定股东（大）会的通知方式，此为韩国、德国、奥地利、比利时等多数国家所采，具体规定的通知方式尚

第四章 股东、股东代表与股东(大)会

有差别,其中绝大多数国家要求股东(大)会通知须以法定的书面形式发布,如德国要求将其刊载于《联邦公报》上,意大利要求将其刊载于官方公报上。此外,在采取强制主义立法例的国家,往往针对股东和公司类别的不同而分别规定不同的通知方式,对记名股东和封闭性公司(如有限责任公司)通常要求以专人递送或信函寄送的方式通知,对无记名股东和开放性公司(如上市公司)则大多要求采用公告送达方式通知,如德国要求记名股东须以挂号信通知,韩国规定召集股东大会应以书面通知各股东,发行无记名股票应当公告通知事宜。

另一种是任意主义立法例,既未以强行法明确规定股东(大)会通知的具体方式,而是将其交由公司章程自治。此为美国、瑞士等少数国家(地区)立法,且为预防纯粹的章程自治主义的缺陷。采用任意主义立法例的国家普遍对此进行了限制。

我国《公司法》规定,对于有限责任公司来讲,《公司法》第四十一条规定,召开股东(大)会会议,应当于会议召开十五日前通知全体股东;但是,公司章程另有规定或者全体股东另有约定的除外。此处并未规定通知的方式,无论书面通知、电话通知以及其他方式通知均可以。

对于股份公司来讲,《公司法》第一百零二条规定,召开股东大会会议,应当将会议召开的时间、地点和审议的事项于会议召开二十日前通知各股东;临时股东大会应当于会议召开十五日前通知各股东。未规定通知的具体方式。

对于上市公司来讲,《公司法》第九十条规定,发起人应当在创立大会召开十五日前将会议日期通知各认股人或者予以公告。同时,《上市公司章程指引》第五十四条规定,召集人将在年度股东大会召开 20 日前以公告方式通知各股东,临时股东大会将于会议召开 15 日前以公告方式通知各股东。可见,上市公司股东大会的通知必须以公告的方式通知各股东。

(2)通知期限。

我国《公司法》对股东(大)会通知期限采用区别主义立法例,规定有限责任公司召开股东(大)会应于会议召开 15 日以前通知全体股东,股份有限公司召开股东大会应于会议召开 20 日以前通知各股东,发行无记名股票的应于会议召开 30 日以前做出公告。《上市公司股东大会规则》《上市公司章程指引》维持了这一规定。

知识栏:股东(大)会的通知期限

对于股东(大)会的通知期限,各国大致有两种立法例:

一种是少数国家采用统一主义立法例,仅规定一个统一的通知期限,如瑞士规定股东大会的通知期限至少为10天,采用此立法例的国家中,还有一些规定通知期限不得少于某一期限,也不得长于某一期限。如美国规定,公司应在会议召开前不少于10天不多于60天的时期内通知股东。

另一种是多数国家采用区别主义立法例,区别不同情形分别设置不同的期限要求。根据不同的设置标准,主要有以下几种情形:(1)区别公司类型分别设置不同的通知期限。例如,德国规定,有限责任公司股东大会至迟应在大会召开之日前一周通知股东,股份有限公司股东大会最迟应在大会召开前一个月通知。(2)区别股东类型和通知方式分别设置不同的通知期限,例如,韩国规定,对于记名股东,以书面通知方式告知,应于开会两周前通知,对于无记名股东,以公告方式告知,应于开会三周前进行。(3)区别通知次数分别设置不同通知期限,例如,意大利规定,召集股东大会的通知应于会议召开至少45日刊登在官方公报上,如出席人数未达法定要求应重新召集,第二次召集时提前公示的期限相应减至8日,如出席人数仍未达法定要求,可进行第三次召集,提前公示的期限也减为8日。(4)区别股东会议或决议的类型,分别设置不同的期限。

(3)通知对象。

股东大会召集通知的对象,是指何人需要被通知的问题。股东是否被通知参加股东(大)会会议,对股东行使其表决权,作出反映自己意志的意思表示,以形成有效的决议有重要的影响。对于股东(大)会通知是否必须发给每位股东,各国有两种立法例。

一种是限制主义立法例,即股东(大)会通知无须对全体股东发布,仅部分股东享有获得通知权,此为韩国、日本及中国台湾地区立法所采用。这些地区多规定,有关股东(大)会通知的规定不适用于无表决权的股东,即实际上主张股东(大)会通知仅须向有表决权之股东发送,此处所谓无表决权之股东不仅包括所有无表决权的优先股股东,而且还包括所有在公司法中其表决权受到特别限制的股东,例如相互持股的股东等。

另一种是无限制主义立法例,即股东(大)会通知必须对全体股东发布,公司所有股东均有权获得通知,此为英国和我国香港地区立法最为典型。香港规定,在《公司章程》无例外规定的情形下,公司会议通知书必须送达公司每位成员,并且《公司条例》还特别强调,无论《公司章程》如何规定,上市公司的每位股东,无论有无表决权,对每次股东(大)会均有权获得通知。

第四章 股东、股东代表与股东（大）会

而在此前，在香港没有登记地址或没有提供香港邮寄地址的股东无权接受通知，但在学者的强烈批评下，《上市规则》已取消了这一规定，要求公司须将通知寄予证券的全部持有人，无论其登记地址是否在香港。

我国《公司法》对股东（大）会通知对象也采无限制主义立法例，即有限责任公司和股份有限公司召开股东（大）会应将有关事项通知全体股东。相比而言，我国立法采无限制主义较为合理，因为无表决权股东除无表决权外，其他股东权利应完整，如知情权、质询权、建议权等，故仍应以适当方式通知其参加股东大会，以行使其权利，况且，股东最终收益的实现，实有赖于股东大会正确决策，剥夺了无表决权股东被通知参加股东（大）会的权利，其收益的实现也无保证，故应通知无表决权股东参加股东大会。

股东（大）会会议通知对象的另外一个问题是，以什么时点确定具有此种资格股东。因为在证券市场流动性日趋增强，股东变动日益频繁的现代经济社会，规定何时作为确定有权获得股东（大）会会议通知的股东日期尤为重要。对此，我国《公司法》第一百三十九条规定，股份公司股东大会召开前 20 日内，不得进行股东名册的变更登记，《上市公司章程指引》第五十九条规定，股权登记日登记在册的所有普通股股东或其代理人，均有权出席股东大会。

（4）通知内容。

股东大会召集通知的内容是召集程序中重要的一环。因为，股东大会所讨论的提案以及何时何地进行大会，对股东决定是否参与会议产生重要的影响。Gower 教授认为，通知必须明确会议的召开时间和地点，一是股东能够安排自己的时间来参加会议，而且会议的通知也应该明确无误地指明会议的议题，除非股东知道，否则他将无法决定是否参加会议。对于股东大会召集通知的内容，我国《公司法》中未对有限责任公司的股东大会召集通知作出规定；对于股份公司，仅规定了须通知会议召开时间、地点和审议的事项。

我国《公司法》第一百零二条规定较为笼统。《上市公司章程指引》第五十五条则对股东大会召集通知作出了详细的规定，股东大会的通知包括以下内容：会议的时间、地点和会议期限；提交会议审议的事项和提案；以明显的文字说明全体普通股股东（含表决权恢复的优先股股东）均有权出席股东大会，并可以书面委托代理人出席会议和参加表决，该股东代理人不必是公司的股东；有权出席股东大会股东的股权登记日；会务常设联系人姓名、电话号码。

注意事项：股东大会通知和补充通知中应当充分、完整披露所有提案的

全部具体内容。拟讨论的事项需要独立董事发表意见的，发布股东大会通知或补充通知时将同时披露独立董事的意见及理由。

2. 股东（大）会的召开

1）会议召开的时间、地点及形式

（1）股东（大）会召开的时间。

对于有限责任公司来讲，《公司法》第三十九条规定，定期会议应当依照《公司章程》的规定按时召开。代表十分之一以上表决权的股东，三分之一以上的董事，监事会或者不设监事会的公司监事提议召开临时会议的，应当召开临时会议。未对具体时间作出详细规定。

对于股份公司来讲，《公司法》第一百条规定，股东大会应当每年召开一次年会。

虽然，每年一次的年会，没有规定具体在什么时间召开，但对于临时股东大会却作出了时限的规定，即应当在两个月内召开。

对于上市公司来讲，《上市公司股东大会规则》第四条规定，股东大会分为年度股东大会和临时股东大会。年度股东大会每年召开1次，应当于上一会计年度结束后的6个月内举行。临时股东大会不定期召开，出现《公司法》第一百零一条规定的应当召开临时股东大会的情形时，临时股东大会应当在2个月内召开。

公司在上述期限内不能召开股东大会的，应当报告公司所在地中国证监会派出机构和公司股票挂牌交易的证券交易所，说明原因并公告。

因此，对于上市公司来讲，年度股东大会每年召开1次，应当于上一会计年度结束后的6个月内举行。临时股东大会应当在出现《公司法》第一百零一条规定的应当召开临时股东大会的情形2个月内召开。

（2）股东（大）会召开的地点。

对于有限责任公司、股份公司没有具体规定，如章程有规定，从其规定。

对于上市公司来讲，《上市公司股东大会规则》第二十条规定，公司应当在公司住所地或公司章程规定的地点召开股东大会。即对于上市公司来讲，一是在公司住所地召开会议，二是在公司章程规定的地点召开会议。

（3）股东（大）会召开的形式。

网络通信发达，召开会议方式多样，比如现场会、网络视频会、网络电话会等，甚至于通过微信、QQ、视频会议软件等召开视频会或者电话会议。通过视频、电话等方式召开会议，能够保证参会者进行即时交流讨论的，视

第四章 股东、股东代表与股东（大）会

为现场召开。

对于有限责任公司来讲，《公司法》第三十八条规定，对前款所列事项股东以书面形式一致表示同意的，可以不召开股东（大）会，直接作出决定，并由全体股东在决定文件上签名、盖章。

因此，对于有限责任公司来讲，并未对会议形式作出限制，甚至于可以不召开股东（大）会，直接作出书面决议。但需要注意的是，形成书面股东（大）会决议是有条件的：一是全体股东必须一致同意，二是必须以书面的方式表示同意，三是仅对有限责任公司而言。除此之外，必须召开股东（大）会进行表决。

对于股份公司来讲，由于未规定可以不召开股东（大）会，直接作出书面决议。因此，无论定期会议还是年度会议，应该召开，但至于什么形式召开未予以限制。

对于上市公司来讲，《上市公司治理准则》第十五条规定，股东大会会议应当设置会场，以现场会议与网络投票相结合的方式召开。《上市公司股东大会规则》第二十条规定，股东大会应当设置会场，以现场会议形式召开，并应当按照法律、行政法规、中国证监会或公司章程的规定，采用安全、经济、便捷的网络和其他方式为股东参加股东大会提供便利。股东通过上述方式参加股东大会的，视为出席。

《上市公司股东大会规则》第二十一条规定，公司股东大会采用网络或其他方式的，应当在股东大会通知中明确载明网络或其他方式的表决时间以及表决程序。股东大会网络或其他方式投票的开始时间，不得早于现场股东大会召开前一日下午3:00，并不得迟于现场股东大会召开当日上午9:30，其结束时间不得早于现场股东大会结束当日下午3:00。

因此，对于上市公司来讲，应当设置会场，以现场会议与网络投票相结合的方式召开。

2）股东资格的验证及股份登记、出席、列席

（1）股东资格的验证及股份登记。

对于有限责任公司来讲，《公司法》第三十一条规定，有限责任公司成立后，应当向股东签发出资证明书。

（2）出资证明书应当载明下列事项。

①公司名称；②公司成立日期；③公司注册资本；④股东的姓名或者名称、缴纳的出资额和出资日期；⑤出资证明书的编号和核发日期。出资证明书由公司盖章。

（3）有限责任公司股东名册记载下列事项。

①股东的姓名或者名称及住所；②股东的出资额；③出资证明书编号。

记载于股东名册的股东，可以依股东名册主张行使股东权利。

公司应当将股东的姓名或者名称向公司登记机关登记；登记事项发生变更的，应当办理变更登记。未经登记或者变更登记的，不得对抗第三人。

因此，对于有限责任公司来讲，证明股东出资及身份的法律文件有三种。一是存档在公司登记机关的登记以及变更登记文件，具有对抗第三人的效力。二是股东名册，记载于股东名册的股东，依股东名册主张行使股东权利。三是出资证明书，有限责任公司成立后，应当向股东签发出资证明书，出资证明书是证明股东出资的有力证据。

对于股份公司来讲，《公司法》第一百二十五条规定，股份有限公司的资本划分为股份，每一股的金额相等。公司的股份采取股票的形式。股票是公司签发的证明股东所持股份的凭证。

《公司法》第一百二十八条规定，股票采用纸面形式或者国务院证券监督管理机构规定的其他形式。

（4）股票应当载明事项。

①公司名称；②公司成立日期；③股票种类、票面金额及代表的股份数；④股票的编号。

股票由法定代表人签名，公司盖章。发起人的股票，应当标明发起人股票字样。

（5）公司发行记名股票的股东名册记载事项。

①股东的姓名或者名称及住所；②各股东所持股份数；③各股东所持股票的编号；④各股东取得股份的日期。

发行无记名股票的，公司应当记载其股票数量、编号及发行日期。

因此，对于股份公司来讲，股票及股东名册是股东所持股份和身份的有力证据。

对于上市公司来讲，《上市公司股东大会规则》第二十三条、第二十四条规定了股权登记日及出席身份证明。股权登记日登记在册的所有普通股股东（含表决权恢复的优先股股东）或其代理人，均有权出席股东大会，公司和召集人不得以任何理由拒绝。股东应当持股票账户卡、身份证或其他能够表明其身份的有效证件或证明出席股东大会。代理人还应当提交股东授权委托书和个人有效身份证件。

《上市公司股东大会规则》第二十五条、第三十条规定了股东资格验证

第四章 股东、股东代表与股东（大）会

及股份总数确定。召集人和律师应当依据证券登记结算机构提供的股东名册共同对股东资格的合法性进行验证，并登记股东姓名或名称及其所持有表决权的股份数。在会议主持人宣布现场出席会议的股东和代理人人数及所持有表决权的股份总数之前，会议登记应当终止。会议主持人应当在表决前宣布现场出席会议的股东和代理人人数及所持有表决权的股份总数，现场出席会议的股东和代理人人数及所持有表决权的股份总数以会议登记为准。

因此，对于上市公司来讲，股权登记日和表决前宣布现场出席会议的股东和代理人人数及所持有表决权的股份总数具有重要的意义。

（6）出席、列席。

对于有限责任公司、股份公司来讲，全体股东都可以出席会议。股东可以委托代理人出席股东大会会议，代理人还应当提交股东授权委托书和个人有效身份证件，并在授权范围内行使表决权。股东（大）会或者股东大会要求董事、监事、高级管理人员列席会议的，董事、监事、高级管理人员应当列席并接受股东的质询。

对于上市公司来讲，《上市公司股东大会规则》第二十六条规定，公司召开股东大会，全体董事、监事和董事会秘书应当出席会议，经理和其他高级管理人员应当列席会议。

3）股东（大）会的主持、报告述职及提案的审议

（1）股东（大）会的主持。

股东（大）会的主持与召集基本相同，可参照股东（大）会的召集有关内容。

（2）报告述职。

对于有限责任公司、股份公司来讲，在股东（大）会、董事会、监事会职权中，分别原则性规定了董事会和监事会向股东（大）会报告工作，但没有其他具体描述。

对于上市公司来讲，《上市公司股东大会规则》规定，在年度股东大会上，董事会、监事会应当就其过去一年的工作向股东大会作出报告，每名独立董事也应作出述职报告。董事、监事、高级管理人员在股东大会上应就股东的质询作出解释和说明。

（3）股东（大）会提案的审议。

对于有限责任公司、股份公司来讲，对于如何提案、如何审议并未作具体规定。

对于上市公司来讲，《上市公司股东大会规则》第三十三条对逐项表决和优先股审议方式作出规定：除累积投票制外，股东大会对所有提案应当逐

项表决。对同一事项有不同提案的，应当按提案提出的时间顺序进行表决。除因不可抗力等特殊原因导致股东大会中止或不能作出决议外，股东大会不得对提案进行搁置或不予表决。

股东大会就发行优先股进行审议，应当就下列事项逐项进行表决：
①本次发行优先股的种类和数量。
②发行方式、发行对象及向原股东配售的安排。
③票面金额、发行价格或定价区间及其确定原则。
④优先股股东参与分配利润的方式，包括股息率及其确定原则、股息发放的条件、股息支付方式、股息是否累积、是否可以参与剩余利润分配等。
⑤回购条款，包括回购的条件、期间、价格及其确定原则、回购选择权的行使主体等（如有）。
⑥募集资金用途。
⑦公司与相应发行对象签订的附条件生效的股份认购合同。
⑧决议的有效期。
⑨公司章程关于优先股股东和普通股股东利润分配政策相关条款的修订方案。
⑩对董事会办理本次发行具体事宜的授权。
⑪ 其他事项。

另外，《上市公司股东大会规则》第三十四条、第三十五条还对提案的修改和表决意见作出了明确规定。股东大会审议提案时，不得对提案进行修改，否则，有关变更应当被视为一个新的提案，不得在本次股东大会上进行表决。出席股东大会的股东，应当对提交表决的提案发表以下意见之一：同意、反对或弃权。证券登记结算机构作为内地与香港股票市场交易互联互通机制股票的名义持有人，按照实际持有人意思表示进行申报的除外。

因此，对于上市公司来讲，除累积投票制外，股东大会对所有提案应当逐项表决。股东大会审议提案时，也不得对提案进行修改。并对提交表决的提案只可发表同意、反对或弃权三种意见。

4）股东（大）会的表决和决议

对于上市公司来讲，《上市公司章程指引》第七十六条、第七十七条规定了两类决议类型：一类是普通决议，一类是特别决议。

（1）普通决议包括事项。
①董事会和监事会的工作报告；②董事会拟定的利润分配方案和弥补亏损方案；③董事会和监事会成员的任免及其报酬和支付方法；④公司年度预

第四章 股东、股东代表与股东（大）会

算方案、决算方案；⑤公司年度报告；⑥除法律、行政法规规定或者本章程规定应当以特别决议通过以外的其他事项。

（2）特别决议包括事项。

①公司增加或者减少注册资本；②公司的分立、合并、解散和清算；③本章程的修改；④公司在一年内购买、出售重大资产或者担保金额超过公司最近一期经审计总资产30%的；⑤股权激励计划；⑥法律、行政法规或本章程规定的，以及股东大会以普通决议认定会对公司产生重大影响的、需要以特别决议通过的其他事项。

注释：股东大会就以下事项作出特别决议，除须经出席会议的普通股股东（含表决权恢复的优先股股东，包括股东代理人）所持表决权的2/3以上通过之外，还须经出席会议的优先股股东（不含表决权恢复的优先股股东，包括股东代理人）所持表决权的2/3以上通过：修改公司章程中与优先股相关的内容；一次或累计减少公司注册资本超过10%；公司合并、分立、解散或变更公司形式；发行优先股；公司章程规定的其他情形。

"注释"采用类别股东表决制度，并对优先股股东表决范围和资本多数决原则作出明确规定。即对上述事项除须经出席会议的普通股股东（含表决权恢复的优先股股东，包括股东代理人）所持表决权的2/3以上通过之外，还须经出席会议的优先股股东（不含表决权恢复的优先股股东，包括股东代理人）所持表决权的2/3以上通过。

按照《上市公司章程指引》这个分类原则，对于有限责任公司、股份有限公司来讲，修改公司章程、增加或者减少注册资本的决议，以及公司合并、分立、解散或者变更公司形式属于特别决议的范围。

另一类决议类型就是书面股东（大）会决议，对股东（大）会职权范围内事项，股东以书面形式一致表示同意的，可以不召开股东（大）会，直接作出决定，并由全体股东在决定文件上签名、盖章。值得注意的是，形成书面股东（大）会决议必须满足下列条件：一是仅是对有限责任公司而言，二是必须全体股东一致同意，三是必须以书面的方式表示同意。除此之外，必须召开股东（大）会进行表决。

（3）股东（大）会表决制度。

在公司治理架构内，股东（大）会位于公司诸组织机关之首。可以说，没有良好的股东（大）会制度安排就不可能有理想的公司治理结构。现代公司法所构建的公司权力结构，将某种宪政主义的形式加于公司之上。在这种模式下，政治民主中的"平等、自由、多数统治"的观念，演变为股东民主

的"股东平等、股份自由转让、资本多数决"的经济理念。体现在公司立法中，各国普遍在股东民主的基础上，通过若干法律原则和制度架构保护股东的合法权益，在股东之间进行权力（利）配置，明确规定股东大会采用合议制组织形式，使股东大会在组织构成上体现全体股东平等参与的"全员性"，在议决方法上实行"资本多数决"规则。

"股东表决权有两大基本原则，即一股一表决权原则和资本多数决原则"是比较传统的观点，实际上是混淆了股东表达个人意志与公司形成团体意志的关系。股东表决权的行使是股东的个别意志表示，不同于公司决议行为；股东表决权的行使是公司形成决议的基础，但不是决议本身。决议是根据少数服从多数的民主原则形成的。从这个意义上说，资本多数决原则是公司形成团体意志即股东大会决议的规则；作为股东做出自己的意志表示的法律行为，股东表决权行使的基本原则应当包括："一股一表决权"原则、"股东表决权统一行使"原则和"股东表决权集体行使"原则。现代公司法的发展特别是保护少数股东权的需要，允许在上述原则基础上存在法定的例外情形。随着股份公司的发展壮大，单一的表决权行使方式已无法满足股东权利行使多样化的要求，甚至成为股东权利实现的羁绊。为了保证股东大会决议获得法定多数通过，也为了保护少数股东利益，股东表决权应当可以多种方式行使，包括股东亲自表决、委托代理表决、信托表决和协议表决等。

股东（大）会表决是股东（大）会制度的重要环节。几乎股东所有权利的实现均通过决议机制进行，股东的最终控制权通常仅能通过在股东大会会议上做出决议的方式来实现。因此，决议机制就成了股东参与公司决策最为有效的法律机制，股东表决权也成为股东干预公司事务最为积极的手段。从表面上看，股东大会是在民主的基础上召开的，控制股东只不过比其他股东从数量比例上享有更多的权利，并非在权利性质上有所不同。但实际上少数股东的表决权被各种形式的支配方法限制着，甚至被变相剥夺。因此，切实、有效地保护少数股东的权益就显得尤为重要。资本多数决原则的确立有其必然性与合理性。按照效益价值观衡量，资本多数决无疑是富有效益的。但是，法律的价值目标应当是双重的，即正义和效益兼顾，两者互为补充。既然资本多数决原则赋予控制股东以优越地位，那么也应当相应地弥补少数股东的弱势地位，实现股东间关系的制衡。这一弥补可以从两方面进行：一是确定控制股东对少数股东负有诚信义务，二是赋予少数股东法定的权利。为了避免资本多数决滥用对少数股东的侵害，大陆法系及英美法系的许多国家的公

第四章 股东、股东代表与股东（大）会

司法都作了相应的改革和完善。一方面，改革股东表决权行使方式，方便股东参加股东大会行使表决权，如采用通讯表决制度、表决权征集制度等；另一方面，改革股东大会决议方法，赋予少数股东对重要议案更大的发言权，如实行累积投票制度、类别股东大会制度等。这些法律制度的创新，从股东大会决议机制上为防止资本多数决滥用，更好地保护少数股东的合法权益创造了良好的法律条件。

（4）两大基本原则。

①"一股一票"原则。

对于有限责任公司来讲，《公司法》第四十二条规定，有限责任公司股东按照出资比例行使表决权；但是，公司章程另有规定的除外。换言之，对于有限责任公司而言，只要章程另有规定，即可不按照出资比例行使表决权。即可以不遵循"一股一票"原则。

对于股份公司来讲，股份作为资本的计量单位，同时成为计量股东权利的基本单位。《公司法》第一百二十六条规定，同种类的每一股份应当具有同等权利。《公司法》第一百零三条规定，股东出席股东大会会议，所持每一股份有一表决权。但是，公司持有的本公司股份没有表决权。从两个法条的规定看，"一股一票"原则也与时俱进了，准确描述应为"所持同种类的每一股份有一表决权"。

对于上市公司来讲，不同的是，《上市公司股东大会规则》第二十三条对优先股表决作出特别规定，股权登记日登记在册的所有普通股股东（含表决权恢复的优先股股东）或其代理人，均有权出席股东大会，公司和召集人不得以任何理由拒绝。

优先股股东不出席股东大会会议，所持股份没有表决权，但出现以下情况之一的，公司召开股东大会会议应当通知优先股股东，并遵循《公司法》及公司章程通知普通股股东的规定程序，包括：修改公司章程中与优先股相关的内容；一次或累计减少公司注册资本超过10%；公司合并、分立、解散或变更公司形式；发行优先股；公司章程规定的其他情形。优先股股东出席股东大会会议时，有权与普通股股东分类表决，其所持每一优先股有一表决权，但公司持有的本公司优先股没有表决权。

上述事项的决议，除须经出席会议的普通股股东（含表决权恢复的优先股股东）所持表决权的2/3以上通过之外，还须经出席会议的优先股股东（不含表决权恢复的优先股股东）所持表决权的2/3以上通过。

延伸阅读：A+B 普通股分级制度

在公司法发展过程中，创造出更多的"同股同权""一股一票"的例外，尤其是阿里巴巴合伙人制度、京东 A+B 普通股模式在国内迅速崛起的今天。

历史上，普通股分级制度在美国上市的传统媒体公司中较为普遍。比如 1971 年上市的华盛顿邮报公司（The Washington Post Company）、20 世纪 60 年代的纽约时报公司（The New YorK Times Company）等均采用了普通股分级制度。设置该制度也是传媒公司考虑到坚持自己独树一帜的文化和传统非常重要，因而需要通过普通股分级制度确保创始人和公司管理者能够控制公司的运营方向。

在美国，普通股分级最典型的模式是 A+B 普通股模式，即 A 股普通股每股有 1 个投票权，B 股普通股每股一般有 10 个投票权。A 股发行给公众投资人并在交易所公开交易。发起人或创始人保留 B 股普通股，该 B 股的转让受到限制且不会在交易所公开交易。公开资料显示，采用 A+B 普通股模式的主要明星科技公司包括美国的 Google、Facebook 以及京东公司，均采用了双重投票权制度。

A 公司创立的时候，公司创始人就考虑到了公司做大后，自己的股权不断被稀释，话语权旁落的情况，从而设立了 A+B 普通股的双重投票权制度。简单讲，按照 A 公司的 A+B 普通股规则，公司创始人所持股票属于 B 类普通股，每股有 20 个投票权，除公司创始人之外的其他股东所持股票属于 A 类普通股，每股有 1 票投票权。A 公司向美国证券交易委员会（SEC）提交的 2017 年年报（FORM 20F）显示，截至 2018 年 2 月 28 日，A 公司首席执行官共持有京东 2520 万股 A 类普通股，以及 421、507、423 股 B 类普通股，占总股本的 15.5%，以及表决权的 79.5%。

② "资本多数决"原则。

对于有限责任公司，《公司法》第四十三条第一款规定，股东（大）会的议事方式和表决程序，除本法有规定的外，由公司章程规定。即除本法有规定的外，表决规则适用自治原则。第二款则规定了例外，股东（大）会会议作出修改公司章程、增加或者减少注册资本的决议，以及公司合并、分立、解散或者变更公司形式的决议，必须经代表三分之二以上表决权的股东通过。

对于股份有限公司，第一百零三条第二款规定了普通决议和特别决议的范围及资本多数决原则，即股东大会作出决议，必须经出席会议的股东所持表决权过半数通过。但是，股东大会作出修改公司章程、增加或者减少注册

第四章　股东、股东代表与股东（大）会

资本的决议，以及公司合并、分立、解散或者变更公司形式的决议，必须经出席会议的股东所持表决权的三分之二以上通过。

股东的出席率是指出席股东（大）会的股东占全体股东的百分比。法律为了保护广大小股东的利益，避免大股东运用自己对公司的控制优势损害中小股东的利益，规定股东（大）会必须有一定比例的股东出席才能召开，这样通过的决议才合法有效。

有限责任公司和股份公司就法定特别决议的范围和适用的资本多数决原则而言并无本质区别，只有修改公司章程、增加或者减少注册资本的决议，以及公司合并、分立、解散或者变更公司形式的这些特别决议的规定有所不同，有限责任公司是必须经代表三分之二以上表决权的股东通过，而股份有限公司必须经出席会议的股东所持表决权的三分之二以上通过。两者的区别在于：一是有限责任公司计算的单位是股东，股份有限公司计算的单位是表决权；二是股东出席率问题，有限责任公司是以全体股东计算其三分之二，而股份有限公司是以出席会议的股东所持的表决权来计算其三分之二，其制度设计的深意就在于股东出席率问题。这一深意具体体现在《公司法》第九十条第一款的规定中，发起人应当在创立大会召开十五日前将会议日期通知各认股人或者予以公告。创立大会应有代表股份总数过半数的发起人、认股人出席，方可举行。

对于上市公司来讲，《上市公司章程指引》第七十五条已明确规定对普通决议和特别决议适用的多数决原则，股东大会决议分为普通决议和特别决议。股东大会作出普通决议，应当由出席股东大会的股东（包括股东代理人）所持表决权的二分之一以上通过。股东大会作出特别决议，应当由出席股东大会的股东（包括股东代理人）所持表决权的三分之二以上通过。

（5）股东（大）会表决方式。

股东（大）会的决议是通过一定的表决方式形成的，所以，某种决议能否获得通过以及通过的决议是否科学、正确，关键取决于股东（大）会表决方式的选择与安排。股东（大）会的表决方式通常有两种：

①举手表决。

举手表决制就是股东（大）会议案的表决采用一人一票，获得多数票的议案得以通过。举手表决制又称按人头表决，与股权的占有状态没有关系，就是说不论资本的持有量是多少，一律一人一票。采用这一表决制度，委托投票的委托人不论其受托的票数有多少，也只能投一票。举手表决制将股权的多少与议案的表决割裂开来，弱化了大股东的表决权限，加之从众心理的

影响，其表决结果一方面有悖于公平、公正、公开的原则，另一方面也未必能够准确反映广大股东们的真正意向。因此，举手表决制只适合于那些无关紧要的象征性表决，或比较琐碎、不容易引起争议的议案。在实践中，有些议案看似简单，在付诸表决时却极易引起争议，有争议的议案经过某些股东的提议，可以通过投票表决方式重新审议。另外，就是可能导致以投票表决方式复议业已被举手表决通过或否决的议案。

②投票表决。

投票表决制度经历了逐渐演进、成熟的过程，由早期的法定投票表决制度，逐步过渡到现在的累积投票表决、代理投票表决和网络投票表决等多种投票表决形式。

法定表决制度。法定表决制度是指当股东行使投票表决权时，必须将与持股数目相对应的表决票数等额地投向所同意或否决的议案。例如，某股东的持股量为100股，表决议题是选举5个董事。法定表决制度规定，一股股票享有一票表决权，有效表决票数等于持股数与法定董事人选的乘积，这样，该股东的有效表决票数就等于500（100×5）。该股东必须将有效表决总票数分成五份等额地投向他所选定的每一董事，即他所选定的每一董事都从他那里获得100张选票。这种表决制度对控股股东绝对有利，只要其持股比例达到50%以上，便可决定操纵董事人选，控制某项议案的通过和表决权，其他股东不论其持股比例高低都只能听其摆布。

累积表决制度。《公司法》所称累积投票制，是指股东大会选举董事或者监事时，每一股份拥有与应选董事或者监事人数相同的表决权，股东拥有的表决权可以集中使用。累积表决制度与法定表决制度相同之处：二者都规定了一股股票享有一票表决权；有效表决总票数等于持股数与法定董事人选的乘积。不同之处：在累积表决制度中，股东可以将有效表决总票以任何组合方式投向他所同意或否决的议案。仍以法定表决制度中选举董事的数据为例，在累积表决制度中，该股东的有效表决总票数也是500，但他可以以任何组合方式将有效表决总票数投向他所选定的董事，例如，将500票一并投在一个董事的名下，以400票和100票投在两个董事名下，以300票、100票、100票投在三个董事名下等。与法定表决制度相比，累积表决制度既可充分调动中小股东行使投票表决权的积极性，并在董事会中谋得一个或几个董事席位，借以提高自己在公司决策过程中的参与程度和影响力，提高公司决策民主化的程序，同时也可以降低大股东的控股位势，弱化其在股东（大）会决策过程中的控制和干预作用。

第四章 股东、股东代表与股东（大）会

在欧洲，法定表决制度占主导地位。在北美，法定表决制度和累积表决制度并存，但大公司多采取累加表决制度，累加表决制度呈渐次流行的趋势；有些股票交易所甚至规定，采用法定表决制度的公司的股票不得公开上市交易。一方面，累积表决制度确有许多长处，代表着股东（大）会表决制度的未来发展方向；另一方面，在我国股份公司中个人股所占比重低、股本比较分散，而国有股持股比例高，呈绝对控股的地位。《公司法》第一百零五条规定，股东大会选举董事、监事，可以依照公司章程的规定或者股东大会的决议，实行累积投票制。但对于上市公司，《上市公司治理准则》第十七条规定，股东大会在董事、监事选举中应当积极推行累积投票制。单一股东及其一致行动人拥有权益的股份比例在30%及以上的上市公司，应当采用累积投票制。采用累积投票制的上市公司应当在公司章程中规定实施细则。从这个规定看，对于单一股东及其一致行动人拥有权益的股份比例在30%及以上的上市公司，已经强制实行累积投票制度。

案例："庶民"的胜利

A股上市公司A公司，大股东B公司持有A公司21.75%的股份，在股权分散的情况下，它一直主导着A公司的董事会，对经营决策有绝对的控制权。从2001年开始，盈利也不向股东发放一分钱的红利，而且还经常通过关联交易向大股东B公司输送利益。中小股东多年累积的不满在2015年引发了一场经典的夺权大战，圣时投资和国元证券两家机构（合计持股5.07%）联合广大自然人股东进行网络投票，参加网络投票的中小股东股份数达到了22.64%，合理利用累积投票制，A公司的中小股东联合起来，把他们累积的投票权集中投给他们心目中的候选人，股东大会投票结果，在公司董事会4个非独立董事和3个独立董事共7个席位中，小股东提名的候选人总共获得了4席，另获得1个监事席位，而大股东B公司仅获得3个董事会席位和1个监事席位。这是中国资本市场第一家中小股东通过投票击败大股东成功夺权的案例，载入了中国公司治理史册，媒体称之为"庶民"的胜利。

代理投票制度。代理投票制是现代股份公司会议表决的一个重要组成部分。通常情况下，参加会议或投票表决必须由股东本人亲自完成。但是，由股东委托代理人代为投票，长期以来在全世界范围内是各公司所认可的投票表决方式。早期的代理投票大多是股东间相互委托，而且许多公司的章程中都有类似规定，这种委托只能发生在本公司的股东间，就是说代理人必须是

本公司的股东。

　　股东间的相互委托有两个局限性。第一，早期的公司股本比较集中，股东人数少，加之股本的分布带着明显的地域色彩，所以就活动空间而言并不存在相互间的委托障碍。但随着生产集中程度的不断提高，公司的规模不断扩大，股本也越来越分散，股东也越来越多，股东间的相互委托已经越来越困难。第二，当大多数股东对会议议案持赞同态度时，少数持反对意见的股东很难找到"志同道合"的代理人。股东间的相互委托不再符合时代要求，而董事会却逐渐成为不愿莅会的股东们行使投票表决权的委托代理人。

　　代理投票制貌似民主、公允，但在实际操作过程中一方面存在着许多欺诈现象，另一方面也会强化董事会的独裁作用。有鉴于此，英国许多股票交易所规定，上市公司寄发的委托书必须采取双向选择制。股东既可以委托董事会对某些议案投赞成票，也可以对该项议案投反对票；而不像最初的代理投票制那样实行"单项选择"，即只有当股东们附议董事会的提议时才委托董事会行使投票表决权。双向选择制在某种意义上讲，限制了董事会在股东（大）会决议形成过程中的控制作用，使股东（大）会的终极控制权有所加强，对于调动中小股东积极行使表决权具有重要意义。

　　网络投票制。网络投票是指上市公司借助互联网召开股东大会，股东可以通过网络远程参加股东大会并行使表决权。网络投票是自20世纪70年代以来伴随着互联网技术的发展而出现的一种新型表决权行使方式，世界上最早允许采用网络方式行使股东表决权的是美国。1996年，美国bell & howell公司允许经纪商为客户代理进行股东大会的网络投票表决，成为美国第一家直接在互联网上进行股东大会表决的上市公司。由于网络投票可以有效地保障中小股东合法权益，降低股东参加股东大会的时间和成本，以及有效地克服委托代理投票制度的内在缺陷等诸多优点，近年来受到各个国家和地区的证券监管部门的重视，并得到迅速推广。

　　《上市公司治理准则》第十五条明确规定，股东大会会议应当设置会场，以现场会议与网络投票相结合的方式召开。《上市公司股东大会规则》第二十条也作出相应规定，股东大会应当设置会场，以现场会议形式召开，并应当按照法律、行政法规、中国证监会或公司章程的规定，采用安全、经济、便捷的网络和其他方式为股东参加股东大会提供便利。股东通过上述方式参加股东大会的，视为出席。

第四章　股东、股东代表与股东（大）会

3. 股东（大）会决议的执行

1）决议的签署及公告

决议形成后，应及时进行签字和盖章。一般股东（大）会决议加盖公司印章后生效。也可以采用盖章加签字的方式，即由法定代表人或委托代理人签字，同时加盖公司印章。

对于上市公司来讲，《上市公司股东大会规则》第三十九条、第四十条规定了公告程序：

（1）股东大会决议应当及时公告，公告中应列明出席会议的股东和代理人人数、所持有表决权的股份总数及占公司有表决权股份总数的比例、表决方式、每项提案的表决结果和通过的各项决议的详细内容。

（2）发行优先股的公司就本规则第二十三条第二款所列情形进行表决的，应当对普通股股东（含表决权恢复的优先股股东）和优先股股东（不含表决权恢复的优先股股东）出席会议及表决的情况分别统计并公告。

（3）提案未获通过，或者本次股东大会变更前次股东大会决议的，应当在股东大会决议公告中作特别提示。

2）决议的效力及其瑕疵救济

股东（大）会决议的效力：股东（大）会是公司的最高权力机构，依法作出的股东（大）会决议具有法律效力。

股东（大）会决议瑕疵救济：股东（大）会决议瑕疵分程序瑕疵和内容瑕疵。

程序瑕疵是指形成股东（大）会决议所经过的程序存在缺陷。程序上的瑕疵包括召集程序的瑕疵和决议方法的瑕疵，主要情形包括召集权人的瑕疵、通知的瑕疵、出席的瑕疵、主持的瑕疵、股东行使表决权的瑕疵、最终形成决议的瑕疵等。正当的程序能促使权利被实际享受，义务得到切实履行。很多国家公司法将召集程序、决议方法等有关股东（大）会决议的程序作为公司法的内容而加以详细规定，以防止因程序的不当而给股东的利益造成不应有的损害。然而，法律对决议程序的规定常常会因为种种原因而在实际操作中被有意无意地忽视甚至摒弃，造成决议程序上的瑕疵。

内容瑕疵是指决议的内容违反法律法规或章程的规定。股东（大）会议违反法律法规的规定是指其决议违反法律法规的强制性规则，如股东（大）会决议内容超出股东（大）会权限等。公司章程是公司的自治宪法，体现了股东的意思自治，经公司全体股东签字后即对公司的高管和股东产生拘束力，因此如果决议违反章程规定就侵犯了公司的意思自治权，股东可对该决议行使撤销权。

《公司法》第二十二条规定，公司股东（大）会或者股东大会、董事会的决议内容违反法律、行政法规的无效。股东（大）会或者股东大会、董事会的会议召集程序、表决方式违反法律、行政法规或者公司章程，或者决议内容违反公司章程的，股东可以自决议作出之日起六十日内，请求人民法院撤销。股东依照前款规定提起诉讼的，人民法院可以应公司的请求，要求股东提供相应担保。公司根据股东（大）会或者股东大会、董事会决议已办理变更登记的，人民法院宣告该决议无效或者撤销该决议后，公司应当向公司登记机关申请撤销变更登记。

3）股东（大）会决议的实施

股东（大）会决议的执行、实施也是比较重要的方面，但却往往被忽视，也较少列入法律法规中。

关于利润分配，《最高人民法院关于适用〈中华人民共和国公司法〉若干问题的规定（四）》第十四条规定，股东提交载明具体分配方案的股东（大）会或者股东大会的有效决议，请求公司分配利润，公司拒绝分配利润且其关于无法执行决议的抗辩理由不成立的，人民法院应当判决公司按照决议载明的具体分配方案向股东分配利润。该规定的第十五条则从相反角度规定同一问题，股东未提交载明具体分配方案的股东（大）会或者股东大会决议，请求公司分配利润的，人民法院应当驳回其诉讼请求，但违反法律规定滥用股东权利导致公司不分配利润，给其他股东造成损失的除外。

《上市公司股东大会规则》第四十三条则对董事、监事就任问题作出规定，股东大会通过有关董事、监事选举提案的，新任董事、监事按公司章程的规定就任。

《上市公司股东大会规则》第四十四条则对派现、送股或资本公积转增股本的时限作出规定，股东大会通过有关派现、送股或资本公积转增股本提案的，公司应当在股东大会结束后2个月内实施具体方案。

四、中小股东权益保护制度

中小股东投资目的主要在转让利差及股利分配，而大股东主导决策，小股东缺少话语权，《公司法》赋予股东的知情权、表决权、分红权、优先购买权、提案权、转让权等权利，常被大股东侵害，使中小股东的投资目的难以实现。大股东侵害中小股东的表现形式：一是不实、拒绝披露信息损害中小股东利益；二是大股东占用公司资金，直接影响了其他股东的分红权、退

第四章　股东、股东代表与股东（大）会

出利益；三是大股东操控利润分配，中小股东在公司盈利情况下得不到分红；四是大股东通过治理结构获得全面控制权，使公司决策缺乏公平公正性。除了累积表决制、网络投票制这些有利于保护中小股东权益方式外，随着公司治理不断发展和完善，类别股东表决制度、表决权征集制度、表决权排除制度等中小股东保护制度也不断发展和完善。

1. 类别股东表决制度

类别股是指公司的股权设置中，存在两个以上的不同种类，不同权利的股份。具体区分包括发起人股、非发起股；普通股、优先股；无表决权股份、特殊表决权股份（如双倍表决权）；不同交易所的股份，如在伦敦交易所、纽约交易所上市股份；关联股东股份、非关联股东股份等。进行股东类别区分的实质是限制优势股东的优势，保护弱势股东的权益。类别股东大会在我国尚未有明确的规定，但实际上已存在国有股、法人股、个人股或从主体角度划分的发起人股和社会公众股。

类别股东表决制度，是指一项涉及不同类别股东权益的提案，需要各类别股东及其他类别股东分别审议，并获得各自的绝对多数同意才能通过。欧盟《公司法》第五号指令第四十条就明确指出，如果公司的股份资本划分为不同的类别，那么股东大会决议要生效，就必须由全体受该决议影响的各类股东分别表决并同意。这样，中小股东就有机会为自身的利益对抗大股东的不公正表决。

《上市公司章程指引》第十五条第二款对特别表决权作出了明确要求，存在特别表决权股份的上市公司，应当在公司章程中规定特别表决权股份的持有人资格、特别表决权股份拥有的表决权数量与普通股份拥有的表决权数量的比例安排、持有人所持特别表决权股份能够参与表决的股东大会事项范围、特别表决权股份锁定安排及转让限制、特别表决权股份与普通股份的转换情形等事项。公司章程有关上述事项的规定，应当符合交易所的有关规定。

目前，类别股东表决制度出现在《上市公司章程指引》第七十七条注释中，并对优先股股东表决范围和多数决原则作出规定，股东大会就以下事项作出特别决议，除须经出席会议的普通股股东（含表决权恢复的优先股股东，包括股东代理人）所持表决权的 2/3 以上通过之外，还须经出席会议的优先股股东（不含表决权恢复的优先股股东，包括股东代理人）所持表决权的 2/3 以上通过：（1）修改公司章程中与优先股相关的内容；（2）一次或累计减少公司注册资本超过 10%；（3）公司合并、分立、解散或变更公司形

式；（4）发行优先股；（5）公司章程规定的其他情形。

2. **表决权征集制度**

股东表决权是股东的一项重要权利。它体现的是股东参与公司重大决策和选择管理者的权利。对于股东表决权的行使，既可以由股东亲自行使，也可由股东委托他人代理行使。对于表决权的代理行使，又可被分为一般的表决权代理和表决权征集。其中，一般的表决权代理是原始的最初意义上的表决权代理，属于代理投票制度的范围，其主要是根据每个股东的情况或每个人的信任关系选任各自的代理人。而表决权征集是代理人主动征集表决代理权的行为，是享有投票权的股东无法或不愿出席股东（大）会，并且尚未主动委托代理人行使投票权时，由公司的现任管理层或反对股东主动向其他股东请求授予其表决代理权的行为。虽然本质上表决权征集仍属于代理投票制度的范畴，但与一般的表决权代理相比，其又具有明显的自身特点：

首先，在制度功能上，表决权征集不但可以被作为一种确保股东（大）会满足法定人数要求的手段，还可以被当作控制权争夺的工具。且这种工具本身带有"中性"色彩，其既可以被公司的现任管理层利用，以此来维护自己的既有地位，又可以被公司的反对股东利用，以此来推翻现任管理层，从而形成所谓的"表决权竞争"状态。

其次，在运作上，除特殊情况下，任何征集表决权的人须向受征集的股东提供已被"格式化"的委托书，且在委托书的格式和形式方面都有比较明确的要求。甚至许多国家和地区的《委托书使用规则》对委托书的用纸、股东的盖章与签名都作了较为详细的规定。

《上市公司股东大会规则》第三十一条第四款仅对此作出原则性规定：公司董事会、独立董事和符合相关规定条件的股东可以公开征集股东投票权。征集股东投票权应当向被征集人充分披露具体投票意向等信息。禁止以有偿或者变相有偿的方式征集股东投票权。公司不得对征集投票权提出最低持股比例限制。

3. **表决权排除制度**

表决权排除制度也称表决权回避制度，是指当某一股东与股东大会讨论的决议事项有特别的利害关系时，该股东或其代理人均不得就其持有的股份行使表决权的制度。其最主要的功能就是防止大股东滥用资本多数决损害公司和小股东利益。这一制度在大陆法系国家或地区得到广泛适用，我国通过2005年《公司法》的修订，使得这一制度最终建立。

第四章 股东、股东代表与股东（大）会

《公司法》第十六条规定了公司为公司股东或者实际控制人提供担保的表决权排除规则：公司向其他企业投资或者为他人提供担保，依照公司章程的规定，由董事会或者股东（大）会、股东大会决议；公司章程对投资或者担保的总额及单项投资或者担保的数额有限额规定的，不得超过规定的限额。公司为公司股东或者实际控制人提供担保的，必须经股东（大）会或者股东大会决议。前款规定的股东或者受前款规定的实际控制人支配的股东，不得参加前款规定事项的表决。该项表决由出席会议的其他股东所持表决权的过半数通过。此条规定为我国现行《公司法》明确确认适用股东表决权排除制度的条款。

《上市公司股东大会规则》第三十一条规定了股东与股东大会拟审议事项有关联关系时的表决权排除规则，股东与股东大会拟审议事项有关联关系时，应当回避表决，其所持有表决权的股份不计入出席股东大会有表决权的股份总数。

另外，《公司法》第一百二十四条规定了上市公司董事与企业有关联关系时的表决权排除规则：上市公司董事与董事会会议决议事项所涉及的企业有关联关系的，不得对该项决议行使表决权，也不得代理其他董事行使表决权。该董事会会议由过半数的无关联关系董事出席即可举行，董事会会议所作决议须经无关联关系董事过半数通过。出席董事会的无关联关系董事人数不足三人的，应将该事项提交上市公司股东大会审议。

股东表决权排除制度是防止公司大股东侵害中小股东权益的核心制度，考虑到大股东侵犯行为的多样性，在明确确定按照《公司法》第十六条之规定适用表决权排除制度的基础上，现行司法又在审判中将上述相关条款作为认定适用股东表决权排除制度的依据。

1）计票、监票、点票

《上市公司股东大会规则》第三十七条规定计票和监票规则：股东大会对提案进行表决前，应当推举两名股东代表参加计票和监票。审议事项与股东有关联关系的，相关股东及代理人不得参加计票、监票。通过网络或其他方式投票的公司股东或其代理人，有权通过相应的投票系统查验自己的投票结果。

《上市公司章程指引》第九十条规定点票规则：会议主持人如果对提交表决的决议结果有任何怀疑，可以对所投票数组织点票；如果会议主持人未进行点票，出席会议的股东或者股东代理人对会议主持人宣布结果有异议的，有权在宣布表决结果后立即要求点票，会议主持人应当立即组织点票。

有限责任公司、股份公司可以借鉴这些规定。

2）股东（大）会的会议记录

对于有限责任公司来讲，《公司法》第四十一条仅原则规定：股东（大）会应当对所议事项的决定作成会议记录，出席会议的股东应当在会议记录上签名。

对于股份公司来讲，《公司法》第一百零七条仅原则规定：股东大会应当对所议事项的决定作成会议记录，主持人、出席会议的董事应当在会议记录上签名。会议记录应当与出席股东的签名册及代理出席的委托书一并保存。

因此，无论是有限责任公司还是股份有限公司，仅对会议记录作出了原则规定。

对于上市公司来讲，《上市公司股东大会规则》第四十一条则对会议记录作出了明确规定：股东大会会议记录由董事会秘书负责。会议记录应记载以下内容：

（1）会议时间、地点、议程和召集人姓名或名称。

（2）会议主持人以及出席或列席会议的董事、监事、董事会秘书、经理和其他高级管理人员姓名。

（3）出席会议的股东和代理人人数、所持有表决权的股份总数及占公司股份总数的比例。

（4）对每一提案的审议经过、发言要点和表决结果。

（5）股东的质询意见或建议以及相应的答复或说明；

（6）律师及计票人、监票人姓名。

（7）公司章程规定应当载入会议记录的其他内容。

出席会议的董事、董事会秘书、召集人或其代表、会议主持人应当在会议记录上签名，并保证会议记录内容真实、准确和完整。会议记录应当与现场出席股东的签名册及代理出席的委托书、网络及其他方式表决情况的有效资料一并保存，保存期限不少于10年。

案例：小股东维权案例

1. 股权结构

A公司共有B公司（持股51%）、C公司（持股40%）、D公司（持股9%）三方股东。

2.《公司章程》规定

（1）公司董事会由7名董事组成，董事候选人名额分配为B公司4名，

第四章 股东、股东代表与股东（大）会

C公司2名，D公司1名。股东推选的董事候选人未获得股东（大）会选举为公司董事时，该股东应另推举其他董事候选人，直至董事会七名董事全部当选为止。

（2）公司设总经理1名，副总经理4名，总经理由B公司提名，副总经理由B公司提名2人，C公司及D公司各提名1人。

3. 决策事项

2012年9月17日，A公司三方股东一致同意减资，出资比例调整为B公司54.96%，C公司43.10%，D公司1.94%。

4. 股东（大）会分歧

2013年6月25日，A公司再次召开股东（大）会，三方股东均参加。股东（大）会修改了《公司章程》：董事会由5名董事组成，董事候选人名额分配为B公司3名，C公司2名；公司设总经理1人，副总经理若干人，总经理由B公司提名，董事会聘任或解聘；副总经理由总经理提名，董事会聘任或解聘。在表决时，B公司及C公司同意，同意比例98.06%，D公司反对，反对比例1.94%。该股东（大）会以少数服从多数的理由通过了上述决议。

5. 小股东诉讼

D公司认为上述股东（大）会决议侵害了小股东的权利，请求法院判决无效。该地区法院判决驳回D公司的诉讼请求。D公司不服，向当地中院上诉，当地中院裁定撤销原判，发回重审。

6. 裁判结果

该地区法院再次审理后判决案涉股东（大）会决议无效。A公司不服，向当地中级人民法院上诉，当地中级人民法院判决驳回上诉、维持原判。

7. 裁判要点

资本多数决是公司运作的重要原则，但多数股东行使表决权时，不得违反禁止权利滥用和诚实信用原则，形成侵害小股东利益的决议。滥用资本多数决原则作出的决议无效。本案中，原章程规定D公司可安排的董事及副总经理各一人。通过这种方式，D公司可以对A公司的经营状况进行了解并参与公司经营管理，行使股东权利。虽然A公司曾经减少注册资本，D公司的出资比例由9%减至1.84%，但持股比例的下降并不能导致提名权产生变化。A公司的两名大股东，通过公司决议的方式随意剥夺D公司提名董事及副总经理各一人的权利，是一种滥用股东权利损害其他股东利益的行为，因此，涉案股东（大）会决议无效。

第四章小结

本章共有3节,重点阐述了股东的权利与义务、股东代表、股东(大)会等内容。

第一节股东的权利与义务,包括股东及其分类、股东的权利、股东的义务三部分内容。

股东是指基于对公司的投资或其他合法原因而持有公司股份的利益主体。股东依法享有资产收益、参与重大决策和选择管理者等权利。股东的义务:一是遵守公司章程;二是按期缴纳所认缴的出资;三是对公司债务负有限责任;四是出资填补义务;五是追加出资义务;六是在公司存续期间,不得擅自抽回出资;七是不得滥用股东权利损害公司或者其他股东的利益;八是不得滥用公司法人独立地位和股东有限责任损害公司债权人的利益。

第二节股东代表,主要包括股东代表的概念、股东代表职责、股东代表履职三部分内容。

股东代表是指受股东委托行使股东权利和履行股东义务的代表人。股东代表履职应重点关注的内容:股权企业发展战略;投资决策;产权转让;财务预算;财务决算;利润分配方案;融资计划;担保;保理;合作股东股权质押;风险管理;审计及审计委员会;高管选聘和监督;高管的业绩考核与薪酬发放;全员业绩考核与收入分配;内部管理机构与基本管理制度。

第三节股东(大)会,主要包括股东(大)的概念与地位、股东(大)会职权、股东(大)会运行、中小股东权益的保护制度等四部分内容。

有限责任公司称"股东会",股份有限公司称"股东大会",统称"股东(大)会"。在公司的治理结构中,股东(大)会具有以下四个特征:一是由全体股东组成的机构;二是股东行使民主权利的机构,是行使股东权力的一个平台;三是一个法定但非常设机构;四是公司最高权力机构。股东(大)会主要有首次会议、创立大会、定期会议和临时会议四种。

股东(大)会的运行程序:一是股东(大)会的筹备,包括股东(大)会的召集、股东(大)会的提案、股东(大)会提案的审查审批和股东(大)会的通知;二是股东(大)会的召开,包括会议召开的时间、地点及形式,股东资格的验证及股份登记、出席、列席、股东(大)会的主持、报告述职及提案的审议,股东(大)会的表决和决议;三是股东(大)会决议的执行,包括决议的签署及公告、决议的效力及其瑕疵救济、股东(大)会

第四章 股东、股东代表与股东（大）会

决议的实施。

为保证股东（大）会决策的公平公正，除了累积表决制、网络投票制这些有利于保护中小股东权益方式外，随着公司治理不断发展和完善，类别股东表决制度、表决权征集制度、表决权排除制度等中小股东保护制度也不断发展和完善。

第五章　董事、董事会的建设与运作

第一节　董事

一、董事的定义

董事是指由公司股东（大）会或职工民主选举产生的具有实际权力和权威的管理公司事务的人员，是公司内部治理的主要力量，对内管理公司事务，对外代表公司进行经济活动。

二、董事任职资格

董事是公司内部治理的主要力量和公司战略决策的主要行为主体。中国《公司法》列出了董事任职资格的法定要求，规定以下人员不能担任董事职务：无民事行为能力或者限制民事行为能力；因贪污、贿赂、侵占财产、挪用财产或者破坏社会主义市场经济秩序，被判处刑罚，执行期满未逾5年，或者因犯罪被剥夺政治权利，执行期满未逾5年；担任破产清算的公司、企业的董事或者厂长、经理，对该公司、企业的破产负有个人责任的，自该公司、企业破产清算完结之日起未逾3年；担任因违法被吊销营业执照、责令关闭的公司、企业的法定代表人，并负有个人责任的，自该公司、企业被吊销营业执照之日起未逾3年；个人所负数额较大的债务到期未清偿；被中国证监会处以证券市场禁入处罚，期限未满的；法律、行政法规或部门规章规定的其他不准许担任董事的人员。违反规定选举、委派董事的，该选举、委派或者聘任无效。董事在任职期间出现该规定情形的，公司解除其职务。《中华人民共和国企业国有资产法》第七十三条还规定国有独资企业、国有独资公司、国有资本控股公司的董事、监事、高级管理人员违反该法规定，造成

第五章 董事、董事会的建设与运作

国有资产重大损失,被免职的,自免职之日起五年内不得担任国有独资企业、国有独资公司、国有资本控股公司的董监高人员;造成国有资产特别重大损失,或者因贪污、贿赂、侵占财产、挪用财产或者破坏社会主义市场经济秩序被判处刑罚的,终身不得担任国有独资企业、国有独资公司、国有资本控股公司的董监高人员。

延伸阅读:董事任职相关规定

1.《中华人民共和国公司法》

第六十八条 经国有资产监督管理机构同意,董事会成员可以兼任经理。

第六十九条 国有独资公司的董事长、副董事长、董事、高级管理人员,未经国有资产监督管理机构同意,不得在其他有限责任公司、股份有限公司或者其他经济组织兼职。

第一百一十四条 公司董事会可以决定由董事会成员兼任经理。

第五十一条、第一百一十七条 董事、高级管理人员不得兼任监事。

2.《中华人民共和国企业国有资产法》第二十五条

(1)未经履行出资人职责的机构同意,国有独资企业、国有独资公司董事、高级管理人员不得在其他企业兼职。

(2)未经股东(大)会、股东大会同意,国有控股公司和国有参股公司董事、高管不得在经营同类业务的其他企业兼职。

(3)未经履行出资人职责的机构同意,国有独资公司的董事长不得兼任经理。

(4)未经股东(大)会、股东大会同意,国有资本控股公司的董事长不得兼任经理。

(5)董事、高级管理人员不得兼任监事。

3.《上市公司章程指引》

董事可以由经理或者其他高级管理人员兼任,但兼任经理或者其他高级管理人员职务的董事以及由职工代表担任的董事,总计不得超过公司董事总数的1/2。

在公司控股股东、实际控制人单位担任除董事以外其他职务的人员,不得担任公司的高级管理人员。

董事、经理和其他高级管理人员不得兼任监事。

4.《上市公司治理准则》

上市公司的经理人员、财务负责人、营销负责人和董事会秘书在控股股东单位不得担任除董事以外的其他职务。控股股东高级管理人员兼任上市公司董事的，应保证有足够的时间和精力承担上市公司的工作。

独立董事不得在上市公司担任除独立董事外的其他任何职务。

5.《关于上市公司总经理及高层管理人员不得在控股股东单位兼职的通知》

总经理在集团等控股股东单位不得担任除董事以外的其他职务；总经理及高层管理人员（副总经理、财务主管和董事会秘书）必须在上市公司领薪，不得由控股股东代发薪水。

6.《上市公司独立董事履职指引》

独立董事原则上最多在5家上市公司兼任独立董事，并确保有足够的时间和精力有效地履行独立董事的职责。

7.《首次公开发行股票并上市管理办法》

发行人的总经理、副总经理、财务负责人和董事会秘书等高级管理人员不得在控股股东、实际控制人及其控制的其他企业中担任除董事、监事以外的其他职务，不得在控股股东、实际控制人及其控制的其他企业领薪；

发行人的财务人员不得在控股股东、实际控制人及其控制的其他企业中兼职。

三、董事应具备的素养和能力

为了建立有效的董事会，公司应详细规定董事应具有的素质和能力。组建董事会的核心原则是：该董事会既具备合理的专业技能和经验，同时其成员又能够为股东利益而协同工作。清楚而透明的董事选任条件对于确保董事会的有效性、获取投资人的信任和保护股东权益都至关重要，在挑选董事的过程中要注意以下几个方面的考核。

1. 董事的核心能力

为了能胜任董事职责，董事会成员至少应能在一个领域内就其知识、技能和阅历为董事会决策增加价值，提高行权履职胜任度。

1）会计和财务

董事会最重要的使命之一是确保股东的利益既可以通过公司的运作而增加，又可以通过恰当的内部控制制度受到保护。因此，董事会应寻求那些有财务管理经验或背景，特别是具有债券和股票市场专长的董事候选人。

第五章　董事、董事会的建设与运作

2）商业判断

股东依靠董事们代表他们制定明智的决策，因此，董事会应寻求那些有良好的商业决策记录的董事候选人。

3）管理才能

要监督公司的经理，董事会需要了解所在行业的总体发展势态和相关产业的变化趋势。因此，董事会应寻求那些在复杂而迅速变化的环境中能灵活运用管理法则，且了解所在行业总体发展势态和相关产业变化趋势的董事候选人。

4）危机反应

董事会及其服务的公司不可避免地会经历长期和短期的危机。处理危机的能力可以使危机的负面后果最小化并减少对公司业绩的影响。因此，董事会应寻求那些有先觉危机反应能力和处理危机能力的董事候选人。

5）行业知识

公司总是不断地面对本行业中独有的机遇和威胁，因此任何一个董事会都应有一位或多位具备行业专业知识、熟悉行业市场、有行业工作背景的候选人担任董事，以期帮助公司规避运营风险。

6）国际视野

要在日益全球化的经济中取胜，公司需要能体会商业国际化潮流的重要性和拥有国际商务运作第一手知识的董事。因此，正在或计划在国际市场上运作的公司董事会，应寻求那些在国际市场上有商业经验和国际视野的董事候选人。

7）领导才能

最终而言，一个公司的业绩将决定于其董事和经理是否有能力吸引、激励和活跃一支高业绩的领导队伍。因此，董事会应寻求那些能理解和掌握授权技巧，并有过激励高业绩人才记录的董事候选人。

8）愿景谋划

董事会的一项关键任务是批准和监控公司战略与确保公司持久的高业绩。因此，董事会应寻求那些有技巧和有能力通过鼓励创新、把握关键趋势、评估战略决策等方式提供战略远见的董事候选人。

2. 职业道德素养

品质是评价任何董事成员的首要因素。董事在从事职业活动中必须遵循的职业道德具体表现为：

第一,董事要诚实、有责任感。作为企业的决策人员,董事必须提高对企业社会道德责任的认知,树立诚实守信的经营管理理念。

第二,董事要做到勤勉、尽责。董事要以积极主动的敬业精神对待公司的事务,用心做好职责范围内的各项工作。董事必须保证足够的时间和精力关注公司的发展,主动与经营者、股东、员工、媒体、社区等企业的利益相关者保持密切的联系。

第三,董事要独立审慎。董事要保持独立性,独立履行职责,不受上市公司主要股东、实际控股人以及其他与上市公司存在利害关系的单位、个人的影响,当坚信某一问题时敢于明确表达自己的见解,并能采用客观事实和证据捍卫自己的立场。

第四,董事要始终保持客观公正。董事在公司中代表出资人的利益,但董事不能因出资人利益的最大化而损害公司的整体利益。董事要始终保持客观公正的态度,顶住压力,发表独立意见。

3. 决策判断能力

董事的一个重要义务就是审慎决策。董事应该从公司最佳利益出发,考虑与其同等地位的人在类似情况下可能做出的判断,对上市公司待决策事项的利益和风险做出审慎决策。因此,要求董事必须具备决策判断能力。

董事不仅要能在主观上保持自身的独立性,还应该具有相应的独立判断。董事应该勇于探索真相,挑战假设,识别提议的优势与劣势,提出反面论据,确保深入的讨论,并且要随时准备好制定决策和采取行动。在决策时不能附和其他董事的意见,而是能够在董事会上对内容广泛的议题提出自己的新颖的思想、建设性的意见和建议,通过行动证明自己对公司的价值。

4. 专业技能经验与学习提升能力

董事会为了更好地履行自身职能,需要设置合理的专业结构,其成员也需要具备履行职务所必需的知识和技能。首先,董事应该能够了解公司所经营产业的发展趋势和盈利模式,了解该产业以及相关产业的管理潮流,应该拥有国际化经营的视野和经验。其次,董事应该对各自相关领域的专业知识具有较深的理解,具有不同领域的技能和经验(法律、财务与会计、风险管理和内部控制、市场营销等),并熟练地运用。比如财务知识,董事会的一项重要任务就是监控公司的财务业绩,因此董事应该知道如何阅读资产负债表、利润表和现金流量表,以及用来评估公司业绩的各项财务指标和分析方法。此外,董事还应该具备有益的人脉关系和社会关系。

第五章 董事、董事会的建设与运作

为适应国际经济一体化的加剧和以信息化、网络化为特征的新经济时代的到来，董事应该具备终身学习的思想并将其付诸实践，不断接受新事物，不断迎接新挑战。值得注意的是，董事应该充分认识自身的短板和弱点，有效地快速提升自我素质，完善自身能力。董事要积极参加公司组织的各种培训，不断进行管理、战略等知识和技能的学习，不断提高自身的职业素质与能力，深入了解和把握本行业的专业技术、生产工艺和管理方法的前沿情况和发展趋势，为企业的决策提出高质量的建议和意见，充分发挥董事的积极作用。

5. 沟通合作能力

1）沟通能力

任何个人、团体或组织只有依靠沟通交流彼此的意图，才能得以存在。沟通主要有控制、激励、情绪表达和提供信息的功能。董事作为董事会的一员，必须熟练掌握沟通技巧，充分发挥沟通的功能。

首先，董事应该有目的和认真地倾听，不掺入个人感情，以发现关键问题并加以认真考虑；为确保理解，在必要时应提出质疑。其次，董事在沟通前应该做好准备，必须妥善计划沟通内容并明确沟通目的。在进行口头沟通时，董事应该做到表述清楚，措辞得当、精练，避免使用难懂的词句，要根据听众需要选择讲述内容，使用能够引起听众共鸣的方式传递思想、形象和语言；在进行书面沟通时，文字内容应该可理解、准确、清晰和精炼地传达思想、信息和观点；董事也要注意发挥非语言性沟通手段的作用，以补充和加强语言性沟通在传递信息的功能上的不足。此外，董事应该及时反馈与跟踪，注重核实信息传送是否成功以及传送的信息是否符合原本意图，提高沟通的有效性和效率。

2）合作能力

董事会是一个整体，其成员之间的合作对于其能否发挥职能具有重大意义。董事作为董事会的一员，首先，应该做到重视董事会业绩胜于重视个人业绩，以大局为重，不计较个人得失。其次，董事要充分尊重和信任其他董事，充分利用他人的专业优势来弥补自己的不足，从而提升整个团队的素质和业绩。此外，董事要具有团队合作意识，能够贯彻民主集中制原则，不以个人好恶影响集体决策。在合作的同时能够保持个人的独立思考和判断，不趋炎附势，愿意以公开讨论的方式提出一些尖锐的问题，提高董事会决策的质量。

知识栏：董事遴选的技巧

（1）挑选董事应结合公司的战略：哪些素质和技能对于公司的发展是必需的？公司在未来一年、三年、五年分别需要哪些技能？

（2）确定每一名董事应为董事会带来什么技能：审查现有董事会中每一名董事的技能。

（3）建立一个能弥补公司管理层经验不足的董事会。

（4）提前规划：现任董事的任期何时届满？现任董事中谁打算离任或退休？

（5）定期检查董事会的人员构成是否合理。

案例：董事选拔

为帮助各公司出色地完成（包括独立董事）的工作，全美公司董事联合会蓝带委员会提出了一般准则如下：其一，董事的个人特征。正直和责任心、见多识广的判断、财务知识、成熟的自信和高业绩标准。其二，董事会的核心能力。为了充分完成董事会复杂的任务，蓝带委员会还强调董事会作为一个整体应具备以下所有的核心能力，并且每位董事至少应在一个领域内贡献其知识、阅历和技能，如会计和财务、商业判断力、管理才能、危机反应、行业知识、国际市场、领导才能、战略使命和愿景等。

英国董事协会也对董事的素质提出了要求。英国董事协会2001年曾在他们的出版物《董事会标准》一书中，列出了35种个人特征被认为是高效率董事会的董事们应展现的重要品质，这些品质又被分为六组：战略洞察，包括变革倾向、战略认识、远见等；决策制定，包括批判力、决断力和判断力；信息分析和使用，包括细节意识、计算能力、问题识别等；沟通，包括倾听、坦诚、表达能力等；与他人互动，包括自信、正直、学习能力等；目标实现，包括经营头脑、承担风险、坚韧等。董事的个人特征见表5-1。

表5-1　英国董事协会列出的董事的个人特征

决策制定	批判能力	查明事实，质疑假设，辨别各种提议的优势和劣势，提出相反的论据，确保讨论深入
	判断能力	考虑合理的假设，通过对论据的仔细斟酌作出明智的决策或者建议
	决断能力	已经准备就绪采取决策和采取行动
沟通	倾听技能	冷静、专注和仔细地倾听，以记住并考虑那些要点，在适当的时候提问
	坦诚	在沟通的时候要真诚以及坦率，要愿意承认错误以及不足
	表达技能	表达想法、印象以及命令时要认同并理解听众的处境和感情
	作出响应	能够欢迎并接受反馈

第五章 董事、董事会的建设与运作

续表

沟通	表达流利	要清晰地和大声地发表意见,并使用正确的措辞。要简练,避免无意义的谈话以及避免刻意讨好听众的需要
	书面沟通技能	所写的事情易于理解,正确、清晰和简明的想法、信息和观点
与他人的互动	自信	意识到自己的优势、劣势,与人交往时充满自信,在适当的时候能够控制局势
	协调技能	培育董事之间的合作,实现高效的团队运作
	灵活性	采用弹性的方式与人互动,充分考虑他们的观点并在适当的时候作出调整
	正直	要做到诚实和可信赖,不会同时站在两方的立场上,不会在伦理和法律立场上作出妥协
	学习能力	从多个来源寻求和获得新知识和技能
	激励	通过确保其他人对需要达成的目标拥有清晰正确,以及通过对他们的承诺、热情、鼓励和支持,激励他们达成目标
	说服他人能力	说服其他人认可并作出承诺,在冲突面前运用个人影响达成一致或认同
	体谅	对别人的感觉和需要表示理解,愿意提供个人帮助或者采取一些合适行动
信息分析和使用	细节意识	确保足够详细和可信赖的信息得以考虑,在必要的时候报告这些信息
	折中主义	从各种可能来源系统地搜寻可能相关的信息
	计算能力	准确地吸收数字和统计信息,理解其差异性并作出合理和可靠的解释
	问题意识	辨别问题和识别可能或实际的原因
	变革倾向	对变化的需求保持警觉并作出回应,鼓励新的政策、结构和实践的贯彻
战略洞察	远见	能够想象出公司在未来环境中可能的状况和特征
	远景	能够超越当前看到更广泛的问题及其启示,能够把相互独立的现象和事实联系起来,发现它们之间的关联关系
	创造力	创造并辨识富有想象力的解决方案和创新
	充分认识战略	能够意识各种影响公司所面临机会和威胁的各种因素,例如股东、利益相关者、市场、技术、环境和管制等因素
	充分认识组织	认识到组织的优势和劣势,并认识到董事会的决策对它们的影响
目标实现	商业敏感性	有能力发现提高公司商业竞争优势的机会
	授权技能	正确地区分其他人应该做的事情和自己应该做的事情,把决策制定或其他任务分配给合适的同事和下属
	推动力	表现精力、活力和承诺
	高标准	为自己和他人设定具有挑战性的和可实现的目标和业绩标准
	顺应力	在面对不幸、挫折、敌对或不公平的情况下,能够保持镇静和高效
	承担风险	为了获得期望的利益或优势,会采取一些涉及适当风行动
	坚定	坚定立场或者行动计划,直到达成预期的目标或作出必要的调整

四、董事的权利和义务

1. 董事的权利

董事基于法律、公司章程的规定和委任契约的约定而享有的受托处理公司事务的各种权利。

1）知情权

董事有按时获得履职所需的各方面信息的权利。为确保董事有效履职，权利内容主要包括：公司组织架构及基本管理制度；发展战略及中长期规划；主要业务和产品的基本状况、人力资源基本状况；基本财务信息、经济运行总体情况；总经理或总经理办公会做出的属于董事会授权范围的决策；董事会审议事项的详细资料等必要信息。董事有权要求公司提供各有关经营、财务等方面的信息和资料。中国《公司法》规定，每次董事会会议应该于会议召开十日前将相关议案等事项通知全体董事。《关于在上市公司建立独立董事制度的指导意见》进一步规定，上市公司应当保证独立董事享有与其他董事同等的知情权。凡须经董事会决策的事项，上市公司必须按法定的时间提前通知独立董事并同时提供足够的资料，独立董事认为资料不充分的，可以要求补充。当两名以上独立董事认为资料不充分或论证不明确时，可联名书面向董事会提出延期召开董事会会议或延期审议该事项，董事会应予以采纳。

2）提案权

董事有向董事会或董事会专门委员会提出提案或议题的权利。权利内容主要包括：有权单独或联合向董事会提出提案；有权单独或联合向董事会专门委员会提出议题；有权提议召开临时董事会会议，但须经三分之一以上董事同意。

3）会议出席权

董事有按规定出席董事会会议和股东大会会议的权利。为确保董事提前做好参加董事会会议和股东大会会议的充分准备，权利内容主要包括：有权及时得到会议通知、会议议程和相关材料；有权对提交会议的文件、材料提出补充、完善的要求；两名及以上董事认为董事会会议资料不充分或论证不充分时，有权联名提出缓开董事会会议或缓议董事会会议议题，董事会应予以采纳；有独立发表意见的权利。中国《公司法》规定董事会每年度至少召

第五章 董事、董事会的建设与运作

开两次会议，每次会议应当于会议召开十日前将相关提案等事项通知全体董事和监事。董事会召开临时会议，可以另定召集董事会的通知方式和通知时限。《上市公司股东大会规则》规定上市公司召开股东大会，全体董事、监事和董事会秘书应当出席会议，经理和其他高级管理人员应当列席会议。

4）表决权

董事有对董事会会议审议事项进行表决的权利。依据法律和公司章程等规定，权利内容主要包括：在董事会会议上针对审议的具体事项有陈述意见、表明态度和投票表决的权利；董事对某一事项可以投赞成（同意）票，也可以投反对票或者弃权；投反对票和弃权的，应同时注明原因和理由。《公司法》规定董事会会议应有过半数的董事出席方可举行。董事会做出决议，必须经全体董事的过半数通过。董事在董事会会议上表决的事关董事会决议，并进而影响公司利益，也关系到董事对公司损害赔偿责任的承担。为促使董事审慎决策，《公司法》规定董事应当对董事会的决议承担责任。董事会的决议违反法律、行政法规或者公司章程，致使公司遭受严重损失的，参与决议的董事对公司负赔偿责任。但经证明在表决时曾表明过异议并记载于会议记录的，该董事可以免除责任。

5）选举和被选举权

董事有权选举与被选举董事长、副董事长、董事会专门委员会主任。中国《公司法》规定董事会设董事长一人，可以设副董事长。董事长和副董事长由董事会以全体董事的过半数选举产生。

6）请求补偿权

无故提前解除董事职务，董事可以要求补偿。《上市公司章程指引》规定董事在任期届满以前，股东大会不能无故解除其职务。《上市公司治理准则》也规定上市公司应该和董事签订聘任合同，明确公司和董事之间的权利义务、董事任期、董事违反法律法规和公司章程的责任以及公司因故提前解除合同的补偿等内容。

7）召开临时董事会的提议权

中国《公司法》规定，股份有限公司代表 1/10 以上表决权的股东、1/3 以上董事或者监事会，可以提议召开董事会临时会议。董事长应当自接到提议后十日内，召集和主持董事会会议。董事会召开临时会议，可以另定召集董事会的通知方式和通知时限。对于有限责任公司未作相似的规定。

2. 董事的义务

在遵守法律法规和公司章程的前提下,董事应该从公司和全体股东的利益出发,对任职公司履行忠实和勤勉等义务。

1) 忠实义务

董事应当遵守法律、法规和公司章程的规定,忠实履行职责,维护公司利益,不得自营或者为他人经营与其所任职公司有竞争关系的公司或者损害本公司利益的活动。董事的忠实义务包括两个方面:主观上,董事在履行职责时必须保持对公司的忠诚;客观上,当董事的个人利益和公司利益发生冲突时,必须以公司利益为重。

忠实义务的主要内容包括:首先,董事作为公司的受信托人,必须要时刻为公司和全体股东利益着想,真诚地为公司利益行事。其次,董事不得利用职权收受贿赂或者其他非法收入,不得接受他人与公司交易的佣金归为己有。公司财产的所有权属于公司,董事无权侵占和擅自处理公司财产。另外,董事不得违反公司章程的规定或者未经股东大会同意,与本公司订立合同或者进行交易;未经股东大会同意,董事不得利用职务便利为自己或者他人谋取属于公司的商业机会。最后,董事不得擅自披露公司秘密。

案例:董事义务—不得挪用公司资金

王某利用担任某食品公司董事长的职务之便,伙同被告人杨某、张某、李某,由王某个人决定将巨额公款共3500万元挪用给某商贸公司,购买股票牟取个人利益。

某高院做出终审判决,以挪用公款罪判处原董事长王某有期徒刑六年,原董事会秘书、财务总监杨某有期徒刑三年,原证券事务代表张某有期徒刑三年,李某有期徒刑一年缓期二年;4名被告人挪用公款所购买股票的非法所得部分依法予以追缴。

2) 勤勉义务

董事有义务对公司事务付出适当的时间和精力,关注公司的经营,并按照股东和公司的最佳利益谨慎行事。董事在处理和安排公司事务时,应该以一个普通正常人的合理、谨慎的态度,恪尽职守,维护公司的利益。

勤勉义务的主要内容包括:首先,董事应保证足够的时间和精力履行其应尽的职责,及时了解公司业务经营管理状况。其次,董事应以认真负责的

第五章 董事、董事会的建设与运作

态度出席董事会，对所议事项表达明确的意见。董事确实无法出席董事会的，以书面形式委托其他董事按委托人的意愿代为投票，委托人应独立承担法律责任。上市公司董事连续两次未能出席、也不委托其他董事出席董事会会议，视为不能履行职责，董事会应当建议股东大会予以撤换。此外，董事应该从公司最佳利益出发，考虑与其同等地位的人在类似情况下可能做出的判断，对待决策事项的利益和风险做出审慎决策，不得仅以对公司业务不熟悉或者对相关事项不了解为由主张免除责任。

案例：董事义务—勤勉尽责

2010年8月30日，因某公司2006年年报中存在虚假记载，且未披露依法应当披露的重大事项，中国证监会对该公司董事丁某处以警告并处3万元罚款的处罚。丁某不服处罚决定向法院提起对中国证监会的行政诉讼。丁某辩称，自己是挂名的董事，并不实际参与经营管理。对于该案所涉及的2006年年报等事项完全不知情。法院驳回了丁某的诉讼请求，并在判决书中强调了董事的勤勉尽责义务和违反义务所应承担的法律责任。

3）私人证券交易限制

所谓私人交易，是指特定地位的人为自己或者他人而与公司进行交易。在股份有限公司中，董事是具有特定地位的人。我国《公司法》规定，董事除公司章程规定或股东大会同意外，不得同本公司订立合同或者进行交易。

禁止内幕交易。董事不得利用内幕信息（涉及公司的经营、财务或者对公司证券的市场价格有重大影响的尚未公开的信息）从事证券交易活动；在内幕信息公开之前不得买卖该公司的证券，或者泄露该信息，或建议他人买卖该证券。

禁止短线交易。上市公司董事将其持有的该公司的股份买入后六个月内卖出，或者卖出后六个月内又买入，由此所得收益归该公司所有，公司董事会应收回所得收益。

任职期间不得违规买卖公司股票。公司董事应当向公司申报所持有的本公司的股票及其变动情况，在任职期间每年转让的股票不得超过其所持有的公司股票总数的25%；所持本公司股票自公司股票上市交易之日起一年内不得转让。

禁止敏感期买卖股票。依据《上市公司董事、监事和高级管理人员所持本公司股份及其变动管理规则》，公司董事在下列期间不得买卖本公司股票：

上市公司定期报告公告前 30 日内；上市公司业绩报告、业绩快报公告前 10 日内；自可能对本公司股票交易价格产生重大影响的重大事项发生之日或在决策过程中，至依法披露后 2 个交易日内；证券交易所规定的其他期间。

离任后一定期间内不得违规转让公司股票。董事离职后半年内，不得转让其所持有的本公司股票。

案例：董事义务—禁止敏感期买卖股票

某电子公司定于 2010 年 4 月 25 日披露第一季度报告，而董事李某在 2010 年 4 月 7 日卖出公司股票 120000 股，卖出金额达到 3500000 元。与公告之日间隔小于 30 日。2010 年 5 月 20 日，深交所作出给予该公司董事李某公开谴责处分的决定。

案例：董事义务—禁止短线交易

某公司在公告中称，2010 年 4 月 17 日，时任独立董事的徐某买入该公司股票 28 万股，买入价格为 5.15 元。2010 年 7 月 3 日徐某卖出 7 万股，卖出价格为 4.93 元。若不考虑相关交易费用，徐某实际亏损 1.54 万元。股票持有时间少于 6 个月，徐某因短线交易被深圳证券交易所通报批评。

五、董事的职责和作用

1. 董事的职责

董事主要有三方面的履职责任。

1）对股东履行受托责任

一是积极稳妥地对公司提供战略指导，确定有关政策并监督经理层的活动；二是及时准确地向股东通报重要决策和相应结果。

2）对公司履行忠诚责任

一是为了公司的利益行使权力；二是必须为公司全体股东或利益相关者服务，而不是部分人；三是不得进行内幕交易获得不正当利益。

3）对职位履行尽职责任

即董事的专业技能与注意义务。董事要具有关心、经历、勤奋、谨慎和专业性，要体现出与专业、经历、身份相符的水准。

第五章　董事、董事会的建设与运作

2. 董事的作用

董事代表与公司利益相关人的利益，其主要作用主要体现在两个方面：一是保证公司接受确定的发展战略和经营策略，以提升公司绩效；二是确保公司执行董事会制定的战略、政策，使公司协调一致。

六、董事的提名与选举

董事一般是由股东大会或行使出资人职责的机构依据法律和公司章程产生的。除以德日为代表的双层制公司治理结构模式下董事由监事会产生外，董事会成员一般由股东大会决定。首届董事会成员，由全体发起人选举产生，通常在公司章程中确定首任董事名单；募集设立的公司，由公司创立大会选举产生。中国《公司法》未明确规定董事会建立的程序，也未明确规定董事候选人的提名、选举机制。但《关于在上市公司建立独立董事制度的指导意见》《上市公司治理准则》和《上市公司章程指引》等相关法规中的一些条款对上市公司董事的提名和选举程序作出了规定。

1. 建立透明和公平的董事选举程序

公司应在公司章程中规定明确且透明的董事选任程序；在召开股东大会之前，公司应向股东披露董事人选的详细信息。

2. 建立一套约束机制，建设董事的责任体系

董事候选人应提交书面的《董事声明及承诺书》，保证他们已向公众提供了真实完整的个人信息，承诺其当选后将会忠实履行董事的职责；被选任的董事应与上市公司签署《董事聘任协议》，明确董事的权利、义务和责任。

3. 确保董事会中有中小股东的代表

董事的选举应该反映中小股东的意见；上市公司选举董事时，鼓励采取累积投票制；单独或合计持有上市公司已发行股份百分之一以上的股东可以提出独立董事候选人。

七、董事的任期与免职

1. 董事的任期

董事的任期由公司章程规定，但每届任期不得超过三年。董事任期届满

可以连选连任,《公司法》没有规定董事连任的次数限制。但对于上市公司独立董事而言,为避免独立董事任期太长,《关于在上市公司建立独立董事制度的指导意见》规定,独立董事每届任期与该上市公司其他董事任期相同,任期届满,连选可以连任,但是连任时间不得超过六年。

知识栏:董事的辞职

根据深交所《深圳证券交易所主板上市公司规范运作指引》《深圳证券交易所中小企业板上市公司规范运作指引》《深圳证券交易所创业板上市公司规范运作指引》,董事、监事和高级管理人员辞职应当提交书面辞职报告。除下列情形外,董事、监事和高级管理人员的辞职自辞职报告送达董事会或监事会时生效:

(1)董事、监事辞职导致董事会、监事会成员低于法定最低人数。

(2)职工代表监事辞职导致职工代表监事人数少于监事会成员的三分之一。

(3)独立董事辞职导致独立董事人数少于董事会成员的三分之一或独立董事中没有会计专业人士。

在上述情形下,辞职报告应当在下任董事或监事填补因其辞职产生的空缺后方能生效。在辞职报告尚未生效之前,拟辞职董事或监事仍应当按照有关法律、行政法规和公司章程的规定继续履行职责。出现第一款情形的,上市公司应当在两个月内完成补选。

2. 董事的免职

根据法律规定,只有股东大会具有在董事任期届满之前免除董事职务的权力。《公司法》详细规定了董事任职期间公司应当解除董事职务的各种情形。《关于在上市公司建立独立董事制度的指导意见》和《上市公司治理准则》对上市公司罢免独立董事设置了专门条款规定,包括以下内容:独立董事连续三次未出席董事会会议的;提供独立董事独立身份的虚假信息;不具备《公司法》中关于独立董事的任职资格等;独立董事被提前免职的,上市公司应将其作为特别事项予以披露;被免职的独立董事认为公司的免职理由不当的,可以做出公开的声明。

公司应建立关于董事免职的专门程序。这一程序应适用于公司所有的董事(包括执行董事、非执行董事和独立董事)。即使该程序不可能列出免除董事职务的所有情形,但至少也应列明董事免职的一般情形,比如泄密;刑事犯罪；向公司提供虚假信息；与董事会职责存有无法解决的利益冲突；存在虚假陈述行为；不能或不愿按董事会授予的职责行事；没有履行董事职责；没有按公司章程、制度行事；经常不能出席董事会会议等。

八、执行董事

董事按照其与公司的关系可以分为执行董事和非执行董事。

1. 执行董事

执行董事（也称内部董事或积极董事），指在董事会内部接受委任担当具体岗位职务，并就该职务负有专业责任的董事。执行董事是公司的职员，他们一般关注公司发展，对公司业务和行业背景极为了解，能够为董事会提供重要的决策信息，但在实际工作中，会出现"屁股决定脑袋"的问题，容易为了切身利益而忽视了公司整体的长远利益。

执行董事一般由下列人员担任：首席执行官、首席财务官、执行副总裁等高级管理人员；大股东的代表；其他利益相关者的代表如主要债务人的代表。

知识栏：相关法律法规对执行董事的规定

《中华人民共和国公司法》第五十条规定：股东人数较少和规模较小的有限责任公司，可以设一名执行董事，不设董事会。执行董事可以兼任公司经理。

《上市公司章程指引》第九十六条规定：上市公司兼任经理（总经理、副总经理）或者其他高级管理人员职务的董事以及由职工代表担任的董事总计不得超过公司董事总数的二分之一。

2. 非执行董事

非执行董事（也称外部董事），是指除了董事身份外与公司没有任何其他契约关系的董事。他们大多具有丰富的专业知识、其他行业或公司的经验和相对独立的判断力，能够促进公司从整体和更加长远的角度考虑问题。非执行董事可能对公司做出的一些特殊贡献如下：扩展董事会制定决策的视野；通过充分发挥非执行董事的广泛社会经历，相关专业技能、知识和经验等方面的优势，弥补董事会在这些方面可能存在的不足；承担监督管理绩效和公司经理层工作成果的角色，并把后者与制定战略时所确定的计划相比较；确定执行董事的报酬；保证提供足够的财务信息，而不管是否设立正式的审计委员会；在对董事会主席和执行董事进行任命时，发挥关键作用。

九、独立董事

独立董事制度最早起源于 20 世纪 20 年代。其产生和发展是"一元制"公司治理模式缺陷、股权极为分散导致内部人控制、经理人薪酬增长过快、上市公司自我发展需要等一系列因素综合作用的结果。1930 年开始，为了防止控股股东及管理层的内部控制，损害公司整体利益，美国证监会建议公司采用独立董事制度。1940 年美国《投资公司法》是独立董事制度产生的标志，该法规定投资公司的董事会成员中应该有不少于 40% 的独立人士。如今，发达国家的公司普遍推行了独立董事制度。

1993 年，青岛啤酒在香港和上海上市，按照联交所规则聘请两名独立董事。1997 年 12 月 16 日，中国证监会《上市公司章程指引》第一百一十二条规定，"公司根据需要，可以设立独立董事"。2001 年 1 月 19 日，中国证监会要求基金管理公司必须实行独立董事制度，人数不少于全部董事的三分之一，并多于第一大股东提名的董事人数。2001 年 8 月 16 日，中国证监会发布实施《关于在上市公司建立独立董事制度的指导意见》，标志着在中国内地上市公司中强制性引入独立董事制度的开始。该制度要求上市公司的董事会在 2002 年 6 月 30 日前至少有 2 名独立董事，在 2003 年 6 月 30 日前董事会成员中的独立董事不少于 1/3。独立董事制度在我国正式确立。

2006 年，修订后的《公司法》规定："上市公司设立独立董事，具体办法由国务院规定"。这是我国第一次从法律层面确立了上市公司独立董事制度，明确了独立董事的法律地位。

1. 独立董事的定义

独立董事作为非执行董事的一种，是指不在公司担任除董事外的其他职务，并与其所受聘的公司及其主要股东不存在可能妨碍其进行独立客观判断的关系的董事，具有超然独立的地位、独立的态度和判断。独立董事是外部董事，除董事身份外不是公司雇员；是非关联董事，与公司无经济或商业利益关系；是非执行董事，不担当公司的管理事务。

2. 独立董事的任职条件

根据中国证监会《关于在上市公司建立独立董事制度的指导意见》（简

第五章 董事、董事会的建设与运作

称指导意见）的有关规定，担任独立董事应该符合下列基本条件。

1）担任独立董事的积极资格

根据法律、行政法规及其他有关规定，具备担任上市公司董事的资格；具有《指导意见》所要求的独立性（独立董事原则上最多在5家上市公司兼任独立董事，并确保有足够的时间和精力有效地履行独立董事的职责）；具备上市公司运作的基本知识，熟悉相关法律、行政法规、规章及规则；具有五年以上法律、经济或者其他履行独立董事职责所必需的工作经验；公司章程规定的其他条件。

2）担任独立董事的消极资格

下列人员不得担任独立董事：在上市公司或者其附属企业任职的人员及其直系亲属、主要社会关系（直系亲属是指配偶、父母、子女等；主要社会关系是指兄弟姐妹、岳父母、儿媳女婿、兄弟姐妹的配偶、配偶的兄弟姐妹等）；直接或间接持有上市公司已发行股份1%以上或者是上市公司前十名股东中的自然人股东及其直系亲属；在直接或间接持有上市公司已发行股份5%以上的股东单位或者在上市公司前五名股东单位任职的人员及其直系亲属；最近一年内曾经具有前三项所列举情形的人员；为上市公司或者其附属企业提供财务、法律、咨询等服务的人员；公司章程规定的其他人员；中国证监会认定的其他人员。

从美国情况看，独立董事一般由以下六类人担任：其他上市公司的首席执行官、退休的首席执行官或其他上市公司的高管、大学校长或知名学者、前政府官员、成功商人、独立投资人。

3. 独立董事的义务

1）独立董事一般义务

上市公司独立董事负有《公司法》《证券法》《上市公司治理准则》及其他法律、行政法规、部门规章与公司章程要求董事的一般义务。对上市公司及全体股东负有诚信、勤勉的义务。

2）保持独立性的义务

独立董事应当保持身份和履职的独立性。在履职过程中，不应受上市公司股东、实际控制人及其他与公司存在利害关系的单位和个人的影响；当发生对身份独立性构成影响的情形时，独立董事应及时通知公司并进行消除，无法符合独立性条件时，应当提出辞职。

3）任职时间和数量限制

独立董事每届任期与该上市公司的其他董事任期相同，任期届满，连选

可以连任,但是连任时间不得超过六年。独立董事应当确保有足够的时间和精力有效履行职责,原则上最多在五家上市公司兼任独立董事。

4)日常工作联系和最低工作时限

独立董事应当与上市公司管理层特别是董事会秘书进行及时充分沟通,确保工作顺利开展。独立董事每年为所任职上市公司的有效工作时间原则上不少于十五个工作日,包括出席股东大会、董事会和各专业委员会会议,对公司生产经营状况、管理和内部控制等制度的建设及执行情况、董事会决议执行情况等进行调查,与公司管理层进行工作讨论,对公司重大投资、生产、建设项目进行实地调研等。每年到上市公司的现场工作时间原则上不应少于十个工作日。

5)出席董事会及股东大会会议

独立董事应当出席董事会会议。确实因故无法出席会议的,应当事先审阅会议材料,形成明确的意见,书面委托本上市公司的其他独立董事代为出席。

独立董事应出席上市公司股东大会,与公司股东进行现场沟通。

6)关注上市公司相关信息

独立董事应重点关注上市公司的关联交易、对外担保、募集资金使用、社会公众股股东保护、并购重组、重大投融资活动、财务管理、高管薪酬、利润分配和信息披露等事项,必要时应根据有关规定主动提议召开董事会、提交股东大会审议或者聘请会计师事务所审计相关事项。

7)对上市公司及相关主体进行监督和调查

独立董事发现上市公司或相关主体存在下列情形时,应主动调查了解情况:

(1)重大事项未按规定提交董事会或股东大会审议;(2)公司未及时或适当地履行信息披露义务;(3)公司发布的信息中可能存在虚假记载、误导性陈述或重大遗漏;(4)公司生产经营可能存在违反法律、法规或者公司章程;(5)其他涉嫌违反法律法规或损害社会公众股东权益的情形。

确认上述情形确实存在的,独立董事应立即督促上市公司或相关主体进行改正,并向中国证监会派出机构和公司证券上市地的证券交易所报告。

8)提交年度述职报告

上市公司年度股东大会召开时,独立董事应需提交年度述职报告,对自身履行职责的情况进行说明,并重点关注上市公司的内部控制、规范运作以及中小投资者权益保护等公司治理事项。

第五章 董事、董事会的建设与运作

9）辞职后的义务

独立董事任期内辞职导致独立董事成员低于规定人数的，在改选出新的独立董事就任前，原独立董事应当依法继续履行独立董事职务。

4. 独立董事的职权

独立董事是有效公司治理的重要组成部分，其任务是为股东利益（尤其是中小股东利益）提供有力保护。《公司法》只对上市公司提出了必须聘任独立董事的要求。独立董事作为外部人，在监控和制衡管理层方面十分有效。为使独立董事充分发挥其作用，公司应赋予他们特殊的职权：首先，重大关联交易应由独立董事认可后，提交董事会讨论；独立董事做出判断前，可以聘任中介机构出具独立咨询报告，作为其判断的依据。其次，独立董事可以向董事会提议聘用或解聘会计师事务所，独立聘任外部审计机构和咨询机构。此外，独立董事可以提议召开董事会，向董事会提请召开临时股东大会，而且可以在股东大会召开前公开向股东征集投票权。

1）独立董事的一般职权

上市公司独立董事享有《公司法》《证券法》及其他法律、行政法规、部门规章、规则与公司章程赋予独董的一般职权。

2）独立董事的特别职权

（1）重大关联交易事项的事先认可权。

（2）聘用或解聘会计师事务所的提议权，及对公司聘用或解聘会计师事务所的事先认可权。

（3）召开临时股东大会的提议权。

（4）召开董事会会议的提议权。

（5）在股东大会召开前公开向股东征集投票权。

（6）必要时，聘请外部审计机构及咨询机构等对公司的具体事项进行审计和咨询。

（7）法律、行政法规、部门规章、规范性文件、公司章程赋予的其他职权。

独立董事行使上述第（1）至（5）项职权应取得全体独立董事的半数以上同意，行使上述第（6）项职权应取得全体独立董事同意。

3）就上市公司相关事项发表独立意见

需要独立董事向上市公司董事会或者股东大会发表独立意见的事项包括：

（1）对外担保。

（2）对外关联交易。

（3）董事的提名、任免。

（4）聘任或者解聘高级管理人员。

（5）公司董事、高级管理人员的薪酬和股权激励计划。

（6）变更募集资金用途。

（7）制定资本公积转增股本方案。

（8）制定利润分配政策、利润分配方案及现金分红方案。

（9）因会计准则变更以外的原因作出会计政策、会计估计变更或重大会计差错更正。

（10）上市公司的财务会计报告被注册会计师出具非标准无保留审计意见。

（11）会计师事务所的聘用及解聘。

（12）上市公司管理层收购。

（13）上市公司重大资产重组。

（14）上市公司以集中竞价方式回购股份。

（15）上市公司内部控制评价报告。

（16）上市公司承诺相关方的承诺变更方案。

（17）上市公司优先股发行对公司各类股东权益的影响。

（18）法律、行政法规、部门规章、规范性文件及公司章程规定的或中国证监会认定的其他事项。

（19）独立董事认为可能损害上市公司及其中小股东权益的其他事项。

4）参与董事会专门委员会工作

如果上市公司董事会下设审计、提名、薪酬与考核等专门委员会，独立董事有权参与各专门委员会工作，在审计委员会、提名委员会、薪酬与考核委员会中独立董事担任召集人并在委员会中占有二分之一以上的比例。

5）要求上市公司及相关人员为履职提供支持和帮助

独立董事有权要求上市公司其他董事、监事、高级管理人员积极配合，保证其依法行使职权，有权要求上市公司董事会秘书与独立董事沟通、联络、传递资料，直接为独立董事履行职责提供支持和帮助。

5. 独立董事的作用

独立董事制度最突出的特点就是董事的独立性。独立董事的作用体现在监督、制衡、决策等方面。独立董事的独立性能使其站在比较客观公正的立场上，发现、识别、评估和警示公司违规不当经营行为，制约控股股东的行为，平衡董事会并以其经验和学识促使董事会作出正确决策。

第五章 董事、董事会的建设与运作

1）强化董事会

独立董事大多是在各自专业领域颇有建树的专家，超脱于局部利益之上，不仅能在公司战略、绩效、资源、关键任命、薪酬决定、运营标准、关联交易等重大问题上作出独立判断，将客观公正的观点引入董事会，带来新的知识经验，而且能与非独立董事密切配合，使董事会在知识、能力、个性等方面达到一种很好的平衡，运作更加健康、决策更趋科学。

2）监督经理层

独立董事具有独立性，可以在一定程度上降低股东和经理层之间的代理冲突。通过其控制的审计委员会、薪酬委员会和提名委员会，对公司管理者的经营决策和道德行为等实施更有效的监督，防止经理层因缺乏有效监督，做出一些损害公司和股东利益的行为，比如能给自己带来利益却不增加甚至有损公司价值的投资、高额在职消费、高档办公场所等。

3）制衡大股东

在一股独大的现实背景下，独立董事在制衡大股东，保护中小股东利益上有着较大的作用。比如，对于某些大股东利用关联交易为自己牟利而损害中小股东利益，独立董事站在中立立场上提出反对意见，行使表决权。

4）更广泛的外部联系

独立董事往往拥有一定的政府和社会背景，可以为公司建立更广泛的外部联系，增强公司与政府沟通谈判能力，在环境保护、节约资源、平等就业、劳动安全等各个方面，监督公司行为符合社会道德规范，营造良好的外部治理氛围。

5）度过困难敏感期

独立董事还能在公司上市、退市、重大贷款、并购、首席执行官继任等重要时期起到关键作用。如公司发生并购后，独立董事能够缓解两个企业管理层为了争夺并购后的位置而产生的冲突。

知识栏：董事分类

董事按是否为公司员工，分为外部董事与非外部董事；董事按是否为公司高管，分为执行董事与非执行董事；董事按与公司、主要股东及高管的关系，分为独立董事与非独立董事；董事按是否为职代会选举产生，分为职工董事与非职工董事。

案例：招商银行的董事履职

招商银行股份有限公司于1987年在深圳成立，是中国境内第一家完全由企业法人持股的股份制商业银行,并于2002年4月、2006年9月先后在上海证券交易所和香港证券交易所上市。独立董事制度从创立伊始就得到了招商银行董事会的高度重视。2002年上市之前,招商银行董事会成员全部由股权董事和管理层董事组成,没有独立董事。2002年4月,招商银行在上海证券交易所上市,改变了以往完全由企业法人持股的股权结构,增加了大量基金、券商、企业及中小股民等流通股股东。

根据中国证监会2001年6月发布的《关于在上市公司建立独立董事制度的指导意见》,招商银行引进了独立董事制度,在董事会中设立了2个独立董事席位,并很快增加至6名,独立董事占全部董事成员的三分之一,符合监管要求。6名独立董事中,有2名财会方面的专家,有3名金融、管理方面的专家,1名具有国际视野的律师。独立董事中来自香港,熟悉国际会计准则和香港资本市场规则。多元化的独立董事结构不仅保持了董事会内应有的独立元素,也为招商银行董事会带来了广泛的视野,促进了招商银行董事会在研究和审议重大事项时能够有效地作出独立判断和科学决策。

1. 积极参加董事会各类会议,为招商银行发展建言献策

2006—2011年,独立董事出席董事会会议的平均出席率为95.30%,出席董事会专门委员会会议的平均出席率为97.45%,均保持在较高水平,且呈不断上升的趋势。会议上,独立董事坚持独立、客观发表个人意见,充分发挥专业所长,为公司的发展建言献策。通过参加董事会会议和专门委员会会议并在会上积极发表意见,独立董事对招商银行决策的影响力不断增强。

2. 通过多种渠道参与招行决策,关注中小股东利益

(1) 参加非执行董事会议,积极发表意见。根据香港联交所2011年10月对《企业管治守则》及相关《上市规则》的修订要求,招商银行2012年8月召开了第一次非执行董事会议,非执行董事和独立董事参加了会议并审阅了《银行同业公司治理情况和最新监管政策解读的汇报》,并对招商银行管理层梯队培养、预算执行、会议审议效率等问题进行了讨论。非执行董事会议为非执行董事,尤其是独立董事提供了更多的发表意见的渠道,进一步加强了独立董事对公司事务发表独立、公正意见的力度,提升了独立董事对公司决策的影响力和制衡力。

(2) 出席股东大会,关注中小股东利益。从2012年开始,招商银行独立董事、非执行董事及所有董事会专门委员会主任委员均根据监管要求出席股东大会。通过积极参加股东大会,独立董事能够更多地倾听股东尤其是中

第五章 董事、董事会的建设与运作

小股东意见,加强与股东的沟通,关注股东需求,最大化维护中小股东的利益。

(3)参与监管机构与招商银行的沟通,独立客观地评价招行。近几年来,独立董事每年均参加银监会对招商银行的年度审慎监管会议和并表管理检查情况反馈会议,就银监会对招商银行的监管意见和建议独立客观地进行评价和回应;在银监会对招商银行实施新资本协议评审过程中,部分独立董事参加银监会关于新资本协议实施评估意见的访谈,并就银监会对招商银行新协议实施评估意见反馈了书面意见,为监管机构对招商银行进行客观公正的评价提供了独立和公正的参考意见。

3. 参加调研培训,提高履职积极性和决策有效性

独立董事调研考察和培训工作的主要形式有:独立董事不定期考察调研总行部门或分支机构分支行,了解招商银行业务部门及分支机构经营情况、风险管理、合规经营情况,直接体验和感受日常运营、硬件设施、服务质量和业务流程等,获取银行经营的第一手信息;独立董事参加银行和证券监管机构组织的相关培训,及时和深入地了解境内外最新的监管政策动态和董事应履行的职责;利用董事会及专门委员会现场会议机会,行内对独立董事进行有针对性的业务专题培训,根据不同时期监管重点和招商银行发展重点,加强独立董事对招商银行重点业务领域的全方位了解。

4. 制定独立董事年报工作制度,充分发挥监督作用

根据《招商银行独立董事年报工作制度》,招商银行独立董事每年在会计师事务所进场审计前,与会计师沟通审计工作小组的人员构成、审计计划、风险判断、风险及舞弊的测试和评估方法、审计重点等年度审计的重要问题。独立董事每年召开会议,现场听取管理层就年度经营情况、财务状况、经营成果和投融资活动等重大事项的情况汇报,听取会计师事务所关于年度财务报告审计工作的总结报告,并进行充分讨论,认真发表意见和建议。如在2011年报工作会议上,独立董事重点关注了2012年利率走势、中小企业业务风险定价策略、资本充足率、配股进展情况、房地产贷款和地方政府融资平台贷款等方面的情况,并就审计工作中的有关问题如拨备计提模型、内部控制审计发现、关联交易审计等提出意见和建议,得到了管理层的一一回应。

十、董事可能被追究的责任

董事履职过程中,如果违反国家法律法规和公司章程,或者没有正确履

行董事的忠实、勤勉等义务,致使国家、公司或者第三人遭受重大损失,就可能会受到纪律处分或承担行政责任、民事责任,甚至刑事责任。

1. 董事可能受到证券交易所纪律处分

上市公司董事未善尽职守的,证券交易所将约见谈话。情节严重的,证券交易所将根据上市规则予以下述纪律处分:一是通报批评,二是公开谴责,三是公开认定其不适合担任上市公司董事。董事违法违规情形严重的,证券交易所将报请国家证券监管部门查处。

2. 董事可能承担的行政责任

这主要是指国家证券监管部门对违规违法的上市公司董事所作出的行政处罚,处罚方式包括:警告、没收违法所得、罚款、市场禁入。

3. 董事可能承担的民事责任

董事应对公司、股东或者其他第三方承担民事责任。董事若违反其义务,则需承担相应的责任,这些责任包括停止侵害、没收违法所得、返还公司财产、宣告违法合同无效、取消违法担保及赔偿损失等。

《公司法》明确规定董事执行公司职务时违反法律、行政法规或者公司章程的规定,给公司造成损失的,应当承担赔偿责任。董事会的决议违反法律、行政法规或者公司章程、股东大会决议,致使公司遭受严重损失的,参与决议的董事对公司负赔偿责任。但经证明在表决时曾表明异议并记载于会议记录的,该董事可以免除责任。委托其他董事代为出席会议的董事,对其授权范围内的决议承担责任。

《最高人民法院关于适用〈中华人民共和国公司法〉若干问题的规定(二)》规定,股份公司的董事未在法定期限内成立清算组开始清算,或者怠于履行义务,导致公司财产损失的,应当对债权人承担相应赔偿责任;在公司解散后恶意处置公司财产及未经清算即办理注销登记的,股份公司的董事应当承担损害赔偿责任。

董事不当履职行为造成债权人损失的,债权人根据《民法典》第八十四条,营利法人的控股出资人、实际控制人、董事、监事、高级管理人员不得利用其关联关系损害法人的利益;利用关联关系造成法人损失的,应当承担赔偿责任。

上市公司的董事应对虚假陈述致使投资者损失承担连带赔偿责任。《中华人民共和国证券法》第八十五条规定,信息披露义务人未按照规定披露信息,

第五章 董事、董事会的建设与运作

或者公告的证券发行文件、定期报告、临时报告及其他信息披露资料存在虚假记载、误导性陈述或者重大遗漏，致使投资者在证券交易中遭受损失的，信息披露义务人应当承担赔偿责任；发行人的控股股东、实际控制人、董事、监事、高级管理人员和其他直接责任人员以及保荐人、承销的证券公司及其直接责任人员，应当与发行人承担连带赔偿责任，但是能够证明自己没有过错的除外。《上市公司信息披露管理办法》（2021版）第五十条规定，上市公司董事、监事、高级管理人员应当对公司信息披露的真实性、准确性、完整性、及时性、公平性负责，但有充分证据表明其已经履行勤勉尽责义务的除外。

知识栏：董事的民事责任

（1）董事承担民事赔偿责任的条件：一是必须有公司（或第三方）受到损害的事实存在；二是损害行为必须是行为人违反国家法律法规或公司章程执行公司职务的行为；三是违法行为与损害事实之间必须有因果关系。

（2）董事承担民事责任的方式主要是赔偿公司的财产损失，也可同时采取解除职务、消除影响等。

（3）未参加会议而又没有委托其他董事投票表决的，不可以免除董事会决议的民事责任。

4. 董事可能承担的刑事责任

董事违背其义务，情节严重、危害重大的，将面临刑事责任，受到包括拘役、有期徒刑、罚金的刑罚处罚。董事可能涉嫌的罪名包括：诈骗发行股票、债券罪，提供虚假财务报告罪，妨碍清算罪，公司、企业人员受贿罪，对公司、企业人员行贿罪，非法经营同类企业罪，为亲友非法牟利罪，签订履行合同失职被骗罪，徇私舞弊造成破产亏损罪，徇私舞弊、违背忠实义务造成重大损失罪，操纵上市公司致使公司利益重大损失罪，擅自发行股票和债券罪，内幕交易、泄露内幕信息罪，编造并传播证券、期货虚假信息罪，诱骗投资者买卖证券、期货合约罪，操纵证券、期货交易价格罪等。

知识栏：董事的刑事责任

董事承担刑事责任必须符合犯罪构成的四个要件：一是行为人具有刑法所规定该项犯罪的主体资格；二是行为人在主观上具有实施犯罪行为的故意

或过失;三是犯罪行为在客观上符合刑法所规定该项犯罪必须具备的事实特征;四是犯罪行为侵害了我国刑法所保护的社会关系。

董事在履职过程中应当了解的几种主要刑事责任:贪污、受贿的刑事责任;非法经营同类营业的刑事责任;为亲友非法牟利的刑事责任;滥用职权的刑事责任;其他如生产伪劣产品、破坏金融管理秩序、金融诈骗、危害税收征管等刑事责任。

案例:国有资产重大损失案件

2007年,A公司原董事长、党委书记杨某,原党委书记、副董事长王某,原总经理、党委副书记沈某,原副总经理黄某,原总会计师李某,发展改革部原部长李某等人,严重违反工作纪律,在A公司并购B公司过程中,违规决策和操作,造成巨大经济损失。经中央纪委驻国务院国资委纪检组研究,国务院国资委党委决定:给予杨某、王某、沈某、李某、李某某开除党籍处分,并由有关中央企业按程序给予相应行政处理。黄某被开除党籍和公职,移送司法机关处理。参与董事会决策的其他董事吴某、韩某、蒋某、文某、范某、林某,未履行、未正确履行工作职责,违反工作纪律,给予党内警告处分。

启示:要加强对权力的制约和监督,紧盯企业关键少数特别是"一把手",紧盯企业投资并购、改制重组、产权转让、物资采购、招标投标、财务管理、选人用人、境外经营等重点领域和关键环节,制定权力清单和责任清单,建立健全行权履职的监督约束制度和机制。要强化制度的执行,牢固树立依法经营、依规管理的治企理念,带头尊崇制度、执行制度,严格按制度办事、按程序决策。

知识栏:《中华人民共和国刑法》对上市公司的董监高的忠实义务的规定

《刑法》第一百六十九条规定,上市公司的董事、监事、高级管理人员违背对公司的忠实义务,利用职务便利,操纵上市公司从事下列行为之一,致使上市公司利益遭受重大损失的,处三年以下有期徒刑或者拘役,并处或者单处罚金;致使上市公司利益遭受特别重大损失的,处三年以上七年以下有期徒刑,并处罚金。

(1)无偿向其他单位或者个人提供资金、商品、服务或者其他资产的。

(2)以明显不公平的条件,提供或者接受资金、商品、服务或者其他资产的。

(3)向明显不具有清偿能力的单位或者个人提供资金、商品、服务或者其他资产的。

第五章 董事、董事会的建设与运作

（4）为明显不具有清偿能力的单位或者个人提供担保，或者无正当理由为其他单位或者个人提供担保的。

（5）无正当理由放弃债权、承担债务的。

（6）采用其他方式损害上市公司利益的。

知识栏：董事的责任保险制度

由于董事自身能力和经验有限，加之外部经营环境日趋复杂，董事们难免会出现过失，引发受害人针对董事个人或组织索赔。一些企业内部建立的对董事的补偿机制，越来越不能满足合理的补偿需求，需要在企业之外建立一种对董事职业责任的保障机制，董事责任保险应运而生。这一制度的意义在于：一是有利于充分发挥董事的经营潜力；二是有助于促使更多的优秀人才充实到董事会中，使董事们成为更加专业化的群体；三是通过保险合同条款对董事行为具有一种无形的约束作用。

董事责任保险是西方发达国家职业责任保险的主要险种之一，主要为企业董事对第三方的经济损失应负的责任提供的保险，20世纪30年代诞生于美国，由劳埃德保险公司推出。20世纪六七十年代，西方国家爆发的"经理革命"，进一步促进董责险的发展。20世纪70年代，美国政府致力于建立完善法院诉讼制度和追偿制度，美国董责险正式进入高速发展阶段。目前，美国仍然处于世界领先地位，美国、加拿大和欧洲的公司，董责险的投保率分别约为97%，86%和90%；世界五百强企业中95%投保了董责险。

国外的实践证明，董事的责任保险的法律依赖性很强。近年来，我国一些法律、法规涉及利用保险方式为董事的权益提供保护。2001年8月颁布的《关于在上市公司建立独立董事制度的指导意见》中建议，"上市公司可以建立必要的独立董事责任保险制度，以降低独立董事正常履行职责可能引致的风险"。2002年1月颁布实施的《上市公司治理准则》规定，"经股东大会批准，上市公司可以为董事购买责任保险。但董事因违反法律、法规和公司章程规定而导致的责任除外"。平安财险承保了万科董责险。我国董责险的发展进入实质性阶段，许多上市公司相继购买了董责险。2010年之前，我国上市公司对董责险的认可度并不高。2018年之前，投保率一直在10%以下，平均投保率为5%，直到2018年才达到11%。

董责险不是可以保障所有风险。其不能保障的风险主要包括：一是提供担保、承诺代为履行债务或表示赠予等非惯常职务行为通常不属于保障范围。二是董事责任保险主要承保董监高履职过失造成的损失，故意行为导致的损失不予赔偿。内幕交易、欺诈、贿赂等故意违法犯罪行为也不在保险责任范围。三是董事责任保险作为一种财产保险，适用损失补偿责任，其主要承担民事损失补偿；因此具有法律惩戒作用的惩罚性民事赔偿、行政罚款并不在保障范围之列。

十一、董事的培训

监管机构和公司向董事提供持续的教育和培训非常重要。董事应当积极参加培训，了解董事的权利、义务和责任，熟悉有关法律法规，掌握董事应具备的相关知识。

1. 监管机构组织的董事培训

上市公司董事、监事任职1年内至少参加一次岗位培训；上市公司董事、监事培训授课及考试时间每次不少于16学时；上市公司董事、监事参加培训并经考试合格后，由证监会派出机构颁发合格证书。

2. 公司董事内部培训

除监管机构组织的培训外，公司可为董事提供其他的相关培训。一般而言，董事培训需求往往会在董事会绩效评价后，商业、法律环境变化时，以及新董事加入时产生。面对这些需求公司可对全体董事进行集体培训，也可为单个董事提供单独培训。根据不同的培训内容和培训经费预算，可分别由公司董事会成员、高级管理人员或聘请的其他专业人士来授课。

第二节 董事长

一、董事长的概念

董事会设董事长一人。董事长作为董事会的召集人，由董事会成员选举产生，是股东利益的最高代表。职权主要包括：主持股东大会、召集和主持董事会会议；由董事会授权在董事会闭幕期间行使董事会的部分职权。该规定表明董事长若未获得董事会授权，则无权代表董事会，更无权擅自决定公

第五章　董事、董事会的建设与运作

司重大事务。董事长若以董事长职务的身份发言、决策等须取得董事会授权，在其授权范围内进行；督促、检查董事会决议的执行情况；提议召开临时董事会；董事会和公司章程授予的其他职权。

知识栏：相关法律法规对董事长职权的规定

董事长是董事会的召集人，是董事会规范建设和有效运作的主要责任人，享有董事的各项权利，承担董事的各项义务和责任。

董事长有以下职责：召集和主持董事会会议，关注董事会会议的次数和时间是否能够满足董事会充分履行职责并组织改进；确定董事会会议议题，对拟提交董事会讨论的有关议案进行初步审核，并决定是否提交董事会讨论；按时召开董事会会议，确保需要董事会表决的重大事项不延误；对董事会决议执行情况进行督促、检查；组织拟订公司利润分配方案和弥补亏损方案、增减注册资本方案和公司合并、分立、解散或者变更组织形式方案等；组织制订和修订董事会、专门委员会议事规则等董事会运作的规章制度；签署董事会与公司高管的任免、经营业绩考核合同和薪酬等有关文件；提名董事会秘书、提出其薪酬与考核建议，并提请董事会决定聘任或者解聘及其薪酬事项；负责提出各专门委员会的设置方案及人选建议，提交董事会讨论表决；组织起草董事会年度工作报告；组织董事会向股东（大）会、监事会提供信息，负责建立董事会与监事会联系的工作机制；与董事进行会议之外的沟通，听取董事的意见，并组织董事进行必要的工作调研和业务培训；指导董事会秘书编制董事会年度工作经费方案，负责审批方案和各项经费支出，并确保董事会工作经费的使用符合有关规定；在发生不可抗力和重大危机无法召开董事会的紧急情况下，董事长可以对公司事务行使符合法律和公司利益的特别裁决和处置权，并在事后向董事会报告。

董事长享有的权利的范围和大小，各国立法并不完全一样。在法国，董事会授权董事长行使董事会几乎全部权力，在不违反法律法规授予董事会权利的前提下，董事长享有代表公司进行活动的充分权力，并且董事长对公司的管理事务承担完全责任。在德国，董事长仅为董事会会议的召集和主持人，除此没有优于一般董事的其他权利。

我国《公司法》明确规定"董事长召集和主持董事会会议，检查董事会决议的执行情况"。除此之外，并没有明确规定董事长和一般董事权利的差别。在《上市公司章程指引》中规定，上市公司董事长行使下列职权：（1）主持出资人大会和召集、主持董事会会议；（2）检查董事会决议的实施情况；(3)签署公司股票、公司债券等；(4)实行发行代表人的职权等。对于上市公司，以上权利可以归纳为两大类：一类为对外代表权，除另有规定外，由董事长对外代表公司；第二类为对内业务执行权，主要包括董事会召集主持权、检查董事会决议实施权及董事会赋予的其他职权等。

二、副董事长

董事会可以设副董事长。根据《公司法》规定，副董事长协助董事长工作，董事长不能履行职务或者不履行职务的，由副董事长履行职务。

副董事长的职权主要包括：受董事长委托，协助董事长做好公司的经营管理工作，对股东和董事会、重要业务经营会议的组织和召集，在董事长外出时行使临时处理权；受董事长委托，协助董事长检查对董事会或公司管理委员会决议的实施情况；受董事长委托，在董事长外出时，有权召集临时、紧急的重大会议；受董事长委托，在董事长外出时，有权代表公司处理紧急公文及签署重要的经济合同；受董事长委托，有权对总经理、各部门经理的工作提出意见和建议；受董事长委托，负责公司各部门物资采购方面的管理、监督工作；受董事长委托，在董事长外出期间，对公司的重要业务活动有业务执行的综理权和董事会的代行权；完成董事长交办的其他工作任务。

知识栏：董事会主席、总裁、CEO

董事会负责人是董事会主席（Chairman），公司经营班子的负责人是总裁（President）。所谓CEO（Chief Executive Officer），是由董事会聘任的处于企业行政权顶端的高级管理人员，国内翻译叫"首席执行官"，它准确的意思是"一把手"，对公司的经营事务最后负责。总裁和CEO都是舶来品，中国的《公司法》里根本没有。

董事会主席和总裁在执行对股东委托尽职过程中，可能会出现认识上和执行上的矛盾。为避免"一山不容二虎"，董事会主席和总裁谁兼任CEO，就意味着谁对公司的日常经营最后拍板负责。公司的一把手只能由董事会主席或总裁两个人之一担任，要么是董事会主席，要么是公司总裁。一般情况下，如果是董事会主席担任CEO，总裁就是公司的COO（Chief Operating Officer，首席运营官），是日常运营事务的主要执行者，但不是

第五章 董事、董事会的建设与运作

重大行政问题的最后拍板人,也不是最后的责任人;也有一些公司是总裁担任 CEO,董事会主席相对就比较超脱。在某些公司里,有董事会主席、总裁、CEO 三任集于一身的情况,但在欧美国家几乎没有董事会主席、总裁以外的人担任 CEO。

延伸阅读:专职董事长制度"唯改革者进,唯创新者强,唯改革创新者胜"——辽河油田推行董事长专职化

辽河油田坚持改革创新并举,大力推行董事长专职化制度。四名专职董事长为各股权公司带来了勃勃生机,2018 年上半年股权公司实现盈利 600 余万元,提前半年超额完成全年预算指标。

一、推行董事长专职化,实现公司效益明显提升

2012 年,按照股份公司战略部署,辽河油田先后成立了 9 家燃气股权公司开展燃气业务。由于股份公司在这 9 家公司中均占有控股地位,根据《公司章程》约定,由辽河油田公司委派董事长。按照当初设计,各燃气股权公司董事长由辽河油田公司所属二级单位燃气集团公司副总经理兼任。

在实际运行中,由于各个副总经理还分管相关职能科室,加上燃气业务对辽河油田来说是新兴业务,工作任务较重,大部分精力用于协调分管职能科室的业务,燃气股权公司董事会与经营层存在脱节现象,决策层与管理层职责不清晰,法人治理结构建设存在一定问题。

为完善公司法人治理机构,探索解决公司董事会与经营层脱节问题,切实发挥股权公司董事会作用。2017 年 7 月,油田公司对所属燃气股权公司尝试使用专职董事长制度。油田公司所属 9 家燃气股权公司,委派 4 人担任专职董事长。燃气集团公司对所属股权公司探索实施专职董事长制度,经过半年的努力,股权公司在市场开发、工程建设、手续办理、经营业绩等方面均取得了较大突破,有效推动了股权公司生产经营管理。海城公司、朝阳公司在建工程全部完工,辽阳公司、葫芦岛公司、铁岭公司经营业绩从去年开始全部盈利,其中辽阳公司经营业绩由负 33 万元一举实现盈利 308 万元;赤峰公司更换经营思路,改变经营模式,重新设立管理机构,实现经营形势峰回路转,连续亏损三年的赤峰燃气公司实现了扭亏为盈,2018 年上半年盈利 159 万元。

二、发挥专职董事长优势,规范管理、提高决策效率

1. 明确了专职董事长的职责,实现了责权利的统一

专职董事长的设立,解决了兼职董事长时间精力分配不平衡、无法深入了解公司实际情况、以及救火性工作等问题,使董事长有更多的时间和精力

研判内外部形势，研究公司发展，深入公司实际，参与公司决策，审查及监督决策执行的全过程。专职董事长作为公司法人，享有决策权力，承担相应义务，同时专职董事长履职考核与公司业绩相结合，实现责权利的统一。

2. 分清与管理层的管理界面，完善法人治理结构体系

在燃气股权公司中，大多数公司董事长和总经理均由辽河油田公司委派。为避免出现职责不清、总经理自行决策等违规问题的出现，将专职董事长的职级定为副处级，作为辽河油田燃气集团公司班子成员，总经理的职级定为正科级，接受股权托管单位辽河油田燃气集团公司的领导。在法人治理结构下，专职董事长与董事会在职责范围内决策，总经理和经营班子执行董事会决策，在董事会授权范围内进行日常经营管理。在内部管理体制中，董事长职级高于总经理，董事长负责组织重大事情决策，总经理负责落实与执行，各有侧重，互为补充。

3. 加强股权企业间横向联系，提高了决策效率

专职董事长兼任同行业多家股权公司董事长，这有利于专职董事长之间、各个燃气公司之间的交流，为股权公司重大事项决策、发展定位、市场开发等工作提供了资源和信息共享、经验交流与借鉴的便利条件，提高决策成功率和有效率。通过坐班管理，能够更好地实现上传下达，增强了执行力，确保政策贯通，执行到位。

三、赤峰公司重整经营思路，实现经营形势峰回路转

1. 加强紧密沟通，改造初步告捷

内蒙古中油汽车燃气有限公司（以下简称"赤峰公司"）于2005年3月成立。由于辽河石油勘探局在赤峰市松山区太平地乡发现天然气田，为了充分利用赤峰市天然气开发这一有利时机，发挥中国石油的销售网络优势，增强中国石油在赤峰地区的整体竞争和创效能力，辽河石油勘探局与中国石油内蒙古销售公司共同投资组建了合资公司，注册资金为2000万元人民币（辽河石油勘探局以实物资产形式投入1100万元，占总股本55%，内蒙古销售公司以现金形式投入900万元，占总股本45%）。2014年开始由于天然气产量极具下降，无法满足赤峰公司的用气需求，只能到450公里外的盘锦采购气源，由于距离远，气源的价格优势已经丧失，盈利空间被大幅压缩，造成2015年至2017年连续三年亏损（2015年至2017年公司利润分别为49万元、267万元和464万元）。2017年年初该公司列入集团公司压减范围，并以股权转让的方式获得原集团公司资本运营批准并印发文件。辽河油田拟将股权转让给内蒙古销售公司，但2017年5月5日内蒙古销售公司回函要求采取清算注销

第五章 董事、董事会的建设与运作

的方式进行处置,因此,赤峰公司处置工作处于停滞阶段。辽河油田坚持从大局出发,多次与原集团公司资本运营部沟通汇报,认真研判分析赤峰公司面临的风险和困难,集团公司从中国石油整体业务布局出发,支持天然气终端业务的发展,赤峰公司清算不符合现有产业定位和天然气产业布局,为了有效解决赤峰公司发展问题,辽河油田多次到呼和浩特与股东方内蒙古销售进行协商,研究解决办法并迅速达成共识,双方一致认为赤峰公司清算困难和风险较大,再给这个公司一年时间扭亏,并将公司的日常经营管理主导权从内蒙古销售赤峰分公司移交给辽河油田燃气集团。同时,在双方股东支持下,加强赤峰公司的统一管理,采取有效措施实现解困扭亏。

2. 重组领导班子,调整经营策略

辽河油田根据双方股东达成的共识,迅速展开行动,重新设立了管理机构。在保持赤峰公司经营班子稳定的基础上,由辽河油田委派专职董事长兼任总经理,并增派2名"80后"副经理,分别负责市场开发、天然气销售和LNG站场建设和销售工作,增派一名党支部书记负责党建工作,从而赤峰公司新的管理机构正式建立。通过建立新的管理机构,增强了辽河油田对赤峰公司的管控,有利于发挥辽河油田大股东的管理优势,同时也有利于赤峰公司按照辽河油田相关管理制度高效、规范、安全运行,实现有效稳健发展。

新班子组建后,经过深入调研了解发现,亏损的主要原因是公司的经营策略问题。

此前,汽车燃气公司盈利模式单一,收入来源主要是CNG子站零售。随着气源价格和运输成本上升,加上同城竞争者增多,仅有CNG子站销售业务难以支撑现有65人的用工规模,更谈不上扭亏为盈。

创效发展理念,提出了新的发展思路。在持续做大CNG子站销售基础上,大力开展天然气贸易、LNG销售、非油品销售等业务,拓宽了公司的盈利空间。目前仅开展天然气贸易一项,平均每天就增加利润近万元。

同时,新班子还积极挖掘经营管理上的"创效点",盘活8台管束车资源,打包出租给运输企业,年创效近175万元。

2018年上半年,通过"开源""节流"两手抓,赤峰燃气公司一举扭亏为盈,销售收入达到2030万元,同比增加了210%,利润159万元。预计全年实现利润300万元。

3. 创新营销模式，筑牢盈利基础

2018年3月9日，赤峰公司召开股东（大）会，明确了"全年盈亏平衡"的目标，争取实现盈利。

由于天然气销售有淡旺季之分，冬春是旺季，夏秋为淡季。公司要实现全年整体不亏损，依然有不小的难度。为确保全年扭亏为盈，公司提出了"五船出海"发展模式。

轻船出海。在盘活管束车低效资产基础上，公司叫停了业务量严重不足的出租车气瓶改装业务，将公司机关办公地点搬回赤峰销售免费提供的办公楼。通过盘活资产、轻船出海，该公司全年将挖潜增效240多万元。

修船出海。该公司目前在赤峰有两座CNG加气站，此前因为服务质量问题，导致部分出租车客户流失。今年，该公司开展了重塑形象活动，通过合理定价、开展暖心服务、规范操作流程和服务标准，不少出租车司机又成为回头客。截至2018年5月31日，两座子站销量同比增长50%。

借船出海。该公司借用燃气集团营销模式，在赤峰市和朝阳市开展天然气贸易，将辽河油田的CNG和LNG资源配送到天然气下游用户。目前已开发贸易用户3个，日均贸易量1.9万立方米，贸易工作开展5个月，累计销售天然气317万立方米，创效102万元。

在此基础上，该公司正在谋划另外"两条船"，筑牢盈利基础。

造船出海。LNG是城市燃气发展的新方向，赤峰市LNG市场前景广阔。目前，该公司正在与赤峰市公交公司进行洽谈合作，拟在公交公司新建的2个公交站开展LNG加注业务，预计8月可以实现运营。同时，该公司正谋划将赤峰销售分公司的低效加油站改造成LNG加气站，年内预计完成1座加油站改造，进军重卡LNG销售业务。

搭船出海。非油业务是当前销售企业新的效益增长点。该公司目前与赤峰销售分公司合作，计划在已有的两座CNG加气站及未来建设的LNG站开展非油品销售业务，借助赤峰销售的销售政策、销售网络、物流仓储资源，实现资源共享。目前，两座CNG子站已完成货架改造、广告牌制作等工作。

通过对赤峰公司的重新改造，经营模式、管理理念重新建立，通过对全体职工的宣贯，增强了职工队伍对企业发展的信心，消除了职工因清算造成的不稳定情绪，能够安心在岗值岗，安全风险受控。通过对公司的改造，也消除了政府认为公司业务涉及民生、稳定而不同意清算的风险，同时也避免了因清算而造成的国有资产流失或减值。

第五章 董事、董事会的建设与运作

第三节 董事会

不同的国家对董事会的职能定位是有一定差异的，比如英国董事协会将"确定公司愿景使命和价值观念、制定战略结构、向经理层授权、履行对股东及其他利益相关者的责任"界定为董事会职能；美国商业圆桌会议将"挑选和定期评估首席执行官、审查财务目标以及企业发展规划、为高级管理人员提供建议与咨询等"界定为董事会职能；中国《公司法》将"执行股东（大）会的决议、制定公司的经营计划和投资方案等"界定为董事会职能。

一、董事会与公司治理

董事会是所有权和公司治理之间最重要的连接点，其不仅是现代企业制度发展到一定阶段的产物，而且是公司治理赖以发生的场所。

1. 公司治理法律体系

目前国际上公司治理法律体系有大陆法系和英美法系之分，遵循的主导原则不同，关于董事会的职能定位存在差异。大陆法系遵循股东中心主义，英美法系遵循董事会中心主义。股东中心主义是一种以股东大会为中心的权力配置模式，董事会完全依附于股东大会的公司权力分配格局。董事会中心主义将董事会置于公司运营的核心，不仅作为独立的组织存在，还拥有业务执行权、经营决策权和公司对外代表权等多项独立的权利。

2. 董事会职能定位

股东中心主义模式下，股东大会为公司的最高权力机关，它有权决定公司的一切事务。董事会与股东大会之间是代理关系，董事会对股东大会负责。股东大会对董事会、监事会拥有选举、评价、罢免等权力，同时拥有财务分配、改变公司组织形式等权力，如决定公司的年度财务预算方案、决算方案；决定公司的利润分配方案和弥补亏损方案；决定公司增加或者减少注册资本以及发行公司债券的方案；决定公司合并、分立、解散或者变更公司形式的方案。这种模式下董事会战略目标是股东利益最大化。董事会内部不存在正式的上下级关系（即正式层级），董事间（包括董事长在内）是相互平等的，董事长的职责也只是召集、主持董事会会议，并不凌驾于其他董事之上。但是董事会中社会资本较高的董事具有较高的地位，获得其他董事的尊重和服从，从而形成了董事会的非正式层级。

董事会中心主义模式下，董事会仍由股东大会选举产生，但是董事会的组织独立性和职权的广泛性由立法得以确立并不断强化。董事会与股东大会之间是信托关系，董事会受股东大会所托履行职责。董事会作为公司的最高权力机构，全权负责经营职责，履行信托责任，自我监督，选聘、评价、罢免董事。董事会作为公司运营的核心，不仅作为独立的组织存在，还拥有多项独立的权力，如独立的重大经营决策权、对外代表公司的权力以及对公司管理层的监督和任免权。而股东大会的权力受到很大限制，只享有修改章程、公司组织形式变更等涉及公司存续等重大问题的审批权力，除此之外，公司的所有权力由董事会享有。这种模式下董事会战略目标是公司利益最大化。董事会的组织形态为议会制或水平结构。

从董事会实际运行层面看，董事会的工作应该包括六个方面：领导公司战略的制定和实施；对公司内部控制体系进行审查；选择任命公司的高级管理人员，确定合理的报酬政策，适时解聘不合格的公司高级管理人员；影响并监督公司股利政策的形成，维护股东的长远利益；确定公司信息披露的基本策略，监督公司信息披露的过程；监督公司的重组活动，确保公司的战略性发展过程符合股东的长远利益。英国董事协会总结的董事会关键任务见表5-2。

表5-2 董事会的关键任务——英国董事协会

关键任务	具体任务
确定公司愿景、使命和价值观念	确定公司愿景和使命，从而为公司目前的经营和未来发展提供指导和规划
	确定在全公司发扬的价值观念
	决定并检查公司目标
	确定公司政策
制定战略和结构	检查和评价公司目前和将来的来自外部环境的发展机会、威胁和风险，以及与公司有关的现在和将来的优势、不足和风险
	提供可供选择的战略方案，并且确定公司的采纳方案，以及支持这些战略方案的具体措施
	制定商业战略和计划，支持公司的战略
	确保公司的组织结构和实际能力适合执行既定的战略
向经理层授权	向经理层授权，并监督、评价公司政策、战略和商业计划执行
	制定监控标准
	确保内部控制的有效性
	与高层管理人员沟通

第五章 董事、董事会的建设与运作

续表

关键任务	具体任务
履行对股东和有关利益相关者的责任	确保公司与股东、利益相关者之间双向沟通的有效性
	理解并考虑股东和利益相关者的利益
	通过收集和利益相关者对公司的友善态度，获得他们对公司支持

按照国办发〔2017〕36号文《关于进一步完善国有企业法人治理结构的指导意见》的规定，我国国有企业的董事会是公司运营的决策机构，负责定战略、做决策、防风险。定战略，就是贯彻出资人意志，研究确定企业中长期发展战略，并对战略实施进行有效管控；做决策，就是依法依规讨论决定企业重大事项，督导经理层高效执行；防风险，就是有效识别和揭示企业经营中的重大风险隐患，推动完善风险管理体系，防范和化解重大投资决策风险。同时明确规定：董事会要尊重和维护中国共产党，党组织发挥把方向、管大局、保落实的领导作用。尊重和支持经理层履行谋发展、抓落实、强管理的职责。所以，在国有企业中董事会的职责还是非常清晰的，是公司的核心决策机构，同时董事会与党组织与经理层的权责分配也是有层次的。

中国的公司治理是以股东中心主义为主，逐步向董事会中心主义转型。随着我国资本市场的发展，公司经营范围不断拓展，经营活动也变得更加复杂化与专业化，需要进一步提高公司独立性，强化董事会决策自主性。我国《公司法》将股东（大）会定性为公司的最高权力机关，但是《公司法》明确允许公司章程可以对董事会的职权做出规定，为实现公司自治、强化董事会在公司治理中的主导作用奠定了制度基础。

二、董事会的构成

公司董事会，是由公司股东（大）会或职工民主选举产生的董事组成的，对内掌管公司事务、对外代表公司的经营决策和业务执行机构，向股东（大）会负责。董事会的类型、规模，董事会成员以及董事会下设机构都是与公司自身的战略目标、发展现状相关的，公司需要根据自身实际情况选择最佳的董事会结构。

1. 董事会类型与规模

1）董事会类型

董事会授权经理层对公司进行经营和决策，而不参与公司的日常经营和管理。根据董事会对公司管理的参与程度，可将董事会划分为考核型董事会、参与型董事会和干预型董事会。

考核型董事会：董事会了解 CEO 的工作绩效，并就 CEO 的工作是否达到预期，向股东大会做出说明，只有在迫不得已时，董事会才会采取最后的手段进行纠正。该种类型的董事会明确了独立董事的职责，并且建立了继任计划。

参与型董事会：董事会为经理层提供意见、咨询和支持，指导并评价 CEO。这种类型的董事会明确了其监督经理层的职责，并且明确区分了董事会与经理层各自的权责。

干预型董事会：董事会高度参与重要问题的决策，董事会做出关键决策，而后交给经理层执行。董事会经常频繁而紧张地召集会议，且准备时间很短。

从国别比较的角度，董事会类型分为三类：以英美为代表的单层董事会、以欧洲的德国、奥地利和荷兰为代表的双层董事会、以日本、中国为代表的混合董事会，这主要与不同国家的法律体系及其法律渊源有关。

单层董事会模式中，不单独设立监事会，董事会成员由股东（大）会选举产生，董事会负责选聘管理层，董事会内设各种专业委员会，由他们对管理层进行选聘、监督、评价、激励。董事会成员可以作为经营管理人员，董事长可以兼任 CEO。

双层董事会模式中，股东（大）会选举监事并组成监事会，监事会选聘并监督管理董事会，监事会处于公司治理的上端。在这一模式中，监事会相当于单层模式中的董事会，董事会相当于单层董事会中的管理层。

混合董事会模式里，股东（大）会同时选举董事、监事并形成董事会和监事会，董事会选聘、监督管理层，并向股东（大）会负责；监事会监督董事会和管理层，并向股东（大）会负责。与双层董事会模式下监事会高于董事会不同，董事会与监事会处于同样的地位。

2）董事会规模

董事会规模是指董事会的总人数。各国法律法规都对董事会规模进行了规定，例如，一般要求董事会人数为单数，且总人数在一定范围区间之内。董事会通过集体决策发挥职能，故董事会成员的数目对董事会治理的有效性影响重大。人员过少，可能会因缺乏必要的才能和阅历而不能制定出较优的决策；人员过多，又会增加决策成本和效率。欧洲各国董事会平均董事人数见表 5-3。

第五章　董事、董事会的建设与运作

表 5-3　欧洲各国董事会平均董事人数（2009 年）

国家	芬兰	英国	荷兰	瑞士	瑞典	奥地利	比利时	葡萄牙	意大利	西班牙	法国	德国	欧洲
人数	7.7	8.5	8.9	10.5	10.8	10.8	12.7	13.0	13.4	14.3	14.6	17.7	11.8

董事会的规模取决于公司规模、所在行业、财务状况和所有权等因素。一般而言，初成立公司和规模较小的公司只有较小规模的董事会。随着公司的发展壮大，董事会治理变得更加重要，这时就需要聘任一些具有特殊专业知识的人员任职公司董事，董事会的规模也随之扩大。

国企董事会规模平均在 11 人。董事会成员包括三类人员：内部执行董事、外部非独立董事和外部独立董事。内部执行董事通常由董事长、总经理、部分副总经理、总会计师（或财务总监）等组成；外部非独立董事和独立董事一般由股东委派，不在企业任职。非上市的国有公司大都没有独立董事，只有上市的国有控股公司按照证监会要求设置独立董事。对于上市公司，执行董事（内部董事）和外部董事（独立董事和外部非独立董事）基本上是 2∶1 的比例，2/3 的执行董事意味着董事会中绝大部分都是经营者。在这种情况下，董事会和经营层的职能高度混同，很容易产生内部人控制。尽管董事长和总经理等负责人都由党的组织部门或国务院国资委委派，但仍容易形成内部人控制，信息的不对称更加剧了这种内部人控制。近几年，由于政府的强力反腐，加之董事长和总经理更换频繁，内部人控制有所缓解。

国有公司董事会的构成中，执行董事基本上是按照股权比例来安排的，外部独立和非独立董事也大都由国有大股东或政府负责选派。尽管小股东也有提名外部独立和非独立董事的权利，但由于股权比例较小，或者无法选派，或者选派的人数很少，总体上是具有国资背景的或国有大股东选派的董事在董事会中占据绝对多数，使得法律意义上的同股同权和民资话语权在董事会实际运作中难以实现。

十八届三中全会以来，政府开始在国企中推行职工董事制度。目前中央企业和地方国企的一级企业（集团母公司）大部分都设置了职工董事。在国有控股上市公司中，职工董事还比较少见。职工董事属于内部执行董事，由于该制度推行时间还不长，其作用还有待于进一步观察。

公司在设定董事会规模时，一定要考虑法律要求以及公司和股东的特殊需要。公司设定董事会规模时需要注意以下几个事项：首先，是董事会的质量，即董事的资格、董事团队的凝聚力、董事具有满足公司特别需要的能力。

其次，是董事会的效率，即选择的董事会规模应能使董事会进行有成效且具有建设性的讨论，并迅速、理性的决定，进而有效组织董事会的工作。最后，是收益与成本的平衡，即组建董事会的收益和成本之间的有效平衡。

知识栏：董事会规模

我国《公司法》对董事会规模的上下限做出了明确规定：股份有限公司董事会成员为 5 人至 19 人，有限责任公司的董事会成员为 3 人至 13 人。同时，并不是所有的公司都设董事会。股东人数较少或者规模较小的有限责任公司，可以设 1 名执行董事，不设立董事会。

中国 A 股上市公司董事会规模如图 5-1 所示。

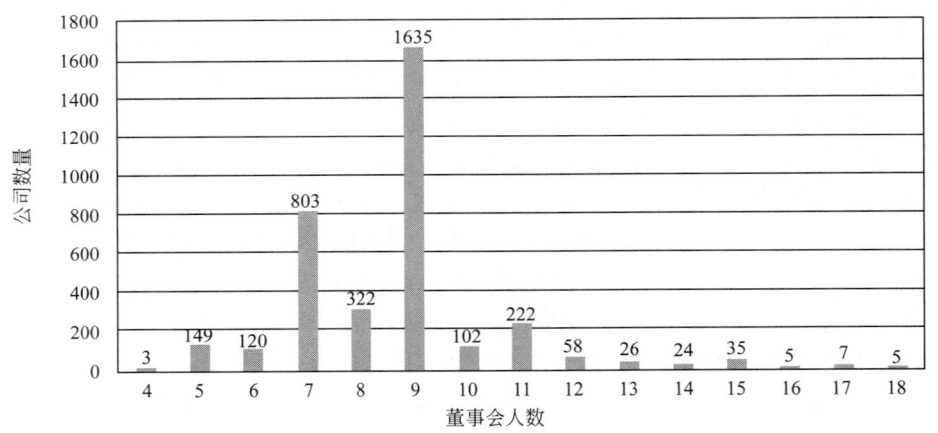

图 5-1　中国 A 股上市公司董事会规模范围

知识栏：美国董事会制度发展的三个阶段

第一个阶段是内部人控制阶段。董事会成员为大股东或者代表、公司的职业经理人，基本不受外部约束，决策管理和决策控制都集中在内部人身上。这种状况与 1940 年出台的《投资基金法》以及以后的一系列法律有关。

第二个阶段是外部董事（独立董事）为主的阶段。从 20 世纪 70 年代开始，特别是 80 年代几家国际大公司因治理问题相继倒闭，现代公司越来越多引入外部董事替代内部董事。到了 20 世纪末期，独立董事已成为美国大型公司董事会中的主体，大多数上市公司的大多数董事都是独立董事，他们不代表股东也不代表管理层，体现的是证券市场要求的独立性。然而，由于作为内部人的董事会主席兼任 CEO，独立董事大量增加并没能从根本解决董事会的独

第五章 董事、董事会的建设与运作

立性问题。现代公司董事会制度需要进一步发展。

第三个阶段是委员会制度。董事会下设专门委员会，而且规定涉及内部人利益的审计委员会、考核与薪酬委员会成员，只能由独立董事担任。这样就使内部董事"回避"了敏感问题讨论，能促使独立董事更易站在客观公正的立场上，更独立地发表意见并做出决定。所以，委员会制度实质上是独立董事取得真正独立性，提高决策效率的一个有力手段，是保障独立董事制度发挥作用的配套体系。

2. 董事会成员

公司董事会成员由公司股东（大）会批准，以及职工民主选举产生的职工董事组成。

三、董事会的主要职责

在公司治理的实践中，董事会始终处于核心地位。我国《公司法》规定，股东大会由出资人组成，董事会由股东大会选举产生并对股东大会负责，是股东的代表，受股东大会的委托选聘监督经理层并行使重大经营决策的职能。董事会在股东和经营者之间起着承上启下的作用，肩负着公司的战略管理以及重大经营决策的职责，董事会的履职情况在很大程度上决定着公司治理的水平。

董事会作为公司法人资产的托管人，享有独立的法人财产权，其基本职责是代理股东管理和经营公司法人资产，追求利润最大化，实现公司资产的保值增值。董事会主要通过两方面的工作来行使权力：一是配置资源。董事会凭借对公司资产的控制权来配置公司资源，决定公司的经营目标、经营范围、经营规模和经营方式，即把公司资产本身作为经营对象，寻求各种生产要素的最佳配置与组合，追求最佳资源配置效率。二是选择经营者。如果把经营者看作是一种宝贵的经济资源，那么，任免经营者的过程也是优化资源配置的一个特殊过程，即把人力资本与物质资本及其他形式的资本进行组合以形成生产能力和获利能力的过程。同时，在选定经理人员之后必须以适当方式激励和约束其行为，使之按董事会和股东（大）会的意志行事。事实上，公司的一切重大事项，如经营方针和经营方向、产业选择和项目投资、资产使用和高级管理人员安排、利润分配政策和分配方案等重大决策都是由董事会提出预案、做出决策，然后提交股东大会批准。由于股东大会通常每年只召开一次，每次半天或一天，一般股东受时间、精力和专业水平所限，很难对这些重大事项做出正确评估和判断。因此，公司的重大决策虽然形式上须经股东大会批准，但事实上掌握在董事会手中。董事会作为公司常设决策机构，虽然处于权力结构的第二层级，但它却是公司企业管理权的核心。董事会的性质和地位的确立，是公司法人制度的具体体现，它有效地解决了资本社会化与经营管理集权化的矛盾，提高了资本的运营效率。

1. 战略决策

战略决策的功能起源于残酷的战争。这里的"战争"，不仅指军事斗争，还包括更广义的人类社会应对危机的所有领域。在和平的年代、和平的国家，一场场没有硝烟的战争，一次次突如其来的危机，总是在身边接二连三地发生，比如重大公共卫生突发事件、企业资金链断裂危机、重大安全责任事故等。对于一个组织而言，决策者的战略决策能力，就是有效塑造态势、全面管控危机、成功化解风险、打赢总体战争的决定性因素。从本质上来看，董事会是一个决策机构，尤其对于大型公众公司而言。限于管理范围，董事会通常将日常的经营管理交由公司的经理人员负责，董事会更加关注公司发展的战略决策。而且，董事会具有专业性和多样性（拥有行业专家、管理专家以及学术专家），确保董事会进行更加专业和精准的战略决策。董事会战略决策主要内容包括：提供建议和咨询；提供公司和环境突发事件的信息通道；决定公司经营计划和投资方案；制订公司的利润分配方案和弥补亏损方案；制订公司的年度财务预算方案；制订公司的年度决算方案等。

2. 监督与激励经理人员

公司经理人员通常被授予日常经营管理和决策的权力，故董事会需要对公司经理人员的履职行为进行监督和激励，以保证其严格落实董事会的决策事项、不因私利而损害股东利益。董事会监督激励公司经理人员的主要内容包括：制定公司基本管理制度；决定聘任或者解聘公司经理人员；决定公司经理人员报酬事项；对公司经理人员进行考核，制定考核与激励方案。对于公司经理人员的主要激励措施包括：一是物质方面，向公司经理人员发行股票期权、限制性股票等，有效地将公司长期利益与公司经理人员个人的利益结合起来；二是精神方面，侧重情感激励，在组织内部营造一个富有人情味的人际关系，以和谐企业文化赋能公司发展；三是工作激励，给予授权激励，让公司经理人员得到相对独立的运用资源的权力。给予公司经理人员富有挑战性的工作或进行科学的岗位轮换，在应对挑战中推进公司发展。

第五章 董事、董事会的建设与运作

3. 风险管理

董事会是公司全面风险管理工作的领导机构,董事会就全面风险管理工作的有效性对股东大会负责。2010年财政部等五部委发布的《企业内部控制配套指引》以及《企业内部控制基本规范》明确董事会的全面风险管理职能主要包括:审议并向股东(大)会提交企业全面风险管理年度工作报告;确定企业风险管理总体目标、风险偏好、风险承受度,批准风险管理策略和重大风险管理解决方案;了解和掌握企业面临的各项重大风险及其风险管理现状,做出有效控制风险的决策;批准重大决策、重大风险、重大事件和重要业务流程的判断标准或判断机制;批准重大决策的风险评估报告;批准内部审计部门提交的风险管理监督评价审计报告;批准风险管理组织机构设置及其职责方案;批准风险管理措施,纠正和处理任何组织或个人超越风险管理制度做出的风险性决定的行为;督导企业风险管理文化的培育;全面风险管理其他重大事项。

知识栏:相关法律法规对董事会职权的规定

我国《公司法》对董事会的职权有如下规定。

(1)召集股东大会会议,并向股东大会报告工作。

(2)执行股东大会的决议。

(3)决定公司的经营计划和投资方案。

(4)制订公司的年度财务预算方案、决算方案。

(5)制订公司的利润分配方案和弥补亏损方案。

(6)制订公司增加或者减少注册资本以及发行公司债券的方案。

(7)制订公司合并、分立、解散或者变更公司形式的方案。

(8)决定公司内部管理机构的设置。

(9)决定聘任或者解聘公司经理及其报酬事项,并根据经理的提名决定聘任或者解聘公司副经理、财务负责人及其报酬事项。

(10)制定公司的基本管理制度。

(11)公司章程规定的其他职权。

四、董事会下设专业委员会

董事会的大量工作都可以由各个专门委员会来完成。董事会专门委员会是董事会下设的专门工作机构，为董事会重大决策提供咨询、建议。专门委员会由公司董事组成，其成员和召集人由董事长商有关董事后提出人选建议，经董事会通过后生效，在董事会的专业决策方面发挥作用，也称为董事会运作的"腿"。各专门委员会对董事会负责，各专门委员会的提案应提交董事会审查决定；各专门委员会在年度内需召开一定数量的会议以有效履行上述职责。另外，公司应当披露董事会下设专门委员会在报告期内履行职责时所提出的重要意见和建议。

1. 战略委员会

董事会战略委员会是公司董事会按照股东大会决议设立的专门工作机构，对董事会负责，未经董事会同意，不得以董事会名义作出任何决议。战略委员会主要负责对公司长期发展战略和重大投资决策进行研究并提出建议。

1）设置目的

公司发展战略是公司经营管理成败的关键，公司发展战略的核心就是确定公司正确的发展方向。战略委员会的设置可以提高公司的预见性、主动性，有助于克服公司的短期行为，为明确公司的发展指明方向。

2）职责范围

《上市公司治理准则》规定战略委员会对公司长期发展战略和重大投资决策进行研究并提出建议。战略委员会的主要职责具体包括：对公司长期发展战略规划进行研究并提出建议；对须经董事会批准的重大投资融资方案进行研究并提出建议；对须经董事会批准的重大资本运作、资产经营项目进行研究并提出建议；对其他影响公司发展的重大事项进行研究并提出建议；对以上事项的实施进行检查；董事会授权的其他事宜。

3）人员构成

战略委员会设主任委员（召集人）一名，建议由公司董事长担任。战略委员会任期与董事会任期一致，任期届满，委员可以连选连任。委员如不再担任公司董事职务，自动失去委员资格。战略委员会可以下设投资评审小组，由公司总经理任投资评审小组组长，另设副组长1~2名。投资评审小组负责提供公司有关方面的资料，做好战略委员会决策的前期准备工作。

2. 提名委员会

提名委员会是公司董事会中的专门委员会，是根据《公司法》、公司章程等有关规定设立的董事会专门工作机构，对董事会负责，未经董事会同意，不得以董事会名义作出任何决议。提名委员会主要负责对公司董事和经理人

第五章　董事、董事会的建设与运作

员的资质和录用标准、遴选程序提出建议，对具体候选人提名和审议。

1）设置目的

提名委员会的目标是挑选和向董事会介绍潜在的新董事，特别是非执行董事。设立这样一个委员会的目的，是通过在董事招募方面引入一种专业的、细心的、独立的方法，减少庇护情况的发生，从而改善董事会的风格，提高董事会的贡献水平。

2）职责范围

依据《上市公司治理准则》，提名委员会的主要职责是：一是研究董事、经理人员的选择标准和程序并提出建议；二是广泛搜寻合格的董事和经理人员的人选；三是对董事候选人和经理人选进行审查并提出建议。

3）人员构成

提名委员会设主任委员（召集人）一名，由独立董事委员担任，负责主持委员会工作；主任委员在委员内选举，并报请董事会批准产生。提名委员会任期与董事会任期一致，任期届满，委员可以连选连任。委员如不再担任公司董事职务，自动失去委员资格。

3. 薪酬与考核委员会

薪酬与考核委员会是公司董事会按照股东大会决议设立的专门工作机构，对董事会负责，未经董事会同意，不得以董事会名义作出任何决议。薪酬与考核委员会主要负责制定公司董事及经理人员的考核标准并进行考核，负责制定、审查公司董事及经理人员的薪酬政策与方案，对董事会负责。

1）设置目的

董事会设置薪酬与考核委员会的目的，是为了让中国的上市公司建立健全公司董事及高级管理人员的考核和薪酬管理制度，完善公司治理结构。首先，薪酬委员会相对独立。薪酬委员会的构成大多以非执行董事为主，非执行董事与企业利益关系较少，决策相对独立和合理，能够在一定程度上制衡和约束执行经理的行为。其次，薪酬委员会比股东更加专业。薪酬委员会的成员大多具有较高的专业技能，能够科学地评估和制定薪酬计划。此外，薪酬委员会的设立也能够促进公司建立健全经营者评价体系和薪酬体系，使公司的薪酬计划更加具有激励性和竞争性。

2）职责范围

薪酬与考核委员会的主要职责包括：根据董事及高级管理人员管理岗位的主要范围、职责、重要性以及其他相关企业相关岗位的薪酬水平制定薪酬政策、计划或方案；薪酬政策、计划或方案主要包括但不限于绩效评价标准、程序及主要评价体系，奖励和惩罚的主要方案和制度等；审查公司董事（非独立董事）及高级管理人员的履行职责情况并对其进行年度绩效考评；负责对公司薪酬制度执行情况进行监督；董事会授权的其他事宜。

3）人员构成

薪酬与考核委员会设主任委员（召集人）一名，由独立董事委员担任，负责主持委员会工作；主任委员在委员内选举，并报请董事会批准产生。薪酬与考核委员会任期与董事会任期一致，任期届满，委员可以连选连任。委员如不再担任公司董事职务，自动失去委员资格。薪酬与考核委员会可以下设工作组，专门负责提供公司有关经营方面的资料及被考评人员的有关资料，负责筹备薪酬与考核委员会会议并执行薪酬与考核委员会的有关决议。

4）议事规则

薪酬与考核委员会每年至少召开两次会议。薪酬与考核委员会会议由主任委员主持，主任委员不能出席时可委托其他一名委员（独立董事）主持。薪酬与考核委员会会议应由三分之二以上的委员出席方可举行；每一名委员有一票的表决权；会议作出的决议，必须经全体委员的过半数通过。薪酬与考核委员会会议表决方式为举手表决或投票表决；临时会议可以采取通讯表决的方式召开。薪酬与考核委员会会议必要时可以邀请公司董事、监事及高级管理人员列席会议。薪酬与考核委员会会议讨论有关委员会成员的议题时，特别是涉及高管等人员的具体薪酬方案等自身利益时，利益相关者应当回避。

薪酬与考核委员会会议应当有记录，出席会议的委员应当在会议记录上签名，会议记录由公司董事会秘书保存。薪酬与考核委员会会议通过的议案及表决结果，应以书面形式报公司董事会。出席会议的委员均对会议所议事项有保密义务，不得擅自披露有关信息。

知识栏：董事会专业委员会

（1）我国《公司法》并没有关于董事会专业委员会的规定，但《上市公司治理准则》（证监会公告〔2018〕29号）对上市公司董事会专门委员会做出了规定。

第三十八条 上市公司董事会应当设立审计委员会，并可以根据需要设立战略、提名、薪酬与考核等相关专门委员会。专门委员会对董事会负责，依照公司章程和董事会授权履行职责，专门委员会的提案应当提交董事会审议决定。

专门委员会成员全部由董事组成，其中审计委员会、提名委员会、薪酬

第五章　董事、董事会的建设与运作

与考核委员会中独立董事应当占多数并担任召集人，审计委员会的召集人应当为会计专业人士。

第四十三条　专门委员会可以聘请中介机构提供专业意见。专门委员会履行职责的有关费用由上市公司承担。

（2）证监会《关于在上市公司建立独立董事制度的指导意见》中还规定："如果上市公司董事会下设薪酬、审计、提名等委员会的，独立董事应当在委员会成员中占有二分之一以上的比例"。

4. 审计委员会

审计委员会是公司董事会中的专门委员会，是根据《公司法》、公司章程等有关规定设立的董事会专门工作机构，对董事会负责，未经董事会同意，不得以董事会名义作出任何决议。审计委员会主要负责公司有关财务报表披露和内部控制过程的监督。在公司董事会内部对公司的信息披露、会计信息质量、内部审计及外部独立审计、公司的法律事务、环境事务等方面，执行控制和监督的职能。

1）设置目的

首先，公司内部审计机构统属董事会审计委员会，独立于公司管理机构，使得内部审计具有较强的独立性和权威性。其次，审计委员会负责全部的外部审计事务，注册会计师在审计过程中发现了重大问题可以直接与审计委员会沟通，当注册会计师的审计意见与公司管理层的意见不一致或发生冲突时，与审计委员会沟通并寻求保护，可以有效发挥注册会计师的独立鉴证作用。此外，审计委员会负责对内外部审计部门的沟通，整合内外部审计的审计资源。最后，审计委员会可以独立、公正、有效地评价公司内部控制的有效性及财务报告的可靠性，提升了董事会使用财务信息和公司发布的财务报表的质量和可靠性。

2）职责范围

审计委员会的主要职责包括：指导公司内部控制机制建设；向董事会提出聘请或者更换会计师事务所等有关中介机构及其报酬的建议；审核公司的财务报告、审议公司的会计政策及其变动并向董事会提出意见；向董事会提出任免公司内部审计机构负责人的建议；督导公司内部审计制度的制定及实施；对公司审计体系的完整性和运行的有效性进行评估和督导；与监事会和公司内、外部审计机构保持良好沟通；对公司风险管理制度及其执行情况进行定期检查和评估等。

3）人员构成

审计委员会成员由三至七名董事组成，独立董事占多数，委员中至少有一名独立董事为专业会计人士。审计委员会委员由董事长、二分之一以上独立董事或者全体董事的三分之一提名，并由董事会选举产生。审计委员会设主任委员（召集人）一名，由独立董事委员担任，负责主持委员会工作。审计委员会任期与董事会任期一致，任期届满，委员可以连选连任。委员如不再担任公司董事职务，自动失去委员资格。审计委员会可以下设审计工作组作为审计委员会日常办事机构，负责日常工作联络和会议组织等工作。

4）议事规则

审计委员会会议分为例会和临时会议，例会每年至少召开四次，每季度召开一次，临时会议由审计委员会委员提议召开。召开审计委员会会议，应当于会议召开七日前通知全体委员。审计委员会会议由主任委员主持，主任委员不能出席时可委托其他一名委员（独立董事）主持。审计委员会会议应由三分之二以上的委员出席方可举行；每一名委员有一票的表决权；审计委员会会议表决方式为举手表决或投票表决；临时会议可以采取通讯表决的方式召开。审计工作组成员可列席审计委员会会议，必要时也可以邀请公司董事、监事及其他高级管理人员列席会议。

审计委员会会议应当有记录，出席会议的委员应当在会议记录上签名，会议记录由公司董事会秘书保存。审计委员会会议通过的议案及表决结果，应以书面形式报公司董事会。出席会议的委员均对会议所议事项有保密义务，不得擅自披露有关信息。

知识栏：董事会专门委员会的支持机构

董事会专门委员会的支持机构一般由与专门委员会职责关联度较大的公司职能部门承担。该部门的负责人可以兼任专门委员会的联系人，协助专门委员会处理相关工作。在履职方式上，该部门及联系人根据其实际工作内容分别对专门委员会和高管负责。董事会秘书应协助专门委员会组织、协调、支持部门或联系人做好相关工作。

公司设立董事会办公室作为董事会的工作机构，由董事会秘书分管，为董事会和专门委员会提供日常服务等。

第五章 董事、董事会的建设与运作

5. 董事会秘书

1）董事会秘书的职能定位

董事会秘书维系着公司法人治理结构运行的合法性、公正性和完整性。随着公司法人治理结构的日益完善，董事会秘书在公司治理结构中的地位和作用愈来愈重要。董事会秘书作为公司的高级管理人员，其主要职责有三点：一是负责公司股东大会和董事会的会议筹备、会议记录、文件保管；二是负责公司股东资料的管理；三是负责办理信息披露事务，包括督促公司制定并执行信息披露管理制度和重大信息的内部报告制度，促使公司和相关当事人依法履行信息披露义务，按照有关规定向有关机构定期报告和临时报告，以及使相关知情人员在信息披露前保守秘密，并在内幕信息泄露时及时采取补救措施。

2）董事会秘书制度

董事会秘书制度起源于19世纪的英国，后逐渐被许多国家（地区）所学习和借鉴。董事会秘书一词在英美公司法中被称为"公司秘书（company secretary 或 corporate secretary）"。公司秘书在早期仅仅是公司的普通雇员，负责处理文书事务，后期公司秘书承担的责任越来越多，在公司的地位日益上升，可以在授权范围内对外代表公司，成为公司的高级管理人员。

我国大陆地区董事会秘书设立最初是为了满足境外上市的需要，引入了英国的"公司秘书"制度。后来董事会秘书制度逐渐发展完善，大致可以分为四个阶段：

第一阶段，为应对境外上市的需要而设立董事会秘书制度。1993年，首批9家国有企业希望到香港上市，进入国际资本市场融资。而国际上很多英美法系国家都需要建立董事会秘书制度。因此，1993年《深圳经济特区股份有限公司条例》规定，董事会设秘书，秘书负责董事会的日常事务，受董事会聘任，对董事会负责。1994年《国务院关于股份有限公司境外募集股份及上市的特别规定》以及《到境外上市公司章程必备条款》等法律规定，明确了董事会秘书的地位及相关职责。

第二阶段，对境外公司境内上市作出要求，初步探索董事会秘书制度。出于引入国际资本和国际对等准则的需要，上海证券交易所于1996年发布了《关于B股上市公司设立董事会秘书的暂行规定》，要求所有B股公司设立董事会秘书，并规定了相应的任职条件、职权和法律责任。

第三阶段，对境内A股上市公司作出规定，全面发展董事会秘书制度。1996年8月，上海证券交易所发布了《上海证券交易所上市公司董事会秘书

法（试行）》，明确上市公司须聘任董事会秘书，强调董事会秘书为公司高级管理人员，提出了董事会秘书的任职条件、职权范围、任免程序和法律责任，基本确认了董事会秘书制度的框架。1997年中国证监会发布了《上市公司章程指引》，专门规定了"董事会秘书"条款，要求所有上市公司都必须配备董事会秘书，作为上市公司的"根本法"真正确定了董事会秘书在上市公司的地位和作用。2001年和2004年，沪深证交所先后修订的《股票上市规则》中进一步强调了董事会秘书在上市公司的高管资格和相关职责。

第四阶段，将董事会秘书制度纳入《公司法》。2005年修订的《公司法》，首次以法律形式确立了董事会秘书制度。《公司法》规定，"上市公司设董事会秘书，负责公司股东大会和董事会会议的筹备、文件保管以及公司股东资料的管理，办理信息披露事务等事宜"，"高级管理人员包括上市公司董事会秘书"，明确了董事会秘书的法律地位和职责。《公司法》没有对非上市的股份有限公司和有限责任公司的董事会秘书制度做出任何规定。

我国董事会秘书的最初产生是为了实现我国企业在海外的顺利上市，但是我国公司运营和治理制度上存在的缺陷和漏洞决定了董事会秘书制度实行的内在必要性。董事会秘书制度产生的本质是为了满足公司治理的需要，有利于完善公司治理结构，提高公司运作的规范性和效率。我国《公司法》对于董事会秘书职责的规定较为宽泛，规定董事会秘书负责公司股东大会和董事会会议的筹备、文件保管以及公司股东资料的管理，办理信息披露事务等事宜。沪深证券交易所2018年修订的《股票上市规则》，明确了董事会秘书的职责主要为协调公司内外关系和治理监督。具体包括：一是对内的职责，主要负责公司董事会、股东（大）会筹备及资料管理；负责股权管理事务；组织董事、监事和高管人员接受相关法律培训、规范内部运作；对董事、监事、高管人员的履职负有提醒监督义务；二是对外的职责，主要负责公司信息披露；投资者关系管理；与证券监管机构之间沟通联络等事项。

知识栏：董事会秘书职责

《上海证券交易所股票上市规则》（2018年4月修订）规定，董事会秘书应当对上市公司和董事会负责，履行如下职责。

（1）负责公司信息对外公布，协调公司信息披露事务，组织制定公司信息披露事务管理制度，督促公司和相关信息披露义务人遵守信息披露相关规定。

（2）负责投资者关系管理，协调公司与证券监管机构、投资者、证券服

第五章　董事、董事会的建设与运作

务机构、媒体等之间的信息沟通。

（3）组织筹备董事会会议和股东大会会议，参加股东大会会议、董事会会议、监事会会议及高级管理人员相关会议，负责董事会会议记录工作并签字。

（4）负责公司信息披露的保密工作，在未公开重大信息泄露时，及时向本所报告并披露。

（5）关注媒体报道并主动求证报道的真实性，督促公司董事会及时回复本所问询。

（6）组织公司董事、监事和高级管理人员进行相关法律、行政法规、本规则及相关规定的培训，协助前述人员了解各自在信息披露中的职责。

（7）知悉公司董事、监事和高级管理人员违反法律、行政法规、部门规章、其他规范性文件、本规则、本所其他规定和公司章程时，或者公司作出或可能作出违反相关规定的决策时，应当提醒相关人员，并立即向本所报告。

（8）负责公司股权管理事务，保管公司董事、监事、高级管理人员、控股股东及其董事、监事、高级管理人员持有本公司股份的资料，并负责披露公司董事、监事、高级管理人员持股变动情况。

（9）《公司法》、中国证监会和本所要求履行的其他职责。

深圳证券交易所对董事会秘书职责的规定与上海证券交易所大体类似。

3）董事会秘书的任职资格

在英国，董事会秘书主要要求具备两方面资质：一是必须具备履行秘书职责所需的知识和经验，二是必须拥有法律要求的资格证书中的一种，如认可的会计师资格、法律方面的资格或董事会认为合适的其他资格。我国香港地区在立法方式上沿袭英国，规定上市公司的公司秘书需要向联交所（HKE）申报备案。受聘者若是个人，必须通常居于香港；若是法人团体，则必须在香港设有注册办事处或营业地点，而且一般要求由香港公司秘书公会的会员、执业律师、专业会计师来担任。香港特许秘书公会（HKICS）对于公司秘书的专业知识、工作经验及个人品格有严格的标准。董事会秘书作为专业性、综合性非常强的公司高级管理人员职位，为了履行忠实和勤勉义务，需要良好的个人品质和职业道德，能够严格遵守有关法律法规和规章，同时应具备较为完善的知识体系和必要的工作经验。《公司法》明确规定上市公司董事会秘书为上市公司的高级管理人员，因此有关董事和高级管理人员任职资格的要求同样适用于董事会秘书。沪深证券交易所发布的《股票上市规则》中规定，董事会秘书应当具备履行职责所必需的财务、管理、法律专业知识，具有良好的职业道德和个人品德,具备履行职责所必需的工作经验,并取得交易所颁发的董事会秘书资格证书。

知识栏:上海证券交易所上市公司董事会秘书管理办法(2015年修订)

规定具有下列情形之一的人士不得担任董事会秘书:
(1)《公司法》第一百四十七条规定的任何一种情形。
(2)最近3年曾受中国证监会行政处罚。
(3)曾被证券交易所公开认定为不适合担任上市公司董事会秘书。
(4)最近3年曾受证券交易所公开谴责或者3次以上通报批评。
(5)本公司现任监事。
(6)本所认定不适合担任董事会秘书的其他情形。

4)董事会秘书的职责

董事会秘书主要为董事会提供日常服务。其职责有:协助董事长进行董事会规范建设和运作、草拟重大方案和重要制度;筹备并列席董事会及其专门委员会会议;制作董事会及其专门委员会记录,起草有关会议决议或纪要;编制董事会年度工作经费方案;组织协调公司有关部门为董事会及其专门委员会提供工作支持;董事会授权行使和法律法规及公司章程规定的其他职权。《公司法》明确规定,上市公司董事会秘书负责公司股东大会和董事会会议的筹备、文件保管以及公司股东资料的管理,办理信息披露事务等事宜。

5)董事会秘书的任免

董事会秘书作为公司的重要管理人员,由董事会聘任并对董事会负责。上市公司董事会秘书作为上市公司的高级管理人员,其任免程序有着严格的规定。一是在聘用董事会秘书时应当依照法定程序进行。上市公司拟召开董事会聘任董事会秘书,需提前5个工作日向证券交易所备案,并报送相关材料,交易所未对董事会秘书候选人任职资格提出异议的,公司可以召开董事会会议,聘任董事会秘书。二是解聘董事会秘书也必须履行相关程序。公司董事会解聘董事会秘书应当具有充足的理由,不得无故将其解聘。董事会秘书被解聘或辞职时,公司应及时向交易所报告,说明原因并公告。董事会秘书有权就被公司不当解聘或者与辞职有关的情况,向交易所提交个人陈述报告。董事会秘书离任前,应当接受董事会和监事会的离任审查,在监事会的监督下移交有关档案文件、正在办理的事项以及其他待办理事项。

第五章 董事、董事会的建设与运作

知识栏：沪深证券交易所上市公司董事会秘书任免条件的相关规定

1. 聘任

《上海证券交易所股票上市规则》（2018年修订）和《深圳证券交易所上市规则》（2018年修订）都提到，上市公司聘任董事会秘书之前应当报送下列资料：

（1）董事会推荐书，包括被推荐人（候选人）符合本规则规定的董事会秘书任职资格的说明、现任职务和工作表现等内容。

（2）候选人的个人简历、学历证明（复印件）。

（3）候选人取得的交易所颁发的董事会秘书培训合格证书（复印件）。

上市公司董事会应当聘任证券事务代表协助董事会秘书履行职责。董事会秘书不能履行职责或董事会秘书授权时，证券事务代表应当代为履行职责。在此期间，并不当然免除董事会秘书对公司信息披露事务所负有的责任。

证券事务代表应当取得交易所颁发的董事会秘书培训合格证书。

2. 解聘

董事会秘书具有下列情形之一的，上市公司应当自相关事实发生之日起一个月内将其解聘：

（1）规定的不符合董事会秘书任职资格的任何一种情形。

（2）连续3个月以上不能履行职责。

（3）在履行职责时出现重大错误或者疏漏，给投资者造成重大损失。

（4）违反法律、行政法规、部门规章、其他规范性文件、本规则、本所其他规定和公司章程等，给投资者造成重大损失。

五、董事会会议

召开董事会会议议事决策并形成决议，是董事会实现其职能的主要形式。董事会能否正确发挥作用很大程度上取决于董事会会议的质量，它包括董事会会议的召开频率及持续时间、会议程序的规范性、董事的出席率以及参与讨论的程度等因素。

1. 董事会会议的种类和召开频率

董事会会议分为定期会议和临时会议，也可以分为普通会议和特别会议。

1）董事会定期会议

董事会定期会议是指由法律和公司章程确定的每年度定期召开的董事会会议。至于每一年度召开几次，由公司章程在法律确定的限度内自定。《公司法》规定，股份有限公司董事会每年度至少召开两次会议；有限责任公司董事会会议的次数，《公司法》未作具体限制，由公司章程确定。

2）董事会临时会议

董事会临时会议是指在定期会议之外根据工作需要不定期召开的董事会会议。《公司法》第一百一十条规定，股份公司代表十分之一以上表决权的股东、三分之一以上董事或监事会，可以提议召开董事会临时会议。

2. 董事会会议的召集

为保证董事会会议的效率，许多国家公司法规定董事会会议的召集人和程序。我国《公司法》第四十七条规定，董事会会议由董事长召集和主持；董事长不能履行职务或者不履行职务的，由副董事长召集和主持；副董事长不能履行职务或者不履行职务的，由半数以上董事共同推举一名董事召集和主持。

召开董事会会议，应当履行一定的召集程序，提前向董事发出会议通知。对于会议的召集期限和程序，各国公司法一般不做限制性规定。

我国《公司法》对有限责任公司董事会会议的召集程序没有特别规定，对于股份有限公司的相关规定有：

（1）董事会定期会议，《公司法》第一百一十条规定，董事会每年度至少召开两次会议，每次会议应当于会议召开十日前通知全体董事和监事。

（2）董事会临时会议，《公司法》第一百一十条规定，代表十分之一以上表决权的股东、三分之一以上董事或者监事会，可以提议召开董事会临时会议。董事长应当自接到提议后十日内，召集和主持董事会会议。董事会召开临时会议，可以另定召集董事会会议的通知方式和通知时限。

3. 董事会会议的议案

董事会会议议案是指由提案主体依照规定程序提请董事会进行审议并作出决定的议事原案。

（1）董事会会议提案主要有以下几种形式：董事提议、监事会提议、总经理提议、其他符合规定的提议。

（2）董事会会议提案前需要履行的程序主要有：经理办公会研究通过或听取公司党委意见的；涉及公司职工切身利益的有关议案，须按照国家有关

第五章　董事、董事会的建设与运作

规定经职工代表大会或者其他民主形式审议通过。

（3）董事会会议议案的初步审核。董事长根据董事会的职责确定董事会会议议案，对拟提交董事会讨论的有关议案进行初步审核，并决定是否上董事会会议审议。

（4）董事会会议议案中涉及的相关文件、信息和资料应当真实、准确、完整。

知识栏：某集团有限公司专职董监事管理细则的相关规定

三会议案分为重大事项议案和一般事项议案。

重大事项议案主要包括投资公司的战略规划、投资计划、年度预决算方案、薪酬制度、融资方案、发行债券、股权质押、对外捐赠、对外担保、利润分配、增减资本、资产处置、修改章程、合并分立、解散清算等。

重大事项以外的议案均按一般事项议案处理。

4. 董事会会议的通知

向董事会成员发出适当的会议通知是保证董事会会议有效召开的基本条件。通知的目的为告知董事即将召开的董事会会议，向董事提供会议相关文件、信息和资料，以便董事为参会作准备并作出负责任的会议决定。

公司应及时将会议通知送达董事，根据《公司法》规定，股份有限公司董事会每年至少召开两次会议，每次董事会会议应当于会议召开十日前通知全体董事和监事。董事会召开临时会议，公司可以另定召集董事会会议的通知方式和通知时限。

董事会会议通知通常包括以下内容：会议日期和地点、会议期限、事由和议题以及发出通知的日期。此外，为了保证董事作适当地参会准备，应该在送达通知的同时为董事提供所有相关文件、信息和资料，包括董事会会议议案的相关背景材料和有助于董事了解公司生产经营和业务发展的信息和数据。

《关于在上市公司建立独立董事制度的指导意见》（证监发〔2001〕102号）明确规定，当两名或两名以上独立董事认为资料不充分或论证不明确时，可联名以书面形式向董事会提出延期召开董事会会议或延期审议该事项，对此董事会应予以采纳。

法律法规没有相关规定的，公司可在其公司章程或者其他内部文件中规定董事会会议通知的形式及传递方式，如信件、电报传真或电子邮件等方式。

5. 董事会会议的出席

董事会会议必须有法定最低人数的董事出席方可举行，并形成有效的董事会决议。为保证董事会会议的民主决策，法定人数应当超过董事会成员的半数。

《公司法》明确规定了股份有限公司董事会会议的法定人数，应有过半数以上的董事出席方可举行。对于有限责任公司，《公司法》没有明确规定董事会会议的法定人数，应由公司章程确定（董事委托其他董事代为出席会议的，不计入出席人数）。

此外，《公司法》规定，公司经理、监事有权列席董事会会议。

6. 董事会会议的议事规则

与股东（大）会的表决规则不同，董事会会议的议事规则坚持的是按董事人数确定表决的票数，董事会会议表决一般实行举手表决方式，每一董事享有一票表决权，董事会做出决议，必须经全体董事的过半数通过。从表面看，这类似于人人平等的政治民主，而不是资本民主。但实际上，支撑在每一董事的背后的还是资本的力量。

董事会会议应严格按照规定的程序进行。董事会应按规定的时间事先通知所有董事，并提供足够的资料，包括会议议题的相关背景材料和有助于董事理解公司业务进展的信息和数据。

董事会应当对所议事项的决定形成书面决议，由出席会议的董事在书面决议上签名存档，并对董事会的决议承担责任。《公司法》规定，经证明在董事会表决时曾表明异议并记载于董事会会议记录的董事，可以免除其对该董事会决议的责任。

由于公司的重大业务，除了法定和公司章程规定属于股东（大）会决议的事项外，其他一般由董事会会议决定，因此董事会决议的内容和法律效力对公司具有重大意义。

在董事会闭会期间，董事会授权董事长行使董事会部分职权的，公司应在公司章程中明确规定授权原则和授权内容，授权内容应当明确、具体。凡涉及公司重大利益的事项，应由董事会集体决策。

7. 董事会会议的决议效力

董事会会议应对所表决事项作出董事会书面决议，由出席会议的全体董

第五章 董事、董事会的建设与运作

事签名生效。董事会决议是董事会履行职责的法律文件，具有规范性和权威性，执行主体必须贯彻落实。

公司董事会会议的召集程序、表决方式或者决议内容不符合《公司法》规定，存在法律瑕疵的，都会面临公司决议不成立、无效或者被撤销的法律风险。2017年9月1日起实施的《最高人民法院关于适用〈中华人民共和国公司法〉若干问题的规定（四）》建立了公司决议不成立或可撤销之诉讼的制度：

（1）公司股东、董事、监事等请求确认董事会决议无效或者不成立的，人民法院应当依法予以受理。

（2）董事会会议召集程序、表决方式违反法律、行政法规或者公司章程，或者决议内容违反公司章程的，股东可以自决议作出之日起六十日内，请求人民法院撤销董事会决议。提起该项起诉的原告，应当在起诉时具有公司股东资格。

（3）当事人请求确认董事会决议不成立、无效或者撤销决议的案件，应当列公司为被告。对决议涉及的其他利害关系人，可以依法列为第三人。一审法庭辩论终结前，其他有原告资格的人以相同的诉讼请求申请参加前款规定诉讼的，可以列为共同原告。

（4）股东请求撤销董事会决议符合公司法第二十二条第二款规定的，人民法院应当予以支持，但会议召集程序或者表决方式仅有轻微瑕疵，且对决议未产生实质影响的，人民法院不予支持。

（5）董事会决议存在下列情形之一，当事人主张决议不成立的，人民法院应当予以支持：公司未召开会议的，但股东以书面形式一致同意或者公司章程规定可以不召开股东（大）会或者股东大会而直接作出决定，并由全体股东在决定文件上签名、盖章的除外；会议未对决议事项进行表决的；出席会议的人数或者股东所持表决权不符合公司法或者公司章程规定的；会议的表决结果未达到公司法或者公司章程规定的通过比例的；导致决议不成立的其他情形。

（6）股东（大）会或者股东大会、董事会决议被人民法院判决确认无效或者撤销的，公司依据该决议与善意相对人形成的民事法律关系不受影响。

8. 董事会会议的记录

董事会会议记录是证明董事是否参与董事会会议并对该决议承担责任的重要证据，也是公司经理组织实施董事会决议的依据，具有重要的作用。

董事会会议记录应包括：会议召开的日期、地点、召开方式、召集人及主持人；出席会议的董事姓名、委托出席的董事姓名及列席人员姓名；会议议程、议题；董事发言内容；专门委员会的专项意见；每一个议题的表决方式和审议结果，载明同意、反对或弃权的票数；会议其他相关内容；会议记录人姓名。

董事会会议记录应及时送交董事审阅并签名。若董事对会议记录有任何意见或异议的，可不予签名，但应当将其书面意见送达董事会秘书。

董事会秘书负责董事会会议的记录工作并保存记录。

延伸阅读：针对陷入治理困境公司，律师出席三会并出具法律意见书

××律师事务所，接受××公司的委托，就本次股东大会、董事会和监事会进行法律见证。经审核公司的相关会议文件，认为会议的召集和召开程序符合《公司章程》的相关规定。会议的出席人员和决议内容，也符合《公司法》和《公司章程》的相关规定，见证完毕。

××律师事务所
××年××月××日

六、党委会决策前置

1993年，党的十四届三中全会确定了国有企业应当将现代企业制度作为改革方向。随后，我国国有企业纷纷开始探索适应公司法人治理结构的党建工作。习近平总书记在2016年10月召开的全国国有企业党的建设工作会议上指出，国有企业党组织要发挥领导核心和政治核心作用，归结到一点，就是要把方向、管大局、保落实。党的十九届五中全会指出，实现"十四五"规划和二〇三五年远景目标，必须坚持党的全面领导，贯彻党"把方向、谋大局、定政策、促改革"的要求。

2019年12月印发的《中国共产党国有企业基层组织工作条例（试行）》（以下简称《国有企业基层组织工作条例》）第十五条明确指出"国有企业重大经营管理事项必须经党委（党组）研究讨论后，再由董事会或者经理层作出决定"，即明确了国有企业党组织研究讨论是董事会、经理层决策重大问题的前置程序。国有企业的党组织要统领和驾驭全局，不仅要协调好企业的各方利益相关者，还要坚决贯彻党的路线、方针和政策，始终以促进企业

第五章　董事、董事会的建设与运作

稳定发展、持续发展为原则。要按照党章和《公司法》的要求，同步发展建设公司法人治理结构及党建工作，将党建工作积极融入国有企业的各项工作中去，紧密围绕企业的经营运作，充分发挥党组织的优势与突出作用。

加强国有企业党的领导和党的建设，是我国国有企业的历史传统和政治优势，建立现代企业制度始终是我国国有企业改革的方向。在实践中，如何在建立现代企业制度中坚持党的领导和加强党的建设是国家治理体系和治理能力现代化的一个重点难点问题，如何正确认识和处理党组织与公司治理的关系成为目前的焦点问题和关键所在。公司治理的本质是在市场经济体制下以盈利为首要目的的公司管理模式。现代企业制度下的国有企业，既需要党组织的参与，又需要党组织遵从市场经济发展的规律，保障其权力的正确行使。党委会和董事会的工作要相互交叉，相互监督。明晰党委会和董事会两者的权力和职责，能够提高企业凝聚力，促进企业经济效益提升，从而更好地实现国有企业党建与公司治理的融合。

1. 相关规定

《公司法》第十九条规定，在公司中，根据中国共产党章程的规定，设立中国共产党的组织，开展党的活动。公司应当为党组织的活动提供必要条件。

1996年4月20日，中共中央组织部印发《关于在现代企业制度百家试点企业中加强和改进党的工作的意见（试行）》强调："建立现代企业制度，是一项艰巨复杂的任务，充分发挥国有企业党组织的政治核心作用，是建立中国特色社会主义的现代企业制度的内在要求和重要保证。在建立现代企业制度试点中，必须加强党的领导，企业党的建设工作，只能加强，不能削弱。"

2015年9月，《关于在深化国有企业改革中坚持党的领导和加强党的建设的若干意见》提出要"充分发挥国有企业党组织政治核心作用，将党建工作总体要求纳入国有企业章程，明确国有企业党组织在公司法人治理结构中的法定地位。"

2016年10月，在全国国有企业党建工作会议上，习近平总书记指出："经过多年实践，我们得出的结论是：坚持党对国有企业的领导是重大政治原则，必须一以贯之；建立现代企业制度是国有企业改革的方向，也必须一以贯之。要把加强党的领导和完善公司治理统一起来，建设中国特色现代国有企业制度。"

2017年10月，十九大修改党章增写了"国有企业党委（党组）发挥领导作用，把方向、管大局、保落实，依照规定讨论和决定企业重大事项"，以党内根本大法的形式确立了前置程序的实体内容及其在公司治理结构中的地位和效力，强化了党组织在企业的话语权和领导力，国企党员身份和角色意识有了制度落实。

2019年11月29日中共中央政治局会议审议批准，2019年12月30日中共中央发布《国有企业基层组织工作条例》，是上述精神、规定的具体化、制度化、组织化。

2021年5月，中共中央办公厅印发了《关于中央企业在完善公司治理中加强党的领导的意见》（以下简称《意见》），《意见》提出，中央企业党委（党组）是党的组织体系重要组成部分，在公司治理结构中具有法定地位，在企业发挥把方向、管大局、促落实的领导作用。同时，《意见》在明晰中央企业党委（党组）讨论和决定重大事项的职责范围，规范党委（党组）前置研究讨论重大经营管理事项的要求和程序，明确党委（党组）在董事会授权决策和总经理办公会决策中发挥作用的方式，强化党委（党组）在执行、监督环节的责任担当，以及加强党委（党组）自身建设等方面，作出了制度性安排。

2. 党委会与董事会权责

1）党委会权责

（1）《国有企业基层组织工作条例》第十一条。

国有企业党委（党组）发挥领导作用，把方向、管大局、保落实，依照规定讨论和决定企业重大事项。主要职责是：研究讨论企业重大经营管理事项，支持股东（大）会、董事会、监事会和经理层依法行使职权；加强对企业选人用人的领导和把关，抓好企业领导班子建设和干部队伍、人才队伍建设。

（2）《国有企业基层组织工作条例》第十三条。

国有企业应当将党建工作要求写入公司章程，写明党组织的职责权限、机构设置、运行机制、基础保障等重要事项，明确党组织研究讨论是董事会、经理层决策重大问题的前置程序，落实党组织在公司治理结构中的法定地位。

（3）《国有企业基层组织工作条例》第十五条。

国有企业重大经营管理事项必须经党委（党组）研究讨论后，再由董事会或者经理层作出决定。研究讨论的事项主要包括：贯彻党中央决策部署和落实国家发展战略的重大举措；企业发展战略、中长期发展规划，重要改革方案；企业资产重组、产权转让、资本运作和大额投资中的原则性方向性问题；企业组织架构设置和调整，重要规章制度的制定和修改；涉及企业安全生产、维护稳定、职工权益、社会责任等方面的重大事项；其他应当由党委（党组）研究讨论的重要事项。

第五章　董事、董事会的建设与运作

党委会对于党组织建设、党风廉政建设等党建相关工作负有直接决策权，并负责领导实施。对于企业的"三重一大"事项也要发挥领导作用，严格把关。涉及企业改革与发展的问题更要从实际出发，建立适应新时期国有企业发展的双轨运行公司治理结构。

2）董事会权责

国有企业董事会成员中的党委成员应占半数以上，董事会主要负责制定公司的战略规划、经营目标和重大方针，并且履行决策程序、进行实际的经营管理。

3. 党建进章程应明确的三个问题

（1）明确党组织发挥领导核心和政治核心作用，把方向、管大局、保落实，明确党组织的机构设置和基础保障。

（2）明确董事会决定公司重大问题，应当事先听取公司党组织的意见（党委会讨论是董事会、经理层决策重大问题的前置程序）。

（3）明确党组织设置及主要职责。

4. 双向进入、交叉任职

1）内涵

指党委会和董事会的成员双向进入、交叉任职的做法。国有企业中的交叉任职大多是指党委书记或副书记兼任副董事长或副总经理，党员董事长或总经理兼任党委副书记。在具体实行过程中，党委书记往往还可以兼任工会主席，或者由党委副书记兼任工会主席。

2）适用范围

此种模式目前是党建与公司治理融合过程中运用最广泛、最重要的模式。例如，海南省第七次党代会就明确指出，国有企业要完善"双向进入、交叉任职"领导体制，着力解决党建工作弱化、淡化、虚化、边缘化问题。

3）优点

交叉任职的模式明显地简化了党委会和董事会两大国企内部系统间的信息交换过程，有效地减少了内耗，大幅度降低了沟通成本，使企业大系统运转自如，有利于提高国有企业的综合效益。

4）缺点

交叉任职的模式下，要求兼任的党员是复合型人才、具有极高的素质，否则难以在企业经营管理中发挥关键作用。如果是由党委书记兼任副总经理的情况，可能会因为级别无法进入董事会决策层，而削弱党组织参与国有企业重大决策、发挥政治领导的作用。如果是党委书记兼任副董事长，那么其在董事会中的决策应由其个人独立承担责任，这与他作为党委代表的意见可能发生冲突，因为党委会决策实行少数服从多数的原则，而董事会决策则是由董事会各成员发表独立意见并签字负责。

延伸阅读：某公司党委直接决策及参与决策重大事项

（1）企业贯彻执行党的路线方针政策和上级党组织重要决定的重大措施。

（2）组织建设、作风建设、反腐倡廉建设、制度建设等方面的事项。

（3）按照干部管理权限决定干部任免、奖惩，或按一定程序向董事会、总经理推荐人选，对董事会或总经理提名的人选进行酝酿并提出意见和建议。

（4）统战工作和群团工作方面的重大事项。

（5）向上级党组织请示、报告的重大事项。

（6）其他应由党组织研究决定的事项。

要求国有企业党委（党组）前置性地履行职责，主要是在把好政治关、政策关、程序关上找准研究议题的切入点，党委会否决的，不能进入公司其他治理主体的决策。为保证党委会前置程序的落实，应当进一步明确、细化事项清单。

延伸阅读：某公司明确和落实党组织在公司法人治理结构中的法定地位

设立党委和董事会、有章程的境内国有独资、全资和国有资本绝对控股的未上市企业，章程修订内容参考文本。

第 × 条　公司设立党委。党委设书记1名，其他党委成员若干名。董事长、党委书记原则上由一人担任，根据需要原则上可设立主抓企业党建工作的专职副书记。符合条件的党委成员可以通过法定程序进入董事会、监事会、经理层，董事会、监事会、经理层成员中符合条件的党员可以依照有关规定和程序进入党委。同时，按照规定设立纪委。

第 × 条　党组织机构设置、人员编制纳入公司管理机构和编制，党组织的工作经费纳入公司预算，从公司管理费中列支。

第 × 条　公司党委根据《中国共产党章程》等党内法规履行职责。

（1）保证监督党和国家方针政策在公司的贯彻执行，落实党中央、国务院重大战略决策，集团公司党组重要工作部署以及党组织重要工作安排。

第五章 董事、董事会的建设与运作

（2）坚持党管干部原则与董事会依法选择经营管理者以及经营管理者依法行使用人权相结合。党委对董事会或总经理提名的人选进行酝酿并提出意见建议，或向董事会、总经理推进提名人选；会同董事会对拟任人选进行考察，集体研究提出意见建议。

（3）研究讨论公司改革发展稳定、重大经营管理事项和涉及职工切身利益的重大问题，并提出意见建议。

（4）承担全面从严治党主体责任。领导公司思想政治工作、统战工作、精神文明建设、企业文化建设和工会、共青团等群团工作。领导党风廉政建设，支持纪委切实履行监督责任。

第 × 条　党组织工作和自身建设等，按照《中国共产党章程》等有关规定办理。

第四节　董事会的评价

董事会评价对于提高董事会的有效性至关重要。定期、建设性、客观地反馈意见，不仅有助于明晰董事会的角色和责任，优化董事会的技能和知识，而且有助于促使每位董事去积极扮演相应的角色、承担应尽的义务，进而增强董事会运作效率，最终组建一个团结并能为公司带来真正价值的董事团队。

近年来，董事会建设作为国企改革的一项重点工作，成为社会热点议题。独立董事、外部董事、职工董事逐一到位，从组织结构到运作形式上体现了规范公司治理的基本要求。在满足董事会建设的组织形式层面的条件之后，董事会有效性评估与董事评价成为董事会建设的又一任务。尤其是对于董事的履职评价，更是对于分类董事制度有效实施的保障。

一、健全董事会评价制度

公司应当建立健全董事履职评价制度，规范董事履职评价的主体、方式、内容、标准和程序。一般而言，董事会每年至少进行一次评价并将评价结果报股东大会批准。董事会评价可以采取董事会自我评价和外部独立专业机构进行评价等方式，对董事个人和董事会整体分别进行评价。

1. 对董事个人的评价

在评价主体上，应由董事会薪酬与考核委员会对董事个人进行评价，并经董事会批准。在评价方式上，对董事个人评价应采取自评、互评和独立第三方（或薪酬与考核委员会）评价相结合，董事会应当每年对董事进行履职评价，并向股东大会和监管部门提交董事评价报告。在评价内容上，对董事个人的评价侧重其对董事会目标的实现上所做的贡献，如专业知识、商业判断、出席会议等。

2. 对董事会的评价

在评价主体上，应由薪酬与考核委员会、监事会或外部独立第三方对董事会整体进行评价，并经股东大会批准。在评价方式上，对董事会的评价应董事会自我评价、管理层评价和监事会评价相结合，提倡由外部独立第三方组织实施，并经股东大会批准（考虑中小股东的意见）。在评价内容上，对董事会的评价侧重公司长短期目标的科学性及其实现情况，如董事会运作有效性、公司战略目标的科学性及其实现情况（绩效水平）、对外部环境的洞察力、对公司未来发展方向的把握、战略决策的实施情况等。

二、确立董事会评价流程

董事会评价是一项动态工作，涉及目标确定、董事会履职、决策效果与反馈等多个环节。可以按照以下步骤进行组织。

1. 确定阶段性目标和评价标准

董事会需确定其任务，设立年度目标，并确定评价标准。当开始确定董事会的具体任务和目标时，最好整个董事会成员都参与此过程。如果董事会设有提名委员会、薪酬与考核委员会或公司治理委员会，可由某委员会负责设定初期目标。这些目标应包括董事会所要承担的责任，并且具有完整的论述和可衡量性。需要注意的是，在设置目标和评价标准时，董事会必须确定各项任务和目标的优先顺序。

2. 设计评价量表并开展评价

根据董事会职责和评价标准，设立董事会和董事评价指标体系，评价指标应包括定量标准和开放式问题。评估小组向每一位董事分发调查问卷或评估表，各位董事独立填写表格后，将之直接交外部专家。对董事个人的评价，

第五章　董事、董事会的建设与运作

可采取董事长单独面谈评价、董事会互评、考核委员会评价等方式进行。

3. 总结评价结果

评价小组对评价结果进行总结，形成董事会评价报告，分析董事会的良好做法和存在的问题，并将评价报告提交给董事会。

4. 评估与反馈

董事会对评价结果进行讨论，为董事会和董事个人履职的持续提升提供建议。针对评价中反映的问题，制定改进的方案和计划，并根据变化的内外部环境和公司未来发展需要，对董事会评价流程和标准进行优化。董事会评价流程如图5-2所示。

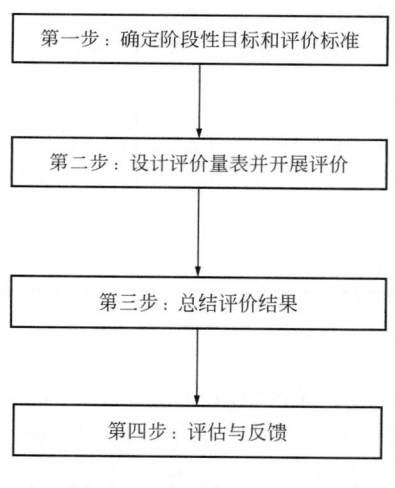

图 5-2　董事会评价流程

三、董事会评价示范量表

在进行董事会评价的过程中，需把握以下几个原则：一是评价董事履职情况，必须着眼于忠实地代表全体出资人的意志，保障全体出资人的利益，实现股东价值最大化。二是评价标准要随着董事会建设不同阶段的特点进行动态调整，既包括基于结果的结构式评价，也包括基于过程的执行类评价，形成动态与静态、过程与结果相结合的科学、权变的评价体系。三是坚持监事会和管理层评价、董事会和董事自我评价、外部评价相结合。评价要以改进董事会工作和提高效率、提升董事履职水平为目的,最终促进企业发展。四是坚持评价内容的系统性、评价方法的适用性。董事会评价体系设计,要明确评价的主体、方式、内容、标准和程序。

董事会和董事评价示范定性表见表 5-4。

表 5-4 董事会和董事评价示范定性表

董事会评价	董事评价
董事会结构合理性:来源、专业等	专业知识与角色
董事会制度完备性:议事规则等	出席会议情况
独立董事制度:人员、专业、参会等	准备的程度
专业委员会:构成、运行规则及有效性	主动获取信息并发表意见
会议议程及会议事件安排	充分的交流沟通与团队合作
董事会信息获取与沟通、团队合作	熟悉公司相关信息
董事会决议执行及评估	能力提升
对管理层支持与监督	独立董事履职
董事会自我评估与改进流程	董事长的战略敏锐性和决断力
董事会总体有效性:对公司目标贡献	综合贡献:对董事会目标贡献

1. 董事个人履职评价关键要素

董事履职评价的重点是董事对董事会目标实现的贡献度,董事会可根据公司发展实际,明确董事会的期望和所需的董事类型,在不违反公司章程与股东大会决议前提下,具体界定各个董事的职权、义务、责任、报酬等内容,并据此进行评价。具体应包括以下内容。

1)参会情况

出席董事会会议的情况,如未出席会议的次数及原因;信息获取及在董事会上的表决情况和发表意见的情况,如投弃权或者反对票的情况及原因;对董事会会议结果定论与完成。

2)能力提升

董事自身的履职能力与专业能力;董事参加相关培训的情况以及董事对于自身能力的提升的关注程度与努力程度;董事激励机制及其有效性。

3)勤勉程度

董事为了解公司发展战略和经营管理情况所做的工作以及其向公司反馈

第五章　董事、董事会的建设与运作

的意见；董事为优化公司发展战略和运营所做的其他工作及公司认为应当考核评价的其他内容。

董事长、副董事长、董事会专业委员会委员除履行董事职责外，还应当根据法律、法规及公司章程的规定履行其职务所要求的其他职责，并对此进行评价，如董事长的会议组织和引导职能，包括战略洞察能力、决策判断能力、团队协作能力和沟通交流能力等。独立董事应侧重独立履职水平，包括监督职能、中小股东利益保护、公司战略咨询、激励和约束经理层等方面的表现。

表 5-5 为某有限责任公司监事会对董事履职评价表，可供参考。

表 5-5　××有限责任公司监事会对董事履职评价表

评价人：　　　　　　　　　　　　　　　　日期：20××年××月××日

序号	评价要点	董事
1	董事应按照法律、法规及公司章程、董事会及其专门委员会议事规则的要求，勤勉、忠实地履行职责，维护公司和全体股东的利益，促进公司长期健康发展	
2	董事应具备履职所必需的专业知识、工作经验和基本素质，具有良好的职业道德	
3	董事应当出席当年三分之二以上的董事会会议	
4	董事应持续了解和分析公司的运行情况，定期阅读本行各项经营报告、财务报告以及风险管理的相关报告，全面把握监管机构、外部审计和社会公众对本行的评价，对公司事务做出独立、专业、客观的判断，并通过合法渠道提出自己的意见和建议	
5	董事应保障与公司通讯畅通，根据时间要求及时反馈需反馈的信息。董事接收文件材料的地址、传真号码、电子邮箱及收件人姓名发生变更时，应及时通知董事会办公室	
6	董事应当按照相关监管规定和公司《关联交易管理办法》，如实向董事会、监事会报告关联关系情况，并及时报告关联关系的变动情况。个人直接或者间接与本行业务有关联关系时，董事应当及时告知关联关系的性质和程度，并按照相关规定履行回避义务	
7	董事应当如实告知公司本职、兼职情况，并保证所任职务与其在公司的任职不存在利益冲突	
8	董事不得在可能发生利益冲突的金融机构兼任董事。独立董事不得同时兼任二家或二家以上信托公司的董事或独立董事	
9	董事应当保守公司秘密，不得在履职过程中接受不正当利益，不得利用董事地位谋取私利，不得为股东利益损害公司利益	
10	董事应认真审阅公司的定期报告，明确表示是否同意定期报告的内容，保证公司所披露信息的真实、准确、完整	
11	董事参加董事会专门委员会期间，应持续深入跟踪专门委员会职责范围内本行相关事项的变化情况及影响，并按照议事规则及时提出专业意见，提请专门委员会予以关注	

续表

序号	评价要点	董事
12	董事参加董事会专门委员会会议期间，应当持续深入跟踪专门委员会职责范围内公司相关事项的变化情况及影响，并按照议事规则及时提出专业意见，提请专门委员会予以关注	
13	董事担任董事会专门委员会主任委员期间，应当按照职责权限认真开展专门委员会工作，按照规定及时召开专门委员会会议形成专业意见，或者根据董事会授权对专门事项提出审议意见	
14	股权董事应当从公司长远利益出发，做好公司与股东的沟通工作，不得将股东自身利益置于公司和其他股东利益之上	
15	股权董事和独立董事应当重点关注高级管理层对董事会决议的落实情况。如公司监管指标不能达到监管要求，或近期可能出现偏差时，股权董事和独立董事应当支持公司及时整改	
16	股权董事和独立董事应当关注股东与公司的关联交易情况，支持公司完善关联交易管理系统，确保关联交易合法合规	
17	独立董事应独立履行职责，不受股东以及其他与公司存在利害关系的单位和个人的影响，发表客观公正的独立意见，注重维护投资人和中小股东权益	
18	高管董事应当完整、真实、及时地向董事会报告公司经营情况及相关信息，保证董事会及其成员充分了解公司运行状况	
19	高管董事应当严格执行董事会决议，并将执行情况及时报告董事会。高管董事应当认真研究决议执行中出现的问题，提出科学可行的意见和建议供董事会讨论决策	

注：（1）各项满分为10分，请按实际情况打分；

（2）评分对象非股权董事、独立董事或高管董事的，则涉及股权董事、独立董事、高管董事的项目可不予评分；

（3）8分（含）10分（含）为达到或超过公司董事履职标准要求；6分（含）～8分为基本达到公司董事履职标准要求；6分以下为未能达到公司董事履职标准要求。

2. 董事会评价关键要素

对董事会的评价侧重于其作为一个整体对公司发展目标实现情况的贡献度，董事会应该结构合理、运行有效、决策科学，具体应包括以下内容。

1）董事会合规性

董事会构成及其与公司发展目标的匹配性；董事会制度完备性；独立董事制度及履职情况；董事会专业委员会设置、构成及运作情况。

2）董事会有效性

董事会会议召开及运作情况；董事会成员间的信息沟通、会议流程与团队文化；董事会对公司相关信息把握情况及决策科学性；董事会决议执行情况评估；公司长短期目标科学性及其完成情况；对管理层支持与监督情况；董事会自我评估与改进流程；董事会动态评估公司的战略计划、绩效考核标准、

第五章 董事、董事会的建设与运作

经营计划执行情况的能力。

案例：A 公司的董事会和董事业绩评估

A 公司从 2005 年开始实施了年度董事会业绩评估，并将董事会业绩评估纳入了董事会提名与公司治理委员会职权范围内，由提名与公司治理委员会按自然年度组织实施对董事会及所属专业委员会的业绩评估工作。董事会及所属委员会业绩评估工作主要采用董事会及委员会自评的方式进行，评估标准主要包括对董事会在保护股东利益、战略管理、业绩管理、人才管理、风险管理、利益相关者关系等方面履行职责的情况。董事会业绩评估的主要流程：首先评估标准审批，每年度结合上一年度评估工作的经验及外部专家的意见，对评估标准进行检讨与修订，在获得委员会批准后实施。然后评估工作实施，各位董事根据其在不同专业委员会任职的情况，对所在专业委员会及董事会进行评估，最后出具评估结果。根据全体董事的评分情况，汇总董事会及专业委员会业绩评估成绩，并提出董事会工作改善建议，先后提交委员会及董事会审议。

第五章小结

本章共有 4 节，重点阐述了董事、董事长、董事会、董事会的评价等内容。

第一节董事，包括董事的定义、董事任职资格、董事应具备的素养和能力、董事的权利和义务、董事的职责和作用、董事的提名与选举、董事的任期与免职、执行董事、独立董事、董事可能被追究的责任、董事的培训十一部分内容。

董事是指由公司股东（大）会或职工民主选举产生的具有实际权力和权威的管理公司事务的人员，董事是公司内部治理的主要力量和公司战略决策的主要行为主体，对内管理公司事务，对外代表公司进行经济活动。

董事应具备的素养和能力：一是核心能力，包括会计和财务、商业判断、管理才能、危机反应、行业知识、国际视野、领导才能、愿景谋划；二是职业道德素养；三是决策判断力；四是专业技能经验与学习提升能力；五是沟通合作能力。

董事基于法律、公司章程的规定和委任契约的约定而享有的受托处理公司事务的各种权利。在遵守法律法规和公司章程的前提下，董事应该从公司和全体股东的利益出发，对任职公司履行忠实、勤勉、私人证券交易限制等义务。

董事对公司主要有三方面的责任：一是对股东履行受托责任；二是对公司履行忠诚责任；三是对职位履行尽职责任。董事代表与公司利益相关人的利益，其主要作用主要体现在两个方面：一是保证公司接受确定的发展战略和经营策略，以提升公司绩效；二是确保公司执行董事会制定的战略、政策，使公司协调一致。

董事一般是由股东大会或行使出资人职责的机构依据法律和公司章程产生的。

董事的任期由公司章程规定，但每届任期不得超过三年。

董事按照其与公司的关系可以分为执行董事和非执行董事。

董事履职过程中，如果违反国家法律法规和公司章程，或者没有正确履行董事的忠实、勤勉等义务，致使国家、公司或者第三人遭受重大损失，就可能会受到证券交易所纪律处分或承担行政责任、民事责任，甚至刑事责任。

董事应当积极参加监管机构组织的董事培训和公司董事内部培训，了解董事的权利、义务和责任，熟悉有关法律法规，掌握董事应具备的相关知识。

第二节董事长，主要包括董事长、副董事长两部分内容。

董事会设董事长一人。董事长是董事会权利的集中代表，由董事会成员选举产生，是股东利益的最高代表。职权主要包括：主持股东大会、召集和主持董事会会议；由董事会授权在董事会闭幕期间行使董事会的部分职权。

董事会可以设副董事长。根据中国《公司法》规定，副董事长协助董事长工作，董事长不能履行职务或者不履行职务的，由副董事长履行职务。

第三节董事会，包括董事会与公司治理、董事会的构成、董事会的主要职责、董事会下设专业委员会、董事会会议、党委会决策前置六部分内容。

在现代企业制度下，董事会履行的是股东的受托责任。我国国有企业的董事会，按照国办发〔2017〕36号文《关于进一步完善国有企业法人治理结构的指导意见》的规定，是公司运营的决策机构，负责定战略、做决策、防风险。中国的公司治理是以股东中心主义为主，逐步向董事会中心主义转型。

公司董事会，是由公司股东（大）会或职工民主选举产生的董事组成的，对内掌管公司事务、对外代表公司的经营决策和业务执行机构，向股东（大）会负责。国企董事会规模平均在11人左右。董事会成员包括三类人员：内部执行董事、外部非独立董事和外部独立董事。公司董事会成员由公司股东（大）会批准，以及职工民主选举产生的职工董事组成。

第五章 董事、董事会的建设与运作

我国的《公司法》规定，股东大会由出资人组成，董事会由股东大会选举产生并对股东大会负责，是股东的代表，受股东大会的委托选聘监督经理层并行使重大经营决策的职能。董事会的主要职责是战略决策、监督与激励经理人员和风险管理。

董事会专门委员会是董事会下设的专门工作机构，为董事会重大决策提供咨询、建议。

召开董事会会议议事决策并形成决议，是董事会实现其职能的主要形式。

中共十九届五中全会指出，实现"十四五"规划和二〇三五年远景目标，必须坚持党的全面领导，贯彻党"把方向、谋大局、定政策、促改革"的要求。2019 年 12 月印发的《中国共产党国有企业基层组织工作条例（试行）》第十五条明确指出"国有企业重大经营管理事项必须经党委（党组）研究讨论后，再由董事会或者经理层作出决定"，即明确了国有企业党组织研究讨论是董事会、经理层决策重大问题的前置程序。

第四节董事会的评价，主要包括健全董事会评价、确立董事会评价流程、董事会评价示范性量表三部分内容。

公司应当建立健全董事履职评价制度，规范董事履职评价的主体、方式、内容、标准和程序。

董事会评价可以按照以下步骤进行组织：一是确定阶段性目标和评价标准；二是设计评价量表并开展评价；三是总结评价结果；四是评估与反馈。

使用董事会评价示范性量表，要抓住董事个人履职评价和董事会评价两个关键要素。

第六章 监事、监事会的建设与运作

第一节 监事

一、监事的定义

监事是公司中常设的监察机关的成员,又称"监察人",负责监察公司的财务情况、公司董事及高级管理人员的履职情况,以及其他由公司章程规定的监察职责。设立监事的作用是防止董事会、经理层滥用职权,损害公司和股东利益,代表股东大会行使监督职能。

二、监事任职资格

根据《上市公司治理准则》第四十五条规定,监事应具有法律、会计、审计等方面的专业知识或工作经验,监事会的人员和结构应当确保监事会能够独立有效地行使对董事、经理和其他高级管理人员及公司财务的监督和检查。

《公司法》的第一百四十六条规定,下列人员不得被提名担任公司监事:无民事行为能力或者限制民事行为能力;因贪污、贿赂、侵占财产、挪用财产或者破坏社会主义市场经济秩序,被判处刑罚,执行期满未逾五年,或者因犯罪被剥夺政治权利,执行期满未逾五年;担任破产清算的公司、企业的董事或者厂长、经理,对该公司、企业的破产负有个人责任的,自该公司、企业破产清算完结之日起未逾三年;担任因违法被吊销营业执照、责令关闭的公司、企业的法定代表人,并负有个人责任的,自该公司、企业被吊销营业执照之日起未逾三年;个人所负数额较大的债务到期未清偿;监事在任职期间出现本条所列情形的,公司应解除其职务。

第六章 监事、监事会的建设与运作

延伸阅读：《国有企业监事会暂行条例》第十八条 监事应当具备下列条件

（1）熟悉并能够贯彻执行国家有关法律、行政法规和规章制度。

（2）具有财务、会计、审计或者宏观经济等方面的专业知识，比较熟悉企业经营管理工作。

（3）坚持原则，廉洁自持，忠于职守。

（4）具有较强的综合分析、判断和文字撰写能力，并具备独立工作能力。

三、监事应具备的素质

监事会是由监事组成的，监事的素质决定着监事会整体水平。监事要具备的素质包括很多方面，而最基本的则是为出资者（股东）服务、向出资者（股东）负责的高度责任感和使命感。

1. 过硬的思想政治素质

正确的世界观、人生观、价值观和权力观、地位观、利益观。要善于运用马克思主义的基本理论和方法发现问题、分析问题、解决问题。

廉洁奉公。严格要求自己、自重、自省、自警、自励，做到警钟长鸣。真正做到不为名利所累，不为物欲所惑，不为人情所扰。

敬业精神。要热爱本职工作，把实现国资保值增值、维护人民利益看作是一种追求和自我价值的实现，要脚踏实地、实事求是、作风严谨，严格按法律法规办事，按原则办事。

2. 良好的业务素质

监事会对企业的监督主要以财务监督为主，要求业务素质扎实，监事不仅要具备扎实的会计理论基础，还要具备丰富的会计工作经验，还要懂得金融、法律、税务、电脑网络等知识。

3. 了解监管企业的经营业务

要想真正地对监管企业进行监督和检查，除了具备会计专业水平外，还应对监管企业所经营的业务有所了解。平时注重积累，多了解宏观经济大势以及行业经济发展状况。经常深入到企业的生产第一线去，了解生产工艺、生产流程，而不是简单的听汇报，要进行深入的调查研究，有目的、有针对性地去调研。

四、监事应具备的能力

1. 分析判断能力

作为监事要熟悉公司各项规章制度和管理运行程序,特别是要把握公司章程中对董事会和经营层职责权限的有关规定,熟悉了解公司现行的管理体系,包括机构、职能、流程的设置,熟悉把握重大决策和经营决策的规范程序。就宏观而言,监事应具备对整个宏观经济的发展趋势以及市场环境变化的分析判断能力;就微观而言,监事应当能从复杂的数据中寻找有规律和相对重要线索,因此,监事人员的分析判断能力显得尤为重要。

2. 语言表达能力

语言表达能力包括口头表达能力和书面报告撰写能力。监事会每次对企业进行检查结束后,应当及时作出检查报告,包括对企业财务及经营管理情况的评价、企业负责人的经营管理业绩评价以及奖惩、任免建议和企业存在问题的处理建议等。只有具备很强的语言表达能力,才能对监管企业检查情况进行客观的、准确的、完整的评价,并形成书面报告提交给股东,从而为股东作出准确的决策提供科学的依据。

3. 沟通协调能力

沟通是信息交流的重要手段。良好有效的沟通能够让交流的双方充分理解,达成共识。协调作为一种管理职能,围绕组织发展目标对组织整体中各种活动的相互联系加以调节,使这些活动有机地结合在一起促进组织目标的实现。高超的沟通协调能力可以事半功倍,而且能够取得监管企业的认可和欢迎。

4. 学以致用能力

监事不仅要学习党的理论,更要学习业务,从实践出发,精钻业务、财务、风险以及审计、法律相关知识,而且从中善于发现问题,分析问题及解决问题,找到业务盲区的管控思路和方法,学以致用,知行合一。

五、监事的提名、选举和任免

1. 监事提名

监事提名是指监事在选聘前的提名环节。对于一般公司的监事而言,多

第六章 监事、监事会的建设与运作

数的做法为股东提名并选聘。职工监事例外，职工监事一般由职工大会（职工代表大会）选举产生。监事提名在相关法律法规中没有详细规定，一般是在公司章程中对监事的提名方式和程序进行规定，《上市公司章程指引》第八十二条规定："董事、监事候选人名单以提案的方式提请股东（大）会表决。"《股份制商业银行公司治理指引》明确提出，监事会应当设立提名委员会，负责拟订监事的选任程序和标准，对监事的任职资格和条件进行初步审核，并向监事会提出建议，提名委员会应当由外部监事担任负责人。

2. 监事选聘

监事选聘是指在提名基础上进行的选择和聘任工作。《公司法》第三十七条第二款规定："由股东（大）会选举和更换非由职工代表担任的董事、监事……"。《公司法》第五十一条规定："……，监事会中的职工代表由公司职工通过职工代表大会、职工大会或者其他形式民主选举产生"。

3. 监事任免

监事任期是指监事担任该职务的期限。《公司法》规定，监事的任期每届为三年，监事任期届满，可以连选连任。监事任期届满未及时改选，或者监事在任期内辞职导致监事会成员低于法定人数的，在改选出的监事就任前，原监事仍应当依照法律、行政法规和公司章程的规定，履行监事职务。

监事卸任、免职与辞职，是指监事任期届满时卸任、退休、离岗、因原任机关罢免、因丧失任职资格而被解除、本人请求辞职等。《上市公司章程指引》规定，监事连续两次不能出席监事会会议的，视为不能履行职责，股东大会或职工代表大会应当予以撤换。监事可以在任期届满以前提出辞职，原则上监事向监事会主席提出辞职，提交申请即生效，但辞职后监事人数达不到法定人数要求时，辞职申请待新任的监事到位后方生效。

六、监事的义务

监事的义务同董事、高级管理人员一样，监事应当遵守法律、行政法规和公司章程，对公司负有忠实义务和勤勉义务。《公司法》规定监事应当承担的义务包括：忠实勤勉义务、积极配合日常监管义务、保密义务、签署声明与承诺书的义务、与买卖和转让股票相关的义务、与履职相关的报告与披露义务。

1. 忠实勤勉义务

监事的忠实勤勉义务要求监事应遵守国家法律、行政法规和公司章程，行使职权应符合相关国家法律、行政法规、部门规章、规范性文件、证券交易所相关规定和公司章程的规定，并在公司章程、股东（大）会决议授权范围内勤勉地开展工作。

2. 积极配合日常监管义务

根据《公司法》和《上市公司章程指引》规定，监事应积极配合监管部门和证券交易所的日常监管，积极向当地证监局和证券交易所报告公司和公司董事会、高级管理层及其成员存在的重大违规情况。

3. 保密义务

监事必须全力保护任职公司的商业秘密信息，不得利用内幕信息为自己或他人谋取利益。卸任后，不得以任何方式私自带走涉及任职公司知识产权范畴内的任何资料。因泄密造成的任职公司利益受损的，应承担相应的法律责任。

4. 签署声明与承诺书的义务

监事应在公司股票首次上市前（新任监事在股东大会或者职工代表大会通过相关决议后一个月内）签署《监事声明及承诺书》，提交证券交易所。股票退市后重新上市的公司监事，应在股票重新上市前签署《监事声明及承诺书》，并提交证券交易所。

5. 与买卖、转让股票相关的义务

各国法律法规对于监事持股的规定不尽相同。在我国法律规定的公司治理结构中，监事会成员来自股东选举与员工代表，后者一般而言不会持股。公司监事在买卖、转让本公司股票及其衍生品时，应遵循《公司法》《证券法》等相关法律、法规、部门规章，以及证券交易所自律规范等相关规定。

6. 与履职相关的报告与披露义务

监事的职权之一就是监督公司的财务情况以及监督董事高管人员是否有违反法律、法规、章程的行为。因此当财务情况存在问题、董事高管人员有违反刑法的行为时，监事应严格按照有关规定履行相关的报告义务和信息披露义务，并保证报告和披露的信息真实、准确、完整，不存在虚假记载、误导性陈述或者重大遗漏。

第六章　监事、监事会的建设与运作

七、监事会主席

1. 监事会主席提名与选举

监事会主席是公司监事会的召集人。《公司法》对不同类型公司的监事会主席选举和设立等进行了规定。一些金融机构的监事会主席也称监事长。

有限责任公司：监事会设主席一人，由全体监事过半数选举产生。监事会主席召集和主持监事会会议。监事会主席不能履行职务或者不履行职务的，由半数以上监事共同推举一名监事召集和主持监事会会议。

股份有限公司：监事会设主席一人，可以设副主席。监事会主席和副主席由全体监事过半数选举产生，监事会主席召集和主持监事会会议。监事会主席不能履行职务或者不履行职务的，由监事会副主席召集和主持监事会会议。监事会副主席不能履行职务或者不履行职务的，由半数以上监事共同推举一名监事召集和主持监事会会议。

2. 监事会主席的职权

（1）召集、主持监事会会议。
（2）负责监事会的日常工作，组织履行监事会职责。
（3）签署监事会报告和其他重要文件。
（4）代表监事会向股东大会报告工作。
（5）法律法规及公司章程规定的其他职责。

知识栏：监事的职业风险

1. 股东查账的风险

《公司法》规定，股东可以要求查阅公司会计账簿，公司拒绝提供查阅的，股东可以请求人民法院要求公司提供查阅。查账过程中，如果公司被发现做假账，公司董事、监事以及高管中的相关责任人员将被追究相应的民事责任和刑事责任。

2. 因关联交易损害公司利益而承担的赔偿责任

当前，关联企业之间通过关联交易转移财产、资源、商业机会或利润的现象比较普遍。针对这种现象，《公司法》规定，公司的控股股东、实际控制人、董事、监事、高管人员不得利用其关联关系损害公司利益；违反该款规定，给公司造成损失的，应当承担赔偿责任。也就是说，如公司利益因关联交易遭受损害，具体决策和实施关联交易的董事、监事和高管人员，要对公司所遭受的损失承担赔偿责任。

3. 公司对外担保和投资业务中的赔偿责任

一些公司开展对外担保和对外投资业务，由公司董事长或者总经理决策后直接实施，或者由公司大股东决策后直接指令公司管理人员实施。对此，《公司法》规定，公司该等业务应按照公司章程的规定由董事会或者股东（大）会（股东大会）决议。由此，具体决策制定、实施以及监督的董事、监事和高管人员应对公司的损失承担赔偿责任。

4. 因签署违法而宣告无效的合同或者开展违法业务产生的赔偿责任

因我国目前法律有待完善，而董事、监事、高管通常不是法律出身，公司签署的合同或开展的业务被宣告违法的事情时有发生。根据《公司法》规定，董事、监事或高管人员此种情形下将承担赔偿责任。例如，公司签署委托理财合同被宣告无效产生的损失，将由负责该项业务的董事、监事或者高管人员承担赔偿责任。

5. 面临被起诉追究责任的风险

根据《公司法》的规定，倘若公司董事、监事、高管人员侵害公司合法权益，而公司监事会或者董事会又拒绝或者怠于对董事、监事、高管人员提起诉讼，则股东有权为了公司的利益以自己的名义直接向人民法院提起股东代表诉讼。

第二节 监事会

监事会是公司的常设机构，是公司内部治理体系的重要组成部分。监事会对股东大会负责，负责监督公司的日常经营活动，对公司财务以及公司董事、经理及高级管理人员履行职责的合法性进行监督，维护公司及股东的合法权益。

一、监事会的设立

监事会主要有三种类型：以日本为代表的并列型、以德国为代表的双层型、以美国为代表的单一型。我国公司监事制度始于1992年国家体改委发布的《股份有限公司规范意见》，1993年《公司法》设相关条文规范公司的监事会制度，2005年修订《公司法》时对监事会职能进行了强化。

第六章 监事、监事会的建设与运作

我国现行《公司法》规定设立监事会作为专门的公司监督机关,与董事会平等,共同向股东大会负责并报告工作。监事会是公司内部的监察机构,负责检查、监督公司经营管理活动,保障股东权益,防止董事会和经理机构滥用职权,直接对股东大会负责。

二、监事会的组成

一定数量的监事是监事会履行其监督作用的有力保障。《公司法》第五十一条、第一百一十七条规定,有限责任公司和股份有限公司设监事会,其成员不得少于三人。股东人数较少或者规模较小的有限责任公司,可以设一至两名监事,不设监事会。据统计,绝大多数上市公司监事规模为3人,如图6-1所示。监事会应当包括股东代表和适当比例的公司职工代表,其中职工代表的比例不得低于三分之一,具体比例由公司章程规定。此外,根据行业特点和工作需要,公司可以从社会上遴选适当人数的会计、法律或行业专家作为外部监事或独立监事。

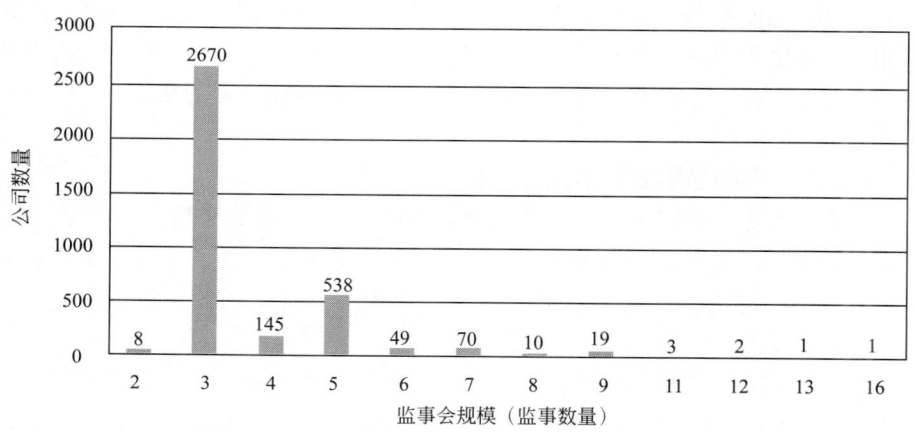

图 6-1　上市公司监事会规模对应公司数量分布图(截至 2018 年 5 月)

1. 监事会主席

监事会主席是公司监事会的召集人。《公司法》对不同类型公司的监事会主席选举和设立等进行了规定。有限责任公司监事会设主席一人,由全体监事过半数选举产生。股份有限公司监事会设主席一人,可以设副主席,监事会主席和副主席由全体监事过半数选举产生,职权包括:召集、主持监事会会议；负责监事会的日常工作，组织履行监事会职责；签署监事会报告和其他重要文件；代表监事会向股东大会报告工作；法律法规及公司章程规定的其他职责。

2. 股东监事

股东监事是指有限责任公司或股份有限公司的监事会中代表公司股东利益，检查公司财务，监督董事、经理活动，由公司股东在股东大会或股东（大）会选举产生的监事。

3. 职工监事

职工监事是指股份有限公司或者有限责任公司的监事会中代表职工利益、检查公司财务、监督董事经理活动，并由职工民主选举产生的职工担任的监事。职工监事是监事会中必设的人员，其具体人数比例由公司章程规定。

4. 外部监事

在实践中，如果公司的监事会只由上述两类人士担任，会造成监事会独立性不足的问题，影响对公司经营管理监督的有效性。外部监事的优势在于被选任的外部监事与公司的经营管理层之间不存在利害关系，对董事、经理的制约不会出于私利，可以大胆、独立地行使监督权。引进除了股东监事和职工监事之外的外部监事，能够加强监事会的独立性和监督力量。

知识栏：中国监事会制度前世今生

监事会制度在中国的最早阐述出现在1904年清政府颁布的《公司律》中，第五节提出了"查账人"，就类似于现代公司法中的监事。《公司律》颁布后不久清政府又在日本法律专家的协助下起草了公司律草案，该草案随着清政府倒台而搁浅。

此后，1914年"中华民国"的《公司条例》，1929年南京国民政府的《公司法》及1946年修改后的《公司法》，都是在清末《大清商律草案》及北洋政府《"中华民国"商律》的基础上制定的，相应的监事制度也随之保存下来。

1949年新中国成立后，国民党政府时期的《公司法》被予以废止。为了发挥建国初期尚存的私营企业在过渡期的积极作用，新中国于1950年颁布了《私营企业暂行条例》，并保留了监事（监察人）制度。1956年的社会主义改造完成后，中国的经济结构变成单一的以公有制为基础的国有企业，公司立法被全民所有制企业和集体企业立法所代替，监事会制度出现近40年的历

第六章　监事、监事会的建设与运作

史性断层。

直到 1992 年，为适应新的环境的需要，原国家体改委发布了《有限责任公司规范意见》和《股份有限责任公司规范意见》，在其中自新中国成立以来首次使用了监事会的字样。1993 年《公司法》正式上升到了立法层次，构造了一个在形式上效法日本，监事会与董事会平级，在内容上仿照德国，实施员工监事制度，并充分反映中国社会经济特点的监事会制度。在距离 1993 年颁布《公司法》12 年后，2005 年颁布了新的《公司法》，明确赋予监事会"对违反法律、行政法规、公司章程或者股东（大）会决议的董事、高级管理人员提出罢免的建议"的权力，来保障其检查、监督职能的有效运行，弥补了原《公司法》中关于监事会的各项权力间衔接性差、可操作性差的不足。

三、监事会的职能和运行

1. 公司制企业的监事会

我国《公司法》规定，监事会由股东（大）会选举产生，对董事会决策、经理层业务执行情况及公司的财务状况实施监督检查，是公司组织结构的重要组成部分。监事的资格基本上与董事资格相同，必须经股东大会选出。监事可以是股东、公司职工，也可以是非公司人员，公司的董事长、副董事长、董事、总经理、经理不得兼任监事会成员。

《公司法》规定：国有独资公司监事会成员不得少于五人，其中职工代表的比例不得低于三分之一，具体比例由公司章程规定，监事会成员由国有资产监督管理机构委派，但是监事会成员中的职工代表由公司职工代表大会选举产生，监事会主席由国有资产监督管理机构从监事会成员中指定。有限责任公司设监事会，其成员不得少于三人，监事会设主席一人，由全体监事过半数选举产生，监事会主席召集和主持监事会会议，监事会主席不能履行职务或者不履行职务的，由半数以上监事共同推举一名监事召集和主持监事会会议。股东人数较少或者规模较小的有限责任公司，可以设一至二名监事，不设监事会。

监事会每年度至少召开一次会议，监事可以提议召开临时监事会会议。监事会的议事方式和表决程序，除《公司法》有规定的外，由公司章程规定。监事会决议应当经半数以上监事通过。监事会应当对所议事项的决定做成会议记录，出席会议的监事应当在会议记录上签名。监事会、不设监事会的公司的监事行使职权所必需的费用，由公司承担。

根据现行《公司法》的规定，监事会的职权可以分为两种：一种是法定职权，一种是公司章程规定的职权。

1）法定职权

检查公司财务权。公司的财务状况对公司经营状况具有重大的影响，所以大部分国家都将财务监督作为监事会（监事）的重要职权。监事会有权监督财务预算编制、执行、分析、考核及决算报告编制等，重点监督财务报告的真实性、公司内部控制制度及执行情况。

职务行为监督权、人员罢免建议权。如果董事、高级管理人员不当履行职务，会给公司造成损失，作为公司的监督机构，监事会应履行其法定职责，对董事、高级管理人员执行公司职务行为进行监督。如有必要，监事会对违反法律、行政法规、公司章程、以及股东（大）会决议的董事、高级管理人员向股东（大）会提出罢免建议，并作出书面情况说明。

损害行为纠正权。当公司的董事、高级管理人员不是股东时，董事、高级管理人员可能会因自己的利益做出损害公司利益的行为，当公司的董事、高级管理人员做出有损于公司的行为时，监事会（监事）应当要求其改正。

临时股东（大）会会议召开提议权。监事会提议召开临时股东（大）会会议时，股东（大）会必须召开。另如果董事会不履行召集、主持股东（大）会会议时，监事会可以召集、主持股东（大）会会议。

提出议案权。监事会可根据公司的实际情况及相关问题向股东（大）会提出相应的议案，从而更好地发挥监事会（监事）的监督职能。

诉讼权。当董事、高级管理人执行职务违反法律、行政法规或公司章程，给公司造成损害时，公司股东可以书面请求监事会（监事）向人民法院提起诉讼，要求侵害人赔偿公司损失。

法律规定的其他职权。我国《公司法》第五十四条规定，监事可以列席董事会会议,并对董事会决议事项提出质询或者建议;发现公司经营情况异常，可以进行调查;必要时，可以聘请会计师事务所等协助其工作，费用由公司承担。从人力、财力上保障了监事会（监事）正常行使监督的职能，能及时了解到公司经营决策情况，防止公司偏离或有损股东利益。

2）公司章程规定的职权

公司章程的规定只要不违反强制性的法律、法规的规定，可以赋予监事

第六章 监事、监事会的建设与运作

会（监事）除法定职权以外的更多职权，不同的公司根据自己的情况可以"量身定制"。

2. 原国有企业的外派监事会

1998年，为推动政府职能转变，国务院实施了大规模的政府机构改革。在国有资产监管方面，国务院开始向国有重点大型企业派出稽查特派员，监督企业资产运营和盈亏状况。

2000年3月，国务院颁布《国有企业监事会暂行条例》，标志着国家向国有企业派出监事会作为一种制度安排开始启动。条例第二条规定：国有重点大型企业监事会由国务院派出，对国务院负责，代表国家对国有重点大型企业的国有资产保值增值状况实施监督。原国有企业监事会以财务监督为核心，根据有关法律、行政法规和财政部的有关规定，对企业的财务活动及企业负责人的经营管理行为进行监督，确保国有资产及其权益不受侵犯。在实践过程中，为区别原来国有企业内部监事会、集团公司权属企业监事会和上市公司监事会及有限责任公司监事会等形式，习惯上将依据《国有企业监事会暂行条例》向国有企业派出的监事会称为外派监事会。

2006年，国务院国资委印发的《关于加强和改进国有企业监事会工作的若干意见》明确指出，监事会工作是国有资产监管的重要组成部分，监事会的监督是出资人监督的重要形式。

2008年10月28日，全国人大十一届常务委员会第五次会议通过《中华人民共和国企业国有资产法》（以下简称《国资法》），明确了监事会的派出机构、派出的法律依据、开展工作的方式、监督内容等事项，为监事会依法派出及履行职责提供了法律保障。《国资法》规定，国有独资企业由履行出资人职责的机构按照国务院的规定委派监事组成监事会，国家出资企业的监事会依照法律、行政法规以及企业章程的规定，对董事、高级管理人员执行职务的行为进行监督，对企业财务进行监督检查。履行出资人职责的机构依照法律、行政法规以及企业章程的规定，任免国有独资公司的董事长、副董事长、董事、监事会主席和监事。《国资法》明确了国有独资公司中监事会主席和监事的任免权在于履行出资人职责的机构。

外派监事会实行主席负责制。监事会主席负责召集和主持监事会会议和日常工作的管理，负责监事会监督检查报告和专项监督检查报告的审定及签阅，代表监事会对国务院国资委进行工作汇报。

外派监事会的监督检查方式包括日常监督检查、年度监督检查和专项监督检查。可以通过查阅资料、参加会议、听取管理情况汇报、实地调研、召开专题会议等形式，对公司日常运营情况进行监督检查。监事会每年根据国资监管部门的安排，对公司上年度的经营管理情况进行年度监督检查。在对公司重大决策、资产变动、会计核算、财务管理等方面监督过程中，发现可能或已经导致国有资产严重损失的行为，有必要深入检查的，可开展专项监督检查；监事会发现公司经营情况异常，可以进行调查。对在监督过程中发现的有关问题，可以同企业进行意见交换。

从2007年开始，外派监事会逐步实现由事后监督向全过程监督转变，由当年检查企业上年度情况逐步调整为监督检查当年情况，次年上半年提交年度监督检查报告。通过列席企业有关会议、分析企业月度财务快报、查阅企业生产经营相关资料和访谈座谈等多种方式，随时了解、掌握和跟踪企业重要经营管理活动，对企业内控制度及执行情况做出评估，对企业重大决策及其程序的合法性、合规性做出评判。体现现场监督和直接监督的特点和优势，把集中检查与日常监督结合起来。

外派监事会制度是各级政府履行出资人职能介入微观经济的重要方式，是政府间接管理国有企业的有效形式。从实践来看，外派监事会是政府作为出资者可选的一种低成本高效率的有效监督形式。

3. 金融机构的外派监事会

金融机构外派监事会，是指国务院向未上市的国有重点金融机构派出的监事会，国有重点金融机构主要包含国有政策性银行、商业银行、金融资产管理公司、证券公司、保险公司等（以下简称"国有金融机构"）。国有金融机构监事会（以下简称"监事会"）由国务院派出，对国务院负责，代表国家对国有金融机构的资产质量及国有资产保值增值状况实施监督。监事会的日常管理工作由监事会管理机构负责。

监事会以财务监督为核心，根据有关法律、行政法规和财政部的有关规定，对国有金融机构的财务活动及董事、行长（经理）等主要负责人的经营管理行为进行监督，确保国有资产及其权益不受侵犯。监事会与国有金融机构是监督与被监督的关系，不参与、不干预国有金融机构的经营决策和经营管理活动。

监事会履行下列职责：检查国有金融机构贯彻执行国家有关金融、经济的法律、行政法规和规章制度的情况；检查国有金融机构的财务，查阅其财务会计资料及与其经营管理活动有关的其他资料，验证其财务报告、资金营

第六章　监事、监事会的建设与运作

运报告的真实性、合法性；检查国有金融机构的经营效益、利润分配、国有资产保值增值、资金营运等情况；检查国有金融机构的董事、行长（经理）等主要负责人的经营行为，并对其经营管理业绩进行评价，提出奖惩、任免建议。

监事会一般每年对国有金融机构定期检查两次，并可以根据实际需要不定期地对国有金融机构进行专项检查。监事会开展监督检查，可以采取下列方式：听取国有金融机构主要负责人有关财务、资金状况和经营管理情况的汇报，在国有金融机构召开有关监督检查事项的会议；查阅国有金融机构的财务报告、会计凭证、会计账簿等财务会计资料以及与经营管理活动有关的其他资料；核查国有金融机构的财务、资金状况，向职工了解情况、听取意见，必要时要求国有金融机构主要负责人做出说明；向财政、工商、税务、审计、金融监管等有关部门调查了解国有金融机构的财务状况和经营管理情况。

监事会主席根据监督检查的需要，可以列席或者委派监事会其他成员列席国有金融机构董事会会议和其他有关会议。

延伸阅读：德国企业的监事会运行模式

德国公司的股权比较集中，股票流动性低，股票市场的监管作用较小。作为企业主要融资来源的银行在公司治理中发挥着突出的作用。在各类股东中，银行的持股量并不是最大，它持有的股票只占德国上市公司股票总量的9%左右。但是，除直接持有股票外，银行还托管大量其他机构和个人投资者的股票，并替这些委托人代行投票权，这使得银行在公司治理中发挥着更重要的作用。在德国，对公司持股最大的银行被称为主持银行，可向公司派驻监事。主持银行能够较容易地获得公司内部信息，从而对公司实施有效的监督。

德国公司治理模式的特点是两会制。监事会的职责是监督董事会，并向董事会提供咨询等。监事会对董事会的业务活动享有广泛的审核、监督和知情权，有权审核公司账簿、核实资产，并在必要时召开股东大会。根据德国法律，董事会成员由监事会任命，而且当公司经营不善时，监事会有权直接采取行动。董事会向监事会负责，执行监事会决议，负责公司日常运营，有义务向监事会报告公司的重大经营方针及绩效。董事会成员一般少于10人，每一个人都有业务责任，行使一项职能或管理一个企业。监事会与董事会成员不可兼任，母公司可以向子公司派出监事。另外，在德国，职工参与决策历史悠久，形成了独特的职工参与决策制度。

四、监事会下设专业委员会

1. 监事会提名委员会

提名委员会是监事会按照股东大会决议设立的专门工作机构,主要负责拟定由股东大会选举产生的监事的选任程序和标准,对由股东大会选举产生监事的任职资格和条件进行初步审核并提出建议。职工监事由监事会、工会提名,职工代表大会、职工大会或其他民主程序选举、罢免和更换。提名委员会对监事会负责,提名委员会的提案提交监事会审议决定。

关于人员构成。人员从公司监事会中产生,股东监事、外部监事和职工监事各一名。设主任委员一名,在委员内选举产生,负责主持提名委员会工作。

该委员会的主要职责包括:对监事会的规模和构成向监事会提出建议;研究监事的选择标准和程序,并向监事会提出建议;广泛搜寻合格的监事人选;对由股东提名的监事候选人的任职资格和条件进行初步审查并提出建议;对董事的选聘程序进行监督;组织实施对董事会、监事会和高级管理层及其成员的履职评价工作,并向监事会报告;对单位薪酬管理制度和政策及高级管理人员薪酬方案的科学性、合理性进行监督;监事会授权的其他事宜。

2. 监事会监督委员会

监事会监督委员会是监事会按照章程规定设立的专门工作机构,对监事会负责。监事会监督委员会由本单位监事组成,委员人数不得少于三人,其中至少有一名监事是会计专业人士。

该委员会的主要职责包括:负责拟定监事会行使监督职权的具体方案;拟定对公司财务活动的监督方案并实施相关检查;监督董事会确立稳健的经营理念、价值准则和制定符合实际的发展战略;组织实施对董事会和高级管理层的重要财务决策和执行情况,内部控制治理结构的建立和完善情况,全面风险管理治理架构的建立和完善情况,以及相关各方的职责划分及履职情况的监督和评价工作;根据需要,在监事会授权下拟定对公司经营决策、内部控制、风险管理等进行审计的具体方案;根据需要,拟定对董事、总经理和其他高级管理人员进行离任审计的方案;监事会授权的其他事宜。

案例:A银行监事会及下属专门委员会的主要职责

根据现行《A银行股份有限公司章程》规定,监事会是公司的监督机构,对股东大会负责,行使监督、检查公司的财务、对公司董事、行长和其他高

第六章 监事、监事会的建设与运作

级管理人员执行本公司职务的行为进行监督,对违反法律、行政法规或者本公司章程的提出罢免建议等职责。

监事会下设监督委员会和提名委员会。

监事会监督委员会的主要职责:负责拟定监事会行使监督职权的具体方案;在监事会授权下执行监督审计职能。

监事会提名委员会的主要职责:对监事会的规模和构成向监事会提出建议;研究监事的选择标准和程序,并向监事会提出建议;广泛搜寻合格的监事的人选;对由股东提名的监事候选人的任职资格和条件进行初步审核,并提出建议;监事会授权的其他事宜。

案例:B 银行监事会下设专门委员会

1. 履职尽职监督委员会

监事会履职尽职监督委员会由 6 名监事构成。履职尽职监督委员会的主要职责是:拟订对董事会、高级管理层以及董事和高级管理人员履职尽职情况进行监督的实施方案,提交监事会批准后组织实施;提出对董事会、高级管理层以及董事和高级管理人员履职尽职情况的监督意见,并向监事会提出建议;根据需要,拟订对董事和高级管理人员离任审计报告,并向监事会提出建议;就股东代表监事、外部监事、独立董事、监事会各专门委员会人选向监事会提出建议;拟定监事的考核办法,组织对监事的业绩考核,并向监事会提出建议;提出监事薪酬和津贴分配方案的建议,提交监事会审议;研究处理董事会、高级管理层以及董事和高级管理人员告知或提供的有关事项或文件资料;法律、行政法规、部门规章以及监事会授权的其他事宜。

2. 财务与内部控制监督委员会

监事会财务与内部控制监督委员会由 6 名监事构成。财务与内部控制监督委员会的主要职责是:拟订监事会财务与内部控制监督的工作计划和实施方案,提交监事会批准后组织实施;监督本行"三农"业务发展战略规划、政策和基本管理制度的实施,对实施效果进行评估,并向监事会提出建议;监督检查本行财务报告、营业报告以及董事会制订的利润分配方案,并向监事会提出建议;拟定监事会对本行财务活动、经营决策、风险管理和内部控制等进行监督检查的方案,提交监事会批准后组织实施。必要时,可向监事会建议聘请外部审计机构对本行财务进行审计;指导本行内部审计部门的工作;研究处理董事会、高级管理层以及董事和高级管理人员告知或提供的有关事项或文件资料;监督外部审计机构的聘用、解聘、续聘合规性，聘用条款和酬金的公允性，以及外部审计工作的独立性和有效性，并向监事会提出建议；法律、行政法规、部门规章以及监事会授权的其他事宜。

五、监事会工作纪律

监事会成员不得接受被监督单位的任何馈赠，不得参加由被监督单位安排、组织或者支付费用的宴请、娱乐、旅游、出访等活动，不得在被监督单位中为自己、亲友或者其他人谋取私利。监事会主席和专、兼职监事不得接受被监督单位的任何报酬、福利待遇，不得在被监督单位报销任何费用。

监事会成员必须对检查报告内容保密，并不得泄露被监督单位的商业秘密。监事会成员必须认真执行党和国家的保密制度、信访制度以及确保监事会有效工作的各项规定。

监事会成员有下列行为之一的，依法给予行政处分或者纪律处分，直至撤销监事职务；构成犯罪的，依法追究刑事责任；对被监督单位的重大违法违纪问题隐匿不报或者严重失职的；与被监督单位串通编造虚假检查报告的。

知识栏：原国有企业监事会监事"六要六不"行为规范

"六要"的具体内容是：一要认真学习邓小平理论和"三个代表"重要思想，深入贯彻落实科学发展观，与党中央保持一致；二要坚持原则，清正廉洁，严于律己，公道正派，光明磊落；三要依法办事，敢于讲真话，不怕得罪人，勇于同违反国家法律、法规、政策、财经纪律和弄虚作假的行为做斗争，自觉维护国家利益；四要努力学习，不断提高政治素养、政策水平、业务能力；五要正确行使监督权力，实事求是，全面准确地评价和反映企业的经营、财务状况和领导人员工作业绩；六要严格履行公务员义务，恪尽职守，埋头苦干，深入群众，注意听取各方面意见，提高工作质量和工作效率。

"六不"的具体内容是：不得泄露检查结果和企业商业秘密；不得参与和干预企业的经营决策和经营管理活动；不得直接向所监督企业发表结论性意见；不得接受企业的馈赠、报酬、福利待遇和在企业报销费用；不得吃请受礼、借机游山玩水和参加有可能影响公正履行公务的活动；不得在企业兼职、购买股票和为自己、亲友及他人谋取私利。

六、监事会的监督作用

《公司法》规定监事会具有相当广泛的职权范围，赋予了监事会特定权利，使其能更好地对董事会、董事、经理和其他高级管理人员起到制衡、提示、制止的监督作用。监事会可以建立一条独立于企业的信息渠道，实现出资人与所出资企业之间的信息对称。有效发挥监督制衡作用，推动企业依法合规经营。促进企业内控体系的建立和完善，进一步夯实管理基础。及时预警企业的重大风险，有效维护国有资产安全。发挥警示作用，规范企业高管的履职行为。

（1）制衡作用。主要体现在监事会与董事会是公司治理结构设置当中的平行机构，从法律的角度赋予了监事会对董事会的制衡作用。

（2）提示作用。主要体现在发现董事会、董事、经理和其他高级管理人员在履行职务时存在异常情况，可以提出质询并向股东（大）会及其相应部门报告有关情况。

（3）制止作用。主要体现在发现董事会、董事、经理和其他高级管理人员存在违反法律、法规或公司章程及其损害公司的利益行为时，可以制止并予以纠正；必要时提起诉讼，促进被监督单位董事、经理和其他高级管理人员合法履职。

（4）防范风险作用。主要体现在监事会加强过程监管，规避经营风险发生，促进被监督单位良好经营；保障国有资产保值增值，维护出资人权益。

第三节　监事会会议种类、召集和表决

监事会以集体议事、形成决议的方式行使其监督职责。由此，监事会会议的质量一定程度上决定了监事会的工作质量。不同公司的监事会议事规则存在一定差异，但必须是在《公司法》等相关法律法规框架下予以设计。

一、监事会的会议种类和特点

监事会会议是一个完整的体系，它能满足监事会行使主要职能的需要。监事会会议分为定期会议、日常会议和专题会议。

定期会议是指监事会定期召开会议。监事会通常每年召开一、二次会议。会议的内容，一是监事会对半年或一年来对公司财务经营状况的监督结果进行综合报告；二是制订下半年或下一年监事会工作计划；三是总结和回顾半年或年度工作。主要的议题有审核经财务总监审核的或公司代表签署的半年、年度财务报告，重点审核财务会计信息的真实性、完整性，重点分析评价公司预算执行情况、资产运作情况、重点投资决策实施情况、国有资产质量和保值增值情况；评价公司董事会成员及经营者的经营行为和业绩，提出奖惩或任免意见；讨论监事会的年度计划、工作总结和向股东报告等。定期会议要求全体监事会成员参加，是监事会监督行为的具体体现。

日常会议是指监事会为研究日常工作召开的会议。日常会议主要包括：为完成监事会年度工作计划，监事会在自身工作运行的各个环节（包括部署、实施检查、考核）要召开的各类工作性会议；监事会在日常工作中为向有关方面了解情况、听取意见而召开的会议；监事会落实股东临时部署的监督事项而召开的会议等。

专题会议是指监事会在行使监督职责的过程中，为研究和处理一些专题性问题而召开的临时会议。专题会议主要在以下情况下召开：董事会决策违反了法律法规或超越决策权限范围，违反决策程序以及决策可能造成严重影响国有资产保值增值；公司已经或正在出现重大的国有资产流失现象，企业权益受到侵害，董事会未能及时采取措施；对董事会的决策进行财务专题论证或提供有关咨询意见等。这类会议的特点，一是议题的内容比较复杂，专业性比较强或是情况比较急；二是由于一些客观原因，为了全面掌握情况，监事会召开这类会议。一般而言，专题会议可以根据实际情况决定是否召开。

二、监事会会议的召集

监事会会议一般由监事会主席召集。监事会主席因故不能出席监事会会议的，由副主席主持会议；不设副主席的，可指定监事代为主持会议。监事一般都应出席监事会会议，监事因故不能出席会议的，应事先向监事会主席请假，可事先提出书面意见或书面表决，也可书面委托其他监事，委托书上注明委托事项及意见。监事经常无故不出席监事会会议的，要考虑其担任监事的资格问题，情况严重的要撤销其监事职务。监事会会议召开

第六章　监事、监事会的建设与运作

的前七天，应将会议时间、地点、议题、表决事项以书面形式通知所有监事，监事会认为有必要时，可以邀请董事长、董事、经理、财务总监等有关人员列席会议。

知识栏：临时监事会会议召开的条件

（1）监事会召集人认为必要时。
（2）三分之一以上的监事提议时。
（3）股东大会、董事会会议通过了违反法律、法规、规章、监管部门的各种规定和要求、公司章程、公司股东大会决议和其他有关规定的决议时。
（4）董事和高级管理人员的不当行为可能给公司造成重大损失时。
（5）公司、董事、监事、高级管理人员被股东提起诉讼时。
（6）公司、董事、监事、高级管理人员受到证券监管部门处罚或者被公开谴责时。
（7）证券监管部门要求召开时。
（8）公司章程规定的其他情形。

三、监事会表决、决议

监事会会议决定的事项，必须由参加会议的监事进行表决，监事会决议应当经半数以上监事通过形成决议。监事会会议决议是监事会会议的重要内容。监事会决议应包括以下几方面的内容："上半年或上一年度监事会工作报告；年度监事会工作计划；监事会会议时间、内容以及监事出席情况和表决情况；公司半年或全年的生产经营和资产经营基本情况；公司经营绩效、资产质量和资产的保值增值情况；对董事会成员及高管人员经营行为、经营业绩的评价、奖惩及任命建议"。

知识栏：监事会会议的法律规定

《公司法》第五十五条监事会每年度至少召开一次会议，监事可以提议召开临时监事会会议。监事会的议事方式和表决程序，除本法有规定的外，由公司章程规定。监事会决议应当经半数以上监事通过。监事会应当对所议事项的决定作成会议记录，出席会议的监事应当在会议记录上签名。

第四节　监事会监督内容和要点

依据《公司法》《国有企业监事会暂行条例》中监事会的职权范围，结合实际情况，监事会监督重点内容包括：公司三重一大事项决策监督，董事会、董事、高级管理人员的履职监督，财务管理监督，资产管理监督，工程项目管理监督，内部控制和风险控制的监督和会议监督。

一、"三重一大"事项决策监督

2010年7月15日，中共中央办公厅、国务院办公厅印发《关于进一步推进国有企业贯彻落实"三重一大"决策制度的意见》，要求凡属重大决策、重要人事任免、重大项目安排和大额度资金运作事项必须由领导班子集体做出决定。为促进国有企业领导人员遵纪守法经营、廉洁自律、规范决策行为、提高决策水平、防范决策风险、保证国有企业健康科学发展、推动决策制度的落实，监事会对被监督企业的三重一大事项决策进行监督。

1. 决策监督内容

1）重大决策事项

重大决策事项是指依照《公司法》等法规规定的应当由股东（大）会、董事会、未设董事会的经理班子决定的事项。主要包括公司发展战略、破产、改制、兼并重组、资产调整、产权转让、对外投资、机构调整、利润分配等方面的重大决策，企业党的建设和安全稳定的重大决策，以及其他重大决策。

2）重要人事任免事项

重要人事任免事项是指企业直接管理的领导人员以及其他经营管理人员的职务调整事项。主要包括企业中层以上经营管理人员和所属单位领导班子成员的任免、聘用、解除聘用和后备人选的确定，向控股和参股企业委派股东代表，推荐董事会、监事会成员和经理、财务负责人以及其他重要人事任免事项。

3）重大项目安排事项

重大项目安排事项是指对企业资产规模、资本结构、盈利能力以及生产装备、技术状况等产生重要影响的项目的设立和安排。主要包括：年度投资计划，融资、担保项目，期权、期货等金融衍生业务，重要设备和技术引进，采购大宗物资和购买服务，重大工程建设项目，以及其他重大项目安排事项。

第六章　监事、监事会的建设与运作

4）大额资金运作事项

大额资金运作事项是指超过由企业或者履行国有资产出资人职责的机构所规定的领导人员有权调动、使用的资金限额的资金调动和使用。主要包括：年度预算内大额资金调动和使用，超预算的资金调动和使用，对外大额捐赠、赞助，以及其他大额资金运作事项。

知识栏：《关于进一步推进国有企业贯彻落实"三重一大"决策制度的意见》相关规定

（十八）国有企业的纪检监察机构在依照《国有企业领导人员廉洁从业若干规定》的规定，结合年度考核进行监督检查，作出评估，并向企业党组织和上级纪检监察机构报告时，应当将国有企业领导人员执行"三重一大"决策制度的情况作为重点内容。

（十九）"三重一大"决策制度的执行情况，应当作为巡视、党风廉政建设责任制考核的重要内容和企业领导人员经济责任审计的重点事项；作为民主生活会、企业领导人员述职述廉的重要内容。

（二十）组织人事部门、履行国有资产出资人职责的机构和审计机关，应当将"三重一大"决策制度的执行情况，作为对企业领导人员考察、考核的重要内容和任免以及经济责任履行情况审计评价的重要依据。

（二十一）国有企业领导人员违反"三重一大"决策制度的，应当依照《国有企业领导人员廉洁从业若干规定》和相关法律法规给予相应的处理；违反规定获取的不正当经济利益，应当责令清退；给国有企业造成经济损失的，应当承担经济赔偿责任。

2. 决策监督要点

1）重大决策事项

（1）公司发展战略。规划制定与审批；规划目标；发展思路；发展重点；规划指标；为实现规划所采取的方法和途径。

（2）公司年度生产经营计划。上年度经营数据分析；当前本行业市场分析；同行业企业经营情况发展分析；本年度生产经营指标；年度生产经营计划重点项目；重点工作任务实施情况等。

（3）对外投资。股权新设企业、合资合作、产权收购；固定资产投资；金融投资；重大资产收购等。

（4）改制方案。企业具体情况；改制条件；改制的目标和遵循的原则；改制内容、步骤；改制结果。

（5）破产清算。企业负债及亏损情况；申请破产理由；破产清算遵循的原则；资产变现情况；破产清算与安置费用；职工安置方案；破产工作组成员及分工等。

（6）兼并重组。兼并重组方案；基本原则；方案实施路径；方案并购方式；方案风险控制；方案执行情况及结果。

（7）机构重大调整。机构调整方案是否合理；调整后机构设置；调整后岗位职责等。

（8）国有产权转让。转让过程中的程序是否合法、合规；产权转让处理结果。

（9）资产处置。资产处置的批准文件；处置程序是否合法、合规；资产处置结果。

（10）利润分配方案。分配方案制度建立情况；分配方案是否经董事会审议通过；方案是否经股东大会审议通过；分配方案是否合规。

（11）公司其他重大事项的监督。监事会按照公司章程规定，除上述事项以外的出售或转让与公司核心竞争能力相关的资产、证券或风险投资事项，以及公司会计政策变更、会计估计变更、重大会计差错更正等事项。

2）重要人事任免事项

（1）聘用企业领导人员、推荐后备领导人员。监督并发现被聘用的企业领导人员和被推荐的后备领导人员任职资格是否符合规定；被聘用的企业领导人员和被推荐的后备领导人员任职是否履行相应程序，程序是否合规；被聘用的企业领导人员和被推荐的后备领导人员是否履行了审批和备案程序。

（2）向控股、参股企业委派股东代表、推荐董事会、监事会成员。派出或推荐人员的任职资格是否符合规定；派出或推荐人员的任职是否履行相应程序。

3）重大项目安排事项

（1）年度投资计划。年度投资计划是否经董事会决策；年度投资计划是否有批准文件。

（2）投资事项。投资项目的可行性研究报告；投资项目批准程序的合规性；投资项目的批准文件；投资项目的执行情况。

（3）融资、担保事项。项目的可行性研究报告；项目批准程序的合规性；项目的批准文件；项目的执行情况。

第六章 监事、监事会的建设与运作

（4）重大工程项目的承包与发包。项目的承包与发包制度是否建立；项目的承包与发包是否履行招投标程序；项目的承包与发包是否有资料记录等。

（5）重大设备和技术引进。应进行招投标的项目是否履行了招投标程序；主体资格是否合规；合同签订是否符合规定的审批程序；劳务分包、大宗招采是否符合相关规定等。

4）大额资金运作事项

（1）年度计划的大额资金使用。大额资金使用计划是否履行审批程序，使用是否有计划；大额资金使用是否履行合规程序。

（2）大额资金运作。大额资金运作有无申请审批程序；大额资金运作有无合理事由及说明；大额资金运作是否履行程序等。

（3）重大捐赠、赞助资金运作事项。重大捐赠、赞助资金运作事项有无合理事由；重大捐赠、赞助资金运作事项审批程序是否合法、合规；重大捐赠、赞助资金运作事项是否履行财务程序。

3. 相关管理追责事项监督

1）固定资产投资方面

（1）未按规定进行可行性研究或风险分析。

（2）项目概算未按规定进行审查，严重偏离实际。

（3）未按规定履行决策和审批程序，擅自投资。

（4）购建项目未按规定招标、干预、规避或操纵招标。

（5）外部环境和项目本身情况发生重大变化，未按规定及时调整投资方案并采取止损措施。

（6）擅自变更工程设计、建设内容和追加投资等。

（7）项目管理混乱，致使建设严重拖期、成本明显高于同类项目。

（8）违反规定开展列入负面清单的投资项目。

2）投资并购方面

（1）未按规定开展尽职调查，或尽职调查未进行风险分析等，存在重大疏漏。

（2）财务审计、资产评估或估值违反相关规定。

（3）投资并购过程中授意、指使中介机构或有关单位出具虚假报告。

（4）未按规定履行决策和审批程序，决策未充分考虑重大风险因素，未制定风险防范预案。

（5）违反规定以各种形式为其他合资合作方提供垫资，或通过高溢价并购等手段向关联方输送利益。

（6）投资合同、协议及标的企业公司章程等法律文件中存在有损国有权益的条款，致使对标的企业管理失控。

（7）违反合同约定提前支付并购价款。

（8）投资并购后未按有关工作方案开展整合，致使对标的企业管理失控。

（9）投资参股后未行使相应股东权利，发生重大变化未及时采取止损措施。

（10）违反规定开展列入负面清单的投资项目。

3）境外经营投资方面

（1）未按规定建立企业境外投资管理相关制度，导致境外投资管控缺失。

（2）开展列入负面清单禁止类的境外投资项目。

（3）违反规定从事非主业投资或开展列入负面清单特别监管类的境外投资项目。

（4）未按规定进行风险评估并采取有效风险防控措施，对外投资或承揽境外项目。

（5）违反规定采取不当经营行为，以及不顾成本和代价进行恶性竞争。

（6）违反其他有关规定或存在国家明令禁止的其他境外经营投资行为。

4）转让产权、上市公司股权、资产等方面

（1）未按规定履行决策和审批程序或超越授权范围转让。

（2）财务审计和资产评估违反相关规定。

（3）隐匿应当纳入审计、评估范围的资产，组织提供和披露虚假信息，授意、指使中介机构出具虚假财务审计、资产评估鉴证结果及法律意见书等。

（4）未按相关规定执行回避制度。

（5）违反相关规定和公开公平交易原则，低价转让企业产权、上市公司股权和资产等。

（6）未按规定进场交易。

5）企业改组改制方面

（1）未按规定履行决策和审批程序。

（2）未按规定组织开展清产核资、财务审计和资产评估。

（3）故意转移、隐匿国有资产或向中介机构提供虚假信息，授意、指使中介机构出具虚假清产核资、财务审计与资产评估等鉴证结果。

（4）将国有资产以明显不公允低价折股、出售或无偿分给其他单位或个人。

（5）在发展混合所有制经济、实施员工持股计划、破产重整或清算等改

第六章 监事、监事会的建设与运作

组改制过程中,违反规定,导致发生变相套取、私分国有资产。

(6)未按规定收取国有资产转让价款。

(7)改制后的公司章程等法律文件中存在有损国有权益的条款。

6)购销管理方面

(1)未按规定订立、履行合同,未履行或未正确履行职责致使合同标的价格明显不公允。

(2)未正确履行合同,或无正当理由放弃应得合同权益。

(3)违反规定开展融资性贸易业务或"空转""走单"等虚假贸易业务。

(4)违反规定利用关联交易输送利益。

(5)未按规定进行招标或未执行招标结果。

(6)违反规定提供赊销信用、资质、担保或预付款项,利用业务预付或物资交易等方式变相融资或投资。

(7)违反规定开展商品期货、期权等衍生业务。

(8)未按规定对应收款项及时追索或采取有效保全措施。

案例:监事会履职

(1)A公司第三届董事会第十一次会议决议公告称:公司监事会认为收购某药业部分国家股股权,与公司的发展战略不相符,董事会审议通过了由公司监事会提出的放弃收购西南药业部分国家股股权的议案,并予以公告。

(2)B公司董事会通过由监事会提出改变募资用途的议案。B公司1998年实施配股共募集资金20177万元,其中预算投入4000万元兴建石油气体储运设施。由于现有的石油气体储运设施已能满足公司的生产经营需要,监事会认为该项目已没有建设的必要,建议该部分资金用于补充流动资金,以减少公司贷款规模,降低公司财务费用。

案例:辽河油田建设大监督体系—股权公司风险管控以监事会监督为主导

辽河油田建设以监事会为主导的大监督体系,是践行专职监事履职监督制度过程中的一个创新。针对普遍存在的监事会"虚化"与监督权力旁落的问题,辽河油田在2012年专门成立了独立的监事办公室。办公室的主要职责主要是议案审查和履职监督两部分。

一、专注三会议案审核工作

(1)专注议案审核,要求各公司的监事会在年度工作报告、年度履职工作计划等常规议案的基础上,制定专职监事行权履职检查议案、重要风险点

防范及解决方案的议案、高管年度兑现奖惩议案等。

（2）专职监事向股东（大）会或董事会通报"监事会、审计、纪检及内控等各类检查发现的问题"，并通报发现问题的整改情况，对股权公司和托管单位分别提出合理化建议。

二、专职监事日常监督和重点监督工作

（1）专职监事日常监督。专职监事要根据年初公司股东（大）会和董事会通过的公司发展战略和总经理工作报告的内容，跟踪监督财务 FMIS 核算情况、月度计划工作完成情况、预算指标分解完成情况、重大事项决议执行情况等 8 个方面工作内容。

（2）专职监事重点监督工作。监事办公室每年年初，将所投资公司按照风险级别从高向低排序，组成 3~4 人的监事检查小组，进驻公司现场监督，重点监督的内容除了财务核算真实性监督外，还包括董事会总经理报告承诺事项的完成情况、公司是否有长远发展的战略规划、经理层对董事会决议的执行情况等。对检查发现的问题，监事会力争做到有发现、有回复、有整改，明确问题责任人和整改期限。

几年来，通过日常监督和重点监督发现所投资公司存在隐瞒收入、无计划采购、违反规定发放薪酬、涉嫌利益输送风险等各类问题 60 余项，调整公司高级管理人员岗位 7 人，提出被采纳合理化建议 54 条。

积极推动股权公司以监事会为主导的监督体系建设，针对辽河油田机关处室各路监督检查资源、信息不共享，意见不一致，以及给所投资公司带来的重复检查的问题均得到了有效解决，监事会密切与审计、纪检以及巡视组之间的合作，实现了检查计划共享、检查结果互商，有效避免了重复检查，同时也最大限度地维护了法人公司的权益，保护了出资人利益。

二、董事会、董事、高级管理人员的履职监督

董事及高级管理人员对公司经营管理的结果起着决定性作用，因此，对董事及高级管理人员履职情况的监督十分重要。

1. 董事会

对董事会的监督主要包括两方面内容，一是法人治理结构建立情况；二是董事会议事程序执行情况。

第六章　监事、监事会的建设与运作

法人治理结构建立情况。主要指是否设立董事会；董事会是否按期召开；董事长选举是否合规；董事会召集是否符合规定；董事会议事规则是否健全。

董事会议事程序执行情况。主要指董事会议事程序执行情况；董事会议事决策是否合规等；董事会议案是否应报尽报；董事会议案是否存在损害公司权益的情况。

2. 董事

对董事的监督具体指董事资格、义务执行情况的监督。董事履职是否存在为他人和竞争关系公司损害任职公司利益的行为；董事是否忠实为公司和全体股东利益负责；董事是否未经股东大会和董事会同意，与本公司私订合同或者交易；董事是否利用职务为自己或者他人谋取商业利益；董事对公司事务是否履行勤勉义务；董事是否利用内幕信息从事证券交易活动或者泄露信息；董事是否违规买卖公司股票等。

3. 高级管理人员

对高级管理人员的监督具体指高级管理人员义务执行情况。高管人员履职是否执行股东（大）会和董事会决议；高管人员能力和水平；高管人员是否履职尽责；企业年度经营指标完成情况；财务评价指标考核；项目管理考核；年度重点工作完成情况；规划目标当年完成情况等。

三、财务管理监督

监事会以企业的财务监督为核心。对企业的财务活动及企业负责人的经营管理行为进行监督，确保国有资产及其权益不受侵犯，定期查阅财务报告、年度报表审计报告，检查被监督公司的财务会计资料及经营管理活动有关的其他资料，以年度财务预、决算报表为分析基础，深入剖析公司经营优势、发展短板和潜在风险，检查被监督企业的经营效益、利润分配、国有资产保值增值等情况。

1. 财务管理监督内容

财务管理监督内容主要包括以下三个方面。

第一，企业财务的日常监督检查。企业财务的日常监督检查指派出监事会通过定期搜集企业财务资料，定期听取相关汇报，跟踪了解企业财务和经营状况，对企业财务情况进行常规、持续的监督检查。

第二，企业财务的集中检查。企业财务的集中检查指派出监事会集中时间对企业财务状况进行综合检查及分析,在企业业务、有关人员等发生重大调整或变化的情况下,对财务管理某方面进行有针对性的监督检查。

第三,企业财务的年度监督检查。企业财务的年度监督检查是指派出监事会年度监督检查中对财务事项的监督检查,包括各项财务数据的年度变化情况、经济效益及利润分配情况、现金流量和偿债情况等。

2. 财务管理监督要点

1)日常财务监督

日常财务监督主要包括以下两个方面。

第一,常规财务监督。会计机构、人员是否依法设置;不相容职务是否分离;是否建立和规范执行财务制度及财务审批流程;是否进行预算控制;是否建立内部控制机制;是否规范使用财务信息化系统。

第二,资金活动监督。一是筹集资金监督,企业是否建立筹资业务决策环节、执行环节、偿付环节的控制制度;筹资议案是否符合国家有关法律法规;重大筹资议案是否进行风险评估并报告;重大筹资议案是否集体决策;筹资合同的签订、履行是否合规;筹资业务是否集体决策。二是运营资金监督,资金制空权制度、审核批准制度是否建立;资金业务操作是否合规;是否存在账外账、坐支现金情况;银行预留印鉴是否进行专人管理和分离管理。

2)企业财务的集中检查

"小金库"专项监督。被监督单位是否建立防治"小金库"长效机制。

"假发票"专项监督。被监督单位是否建立发票管理制度并严格执行,被监督单位是否收取发票时利用辨别手段对发票进行判断等。

财务制度、财务人员到位及人员资格证书、年度财务报告是否按规定进行审计等情况的监督。

3)企业财务的年度监督检查

(1)《年度经营目标考核》中财务各项指标完成情况。

(2)企业主要财务经营政策及其变动情况。

(3)各重要会计科目的增减情况。

(4)各种重要台账的建立情况。

(5)其他重要财务事项。

4)资金管理追责事项监督

(1)违反决策和审批程序或超越权限筹集和使用资金。

(2)违反规定以个人名义留存资金、收支结算、开立银行账户等。

(3)设立"小金库"。

第六章 监事、监事会的建设与运作

（4）违反规定集资、发行股票或债券、捐赠、担保、委托理财、拆借资金或开立信用证、办理银行票据等。

（5）虚列支出套取资金。

（6）违反规定超发、滥发职工薪酬福利。

（7）因财务内控缺失或未按照财务内控制度执行，发生资金挪用、侵占、盗取、欺诈等。

案例：某风电股会计差错/董事长辞职担责

（1）所有者权益由会计差错导致的差异 -1.68亿元，差异比例为 -1.21%。

（2）营业收入由会计由差错导致的差异为 -9.29亿元，差异比例为 -8.90%。

（3）营业成本由会计差错导致的差异为 -6.62亿元，差异比例为 -6.67%。

（4）净利润由会计差错导致的差异为 -1.68亿元，差异比例 -21.70%。

2013年3月10日，该公司创始人、董事长韩某辞职，留任董事。

延伸阅读：监事尽责履职财务监督预警分析系统

监事需要定期审读公司会计报表等财务信息，财务检查分析是监事履职监督的一项基本功，监事尽责履职财务监督预警分析，是专门针对监事履职的需要，为企业建立分析、控制、预警企业财务风险所设计的一整套方案；它以企业财务报表数据为依据，使用人工神经网络算法和决策树理论，从事前、事中、事后多个角度动态监控上市企业的财务状况和经营风险，能够及时、准确地对财务风险进行分析、判断；主要包括报表审查、事前财务分析、事中风险预警、事后资产质量评价监控、重大事项预警、智能账务预测、行业横纵对标预警、自定义分析预警等。

监事尽责履职财务监督预警分析系统能够从实现利润、成本、资产结构、资本结构、经营协调性、偿债能力、盈利能力、发展潜力、现金流量、营运能力等方面，对企业的经营及财务状况全面进行分析诊断，能够得出科学的分析诊断结论，回答12个关键财务分析问题和50个经营管理问题，生成详细的财务分析报告。具体见附录4，工作范本二、工作范本三。

四、资产管理监督

对国有企业资产管理进行监督，保障国有资产保值增值。主要监督要点包括：投资资产管理监督、改制资产管理监督、实物资产转让监督、房屋出租管理监督和资产损失责任监督等。

1. 投资资产管理监督

投资资产管理监督具体包括是否制定并执行投资管理制度，制定业务流程；是否加强投资可行性研究、评估与决策环节的控制；是否编制投资项目建议书，并由相关部门或人员对投资项目进行分析；是否编制可行性研究报告，项目预期投资收益率应不低于国内行业同期平均水平；是否委托具有相应资质的专业机构进行资产评估，形成评估报告；是否建立投资实施方案，方案是否按照规定权限和程序履行相关审批手续；是否指定专门的部门或人员对投资项目进行跟踪管理。

2. 改制资产管理监督

改制资产管理监督具体包括是否慎重选择改制模式和引入战略合作方，是否按照规定选择资信较好、经验丰富的中介机构进行尽职调查，充分考虑合作方的经营优势、资金实力、信用等级的合作方；是否按照有利于增强企业技术创新能力、提升企业管理水平、保证职工队伍稳定、促进企业持续发展的原则审慎选择确定；改制企业是否完善法人治理结构，明确改制参股企业股东的责任、权利和义务，规范重大事项决策范围和决策程序；国有股东应当要求改制参股企业提供真实、完整的财务会计信息，定期查阅改制参股企业的财务会计报告，加强财务信息监督；是否加强改制资产管理，国有房屋、土地、品牌、资质等资产管理，及时纠正改制参股企业无偿使用国有企业的房屋、土地、品牌、资质等资产的行为。

3. 实物资产转让监督

实物资产转让监督具体包括是否明确重要实物资产的范围；是否建立并执行实物资产转让的相关制度、相关程序；实物资产转让应履行内部决策程序，进行可行性研究，进行资产评估，评估结果作为确定实物资产转让价格的参考依据；按照《企业国有资产交易监督管理办法》规定，履行"招拍挂"程序；按照产权交易所规定的流程转让，首次信息公告的挂牌价格不得低于经备案、核准转让标的资产评估结果，确定受让方后获取正规交易凭证，完善财务手续。

4. 房屋出租管理监督

房屋出租管理监督具体包括是否规范承租人选择，遵循公开、公平的原则，选择资信可靠、具备履约能力的承租人；被监督单位应当与承租人依法订立租赁合同，在合同中明确约定出租期限、租金、支付方式、附加物业费、水费、

第六章 监事、监事会的建设与运作

电费及违约责任等事项。

5. 资产损失责任监督

资产损失责任监督具体包括是否建立健全内控制度，通过资产损失预警及资产定期检查机制，结合财务决算管理、经济责任审计、内部审计和专项检查等工作，在经营管理中及时清查资产损失；发生资产损失是否及时采取有效措施以减少或者挽回损失，发生重大或者特别重大资产损失的是否及时向股东或者资产主管部门报告。

五、工程项目管理监督

工程项目管理是企业强化经营管理、提升经济效益、塑造品牌信誉关键所在，是企业管理的永恒主题。但工程项目实施过程中的施工队伍选择、原材料采购、项目经理利用职务寻租、验收结算环节管理人员违规运作等问题屡禁不止。主要监督要点包括：施工合同主体资格监督；工程项目责任成本测算方案监督；项目经理部组建审批管理监督；工程项目经营活动分析监督；工程施工结算监督。

1. 工程项目管理监督要点

1）施工合同主体资格监督

施工合同主体资格监督具体包括业主主体资格是否合法；是否履行了合同评审会签程序；是否履行了招投标程序。

2）工程项目责任成本测算方案监督

工程项目责任成本具体包括目标责任成本；计划成本；预算收入；实际成本归集；成本控制；成本分析。

3）项目经理部组建审批管理监督

项目经理部组建审批管理监督具体包括项目经理部组建是否向集团公司申报；重点工程需申报全部管理人员名单；申报前应经本企业经理办公会、党委会集体研究，批复后，聘任人员应及时到岗履职；项目经理部全部管理人员职业素质应符合要求，有执业资格证书；上一工程出现经营亏损的项目经理在一定年限内不得担任新工程的项目经理。

4）工程项目经营活动分析监督

工程项目经营活动分析监督具体包括是否建立工程项目经营分析制度；是否按项目管理要求，组织召开月度成本分析会。

5）工程施工结算监督

工程施工结算监督具体包括工程结算计划管理；项目施工结算书编制情况；工程施工结算情况资料；工程经营结算资料应专人负责。

2. 工程承包建设追责事项监督

（1）未按规定对合同标的进行调查论证或风险分析。
（2）未按规定履行决策和审批程序，或未经授权和超越授权投标。
（3）违反规定，无合理商业理由以低于成本的报价中标。
（4）未按规定履行决策和审批程序，擅自签订或变更合同。
（5）未按规定程序对合同约定进行严格审查，存在重大疏漏。
（6）工程以及与工程建设有关的货物、服务未按规定招标或规避招标。
（7）违反规定分包等。
（8）违反合同约定超计价、超进度付款。

案例：中海外联合体A国某高速公路项目教训

1. 项目简介

该项目是A国政府公开招标项目，国内企业组成中海外联合体于2009年9月中标，工期从2009年10月5日至2012年6月4日（含设计期），投标报价为4.47亿美元（30.49亿元人民币）。这是我国公司在欧盟地区承建的第一个基础设施项目，对进一步开拓欧盟市场具有重大意义。

但是，中海外联合体不及A国政府预算一半的报价一度引来低价倾销的指责。针对此现象，中海外联合体也曾做出回应：公司将"依靠特殊的管理方式压缩成本，并非亏本经营"。然而，不久就发现自己低估了困难。2011年5月，因未按时向A国分包商支付贷款，导致工程5月18日起停工。工程进展迟缓的背景下公司坚持做完，可能导致公司亏损3.94亿美元（25.45亿元人民币）。A国业主则给中海外联合体开出了2.71亿美元（17.51亿元人民币）的赔偿要求和罚单。根据A国法律，中海外联合体企业成员在未来3年内，都不能在A国参与任何道路工程的建设。

2. 失败原因解析

1）忽视前期工作，投标体系不规范

中海外联合体急于进入高端市场，制定低价中标策略，希望利用我国廉价劳动力优势降低成本。但是，A国某高速公路项目实施过程并不顺利。第一，预想的低劳动力成本优势不存在。很多设备必须在当地租赁，需要当地工人

第六章 监事、监事会的建设与运作

操作。按照A国劳工法，海外劳工必须按当地工资水平雇佣。第二，当中海外联合体以原材料、人工、汇率等成本骤升，施工过程中发生多项重大工程变更等为理由提出索赔，A国方则自始至终强调"以合同为准"，拒绝给予赔偿，最终导致该项目成本严重超支。

2）缺乏合同意识，合同管理不科学

中海外联合体在不了解国际市场的情况下，根据在国内的经验，盲目地将重心放在经营与A国的关系上，并将A国政府的热情，误解为A国会竭尽所能地为中方提供便利，习惯性地认为这是承诺赋予合同之外权利的暗示。这就导致中海外联合体忽视合同的重要性，没有利用合同来规避风险，保护自己的权利。

该项目招标采用国际工程通用的FIDIC合同，中海外联合体中标后和A国公路管理局签署的是A国语言合同。但是中海外联合体只是请人翻译了部分A国语言合同，英文和中文版的合同只有内容摘要。此外，由于合同涉及大量法律和工程术语，摘要也翻译的不尽人意。

3）风险意识淡薄，风险控制机制不完善

对材料价格上涨的风险忽视，反映了中海外联合体的风险管理系统的不完善。项目立项后，没有做充分的准备工作，不能够清晰地认识到材料价格上涨的风险，在各个阶段也没有采取措施。投标时没有将风险反映在报价中；合同签订时可以用来规避风险的条款都被删除；施工阶段没有提前预订材料，与分包商绑定利益等。

3.经验教训

这些问题都是工程企业在步入国际化竞争的常见通病。解决方案也很常见：

（1）研读材料。国际工程招标文件一般采用英语，所以首先要翻译文件，然后组织专门研读招标文件和基础材料。

（2）工程谈判前首先要研究合同。详细分析和评估合同条款，包括对双方的责任和权利，对方的技术要求、补偿条款、环境保护、保险、专利保护和侵权、变更和索赔、设计的法律法规等。

（3）要建立良好的风险管理机制。管理层首先应该认识到风险管理的重要性，自觉加强对风险管理理论知识的学习，结合实际，不断总结和积累经验，增强对风险因素的识别判断和分析评估能力。

从整体策略来看，中海外联合体前期犯了一个很大的错误。当然最后能够尽快止损，终止合同，也证明了在后期处理上管理层还是很果断的，防止了损失进一步扩大的可能。

六、内部控制和风险控制的监督

近年来,我国上市公司对风险管理及其制度建设的重视程度持续提升。根据调研统计,大多数上市公司建立了基本的风险管理体系、机制和制度,并在管理层建立了风险管理机构,但在监事会层面对公司风险控制的重视仍有待进一步增强。首先,监事会应对公司内部控制合规情况进行监督,督促有关部门建立、完善公司内部控制治理架构,并对相关岗位和各项业务的实施进行全面的监督和评价。其次,监事会应对公司的风险管理、风险控制进行监督和监控,如发现问题应及时提醒董事会和高级管理层予以关注。

1. 控制监督内容

控制监督主要包括监事会内部控制监督、监事会风险控制监督。

2. 控制监督要点

1)监事会内部控制监督

内部控制制度、机制的合规性、完善性以及实行的有效性;风险识别指标的设置及其调整的科学性、完善性、合理性;内部控制评价的执行情况;内部控制责任的追究、落实情况;内部控制专项报告的客观性、充实性、有效性;监事会认为的其他需要监督的事项。

2)监事会外部控制监督

对国际市场行情整体情况评估;国内市场行情趋势判断作出评价;公司上游、下游关联交易风险传导动态跟踪与风险监控的紧急决策和研判审议。

3)监事会合规控制监督

资本运作的合规性和资本使用的科学性;董事会和高级管理层的合规管控机制;战略合规管控、风险偏好及其传导机制;政策风险监控;风险识别、评估、计量、检测和控制的规范情况;风险控制解决机制和方案;监事会认为的其他需要监督的事项。

案例:A 公司监事会对公司内部控制的监督

A 公司于 2012 年 3 月份开始在集团总部、各职能部门及下属单位全面深入开展"上市公司内部控制规范试点工作"。公司设立了内控领导小组、内

第六章 监事、监事会的建设与运作

控办公室等相关工作机构,其中监事会主席任领导小组副组长。以监事会主席为代表的 A 公司监事会在整个内控工作中发挥了重要作用。

一方面,监事会积极推进公司内控工作的开展,及时给予指导。在工作初期,监事会建议公司参照原有制度流程和工作的方式方法开展内控工作,为公司顺利开展内控规范专项活动指明方向。在内控工作全面开展之后,监事会也提出了很多组织管理方面的意见和建议。根据其意见,内控办公室不但定期编写内部工作周报,将内控规范试点工作进程及时告知参与各方;而且通过不定期编写各类简报、通报,向公司各部门、各单位及时报告内控工作的进展和重要成果,使全公司范围内都能及时掌握内控工作的动向。同时,监事会成员还参与到内控规范试点的具体工作中去。监事会主席亲自到成都和南京公司内控工作现场进行视察,了解内控工作的开展情况,并对工作中遇到的困难和问题进行现场指导。

另一方面,在监事会领导的积极推动下,公司编制完成了《内控工作手册》,为公司今后进行全面风险管理及年度内控自我评价工作提供了基本依据。同时,监事会主席还亲自带领内控办公室完成了《内控审计指引》的编制工作。《内控审计指引》是《内控工作手册》重要补充,也是公司开展内控审计的基本依据之一。

3. 风险管理追责情形分析

未按规定履行内控及风险管理制度建设职责,导致内控及风险管理制度缺失,内控流程及制度存在重大缺陷。须按照《中央企业全面风险管理指引》和《企业内部控制评价指引》的相关规定要求,建立全面风险管理以及完善的内控制度,防范业务中的重大风险。

内控及风险管理制度未执行或执行不力,对经营投资重大风险未能及时分析、识别、评估、预警、应对和报告。须加强对全面风险管理以及企业内部控制执行情况的监督检查工作,特别是投资、担保、重组、并购、风险敞口、信用授信等重要经营活动开展风险管控工作,确保所有关键领域或事项都得到评估、分析、论证、预警应对和报告。

未按规定对企业风险规章制度、经济合同和重要决策等进行法律审核。须按照《中央企业合规管理指引》,全面管理公司相关的外部法律法规,并建立对应的内控制度,确保对法律法规的遵循。

未执行国有资产监管有关规定。过度负债导致债务危机,危及企业持续经营。须遵循《关于加强国有企业资产负债约束的指导意见》要求,按照企业业务特点（金融类/非金融类），建立资产负债约束管理体制，确定企业负债约束指标，并对经营过程中的组织实施对企业负债的约束管理。

恶意逃废金融债务。恶意逃废金融债务强调债务人的主观故意，即债务人有履行能力而不尽力履行债务的行为，且债务人存在积极主动逃避履行债务的行为。恶意逃废金融债务极大损害了社会诚信体系，其中在债务人主观积极意愿的情况下，满足以下债务应对行为即可视为恶意逃废金融债务：改制、重组、合并、分立、增减注册资金、托管、租赁、股权转让、解散、破产、虚假诉讼以及抽逃、隐匿、转移资产等方式。

瞒报、漏报、谎报或迟报重大风险及风险损失事件，指使编制虚假财务报告，企业账实严重不符。首先需要建立完善的财务管控制度，确保财务数据真实、完整、准确地反映企业真实情况，做到"不做假账"。同时，应建立重大风险及风险损失事件报告制度、重大风险以及风险损失认定的标准以及报送流程，以避免公司重大风险事件和损失只能通过财务报告反应，导致信息延迟。

七、会议监督

会议监督是为了掌握企业重大决策事项，关注决策机制和决策行为，跟踪决策执行情况，了解企业经营管理、财务信息动态情况，发现企业存在的问题，提示企业管理运行风险点的一种监督模式。

1. 会议监督内容

监督董事会职权范围内研究公司重大事项的情况，董事会会议召开的程序是否合法，以及董事会决议的合法、合规性，必要时可提出质询或者建议。

2. 会议监督要点

（1）《董事会会议议事规则》制度建立情况。

（2）董事会召开的会议，会上决策程序是否符合法律和公司章程的规定。

（3）参加董事会会议的法定人数是否符合法律和公司章程的规定，以保证董事会会议的民主决策和决策的合法有效。

（4）董事会会议的召集，应当履行一定的召集程序，向董事提前发出会议通知（董事会会议通知包括：会议日期和地点、事由及议题、发出通知的日期）。

（5）董事会应当对所议事项的决定作出会议记录、会议纪要，由出席会议的董事在会议记录、会议纪要上签名存档，并对董事会的决议承担责任。

第六章　监事、监事会的建设与运作

第五节　监事会监督方式

　　监事会是公司的重要治理机构，在股东无法直接监督和社会监督机制不完善的情况下，监事会对董事和经理行为进行监督具有很重要的现实意义。为了完成监督职能，监事会不仅要进行会计监督，而且要进行业务监督，不仅要有事后监督，而且要有事前和事中监督，采取必要的措施增强监事会监督有效性。

一、深入一线，实地走访

　　对被检查单位进行实地走访、实地盘点是一种非常重要的检查方式。监事会通过听取企业有关财务、资产状况和经营管理等情况的汇报，可以了解企业的历史沿革、组织框架、经营成果等信息，获得对企业的整体印象。
　　通过实地盘点，并与书面记录进行核对，可以证实各项资产的客观存在，资产的账面价值与实物是否相符。通过实地走访可以了解企业的生产流程和工艺、市场占有率、销售和供应等情况。通过实地走访、细心观察，可以初步判断可能存在问题的重点检查环节。

二、查阅资料，了解背景

　　任何问题的发生，都有其长期的酝酿过程。了解事件的背景，查清事件的来龙去脉，就可以发现问题的关键所在。
　　要了解事实的真相，就必须向被检查单位取得最原始的第一手材料，而不是经过加工的材料。监事会要求企业提供的材料包括：各类会议原始记录、会议纪要、财务会计报告、账簿和凭证、重大事项情况、组织结构、所属企业、关联交易、公司章程、内外部审计报告等原始材料。通过了解事件背景，达到查清事实真相的目的。

三、融入企业，倾听意见

　　监事会召开各种不同层次的座谈会，是融入企业的一种较好的方式。
　　如召开与公司管理层成员的座谈会、与下属单位负责人及公司部门负责人的座谈会、与职工代表的座谈会等各种层次的座谈会,向企业内各方面的人员了解情况、听取意见,以便更快的了解企业的基本情况、发展变化和存在的问题。

通过深入基层的工作方式,使企业员工逐渐对监事会的工作目的、工作性质和工作方式增进了解,愿意支持和配合监事会的工作。

四、列席会议,了解决策

列席公司董事会会议、职工代表大会、年度工作会、经理办公会议、季度分析会、项目分析讨论会等,是监事会开展监督检查的方式之一,也是落实事前、事中监督的措施之一。

企业召开的各种重要会议,是反映问题、解决问题和进行重大决策的场所。监事会通过列席有关会议,了解企业经营决策、发展方向等重大事项,对确定监督检查的重点环节很有帮助。

五、制定方案,规范操作

监事会开展年度监督检查前,制定了详细而周密的监督检查工作方案。方案明确了监督检查的范围(会计期间和检查层次)、方式、方法和手段、内容、步骤、时间安排和人员分工以及需要企业支持和配合的工作。

检查的内容侧重在企业重大事项决策、企业经营运作和会计活动和企业经营结果的监督。实施方案前,监事会还需要与企业进行充分的沟通,使企业了解监事会的工作程序和要求,以便于配合监事会的工作。

六、广泛联系,强化沟通

监事会开展工作,可以向财政、工商、税务、审计、海关等有关部门和银行调查了解公司的财务状况、经营管理、资本变动等情况。加强与企业内部纪检监察、审计部门的工作联系和与企业报表审计会计师事务的业务联系。

及时与这些机构和部门进行情况沟通和信息交流,充分利用其工作成果,从不同的侧面深入了解企业全貌,掌握问题的线索。建立企业纪检、监察、内部审计与监事会监督的立体监督机制,使监督检查的工作信息来源多,了解程度深,工作中能够抓住重点,避免重复劳动。

第六章　监事、监事会的建设与运作

知识栏：监事会履职注意事项

履行内部监督工作是农村商业银行监事会的法定职责，笔者结合农村商业银行监事会工作实践，总结出监事会履行内部监督工作必须遵循"四有四不"原则。

1. 四有监督——有威监督、有力监督、有效监督、有情监督

有威监督。监事会要保持内部监督工作的权威。权威来自哪里？从法理上讲，监事会的权威来自农村商业银行《章程》的授权，但光有授权还远远不够。要真正确立监事会的权威，得靠监事会亮出绝活，拿出真本事，此所谓"有为才有位"。因此，监事会成员要不断加强学习培训，熟悉和掌握农村商业银行组织架构和各项业务流程，成为风险管理、内部控制的行家里手，从而不断提升履行内部监督工作的能力和水平，否则，监事会纵有《章程》授权，也终将沦为"稻草人"。

有力监督。监事会履行内部监督要有力度、要动真格，不搞形式主义、不隔靴搔痒。监督有力主要体现在两个方面：一是及时准确地发现问题。监事会首先要及时准确地发现问题，并通过风险预警提示、管理建议、质询等方式向监督对象明示。二是问题的有效整改。监事会要跟踪问题的整改，监督对象对监事会的风险提示、管理建议要件件有回复，事事有着落，不能虎头蛇尾、不了了之。

有效监督。监事会履行内部监督要讲究方式方法，注重实效，要善于借力使力、精准发力，不做无用功。监事会内部监督的范围很广，有风险监督、内控监督、财务监督、"三重一大"的监督等，上述众多监督事项不应平均使力，而应聚焦重点，比如对重大风险、"三重一大"的监督应列为重点。履行内部监督有风险提示、管理建议、质询等多种手段，在内部监督中发现的一般性问题应多用风险提示、管理建议等监督手段，对少数重大问题或屡查屡犯的问题方可使用质询这一严厉的监督手段。

有情监督。监事会要寓监督于服务之中，真情真心监督。监督与被监督不是一对矛盾，而是辩证的统一体。监事会从事内部监督的根本目的不是去挑刺、树立对立面，而是站在全局的高度帮助监督对象分析问题、解决问题、化解风险。因此，在履行内部监督的过程中，一是要加强沟通，减少误会；二是要在找准问题的同时，更注重分析和查找问题产生的原因，多提合理化建议，帮助监督对象找出解决问题的办法，着力整改。

2. 四不监督——参与不干预、到位不越位、帮忙不添乱、制衡不对立

参与不干预。适度参与经营管理活动是监事会做好内部监督工作的前提。

但监事会参与经营管理活动是有范围和限度的,其参与的范围以监事会履行内部监督职责所必须涉及的领域为宜,如参与和审议"三重一大"决策的相关会议,列席董事会和经营层的有关会议,听取财务、审计、内控、合规等部门的工作汇报等。其参与的限度以听、看、问为主,必要时可提出一些建设性的意见或建议,但切忌干预经营层的决策和正常的经营管理活动。

到位不越位。监事会依法监督到位,这是监事会的法定职责,否则就是不作为,甚至是失责。因此,监事会必须恪尽职守,内部监督工作必须尽心尽责,该说的话要说,该提醒的要提醒,该说不的要说不,该质询的要质询,做到监督有威、有力、有效、有情,但切忌越俎代庖,监督不能代替决策、不能代替经营管理。简言之,监事会应当做好"警报员"而非"消防员"。

帮忙不添乱。从公司治理的角度看,监事会与董事会和经营层的目标是一致的,即致力于农商行健康可持续发展,为股东创造价值、为职工谋取利益。因此,监事会的内部监督应以帮助董事会和经营层科学决策、规范经营、修正偏差、减少错误为目标,好的监事会应成为董事会和经营层的智囊和帮手,但帮忙切忌添乱,应防止画蛇添足、误导决策、干预经营。

制衡不对立。公司治理的核心就是制衡,监事会的生命更在于制衡,失去制衡作用的监事会无异于花瓶。但制衡不等于对立,不等于跟董事会和经营层对着干,专找茬、专挑刺,监事会应善于从建设性的角度和善意的立场出发履行内部监督职责,避免相互对立,人为内耗。

第六节 监事会监督评价报告制度

一、年度监督报告

年度监督报告是监事会工作成果的主要体现,监事会根据对企业日常监督检查和重大事项监督检查的工作底稿以及相关材料,经整理、归纳、核实、综合分析和提炼,形成的年度监督工作报告。年度监督工作报告应客观评价企业情况,侧重反映企业存在的问题及薄弱环节,充分揭示企业存在的风险及问题。

第六章　监事、监事会的建设与运作

1. 年度监督报告的主要内容

监事会会议召开及议案审批情况；对企业及其子公司、分公司现场调研的基本情况；日常监督检查情况；年度监督计划完成情况；下一步监督方向和工作安排。

2. 年度监督报告的撰写要求

（1）内容完整，问题说透。
（2）评价客观，依据充分，有结论性意见，避免过誉或模棱两可。
（3）突出重点。
（4）观点统一，避免上下文缺乏连贯。
（5）附件资料完整。

二、专项监督报告

监事会在监督过程中对所发现的危及国有资产安全行为，重大决策不合规，生产经营中的重大风险，以及其他重大风险事项，在进行专项检查之后编制的专项报告。

1. 专项监督报告的主要内容

（1）专项监督的基本情况。
（2）专项监督发现的问题。
（3）专项监督事项分析与对策。
（4）专项监督事项的整改建议。

2. 专项监督报告的撰写要求

（1）客观、公正地评价被监督单位的经营业绩和负责人的经营行为，确保专项检查工作的实效性和报告质量。
（2）分析问题的成因和性质，主题鲜明、事实清楚、分析透彻、文字简练。
（3）针对报告的内容，监事会要与被监督单位进行沟通，对报告中揭示的问题，要做到事实清楚、数据确凿、依据充分、定性准确、建议明确可行。

三、董事及高级管理人员履职评价

监事会依据法律法规和公司章程赋予的各项职责，定期对公司董事、经理层及其成员在评价期内履行职责的情况进行评价。监事会应建立健全对董事会、高级管理层及其成员的履职评价机制，明确评价内容标准和方式等，遵循依法合规、客观公正、科学有效、实事求是的原则做出综合评价并出具评价意见，并将相关内容列入年度监事会工作报告。

1. 履职评价报告的主要内容

1）董事会规范运作情况

董事会制度规范情况，董事会议事规则、董事会与经理班子的职责划分、重大决策制度、重大事项报告制度等；董事会重大决策运行情况；董事会专门委员会设立、运作情况及在董事会日常工作中发挥作用的情况。

2）企业发展战略与预算管理情况

企业发展战略的制定情况；企业发展战略的实施情况；企业预算管理情况，预算的制定、执行、与决算指标的偏离情况。

3）企业财务及资产状况

主要经济指标情况；利润质量情况；会计政策及重大财务风险控制情况，本年度企业执行会计政策情况；企业不良资产的情况；企业的资本运作及收益收缴情况。

4）企业内部控制情况

企业资产运作的内部控制情况；本年度制订和修改的制度情况；企业对重大投资、对外担保等资金运作项目的风险控制情况；对控股公司和主要子公司的控制情况；股东派出的管理人员的履职情况。

5）企业年度重大经济纠纷或诉讼案件情况

年度企业董事会、高级管理人员的违法违纪情况；对上级监督部门有关查实问题的整改情况；年度监事会对董事会工作建议情况及董事会落实情况。

2. 董事及高级管理人员履职评价

1）对董事长评价

应当包括政治素质、抓班子带队伍、战略决策、协调沟通、维护企业稳定和职工权益，以及廉洁从业等方面情况。

2）对高级管理人员履职评价

应当体现个人特点和岗位职责，围绕政治素质、职业素养、决策能力、执行能力、创新能力、廉洁从业和经营业绩等方面评价，应当客观准确。

第六章 监事、监事会的建设与运作

第七节 监事会制度与独立董事制度

在我国现有的治理结构中,独立董事与监事会制度并存,独立董事与监事会的各自职能,既存在交叉也存在互补。

一、监事会与独立董事之间的关系

从法律上看,独立董事与监事会有部分职权相同,如独立聘请外部机构和咨询机构,而这只是两者各自有效行权的需要,在其他职权行使上则更多体现为互补关系,具体表现方式如下。

一是在成员来源及其专业背景上,监事一般来自股东和职工代表,法律上没有专业背景要求;独立董事一般是来自外部专家、学者,需要专业知识、经历、学历等背景,不仅能具有独立性,而且能在经营管理、科学决策、外部关系等方面给予公司较大支持。

二是在监督过程上,独立董事作为董事会成员拥有表决权,在决策前、决策中进行有效监督,能在事前、事中发挥监督作用;监事只能列席董事会,没有投票权,只能对董事会决议的执行进行监督,基本属于事后监督。

三是在时间和精力上,独立董事有自己的本职工作,而且社会兼职较多,即使按照证监会一年为上市公司工作时间不少于15天的规定,对深入了解一个企业也远远不够;监事会作为常设机构,监督时间和频率比较有优势,而且监事会的监督是对独立董事事前、事中的外部监督及决策过程监控的延续,成为对独立董事不足与欠缺的补充。

四是在监督对象上,因为独立董事也是经济人,存在主观道德风险和客观作用局限,其本身也需要监督;监事会对包括独立董事在内的所有董事都有监督的权力。

二、独立董事制度与监事会治理的互补

自我国上市公司引入独立董事制度以后,从治理结构上看吸收了各国内部治理的优点,独立董事制度与监事会制度形成了职权上的互补作用。但从我国上市公司的治理实践看,似乎两种制度的不足表现更突出,"股权结构说"和"立法不完备说"是影响制度有效性的重要原因。单就从产生独立董事的

提名情况来看,提名实际比选举更重要,提名权被称为准任命权。据调查显示,我国绝大多数独立董事都是由控股股东或其委派的董事提名产生,这使得公司的独立董事受到董事会、经理层控制,作为监督者的独立董事在产生时已经具有不独立的基因。因此,短期内不太可能通过外部独立董事改善上市公司的治理状况,独立董事制度的健全需要有个过程,不可能完全替代监事会制度,监事会的监督作用与独立董事制度成为不可或缺的互补。

第六章小结

本章共有7节,重点阐述了监事,监事会,监事会会议种类、召集和表决,监事会监督内容和要点,监事会监督方式,监事会监督评价报告制度,监事会制度与独立董事制度等内容。

第一节监事,主要包括监事的定义,监事任职资格,监事应具备的素质,监事应具备的能力,监事的提名、选举和任免,监事的义务,监事会主席七部分内容。

监事是公司中常设的监察机关的成员,又称"监察人",负责监察公司的财务情况、公司董事及高级管理人员的履职情况,以及其他由公司章程规定的监察职责。

根据《上市公司治理准则》第四十五条规定,监事会的人员和结构应当确保监事会能够独立有效地履职。监事应具有相应的专业知识或工作经验,具备有效履职能力。

监事要具备的素质包括很多方面,而最基本的则是为出资者(股东)服务、向出资者(股东)负责的高度责任感和使命感。

监事应具备的能力主要包括:分析判断能力、语言表达能力、沟通协调能力、学以致用能力。

《公司法》规定监事应当承担的义务包括:忠实勤勉义务、积极配合日常监管义务、保密义务、签署声明与承诺书的义务、与买卖和转让股票相关的义务、与履职相关的报告与披露义务。

监事会主席是公司监事会的召集人。《公司法》对不同类型公司的监事会主席选举和设立等进行了规定。

第二节监事会,包括监事会的设立、监事会的组成、监事会的职能和运行、监事会下设委员会、监事会工作纪律、监事会的监督作用六部分内容。

第六章 监事、监事会的建设与运作

我国现行《公司法》规定设立监事会作为专门的公司监督机关，与董事会平等，共同向股东大会负责并报告工作。

《公司法》第五十一条、第一百一十七条规定，有限责任公司和股份有限公司设监事会，其成员不得少于三人。股东人数较少或者规模较小的有限责任公司，可以设一至两名监事，不设监事会。监事会成员主要包括：监事会主席、股东监事、职工监事、外部监事等。

监事会可分为三大类型：公司制企业的监事会、原国有企业的外派监事会、金融机构的外派监事会。

监事会下设委员会，主要包括监事会提名委员会和监事会监督委员会。

《公司法》规定监事会具有相当广泛的职权范围，赋予了监事会特定权利，使其能更好地对董事会、董事、经理和其他高级管理人员起到制衡、提示、制止的监督作用。

第三节监事会会议种类、召集和表决，包括监事会的会议种类和特点、监事会会议的召集和监事会表决、决议三部分内容。

监事会会议分为定期会议、日常会议和专题会议。

监事会会议一般由监事会主席召集。监事会主席因故不能出席监事会会议的，由副主席主持会议；不设副主席的，可指定监事代为主持会议。

监事会会议决定的事项，必须由参加会议的监事进行表决，经半数以上监事通过形成决议。

第四节监事会监督内容和要点，包括"三重一大"事项决策监督，董事会、董事、高级管理人员的履职监督，财务管理监督，资产管理监督，工程项目管理监督，内部控制和风险控制的监督，会议监督七部分内容。关于"三重一大"事项决策监督内容主要包括：重大决策事项、重要人事任免事项、重大项目安排事项、大额资金运作事项。监事会以财务监督为核心，对国有企业资产管理进行监督，保障国有资产保值增值。工程项目监督要点包括：施工合同主体资格监督；工程项目责任成本测算方案监督；项目经理部组建审批管理监督；工程项目经营活动分析监督；工程施工结算监督。控制监督要点主要包括：监事会内部控制监督、监事会风险控制监督。会议监督是为了掌握企业重大决策事项，关注决策机制和决策行为，跟踪决策执行情况，了解企业经营管理、财务信息动态情况，发现企业存在的问题，提示企业管理运行风险点的一种监督模式。

第五节监事会监督方式，主要包括：深入一线，实地走访；查阅资料，了解背景；融入企业，倾听意见；列席会议，了解决策；制定方案，规范操作；

广泛联系,强化沟通。

对被检查单位进实地走访、实地盘点是一种非常重要的检查方式。监事会召开各种不同层次的座谈会,是融入企业的一种较好的方式。监事会通过列席有关会议,了解企业经营决策、发展方向等重大事项,对确定监督检查的重点环节很有帮助。与企业纪检、监察、内部审计协同建立立体监督机制,可大幅度增强监督力量,提高工作效率。

第六节监事会监督评价报告制度,主要包括年度监督报告、专项监督报告、董事及高级管理人员履职评价三部分内容。

年度监督报告是监事会工作成果的主要体现,应客观评价企业情况,侧重反映企业存在的问题及薄弱环节,充分揭示企业存在的风险及问题。

监事会在监督过程中对所发现的危及国有资产安全行为、重大决策不合规、生产经营中的重大风险以及其他重大风险事项,在进行专项检查之后编制专项报告。

监事会依据法律法规和公司章程赋予的各项职责,定期对公司董事、经理层及其成员在评价期内履行职责的情况进行评价。

第七节监事会制度与独立董事制度,包括监事会与独立董事之间的关系、独立董事制度与监事会治理的互补两部分内容。

从法律上看,独立董事与监事会有部分职权相同,如独立聘请外部机构和咨询机构,但这只是两者各自有效行权的需要,在其他职权行使上则更多体现为互补关系。

我国上市公司引入独立董事制度以后,从治理结构上看吸收了各国内部治理的优点,与监事会制度形成了职权上的互补作用。

第七章 中国石油专职董监事制度的探索与实践

第一节 中国石油专职董监事制度创立的背景和目的

2000年前后，国有企业改革进入活跃期。中国石油重组油气等核心业务，设立中国石油天然气股份有限公司，并在纽约和中国香港上市；与此相适应地，建立健全产权清晰、有效制衡、协调运转的现代企业治理制度成为中国石油实施集团管控的主旋律。尤其是股份公司在海外上市后，客观上要求其必须按照境外资本市场监管要求，完善公司治理结构，中国石油天然气集团公司作为股东要规范行使股东权利。

现代企业制度的实质是"产权清晰、权责明确、政企分开、管理科学"，这同时也是国企改革的目标。中央推进发展具有国际竞争力的大公司、大企业集团战略。中国石油作为国家经济发展的支柱之一，是技术进步、产业升级、结构调整的中坚力量。结合公司发展实际，通过对国际跨国公司如美国GE公司的股权管理模式的学习与借鉴，建立专职董监事制度，有效促进集团公司持续协调发展和综合性国际化能源公司建设。

一、国有企业建立现代企业制度的总体环境

1993年10月，中共十四届三中全会通过的《中共中央关于建立社会主义市场经济体制若干问题的决定》明确指出，国有企业改革的方向是建立产权清晰、权责明确、政企分开、管理科学的现代企业制度。1999年中共十五届四中全会再次强调建立现代企业制度是国有企业改革的方向。2000年中共十五届五中全会通过的《关于制定国民经济和社会发展第十个五年规划的建议》指出，国有大中型企业要进一步深化改革，健全企业法人治理结构，成

为市场竞争主体。2002年中共十六大要求国有大中型企业继续实行规范的公司制改革，完善法人治理结构。2003年中共十六届三中全会决议提出，按照建立现代企业制度的要求，规范股东（大）会、董事会、监事会和经营者的权责。股东（大）会决定董事会和监事会成员，董事会选择经营管理者，经营管理者行使用人权，并形成权力机构、决策机构、监督机构和经营管理者之间的制衡机制。

建立现代企业制度试点和企业集团试点是20世纪90年代国有企业改革的两大攻坚战役。为此，负责国有企业改革工作的原国家经贸委和国家体改委颁布了一些推进建立现代企业制度和企业集团试点的政策和规章。1995年国务院决定选取100家大中型国有企业开展建立现代企业制度试点工作。为指导试点工作顺利推进，1995年11月，国家经贸委发布《关于国务院确定的百户现代企业制度试点工作操作实施阶段的指导意见》（以下简称《指导意见》）。《指导意见》提出建立符合《公司法》规范的公司法人治理结构，形成由股东（大）会、董事会、经理层和监事会组成的法人治理结构，各司其职，有效行使决策权、监督权和执行权，对国有独资公司要同时派入监事会。国有独资公司的董事会成员与经理班子应分设，特别是董事长与总经理应尽可能实行分设。董事长兼任总经理的，要根据企业具体情况，逐步向分设的方向过渡。在过渡期间，董事长应严格按照公司章程履行职权，依法自律，接受监督。要全面树立起对出资者负责的观念，维护出资者的合法权益，防止公司内部人员利用对企业的控制，违背公司章程，损害出资者的利益。公司章程应对股东（大）会、董事会、监事会、经理班子的组成、权责范围、议事规则（包括议事方式和决策程序）等作出明确规定，并严格按照公司章程规范运作。在试点过程中要定期检查公司章程的执行情况，发现问题及时加以纠正，或对公司章程做出必要的修改、补充和完善。

1996年5月，国家体改委印发《国家体改委负责联系的30家现代企业制度试点实施阶段工作的指导意见》，明确要建立符合法定程序、科学规范的法人治理结构，设立由股东（大）会［国有独资企业不设股东（大）会］、董事会、监事会、经理层组成的公司法人治理结构。董事会要认真行使公司发展战略、制定重大经营决策的权力，总经理要着力加强企业经营管理，提高企业经济效益。按照《公司法》设立的监事会，要根据《公司法》和公司章程规定，切实加强对董事和经理的监督。个别按《企业国有资产监督管理暂行条例》设立的监事会，应按时召开会议，行使权利，并注意在实践中总结经验。为保持试点的连续性，凡经法定程序产生的公司治理结构，在试点

第七章　中国石油专职董监事制度的探索与实践

期间原则上不要任意变动。

1997年4月，国务院决定开展企业集团试点工作，同意国家计委、国家经贸委、国家体改委《关于深化大型企业集团试点工作的意见》。该意见提出要按照建立现代企业制度和搞好整个国有经济的要求，重点抓好一批大型企业集团，联结和带动一批企业的改组和发展，促进结构调整，形成规模经济，提高国有资产的营运效率和效益，积极发挥大型企业集团在国民经济中的骨干作用。建立科学、民主的领导体制和决策体制。试点企业集团母公司、子公司要按照《公司法》建立法人治理结构，形成权力机构、经营机构和监督机构相互分离和制衡的机制。试点企业集团母公司、子公司的董事会和监事会成员，按照《公司法》和公司章程产生。董事会聘任总经理，董事长一般不兼任总经理。经国务院批准的国有独资公司可暂不设董事会。国务院强调，深化大型企业集团试点工作，对推进经济体制和经济增长方式根本性转变至关重要。国家计委、国家经贸委、国家体改委要加强对这项工作的组织、指导，各地区、各有关部门要积极配合，为大型企业集团的发展壮大创造良好的外部条件。

2000年4月，根据中共十五届四中全会《关于国有企业改革和发展若干重大问题的决定》的要求，为推动国有及国有控股大中型企业建立现代企业制度和加强管理，国务院办公厅转发国家经贸委《国有大中型企业建立现代企业制度和加强管理基本规范（试行）》，进一步强调建立规范的法人治理结构，充分发挥董事会对重大问题统一决策和选聘经营者的作用，建立集体决策及可追溯个人责任的董事会议事制度。董事会中可设独立于公司股东且不在公司内部任职的独立董事。2002年中国证监会、国家经贸委印发文件，开展上市公司建立现代企业制度检查工作。

二、中国石油控参股公司管理模式的转变

随着股份公司成功上市，以及未上市企业的持续重组、公司制改造的逐步深入，中国石油承担起国有资产保值增值的责任，进一步加强股权管理，在发展战略上逐步从生产经营向资本运营转变。在管理模式方面，分权与制衡这一现代企业制度的重要特点在长期计划经济中成长起来的国企中难以体现，要按照国企市场化方向要求建立与之相匹配的政企分开、权责明确的自我治理机制，逐步实现由过程管理向结果管理转变，由管理生产要素向管理股权转变，由管经营利润向管投资回报转变。

三、中国石油的股权管理状况及管理需求

在推行专职董监事制度之初,中国石油全集团有近 5000 个股权项目,股权管理不到位,其状况表现为"三少",即战略协同的少,投资项目涉及石油化工、机械制造、建材加工、交通运输等诸多领域,布局分散,与集团公司整体战略契合度不高;集中有效控制的少,投资项目数量多,层级多,缺乏统一规范,部分项目出现管理失控;分红的少,按章程规定如期分红的项目不足 20%。同时还有"三多",即账外的多,近三分之一的股权不在长期投资账上,以应收款、油维费等多种形式出资,却没有形成国有产权;亏损的多,近 40% 的投资项目亏损;信息不畅、不对称的多,许多被投资企业多年不规范召开"三会",不向股东报送信息。股权管理工作亟待改善。

四、建立专职董监事制度的目的

1. 保护股东权益

我国《公司法》规定,股东拥有选择经营者、重大经营决策和获取分红等重大权利。股东大会是公司的最高权力机构,董事会居于现代公司治理的核心,是公司的最高决策机构,由股东大会选举产生,对股东大会负责。股东保护自身权益的最佳路径是选择负责任的董事,健全董事会决策机制。中国石油建立专职董监事制度,选派专职董监事,专司其职,积极参与董事会的决策,强化对经营者监督,有利于提升公司治理水平,是股东有效保护自身权益的最佳途径。

2. 保护利益相关者权益

利益相关者理论认为,公司需要构筑以股东、经营者、员工、债权人、供货商、客户、社区等利益相关者为主体的共同治理机制,即公司治理的目标不仅要保护股东的权益,还要保护好利益相关者的权益。中国石油的专职董监事作为公司的"外部人员",与企业经营者有着不同的站位,在公司治理中承担着不同角色,往往在评价企业盈利能力时有不同的视角,在追求股东回报的同时,注重促进公司履行社会责任,处理好与利益相关者的关系,以提高股东回报的稳定性和可持续性。保护利益相关者的权益是中国石油实施专职董监事制度的重要理论依据。

第七章 中国石油专职董监事制度的探索与实践

3. 减少信息不对称的负面影响

委托代理关系中的信息不对称是现代公司制企业的顽疾之一。信息不对称存在两大风险，即逆向选择风险和道德风险。逆向选择是指交易发生之前，信息拥有量较少的一方因无法获知信息拥有量占优势一方的真实情况，而倾向于作出错误的选择，这被广泛认为是在信息不对称条件下的普遍现象。道德风险是指在交易发生后，信息较少的一方存在因无法查知另一方的真实行为而遭受损失的可能性。中国石油实施专职董监事制度可在一定程度上消除这种负面影响，是完善公司治理的一个理性选择。

4. 发挥专职专业优势

专职董监事以充分的时间和精力参与公司重大问题的研究和分析，对所投资企业运行全程管控；以专业水准和不同视角对公司重大决策做出判断，提高股权管理的科学化水平。设置专职董监事管理岗位，使股东代表和董事监事管理职责有机融合，解决了股权管理中的出资人代表"虚位"和董事、监事履职个人化倾向等问题，形成一种新的治理力，增强了股东的控制力和影响力，改善了公司治理结构，使公司治理的内外部主体趋于平衡，治理结构运行更加协调、有效。

5. 提升公司治理水平

专职董监事以其专业背景，专门研究任职公司和行业发展状况，改变了兼职董监事由于履职时间和精力不足而对股权管理决策不能形成有效支撑的局面。由随机的、临时选派且以领导干部兼职为主的出资人代表，变为依据严格的标准和条件委派专职管理团队，对提高集团公司股权管理的科学化水平起到了积极的促进作用。

6. 实现股东关系管理的桥梁和纽带功能

专职董监事通过深入任职公司，随时掌握公司生产经营、重大决策事项执行情况，及时、客观、准确地向派出单位报告，并将派出单位意见向公司反馈，由零散的、单一的会议信息传递变为系统的、完整的公司运行和行业发展信息流转，在相当大程度上弥补了出资人与所投资公司之间的信息不对称，在派出单位与所投资公司之间增加了新的有效管理渠道，促进包括战略规划、经营管理、科技创新、企业文化等多层次合作交流。

7. 搭建培养锻炼专业管理人员的新平台

专职董监事岗位是一个综合管理岗位，需要直接面对不同行业的股东单位以及不同经历和专业背景的董事、监事和高管人员,通过公司治理博弈来贯彻派出单位意志,维护股东权益。这不但需要专职董监事具有相关行业的专业管理知识和经验,还要有协调和平衡不同股东单位、公司和管理层利益的综合能力。专职董监事制度为专业管理人员受到锻炼和培养创造了一个新的机会和平台,有利于在实践中培育出一支专业管理队伍。

第二节 中国石油专职董监事制度的内涵和特征

一、专职董监事制度的基本内涵

1. 专职董监事的特点

专职董监事是指专门从事董事或监事工作的专业管理人员,在所投资公司作为董事、监事和派出单位股东代表,履行职责并行使权利;在派出单位作为专职研究和管理人员,专门从事所投资公司的重要议案和战略决策研究工作,为股权管理决策提供支持,并按授权表决,提出管理建议或质询,贯彻出资人意志。专职董监事的特征是专职、专业,是股东的授权代表。

专职:专门从事董监事工作的专业管理人员。

专业:具有相关专业知识、专业技能、专业管理能力。

授权代表:专职董监事经授权担任股东代表。

2. 专职董监事与兼职董监事的异同

专职董监事制度在理论基础、利益取向、功能定位等方面与国务院原外派监事会制度、外部董事制度和上市公司独立董事制度既有相同之处也存在明显的差别。

1)法律地位相同

专职董监事作为中国石油的利益代言人,经授权代表中国石油行使对所投资企业重大事项的决策权和监督权。在任职公司,专职董监事与其他董监事享有同等的法律地位,职责、权利和义务相同。不同之处在于,专职董监事还是中国石油与所投资企业之间的连接枢纽,是所投资企业董事会与中国石油管理层和相关职能部门有效沟通的桥梁,是专门的股权管理者。

第七章 中国石油专职董监事制度的探索与实践

2）利益取向有别

专职董监事是股东单位人员，代表股东利益；执行董事和内部监事是公司内部管理人员，倾向公司利益；独立董事既不是大股东的代表，也不是公司的内部人，而是中小股东的代言人，倾向于公众利益。

3）股东和监管要求不同

专职董监事全程监管公司运行，并及时向股东单位报告；执行董事和内部监事侧重公司日常运营和监督；独立董事监事侧重监督关联交易，独立发表意见；而兼职董监事一般还承担其他工作，用在所任职公司的时间和精力有限。

不同身份的董监事在战略职能、资源管理职能、监督职能有所不同，具体见表7-1。

表7-1 各种类型董事监事履行职能的有效性

角色	战略职能	资源管理职能	监督职能
执行董事和内部监事	具有内部信息优势，但缺乏多样性的视角	需要增加视角的多样性	监督效具是微弱的，甚至无效
兼职董事和兼职监事	了解股东的战略，但缺乏共识和内部信息	缺乏足够的精力和实践来研究解决公司的问题	监督不能到位
独立董事和独立监事	具有多样性的知识结构和视角，但缺乏内部信息	因其声誉、威望和履历可为公司带来资源和支持	由于独立性而能够做到公平判断
专职董监事	具有专业的知识结构和多元的视角；了解股东的战略意图，熟悉公司情况，掌握行业发展状况	能够统筹股东和公司资源，促进协调发展	贯彻股东意图，全过程参与监督

3. 专职董监事履职的优势

执行董事和内部董事、兼职董事和兼职监事、独立董事和独立监事在履行职责时，尽管都有自身优势，但由于角色定位问题，履行职责都受到了很多限制。

在国有企业特别是集团公司中，专职董监事制度与其他董监事制度相比具有明显的优势，这主要体现在以下几个方面。

1）有利于专业优势发挥

专职董监事与兼职董监事相比，有更为充分的时间和精力参与公司重大问题的研究和分析，对所投资企业运行全程管控，并可以专业水准和独特视角对公司重大决策作出判断，提高股权管理的科学化水平。

2）可以有效地提升公司的治理水平

专职董监事可以促进公司规范运作，提高公司治理水平，防止内部人控制。专职董监事以其专业背景，专门研究任职公司和行业发展状况，改变了兼职董监事由于履职时间和精力不足而对股权管理决策不能形成有效支撑的局面。

3）可以充分发挥桥梁和纽带功能

专职董监事可以促进公司与股东单位的多层次合作交流，包括战略、企业文化、科技创新、管理等交流借鉴。

4）有助于培养锻炼专业股权管理人员

专职董监事岗位是一个综合管理岗位，需要直接面对不同行业的股东单位、不同经历和专业背景的董事、监事和高管人员，通过公司治理博弈来贯彻派出单位意志，维护股东权益。

二、专职董监事制度的特征

1. 规范化

通过编制《关于全面推行专职董监事制度的实施意见》《董监事业务工作手册》《公司章程规范指引》《专职董监事管理细则》等，对专职董监事的职责、权利、义务以及履职要求等进行明确，形成了专职董监事报告制度，规范专职董监事的履职行为。

2. 体系化

对专职董监事的选拔、培训、任用、履职、离岗退职进行了明确规定，对专职董监事实行体系化管理。

3. 专业化

选任有相关专业知识、专业技能、专业管理能力的人员，专门从事专职董监事工作，提高公司治理的专业化水平。

三、专职董监事制度的主要构成

1. 设立专职董监事办公室

根据股权企业数量设立专职董监事办公室，负责制定公司专职董监事业务管理制度及办法，支持专兼职董监事履职行权，并协助专兼职董监事与所

第七章 中国石油专职董监事制度的探索与实践

投资公司及其相互之间的业务联系与沟通，办理专兼职董监事的公文传递，协助专兼职董监事业务培训，协助对集团公司所属企业、地区公司股东代表、专职董监事委派和业绩考核提出建议，指导、监督、检查地区公司专职董监事业务。集团公司专职董监事管理架构如图 7-1 所示。

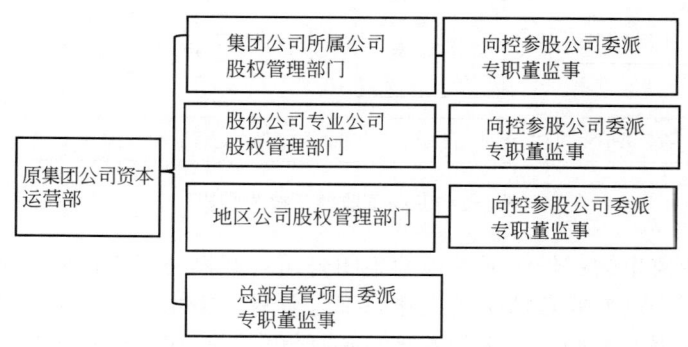

图 7-1　集团公司专职董监事管理架构

2. 专职董监事委派范围

一是我方持股比例小于或等于 50% 的参股公司，应当委派专职董监事。若因我方持股比例较低，在参股公司无董事或监事席位时，该参股公司的我方股东代表优先从派出单位的专职董监事中选派。

二是我方持股比例大于 50%，但由合资方出任法定代表人、董事长、总经理或财务总监的控股公司。

三是资产规模较大、管理难度较高且具有重要战略意义的控股公司。

四是其他有必要委派专职董监事的情形。

3. 坚持岗位业务培训

建立专职董监事上岗资格制度，实行持证上岗，针对不同人员，编制长期培训计划。以集团公司相关制度、新的管理方法和国家的新法规作为主要培训内容，重点提高受训人员对公司发展战略、业务流程、信息化管理、相关业务知识等的理解掌握。同时，针对董监事人员分散、业务变化快的特点，建立网上培训和考试机制，使培训常态化、日常化、动态化。

4. 建立专职董监事激励机制

集团公司建立专职董监事业绩档案，由人事部门每年组织一次专职董监事年度工作考评会,对派出的专职董监事工作业绩进行考核,评判是否称职,以此作为专职董监事解聘和续聘的依据,如图7-2所示。

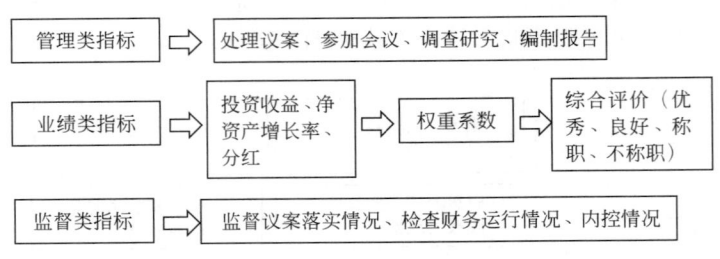

图7-2 专职董监事考核激励机制

专职董监事的工作结果是检验集团公司对所投公司管控效果的基本依据之一。为了提高专职董监事的工作效率与效果,集团公司总部应通过职能归口部门,加强对专职董监事的管理,包括派出、行权、述职报告制度、考核与激励等的管理工作。这里仅对专职董监事的述职管理工作要点进行描述。

专职董监事述职是专职董监事按照相关制度规定的责任、权利与义务,将其在所派驻公司的行权结果向所属于公司领导班子或董事会报告。通常,对专职董监事述职报告的管理主要包括确定述职对象、述职频率、述职内容、述职形式以及述职质量评估等内容,其结果是考核专职董监事业绩的重要依据。

由于中国石油对不同类型的所投公司所安排的公司治理结构及其机制有所不同,故对不同类别公司的专职董监事述职管理的具体内容和评价标准也有所不同。

专职董监事述职归口管理部门应是人事部门和财务部门。前者侧重干部测评,即干部德能勤绩评价;后者则侧重专业胜任能力评价,即专业技能、专业知识体系和职业判断力等。这两个部门测评的综合结果作为对专职董监事业绩考核激励的依据。

四、专职董监事制度的架构与运行流程

中国石油投资的全资、控股和参股公司众多,集团总部对所属企业实行"两级出资、三级法人"的管理架构,以股权为核心完善管理链条。根据业务管理范围总部、专业板块和股权企业向公司委派专职董事和监事,建立股权管

第七章　中国石油专职董监事制度的探索与实践

理系统，紧密监控所投资公司的重大经营决策、收益分配，及其经营业绩等方面动态，深化国有资产监管。

1. 专职董监事的界定

专职董监事是指专门从事董事或者监事工作的专业管理人员，在所投资公司作为董事、监事和派出单位股东代表，履行职责并行使权利；在派出单位作为专职研究和管理人员，专门从事所投资公司的重要议案和战略决策研究工作，为股权管理决策提供支持，并按授权表决，提出管理建议或质询，贯彻出资人意志。中国石油专职董监事的特征是：专职、专业，原则上担任股东代表。

2. 专职董监事的职责

（1）负责研究任职公司的发展战略和规划，落实派出单位确定的公司发展目标、效益回报和管理要求等。

（2）负责任职公司重大事项研究及三会议案审查，提出处理意见和管理建议，在职责及授权范围内行使职权。

（3）负责指导任职公司建立健全与公司法人治理结构相适应的规章制度与议事工作规则。

（4）负责建立与任职公司沟通联系工作机制，加强派出单位与投资公司协同协作。

（5）负责了解所任职公司生产经营和财务状况，根据需要对任职公司进行实地调研，依法获取履行职责需要的完整信息。

（6）负责对任职公司投资、财务、内部控制和"三重一大"等事项进行监督，防范在投资、财务及法律等方面的重大风险。

（7）负责向派出单位或归口管理部门及时反馈参加三会情况及会议形成的议案、决议等信息资料。

（8）负责跟踪任职公司董事会和监事会决议的落实情况，指导和监督所任职公司管理层规范履行职责。

（9）保守派出单位及任职公司的商业秘密。

3. 专职董监事的主要工作内容

1）办理董事会、监事会议案

专职董监事负责对所投资公司董事会、监事会议案的了解和收集，征求相关部门意见，分析决策事项的必要性、可行性、风险程度和利弊得失等，并组织论证和报批。

对于决策事项,应按照委派单位业务流程和决策程序形成委派方董事的一致意见,并报委派单位领导审批。按照报批结果,在所投资公司董事会、监事会上进行表决,并在董事会、监事会会议记录和决议上签名。

董事会、监事会会议结束后,及时将会议决议情况向股权管理部门反馈,并跟踪会议决议落实情况。将会议议案、办理意见、决议及相关资料,按工作流程上载到股权管理系统,并存档。

专职董事办理涉及公司投资、高级管理人员变动、薪酬、股利分配、债权、预决算、融资、资产处置、担保、诉讼及仲裁和事故及灾害等事项的,应当征求相关业务管理部门或专业公司意见。

2)开展专项调研

专职董监事所开展的专项调研应包括确定调研主题、印发调研通知、现场调研、提交调研报告和解决存在问题等。专项调研业务按以下要求办理:

根据所投资公司业务发展的现状,确定调研主题,主要包括:公司法人治理结构、经营管理状况、投资情况、全面风险控制状况以及其他影响公司发展的重大事项。起草调研提纲,明确调研目的、参加人员、时间、内容和联系人员等内容,并提前一周通知被调研公司。采取听取汇报、现场查看、抽查和问询等方式开展调研。根据调研情况,进行综合分析,撰写并向股权管理部门和主管领导提交调研报告。对存在的问题提出整改意见。

3)沟通和反馈

专职董监事应运用各种联系方式,与所投资公司股东代表、董事、监事、高级管理人员以及相关管理人员建立经常性的业务联系,将集团公司有关规定及发展战略,以提案或者其他各种有效的方式向所投资公司传递和宣传贯彻。专职董监事应将所投资公司董事会会议、监事会会议及其他有关情况向股东代表、股权管理部门或相关部门进行反馈。

4)分析评价

专职董事应对所投资公司生产经营决策进行专项分析,并加强对日常管理的跟踪分析。专职监事应对所投资公司财务状况、风险管理和董事高管人员履职等进行分析。

5)编制报告

专职董监事报告分为综合报告和专项报告,按照业务的不同各有侧重。其编制要求如下。

综合报告编制。对所投资公司及相关行业的有关信息进行收集、整理;

第七章　中国石油专职董监事制度的探索与实践

对信息及调研情况进行分析与综合，撰写综合分析报告。

专项报告编制。根据集团公司股权管理需要，每年年初拟定至少两个专项报告课题，制定工作计划，并报各级股权管理部门；所投资公司发生重大事项或专职董事、专职监事认为有必要报告的事项，应及时编制专项报告；对与课题有关的信息组织收集、整理；根据课题实际需要，开展专项调研；对信息及调研情况进行分析与综合，并撰写专项报告。

原则上每年四月底之前，提交任职公司上年度综合报告。专项报告应按照工作需要随时报告。集团公司总部直接委派的专职董监事向集团公司股权管理部门和主管领导报告；所属企业委派的专职董监事向所属企业股权管理部门和主管领导报告；授权专业公司、地区公司选派的专职董监事向所属公司董监事业务主管部门和领导报告。

专职董监事年度述职报告编制执行人事部门的相关规定。

4. 专职董监事的选任条件

（1）熟悉并能够贯彻执行国家有关法律、法规和集团公司、所属企业的有关规章制度。

（2）具备任职公司所处行业及相关专业知识和经营管理工作经验。

（3）掌握财务管理、法律、行业以及宏观经济等方面的专业知识。

（4）能够重视履行职责，维护出资人的合法权益。

（5）具有较强的综合分析和独立工作能力。

（6）具有相应职级岗位任职时间和经历。

（7）取得集团公司董监事培训合格证书。

（8）符合《公司法》规定的董监事任职条件。

按照《中国石油天然气集团公司股权管理办法》规定，按照干部管理权限，专职董监事由集团或所属企业、地区公司人事部门商股权管理部门意见后提出人选意见，经股权管理部门完成资质测试后，由所属企业、地区公司或集团公司批准，依法履行股东（大）会、董事会、监事会等法定程序。专职董监事离任需先履行集团公司和所属企业、地区公司内部程序后，再按法定程序离职。

5. 专职董监事的角色定位

中国石油的专职董监事制度在理论基础、利益取向、功能定位等方面与国务院外派监事会制度和上市公司独立董事监事制度有较大差别，是具有中国石油特色的一项制度创新。

专职董监事的角色定位是：中国石油利益的代言人，经授权代表中国石油行使对所投资企业重大事项的决策权和监督权，贯彻委托人意志，表达委托人意愿，维护委托人利益；中国石油与所投资企业之间的连接枢纽；所投资企业董事会与中国石油管理层和相关职能部门有效沟通的桥梁；特殊的职业化管理团队。

第三节　中国石油专职董监事制度的实践

一、中国石油专职董监事制度的发展历程

中国石油以提高产权管理专业化水准、实现国有资产保值增值为目标，以改善公司治理结构、健全管控和运行机制为切入点，2003年7月开始在控参股公司实行专职董监事制度。这是完善出资人管理体系的一项重要措施，旨在进一步提升中国石油的公司治理水平。

1. 试点阶段（2003年7月至2007年7月）

2002年5月，中国石油首次提出专职董监事的概念。当时，中国石油拥有近5000家控参股公司，涉及众多行业，公司类型较多，有些产权不够清晰，有些管理比较混乱，但最关键的是中国石油对这些公司制企业的控制力比较弱，出现了一些问题。为了加强管理，中国石油出台了很多措施，如上收设立公司的批准权限，制定统一的章程等，而委派专职董监事就是其中的一项重要举措。

2003年7月，中国石油开始在总部、大庆油田、长庆油田、西南油气田等企业试行专职董监事制度。专职董监事日常负责收集、整理、分析相关行业和所任职公司情况，不干涉公司正常生产经营，为集团公司股权管理决策提供支持。三会会议期间依法履行董监事的权利义务，代表集团公司行使股东权利，贯彻集团公司意志。到2006年年末，集团公司总部先后选聘了9名专职董监事，在35家所投资公司任职，大庆油田等企业也向其投资的部分公司制企业委派了20名专职董监事。为了客观评价专职董监事制度试点工作，原集团公司资本运营部建立了专职董监事制度后评价机制。

总体上看，专职董监事制度定位比较清晰，运行比较规范，管理比较有效，

第七章　中国石油专职董监事制度的探索与实践

是一项具有中国石油特色的科学有效的管理制度。但由于处在探索阶段，在运行过程中也存在着一些问题，例如，制度运行的环境有待改善；制度体系仍需进一步健全和完善，行权履职水平和手段还需提升和丰富；部分公司董事会和经理层高度重合，科学有效的治理结构还没有形成，行权方式有待继续协调规范等。截至 2006 年年末，在集团公司清理整合后拟保留的 1253 家控股和参股公司中，实行专职董监事制度的公司占 6%，推行面还比较窄，特别是管理相对薄弱的二、三级企业的股权投资单位还基本处于空白状态。集团公司部分直属企业和股份公司、地区公司由于股权管理不到位，因内部人控制导致国有资产流失的现象仍然存在。因此，加大力度全面实行专职董监事制度显得越来越紧迫和重要。

2. 推广阶段（2007 年 8 月至今）

在股权清理取得明显成效的基础上，中国石油股权管理工作的重点开始由规范公司治理向提升专业化管理能力、更好地服务于整体发展战略转变。通过总结专职董监事制度三年多的试点经验，2007 年 8 月，中国石油在完善专职董监事人员委派、履职管理和评价等制度流程，明确业务管理机构，加强统一管理的基础上，决定扩大专职董监事制度推行范围，在所属企业和地区公司直接投资或管理的控参股公司全面实行专职董监事制度，对一些重要控参股公司由集团公司指定同一地域的两个直属企业或地区公司相互交叉配备专职董监事。

2015 年总部机构改革后，恢复了专职董监事办公室，系统总结了专职董监事制度实施的经验与教训，结合《股权管理办法》和《专职董监事业务管理细则》的修订，完善了专职董监事委派范围、细化了一般决策事项和重大决策事项的分类、明确了处理流程；夯实业务管理基础，完善股权信息系统董监事模块内容，细化股东代表、董事、监事等相关内容，完善三会运行情况考评系统；在政研室的支持下通过课题对专职董监事制度在实施过程中出现的新问题超前研究，指导实践；加强业务培训，强化履职能力建设，建立董监事培训备案制度；系统总结了辽河油田、西南油气田、昆仑能源在专职董监事业务管理的成功经验；为贯彻落实集团公司 2021 年工作会议精神，原资本运营部于 2 月份下发了 2021 年资本运营工作要点，推进控参股公司治理体系和治理能力现代化建设是其中重要工作之一。

二、中国石油专职董监事制度体系的建设

1. 试点阶段（2003年7月至2007年7月）

第一，初步形成了较为完善的制度规范。编制了《董监事业务工作手册》，详细介绍和论述了公司治理理论、国有资产管理、集团公司出资人体系；明确了专职董监事的职责、权利、义务和履职要求；形成了专职董监事报告制度，对所任职公司运营状况进行了比较全面的分析评价，从发展战略、业务结构、生产经营、财务管理、股权处置等多方面提出了建议和意见；建立了专职董监事业务档案，股权管理部门指派专人对专职董监事的业务资料进行整理归档，建立专项档案，并及时进行工作报告的收集和立卷。

第二，拓宽了集团公司与所投资公司之间的信息渠道，促进了所投资公司的规范运作。通过专职董监事制度的实行，使信息沟通由原来的股东（大）会、董事会开会时的定时传递变为经常流转，信息内容由原来相对单一的重大决策信息变为公司运营的完整信息，信息传递更及时，内容更丰富，使集团公司对所投资公司的了解更全面、把握更准确，为科学决策奠定了基础。按照制度安排，专职董监事认真履行职责，严格执行程序，科学分析所任职公司的运行状况，及时、认真编写研究报告、完善议案、规范行权，提高了公司治理水平和科学决策水平，有效维护了集团公司的权益。

第三，初步培育锻炼了一支具有较高素质的专业队伍。按照所投资公司行业特点和集团公司管理要求，集团公司选拔委派了一批既有专业管理经验，又熟悉公司治理的专业管理人员担任所投资公司的专职董监事。通过加强专职董监事的业务培训，增强其现代企业制度、公司治理理论素养，使其更好地理解和把握集团公司股权管理办法、专职董监事制度的内涵和实质，提升行权意识和履职能力。

2. 推广阶段（2007年8月至今）

一是明确业务协调管理部门。在原集团公司资本运营部设立专职董监事办公室，主要负责制定专职董监事业务管理制度及办法。

二是专职董监事制度逐步完善。（1）集团公司结合发展战略和管理实际，对《股权管理办法》进行了修改，对专职董监事的定位、资质、选聘、职责、权利、工作流程等进一步完善。（2）制定形成了选拔、培训、能力测试和任用的一整套流程化管理制度。总部对所有专职董监事人选进行了资格审查，

第七章　中国石油专职董监事制度的探索与实践

以确保专职董监事的知识水平、实践经验和管理能力符合任职资格要求，有15%的推荐人选未通过资格审查。（3）制定了《专职董监事管理细则》。根据专职董监事制度的推广情况，直属企业专职董监事制度的推进成为工作的重点。集团公司选定西南油气田等企业作为重点单位，从完善出资人管理体系、健全管理制度入手，指导直属企业按照要求，制定计划、明确目标、制定流程、确定工作计划和实施方案，在控股、参股公司全面实行专职董监事制度。为防止发生内部人控制现象，对有必要加强监管的公司实行交叉配备，由集团公司指定同一区域的直属企业相互派遣专职董监事。交叉配备的专职董监事直接对集团公司负责，业务上接受原资本运营部的领导。集团公司先后在大庆、上海等地区推行了专职董监事的交叉配备工作，取得了较好的效果。

三是加强专职董监事配备管理。向所属企业和地区公司直接投资或管理的控参股公司配备专职董监事。工作原则如下：（1）重点先行。首先选择规模和影响较大的控股和参股公司，先行开展专职董监事制度的推进工作。（2）逐步到位。在对控参股公司进一步清理整合的基础上全面实施专职董监事制度。规范操作。依据《公司法》和《中国石油天然气股份有限公司章程》规定程序操作，确保专职董监事执行规范到位。

配备要求：（1）集中权限。将专职董监事配备权集中在集团公司、直属企业和地区公司，三级以下企业配备权限上移至直属企业和地区公司。（2）突出管控。集团公司直接投资的企业和一些直属公司、地区公司的重要控股子公司，由集团公司直接委派专职董监事。（3）差异化配备。控股公司配备专职董事、专职监事各一名，参股公司只配备专职董事或专职监事。2019年年末，集团公司和股份公司、所属企业和地区公司委派的专职董监事已有61人，任职公司数量、职级分布、学历分布和年龄分布的比例均在不断优化。

为加强专职董监事的选配工作，提高专职董监事素质，集团公司严把入口关，实行专职董监事资质的动态管理，即建立专职董监事资质测试制度，编写《专职董监事资质测试大纲》，在股权管理信息系统设置专职董监事考试模块，新提名的专职董监事在任职之前必须参加考试，考试合格后方可聘任，保证选拔高素质的人才担任专职董监事。直属企业管理的各层级控股、参股公司专职董监事原则上由直属企业配备。直属企业结合控股、参股公司所处的行业特点和公司管理状况，选拔具有丰富专业知识和管理经验、年富力强的人员出任专职董监事。

四是规范专职董监事履职管理。（1）明确管理重点。突出管战略、管风险、管考核，即把握主营业务发展方向，使下属企业在战略、经营和投资计划等方面与集团公司保持一致性；防范和降低企业运营中可能出现的风险；落实绩效指标，保障股东投资收益兑现。（2）建立差异化管理、及时监控和及时协调的运行机制。对控股企业强化控制，对参股企业确保财务回报，谋求战略协同。建立信息渠道，加强过程管理，完整掌握情况，及早发现问题。及时与派出单位、任职公司和其他股东沟通，协调解决出现的问题。（3）强化对任职公司的管理和控制。加强信息管理，及时、准确、完整地掌握信息；建立分析指标体系，分析发现问题，把握管理关键点；建立报告制度，贯彻落实派出单位意志。

三、中国石油专职董监事制度的进展和成效

完善国有企业法人治理结构是全面推进依法治企、推进国家治理体系和治理能力现代化的内在要求。

2019年11月7日，为贯彻落实党的十九届四中全会决策部署，国务院国资委发布《关于以管资本为主加快国有资产管理职能转变的实施意见》（国资发法规〔2019〕114号），强调以"管资本"为主加强国资监管，对所出资企业依法享有资本收益、参与重大决策和管理者选择及考核等权利。突出董监事参与管战略、管风险、管考核的职能定位，以市场化、法治化方式履行国有资本出资人职责。"改进监管方式，从习惯于行政化管理转向更多运用市场化、法治化手段。坚持权由法定、权依法使，严格依据法律法规规定的权限和程序行权履职。改变重审批、轻监督等带有行政化色彩的履职方式，更加注重以产权为基础、以资本为纽带，依靠公司章程，通过法人治理结构履行出资人职责，将监管要求转化为股东意志。"

2019年12月12日，为形成以"管资本"为主的国资监管体制，规范操作、强化监督，有效维护国有资产安全，国务院国资委印发《关于中央企业加强参股管理有关事项的通知》（国资发改革规〔2019〕126号）。通知要求，各中央企业要加强参股国有股权管理，依法履行股东权责，注重参股投资回报、严格财务监管、规范产权管理，确实维护国有资产权益，严防国有资产流失，促进混合所有制经济健康发展。

2020年3月1日，国务院国资委印发《关于做好中央企业参股经营投资自查整改工作的通知》，要求央企于10月底前完成自查、整改，落实126号文件精神，对存在"只投不管"或"管理不到位"问题的参股股权，及时进行规范，进一步规范参股管理，明确要求"派得进人，管得住事，防得住问题，

第七章　中国石油专职董监事制度的探索与实践

全面提升参股投资管理水平及能力"。

近年来,国资监管方式和监管重点的调整与完善,反映出当下国资监管的主要矛盾和焦点。在国有股权仍占有较大比例的国有控股公司,由专职董监事、股东代表,参与所投资公司管理,以系统、规范的业务流程为保障,充分体现出资人意志。作为一项制度创新、管理创新,在加强股权管理,特别是完善专职董监事体系建设,强化履职行权,维护股东权益等方面发挥了重要作用。

中国石油专职董监事制度作为国有控参股企业治理模式的创新,经过十余年的探索与实践,不断完善和发展,在促进集团公司战略发展、规范公司治理水平、提升专业化管理能力、维护出资人权益等方面取得明显成效,并在国内多家大型企业集团借鉴推广。

1. 专职董监事制度体系基本完善

初步建立了较为完善的专职董监事制度体系。《关于进一步加强所投资企业股东代表、董事、监事选派与管理公司意见》(石油人字〔2007〕50号)规范专职董监事选任管理,《关于全面推行专职董监事制度意见》(中油资〔2007〕412号)规范专职董监事配备范围和工作要求,《关于进一步规范股权企业人事业务管理的暂行意见》(人事〔2015〕9号)规范股权企业业务归口管理和薪酬管理,《关于调整和完善专职董监事工作的通知》(资本〔2016〕12号)规范控参股公司董事会、监事会和股东(大)会议案管理,《股权管理办法》(中油资〔2018〕532号)规范行权管理及专职董监事业务管理(明确岗位和机构职责、明确纳入人事管理范围、明确任职公司数量上限、明确委派范围),2019年《专职董监事业务管理细则》规范专职董监事业务管理。

2. 委派专职董监事对控参股公司管理的改变

一是在出资人代表委派方面,由随机的、临时选派,且以领导干部兼职为主,变为依据严格的标准和条件委派专职管理人员,促进了管理的专业化。

二是在完善管理机制方面,由侧重规范治理结构、完善管理程序为主的间接管理,变为强化参与重大事项,突出运行过程监督,保障投资收益回收的直接管理,增强了出资人的控制力。

三是在信息渠道建设方面,由零散的、单一的会议信息传递,变为系统的、完整的公司运行和行业发展信息流转,改善了出资人与所投资公司之间信息不对称问题。

四是在管理方式拓展方面,由单纯的以参加会议为主的被动监管,变为深入企业，参与重大事项决策和监督的主动监管，推进了控参股公司管理向纵深转变。

五是在管理手段深化方面，由对公司表层的一般性管理和评价，变为研究公司现状和行业发展，在公司的历史纵向和行业横向对标中看企业，提升把控公司发展方向的能力。

3. 委派专职董监事所取得的主要成效

一是所任职公司出资人到位，确保出资人意愿得到落实。专职董监事忠实贯彻集团公司意志，解决了出资人作用弱化、管理缺位的问题，有效维护了股东权益。据统计，委派专职董监事的控股公司，集团公司管理决策意见落实到位率达100%。对一些参股公司，专职董监事积极与其他股东、董事、监事沟通情况，特别强化股东关系管理，争取股东方的理解和支持，形成合力，进而影响公司决策。

二是强化科学管控，增强对所任职公司的控制力。专职董监事发挥专职和专业优势，专人、专岗、专职投入时间和精力去研究所任职公司的相关问题，在促进所任职公司科学决策、防范经营风险等方面，发挥了重要作用。2017年，总部委派的三位专职董监事参加所任职26家公司三会及专业委员会84次，处理会议议案324件，提交呈报件33份，及时汇总、反馈职能部门的意见和建议，认真履职、勤勉尽责，积极贯彻股东意志、维护股东权益，并对所任职公司的投资、关联交易、融资、预决算、考核、分红、审计等事项进行认真研究和把关，提出有关公司治理、战略、投资、财务、运营、考核等管理建议，充分发挥专职董监事在公司治理中的独特作用。

三是地区公司推行专职董监事制度的积极性在不断提高。通过几年的实践，地区公司逐渐认识到专职董监事制度的作用，感受到专职董监事比兼职董监事工作更负责、更专注、更专业、更有效，推进专职董监事制度也更加积极主动。如辽河油田在整体以20%的比例压缩编制的情况下，专职董监事队伍目前仍维持定员22人，与初始规模相比，总体上升8人，委派到全资、控参股公司35家，并从全油田系统内公开招聘财务、法律、审计精干人员担任专职董事、监事，副处级专职董监事通过公开竞聘产生，营造了尊重人才、注重业绩的氛围。广东销售在专职董监事转岗后，2017年又恢复了专职董监事的委派，3名专职董监事在13家公司任职，加强了重点控参股公司的管控和公司的规范化运作。

第七章　中国石油专职董监事制度的探索与实践

第四节　推进中国石油专职董监事制度的措施建议

一、进一步完善制度体系建设

从2007年下半年全面实行专职董监事制度以来，中国石油国有资产管理的重心开始了由生产管理、实物资产管理向股权管理的转变，出台了一系列促进股权管理体系化、制度化建设的政策措施，强化了出资人职能，在股权代表方面初步实现了"层层"出资人到位，与企业"内部人"形成了一定的制衡。

专职董监事制度虽取得了践行探索的成效，但限于阻碍其充分发挥作用的相关制约因素，仍需持续完善和改进。

目前，中国石油所投资企业的董事会建设仍需进一步完善，突出表现在各专业委员会仍需进一步完整设置。董事会是公司治理中的核心，董事会内设机构若不健全，将影响其充分发挥作用。

1. 董事会人员构成上存在缺陷

首先，董事会成员与经理层成员存在较多重叠，董事长与总经理合二为一的做法较为普遍，影响董事会独立性的充分发挥以及董事会对经理层充分制衡的监督和控制力发挥。其次，由于绝大多数外部董事来自国有企业和财政股东，董事的背景过于单一，致使董事会讨论的事项往往集中在每年的分红比例上，而对影响公司发展的其他重大问题则讨论较少，工作重心偏离。

2. 董事会功能有待进一步强化

董事会的主要职能是对企业经营进行战略决策，但目前中国石油所投资企业的董事会，基本上是通过听取董事长工作报告的形式对公司的重大事项进行审议而不是直接进行决策，董监事深入企业调研的时间有限。尽管所投资企业能够按照公司章程定期召开董事会会议，但会议召开的数量少，不能保证一事一议，经常会延误时机，并且每年会议召开的时间较晚，不能保证在年初决策公司的经营方向和重大事项得到落实，在议事的深度和广度上也远不能满足企业发展中重大决策的客观需要。在董事会的人事选择权也名不副实，公司章程明确规定董事会选举董事长，但从实际情况来看，董事长基本上由大股东指定，董事长选举仅仅是履行程序。

3. 董事会运行规则仍需进一步完善

董事会的有关议事规则还需进一步充实实操性的内容。一是体现在对信息的采集和占有上。董事会成员往往难以获得决策所必需的足够信息，而每位成员是否充分拥有信息，是董事会能否正确做出判断的先决条件。二是体现在决策程序上。公司章程规定，提交董事会审议的议案，经董事会全体董事过半数表决即可通过，对重大事项和特别情况的专门规定不足，议事规则中也欠缺配套的操作性安排，影响董事会做出科学决策。

4. 董事会各专业委员会设置不完整

中国石油所投资企业董事会建设存在的不足，突出表现在各专业委员会设置不完整。这个问题的存在，一方面是由于中国石油专职董监事制度设计上的缺陷，另一方面也跟我国现阶段公司治理相关制度规范的完善程度息息相关。

在我国，独立董事制度仍处于探索阶段，设置董事会专业委员会的做法并未得到普遍应用，现行《公司法》中还没有关于专业委员会的规定，《上市公司章程指引》虽有关于独立董事的原则性规定，但对于专业委员会只字未提。证监会《关于在上市公司建立独立董事制度的指导意见》提到了可以设立薪酬、审计、提名等委员会。2002年颁发的《公司治理准则》也有相同的规定。目前，只有《上海证券交易所上市公司治理指引》对设立专业委员会提供了较为详细的指导性意见。该意见规定上市公司必须设立审计委员会，根据需要可以设立薪酬、提名、投资委员会等，应主要由独立董事组成，并由独立董事担任主席，对各个专门委员会的职能也有详尽规定。董事会是公司治理中的核心，董事会机构不健全，将使其难以正常发挥作用。

二、提高专职董监事人员能力素质

合格的专职董监事需要具备经济学（主要是财务会计、金融证券投资理论）、管理学（主要是公司治理理论）、法律等综合专业知识，以及行业、产业、产品等专业知识和技术等多方面技能。同时，从实际运行情况来看，每名专职董监事都同时担任着多家所投资企业的董监事职务，而这些企业所涉及的领域又不尽相同，这要求董监事要熟悉多个行业，对董监事的知识结构和从业经历提出了更高的要求。另外，专职董监事还要正确处理与兼职董监事间、

第七章　中国石油专职董监事制度的探索与实践

与股权管理部门间、与各相关专业部门间、与所投资公司间、与其他相关机构和领导间的关系，在所有关系中，寻求正确处理的最佳办法，这对专职董监事的统筹管理能力提出了很高的要求，专职董监事的整体素质需进一步提高。

三、持续发挥专职董监事特殊作用

继续发挥专职董监事"双重身份"优势、专业优势、专职优势，促进相关方和谐发展，提升股权管理专业化水平，确保出资人职能到位。同时在保持特色的同时也应当持续创新。虽然通过几年的股权管理实践，所投资企业的公司治理已基本实现规范化，"三会"运作和管理日渐常态化。专职董监事的履职重点应适时调整，可由规范公司治理环节延伸和前移，应在公司战略规划、营销模式和重大事项管控等方面发挥更多的作用。

四、政策建议

1. 建立健全各专业委员会，提升董事会决策的专业性

董事会下设若干专业委员会，并由这些专业委员会部分地行使董事会的职权，已经成为大型公司治理结构设计的一种非常普遍的做法。通过设立董事会专业委员会来提高董事会的决策效率和运行质量，以及强化监督职能，已形成普遍共识，并被美英等发达国家的公司治理实践证明是行之有效的方法。在西方公司治理研究中，流行着一种达尔文式的见解，即只有经过激烈市场竞争的洗礼而留存下来的公司治理制度，才是最富有效率的，从这个角度看，董事会专业委员会制度是一种有效率的公司治理机制。

公司和董事会制度发源并兴起于西欧，当前对董事会专业委员会制度研究最深入的也是美国和西欧，一些具有代表性和影响力的理论模型大都基于其本国的制度背景。这些结论是否完全适用于正在转型过程中的中国企业，还有待实践检验。我国公司董事会专业委员会制度的建设和完善任重而道远。

建立和完善董事会专业委员会制度是当前我国公司治理改进的重点，在实践中既要研究和吸取美英等国董事会专业委员会的相关经验，又要吸收日本的一些新的理论和成功做法。同时，应该看到公司治理机制的完善还涉及很多外部体制环境的改进，是一个系统工程，需要从多方面努力。

2. 完善董事会议事规则，提高董事会决策的客观性和准确性

借鉴美英等国公司治理的成功经验，对董事会的议事规则进行系统梳理和修订，对不同事项的决策程序作出详细规定，包括董事会会议召集、信息提供、通过人数等，从而确保参加会议的董事对所议事项获得了充分的信息，并据此做出准确客观的判断。只有在这种情况下，董事会才有可能作出真正客观的决策。同时，为逐步提高专职董事的权威性，集团股权管理部门，应建立集团股权管理和经营动向定期、不定期通报机制，给予所有层级专职董监事持续了解掌握集团整体动向的机会，避免各级执行董事垄断重要信息。同时，在通报中，股权管理部门也可以了解各层级落实集团资本运营战略和股权管理的情况。

3. 扩大专职董监事选聘范围，突出股权管理的高技能性

伴随中国石油业务拓展到金融等新的领域，以及海外业务和资产的不断扩充，为提高经营的安全性，特别需要熟知不同业务领域、不同国家法律、政策和文化特点的复合型人才，而这些人才在中国石油内部往往因知识结构等因素难以充足配备。应增大中国石油外选聘专职董监事的比例，依据专业化、国际化的准则，对于石油以外的新进入产业以及国际业务较多的子公司，可从全国甚至全球优选聘用，快速提升专职董监事队伍的整体业务技能。

4. 设立专职董监事专门管理序列，保持股权管理队伍的稳定性

为强化专职董监事在企业股权管理中的作用，体现责权利对等，在中国石油干部管理体系中设立单独的专职董监事序列，强调在现代企业制度中，股权管理是与经营管理、专业技术同等重要的岗位，是一门专业性很强的技能。设立专职董监事专门管理序列，业务由集团公司股权管理职能部门负责，人员根据管理层级由集团公司和地区公司人事部门共同管理。原则上处级以上专职董监事人选由集团公司业务部门商人事部门共同确定并履行相应程序。明确专职董监事（不包含集团外聘用者）的职级和待遇，特别是职级升降以及与经营管理等其他岗位交流路径，消除专职董监事在职业发展方面的后顾之忧，保持专职董监事队伍的相对稳定和动态优化。在业务上实行垂直管理，上一层级的专职董监事办应该指导下一层级专职董监事办工作，并将系统内轮岗制度化，通过交叉委派保持专职董监事的专业性、制衡性和主观能动性。

5. 制定有竞争力的薪酬体系，调动专职董监事的主观能动性

专职董监事的履职离不开必要的激励机制。在中国石油总体绩效增长的同时，专职董监事也应得到相应的物质利益和精神鼓励，从而促使其在行使权利时诚信敬业，自觉努力为出资者谋利益。建立激励与约束相结合的酬金制度，专职董监事的岗位酬金由"基薪＋业绩奖金"两部分组成。基薪由集团公司人事劳资部门按现行工资管理制度，参照专职董监事对应的集团公司岗位标准确定；业绩奖金根据专职董监事所任职公司资产规模及业绩考核等级确定。建议董监事在所任职公司领取应得报酬，根据集团公司相关规定放入奖金池进行统一管理。促进和加强系统内外部交流，鼓励专职董监事，对提升公司治理相关课题进行研究和实践，并对于在履职中的创新，给予一定的容错机会，并在年度评优中给专职董监事一定名额比例。

第五节　中国石油专职董监事制度的发展方向与目标

专职董监事制度是一项强化集团管控能力，降低投资与经营风险，从而促进总体目标实现的重大举措，虽然在实践过程中，仍然存在股权投资企业的公司治理水平不高、专职董监事人员的委派不到位、专职董监事制度中的责权利不统一等问题，但必将进一步大力推进和不断完善。其主要发展方向是：

一、服务大局、务求实效

专职董监事制度是中国石油强化出资人股权管理工作的一项重要探索和创新，符合现代企业制度的发展方向和要求。在经济全球化的大背景下，以把握现代企业发展趋势为重点，以服从服务于集团发展战略为重心，以总结提炼实践经验为基础，不断丰富专职董监事制度理论，完善制度规程，努力做到"一个夯实"，力争"三个突破"，促进"五个协调"，使专职董监事制度更加完善，发挥更大的作用。

1. 努力做到"一个夯实"

即夯实专职董监事制度的理论基础。在公司治理理论的基础上，研究引入现代信托理论、资本管理博弈理论，探讨新型委托代理关系，进一步强化

专职董监事的特色，科学界定专职董监事的职责、权利和义务，丰富专职董监事制度的理论内涵，为专职董监事制度的发展奠定坚实基础。

2. 力争取得"三个突破"

一是在配备结构上突破。在董事会结构上，按照三个"三分之一"的配备目标，即企业内部董事、中国石油委派的专职和兼职董事、与中国石油没有关联的外部董事或独立董事各三分之一，旨在改善董事会组成结构。在属于主营业务的控股子公司同时配备专职董事和专职监事，在集团公司拥有多个董事席位的公司聘请独立董事或外部董事；向属于主营业务的间接控股上市公司委派专职监事。在专业结构上，注重专职董监事和其他董监事的专业互补。

二是在选聘培养上突破。推进市场化选聘机制，注重民主推荐、领导提名与市场化聘用相结合，系统内外相结合；加大培训力度，实行任职资格制度。

三是在考核方式上突破。明确岗位职责和目标，科学设置评价指标体系，完善评价标准和手段，将专职董监事的考核与调查研究、行权履职、报告制度执行情况以及所任职公司股权价值和经济效益联系起来。

3. 积极促进"五个协调"

一是促进出资人与所投资公司之间的协调。通过专职董监事制度的实施，促进集团公司与所投资公司之间战略协同、价值协调、企业文化融合，建立出资人与所投资公司之间的和谐关系。

二是促进出资人与出资人之间的协调。利用专职董监事所具有的董监事与股权代表的双重身份，发挥桥梁纽带作用，加强股东信息交流，平衡股东利益关系，协调股东立场，走出去、引进来，推动出资人之间互信和战略合作。

三是促进所投资公司与利益相关者之间的协调。促进所投资公司规范运作，尊重利益相关者的法定权利，保护其正当权益，实现所投资公司和利益相关者利益协调、共同发展。

四是促进依法治理与职能管理之间的协调。在集团公司统一战略目标指导下，处理好对所投资公司的依法治理与职能管理的关系，使二者互为补充，相辅相成，共同发挥作用，促进股权集中统一管理的实现。

五是促进专职董监事与其他董监事之间的协调。发挥专职董监事的专职和专业特点，积极与集团公司委派的兼职和内部董监事、其他股东委派的董监事进行协调沟通，促进科学高效决策，保障集团公司意志的贯彻执行。

第七章 中国石油专职董监事制度的探索与实践

二、突出特色、发挥优势

1. 发挥专职董监事"双重身份"优势，促进相关方和谐发展

对于集团公司、所属企业或地区公司等派出单位而言，专职董监事是从事股权管理业务的专业人士，而对于集团所投资公司而言，专职董监事则是所任职公司的"内部人"，从这个意义上说，专职董监事拥有"双重身份"。完善专职董监事制度，应当进一步发挥专职董监事的这一角色特征，既要把出资人的战略和经营决策贯彻到所任职公司，同时，也要深入研究所任职公司的运营状况，如实反映公司经营中存在的问题，保证出资人管理决策能够在信息较为对称的状态下做出科学的安排，使出资人与所投资公司在战略上相互协作，业务运营上相互配合。专职董监事要把派出单位良好的企业文化传承到任职单位，加以推广。同时，还应注意将任职单位和其他股东好的经验、做法引入到派出单位来，加以借鉴。走出去，引进来，融通文化，促进相关各方和谐健康发展。

2. 发挥专职董监事专业优势，提升股权管理专业化水准

专职董监事作为出资人委派到所投资公司的管理代表，具有专业优势，这是专职董监事制度的又一特色。随着现代企业制度的进一步推广和出资人股权管理工作的不断深化，专职董监事的专业特色应当得到保持，并进一步发挥其应有的功能。专职董监事应充分发挥专业优势，加强和完善行业和公司运营的分析，在事关所投资公司战略发展、重大决策等问题上发表专业意见，提升专业管理能力，提升出资人股权管理的专业化水准。

3. 发挥专职董监事"专职"优势，确保出资人职能到位

专职董监事应利用专职优势，经常深入任职公司，及时掌握公司运行动态，跟进公司重大经营事项进展，准确掌握派出单位经营信息，为出资人科学决策提供参考依据；同时，专职董监事应将派出单位的管理决策及时传递到任职单位，并监督执行情况，督促管理层严格履行股东（大）会和董事会的决议，保证出资人决策得到认真贯彻执行。

同时，建立一支素质高、业务过硬的专业化队伍应加强"忠实、责任、能力"三项建设，即忠实于股东的利益，尽到确保股东投资回报、确保国有资产的安全和保值增值之责，具备高效履职的能力和素养。

三、稳步推进、不断完善

1. 加强沟通，增强推进专职董监事制度建设的内在动力

通过组织系列宣传、专题研讨等活动，对专职董监事产生的理论基础、实践效果和发展取向进行宣传贯彻，使所投资公司认识到，推进专职董监事制度不但是建立现代企业制度的要求，也是加强股权管理的重要途径和有效措施，增强所投资公司推行专职董监事制度的自觉性和主动性。

2. 创新机制，延伸专职董监事履职范围

从公司管理的基础条件来看，通过几年的股权管理实践，所投资企业的公司治理已基本实现规范化，"三会"运作和管理日渐常态化。专职董监事的履职重点应适时调整，可由规范公司治理环节延伸和前移，应在公司战略规划、营销模式和重大事项管控等方面发挥更多的作用。

3. 强化管理，提升专职董监事履职能力

运用现代管理手段。采用现代信息技术完善股权管理信息系统功能，实现信息网络化。利用财务评价、偏差分析、对标研究等分析方法和工具，对行业发展趋势和所投资公司运行状况进行科学分析与评价，使出资人能够及时准确掌握行业动态和所投资公司生产经营真实情况。

强化专项研究。注重对公司资源配置、成本控制、营销策略等方面的研究，努力在改进和加强公司经营管理等方面提出可行性建议，切实提高专职董监事管理公司的能力。

强化同业对比。建立专职董监事所任职公司生产经营数据库，首先建立集团公司直管项目的历史数据库、同行业数据库，然后逐步向所属公司铺开，为科学分析决策打下坚实基础；同时建立数据分析模型，包括投资可行性分析模型、预算模型、方案分析模型，进一步加强对所投资公司的战略研究、经营决策研究、市场研究、股权管理研究，及时发现管理中的问题，为决策服务。

建立投融资等重大事项情况跟踪评价机制。强化重大事项研究，逐步做到事前引领、过程控制，提高专职董监事发现问题、解决问题和强化监督控制方面的能力，维护集团公司的整体利益。

4. 加强培训，提高专职董监事素质能力

分不同层级，针对不同需要，采取现场培训、参观学习、组织研讨、网

第七章　中国石油专职董监事制度的探索与实践

上交流等多种形式，提高专职董监事的整体素质和岗位胜任能力。

5. 逐步形成完整的制度体系

进一步完善专职董监事制度，在积极探索实践的基础上，对专职董监事制度的理论意义和未来趋势进行深刻挖掘和透彻分析，注重理论研究和系统集成，使其更好地指导实践，并在管理实践中得到扩大和升华。

四、专职董监事制度建设目标

实践证明，专职董监事制度是提升公司治理水平行之有效的手段，要在进一步强化所任职公司尽责履职基础上，注重公司治理的理论基础、现实背景、内涵实质、管理要素和功能作用等进行系统分析和提升，对其体现的中国石油特色进行认真提炼和归纳，不断夯实工作基础、加强队伍建设、完善制度顶层设计、细化工作流程，在管理实践中不断使专职董监事制度得到推广和提升。初步实现董监事管理的体系化、制度化、专业化、规范化、科学化，实现股权投资价值的增值化。

一是实现所投资公司董监事管理体系化。健全董监事的管理机构，配齐专业化管理人员，逐步建立董监事人员的任职资格、选聘定岗、权利、义务、责任、履职程序、从业规范、绩效考核、薪酬标准、述职报告与离任管理等全过程的业务管理框架体系。

二是实现所投资公司董监事管理的制度化。依据董监事管理的全过程业务管理框架体系，在实践中，不断健全相关规章制度，做到有章可循，执章必严，违章必究。

三是实现所投资公司董监事队伍的专业化。以打造政治上忠诚可靠，知识结构合理，专业配置优化，履职技能精良的职业化管理团队，不断强化董监事的培训和实践锻炼，将董监事队伍打造成后备干部的培训基地和"蓄水池"。

四是实现所投资公司董监事执业的规范化。通过董监事理念、职业道德、决策水平、监督技能等综合训练，制定工作标准，规范管理和操作流程。进一步完善专职董监事的任职标准，继续推行持证上岗制度。

五是实现所投资公司考核评价的科学化。通过对董监事履职的考核，采取定性与定量相结合的方法，从管理质量、工作手段和主要业绩指标进行综合评价，通过定性、定量的指标考核，逐步形成专职董监事能上能下的考核机制和激励机制。

六是实现所投资公司运营效益的增值化。按照《公司法》和所投资企业《公司章程》的规定，通过委派的专职董监事和兼职董监事，进一步完善所投资企业的法人治理结构，依法履职，促进董事会、监事会的高效运作，提高所投资公司的投资回报水平。

延伸阅读：企业如何有效管控？中国石油专职董监事"精炼"之道

作为中央企业，中国石油的公司治理有着央企治理的共性要求。同时，集团实际情况、国资监管期望对中国石油的治理水平提出了更高的要求。集团资产规模超4万亿元在央企中属前几位，拥有的法人企业特别多（2800多家，其中上市公司数家），庞大的家底客观上给治理特别是股权管理工作带来巨大挑战。2019年1月，中国石油成为创建世界一流示范企业，这对治理水平提出了进一步的要求。

作为较早推行专职董监事制度的央企，已历经18年的中国石油专职董监事制度到底成效几何，将如何进一步完善发力？《董事会》杂志调研组一行亲赴中国石油总部，与集团及数家控参股企业专职董监事的管理部门、数家控参股企业的专职董监事等进行了深入坦诚的交流。

中国石油天然气集团公司是国有独资公司，是产炼运销储贸一体化的综合性国际能源公司，2018年的营业收入2.73万亿元、利润总额1105.6亿元，年底总资产4.13万亿元；拥有中国石油、昆仑能源、中油资本、中油工程等多家上市公司。作为拥有2800多家法人企业的超大型集团，中国石油2003年推出专职董监事制度，历经16年的探索与实践，形成了具有特色的公司治理模式。

一、制度基本健全

目前，中国石油的专职董监事制度已基本健全。

中国石油1999年设立，2000年在纽约和中国香港上市。境外上市后，必须按照相关资本市场监管要求和国际公司治理准则，建立健全公司治理结构，规范行使股东权利，实施股权管理。当时，中国石油有近6000个股权项目，股权管理不到位，其状况是"三少"，即战略协同少，投资项目涉及石油化工、机械制造、建材加工、交通运输等诸多领域，布局分散，与中国石油整体战略契合度不高；集中有效控制少，投资项目数量多，层级多，缺乏统一规范，少部分项目出现管理失控；分红少，按章程规定如期分红的项目不足20%。同时还有"三多"，即管理责任不落实的多，股权管理未落实归口管理部门，

第七章　中国石油专职董监事制度的探索与实践

管理不到位，部分企业以应收款、油维费等多种形式出资，却没有形成国有产权；亏损的多，近40%的投资项目亏损；信息不畅、不对称的多，部分企业多年不规范召开"三会"，不向股东报送信息。股权管理工作亟待改善。

当时，中国石油委派的董事、监事都是各级领导干部兼职，因本职工作繁忙，无暇顾及控参股公司的经营决策和运行监督，管理难以到位。为加强管控，提高专业化水平，在研究和借鉴GE等国际大型企业集团委派专业人员管理对外投资项目、国务院外派监事会加强重点企业监管的基础上，2003年7月，中国石油试点专职董监事制度，向控参股公司派出副局级专职的董事和正处级专职的监事，代表中国石油进行管理。专职董监事一般为股东代表，每人管理68家公司，挂靠原资本运营部，业务归原资本运营部管理，人员不占编制，根据实际需要配备；资本运营部由集团总会计师领导。2007年8月，中国石油决定全面推行专职董监事制度。

近年来，中国石油对这项制度不断完善，特别是哪些公司委派专职董监事、任职家数、培训与考核、行权履职规范等。相关的制度包括：一是指导性文件，2007年《关于进一步加强所投资企业股东代表、董事、监事选派与管理公司意见》规范专职董监事选任管理，2007年《关于全面推行专职董监事制度意见》规范专职董监事配备范围和工作要求；二是规范性文件，2015年《关于进一步规范股权企业人事业务管理的暂行意见》规范业务归口及薪酬管理，2016年《关于调整和完善专职董监事工作的通知》规范控参股公司董事会、监事会和股东（大）会议案管理，2018年《股权管理办法》规范行权管理及专职董监事业务管理（明确岗位和机构职责、明确纳入人事管理范围、明确任职公司数量上限、明确委派范围），2019年《专职董监事业务管理细则》规范专职董监事业务管理。

全资、合并全资、绝对控股的企业，委派兼职的董监事。有下列情形之一的，委派专职董监事：第一，中国石油方持股比例小于或等于50%的参股公司；第二，中国石油方持股比例大于50%，但由合资方出任董事长、总经理或财务总监的控股公司；第三，资产规模较大、管理难度较高且具有重要战略意义的控股公司；第四，其他有必要委派专职董监事的情形。委派一般是向下一级，少数是越级委派。

在定位方面，专职董监事是出资人派出到控参股公司专职从事董监事工作的专业管理人员，按照规定的业务流程，研究任职公司的董事会、监事会和股东（大）会议案等事项，会商公司相关部门后，按相关规定作出决策，提出处理意见和建议，经过授权，行使董监事和股东代表权利，贯彻落实派出单位意志，维护出资人权益。此外，专职董监事是集团公司领导的"信息员、分析员和参谋"，负责收集控参股公司的月度、季度、中期和年度财务报表，动态掌握生产经营情况，开展任职公司调研并进行对标分析，为集团加强对控参股公司的管理出谋划策，提出建议。

专职董监事处理"三会"议案的程序是：1.议案收集和处理，专职董监事收集汇总任职公司三会议案后，就议案内容征求派出单位相关部门意见，同时征求派出单位在任职公司其他董事或监事意见，必要时组织讨论会，充分论证后提出处理意见；2.议案审查，一般事项议案的处理意见由专职董监事的分管领导审批，重大事项议案的处理意见由派出单位主管领导审批，相关议案需要履行"三重一大"决策程序的，严格执行相关规定；3.意见传达，如果派出单位在任职公司的董事会或监事会有多个席位时，专职董监事负责向其他董事或监事传达议案的处理意见，确保决策意见在三会会议上一致表达；4.参会表决，专职董监事在任职公司三会会议上发表意见和表决，并签署决议及相关会议资料；5.信息上传，三会结束后，及时将三会议案等信息上传股权信息管理系统"董监事管理"模块；6.跟踪落实，专职董监事应跟踪任职公司董事会和监事会决议落实情况。

二、激励约束强化

专职董监事服务保障、激励约束机制方面，中国石油进行了有力探索。

根据股权企业的数量，设立股权管理部门及董监事办公室，为专职董监事行权履职提供支撑。保障方式上，股权信息管理系统设有董监事业务模块，规范各层级投资公司治理结构信息及股东（大）会、董事会、监事会三会议案信息的呈报流程及要求，形成完备的数据库，具有统计分析、考核评价等功能；目前正在开发财务报表智能分析系统，敏感信息预警系统，天眼查系统数据共享。同时，中国石油有专门的董监事专项经费，为有效履职提供保障。此外，中国石油专职董监事办除完成年度董监事业务培训外，还建立专家库，并通过微信群对董监事履职过程中出现的问题进行讨论，协调专家进行指导，解决履职中的实际问题。

专职董监事与兼职董监事履职相比，专职董监事有系统的业务流程作为制度保障，履职标准更为规范；有统一归口的股权管理部门作为行权支撑，履职要求更为严格；同时，专职董监事也有比较充足的时间深入任职公司，对经营情况更加了解，其管理也更为专业和有效。

激励与约束方面，中国石油严格执行中央相关规定，专职董监事不在所

第七章 中国石油专职董监事制度的探索与实践

任职公司取薪、津贴；专职董监事按本人的职级领薪。派出单位根据专职董监事的德才素质、岗位职责、履职情况和工作成效等，对专职董监事年度履职进行综合考核评价，依据考核评价结果进行奖惩，对考核不合格的应及时调整岗位。

专职董监事有下列情形之一的，按照集团公司规定对责任人给予相应处分：未经批准擅自进行议案处理；未经批准或未执行派出单位决策意见，擅自在三会会议上进行表决或者签署相关决议；与投资公司人员串通编造虚假报告；泄露任职公司商业秘密，损害公司合法利益；违反忠诚勤勉义务的其他行为；集团公司认定的其他应予责任追究的行为。对履职不到位的专职董监事，视不同情况，根据相关规定进行追责；对履职出现重大失误，或出现违法违规行为，给派出单位或任职公司利益造成损失、产生严重后果负有直接责任的，撤销其任职，给予相应纪律处分，直至追究其法律责任。

当然，按照责权利对等原则，董事严格执行集团公司议案处理的相关规定和流程，出现问题不再追究行政责任，而对于履职风险较大的金融企业及上市公司的专职董事，购买董监高履职责任险。

值得一提的是，在2018年的资本运营工作会上，考虑到专职董监事岗位的特殊性，提出了将专职董监事作为后备干部历练的岗位，后备干部培养的蓄水池。

专职董监事任职的动态调整机制和激励约束机制的建立，充分调动其规范履行职责、有效发挥作用的积极性。

三、制度收益明显

在中国石油，专职董监事制度被寄予厚望。截至2018年年底，中国石油总部和地区公司共有专职董监事62人，在287家控参股公司任职，委派率15.9%。2018年，集团公司各层级的专职董监事共参加"三会"及董事会专门委员会近700余人次，处理会议议案近3000件，提出管理建议90多项。截至2018年年底，集团公司控参股公司1583家，投资成本5780亿元，当年实现股权投资收益率14.25%，当年实现股利分红335亿元，分红比例（分红金额/净利润）达到59%。中国石油专职董监事制度强化了科学管控，促进控参股公司健康发展，提升了股东价值，并给集团公司出资人管理带来了五个方面的深刻变化。

一是在出资人代表委派上，由随机、临时选派，且以领导干部兼职为主，变为依据严格的标准和条件委派专职管理团队，促进了管理的专业化；二是在管理机制完善上，由侧重规范治理结构、完善管理程序为主的间接管理，变为强化参与重大事项管理、突出运行过程监督、保障投资收益回收的直接管理，强化了出资人的控制力；三是在信息渠道建设上，由零散的、单一的会议信息传递，变为系统的、完整的公司运行和行业发展信息流转，基本解决了出资人与所投资公司之间信息不对称问题，增加了有效管理渠道；四是在管理方式拓展上，由单纯的、以参加会议为主的监管，变为深入公司全过程参与重大事项决策和监督，推进了管理向纵深转变；五是在管理手段深化上，由对公司表层的一般性管理和评价，变为研究公司和行业，从历史和行业比较中看企业，提升了把握公司发展方向的能力。通过以上五个方面举措，专职董监事制度对确保出资人到位，有效维护股东权益；强化科学管控，增强对控参股公司的控制力；促进控参股公司健康发展，提升股东价值发挥了重要作用。

《董事会》杂志调研期间，多名中国石油专职董监事表示，专职董监事的制度收益远大于成本。诚然，在消除积弊的同时，也存在一些问题不容回避与忽视：

顶层设计仍需完善。董事会决策弱化、监事会监督虚化的问题还没有得到根本扭转，需要进一步规范法人公司治理架构和管控模式，在实践中不断健全完善专职董监事在任职资格、选聘定岗、权利、义务、责任、履职程序、从业规范、绩效考核、薪酬标准、述职报告与离任管理等配套制度体系建设，形成科学合理、互相配合、协调制衡的法人治理结构。

专职董监事人员素质和履职能力还有待进一步提升。由于专职董监事工作的特殊性，决定了专职董监事必须具备较高的综合素质，不但要有较高的政治素质、较强的责任心和敬业精神，而且要具备较高的业务素质，有丰富的专业知识和工作经验。部分控参股公司资本关系复杂，众多治理机制交叉独立运行，治理环节众多，可能形成经营风险。

专职董监事责权利不对等。现有的管理体制，董监事的职级待遇和任职公司经营业绩好坏关联度很小，存在履职权限不足、薪酬激励不够问题。在所投资公司董监事的委派上，亟待引入职业经理人机制，以职业素养、职业技能、知识结构和行为规范为标准，通过公开竞聘，选拔既有理论功底，又有实践经验的优秀人才，使专职董监事成为一种能上能下的职业岗位，逐步过渡到市场化薪酬体系。

专职董监事委派仍不到位。个别企业该委派专职董监事没有委派到位，缺少相应机构和人员，到位率低，兼职多，兼而不专，工作精力、经验和专业相对不足或欠缺，不能做到很好履职，而且存在管控风险。

第七章　中国石油专职董监事制度的探索与实践

调研期间,有专职董监事认为,董事代表股东行权与个人法定担责的矛盾,在一定程度上弱化了专职董监事的责任意识和主动作为意识。

还有专职董监事认为,在现有的管理体制下,董监事的职级待遇和任职公司经营业绩好坏关联度很小,久而久之,就会形成干多干少一个样、干好干坏一个样的吃大锅饭的思想。这样的现状,不能有效激发专职董监事管理的主动性、积极性,董监事只是凭个人的责任心、职业道德来完成分内工作,不利于企业管理水平和业绩的提升,更不利于企业的长远发展。

四、迈向一流企业

专职董监事是实现股权管理市场化、专业化,提高股权投资回报水平、维护出资人权益的有效手段。2019年1月,国务院国资委宣布选择航天科技、中国石油等10家企业作为创建世界一流示范企业。创建世界一流示范企业的新征程中,中国石油拟通过职业化专职董监事队伍建设,逐步实现所投资公司董监事管理的体系化、制度化、专业化、规范化、科学化和股权投资价值的增值化。

一是实现所投资公司董监事管理体系化。健全董监事的管理机构,配齐专业化管理人员,逐步建立董监事人员的任职资格、选聘定岗、权利、义务、责任、履职程序、从业规范、绩效考核、薪酬标准、述职报告与离任管理等全过程的业务管理框架体系。二是实现董监事管理的制度化。依据董监事管理的全过程业务管理框架体系,在实践中,不断健全相关规章制度,做到有章可循,执章必严,违章必究。三是实现董监事队伍的专业化。以打造政治上忠诚可靠、知识结构合理、专业配置优化、履职技能精良的职业化管理团队,不断强化董监事的培训和实践锻炼,将董监事队伍打造成后备干部的培训基地、蓄水池。四是实现董监事执业的规范化。通过董监事理念、职业道德、决策水平、监督技能等综合训练,制定工作标准,规范管理和操作流程。进一步完善专职董监事的任职标准,恢复持证上岗制度,推进兼职董监事的在职培训。五是实现所投资公司考核评价的科学化。通过对董监事履职的考核,采取定性与定量相结合的方法,从管理质量、工作手段和所投资公司主要业绩指标进行综合评价,通过定性、定量的指标考核,逐步形成专职董监事能上能下的考核机制、能多能少的激励机制。六是实现所投资公司运营效益的增值化。按照《公司法》和所投资企业《公司章程》的规定,通过委派的专职董监事和兼职董监事,进一步完善所投资企业的法人治理结构,依法履职,促进董事会、监事会的高效运作,提高所投资公司的投资回报水平。

从行政型治理迈向经济型治理，需要经历相当长的时间，中国石油在专职董监事制度上的探索，为中国超大型企业的现代化治理转型，提供了宝贵的变革样本。

延伸阅读：中国特色国有控参股企业治理模式的创新——辽河油田专职董监事制度的探索与实践

一、引言

完善国有企业法人治理结构是全面推进依法治企、推进国家治理体系和治理能力现代化的内在要求。2017年5月，国务院办公厅印发的《关于进一步完善国有企业法人治理结构的指导意见》（以下简称《治理指导意见》）继承、丰富了中共中央历次全会关于完善国企治理的要求，坚持市场在资源配置中起决定性作用，把中央企业2004年开展董事会试点以来取得的成功经验上升到完善国有企业改革的政策层面。

在实践中，专职董监事制度作为专职外部董事制度的一种创新形式，从2003年就开始在中国石油、中航工业、葛洲坝等中央企业开启试点实践。2009年11月，国务院国资委公布了《董事会试点中央企业专职外部董事管理办法（试行）》，把专职外部董事职务纳入国务院国资委党委管理，确定了专职董事的岗位工作，为国企改革从"管资产"向"管资本"的转变提供了一条有效途径。所谓"管资本"，即意味着政府部门逐步改变传统国有企业"管人，管事，管资产"的僵硬模式，通过"资本"管理，充分尊重企业的独立法人地位，最终实现现代企业制度的建设。

中国石油作为最早实践专职董监事制度的企业之一，在15年的实践过程中，直面挑战，取得了实效。从实践结果来看，辽河油田是中国石油专职董监事制度践行效果最佳的企业之一，在落实集团公司制度和体系创新等诸方面工作中，都形成了宝贵的经验做法。

二、辽河油田专职董监事制度的实践

目前，辽河油田共有持续经营的全资、控参股公司35家（全资20家、控股9家、参股6家），2017年35家公司实现投资收益3338万元，对比预算超交1390万元。15家控参股公司涉及工程建设、燃气、贸易、资产回收等8个业务领域，股权投资7.04亿元，占所有股权公司的67.55%。

1. 辽河油田"管资本"问题的提出

2015年8月14日，中共中央、国务院印发《关于深化国有企业改革的指

第七章　中国石油专职董监事制度的探索与实践

导意见》，强调国有企业混合所有制改革，以管资本为主推进国有资产监管机构职能转变、改革国有资本授权经营体制、推动国有资本合理流动优化配置、推进经营性国有资产集中统一监管。目前，辽河油田已经进入开发中后期，结构性矛盾加上低油价的冲击，企业生存发展面临挑战，急需寻求新的经济增长点，以推动辽河油田的可持续发展。控参股公司业务不断发展壮大，正成为辽河股权投资业务的顶梁柱，也成为辽河油田一个新的经济增长点和突破口，有力地支持了国有经济多元化的管理模式和老油田的可持续发展，给国有企业注入了新的活力和动力。然而，随着非国有资本的不断介入，对传统的国有企业管理体制提出了挑战。一方面，冗长的行政审批程序，严重制约了企业的经营活力；另一方面，原有体制下董监事多为兼职，没有充分时间履行职责的弊端逐步凸显，关联交易、管理失控以及内部人控制等问题严重损害了国有资产的安全性。因此，为了平衡传统的国有企业管理方式与企业市场化经营需求二者之间的关系，完善资本运营业务"管资本"的职能定位，中国石油从 2003 年开始试点专职董监事制度，加强出资人管理、规范控参股公司运作、防范和控制经营风险。一方面，通过充分授权管理，提升企业经营活力；另一方面，以专职代替兼职，提高董监事的履职成效，以挽回内部人控制、管理失控等问题造成的国有资产流失。

2. 辽河油田专职董监事机构的设立

专职董监事制度的实施，有利于所投资企业法人治理结构的完善和治理水平的提高，从而避免管理失控。同时，有利于集团出资人的层层到位，防止内部人控制风险的发生，从而维护国有出资人权益。董监事作为现代法人公司治理的具体执行人员，在股东和公司之间起着不可替代的桥梁纽带作用。要实现从管资产到管资本的转变，需要企业在公司治理上更加完善，建立与专职董监事的任用委派、履职行权、激励考核等相关配套制度，以适应改革的要求。

2001 年，辽河油田开始将股权投资项目纳入集中统一管理，设立了专门的股权管理机构—资本管理中心（2008 年更名为辽河油田资本运营部）。2005 年，为加强董监事业务管理，充分发挥董事会的决策职能和监事会的监督职能，指导所投资公司规范运行，在集团公司的统一部署下，率先开始推行专职董监事制度，设立了专职董监事办公室，经辽河油田公司授权，向所投资控参股公司委派专职董事和监事。

3. 辽河油田专职董监事的队伍建设

自试行专职董监事制度以来，辽河油田高度重视专业人员队伍的建设。

从人员数量上看，在重组改制、机关编制大幅压缩的背景下，辽河油田两次调增资本运营部的编制，由2008年以前的定员14人不断增加至顶峰的28人。2017年，辽河油田公司整体以20%的比例压缩编制，但专职董监事队伍目前仍定员22人，与初始规模相比，总体上升8人。辽河油田专职董监事队伍的不断扩大为完善股权投资企业管理提供了人才保障。从人员素质方面看，辽河油田严格设定专职董监事的任职条件。从全油田系统内公开招聘财务、法律、审计精干人员担任派出的专职董事、监事；副处级专职董监事通过公开竞聘产生，营造了尊重知识、注重业绩的氛围。依据控参股企业所处的行业及经营特点，结合个人专长，对专职董监事进行合理调配，把最合适的人放在最合适的岗位。

4.辽河油田专职董监事制度的推行

辽河油田根据中国石油专职董监事制度的相关规定，结合本企业的实际运行情况，先后制定了《辽河油田股权管理办法》《辽河油田公司董监事会和股东（大）会议案管理细则》等重要文件。通过系列完整的制度颁布和实施，明确了专职董监事的职能定位，规范了专职董监事的工作程序，确定了专职董监事任职资格、委派程序、工作职责、考核奖惩等日常工作内容。

第一，规范专职董监事委派工作，形成全面监管网络。经过多年实践，辽河油田下级35家企业中，34家企业建立了董监事会，委派专职董事31人次，专职监事34人次，基本形成了全覆盖的监管网络。辽河油田在专职董监事的委派上，始终坚持应派尽派原则，对于股权占比超过50%的企业，还试点委派了专职董事长，进一步实现了对投资企业的管控，有效地确保了出资人的利益。

第二，强化人员业务能力培训，提升专职董监事履职能力。辽河油田除组织专职董监事参加集团总部和油田公司组织的相关培训外，更加注重对董监事的日常培训。通过搭建常态化的自我培训模式，坚持每周五两课时的业务培训，由专职董监事根据自身业务特长进行轮流授课，同时按授课效果进行排序评比，构建了专职董监事内部学习交流平台。同时，组织专职董监事走出去，通过到大庆油田、西南油气田等单位取经寻宝；到日本综研、国药控股等企业学习调研；进一步开阔了视野，提高了实践经验。此外，鼓励和倡导专职董监事取得会计证、审计证和企业法律顾问等执业资格，提升专职董监事的业务能力。据统计，目前已有95%以上的人员取得了其中一项以上资格证，有效地提升了专职董监事的尽责履职能力。

第三，规范议案办理流程，强化董事会功能作用。辽河油田通过颁布《辽

第七章　中国石油专职董监事制度的探索与实践

河油田公司董监事会和股东（大）会议案管理细则》，从制度层面规范了专职董事议案办理工作。专职董监事收到任职企业的议案后，会同业务相关职能部门会签，并将形成的意见报主管领导或领导班子批准后作为三会表决的依据。据统计，2013年至2017年间，辽河油田专职董事共审理议案1101件，通过1013件，否决88件，向董事会提出新增议案49件。充分发挥专职董监事的交流沟通机制，在投资企业和派出单位之间建立了良好关系，为辽河油田的整体收益做出了卓有成效的贡献。

第四，进行联合监督，形成监督合力。辽河油田以监事会为主的大监督体系，是其践行专职监事制度过程中的一个创新。针对普遍存在的监事会"虚化"与监督权力旁落的问题，辽河油田专门成立了独立的监事办公室。办公室的主要职责包括：（1）专注议案审核，要求各公司的监事会在年度工作报告、年度履职工作计划等常规议案的基础上，制定专职监事行权履职检查议案、重要风险点防范及解决方案的议案、高管年度兑现奖惩议案等；并将"专职监事通报企业上一年度各类检查发现问题"作为董事会的一项议程。（2）日常检查和重点检查相结合，实现监事检查全覆盖。监事日常监督内容涵盖月度监督计划工作完成情况、预算指标分解完成情况、重大事项决议执行情况等8方面工作内容。重点监督工作方面，监事办公室每年初，将所投资公司按照风险级别从高向低排序，组成3~4人的监事检查小组，进驻公司现场监督，重点监督的内容除了财务核算真实性监督外，还包括董事会总经理报告承诺事项的完成情况、公司是否有长远发展的战略规划、经理层对董事会决议的执行情况等。对检查发现的问题，监事会力争做到有发现、有回复、有整改，明确问题责任人和整改期限。几年来，通过日常监督和重点监督发现投资公司存在隐瞒收入、无计划采购、违反规定发放薪酬、涉嫌利益输送风险等各类问题40余项，调整公司高级管理人员岗位7人，提出被采纳合理化建议16条。同时，针对辽河油田机关处室各路监督检查资源、信息不共享，意见不一致，以及给所投资公司带来的重复检查问题，积极推动以监事会为主导的监督体系建设。密切与审计、纪检以及巡视组之间的合作，实现了检查计划共享、检查结果互商，有效避免了重复检查，也最大限度地维护了法人公司的权益。

第五，重视专职董监事考核，完善人员退出机制。辽河油田在专职董监事考核过程中，提倡"董事以解决现实问题多少、监事以发现实质性问题多少论英雄"，坚持"奖励与惩罚对等、激励与约束并重"，科学设置考评指标体系，先后出台《专职董事量化考核实施细则》和《专职监事量化考核实施细则》，规范了专职董监事考核工作的开展。具体实践中，通过季度考核、年度排名，对考核评价排名靠前的员工优先考虑对其进行外出培训、选先选优及职位晋升；对排名靠后的员工诫勉谈话，逐步建立退出机制，有效督促了专职董监事的积极履职。

三、辽河油田专职董监事制度取得的成效

1. 落实公司发展战略，引导股权企业的发展方向

专职董监事根据辽河油田的整体发展战略，结合任职企业的实际情况，制定了符合辽河油田整体发展目标的企业发展方向，并协助控股公司董事会和管理层，明确公司未来5～10年经营业务规划目标和业务定位。同时，专职董监事通过对任职公司日常业务的调研，不断发掘新的股权投资信息，及时传递给股权管理部门，为辽河油田谋划新的投资领域，拓展业务发展空间起到了重要的支撑作用。据统计，2013年至2015年间专职董监事共编制完成任职公司发展规划26份，提供股权投资信息10余条，有效引导了股权企业的发展。

2. 全面参与股权公司投资管理，有效弥补计划管理缺位问题

为有效落实集团公司关于进一步加强投资管理的工作要求，辽河油田形成了《辽河油田公司对全资、控股公司无工程建设投资管理的指导意见》，明确了对全资、控股公司年度投资计划上报、审核、下达和实施等程序。专职董监事全面参与了任职公司年度投资计划的研究、审查以及监督执行情况的全过程，在企业投资管理方面起到了至关重要的作用，解决了多年来控参股公司投资计划管理缺位问题。据统计，2014年至2017年间专职董监事全面参与审计投资项目共有625项，审理投资金额1290万元。

3. 落实调研检查工作，破解企业经营发展难题

为了保证投资收益目标的实现，辽河油田提出了"立足现实，一企一策"的工作措施。各公司专职董监事从2015年开始，重点针对部分投资项目运行缓慢、效益低下、混改需求等问题，开展专项调研活动，形成发展提效、股权转让和盘活处置等"一企一策"解决措施。

4. 开展生产经营分析活动，做"实"议案提出依据

从2011年开始，辽河油田建立了"季度一对一经营分析例会"制度。主要以企业自我剖析、任职公司专职董监事专项审查、团队集中评议的方式开展工作。通过经营分析活动，专职董监事与所投资企业之间建立了定期面对面沟通机制，扭转了与所投资公司缺乏沟通、重点不突出、过程监管不力的局面。

第七章 中国石油专职董监事制度的探索与实践

四、进一步完善辽河油田专职董监事制度的建议

目前,辽河专职董监事制度仍在不断探索阶段,现有的管理体制与市场化公司治理之间的矛盾、加强集团管控与提升投资企业活力之间的矛盾、专职董监事权责利不匹配以及专职董监事制度实施与原有国企管理体制的矛盾等问题尚待解决。因此,为了进一步完善辽河油田专职董监事制度,创新国有企业从"管资产"向"管资本"转变方式,提出以下几点建议。

1. 完善法人治理结构、保持法人公司独立性是推动所投资公司适应市场机制的前提

目前,辽河油田股权公司法人治理架构基本搭建完整,但这种现代公司治理结构的优势远未发挥出来,董事会决策弱化、监事会监督虚化的问题还没有得到根本扭转。在中国石油和辽河油田都存在把所投资公司作为内部单位管理的传统意识,导致所投资公司缺乏法人独立地位,缺乏市场机制,法人公司的优越性没有得到体现。建议出台规范法人公司治理架构和管控模式的指导意见,推动地区公司管理的法人公司独立自主运营,形成科学合理、互相配合、协调制衡的法人治理结构。

2. 建立专职董监事对等委派,明确相应职级待遇和津贴补贴,加大对人员的考核激励,真正实现责权利对等

现有的管理体制,董监事的职级待遇和任职公司经营业绩好坏关联度很小,久而久之,就会形成干多干少一个样、干好干坏一个样的吃大锅饭的思想。对于任职公司来说,董监事只有责任,没有权力和待遇。这样的现状,不能有效激发董监事管理的主动性、积极性,董监事只是凭个人的责任心、职业道德来完成分内工作,不利于企业管理水平和业绩的提升,更不利于企业的长远发展。建议从股权管理的顶层设计角度出发,将工作目标、组织架构及人员配置等落到实处,明确董监事在所任职公司相应的职级待遇,激发董监事人员的尽责履职干劲。

3. 引入职业经理人制度是法人公司未来效益发展的必然趋势

随着中国石油实施资源、市场、国际化三大战略的不断深入,建设世界水平综合性国际能源公司,对人才需求多样化、专业化、高端化趋势越来越明显。在所投资公司高级管理人员的选用上,亟待改变行政任命方式,引入职业经理人机制,以职业素养、职业技能、知识结构和行为规范为标准,通过公开竞聘,选拔既有理论功底,又有实践经验的优秀人才,建立起完整的职业经理人的进入、考核和退出机制,使经理人位居的不再是一种"官位",而是一种能上能下的职业岗位。

4. 以资本运营部为基础成立辽河油田股权管理公司，实现管资产到管资本职能的实质性转变

目前，辽河油田股权实行公司机关和二级单位两个层级，机关部门和二级单位对所投资公司决策事项、日常管理事项，层层审批，不但部门多、链条长，而且有些事项超越了管理范围和权限，现有的体制机制问题，导致资本运营功能得不到最大的发挥，法人公司无法实现"四自"经营，人为导致市场反应能力和竞争力降低。借助中国石油把辽河作为扩大生产经营自主权改革试点单位的契机，为了资本运营在支持辽河油田解决结构性矛盾方面发挥更大的作用，建议建立一个管资本的运作平台，进行管理体制机制创新的试点。

5. 加强大监督体系建设，实现联合监督，有效防范经营风险

进一步加强企业内设监事会的作用，强化监事会与纪检、监察、审计、巡视等相结合，由分散监督向联合监督转变，构建企业大监管体系。从国际集团公司的治理经验来看，内外部联合监督是确保企业规范经营的有效途径。建立大监督体系，一方面将监事会建设纳入现有国企的管控模式，通过外部巡视与内部纪检、审计、监管相结合，能够更全面的监督国有资本的动向。另一方面，通过大监督体系的建设，能够强化监事会在公司治理中的重要作用，改善监事会职能弱化的倾向，完善企业公司治理结构建设。

第七章小结

本章共有5节，重点阐述了中国石油专职董监事制度创立的背景和目的、制度的内涵和特征、制度的实践、推进制度的措施建议、制度的发展方向和目标等内容。

第一节中国石油专职董监事制度创立的背景和目的，包括国有企业建立现代企业制度的总体环境、中国石油控参股公司管理模式的转变、中国石油股权管理状况及管理需求、建立专职董监事制度的目的四部分内容。

2002年中国证监会、国家经贸委印发文件，开展上市公司建立现代企业制度检查工作。中国石油集团重组油气等核心业务，设立股份公司，并在纽约和中国香港上市，建立健全产权清晰、有效制衡、协调运转的现代企业治理制度成为中国石油集团企业管理的主旋律。

在推行专职董监事制度之初，中国石油集团有近5000个股权项目，股权管理不到位。其状况表现为"三少"，即战略协同的少、集中有效控制的少、

第七章 中国石油专职董监事制度的探索与实践

分红的少;同时,还有"三多",即账外的多、亏损的多、信息不畅和不对称的多。

建立专职董监事制度的目的:一是保护股东权益;二是保护利益相关者权益;三是减少信息不对称的负面影响;四是发挥专职专业优势;五是提升公司治理水平;六是实现股东关系管理的桥梁和纽带功能;七是搭建培养锻炼专业管理人员的新平台。

第二节中国石油专职董监事制度的内涵和特征,主要包括专职董监事制度的基本内涵、制度的特征、制度的主要构成、制度的架构和运行流程四部分内容。

专职董监事是指专门从事董事或监事工作的专业管理人员。其特征是专职、专业,是股东的授权代表。

专职董监事制度的特征:一是规范化;二是体系化;三是专业化。

专职董监事制度的主要构成:一是设立专职董监事办公室;二是界定专职董监事的委派范围;三是坚持岗位业务培训;四是建立专职董监事激励机制。

中国石油集团公司投资的全资、控股和参股公司众多,集团总部对下属企业实行"两级出资、三级法人"的管理架构,以股权为核心完善管理链条。集团公司向所属公司委派专职董事和监事,建立股权管理系统,紧密监控所投资公司的重大经营决策、收益分配,及其经营业绩等方面动态,深化国有资产监管。

第三节中国石油专职董监事制度的实践,主要包括中国石油专职董监事制度的发展历程、制度体系的建设、制度的进展和成效三部分内容。

中国石油专职董监事制度取得的主要成效:一是所任职公司出资人到位,确保出资人意愿得到落实;二是强化科学管控,增强对所任职公司的控制力;三是地区公司推行专职董监事制度的积极性在不断提高。

第四节推进中国石油专职董监事制度的措施建议,包括进一步完善制度体系建设、提高专职董监事人员能力素质、持续发挥专职董监事特殊作用、政策建议四部分内容。

第五节中国石油专职董监事制度的发展方向与目标,包括服务大局、务求实效,突出特色、发挥优势,稳步推进、不断完善,专职董监事制度建设目标四部分内容。

关于突出特色优势。一是发挥专职董监事"双重身份"优势,促进相关方和谐发展;二是发挥专职董监事专业优势,提升股权管理专业化水准;三是发挥专职董监事"专职"优势,确保出资人职能到位。

关于稳步推进不断完善。一是加强沟通,增强推进专职董监事制度建设的内在动力;二是创新机制,延伸专职董监事履职范围;三是强化管理,提升专职董监事履职能力;四是加强培训,提高专职董监事素质能力;五是逐步形成完整的制度体系。

关于专职董监事制度建设目标。实现所投资公司董监事管理体系化、制度化、专业化、规范化、科学化、增值化。

中国石油天然气集团有限公司统编培训教材

中国石油控参股公司
股东代表、董事、监事履职实务

《中国石油控参股公司股东代表、董事、监事履职实务》编委会 | 编

下 册

石油工业出版社

内 容 提 要

本书系统地介绍了公司及公司治理等相关理论知识，结合国内外大型企业集团管控模式，阐述了股东、股东代表、董事、监事履职实务以及股东（大）会、董事会、监事会的建设与运作。同时，为提高外派股东代表、董事、监事的履职能力，本书列举了国内外大公司的公司治理相关案例，阐述了董事、监事业务管理信息化，公司治理及股权管理的相关术语，提供了工作模板及范本。本书还包括董事、监事履职常见问题解答，专职董事、监事任职资格考试样题及题库，公司治理常用网址及微信公众号等实操知识。本书可作为股东代表、董事、监事、董事会秘书、高管、董事会、监事会工作人员以及股权管理人员的培训教材。

图书在版编目（CIP）数据

中国石油控参股公司股东代表、董事、监事履职实务 /
《中国石油控参股公司股东代表、董事、监事履职实务》
编委会编 . —北京：石油工业出版社，2021.6
中国石油天然气集团有限公司统编培训教材
ISBN 978-7-5183-4623-3

Ⅰ．①中… Ⅱ．①中… Ⅲ．①石油工业-股份有限公司-工业企业管理-中国-技术培训-教材 Ⅳ．① F426.22

中国版本图书馆 CIP 数据核字（2021）第 085696 号

出版发行：石油工业出版社
　　　　（北京安定门外安华里 2 区 1 号　100011）
　　　网　　址：www.petropub.com
　　　编辑部：（010）64252978　图书营销中心：（010）64523633
经　　销：全国新华书店
印　　刷：北京晨旭印刷厂

2021 年 6 月第 1 版　2021 年 6 月第 1 次印刷
710×1000 毫米　开本：1/16　印张：52.5
字数：920 千字

定价：180.00 元（上、下册）
（如出现印装质量问题，我社图书营销中心负责调换）
版权所有，翻印必究

《中国石油天然气集团有限公司统编培训教材》编审委员会

主 任 委 员：刘志华

副主任委员：张卫国　黄　革

委　　　员：范　宁　张品先　翁兴波　王　跃
　　　　　　　马晓峰　闫宝东　杨大新　吴苏江
　　　　　　　张建军　刘顺春　梅长江　于开敏
　　　　　　　张书文　雷　平　郑新权　邢颖春
　　　　　　　张　宏　梁　鹏　王立昕　李国顺
　　　　　　　杨时榜　张　镇

《中国石油控参股公司股东代表、董事、监事履职实务》编委会

主　　任：蔡　勇　　卢耀忠
副 主 任：饶瑞久　　刘　强　　刘雅伟　　马晓峰
　　　　　陆德喜　　周远鸿
委　　员：施杰炎　　冯保国　　曲海潮　　杨会杰
　　　　　丁　泉　　戚振忠　　夏　颖　　李书江
　　　　　孙　淼　　岳松伟　　杨惠明　　袁振江
　　　　　杨晓红　　张　旭　　马保华　　杜玉涛
　　　　　陈　忠　　乔　宁　　吴立群　　刘立旺
　　　　　顾　翀　　路云鹏　　左建威　　胡晓云
　　　　　李树芳　　李　丽　　朱吉好　　贾永昌
　　　　　晁建东　　李　致　　刘　岩　　程小舟
　　　　　张　荻

《中国石油控参股公司股东代表、董事、监事履职实务》编审人员

主　　编：丁　泉

副 主 编：于建忠　戚振忠　夏　颖　朱嘉红
　　　　　朱国武　姚　龙　高文全　王　华
　　　　　李恒根　吴　昊　石宝峰　任柏明

编写人员：孙东彬　黄　迈　徐　军　张　倩
　　　　　聂　春　席巍巍　李昱东　王　晶
　　　　　刘全才　张舒婷　汪　平　徐海涛
　　　　　贾　琰　李玉明　乔　凯　张广智
　　　　　赵大鹏　金　晶　凌　雁　何　涛
　　　　　王　婧　边　莉　许　萍　付　荣
　　　　　卢　洋　王海锋　李　敏　叶菲菲
　　　　　张　楠　王　震　徐　航　徐　春
　　　　　肖浩星　侯永新　谢　勇　王云锋
　　　　　张　坤　李建卫　王广忠　张　震

张　安	白小众	王立群	李冬鹏
武晓春	许志红	李　波	褚彦吉
陈建军	马　恒	张礼安	赖世林
邹晓锋	曲　博	周雯雯	陈　奥
刘晓峥	王治清	程潇实	郝　菁
谷文渊	林敬东	杜维丰	于宝东
朱德操	刘　亮	夏宝权	刘　磊
雷尚林	李子诚	刘一心	周　黎
张玉良	朱保强	李　涤	向　婧
吴　名	崔　潇	王尊友	李孔军
陈　明	张　耀	李长展	沈向军
罗晓东	鹿　伟	陈卫广	谢晓庆
汤　旸	袁　野	余　楠	郑志斌
秦延平	佟魁杰	唐道彬	陈佳佳
刘晓军	李文涛	张　尧	徐贝妮
李佳宜	张　为	马力行	姜　鹏
祝亚男	孙　悦	王石龙	谢　冬
何婷婷	王　予	周宝明	张　辉
琴苏楠	王伟生	柳　靖	李昆容

审定人员： 武立东　姜　涛

序

企业发展靠人才，人才发展靠培训。当前，中国石油天然气集团有限公司（以下简称"集团公司"）正处在加快转变增长方式、调整产业结构、全面建设综合性国际能源公司的关键时期。做好"发展""转变""和谐"三件大事，更深更广参与全球竞争，实现全面协调可持续发展，特别是海外油气作业产量"半壁江山"的目标，人才是根本。培训工作作为影响集团公司人才发展水平和实力的重要因素，肩负着艰巨而繁重的战略任务和历史使命，面临着前所未有的发展机遇。健全和完善员工培训教材体系，加强培训基础建设，是推进培训战略性和国际化转型升级的重要举措，也是提升公司人力资源开发整体能力的一项重要基础工作。

集团公司始终高度重视培训教材开发等人力资源开发基础建设工作，明确提出要"由专家制定大纲、按大纲选编教材、按教材开展培训"的目标和要求。2009年以来，由人力资源部牵头，各部门和专业分公司参与，在分析优化公司现有部分专业培训教材、职业资格培训教材和培训课件的基础上，经反复研究论证，形成了比较系统、科学的教材编审目录、方案和编写计划，全面启动了《中国石油天然气集团有限公司统编培训教材》(以下简称"统编培训教材")的开发和编审工作。"统编培训教材"以国内外知名专家学者、集团公司两级专家、现场管理技术骨干等力量为主体，充分发挥地区公司、研究院所、培训机构的作用，瞄准世界前沿和集团公司技术发展的最新进展，突出现场应用和实际操作，精心组织编写，由集团公司"统编培训教材"编审委员会审定，集团公司统一出版和发行。

根据集团公司员工队伍专业构成及业务布局，"统编培训教材"按"综合管理类、专业技术类、操作技能类、国际业务类"四类组织编写。综合管理类侧重中高级综合管理岗位员工的培训，具有石油石化管理特色的教材，以自编方式为主，行业适用或社会通用教材，可从社会选购，作为指定培训教材；专业技术类侧重中高级专业技术岗位员工的培训，是教材编审的主体，按照《专业培训教材开发目录及编审规划》逐套编审，循序推进，计划编审300余门；操作技能类以国家制定的操作工种技能鉴定培训教材为基础，侧重主体专业（主要工种）骨干岗位的培训；国际业务类侧重海外项目中外员工的培训。

"统编培训教材"具有以下特点：

一是前瞻性。教材充分吸收各业务领域当前及今后一个时期世界前沿理论、先进技术和领先标准，以及集团公司技术发展的最新进展，并将其转化为员工培训的知识和技能要求，具有较强的前瞻性。

二是系统性。教材由"统编培训教材"编审委员会统一编制开发规划，统一确定专业目录，统一组织编写与审定，避免内容交叉重叠，具有较强的系统性、规范性和科学性。

三是实用性。教材内容侧重现场应用和实际操作，既有应用理论，又有实际案例和操作规程要求，具有较高的实用价值。

四是权威性。由集团公司总部组织各个领域的技术和管理权威，集中编写教材，体现了教材的权威性。

五是专业性。不仅教材的组织按照业务领域，根据专业目录进行开发，且教材的内容更加注重专业特色，强调各业务领域自身发展的特色技术、特色经验和做法，也是对公司各业务领域知识和经验的一次集中梳理，符合知识管理的要求和方向。

经过多方共同努力，集团公司"统编培训教材"已按计划陆续编审出版，与各企事业单位和广大员工见面了，将成为集团公司统一组织开发和编审的中高级管理、技术、技能骨干人员培训的基本教材。"统编培训教材"的出版发行，对于完善建立起与综合性国际能源公司形象和任务相适应的系列培训教材，推进集团公司培训的标准化、国际化建设，具有划时代意义。希望各企事业单位和广大石油员工用好、用活本套教材，为持续推进人才培训工程，激发员工创新活力和创造智慧，加快建设综合性国际能源公司发挥更大作用。

《中国石油天然气集团有限公司统编培训教材》
编审委员会

前言

为适应中国石油天然气集团有限公司战略发展需要，规范控参股公司外派股东代表、董事、监事及控参股公司的股权管理工作，完善股权管理从业人员业务培训体系，持续提升集团公司股权管理水平，由集团公司财务部牵头组织，编写了这本《中国石油控参股公司股东代表、董事、监事履职实务》。

全书共七部分：第一章公司及公司法，第二章公司治理，第三章国内外大型企业集团管控模式，第四章股东、股东代表与股东（大）会，第五章董事、董事会的建设与运作，第六章监事、监事会的建设与运作，第七章中国石油专职董监事制度的探索与实践，附录1公司治理相关案例，附录2董监事业务管理信息化，附录3公司治理及股权管理相关词条，附录4工作范本及模板，附录5履职常见问题解答，附录6专职董监事任职资格考试样题及题库，附录7公司治理常用网址及微信公众号。

本书第一章由张广智、金晶、李玉明、徐海涛、赖世林、凌雁、付荣、徐航、汤旸、陈奥、郝菁、周雯雯、谢勇、张坤、张宽、刘亮等编写，第二章由张倩、乔凯、张舒婷、刘全才、汪平、何涛、黄迈、张坤、向婧、边莉、徐航、王立群、李敏编写，第三章由张倩、王海锋、王晶、周黎、乔凯、李敏、张楠、王震、王尊友、张舒婷、李建卫、徐海涛、何涛、武晓春编写，第四章由徐军、赵大鹏、徐海涛、张震、徐春、周黎、侯永新、肖浩星、叶菲菲、刘晓峥、李子诚、卢洋、李孔军、许志红、杜维丰、汤旸、周雯雯、余楠、郑志斌、秦延平、唐道彬编写，第五章由李昱东、王婧、贾琰、王震、张礼安、谢勇、许萍、曲博、邹晓锋、王石龙、孙东彬、李致、吴名、刘晓峥、李子诚、陈明、沈向军等编写，第六章由席巍巍、侯永新、佟魁杰、周黎、肖浩星、崔潇、杜维丰、李冬鹏、李波、褚彦吉、程潇实、陈建军、谷文渊、林敬东编写，第七章由聂春、王海锋、边莉、贾琰、雷尚林、谢晓庆、袁野、陈佳佳、周宝明编写；附录1由曲博、白小众、李波、褚彦吉、谷文渊、林敬东编写，附录2由汪平、罗晓东、鹿伟、陈卫广、李长展、汤旸、周雯雯、余楠、郑志斌、秦延平、刘晓军、李文涛、张尧、徐贝妮、李佳宜、姜鹏、祝亚男等编写，附录3由孙东彬、张耀、夏宝权、马恒、朱德操、王云峰、张玉良、朱保强、马力行、张为等编写，附录4由孙东彬、肖浩星、李冬鹏、李波、褚彦吉、王治清、谢冬、雷尚林、夏宝权、吴名等编写，附录5由王云峰、王治清、凌雁、陈建军、张耀、夏宝权、刘一心、马恒、朱德操、朱保强、李涤、孙东彬编写，附录6、附录7由凌雁、刘磊、张耀、夏宝权、李子诚、马恒、王云峰、张玉良、刘晓峥、卢洋、李孔军、何婷婷、王予、张辉、琴苏楠、王伟生、柳靖、孙悦、李昆容编写。

在本书编写中，昆仑能源、西南油气田、辽河油田、大庆油田、中油资本、专属保险公司、上海销售、长庆油田、山东销售、北京销售、福建销售、青海销售、东方物探、华油集团、中意人寿、昆仑信托、昆仑金融租赁、重庆销售、天津销售、北京石油管理干部学院、广州培训中心、管道局工程有限公司、锦州输油气分公司、中油技开、管研院等单位给予大力支持和协作，对教材初稿提出了修改意见和建议。中国社会科学院鲁桐教授、仲继银教授对本书的写作提纲进行了评审，南开大学中国公司治理研究院副院长武立东教授、内蒙古大学经济管理学院姜涛教授对书稿进行了评审。此外，本书参考了近年来原资本运营部有关软课题研究成果以及大量文献资料，已在本书参考文献中刊列，但仍有部分文献资料遗漏，恕未能一一列举。

在此，一并致以衷心感谢！

编者

2020年12月30日

目　录

上册

第一章　公司及公司法 ………………………………………………（1）
　第一节　企业组织及公司 …………………………………………（1）
　第二节　公司法概述 ………………………………………………（30）
　第一章小结 …………………………………………………………（45）

第二章　公司治理 ……………………………………………………（47）
　第一节　公司治理的概念 …………………………………………（47）
　第二节　公司治理理论的产生及发展 ……………………………（60）
　第三节　公司治理理论基础 ………………………………………（66）
　第四节　公司治理机制 ……………………………………………（88）
　第五节　公司治理博弈 ……………………………………………（104）
　第六节　公司治理模式 ……………………………………………（113）
　第七节　公司治理评价 ……………………………………………（119）
　第二章小结 …………………………………………………………（145）

第三章　国内外大型企业集团管控模式 ……………………………（150）
　第一节　国外企业集团的管控模式及案例 ………………………（151）
　第二节　国有企业集团的管控模式 ………………………………（172）
　第三节　国内外企业集团管控的经验借鉴 ………………………（196）
　第四节　控参股公司管控力评价 …………………………………（212）
　第三章小结 …………………………………………………………（214）

第四章　股东、股东代表与股东（大）会 …………………………（216）
　第一节　股东的权利与义务 ………………………………………（216）
　第二节　股东代表 …………………………………………………（231）
　第三节　股东（大）会 ……………………………………………（271）
　第四章小结 …………………………………………………………（310）

第五章　董事、董事会的建设与运作……（312）
第一节　董事……（312）
第二节　董事长……（340）
第三节　董事会……（347）
第四节　董事会的评价……（375）
第五章小结……（381）

第六章　监事、监事会的建设与运作……（384）
第一节　监事……（384）
第二节　监事会……（390）
第三节　监事会会议种类、召集和表决……（401）
第四节　监事会监督内容和要点……（404）
第五节　监事会监督方式……（421）
第六节　监事会监督评价报告制度……（424）
第七节　监事会制度与独立董事制度……（427）
第六章小结……（428）

第七章　中国石油专职董监事制度的探索与实践……（431）
第一节　中国石油专职董监事制度创立的背景和目的……（431）
第二节　中国石油专职董监事制度的内涵和特征……（436）
第三节　中国石油专职董监事制度的实践……（444）
第四节　推进中国石油专职董监事制度的措施建议……（451）
第五节　中国石油专职董监事制度的发展方向与目标……（455）
第七章小结……（472）

下册

附录1　公司治理相关案例……（475）
附录2　董监事业务管理信息化……（519）
附录3　公司治理及股权管理相关词条……（563）
附录4　工作范本及模板……（579）
附录5　履职常见问题解答……（665）
附录6　专职董监事任职资格考试样题及题库……（716）
附录7　公司治理常用网址及微信公众号……（807）
参考文献……（809）
后　　记……（813）

附录1 公司治理相关案例

第一节 新加坡淡马锡股份有限公司

一、新加坡的政治背景

新加坡，是东南亚一个经济发达的岛国，国土面积仅为714.3平方千米。14世纪，新加坡属于马六甲苏丹王朝。19世纪初至1942年，为英属殖民地。1942年至1945年间被日本占领。1945年9月，英军卷土重来，新加坡再度成为英属殖民地。1948年3月，新加坡举行了第一次选举，开始向独立自治的道路迈进。限于土地以及资源的贫瘠，新加坡的独立之路漫长艰难。1963年9月，新加坡脱离英国的统治，加入马来亚成立马来西亚联邦。但随着新马政府矛盾的产生以及治国方略差异的扩大，1965年8月，新加坡脱离马来西亚，成为一个有主权、民主和独立的国家。同年12月，新加坡成为共和国。

新加坡曲折的建国之路，使新加坡人民形成了强烈的集体危机感。同时，作为一个移民国家，威权政府的建立迎合了移民社会的实用主义理念，即通过一个高度集中的政权来保证国家安全和民族融合，使国家有一个相对稳定的政治实体作为支撑。此外，受华人比重大以及儒家文化的影响，家长制在新加坡的盛行进一步巩固了威权政府的地位。

新加坡的威权体制，为淡马锡的管理体系的建立奠定了良好基础。淡马锡是一个以私人名义注册的国有企业，财政部是其唯一的股东。股东权利的高度集中，使得淡马锡的决策能够时刻服务于国家经济发展的需要。同时，新加坡的法治意识、诚信社会所营造的良好环境，使得新加坡"淡联企业"（淡马锡公司所投资的企业）在公司治理过程中能够实现董事会与管理层的分离，决策主要依赖不占股权的独立董事，实现了完全商业化的经营管理，为新加坡经济的发展做出了巨大贡献。

二、淡马锡的成立与发展

1. 淡马锡成立的背景

1959年，新加坡开始实行自治，新政府面对的是殖民政府留下的1400万新元预算赤字。1965年，刚刚独立的新加坡一夜间失去了辽阔的腹地。仅在两年后，英国宣布将在1971年前撤出新加坡，占国内生产总值20%的产业随之消失，新加坡面临巨大的就业压力。

在此背景下，淡马锡应运而生。1974年，新加坡成立淡马锡，接管政府拥有的各领域共计35家企业。新加坡政府从淡马锡建立伊始，就厘清了二者之间的关系：政府是政策制定者和监管者，淡马锡则是这些公司的商业所有者和股东。淡马锡属于新加坡财政部全资控股的私人豁免企业，直接向财政部负责，其宗旨是"以投资者与股东的身份，积极参与成功企业的建设，确保股东的最佳长远利益"，其使命是"作为成功企业的积极投资者与股东，致力于股东长期价值的不断成长"，无论是宗旨还是使命，从根本上来说，淡马锡非常类似于一个严格遵守商业原则的私人公司，其两大任务就是投资和控股。

淡马锡股份有限公司自成立以来，通过产权投资，直接拥有44家公司的股权。在这44家公司中，淡马锡股份有限公司持股50%～100%的公司有27家，其中上市公司2家，不上市公司25家（含独资子公司19家）；持股20%～50%的公司有9家，其中上市公司4家，不上市公司5家；持股5%～20%的公司有8家，其中上市公司1家，不上市公司7家。这44家公司作为淡马锡股份有限公司的第一层次子公司。淡马锡股份有限公司又分别通过产权投资活动，下设子公司的方式控制着500多家公司。逐步形成了一个从政府到母公司、子公司、分公司等多层次、产权经营多达6个组织层次的大型国有企业集团。

2. 淡马锡的发展历程

如果把国有企业改革的过程根据政府管理权限来区分可以划分为三个阶段，分别为："管资产""管资本"和"管人"三个阶段。淡马锡的成立，实现了新加坡国有企业由"管资产"向"管资本"的转变。淡马锡成立之间，新加坡的国有企业是由政府部门直接管理。例如，以前就规定由财政部等部门共派出四位司（局）级和副部级官员，直接参加公司董事会。通过他们在董事会中的活动,来影响公司的重大决策和行动,以确保公司活动符合政府及其相关部门的要求。政企不分家,极大程度制约了新加坡国有企业发展的活力。

淡马锡成立时,就明确了政府的职责是政策制定者和监督者,因此,淡马锡的发展历程仅经历了后两个阶段。

第一阶段:"管资本"。

淡马锡发展早期,根据公司章程规定,淡马锡股份有限公司董事及总经理要经共和国总统任命;董事会中董事大多是政府官员,他们作为政府公务员兼职不兼薪,薪水仍由政府支付,但是政府根据公司经营状况,对委派的董事实行奖惩。经营业绩好的公司,董事可以升迁,担任更重要的职务,获得更多的薪金。如果公司经营实绩不佳,董事将不再被委任为管理人员。如果董事不按政府的意图办事,政府可以随时予以撤换。

这意味着董事会作为淡马锡的最高权力机构,人员的配置基本上是掌握在新加坡当局手中,虽然政府不直接参与淡马锡的经营活动,但通过公务员在淡马锡董事会中的占有绝对多数,实现间接的资本管制。

这一时期,虽然与"管资产"时期相比,有所改进,但还是出现了一些问题。因此,进入21世纪后,淡马锡的管理朝着更加市场化的方向发展。

第二阶段:"管人"。

21世纪以来,特别是何晶担任总裁之后,新加坡的国有企业改革进入了"管人"阶段。淡马锡对于"淡联企业"的控制更多的是借助"淡联企业"的董事会来完成,而"淡联企业"的董事会又比较多地选择外部董事,并由外部董事帮助推荐和选择新董事,充分利用集团内部建立的人才数据库,吸收世界各地的精英人才,为淡马锡的经营出谋划策。

3. 总结

淡马锡及其所属"淡联企业"完全遵循私人企业的《公司法》进行管理,实现了所有权和经营权的分离,新加坡政府与淡马锡始终保持着"一臂之距"监管关系,政府通过任命董事达到"管人"目的,但不"管事",董事会成为政府和管理层的"防火墙",政府则只在关系淡马锡某个关联公司股份的并购和出售问题时参与企业的决策,不参与淡马锡的其他日常经营和运作决策,促进淡马锡实现真正意义上的商业化运营,从而实现了政企完全分离,使得新加坡国有企业取得高效发展。目前,淡马锡主要分为六个层级:淡马锡、直属淡联企业、分公司、分子公司、孙公司、孙孙公司六个层级,每一层级对下一层级都保持着"一臂之距"和"无为而治"的理念,充分发挥了每个层级的自主性,使得整个国企系统始终有效运行。

三、淡马锡的性质、目的及行为

淡马锡股份有限公司由国家直接组建,由国家财政部主管。公司的财产组织形式根据《公司章程》规定采取有限责任公司形式。公司营运的法律框架大体上以新加坡《公司法》为主,但新加坡《公司法》中某些规定并不适用。

淡马锡股份有限公司以追求盈利为目标,同时也兼顾政府的产业政策。因此,公司在项目选择及决定资金投向问题方面都是以能否盈利为标准。为了确保盈利,进行投资时,公司及其子公司都有选择项目的自主权。任何投资项目都要经过事先评估,若不能盈利,则不予考虑。若确属国家需要,政府部门又提出要求,则政府必须以公司不亏本为前提给予相应补偿,公司才予以接受。如果子公司发生亏损以至于资不抵债,则会被关闭。

根据《公司章程》的规定,淡马锡股份有限公司的经营目标是通过对企业实施控股、参股或买卖企业有价证券等经营方式,在国内及世界各地从事投资和控股公司的多行业经营活动。至于公司在产权投资方式上是选择独资、控股还是参股,很大程度上取决于被投资企业的业务性质。例如,对于与战略和国家安全有关的企业、涉及社会发展和社区发展规划的旅游业或娱乐业企业以及合法赌博企业等,往往采取独资方式;对于其他企业,则通常采取控股或参股方式,以引导和促进私人投资,带动非国有经济的发展。以盈利为目的的淡马锡股份有限公司,其经营范围并不局限于某一特定区域或产业,而是广泛渗透到各行各业,通过自身良好的经营业绩,来发挥国家控股企业在整个国民经济发展中的主导作用。

淡马锡股份有限公司直接或间接投资的领域主要有以下几种。

1. 金融业

根据新加坡公司法令,淡马锡股份有限公司不能直接从事金融业务,但可以向银行参股、控股,如对新加坡发展银行、吉宝银行、出口信贷保险公司等的参股或控股。新加坡发展银行的股份原来100%归淡马锡股份有限公司拥有,到1991年3月,淡马锡股份有限公司仍拥有新加坡发展银行21%的股份。

附录1　公司治理相关案例

2. 交通运输业

如对新加坡航空公司、海星轮船公司、新加坡地铁公司等的参股和控股。1991年3月，淡马锡股份有限公司拥有新加坡航空公司54%的股份，拥有海星轮船公司38%的股份。

3. 贸易业

如对新加坡国际贸易公司、初级产品工业公司、新加坡生物技术公司等的参股或控股。1991年3月，淡马锡股份有限公司拥有新加坡国际贸易公司10%的股份。

4. 文化娱乐业

如对裕廊岛公园、新加坡动物园、新加坡博彩公司等的参股或控股。1991年3月，淡马锡股份有限公司拥有新加坡博彩公司100%的股份。

5. 船舶制造业

如对吉宝企业、胜宝旺船厂等的参股或控股。1991年3月，淡马锡股份有限公司拥有吉宝企业41%的股份，拥有胜宝旺船厂49%的股份。

6. 房地产和旅馆业

如对旅馆管理公司、莱佛士城有限公司、新加坡财政部大楼管理公司、城市发展和管理公司、BC旅馆连锁公司等的参股或控股。

7. 建筑业

如对新加坡建筑技术公司、资源开发公司等的参股或控股。

8. 石油化工行业

如对新加坡石化公司、新加坡国家石油公司的参股或控股。

9. 咨询业

如对国际发展和咨询公司、MSD公司、ENV公司、淡马锡管理服务公司等的参股或控股。

10. 服务业

如对新加坡国家粮仓公司、国立大学医院公司、国家印刷公司、新加坡海上石油服务公司等的参股或控股。

另外，淡马锡股份有限公司通过参股、控股和使子公司上市等方式不断扩大自己的经营业务和资本。

四、淡马锡的治理结构

淡马锡股份有限公司隶属于财政部，其产权结构组织体系是一种从政府到母公司、子公司、分公司等多层次、宝塔型的结构（多达6个组织层次），如附图1-1所示。淡马锡股份有限公司实行国家控股，代表国家经营国有资产，支配股权。它有权决定国有资本的扩张、送股和售股以及按股权回报率调整股权结构；有权决定直属控股子公司董事会的人选，有权审定直属子公司股息分配方案等。但对于直属子公司以下各个层次的公司企业，淡马锡股份有限公司与它们之间不形成直接的产权关系，主要是通过直属子公司逐级实施产权管理。

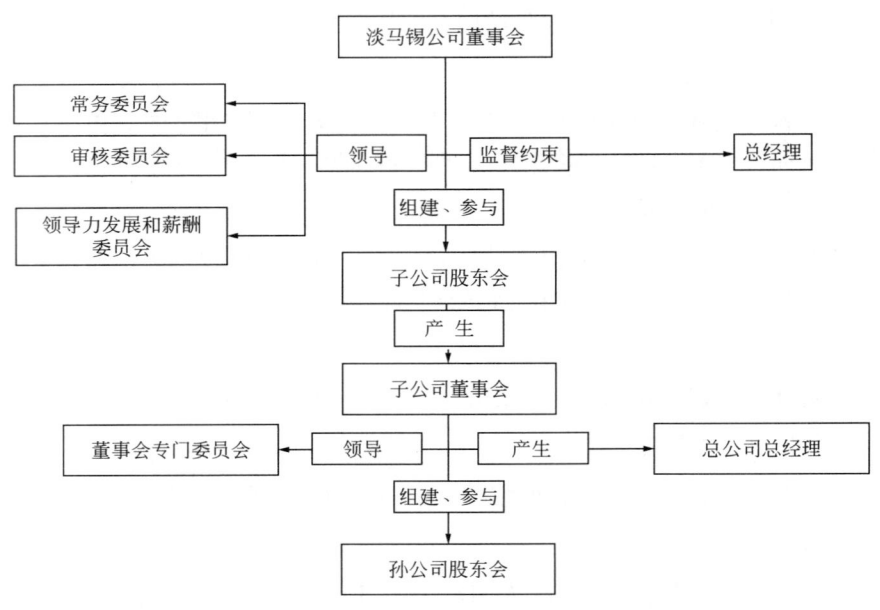

附图1-1 淡马锡组织结构图

按照新加坡有关法令规定，新加坡国有控股公司均实行董事会下的总经理负责制。淡马锡股份有限公司的董事及总经理任命要经共和国总统同意。10名成员组成的董事会，其中8名是政府公务员。具体情况如下：淡马锡股份有限公司刚组建时，根据《公司章程》规定，公司董事会成员人数最少不能少于2人，最多不能超过12人。董事的任命由股东（大）会决定，股东（大）

附录1 公司治理相关案例

会可以通过决议增加或减少董事会成员人数,可以辞退不称职董事和任命新的董事。1991年11月,经股东(大)会特别决议通过,对《公司章程》的有关部分做了如下修正。

第一,董事的任命必须符合新加坡共和国宪法第22C条的规定,并要征得共和国总统的同意,否则任命无效。

第二,在董事人数不超过公司章程规定的最高限额以内,董事会有权任命新增董事。

第三,每年应有1/3的董事退休,退休的董事为任职年限最长者,在任职年限相同的情况下,将通过抽签方式决定。

第四,董事在征得董事会大多数成员同意后,可以指定任何人为他的代理董事,也可以随时解除这一代理关系。

第五,董事会可根据需要任命1名或多名常务董事。但是在该董事任职期满时,也与其他董事一样退休,其常务董事资格也随其董事资格一起被取消。

第六,董事会关于公司主要经理人员的任命或辞退也与董事任命一样,必须符合新加坡共和国宪法第22C条的规定,并经共和国总统的同意。

从上述内容可看出,淡马锡股份有限公司董事会成员及公司主要经理人员的任命都需经共和国总统审批,表明政府对其人事控制的强度。这种主要由政府公务员兼任公司董事的国有产权管理方式也是淡马锡股份有限公司的一个重要特点。

淡马锡股份有限公司直接控股的第一层次子公司(即直属子公司),其董事会成员的任免,也需由控股公司提名,报政府"董事委任委员会"批准。至于直属子公司以下各个层次的公司企业,其组织结构与淡马锡股份有限公司无直接关系,主要是逐级实施产权管理。事实上,这些公司企业完全依市场规则运营,经营机制与私营企业无多大区别。

在公司内部运营管理方面,公司董事会有权决定公司经营的大政方针、股息分配及配股等事宜。公司在投资决策、资金使用等方面也享有完全的自主权,不受财政部的制约。直属公司都独立经营、自负盈亏,由本公司董事会负责决策和管理日常经营活动。但淡马锡股份有限公司董事会作为政府的产权代表,对其所属于公司的经营活动负有监督管理以保证资产增值的责任。母公司每半年要向财政部递交一份有关所属子公司经营状况分析的报告,财政部部长每两年也要到各公司视察一次。控股公司对于子公司的管理和控制,也是基于产权关系,通过以下方式进行:

第一,子公司必须按期向控股公司呈报本公司董事会会议备忘录。

第二，子公司必须定期向控股公司提交本公司的月度、半年和年度财务及管理报告书。

第三，子公司必须定期向控股公司呈报本公司有关投资和贷款方面的计划。

第四，控股公司可以委任本公司董事或职员担任子公司董事会成员。

第五，若子公司需要增加资金，必须得到控股公司董事会的同意。

第六，控股公司作为子公司的大股东，也可以依据《公司法》，控制子公司有关股本变更、公司重组、年度预决算、委任董事等重大产权经营决策问题。

从上述六条内容可看出，淡马锡股份有限公司对子公司的控股并不仅仅局限于作为股东的权限，而且还包括了对于公司总体经营状况的监控。

五、淡马锡的董事会体系

1. 基本情况

淡马锡是一家由董事会领导的完全市场化的商业投资公司，董事会为管理层提供全面指导和政策指引。新加坡政府通过淡马锡董事会来实现国家的经济战略目标，通过审阅淡马锡财务报告、讨论其经营绩效和投资计划等手段，把控企业发展方向。董事会是淡马锡的最高权力机构，只对公司发展方向、重大投融资和董事会变动等事项进行决策，不参与公司经营过程中具体商业决策，保持高度的独立性。

董事会对以下事项保有决策权：

（1）整体长远战略目标。

（2）年度预算。

（3）年度经审计的法定财务报表。

（4）重大投资与脱售建议。

（5）重大融资建议。

（6）首席执行长的委任及继任计划。

（7）董事会变动。

基于商业模式运作，淡马锡的董事会成员主要由非执行董事构成，董事长与执行长分别由两人担任。以 2017 年 7 月 1 日为例，淡马锡有 14 名董事（附表1-1）。其中，执行董事 1 名，非执行董事 13 名，均来自私营企业家、学者及其他专业人士，背景广泛，呈多元化、国际化；每一名董事在不同的

附录1 公司治理相关案例

领域都有各自的特长和经验。

附表 1-1 淡马锡董事情况表

现有股东：14 名				
姓名	董事会	执行委员会	审计委员会	领袖培育与薪酬委员会
林文兴	董事长	主席		主席
郑维强	副董事长	委员		
柯逢豹	董事		主席	
陈育宠	董事		委员	
吴友仁	董事	委员		
何晶	执行董事兼首席执行长	委员		委员
李腾杰	董事	委员		
连宗廉	董事		委员	
黄志祥	董事	委员		
张铭坚	董事		委员	委员
傅赛	董事			委员
马库斯·瓦伦堡	董事			
罗伯特·佐利克	董事			
李庆言	董事	委员		委员

（资料来源：《淡马锡年度报告 2017》）

2. 基本架构

淡马锡董事会下设三个委员会，分别是：执行委员会、审计委员会和领袖培育与薪酬委员会，各委员会的主席均由一名独立于管理层的非执行董事担任。有的专门委员会获董事会授权，行使董事会的决策权，例如，执行委员会，董事长任该委员会主席，总裁作为成员，每月召开一次，负责审批一定额度范围内的项目。淡联企业中的上市公司的提名与薪酬委员会的成员均为独立董事。专门委员会的结构安排比较合理，1个委员会3～6人，1名董事兼职一般不超过3个。

1）执行委员会

执行委员会被授权在规定限额之内批准新的投资与脱售决定，超过规定限额的交易则由董事会审议批准；在指定权限内，审核并批准有关监管、控制、融资和筹款、收购和合并、股东架构的改变、股息分派政策、重要经营决策等。执行委员会提供会议记录供董事会成员传阅。执行委员会在2017财政年度举行了三次会议。

2）审计委员会

审计委员会全部由独立董事组成，其职责包括审查内控体系、财务报告流程、审计流程以及法律条例合规性的监控流程等，以协助董事会履行其监督职责。审计范围包括财务报告、内部和外部审计、金融风险管理、内部控制、淡马锡在股票市场和证券市场上的投资活动，以及遵守相关法律和规章制度情况。审计委员会也审核外部审计的范畴与结果，以及外部审计师的独立性。

审计委员会由公司内部审计部门支持。为确保其独立性，内审部门在职能上向审计委员会报告，在行政上向首席执行长办公室报告。为有效地履行职能，内审部门有权不受限制地全面接触所有记录、财产和人员。除了所有办公室定期审计外，内审部门也可能在董事会、审计委员会或经理层的要求下进行特别审计。审计委员会在2017财政年度举行了四次会议。

3）领袖培育与薪酬委员会

领袖培育与薪酬委员会为淡马锡制定人才管理与激励政策并提供指导，包括重要职位的人员培养和继任计划，根据业绩表现来确定淡马锡管理层及淡联企业领导层的奖金和薪酬方案，负责向董事会推荐董事及管理层的领袖发展计划，包括董事及首席执行长的继任计划，以及提供有关业绩衡量与薪酬计划的指导方针与政策。领袖培育与薪酬委员会在2017财政年度举行了四次会议。

董事会每季度召开一次会议，每次历时2天，如有必要董事会也可以多次召开，董事会的季度会议还包括只限非执行董事参与而管理层不参与的"执行会议"。董事会和专门委员会会议上的决议采用简单多数票方式。

3. 薪酬体系

1）基本薪酬

基本薪酬的设定主要依据市场原则，以市场同类竞争工资水平为基准，并加入相应的激励机制。

2）激励机制

一是短期激励机制——年度先进花红。短期花红取决于公司、团队和个

附录1 公司治理相关案例

人的业绩表现。年度业绩目标之一是3年股东总回报高于长期债务的3年年化成本。除了财务目标,淡马锡的"开拓创新"计划也奖励员工完成非财务目标,旨在强化机构、贡献社群、关爱自己与家人。

二是中期激励机制——财富增值花红储备。财富增值花红储备依据的指标是员工在4年内的绩效表现及贡献。淡马锡的财富增值花红储备(无论正数或负数)的一部分,会派发至每名员工的名义财富增值花红储备账户。如果财富增值花红储备的结余是正数,高级管理层将获得不超过其财富增值账户结余三分之一的奖励,中层管理人员能获得二分之一的奖励,其他员工则为三分之二。部分结余以联合投资单位(RScope)形式递延派发,在未来3年内兑现。如果出现负回报,剩余财富增值花红储备结余未来将被回拨。

三是长期激励机制——共享投资计划。在长期上,淡马锡的员工可能获得以业绩或时间为兑现条件的联合投资单位。联合投资单位的价值会随公司每年的股东总回报而增减,以此巩固公司的资产所有者文化。联合投资单位的期限不超过12年。

部分正数财富增值花红将用来派发淡马锡联合投资单位(TScope)。这些奖励只有在淡马锡的投资组合满足严格的多年业绩条件之后,才能在5年内逐年兑现。另一部分正数的财富增值花红则作为公司整体储备留存3年到7年,以时间为兑换条件逐步发放。如出现回拨,淡马锡会先从公司整体储备中扣除,如仍有差额,再从员工的财富增值花红储备中扣除。淡马锡的年度运营预算还包括有限的、以时间为兑现条件的员工联合投资单位(SScope),从派发后的第3年起分5年兑现。

另外,淡马锡以股东价值的提升为单一目标而不是多重目标。淡马锡依靠EVA体系考核淡联企业,对淡联企业具体经营绝不干预。淡联企业则用EVA考核淡联企业事业部,对具体经营尽量少干预。在市场基本薪资的基础上,分别设置了短期、中期和长期的激励机制,通过风险共担、利益共享,降低监督成本,减少可能存在的内部控制问题。

4. 总结

淡马锡通过在董事会下分设委员会,实现了进一步的权利分离。三个委员会各司其职,相互制约,形成了有效的权力制衡机制。此外,需要注意到的是,淡马锡并没有另设监事会,而是董事会,尤其是审计委员会,履行对公司运营的监督职责,并向其唯一股东——财政部汇报。同时,淡马锡在市场基本薪资的基础上,分别设置了短期、中期和长期的激励机制,通过风险共担、利益共享，能够更好地激发员工的主人翁意识，提升工作效率，降低监督成本，减少可能存在的内部控制问题。

六、淡马锡的制衡机制

淡马锡股份有限公司的制衡机制也从激励机制和约束机制两方面考虑。

1. 激励机制

根据《公司章程》规定，淡马锡股份有限公司董事及总经理要经共和国总统任命；董事会中的执行董事大多是政府官员，他们作为政府公务员兼职不兼薪，薪水仍由政府支付，但是政府根据公司经营状况，对委派的董事实行奖惩。经营业绩好的，董事可以升迁，担任更重要的职务，获得更多的薪金。如果公司经营实绩不佳，董事将不再被委任为管理人员。如果董事不按政府的意图办事，政府可以随时予以撤换。

2. 约束机制

1）所有权约束

淡马锡股份有限责任公司是通过国家控股的方式拥有众多上市和不上市公司的股份，该公司的所有权约束类似于经理企业的所有权约束，国家作为股东拥有财产所有权、剩余索取权和控制权。只是国家股东对其所有权的管理委托其产权代表董事会去行使这种职能。

2）内部监督和约束

内部监督和约束主要指股东及其产权代表机构董事会对经理的监督和约束。淡马锡股份有限责任公司的经营目的就是为了盈利以实现资产增值。国家作为股东投资的目的是为了得到长期收益，为了保证自己的利益，国家通过任免董事会人员及总经理来实行有效的监督。

作为董事会，其职责是制定大的和长期的战略方针，挑选经理人员；对所属子公司的经营活动负有监督管理以保证资产增值的责任，若其职责不能有效履行，则会被政府罢免。

3）外部监督和约束

外部监督和约束主要是来自产品市场、资本市场和经理市场竞争的约束。在淡马锡股份有限公司，国家只是作为股东通过实施控股、参股等方式，从事投资和经营活动，除了对关系到国家安全和发展战略有重大影响的企业实行独资经营、带有垄断性色彩外，国家对大多数控股企业不采取过度保护政策，而是依市场法则公平竞争，若企业资不抵债，就会被关闭。这与经理企业的外部约束机制相类似。

政府对淡马锡股份有限公司的监控主要是通过对董事会及主要经理人员的任命来实施其监督管理权。淡马锡股份有限公司在投资决策、资金使用等方面享有完全的自主权，不受政府的制约。

七、淡联企业的治理结构

淡马锡公司所投资的企业被称为"淡联企业"，其中有不少是具有国际知名度、管理水平和盈利能力非常强的大型企业，如新加坡航空公司、胜宝旺造船厂、嘉德置地等。21世纪以来，特别是何晶担任总裁之后，与以前政府直接派人参加淡联企业董事会不同，淡马锡对淡联企业的管理，主要是通过作为积极投资者来加以控制和管理的。政府部门直接管理时期，由财政部等部门派出司（局）级和副部级官员，直接参加淡联企业的董事会，通过他们在董事会中的活动，来影响公司的重大决策和行动，以确保公司活动符合政府及其相关部门的要求。但在淡马锡对于淡联企业的控制更多的是借助淡联企业的董事会来完成，而淡联企业的董事会也比较多地选择外部董事，并由外部董事帮助推荐和选择新董事，呈现出更高的市场化程度。

淡联企业的董事会构成和运作，很像美国公众公司的董事会，但又不是在一个股权高度分散，每个股东持股数量比较小，证券市场高度发达的背景下完成的，不得不说这是一个奇迹。淡联企业董事会基本上都是由独立董事组成，并且由董事会和淡马锡一起来选拔新董事。淡马锡选择独立董事有一套程序，由一个提名小组先进行董事候选人的筛选，然后依次是淡马锡负责人见面谈话，淡联企业现任董事见面沟通，然后再次确定。淡马锡会有固定的联络人员代表股东观察董事们的行为，并建议上级领导是否要更换不负责任的董事。

需要指出，淡马锡是一个积极的投资人，而不是一个消极的投资人。虽然不过多地干预公司的运营，但淡马锡投资小组与淡联企业的董事们联系还是比较多的。淡马锡非常重视淡联企业董事会主席的选择，注意发挥提名委员会的作用，注意同董事会成员之间的非正式交流。比如，新桥国际公司的董事长就是新加坡前任副总理黄根成，由于新桥国际公司的主要业务是进行开发区建设，所以，由黄根成担任董事长就便于利用其人脉在国家间开展业务，而新桥的董事会成员围绕黄根成来组合配置，便于董事之间发挥协同效应。

有时，淡马锡公司还借助于自己的平台，注重对全球董事人才的搜寻，安排潜在人员与淡联企业见面。虽然淡联企业的董事们名义上是独立董事，但是，淡马锡并不会放任他们随意决断，而是非常注意和他们进行联络沟通，比较尊重这些商业人士的独立判断。

在淡联企业内部，按照《公司章程》进行权力分工：董事会选择经理层，经理层负责提议与执行，董事会关注决策与监督。对于淡联企业的经营过程和经营结果，淡马锡会有相应人员实时关注。如果发现问题，淡马锡的功能小组和投资小组（类似监事会）会及时对结果进行分析。如果需要高层与董事间进行沟通谈话，有关人员会及时建议和报告情况。对于淡联企业的董事任职，淡马锡并没有上限规定，但却要求董事出席全部的董事会会议，并且有适当地表现。淡联企业的董事每年需要接受一次评估，评估由专业的顾问公司进行。淡马锡会根据董事的评估结果及时调整内部的董事数据库。淡联企业的董事一般都会在数据库里的优秀董事中挑选，如果需要库外人士，淡联企业需要特别对淡马锡说明。显然，董事数据库的存在，是一种对于董事形成激励的声誉机制。同时，淡联企业董事的报酬水平不会超过100万新币（约合500万人民币）。

淡马锡放手让淡联企业的商界精英掌舵，能够完全施展这些专业人士的才能和活力，若公司出问题的也能适时问责，这是淡马锡管理淡联企业的成功秘诀所在。

八、淡马锡治理经验的启示

淡马锡虽然代表新加坡政府，但政府不干预企业在营运或商业上的各种决策，其成功经验就是真正实行政企分离，不拘一格选用最优秀的人才，由董事会治理，授权专业人士经营，对中国国有企业改革和中国石油专职董监事制度的建设具有一定的借鉴意义。首先，需指出的是，淡马锡并没有专门的监事会，而是董事会履行监督职责。而中国的国有企业则专设监事会，履行监督职责。因此，在经验借鉴过程中，不能完全照搬硬套，而是因地制宜，充分结合中国石油的现有情况，做出有针对性的调整。具体如下。

1. 厘清与政府之间的关系

淡马锡成功的重要原因在于新加坡政府始终保持"一臂之距"和"无为而治"的管理思想，抓大放小，实现了真正意义上的政企分离。新加坡国有

附录1 公司治理相关案例

企业的改革之路经历了"管资产"到"管资本",最后到"管人"三个阶段,成功地实现了国有企业的转型,为新加坡国有经济的发展注入了源源不断的活力。新加坡的经验告诉我们,政府过多的干预,只会束缚国有经济的活力。因此,中国石油的改革,从根本上要厘清和政府之间的关系,即厘清与其"股东"——国务院国资委的关系。

在我国国企改革过程中,必须充分考虑国企改革的现状和中新政治背景的差异。中国国有企业改革的历程和新加坡有一定的区别。中国在进入市场经济之前,还经历了计划经济的时代。经历了一段时间的"改革僵局"后,国务院国资委提出"管资产"向"管资本"转变,中国国有企业改革开始向"管资本"方向过渡。首先,需要说明的是"管资本"不等于"不管资产",正如"管资产"也不等同于"不管企业"。所谓"管资本",从根本上讲,就是要实现出资人资本的保值增值。要实现这个目标,则必须借助于有效的企业管理和资产管理,才能真正地实现资本的管理。因此,在"管资产"向"管资本"的转变过程中,应注意以下要点:第一,"管资本"首先要实现的是完善国有资产管理体制的建设,即通过"管资本"这一方式促进出资人完善国有资产管理体制的建设。要实现有效的资本管理,必须要有健全的管理体制为支撑,明确受托方的权利与义务,使受托方的行为被放置于严格的监控体系之下。第二,"管资本"的实现,最主要的是发挥董事会和监事会的真正作用。专职董监事制度建立的初衷,就是希望通过国务院国资委外派董监事,监督管理层行为,从而维护集团公司和股东——国务院国资委的利益。因此,应完善专职董监事制度建设,通过人事派遣,能够有效实现对经营活动的近距离监管,防止内部人控制和关联交易等问题的出现。

2. 对完善中国石油专职董监事体系建设的启示

企业内部完善的董监事体系,是确保董事会、监事会发挥其作用的根本保障。国有企业改革实现由"管资产"向"管资本"的转变,最关键的是要有行之有效的董事会和监事会能够代表股东履行职能,有效地监督和指导经理层的行为。目前,中国石油存在的董监事未有效履职的根源在于薪酬与责任的不匹配。

因此,首先应进一步完善薪酬激励设计,激发董监事的积极性。第一,在基本薪资的确定上,充分依赖市场机制,确定一个合理的竞争价格。第二,应从短期、中期、长期多个角度设置激励计划,让董监事共担企业经营的风险、共享企业经营的收益。根据淡马锡的做法,在短期上,以企业的股东总回报为指标，两年实现目标值，则可以获得一定额度的现金红利。在中期上，设立财富增值储备账户，根据董监事3年内的履职情况，中国石油财富增值账户（无论正数或负数），都发送至每个董监事的财富增值账户。如果财富增值储备的结余为正，则可领取红利的2/3，剩余1/3依据次年的履职情况，完成则可再领2/3，1/3递延。在长期上，予以一定的股权激励。首先，董监事要在第一个聘期出色地完成履职，作为奖励会获得股票激励，同时，继续下一个聘期工作。如若第一个聘期为良好履职，则下一个聘期不再聘任。第二聘期结束后，董监事仍出色完成履职工作，则可以获得奖励股份。有两种方式获得，现金方式则只能获得当日股价1/2的金额，以股权方式保有，则能够获得全部股份。

其次，构建可视化评价体系，减少董事会履职情况评判标准的主观性和随意性。第一，数量化董监事参会的次数及其投票情况，并以此建立数据库，分析董监事对工作的参与度。第二，统计董监事所在企业的经营情况，包括股权权益、公司利润等指标，将董监事的行为与所在企业的经营情况挂钩，能够督促其更好地发挥作用。

另外，建立董监事履职信息共享平台，对董监事的履职情况及其所在企业的经营情况进行排名，并在平台上公布，在董监事之间形成有效的竞争机制。同时，还应建立董监事黑名单数据库，对于收到过处罚的董监事一律不再录用，对在任董监事形成一定的压力，促进他们更加重视自己的声誉。

3. 对建立专职董监事人才信息库的启示

首先，应扩大中国石油董监事成员的来源，不能仅限于国务院国资委和中国石油体系内的离退休人员。应从思想上进行转变，专职董监事的作用在于代表集团公司有效监督所属子公司的经营情况，防止内部控制以及关联交易的发生，而不是成为变相安排离退休人员的一种途径。因此，在人员选聘上，必须保证其具有履职能力。

其次，选聘集团企业年轻职员，以此作为一个晋升的标准。选择各个领域的年青职员，外派到中国石油下属子公司，通过任期内所在企业的盈利情况判断其履职情况，完成岗位业绩目标的，则可以回到集团企业并获得职位晋升，未完成岗位业绩目标的可做解聘处理。

最后，借鉴淡马锡的经验。淡马锡非常重视从国际经理人市场招聘人才，通过薪酬激励机制不断获得世界一流的管理团队和经营人才。因此，中国石油可以开放人员选聘通道，聘请一些能够充分把握行业发展，准确判断项目可行性、盈利性和风险性的相关领域的人才，建立内外部人员兼备的专职董监事人才库。

第二节　埃克森美孚公司

2003年2月26日，埃克森美孚公司董事会制定公司治理准则，以提高公司董事会以及委员会的有效运作。

一、董事会的角色

根据美国新泽西州立法律，埃克森美孚公司的所有事务都在公司董事会的管理之下。董事们的法定义务就是执行他们关于业务的决策，从而有利于埃克森美孚公司股东利益最大化。

二、董事会的结构

1. 董事会人数

在确定董事会人数的时候，要在每个董事都能积极参与并有利于开展实质性讨论的同时，尽可能地提高非执行董事的多样性。董事会人数多少由公司章程规定，不得少于10人，且不得多于19人。

2. 独立董事

大多数有效的董事会都由一部分独立董事构成。一般说来，独立董事除了作为董事之外，必须与埃克森美孚公司没有任何直接的或间接的利益联系。

3. 董事的选举

所有的董事都由每年一度的股东大会选举产生。

4. 董事会主席和首席执行官

埃克森美孚公司认为其首席执行官同时兼任公司的董事会主席是合适并且有效率的。但是，公司董事会仍然保留了在将来它认为合适的时候将这两种职能分开的权利。

5. 高级董事

公司董事会认为指定一名高级非执行董事在当前看来是没用并且是不合适的。

6. 条款限制

公司董事会认为埃克森美孚董事的经历是一笔宝贵的财产，尤其从公司运作的广度和国际化空间来看更是如此。因此，董事们除非达到董事会规定的强制退休年龄，否则任职不受条款限制。

7. 强制退休

任何人在70岁以后，不能参加董事选举。

8. 董事的其他任职情况

董事必须保证充足的时间以做好在埃克森美孚公司的董事工作。任何董事在其他上市公司的董事会任职时，必须保证有充足的时间来关心埃克森美孚公司。董事会事务委员会，至少每年一次检查所有董事在其他上市公司的任职情况。

9. 职位的变更

为了避免任何潜在的利益冲突，在没有经过事务委员会的检查之前，任何董事不得在其他上市公司接受职位。另外，一名非执行董事在退休或发生其他实质性变更时，必须将辞职报告上交董事会审议，主要审议的内容是该董事的职能和其他一些重要义务的履行情况。

10. 以前的经理人员

董事会认为公司以前的经理人员已经不在公司担任职位，因此，不应该继续在董事会任职。

三、董事的选举

1. 董事候选人

在董事会事务委员会的建议下，提名几位董事候选人，在每年举行的股东大会上选举产生董事，补充董事空缺，包括在两届股东大会之间董事会人数扩充引起的人数空缺。董事会事务委员会经常的评价和更新非执行董事的选举条例，并且为董事会提出合适的人选建议。

2. 初始教育

新任的非执行董事会从主管人员那里接受广泛的关于埃克森美孚公司业务的职业教育。

3. 持续教育

所有的董事要每年至少参加一次持续性的学习（这种学习可能与常规的董事会会议一块进行），学习公司治理的最新发展和最佳的治理实践。公司董事会成员至少两年一次到埃克森美孚公司的工地进行现场访问。

四、董事会会议

1. 常规董事会议的次数

公司董事会正常情况下每年召开8次常规董事会会议。额外的董事会会议按业务需要随时安排。

2. 会议议程以及简要材料

每次董事会会议的议程和简要材料要在会议之前大约一个星期送到每个董事手上，这些议程和简要材料要注明重点事项。董事会主席必须为董事会会议设定议程。任何董事可以要求讨论某个具体议题。

3. 会议出席人数

每个董事都必须尽最大努力亲自参加每一次董事会会议和每次他所任职的委员会的会议，在特殊情况下，电视电话会议可被允许。

4. 董事的准备工作

每位董事都必须熟悉每届董事会会议的议程，并且仔细审阅会议资料。会前要积极准备，参会时要对所有预定事项发表意见。

5. 保密

董事会以及它的委员会的会议过程以及所有讨论情况都是保密的。每位董事必须做好作为董事期间接收信息的保密工作。

五、非执行董事秘密会议

非执行董事的秘密会议通常在每次董事会会议之后立即举行。除特殊情况，董事会事务委员会的主席和报酬委员会的主席轮流主持秘密会议。所有的非执行董事都必须在每次秘密会议上提交议题以供讨论。在他们认为有必要时，非执行董事们可以保留秘密会议的一些记录，包括要求首席执行官满足纽约证券交易所监管要求的执行证明等。

六、董事会的自我评估

董事会必须每年至少一次评价其自身的绩效。

七、委员会

1. 委员会

当董事会认为必要时，可任命它的成员成立委员会。现在，埃克森美孚公司董事会常设委员会有执行委员会、审计委员会，董事会事务委员会（该委员会的职责是董事人选提名和公司治理）、咨询委员会、报酬委员会，财务委员会和公共事务委员会。

2. 委员会的构成

董事会事务委员会，审计委员会和报酬委员会由独立董事组成。董事会的主席同时也兼任执行委员会和财务委员会主席。董事会事务委员会主席由委员会提名，经董事会全体成员表决通过。

3. 委员会规章

每个委员会都有书面规章，以规定委员会职责。该规章必须在委员会建议的基础上，经董事会通过并采用实施。

4. 委员会的人员分配和轮换

每个委员会的成员人数在董事会事务委员会建议的基础上，由董事会最终决定。每个委员会人员要不断进行轮换。

5. 委员会的自我评估

每个委员会每年必须对委员会的绩效进行至少一次评价，并审议关于委员会规章的一些变化是否合适。

6. 委员会报告

每个委员会的主席都必须向董事会全体成员报告该委员会的活动，包括该委员会自我评价的结果以及其他关于该委员会规章的一些变化的建议。

八、首席执行官的绩效评价

非执行董事联合报酬委员会,根据公司目标的实现程度,对首席执行官的绩效每年至少进行一次评价。

九、连续性计划

公司董事会对首席执行官和其他高级管理人员的连续性报告每年至少进行一次评价。连续性报告主要阐述常规业务的连续性以及在意外事件发生时的应对计划。

十、董事的权利

有权使用员工:非执行董事在要求讨论公司业务和事项时,必须有充分的权利使用公司高级管理人员以及其他员工。董事会希望在董事会或其他委员会会议期间,或者其他的一些正式或不正式的场合,有与首席执行官和其他高级管理人员交流的常规机会。

有权保留顾问:一般说来,所有有关公司的业务和事项的信息都能通过埃克森美孚公司的管理层和员工以及独立审计员提供给公司的董事会。但是,公司董事会和每一个委员会在认为合适时,有权保留这样的外部顾问,包括会计师,法律顾问,或其他一些专家,费用由公司支付。

十一、行为和道德准则

埃克森美孚公司已经采用了大量的商业行为标准和执行准则。主要包括道德准则和利益冲突准则,道德准则要求公司所有董事、管理人员和员工严格遵守所有适用于埃克森美孚业务的所有法律。利益冲突准则要求董事在处理和供货商、消费者和其他第三者的关系时,以及在他们的个人业务中,包括公司、任何附属或非附属组织的证券交易中,应该尽量避免其自身利益和公司利益的冲突。

当某一位执行经理或董事违反了行为和道德准则时,董事会事务委员会必须检查有关情况，并将所有检查结果报告董事会。董事会不能授权任何人放弃遵守这些准则。

十二、相关利益群体和非执行董事之间的沟通

董事会事务委员会保留相关利益群体和非执行董事交流的程序。交流过程将被刊登在每年股东大会的股东委托声明上，并且在埃克森美孚公司的网站上公布。

十三、非执行董事的报酬

非执行董事的报酬，由董事会事务委员会建议，董事会决定，并且每年评估一次。非执行董事的报酬将实行市场化原则，并且考虑公司业务范围的大小以及董事所担负的责任。非执行董事的报酬可以部分是公司股票，但该部分股票必须由其持有到从董事会退休为止。

十四、股东事项

1. 投票权

公司的每一份普通股都有一份投票权。埃克森美孚公司的章程和议事程序不会对普通股股东的投票权提出比新泽西州法律更高的要求，并且不会通过书面允诺限制股东的行动能力。

2. 秘密投票

股东的投票必须由外界的独立监督者来核算，并且对管理层保密。除非出现特殊的情况，比如，某位股东在投票卡上发表了评论，则这张投票卡会被运往公司，以求做出适当应对。

3. 审计人员的任命

公司会把独立审计人员的任命提交给每年一度的股东大会批准通过。

4. 经过大多数通过的股东提议

如果一项没有被董事会通过的股东决议在某次拥有法定人数的股东会议上得到了大多数投票，那么这项提议会被董事会重新考虑。针对这项提议采

取的行动将会在下届股东投票报告书中报告。

5. 公司治理准则修改

董事会事务委员会在认为合适的时候,评价并修改公司治理准则和相关文件。

第三节 意大利忠利集团

一、忠利集团简介

忠利集团(GENERALI)是意大利最大的保险公司,借助120个当地营业网点(集团控股公司或银行)以及它自身的海外办事处,在全球各大洲50个市场上开展保险业务。就险种数量而言,忠利集团为欧洲第四大保险集团;就营业额看,忠利集团已跻身世界10大保险集团之列。忠利集团在《财富》杂志2006年公布的世界500强企业排名中以营业收入列第21位,2019年排名第92位。忠利集团取得的成就,与其自成体系的公司治理结构具有极大关系。严谨而完善的治理结构有效地确保了忠利集团经营活动、管理活动以及监控活动的正常开展,为企业的长足发展奠定了坚实的基础。

二、忠利集团公司治理结构

忠利集团公司治理结构如附图1-2所示,包括股东大会、董事会、会计监察人等,其中,法定审计师委员会和监督及控制委员会承担监事会职责。董事会下设风险控制委员会、薪酬委员会、任命及公司治理委员会、投资委员会、监督和控制,最新的下设委员会为风险及控制委员会、薪酬委员会、提名及公司治理委员会和投资管理委员会四个委员会,其中风险及控制委员会下设关联交易小组委员会和社会责任及环境可持续发展委员会。

1. 主要股东

忠利集团的主要股东有:米兰投资银行集团(13.254%),德尔富责任有限公司(莱昂纳多·戴尔·维奇奥集团)(3.006%),新B&D控股集团(2.434%),卡尔塔吉罗内集团(2.232%),中国人民银行(2.014%)。

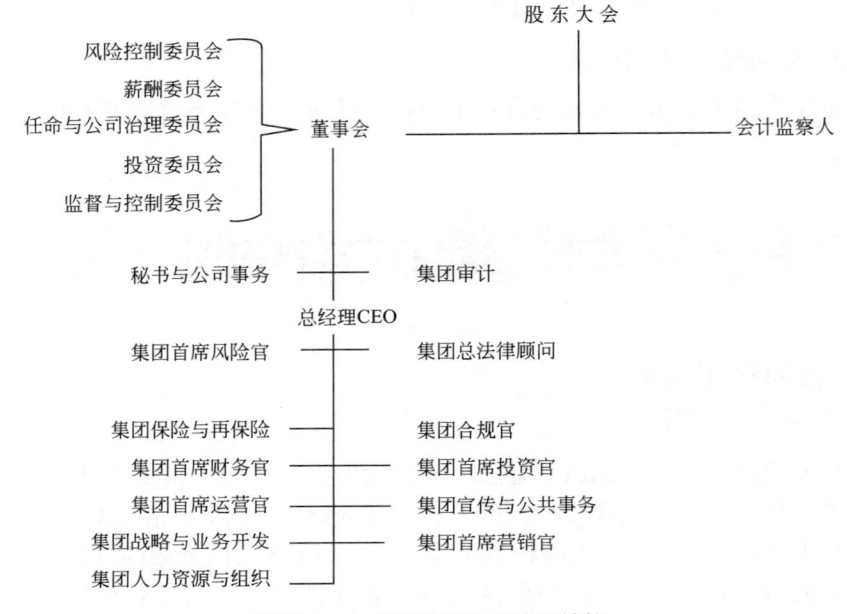

附图1-2　忠利集团公司治理结构

此外，忠利集团没有表决权股和非表决权股之分，全部为普通股，普通股的每一位持有者都应履行一整套的财务和行政权力及义务。

2. 公司与董事们之间的协议

公司与董事们之间通过签订协议的形式来明确权责义务关系，并对在无正当理由辞职、解雇或收购后解除劳动合同事件中，对董事们的补偿做出了明确规定。

3. 管理与协调

忠利集团的管理与协调不受任何意大利或其他国家的组织或公司的监管，确保了集团公司运营的独立性和自主性。但忠利集团对下属的所有公司具有管理和协调的权利，母公司对子公司有绝对的管理权限。

4. 股东大会

股东大会作为管理机构，通过决议传达股东的意愿：经批准同意的符合法律法规和公司章程的决议对所有股东具有约束力，包括缺席的和持有异议的股东。除法律规定的特殊情况外，股东大会的构成和普通级、非普通的决议是基于大多数的股东投票来决定的。

附录1　公司治理相关案例

5. 董事会

1) 任命及替补

根据公司章程规定,公司应由董事会管理,董事会由不少于11位不超过21位成员组成。董事由股东大会任命。

在公司治理上,随着名单投票系统的引入,整个董事会除了一位、两位或三位董事的任命方式不同外(任命从获得的名单中得到第二高票数的人),股东大会有权任命名单中的大多数,取决于由股东大会预定的董事会成员的数量,董事会成员的数量可以分别是11位、12位到15位之间、或超过15位。

当前法律规定,符合独立性要求的当选董事(独立董事)和法定审计师,至少占董事会成员的1/3,而且满足独立性要求的董事和少数董事可能由同一个人担任。不论是单独的或与他人联合的股东,应代表至少0.5%的公司股权,并有权提交名单。所有持有投票权的公司,或由他们直接或间接持有股权的公司,或由他们直接或间接联合控制的公司,只能提交一个名单。

公司章程还具体规定了董事、主席和常务董事的年龄限制,分别是77岁、70岁和65岁。董事的选举遵循公司章程第28条的规定。除少数特殊情况,所有董事均从获得股东投票数量最多的名单中产生,董事名单必须在股东大会第一次会议或单独会议召开前不迟于25天提交,以下内容应与名单一起公示:

每位候选人的简历,包括有关候选人个人及专业特点,在保险、财务、风控或银行领域获得的技能等具体信息。

候选人接受提名的声明书,声明如获委任,承诺接受任命,并根据各自的职责进一步声明符合法定的对专业性和独立性的要求,无不相容或不合格因素的存在。

董事会成员的任期为3个财政年度,他们的任命时间以股东大会批准任期的最后一个财政年度的财务报告日期为准。届内获任命的董事与之前已经在任董事一起,届满到期。

若董事在三年任期内离职,则需及时补充。如果独立董事离职,他们的替补,由董事会按照提名及公司治理委员会提出的建议或由股东大会指派,对于法定审计师的任命必须符合法定的独立性要求。

董事会任命一位董事会秘书,董事会秘书不要求是董事。

2）任务

董事会享有广泛的管理权来推动公司目标的实现，旨在保证股东大会通过的决议的正确性，并使其得到迅速的执行。

根据《公司章程》，董事会负责提交利润分配提案。除根据现行法律法规及《公司章程》规定的保留股东大会的权力外，下列权利始终归属董事会：

审查并批准集团首席执行官提交的预算、公司和集团战略、行业及财务计划，每季度对执行情况进行监督，评价管理能力，特别是定期比较执行成果。

根据集团首席执行官提案，建立符合公司利益并和集团战略目标兼容的风险识别及风险应对体系。评估公司及其战略子公司的组织、管理和会计系统的适当性，由集团首席执行官具体负责，特别关注内部控制、风险管控和冲突处理方面的情况。

根据集团首席执行官提案，审查并批准集团治理体系。在风险及控制管理委员会的支持下，建立内部控制及风险管理系统指引，评估其充分性、有效性和实际操作性，至少每年一次；任命董事负责内部控制及风险管理，任命、撤销内部审计经理（取得风险控制管理委员会和法定审计师委员会的综合意见后）、风险经理及合规经理（在集团首席执行官提议的基础上，咨询风险控制委员会），并确定其薪酬。授予及撤销执行机构和董事会委员会的行政权，制定他们行使权力的限制和流程，并规定时限，不超过季度。执行机构必须向董事会报告权力的使用情况。

根据集团首席执行官意见，建立集团管理委员会。该委员会是由集团总部高级管理人员组成的领导团队，负责支持集团首席执行官工作、讨论集团重要决定、审查提交董事会议案，并传达集团决议和政策。

设置集团内部持有集团管理委员会会员资格的岗位。根据集团首席执行提案，咨询提名及公司治理委员会后，指定战略子公司的主席、执行董事和总经理（或相等岗位的高级管理层成员），并制定有关他们和外部指定的非执行董事的撤销任命和薪酬的建议。

建立执行董事的继任计划。根据集团首席执行提案，批准国家层面首席执行官和管理人员的继任计划。

根据集团首席执行官提案，咨询投资管理委员会后，批准资产配置战略，并且每季度监督执行，每半年度进行审查。

审查和批准内部往来。根据集团首席执行官提案，批准文件及信息流转程序，特别是特权信息。

附录1 公司治理相关案例

定期审查薪酬委员会提交的薪酬制度，包括审查基于金融工具的薪酬计划的正确实施。根据薪酬委员会提案，咨询法定审计师委员会后，制定执行董事及负责特定职能的其他董事的薪酬；根据集团公司首席执行提案，咨询薪酬委员会后，制定在公司或集团内部持有集团管理委员会资格的执行管理人员的薪酬。

至少每年评估一次董事会及其委员会的规模、组成和运行情况，考虑的因素有：专业特色、经验（包括管理经验）、成员性别及资历，且对可能被视为合理列席董事会的人员提供指导。

在公司治理及股权报告中提供有关公司治理守则的应用方法及其他相关信息。

任独立董事后，公司每年对非执行成员的独立性进行评估，并宣布评估结果。

对董事或法定审计师在其他上市公司，以及在金融、银行或保险公司的任职情况，与在本公司作为董事的相容性提出评价意见。

董事会同时享有绝对的权利来事先审查和批准公司及所属子公司的业务，如果该业务对公司具有重大战略、经济、资本或财务重要性，在不违反正常关联交易条款的情况下，应特别注意一位或多位董事存在个人利益或代表第三方利益的情况。

董事会应当至少每季度向法定审计师委员会报告业务活动，特别是：对经济、财务和资本的运作造成重大影响的，存在个人利益关系或代表第三方利益关系的事项。

现任董事会评估了公司及子公司的战略、组织、行政、会计系统的适当性，在咨询风险管理委员会后，确定了具有上述特征的子公司。该评估不仅参考了法定的定量标准，还参考了定性标准，比如某些公司，虽然公司规模和资本并不显著，但从其商业活动来看，为集团公司做出了重要贡献等。

3）运行

（1）现任董事会成员任职情况。

董事会共有13人，执行董事1人，非执行董事12人，其中独立董事8人；共有5个委员会：风险及控制委员会、公司治理及社会&环境可持续委员会、提名及薪酬委员会、关联交易小组委员会、投资委员会。具体组织结构见附表1-2。

附表1-2 董事会下设专业委员会人员构成

职位	姓名
董事会主席、非执行董事、公司治理及社会&环境可持续委员会主席	Gabriele Galateri di Genola
董事会会副主席、非执行董事、提名及薪酬委员会成员、投资管理委员会成员	Francesco Gaetano Caltagirone
董事会会副主席、非执行董事、风险控制委员会成员、投资管理委员会成员	Clemente Rebecchini
集团首席执行官、执行董事、投资管理委员会主席	Philippe Donnet
非执行董事、独立董事、风险控制委员会成员、关联交易委员会成员	Romolo Bardin
非执行董事、独立董事、提名及薪酬委员会主席	Ornella Barra
非执行董事、独立董事、关联交易委员会主席、公司治理及社会&环境可持续委员会成员	Paolo Di Benedetto
非执行董事、独立董事、提名及薪酬委员会成员、关联交易委员会成员	Diva Moriani
非执行董事、独立董事、风险控制委员会主席、公司治理及社会&环境可持续委员会成员	Alberta Figari
非执行董事、提名及薪酬委员会成员	Lorenzo Pellicioli
非执行董事、独立董事、风险及控制委员会成员、关联交易委员会成员	Roberto Perotti
非执行董事、独立董事、风险及控制委员会成员、提名及薪酬委员会成员	Sabrina Pucci
非执行董事、独立董事、风险控制委员会成员、关联交易委员会成员、投资管理委员会成员、从少数名单中产生的董事	Paola Sapienza
董事会秘书	Giuseppe Catalano

（2）评价体系。

三年任期内，董事会采用自评流程，以确保进展得到持续监测。一般由董事填写由咨询顾问准备的调查问卷，回答在董事会运作、规模和组成方面的信息，从而对整体情况进行评价。

4）非执行董事和执行董事

非执行董事和执行董事的数量足以确保他们对董事会的决策的判断具有决定性的影响。非执行董事为公司的经营活动和董事会讨论带来特定的专业知识，为起草和通过符合公司利益的决议起到重要作用。根据公司治理守则规定，非执行董事的存在对董事会下设委员会至关重要，下设委员会成员必须由非执行董事组成。

5）合适&适当制度

2014年12月5日，董事会为了确保遵守偿二代条款和欧盟保监会指引，批准了与治理能力和声誉相关的制度（"合适&适当"制度），旨在明确在公司层面和集团层面涉及某些关键岗位或控制岗位人员（"关键人员"）的专业和声誉方面的最低标准和强制要求，并规定在评估其能力和专业时应提供的最少内容和时间要求。

竞争力的评估从董事会个人和集体角度进行的。行政机构和监督机构的成员必须整体具备以下充足的经验和知识：公司所在的市场、战略和商业模式、治理系统、精算及财务分析（针对保险公司）、法规和监管要求等。以下情况下必须对专业性进行评估：任用新成员时；至少每年一次；机构组成发生变化时。

任职资格"合适&适当"制度规定，人员必须是"声誉良好的"。除非现行法规另有规定，过往的不良记录不能自动使人丧失"声誉良好的"资格。

治理守则建议，公司董事必须有效履行职责。考虑到部分在公司任职的法定审计师同时在其他公司任职，以及其他个人业务活动，任用董事时应当首先评估候选人是否能够投入必要的时间勤勉地履行管理职责。不应该出现董事和法定审计师担任不相容职务的情况。

6）董事和关键管理人员的薪酬

董事和关键管理人员的薪酬政策由薪酬委员会提交特别报告，经董事会批准，并提请下一届股东大会审议。

7）董事会主席

董事会主席从董事会成员中产生，除非股东大会另有任命。董事会主席不承担运营职责，不享有《公司章程》赋予的职责之外的权利。

8）集团首席执行官

集团首席执行官的职责基本涵盖集团和公司的管理，其被赋予包括但不限于以下权利。

（1）向董事会提出职责内的提案。

制定忠利集团多个年度计划和年度预算，提交董事会审议通过；指示起草公司财务报表，准备并提交董事会年度财务报表和合并财务报表及季度和半年度报告方案；制定资产配置方案，提交董事会审议通过；确保忠利集团和董事会通过的风险处置方案顺利实施；确保忠利集团和董事会通过的风险处置方案顺利实施；确保公司和集团治理规定的实施。

（2）关于保险和再保险业务。

管理意大利和海外的保险和再保险业务，授权承担公司运营领域的保险和再保险风险，支付补偿金，从事相关业务，作出相关决策；负责合计监督集团技术和精算活动的管理，管理研发业务；通过内部分管账户和内部保险基金报表，在不影响任何有利合同条款（要求公司保留的最低收益率）的前提下，建立参与收益率计算的独立的内部分管账户。

（3）关于人力资源管理和组织。

制定有关公司和集团薪酬政策的指引，提交薪酬委员会审议；建立人力资源发展和管理政策的相关激励机制；处理工会和雇佣组织的关系，代表公司与其签订协议；调解劳动纠纷，签署和解书。

（4）制定以下提交董事会审议方案。

除了执行根据《公司章程》第32.2条赋予的权利外，还要做出有关公司和集团各级人员的雇佣、提升、职权、授权和薪酬等决定（集团管理委员会成员除外）。

按照《公司章程》第38条和第39条的规定，决定公司高管权力的范围，不包括管理委员会成员。

提名战略子公司董事会主席、常务董事和总经理（或同等地位的高管人员），并制定从集团外部选任的有关人员和非执行董事的薪酬提案；提名从集团内部选任的战略子公司董事会非执行董事，以及非战略子公司的执行董事；提名非战略子公司的法定审计师委员会成员。

向董事会提交经股东签名的重要资本控股协议。

咨询提名及公司治理委员会后，向董事会提交管理委员会成员、国家首席及执行人员的继任计划。

在价格不超过1亿，并且涉及的是公司或其所属子公司的自由资产的情况下，提交董事会批准投资或撤资、股票卖出或买入及所有类型的资产运作。

提交董事会批准被投资公司章程的修订；

发出被控制和被投资公司股东大会投票指示。

（5）关于其他操作。

批准总价值在€1亿以内的金融工具的发行；

批准金额在€1亿以内的贷款和担保；

批准在使用公司和/或其下属子公司自由资产的情况下，€1亿以内的，签订公司业务的运行及发展的合作协议；

批准被接管（并购）公司总资产或拆分资产不超过€1亿的合并或拆分操作。

（6）关于不动产管理。

批准有关不动产购买及转让；

批准公司不动产的土地使用权（无价值限制）；

同意抵押贷款或任何类型的优先权转让；同意抄写、注释及取消其他职能部门的土地登记和记录，并在债务声明中和经公司适当机构批准通过的授权决议中，建立相应的责任。

（7）关于支出。

强制性支出的授权金额限制，其他支出每项不超过€0.5亿。

（8）关于法律问题。

在法庭和行政审判庭上提起诉讼程序和仲裁程序；为针对公司的诉讼辩护；授予律师代表公司作为原告和被告参与法律程序，并在中间裁决、强制执行、上诉程序和仲裁程序中，享有所有相应的权力，包括调节和解决纠纷的权力、作为第三债务人发表声明的权力、刑事诉讼中要求损害赔偿的权力；投诉的归档及转移。

（9）关于服务行为。

签署和终止与集团内其他公司服务相关的服务合同或外包协议。

（10）集团管理和协调。

按照董事会制定的指导方针，对集团内的公司实施管理协调。

（11）转授权。

将权力转授给不享有上述一项或多项具体权力的员工或第三方。

（12）紧急处理权。

在专门负责的领域对需要立即作出决定的紧急事件，行使董事会权力，不包括公司治理守则第2420条（董事授权）、第2423条（草拟财务报告）、第2443条（董事授权）、第2446条（因亏损减少股本）、第2447条（将股本减少至低于法定下限）、第2501条（并购计划）和第2506条（拆分计划）中规定的权力。

6. 董事会下设委员会

忠利集团设立了风险控制委员会、薪酬委员会、提名及公司治理委员会和投资管理委员会四个委员会，其中风险控制委员会下设关联交易小组委员会和社会责任及环境可持续发展委员会。

董事会负责任命各委员会的成员，应从董事会成员中挑选，除非另行决定；委员会的任期和到期日与董事会一样；如果一位或多位成员因故离职，董事会应寻找符合条件的人选替补。

董事会应从其各委员会的成员中任命委员会主席。在委员会主席缺席或无法行动的情况下,应由委员会成员中年龄最长的成员代替。委员会主席应当主持会议、起草议程、协调讨论、代表委员会列席董事会会议,可能还会签署报告及提交董事会的建议。

委员会如涉及诉讼,可寻得集团总部董事会秘书及企业事务的支持。委员会主席或代理人负责组织召开会议,在通知中指定地点。委员会主席应确保议程议题准备充分,通知所有成员,并采取相应的措施来保证数据和信息保密。

根据董事会设立的条款,委员会在履行职责时,有权获取必要的信息和公司职能,且有权寻求外部咨询。

公司治理守则中提到委员会,董事会应根据其管理职能,安排年度费用预算,委员会成员有权报销出席会议所发生的费用。

董事会保留批准其委员会费用预算的权利,预算审批至少每年一次。

1)风险及控制委员会

忠利集团风险及控制委员会成员见附表1-3。

附表1-3 风险及控制委员会成员

职位	姓名
主席、非执行独立董事	Alberta Figari
委员会成员、非执行独立董事	Sabrina Pucci
委员会成员、非执行董事	Clemente Rebecchini
委员会成员、非执行独立董事	Romolo Bardin
委员会成员、非执行独立董事	Roberto Perotti

该委员会委员为非执行董事,且大多数为独立董事。成员具备财务方面,特别是风险控制方面的丰富的经验。

风险及控制委员会下设关联交易小组委员会,该委员会按照董事会批准的关联交易流程,对关联交易表达意见,并提董事会或执行机构注意。

风险及控制委员会还需为董事会在涉及公司和集团环境和社会责任可持续方面,履行咨询、建议和筹备活动的职能。

风险及控制委员会确保董事会关于内部控制和风险管理系统的评估和决策、财务报表及半年度报表的批准、公司与外部审计师的关系,得到适当的

附录1 公司治理相关案例

支出,在这种情况下,要求:协助董事会评估维护公司和集团风险管理系统的充分性,以及有关识别和管理集团主要风险的组织和流程结构的充分性,包括至少每年一次的定量和定性分析,即信用授权授信以及市场风险的压力测试。

2)关联交易小组委员会

关联交易小组委员会原是风险及控制委员会的下设委员会,2016年成为一个独立的委员会,与风险及控制委员会是并列关系。包含一名主席和4位独立董事(附表1-4)。

附表1-4 关联交易委员会成员

职位	姓名
主席、非执行独立董事	Paolo Di Benedetto
委员会成员、非执行独立董事	Romolo Bardin
委员会成员、非执行独立董事	Roberto Perotti
委员会成员、非执行独立董事	Diva Moriani
委员会成员、非执行独立董事	Paola Sapienza

该委员会发表意见时,可要求一位或多位专家协助,最好有董事会或主管执行机构专门委托的专家。

3)提名及薪酬委员会

薪酬委员会由董事会成员构成,负责确定担任特殊岗位董事会成员的薪酬,其成员从董事会选举中产生。

提名及薪酬委员会成员见附表1-5。

附表1-5 提名及薪酬委员会成员

职位	姓名
主席、非执行独立董事	Ornella Barra
委员会成员、非执行独立董事	Diva Moriani
委员会成员、非执行独立董事	Sabrina Pucci
委员会成员、非执行董事	Lorenzo Pellicioli
委员会成员、非执行董事	Francesco Gaetano Caltagirone

该委员会成员全部为非执行独立董事,在任何情况下,所有成员应在薪酬制度方面具备足够的知识。该委员会承担以下职责:

(1)为董事会关于董事薪酬方面的问题提出不具有约束力的意见和建议。

(2)对公司机构成员的薪酬政策发表意见和建议,包括验证基于金融工程具有薪酬计划的正确应用。

(3)对执行董事薪酬,或根据公司章程规定担任特殊岗位的董事薪酬的金额发表意见或建议;设定与上述薪酬相对应的绩效评价,并关注绩效目标的达成情况。有关执行董事的意见和建议应考虑以下因素:担任职责在公司组织结构中的重要性;对公司成果的影响力;利润达成;董事会设定的具体目标的实现。

(4)对应副总经理、集团首席执行官、集团内部担任有关集团管理委员会成员岗位的人员的薪酬发表意见和提出不具有约束力的建议,考虑以下因素:所担任职能涉及的责任和风险水平;未达成目标所取得的成果;额外执行的任务。

(5)利用集团首席执行官收集到的信息,定期评估对董事和承担战略责任的人员的薪酬所采用的标准,并向董事会提出相关建议。

(6)验证执行董事薪酬的比例原则,可能的话与其他董事或其他公司员工相比较。

(7)对集团首席执行官对全球领导小组激励系统的建议发表意见。

(8)监督董事会决议的执行情况。

4)公司治理及社会&环境可持续发展委员会

提名及公司治理委员会,成员见附表1-6。

附表1-6 公司治理及社会&环境可持续发展委员会成员

职位	姓名
主席、非执行董事	Gabriele Galateri Di Genola
委员会成员、非执行独立董事	Paolo Di Benedetto
委员会成员、非执行独立董事	Alberta Figari

5)投资委员会

该委员会由四名董事、集团首席财务官和集团首席投资官组成,集团的房地产和财务运营经理受邀出席会议。成员见附表1-7。

附录1 公司治理相关案例

附表 1-7 投资委员会成员

职位	姓名
主席、执行董事	Philippe Donnet
委员会成员、非执行独立董事	Francesco Gaetano Caltagirone
委员会成员、非执行董事	Clemente Rebecchini
委员会成员、非执行独立董事	Paola Sapienza
委员会成员、首席财务官	Alberto Minali
委员会成员、首席投资官	Timothy Ryan

三、内部控制及风险管理系统

1. 防线设置

公司董事会批准了内部控制和风险管理系统的基本准则，它详述了该系统的目标、原则、结构、角色、责任和主要规定。子公司在遵循不同国家法律规定的同时，也遵循上述内部控制和风险管理系统。

第一个层面：业务层面，其主要组织界面是高级管理人员、关注特定风险管控。

第二个层面：控制层面，具有高度组织独立性，负责评估系统中控制的有效性。

以上组织层面在风险防范管理方面又分为三道防线：一是业务部门，二是风险管理部与合规部，三是内部审计部。

在第一道防线范围内，业务部门的负责人（风险责任人）对风险操作、风险管理和必要控制活动的实施，承担直接后果。

第二道防线是指为了履行业务结构及支线控制结构（如控制管理、检查等）职责，风险管理部、合规部和内部审计部作为特定角色，对第一道防线的活动进行补充。在第二道防线的作用下，集团合规体系履行额外的控制，负责评估保险公司组织和内部程序的适当性，防范产生法律风险或行政处分、经济损失或名誉损害。该体系的负责人每半年通过风险及控制委员会向董事会汇报。

集团审计体系作为第三道防线，负责对内部控制系统的效率和有效性进行独立评价。内部审计部每半年需提交一份半年度报告给风险委员会，在存在严重异常或发生关键事件的情况下，应立即向委员会报告。

2. 主要特征

忠利集团采用的与财务报告流程相关的风险管理和内部控制系统是一般系统中的一部分。为了达成目标，公司建立了一套由原则、规定和流程组成的"财务报告风险模型"。该模型主要参照以下框架：

COSO反虚假财务报告委员会内部控制综合框架，1992年发布，为内部控制系统的评估与发展制定指导方针；COBIT企业信息系统治理与管理框架。

参考COSO反虚假财务报告委员会内部控制综合框架，财务报告风险模型的管理周期是根据年度和半年度财务报表的时间来设定的，由财务负责人根据《综合金融经纪法案》第154章的规定，提供一个专门的证书。

1）主要操作步骤

（1）范围定义：每年更新分析范围。

（2）风险识别和评估：定期识别公司财务报告风险，以及为减少风险执行的相关控制。

（3）操作有效性：定期检查以全包财务报告风险控制的有效性。

（4）整改管理：定义和执行在风险识别和评估及操作有效性活动中产生的纠正或改进措施。

2）财务报告风险模型分析

（1）公司层面的控制：旨在检查一个有组织的公司环境的背景下，是否存在不当行为的风险。

（2）流程层面的控制：在一个比公司层面更具体的层面，旨在通过控制活动减轻财务报告风险。

（3）信息技术控制：专注于起草财务报表系统的信息管理和信息处理过程。

3. 组织和管理模型

在由公司利益引起的刑事犯罪事件中，公司应承担的行政责任的问题上，采取了组织和管理模型。

公司部门涉及并识别的每个"风险"领域，与"敏感性分析"一起，列举了理论上可能发生的具体罪行、发生的行为或方法和监督控制委员会的"预防控制"。

监督控制委员会由忠利集团董事会决议任命的3名成员组成。其架构见附表1-8。

附录1 公司治理相关案例

附表1-8 监督控制委员会成员

职位	姓名
主席、外部专家	Luigi Arturo Bianchi
委员会成员、外部专家	Giuseppe Alessio Verni
委员会成员、集团合规专员	Maurizio Basso

公司董事会认为上述结构是适当的,因为他符合自主权和独立性的要求及专业和声誉方面的要求:

(1)监督控制委员会的活动不受公司员工任何形式的干扰或影响,因此其成员不承担任何根据其决策或意见采取措施所引起的不良后果。

(2)为保证独立性原则,该委员会在组织结构上单独设置直接向董事会报告。

(3)不分配任何直接或间接与公司决定的实施相关的任务给委员会。

(4)该委员会具备必要的财务资源来正确的履行职责。

(5)该委员会中有两位外部成员,从具备权威和经验的专业人士中选出,且不担任任何与业务或公司利益相冲突的职位。

(6)该委员会建立了自己内部规章制度来履行职责。

监督控制委员会在履行其职责时应呼吁内部审计部的合作,在行使监督和控制活动时利用他们的职责和专业能力,同时与外部审计师保持联系。

4. 法定审计师委员会

所有常设和替补的法定审计师必须符合法律规定。

关于法定审计师委员会成员的独立性要求,在不违反法律规定的前提下,公司治理守则规定法定审计师委员会应从具备独立性的人员中选出,部分根据董事的适用标准。

法定审计师不论是直接或间接代表第三方存在利益关系,在某种交易时,必须及时通知企业法定审计师和董事会主席有关利益的性质、条款、起源和程度。

法定审计师委员会还要求监督外部审计师的独立性。

按照现行法律规定,不论是单独或与他人联合的股东,代表至少0.5%的公司股权,有权提交法定审计师委员会候选人名单。

提交给股东的名单包括两个部分:一部分是任命法定审计师,另一部分是任命替补法定审计师。

名单的组成应确保性别平衡。

在大多数名单中获得最多票的前两位候选人，和少数名单中获得第二多票数的候选人，应被选为常设法定审计师。如果代表少数性别的常设法定审计师数量少于法定数量，将从大多数候选人名单中选出必要的替换。法定审计师委员会成员见附表1-9。

附表1-9 法定审计师委员会成员

职位	姓名
主席	Carolyn Fittmeier
常设法定审计师	Lorenzo Pozza
常设法定审计师	Antonia Di Bella
替补法定审计师	Silvia Olivotto
替补法定审计师	Francesco Di Carlo

以上人员都具有审计师、风险管理师、会计师经验。

5. 外部审计师

外部审计师事务所，必须在意大利证券交易委员会名单上注册，负责验证当前财务年度的公司账目是否被妥善保管，公司的财务状况及运营成果是否被正确记录。外部审计师是根据法定审计师委员会建议并由股东大会任命的，外部审计师的薪资也由股东大会决定。法规将外部审计师的任期延长至9年，并且在上次任命到期后至少三年后，才能再次获得任命。

四、忠利集团管理模式的特点

经过对忠利集团治理结构的研究，可发现其治理模式主要有以下几个特点。

1. 独立董事的绝对优势

董事会中独立董事占大多数，且对独立董事的履职能力要求严格。忠利集团的董事会共有11位董事，1名执行董事，10名非执行董事。其非执行董事中，有7名是独立董事。独立董事的绝对数量优势，使其在决策过程中能够充分发挥作用，防止内部人控制问题的出现。同时，忠利集团对于独立董事的选择，有其一套严格的机制，包括董事对于行业的认知、所在职位的技能等都做出了明确的要求。由忠利集团董事会成员的简介中也可以看出，其独立董事均为忠利集团经营业务领域的精英，且具有丰富的实践经验，确保

附录1　公司治理相关案例

了董事会的"有能"。

2. 董事会具有管理职能

根据忠利集团董事会构成特征及人员的选拔机制看出，忠利集团的董事会是一个"有能"的董事会，在股权高度分散，股东"无能"的情况下，有效地发挥了作用。与淡马锡等企业不同的是，忠利集团的董事会不仅有决策和监督的职能，还有管理职能。忠利集团经理层在经营过程中的提案，需交由董事会批准后方可执行。而董事会在决策过程中会与各委员会和法定审计师委员会充分沟通，从而保证了议案的可执行性、盈利性等。

3. 对董事有长期薪酬激励机制

忠利集团除了给予董事基本的薪酬外，还以股票分红的形式实行对董事们的长期激励。董事会的履职情况与经营业绩挂钩后，使得董事们的利益与公司利益相一致，从而有效避免委托代理问题造成的道德风险问题，实现了对企业的有效控制。

4. 具有完善的内部控制和风险防范系统

忠利集团不仅在董事会下设风险及控制委员会，还专设有法定审计师委员会、监督控制委员会等与董事会平行的机构，履行监事会职责，实现对忠利集团的有限监控。忠利集团为风险防控设立了三道防线，充分利用董事会、法定审计师委员会、监督控制委员会之间的相互制衡关系，形成了完善的风险防范系统，从源头上降低了风险发生的可能性。

5. 对董事的职责的法律界定清晰

忠利集团根据意大利法律法规的规定，对董事会成员及高级管理人员可能出现的失职失责行为做出了具体规定，并与民事、刑事法律等一一对应，使得董事会成员及高级管理人员的行为被放置在严格的管控体系之下，提高了相关人员违法违规的机会成本，能够有效地避免失责行为的发生。同时，忠利集团还专门成立了合规部门，为董事们提供咨询服务，有效防止失职失责行为的发生。

6. 专设委员会对关联交易进行管控

子公司关联交易是造成母公司利益损失的一大根源。忠利集团在风险及控制委员会专设关联交易小组委员会，对集团公司、子公司的关联交易的界定、处理等做出了明确规定，能够防止子公司的相关人员利用职权谋取私利，极大程度地维护了忠利集团的利益。

7. 集团公司的董事会对子公司拥有绝对的控制权

忠利集团明确规定,集团公司董事会对子公司具有绝对的控制权,确保了子公司的利益与母公司的利益相一致。子公司相关领域的主管可就其领域直接和集团公司沟通,畅通了母子公司的交流机制,从而能够实现集团公司对子公司的控制。此外,忠利集团对子公司的绝对控股权有效防止子公司关联交易的发生。

8. 重视女性董事所占比重

忠利集团从章程的高度对董事会中女性比例应占的比重做出了明确的规定,并严格实施这一规定。研究发现,具有女性董事的董事会具有更强的履职能力,因此忠利集团通过严格规定少数性别在董事会成员中的最低比重,一方面提升了董事会的履职成效,另一方面充分体现了忠利集团对于人权的尊重。

9. 重视内外部审计体系共同合作,实现有效监督

忠利集团除了在集团内部设有法定审计师委员会外,还重视与外部会计师事务所合作,专设外部审计师,实行对公司财务状况的共同监督。通过内外部合作,忠利集团实现了有效的双重监督机制,有效缓解了内部人控制问题。此外,忠利集团通过严格对接国际标准,充分发挥企业内部与外部审计机构合作,制定适应本集团发展的财务风险防范体系,从财务层面实现了对集团公司和子公司的有效监督。

第四节 台湾中油股份有限公司

一、公司概况

1946年6月1日,台湾中油股份有限公司(以下简称"台湾中油")于上海创建,资本全部由国民政府出资,为国营事业,原隶属于资源委员会(即现在的"经济部"国营事业委员会前身)。1949年随国民政府迁台后,改隶经济部门。

2012年财富世界500强排名第337位。总公司设址于中国台湾省台北市。主要业务范围包括油气的进口、勘探、开发、炼制、仓储与销售,以及石油化学原料的生产供应,业务设施遍布全台湾地区。资本额1301亿元,2006年营业额新台币7768亿元。

附录1 公司治理相关案例

二、公司治理

1. 公司治理架构

台湾中油董事共 13 人,都是由持股 100% 的单一股东经济部指派,任期为 2 年,董事的专业能力、社会历练、道德标准等都是选择标准。其中董事长及总经理属于执行董事,有 2 席独立董事,另外设立 3 位检查人,都具有台湾中油相关业务所需要的专业能力、工作经验,或者具有担任公司业务所需要相关科系的大专院校教授资历,共同提供台湾中油在营运、技术及财务上专精的指导与咨询,共同担负公司策略、营运及监察的责任。董事会每月召开 1 次,2016 年共召开 12 次董事会。台湾中油董事、监事人选均定期进修相关课程,2016 年总进修时数达 69 小时。

台湾中油治理架构如附图 1-3 所示。

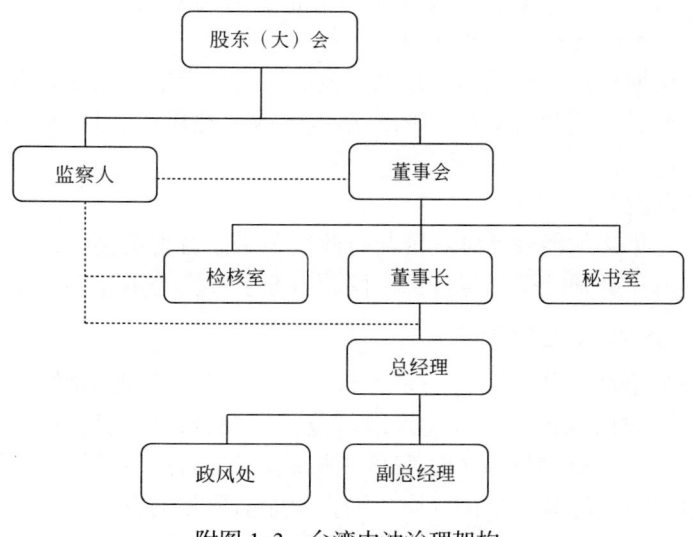

附图 1-3 台湾中油治理架构

2. 董事会与利害关系人协商

台湾中油订立《应提报董事会工作事项明细表》,以明确划分董事会及经理部门的职权,董事会决议的执行结果须提报董事会备查,董事会的决议如果有难以执行,经理部门应该再次提报董事会核准后执行。

台湾中油订立《重大事件通报董事及监察人员作业要点》,包括例行性通报、突发性重大事件通报等。

3. 利益回避

台湾中油《公司治理实务手册》(第29条)、《董事会议事规范》中订有:董事对于会议事项,与其自身或其法定代表有利害关系者,应于当次董事会说明利害关系的重要内容,如果有损害公司利益的地方时,不得加入讨论和表决,且讨论和表决时应予以回避,并不得代理其他董事行使其表决权。另提报董事会案件如果涉及关系人交易且董事会成员相关者,需于提案中备注说明,以提醒避免利益冲突发生。

4. 完善的内部稽核

台湾中油非常尊重检核室及内部稽核人员的专业性与独立性,充分授权办理各项定期与专业检(稽)核工作,其稽核机制如下。

1)内部稽核

第一,设立检核室直属于董事会,并依据公司营运目标,结合风险评估结果拟定次年度内部稽核工作计划。

第二,定期检查及复核内部控制制度的缺失和衡量营运的效果与效率。

第三,检核室提供经理部门内控弱点的改善建议,并且持续追踪到完全改善为止。

2)外部监督

第一,每年必须经会计师签证与行政院金融监督委员会的检查。

第二,每年必须接受"经济部"国营事业委员会与审计部的监督。

5. 坚持廉洁与道德价值

台湾中油廉政工作主要以防贪先行、肃贪在后,针对廉政风险较高的业务或人员,适时研究提出改革建议以防范弊端发生,通过先期导正行为来强化管理性能;对于疑似涉及不法案件则按照肃贪的方式移送法办或给予行政处分,以达到勿枉勿纵,维护台湾中油企业廉洁形象的目的。

台湾中油于2010年成立廉政会报,邀请外聘学者及专家与会,强化及落实廉政业务推动,检讨各项政风工作推动成效,员工的法令知识情况,妥善运用廉政预警及再防贪等行动,落实机关风纪管理,积极研究制定业务兴办改革与防止舞弊的措施,期望能够适时发挥防微杜渐的功效,减少影响廉政风气案件的发生。2016年度台湾中油发生员工因涉及政风事件遭行政处分共2件,并没有发生重大贪污渎职、绑标图利、违反公平竞争或独占的情况事项。

附录1 公司治理相关案例

政风部门针对员工涉及违法或违背内部规定的案件,定期检讨个案并汇整研编为教育案例,利用时机向员工进行教育,以强化防贪预警的作用。台湾中油所有员工都必须接受反贪婪腐败政策和课程的训练,每年政风部门会通过各类集会、训练、文书宣传等方式,利用口头、文字及电子资讯等形式,举办廉政反贪腐信息传达教育。

6. 永续经营管理及推动

台湾中油永续经营政策包括:遵守政府法令,配合国际公约;全面清洁生产,维护生态环境;资源有效使用,贯彻节能节水;重视社会责任,扩大服务范围;建立环境指标,咨询透明公开;积极投入研发,开创经营领域。

台湾中油2005年成立永续经营推动委员会,聚焦永续经营议题的推动与策略规划和目标制定,并将永续经营行动分为环境与生态保护、社会关怀、政策与研发、环境会计与资讯等四大领域。2006年即加入世界企业永续发展协会(WBCSD)——全球最具影响力的企业联盟组织,与世界接轨,承担企业社会责任。2007年提升委员会层级,由董事长担任主任委员亲子督导,总经理担任副主任委员,督导环保业务副总经理担任执行秘书,各副总经理及五大事业部执行长担任委员,更于2008年8月开始外聘学者、专家担任委员。

7. 透明的资讯揭露

台湾中油除遵守国内信息透明揭露相关法规外,还修订台湾中油发言人及代理发言人作业程序以提升信息揭露的透明度及准确性。此外,即时发布重大讯息资讯及充实公司网站资讯内容等,将所有利害关系人关系的议题以中、英文同步揭露,提供利害关系人完整即时的财务与业务资讯。

三、风险管理

台湾中油为推动风险管理政策并建立危机管理机制,制定风险管理及危机处理作业原则,培养工作人员风险管理及危机处理意识,以提升风险管理及危机处理性能,达成企业永续经营的目标。

为强化公司营运工作,辨识风险事件并加以管控,达到有效的风险管理的目的。台湾中油于1998年3月成立风险管理委员会,建立以风险为衡量标准,遵循持续改善的管理运作机制。

台湾中油风险管理委员会由董事长担任指导委员、总经理担任主任委员,各单位、各处室一级主管担任委员,企研处担任秘书单位,负责全公司风险管理政策、标准、程序及相关议题的规则与委员会会议的召开。并由检核室协助风险管理委员会确认台湾中油风险管理制度的合适性及有效性。另外，各单位皆成立风险管理小组，负责该单位风险管理事务的推动及监控，并负最终责任。

附录2　董监事业务管理信息化

第一节　股权管理信息化的实施背景

中国石油股权管理系统（以下简称"股权管理系统"）的应用，实际上就是股权管理工作的信息化。伴随计算机和网络技术的发展，以智能化工具代替人力，实现管理范围的扩大、复杂管理能力的提升，并进而完成原本依靠人力不能完成的工作，从而带来管理的飞跃。近10多年来，是计算机技术，尤其是网络技术大发展的时代，也是信息化在办公管理应用中大发展的时期。

一、满足海量数据快速处理的需要

面对中国石油天然气集团有限公司和股份公司现存数量庞大，且涉及不同股权构成、经营状态、法人层级的情况，如何借助股权管理系统实施有效的监管，充分有效发挥信息系统对业务开展的支持和促进作用，成为股权管理系统进一步建设和优化的迫切任务。2003—2005年，中国石油通过法人实体清理专项工作共清理排查出4677个法人实体，并同时建立了最初的基础档案。为保证各类法人基础信息和档案资料真实完整可延续，减少人为操作失误和变动遗失，降低劳动强度，提高工作效率，专门开发了股权管理信息系统。没有信息系统的支持，这些海量数据的汇总整理和分类储存依靠人力是难以完成的。截至2005年年底，通过整合、关闭、改制、出售等多种方式，将法人总数减少到1975家。

二、夯实股权管理基础和固化管理要求的需要

2007年集团公司和股份公司两个资本运营部整合后，随着相关制度的

进一步完善，业务覆盖面的拓展，对股权管理系统也进一步提出了新的要求。由于中国石油历经多次内部重组，部分所出资企业也经历了多次产权变化。在以往传统管理方式中，一些法人基础档案管理不健全，"反复抓总反复"的问题，通过信息化应用的管理固化功能，得到了强有力的解决。为夯实股权基础信息，中国石油集中进行了法人清查专项工作。与此相配合，进一步从投资、处置及产权登记管理等基础业务的发生源头，固化了关键基础信息载入和审核等工作流程，确保了各类股权基础信息在股权管理系统中的准确及时反映。

三、支持和服务于集团总体战略的需要

"战略型资本运营、价值型股权管理"是集团公司股权管理工作实施的宗旨。紧紧围绕把集团公司建设成为综合性国际能源公司的战略目标，规范股权投资、推动优化整合，促进主营业务做优做强，是股权管理工作的目的。中国石油股权投资的各类法人实体，大多是在石油石化行业重组的特殊历史和社会环境下，伴随主业的发展而逐渐形成的。通过严格投资源头与处置出口控制，着力加强总部控制力，全力推动内部专业化重组，推进法人清理处置，压缩产权层级，理顺产权关系，促进资源优化整合是股权管理工作最初阶段的目的。与此同时，着力规范股权增量，优化股权存量，促进对外投资新增业务向主业集中或延伸，有力支持并完善集团公司主营业务链与价值链，这些工作都离不开信息化手段的支持。

四、落实股权管理责任的需要

对于控参股投资公司，要推进治理结构有序运转，有效维护我方股东的资产收益、参加重大决策和选择管理者的三项基本权益，必须要逐级落实各级管理单位以及所投资公司的工作职责，以及所对应的绩效考核。由于公司属性、分布区域、经营状态以及投资规模、所处生命周期等差异，又需要在严格执行集团总部统一要求的基础上，通过有针对性的差异化管理措施，来规范股权管理日常工作的开展。信息化手段的严谨和无私、数据结果客观有公信力的特点，对于在工作职责逐层传递中实施绩效评价，可发挥有效的保障作用。

五、便捷业务沟通的需要

股权管理工作是一项系统工程。在实施过程中涉及上下级、前后流程之间的大量业务与数据信息的交流。要实施有效的管控,则必须完善相应的沟通交流方式和流程操作程序,以确保股权投资、股权处置、股利分配、三会行权等一系列工作得以有序开展。并且在工作实施过程中,嵌入必要的工作提醒,可以有效地辅助从总部到所属企业乃至每一个股权管理岗位人员的有序工作。大量的日常股权管理工作所产生的工作联系与沟通提醒需求,仅依靠传统的工作联系方式是难以满足的。

信息系统作为通过信息化手段实现的智能化管理工具,与过去传统的主要依靠人力实施管理有着巨大的不同。信息系统使得管理不再孤立、分散,而是逐渐形成了一个具有庞大规模、上下联通、有机联系的信息网络体系。这种全新的管理工具的应用,将持续并彻底改变整个社会中包括经济运行、企业生产、公共管理乃至个人的生活、学习和交往,甚至思维的方式。社会也将因此发生极其深刻的变化。股权管理系统也是在这样的大背景下,一步步走来,逐渐完善并持续改变着。

第二节　信息系统的建设

一、系统的由来

股权管理系统的前身是集团公司与股份公司各自独立的两套信息系统。集团公司的系统的设立是为满足清理法人实体需要,而股份公司的系统的设立则是为了满足日常股权管理的需要。2007年,集团公司总部资本运营业务实行重组整合后,迫切需要与之相适应的股权管理系统来支持整合后的工作开展。经慎重比较两系统各自特点及整合后业务需求的情况后,确定了原有数据信息全部保留、以原集团公司系统为框架基础,植入原股份公司股权管理系统相关功能的技术合并思路。通过一年的集中开发,合并后的新系统在2008年5月正式上线运行。

二、系统的定位

集团公司资本运营业务整合后，随着相关制度的进一步完善，业务覆盖面的拓展，对股权管理工作提出了要实现"责任化、制度化、专业化、信息化"的"四化"工作目标。面对现存数量庞大且涉及不同股权构成、经营状态、法人层级的各类投资公司，如何充分发挥信息系统的技术优势，准确记录各类股权信息并及时反映其动态变化，提高工作的质量和效率，实施有效的监管，成为股权管理系统进一步建设和优化所要解决的迫切任务。为此，原集团公司资本运营部为新上线的系统赋予了"决策支持系统、业务操作平台、数据存储仓库、资料传输通道"的功能定位。此后股权管理系统按此定位实施了一系列持续优化与完善，也取得了显著的成效。

三、系统的技术特点

股权管理系统采用基于网络技术的浏览器/服务器（B/S）架构，服务器设在集团公司数据中心。通过微软.NET 三层架构实现了数据层、逻辑层及用户表现层的体系搭建。通过整体结构设计、模块化开发和后期持续调试，逐渐构筑了完整的业务架构、数据架构、应用架构和基础设施架构，完善了各子系统及功能模块设置。系统采用面向服务的架构（Service Oriented Architecture，以下简称"SOA"）作为股权管理系统的核心设计思路，以构造松散耦合的应用环境，满足股权业务对系统的灵活性、可集成性、统一性的要求。同时，利用不同层面（数据、功能、界面）的集成解决方案，使应用系统适应业务需求的变化。技术方案从底层基础设施到用户表现层可以概括为以下几点：

一是集中部署基础资源，充分利用虚拟化、集群、负载均衡等技术实现基础设施资源的最大化利用。

二是采用微软.NET 技术和 ORACLE 数据库平台构建应用基础层。

三是顶层设计系统框架和实施工具，抽取公共的应用组件和应用模版，以此为基础构建标准规范的业务子系统。

四是采用 SOA 组件化架构统一构建应用集成平台，利用企业应用集成（Enterprise Application Integration，简称"EAI"）解决方案连通外部数据源和 SOA 接口连接模式的成熟业务系统。

附录2　董监事业务管理信息化

五是基于 Cognos 商业智能工具的 BI 技术，实现灵活的查询、报表、统计分析等数据的获取、管理和分析功能，满足了多样化的管理需求。

四、系统的建设过程

在系统应用方面，原集团公司资本运营部提出了"做到 90% 的股权管理相关工作在系统中体现"的具体目标，使得新系统一上线就需面对全层级应用、全业务集成和全过程管理的功能需求。在广大企业股权管理工作人员的共同参与下，股权管理系统功能逐渐趋于完善。股权管理系统的建设具有以下三个主要特点：

一是在业务深化中逐渐完善。围绕股权全过程管理，制度要求、基础信息、流程操作等各项工作已经在信息系统中集成，直接服务于维护我方股东权益的需要，覆盖了每一个被投资公司从股权投资、行权管理到股权处置的全生命周期和包括产权管理在内的全业务操作。现今，股权管理系统已经建立约 60 个业务控制流程并逐步优化了各流程功能与衔接。随着系统功能不断完善、基础数据积累夯实，系统信息规模效应逐渐显现，自动化提示和一体化过程控制的效能显著增强。

二是在夯实基础中不断提升。夯实基础最费力但又最关键。股权管理系统上线运行后即着手夯实基础工作。其中最为基础的首先就是法人个数。2010 年原集团公司资本运营部集中开展了法人清查专项工作，力图从根源上梳理解决夯实基础问题，并把国有股权和非国有股权分立为两个系统单独管理。但由于产权出资信息不闭合，不能形成完整的产权层级关系树形结构，又进而下大力气，在系统全面升级的配合下，打通了法人层级关系，使分散的股权信息通过出资关系连接成为有机的整体。几年来投资处置、预决算考核、股利分配、产权登记和行权管理诸项工作的持续落实，使得各类股权信息进一步有力夯实，充分发挥股权管理系统数据存储仓库和业务操作平台的核心基础作用。

三是在全员应用中持续优化。股权管理工作的特点和股权管理系统的定位，决定了股权管理系统一直是以"边应用边优化，积量变为质变"的方式在持续的完善和提升。股权管理系统的优化凝结了集团公司全体股权管理人员的智力贡献，是集体智慧的果实。据系统运维项目组的大致统计，伴随日常工作的应用，前后梳理过 20 类 2200 多项建议，据此优化系统功能点 1300 余项。大量的优化建议按照整体性、拓展性、融合性和适用性原则梳理，丰富到股权管理系统中，才促成了股权管理系统在短短的几年时间里发生了从"不好用"到"离不开"的巨大变化。

第三节 信息系统功能概述

股权管理系统与股权管理业务紧密结合，功能随业务深入而持续优化，形成了业务与系统相互促进、系统功能持续优化提升（螺旋式提升）的良性循环建设模式。从 2006 年建设开始，股权管理系统平稳运行至今，并于 2011 年 7 月采用新框架、新技术全面升级成为 V3.0 版本。股权管理系统 V3.0 较以往版本在界面美观程度、可操作性、个性化、数据分析、流程管控及运行速度上均有极大的提升，系统易用性显著增强（附图 2-1）。

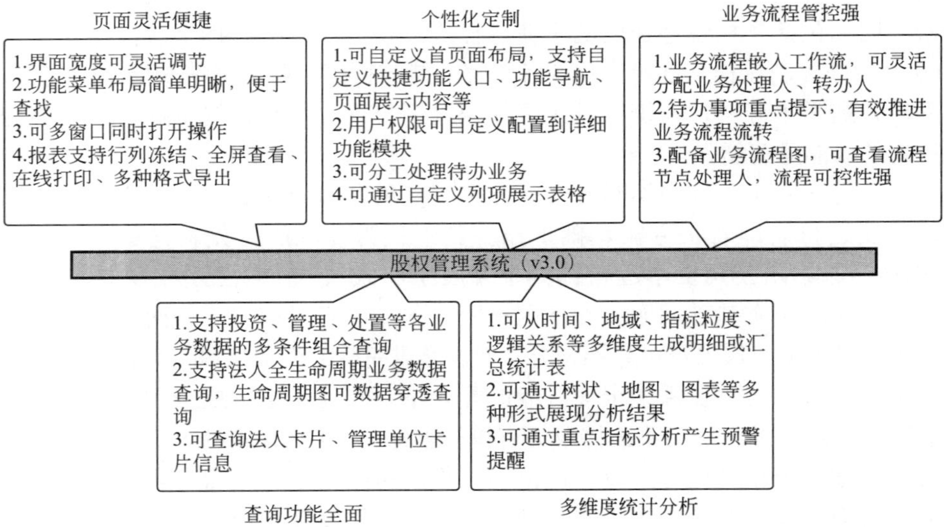

页面灵活便捷
1. 界面宽度可灵活调节
2. 功能菜单布局简单明晰，便于查找
3. 可多窗口同时打开操作
4. 报表支持行列冻结、全屏查看、在线打印、多种格式导出

个性化定制
1. 可自定义首页面布局，支持自定义快捷功能入口、功能导航、页面展示内容等
2. 用户权限可自定义配置到详细功能模块
3. 可分工处理待办业务
4. 可通过自定义列项展示表格

业务流程管控强
1. 业务流程嵌入工作流，可灵活分配业务处理人、转办人
2. 待办事项重点提示，有效推进业务流程流转
3. 配备业务流程图，可查看流程节点处理人，流程可控性强

股权管理系统（v3.0）

查询功能全面
1. 支持投资、管理、处置等各业务数据的多条件组合查询
2. 支持法人全生命周期业务数据查询，生命周期图可数据穿透查询
3. 可查询法人卡片、管理单位卡片信息

多维度统计分析
1. 可从时间、地域、指标粒度、逻辑关系等多维度生成明细及汇总统计表
2. 可通过树状、地图、图表等多种形式展现分析结果
3. 可通过重点指标分析产生预警提醒

附图 2-1 股权管理系统（v3.0）功能特性

作为股权管理信息化的工作平台和载体，股权管理系统包含股权投资与处置、行权管理、产权登记等业务性功能以及统计分析、用户管理、数据存储、资料共享等非业务性功能（附图 2-2），能够充分满足股权管理人员日常股权管理在线办公的需要以及对所投资法人企业的管控要求。

附录2　董监事业务管理信息化

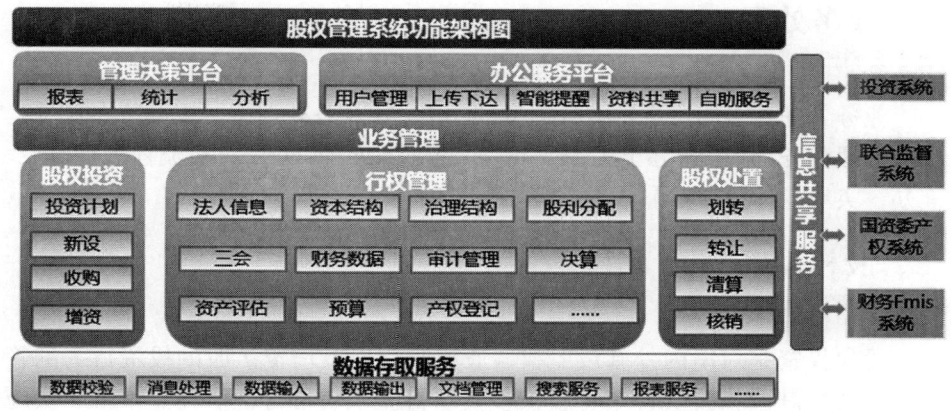

附图 2-2　股权管理系统功能架构图

一、系统首页

股权管理系统首页面是用户日常开展股权业务、操作股权管理系统的导航页面（附图 2-3）。该页面将用户关注的待阅通知、待办提醒、最新业务进展动态以快捷查询、数字提示、红字提示、文字滚动、小窗提醒的方式展现出来，并导航到与之相关的业务操作页面，让用户第一时间抓住当前开展的关键核心业务，提升业务处理效率。

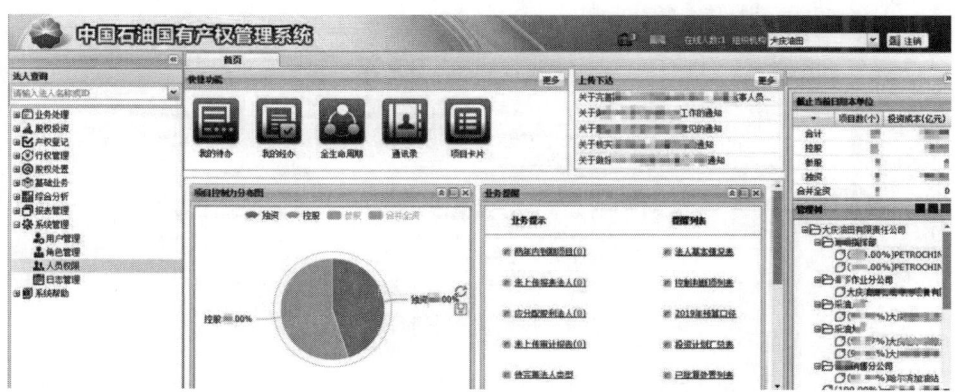

附图 2-3　首页面展示图

二、业务处理

业务处理是对用户进行业务提醒的功能。在业务处理中可查询待办业务、已经办理业务、以及转办出去的业务。通过业务处理功能，可对流程进行监控、催办，实现业务数据不漏报，重点业务及时处理不拖延。

三、股权投资

股权投资是对境内外新设股权、股权收购以及增资扩股的投资行为的管理，包括编制股权投资计划、股权投资项目立项、可行性研究、审批、实施等投资各阶段业务内容。

1. 投资全过程跟踪监控

投资流程按投资项目计划、项目立项、可研论证、项目审批等环节进行分阶段信息管理（附图2-4）。

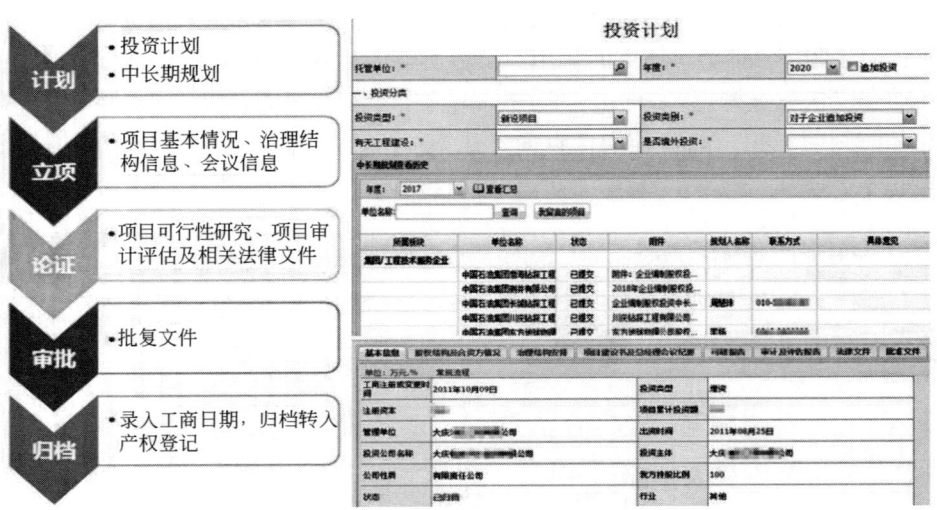

附图2-4 投资流程各阶段示例图

2. 投资分权分类管理

按照投资类别、项目金额、行业等不同投资授权标准，系统自动识别流程审批路径，实现分级审批、分类管理（附图2-5）。

附录2　董监事业务管理信息化

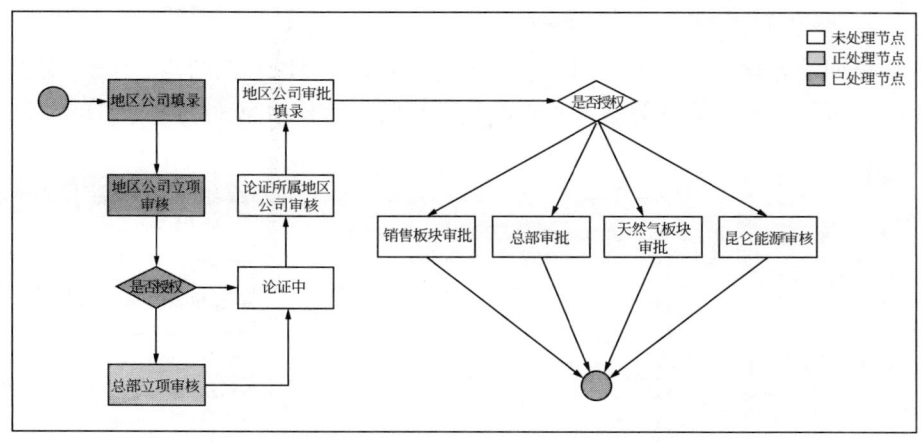

附图 2-5　投资流程审批示例图

3. 投资记录便捷查询

系统具有丰富的组合查询条件，可按时间、类别、流程发起单位、行业、流程状态等查询投资项目信息，支持关键字检索（附图 2-6）。

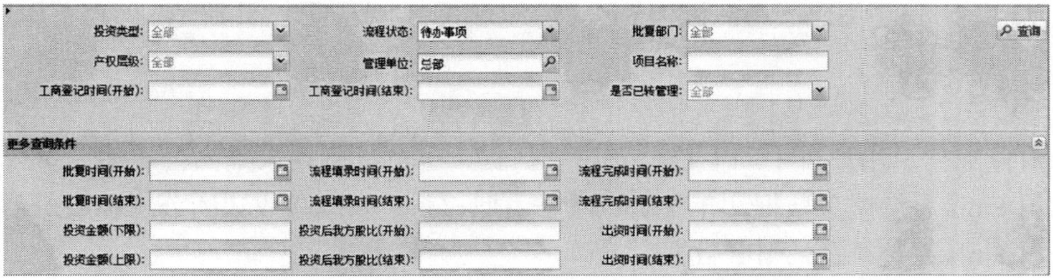

附图 2-6　投资信息组合查询示例图

四、行权管理

行权管理是股权管理系统的重要模块，是针对投资项目建成，履行工商注册手续，成为所属产权法人后的管理。行权管理涵盖的范围包括对法人日常运营的基本信息、财务情况、资本变动、治理结构、治理制度、审计评估、筹建期等基础信息的日常管理，以及对预算考核、决算审核、三会行权及股利分配、董事监事委派行权等重要业务的流程管控。

1. 基础信息卡片式管理

报期动态化跟踪法人基础信息变更，卡片模式展现股权结构、财务、分红、制度、审计、三会治理等法人各方面日常经营、行权信息（附图2-7）。

附图2-7 动态化卡片式管理示例图

（1）基本信息。基本信息主要内容为法人企业的工商注册信息，包括企业名称、信用编码或组织机构代码、组织形式、注册资本、注册地、经营范围、行业等。

（2）财务情况。财务情况记载法人企业历年季度、半年度、年终决算的财务数据。用户可手动上传财务决算数据，也可批量导入集团公司和股份公司Fmis系统财务数据。年终决算数据由股权系统自动接收集团公司和股份公司Fmis系统推送的财务数据。

（3）资本变动。记录法人企业历年股权结构及资本变动情况。资本变动与股权投资、股权处置流程相关联，流程完成后，投资处置结果自动转入资本变动。资本变动过程与实际产权资本运作过程相贴合，资本变动结果更是真实反映产权资本运作的实际最终结果。

（4）预算考核。记载法人企业历年度编制的预算投资收益财务数据，是年度投资收益预算考核重要数据依据。

（5）三会动态及股利分配。记载法人企业历年召开的三会信息以及分红信息。包括会议议程信息、会议议案、会议决议、分红到账等资料。

附录2 董监事业务管理信息化

（6）治理制度。记载法人企业为维护股东权益历年制定的制度、协议、规则，包括公司章程、出资协议以及三会议事规则等。

（7）治理结构。记载法人企业的公司章程约定的治理结构情况，包括股东会、董事会、监事会设立情况以及董监事、股东代表、管理层人员委派情况。

（8）决算审计。记载法人企业历年年度审计报告的信息，包括审计中介机构、审计报告文号等信息及审计报告相关资料。

（9）评估报告。记载法人企业涉及的相关评估报告资料。

2. 重要业务流程管控

对重要业务进行流程催办、流程监控、流程审批，实现重要业务不延误，确保重要业务顺利开展，促进重要业务规范管理（附图2-8）。

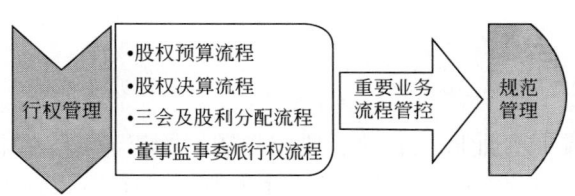

附图2-8 重要业务管控流程图

（1）预算考核管理。对年度股权投资收益预算编报、汇总、审批等预算报送流程的管理，包含编报预算报表、汇总预算收益数据、编制预算说明等预算业务内容。系统流程支持多级审核模式。

（2）决算审核管理。主要包含年度决算报表确认、对外股权投资情况表的编制、审核，及年度决算审核相关分析说明等决算相关业务内容的管理。系统流程设置校验、比对分析、审核等环节，校验差异项将用不同颜色予以标示，便于用户核对并查找差异原因，夯实系统基础数据，上传年度决算总结报告。

（3）三会行权及股利分配管理。对召开的股东（大）会、董事会、监事会等定期会议或临时性会议实现全流程管理。涵盖会议通知、会前报告信息；需审议的涉及公司发展战略、经营方针、年度计划、财务预算、投资及日常经营工作、利润分配、管理层人事变动等各类会议议案信息；公司重大事项审议结果如利润分配表决结果等会议决议信息；以及股利到账确认时间、实收金额、会计凭证等信息（附图2-9）。

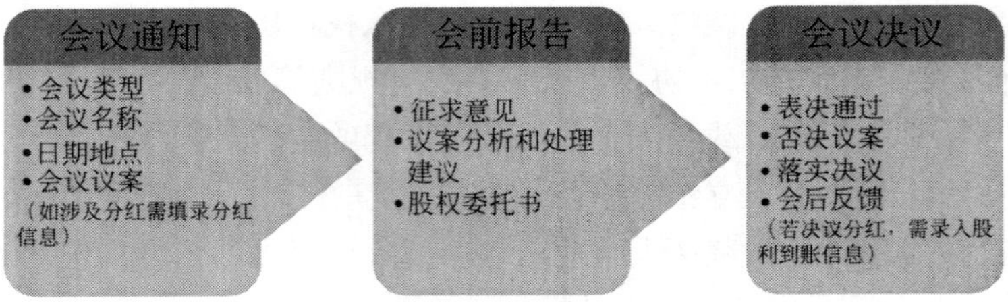

附图2-9 三会及股利分配管理流程图

（4）董事监事委派行权管理。对董监事的委派申请、岗前培训、任职、上岗、行权等各阶段进行管控。被委派的董监事人员可通过系统在线考试功能，获取任职资格证书以完成岗前培训工作，并在开始行权后，将年度工作报告、调研报告、公司经营指标分析等任期内各项履职考核内容按要求上载股权管理系统。

五、股权处置

股权处置功能是企业股权转让、股权划转、股权清算、股权核销等对所持股权进行处置行为的管理。股权项目进行处置后，会在行权管理里发生变化，实时动态更新其产权结构信息。

1. 处置全过程跟踪监控

对所投资法人从申请处置、方案审批、实施到工商变更登记完成的全过程进行跟踪与管理。涵盖股权转让、划转、核销、清算每种处置行为的各阶段信息，卡片式展现流程信息，引导用户操作。处置流程完成后，系统将自动生成综合、全面的处置信息备案表，包括备案人以及处置相关业务信息等（附图2-10）。

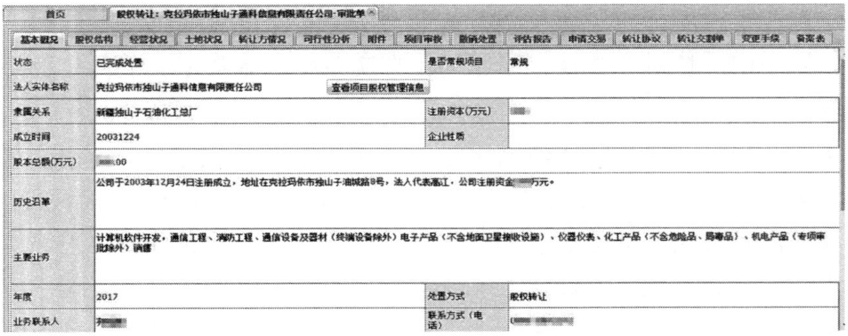

附图2-10 股权处置流程信息示例图

附录2　董监事业务管理信息化

2. 处置流程分类管理

系统根据处置类别，自动设置不同的业务实施、业务审批流程，使处置业务运行过程清晰，实现业务流程分类管理（附图2-11）。

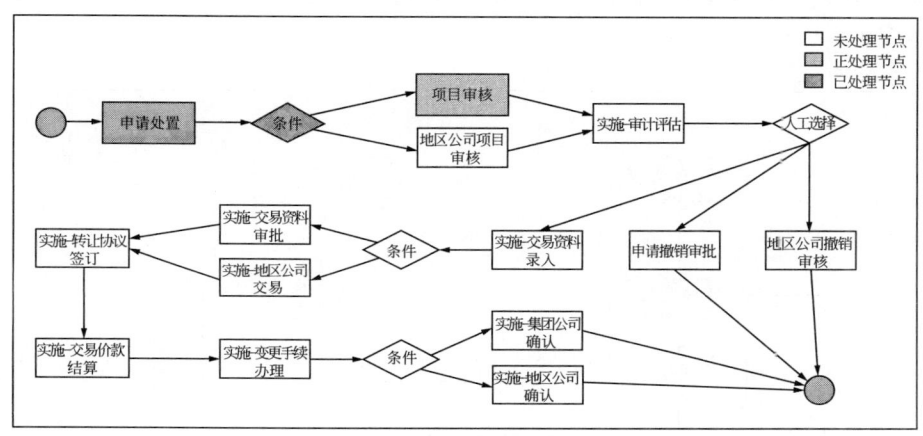

附图2-11　处置流程设置示例图

3. 处置结果分类管理

系统自动识别处置结果为：优化重组或清理退出，实现了处置结果分类归档、信息分类管理。

六、产权登记

根据国务院国资委第29号令《国家出资企业产权管理暂行办法》规定，产权登记是指国有资产监督管理机构对本级人民政府授权管理的国家出资企业的产权及其分布状况进行登记管理的行为；国家出资企业、国家出资企业（不含国有资本参股公司）拥有实际控制权的境内外各级企业及其投资参股企业，应当纳入产权登记范围；国家出资企业所属事业单位视为其子企业进行产权登记。为更好地落实国务院国资委对产权登记相关工作的要求，股权管理系统内开发建设了产权登记管理功能。

1. 产权全生命周期管理

系统中股权投资和股权处置涉及了与产权投资活动相关的投资新设、收购、增减资、转让、划转、注销等全部经济行为。产权登记管理与股权投资、股权处置流程无缝隙对接，股权投资和股权处置流程完成后，统一转入产权登记管理流程，按照国务院国资委产权登记规范对流程信息与资料重新梳理确认，实现从产权进入、产权变动到产权退出的全过程管理（附图2-12）。

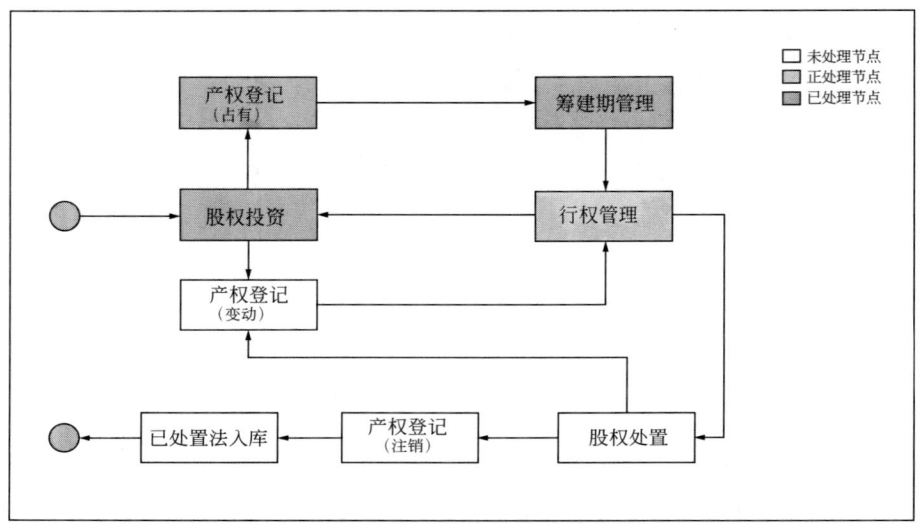

附图2-12　产权登记管理过程示例图

2. 产权基础信息管理

系统中用户可通过自动发起产权登记管理流程，上传相关文件依据，审核通过后，完成企业名称、注册地、行业、组织形式等产权基础信息变更。

3. 产权分类登记管理

产权登记类别分为占有登记、变动登记、注销登记。产权登记管理流程自动识别从股权投资、股权处置流程所归入的所属登记类别，引导用户完善产权登记信息，实现产权信息自动分类登记管理。

4. 流程提升数据质量

产权登记管理流程设置了规范的审核环节，审核人对照相关文件依据，对进入产权登记管理的数据信息进行审核。只有在产权登记数据审核通过后，相关信息及资料才会更新到行权管理法人基础信息卡片中，极大夯实了系统

附录2 董监事业务管理信息化

基础数据,有效提升了系统数据准确性(附图2-13)。

附图2-13 产权登记流程审核示例图

5. 流程提升业务办理效率

产权登记管理流程以国务院国资委第29号令为指导,以国务院国资委产权登记相关信息系统为参照开发建设而成,为解决信息孤岛、与国务院国资委产权登记相关信息系统实现数据互联互通奠定了基础。产权登记管理流程设置及数据信息紧密贴合国务院国资委产权登记规范及要求,及时对用户进行产权登记待办业务提醒,有效缩短流程运转时间,提升企业产权登记表(证)办理效率。

七、基础业务

基础业务是针对股权日常管理中基础业务的管理,主要包括通讯录、上传下达、规章制度、培训管理、Fmis报表导入、自定义报表等。

1. 通信录

通信录涵盖了集团总部以及各二级单位的股权管理人员信息,包括人员姓名、所在单位、职务、通信方式等,为股权管理人员之间联系开展股权管理业务提供了便利条件。

2. 上传下达

上传下达是上下级管理单位之间收发报告或通知的功能。用户可自定义发文内容及接收单位,并根据需要选择是否弹窗提醒、是否反馈、是否加强督办等。

3. 规章制度

规章制度是对历年企业制定的相关规章制度进行分类管理。用户可依据规章制度的开放程度,选择是否对下级单位开放,实现信息共享。

4. 培训管理

培训管理是对历年股权业务培训信息的管理,包括开始报名时间、参训人员信息、培训计划安排及培训资料等。未参加过培训的用户可自由从培训管理中下载历年培训资料，自主深化股权管理业务知识，提升股权管理业务水平。

5. Fmis 报表导入

Fmis 报表导入是股权管理系统针对集团公司、股份有限公司的财务 Fmis 系统开发的数据传输接口。用户可直接从 Fmis 系统中导出包含批量财务数据的 Excel 报表，将 Excel 报表中 Fmis 编码与股权管理系统中法人进行关联后，再通过 Fmis 报表导入功能将 Excel 报表财务数据批量导入，能极大缩短用户报表导入时间，提升工作效率。报表数据可按季度、半年、年度导入。

6. 自定义报表

自定义报表指用户可自定义汇总报表并保存导出的功能。通过该功能，用户可自定义汇总要提取的法人范围、数据列项，数据信息提取范围涵盖法人企业基本情况、财务决算、财务预算、三会及分红情况、处置情况等，是一项非常实用的功能。

八、综合分析

股权管理系统的综合分析功能是通过商业智能（BI）统计分析工具对所投资法人企业的各种业务数据进行深入挖掘，对所投资法人企业的产权归属情况、项目分布情况、经营状况、分红趋势、投资收益率、风险预警情况等进行多维度地统计分析，实现核心数据的对比分析、趋势分析、分布分析、价值分析，层次分析，全程反映股权价值运行情况，有效规范资本运作业务流程，为不断提升企业日常经营管控能力，明确股权管理人员自身岗位职责，加深股权管理业务认识，进行企业经营管理决策，提供全方位、多层次的辅助与支撑。

1. 管理层级关系树（图）

用户可根据单位所属企业实际管理层级设置，在管理层级树中维护管理层级关系，并形成管理关系树（图）（附图 2-14）。管理关系树（图）可实际映射管理机构设置情况，清晰明了反映实际管理权限。

附录2　董监事业务管理信息化

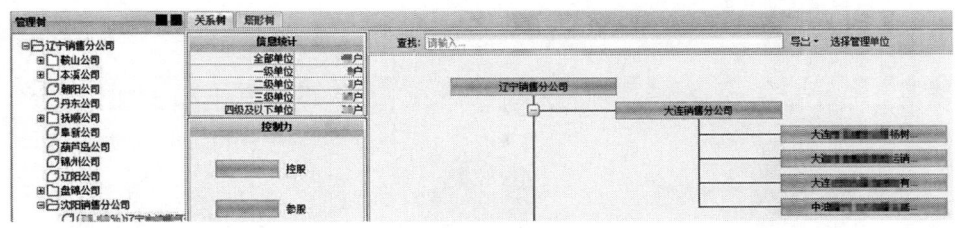

附图 2-14　管理层级树与管理关系示例图

2. 产权层级关系树（图）

产权层级树根据系统中所投资法人企业的产权投资关系自上而下、自动挂接生成，形成产权关系树（图）（附图 2-15）。产权关系树（图）反映了法人企业之间产权所属关系，随产权投资变动而实时变化，实现法人企业产权动态管理与监督。

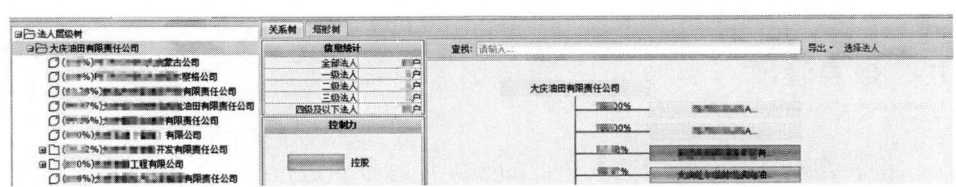

附图 2-15　产权层级树与产权关系示例图

3. 项目分布图

项目分布图是指将单位所投资法人企业按区域投资状况以地图形式展现。通过项目分布图，用户可以清晰掌握所投资法人企业的区域投资分布情况以及投资规模状况。

4. 收益预警提醒

收益预警提醒是将所投资法人企业投资收益情况按区域在地图上展现，并对投资收益未达指标的区域进行警醒提示。通过收益预警提醒图，用户可及时掌握所投资法人企业所在地区的市场及经济状况，对下一步投资计划作出预判。

5. 管理驾驶舱

从控制力、投资成本、投资变化、收益以及分红等方面对所投资法人企业进行多方位综合分析，将结果以饼状图、柱状图、折线图等形式直观展现出来（附图2-16）。

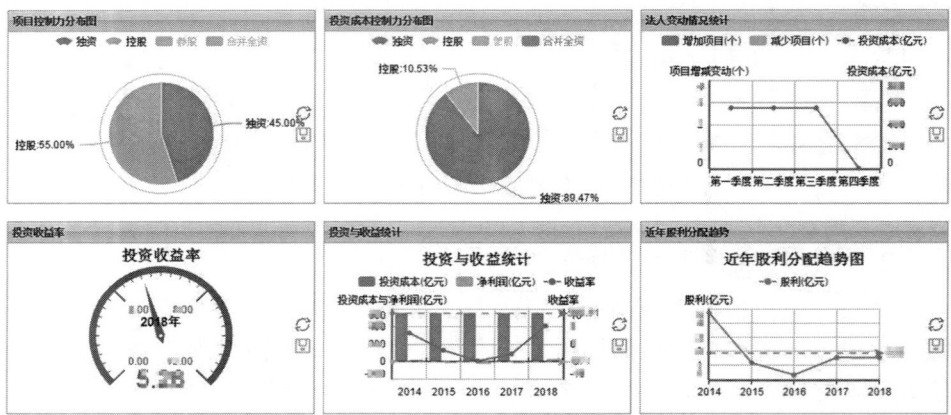

附图2-16　管理驾驶舱示例图

九、报表管理

报表管理是对系统内法人企业的数据汇总报表进行展示、分类管理的功能。该功能集中了股权投资、行权管理、股权处置、股利分配、董监事业务、决算分析等系统内所有重要业务的汇总数据及考核报表。通过报表管理功能，用户可直观查询单位所属投资法人的企业运营状况，为企业经营数据分析与总结提供数据支撑。

十、系统管理

系统管理是系统管理员对系统用户及人员权限管理的功能。系统管理员可为本单位各管理层级添加系统用户人员信息，为其账号设置有效时间、角色，并赋予相应的系统应用权限。股权管理系统权限分为填录、管理、浏览、流程申请、流程审核等权限，且系统不同模块分设不同权限。系统新增用户、角色变更、管理员变更需执行审批流程，由指定具有审批角色的用户进行审批，严格把控系统用户使用范围，确保系统信息安全。

十一、系统帮助

系统帮助主要是对帮助手册、操作视频及用户常用的各类模板等进行管理的功能。用户可在系统帮助中便捷的下载股权管理系统各类有关业务开展的辅助性帮助文档、操作视频等信息。

第四节　信息系统应用的成效

2010年5月，在国务院国资委产权局组织的国有产权登记软件网络版试点经验交流会上，中国石油作为非试点单位受邀介绍了中国石油股权管理系统。中国石油股权管理系统的全生命周期管理、一体化控制的理念，以及对应的数据存储、流程控制、统计分析等功能，给与会单位留下了深刻的印象。在2011年3月召开的中央企业产权管理工作会上，中国石油作为4家经验交流企业之一，交流了产权管理和股权管理信息化的做法和经验。中国石油也先后与中海油、航天科工、神华、石化盈科、招商局等多家中央企业交流。2011年，承担中国石油股权管理系统开发工作的原北京中油瑞飞信息技术有限责任公司，为中国海洋石油总公司开发建设了中国海油股权管理信息系统。

中国石油股权管理系统的持续应用，在明晰全集团各类股权投资的出资与管理层级链条的基础上，通过对全链条股权企业基本信息、股权结构、财务情况、盈亏能力、治理结构等信息的归集和持续维护，为全集团各级管理单位提供了基于国有产权管控视角的日常管理和决策分析支持；为有效防止国有资产流失，强化全集团股权投资的全流程管控发挥了信息化工作平台作用。

中国石油股权管理系统的开发建设及持续优化完善，是在集团公司加快建设综合性国际能源公司，实施资源、市场、国际化三大战略的大背景下，按照"战略型资本运营、价值型股权管理"的要求，大力实施支持和服务于集团总体发展战略，着力深化和细化股权管理工作的结果。经过几年来的持续优化，股权管理系统已逐渐拥有了六项系统应用服务特征。

一、全范围覆盖

随着几年来，股权管理系统基础信息的逐渐夯实，集团公司所投资的全部境内外法人均已纳入股权管理系统，法人层级关系的逐级打通和法人层级树的有效建立，使产权链条不仅成为展现树状产权关系的工具，更作为实现产权关系校准的重要手段，进一步发挥管理与控制的作用。

二、全层级应用

总部、板块分公司、各地区公司以及部分所投资公司的不同层级的应用人员，按照各自的职责分工，及对应的用户权限，实施各自的股权管理业务操作。上下级单位业务沟通可按权限互发通知"上传下达"，并进行重要事项的相互督办。

三、全周期管理

股权管理系统的各项管理覆盖了每一个法人从进入系统到流出系统的全生命周期。每个法人都建有卡片式基础数据档案并按时间报期变化，实行动态维护；业务流程待办提醒，显示实时进展。

四、全业务集成

系统已上线流程覆盖了股权投资与处置、股权投资预决算、股利分配、公司治理及三会行权管理、基础信息及动态数据上传、专职董监事管理、产权登记、系统自审以及有关分析统计功能等全部股权管理业务。

五、一体化控制

股权投资与处置、预决算考核、股利分配以及产权登记等业务流程之间建立了关联，全面落实各管理单位股权投资处置以及控参股公司的股权投资收益、股利分配、行权管理等各项股权管理责任，促进价值型股权管理整体水平的持续提升。

六、差异化管理

系统针对不同的产权属性、控制力以及经营状态，区别国有与集体产权、

附录2 董监事业务管理信息化

全资与控参股公司、持续经营与非持续经营项目,按照管理目的之不同,实行差异化的、有针对性的管理,促进了对应股权管理责任的逐级落实。此外通过报表管理、综合分析等功能应用,进一步增强了针对个性化对象的分析管控能力。

股权管理系统在集团公司总部、专业分公司及其所属194家二级单位及其以下各层级单位中全面应用。截至2017年底,系统有效用户数2000余人,管理所投资企业累计7800余个,物理数据累计存储量260G左右。已覆盖集团公司上市未上市、境内境外、各类型以及各层级法人的全范围,实现了每笔股权从拥有到流出的全生命周期管理。

第五节 董监事业务相关模块

股权管理系统中需要维护与董监事业务相关的功能模块主要有公司治理模块、三会议案模块以及董监事业务相关统计分析模块。登录股权管理系统后,在公司治理、三会议案中维护信息并上传相关文件资料后,即可在董监事业务相关统计分析报表中查看维护结果。

一、系统应用及登录

1. 股权管理系统硬件环境

主机要求 Intel 兼容 PC,奔腾4及其以上级别 CPU,内存大于512MB;显示器要求能够显示 1024×768 及其更高分辨率的显示器。

2. 股权管理系统软件环境

系统基于 Web 环境开发,展示形式是网页形式的界面。客户端不需要安装特殊软件;客户端需使用 IE9.0(包括 IE9)以上浏览器,系统支持 google、360、搜狗等当前网络主流浏览器;系统某些功能支持 Excel 表格导出,要查看这些文件,则需要安装相关的 Office 软件。

3. 股权管理系统网络环境

本系统面向中国石油的各级管理单位,因此要使用本系统,必需连接中国石油的内部网络,不支持通常的 Internet 访问。如果有特殊需要,要在 Internet 上面访问中国石油的内部网络,可以通过 VPN 的方式接入,有关 VPN

的申请事宜，请咨询中国石油相关 IT 管理部门。

4. 股权管理系统登录方式

股权管理系统网络登录地址为 http://gy.cnpc.com.cn，或者通过"中国石油主页（http://www.cnpc）财务部的门户主页股权系统"路径登录。登录界面如附图 2-17 所示。

附图 2-17 股权管理系统登录界面

说明：

（1）在登录前，请确认管理员已经在系统中增加了账号，股权管理系统使用中国石油内部的电子邮件账户进行登录；

（2）CNPC 和 PTR 用户登录用户名为邮箱@前缀字符串，密码为 AD 密码，注意选择域（用户名不用输入 PTR\ 或 CNPC\，但是域一定要选择 PTR 或 CNPC），如果忘记密码需联系本单位信息中心申请 AD 密码重置。

二、公司治理模块

公司治理模块查询及具体维护方式如下。

1. 进入治理结构

在"法人查询"快捷查询框中录入法人名称，选中后出现"法人信息"页面，点击右侧"治理结构"，进入治理结构页面，可查看该页面上具体公司治理信息。若需维护完善，在治理结构页面中点击左上角"编辑"，开始维护治理结构

附录2　董监事业务管理信息化

内容（附图 2-18）。

图 2-18　治理结构进入示例图

2. 治理结构信息完善

在"治理结构"编辑页面，共分为 13 项信息，涵盖公司基本情况、章程情况、股东代表情况、董监事委派情况、管理层设置情况等，需逐项编辑完善（附图 2-19）。

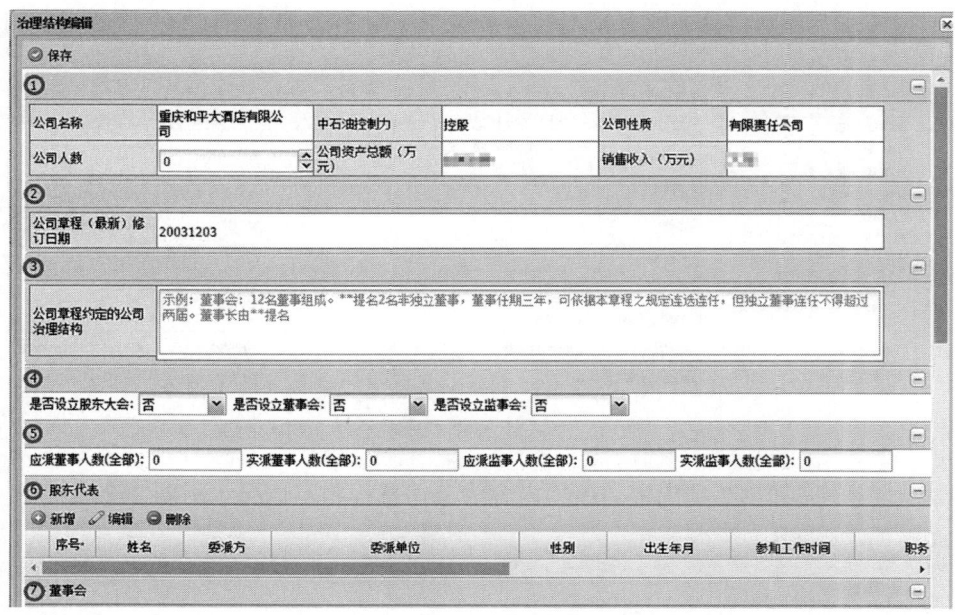

附图 2-19　治理结构编辑页面

(1) 完善第 1 项内容。该项内容主要为公司基本情况（附图 2-20）。

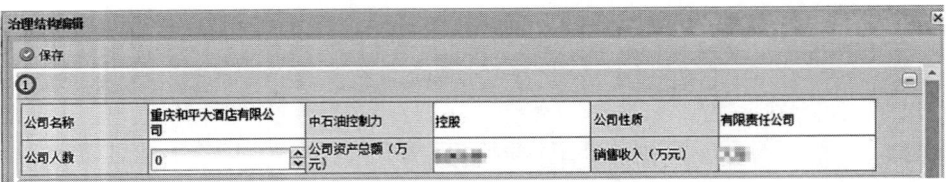

附图 2-20　治理结构第 1 项内容编辑

字段填报说明：

①公司名称、中国石油控制力、公司性质：无须手工填录，从"治理结构"左侧"基本信息"卡片中自动获取最新数据，若信息不正确，需维护更新"基本信息"。

②公司人数：手工填录。指公司所有在册人数，包括市场化和合同化人数。

③公司资产总额、销售收入：无须手工填录，从"治理结构"左侧"财务情况"卡片中自动获取上一年度财务决算数据，若信息不正确，需在"财务情况"中更新上传财务数据。

卡片"基本信息、财务情况"系统位置（附图 2-21）：

附图 2-21　股权管理系统卡片"基本信息、财务情况"

(2) 完善第 2 项内容。该项内容为公司章程制定情况（附图 2-22）。

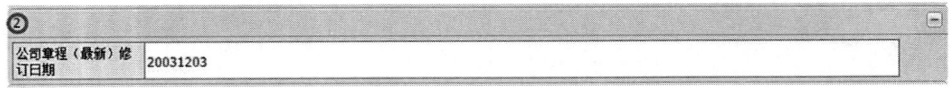

附图 2-22　治理结构第 2 项内容编辑

附录2 董监事业务管理信息化

字段填报说明：

公司章程（最新）修订日期：无须手工录入，从"治理制度"卡片中自动获取最新上传的章程修订日期。如信息不正确，请在"治理制度"中上传最新修订的公司章程（附图2-23）。

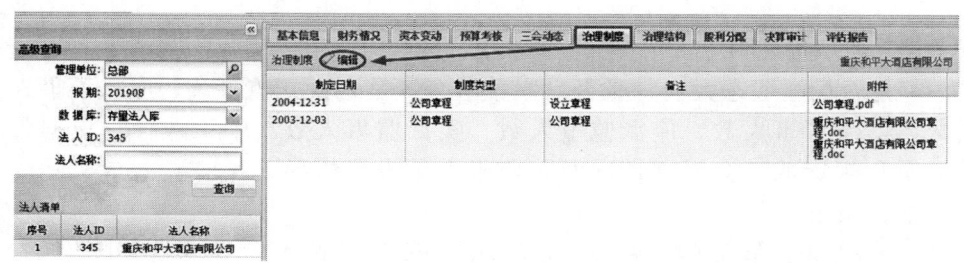

附图2-23 股权管理系统卡片"治理制度"位置

（3）完善第3项内容。该项内容为公司章程中约定的治理结构（附图2-24）。

附图2-24 治理结构第3项内容编辑

字段填报说明：

公司章程约定的公司治理结构：手工录入。从最新公司章程中选取约定的治理结构情况录入（附图2-25）。

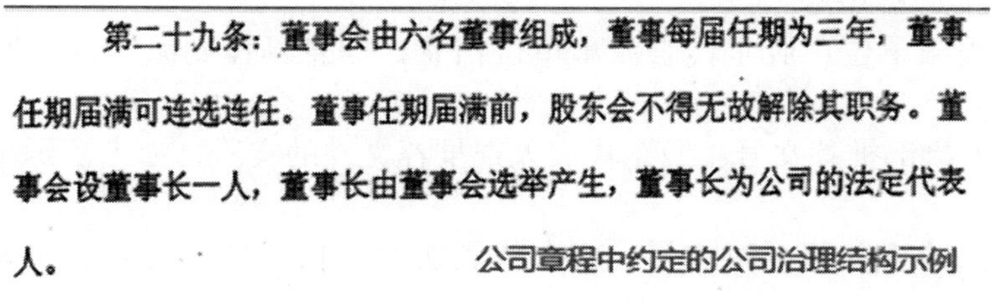

第二十九条：董事会由六名董事组成，董事每届任期为三年，董事任期届满可连选连任。董事任期届满前，股东会不得无故解除其职务。董事会设董事长一人，董事长由董事会选举产生，董事长为公司的法定代表人。

公司章程中约定的公司治理结构示例

附图2-25 手工录入公司章程

（4）完善第4项、第5项内容。该两项内容为公司三会设立情况及董监事人员委派情况（附图2-26）。

附图 2-26　治理结构第 4 项、第 5 项内容编辑

字段填报说明：

是否设立股东大会、是否设立董事会、是否设立监事会、应派董事人数、实派董事人数、应派监事人数、实派监事人数：手工选择。根据公司章程规定的三会设立情况及董监事人员设置情况、董监事人员实际委派情况填录。

（5）完善第 6 项内容。点击"新增"或"编辑"，新增或修改股东代表人员信息。人员信息录入保存后，不允许随意删除。若需删除人员数据时，需区分是人员信息录入错误删除还是人员任期已满退任。退任人员将作为历史记录日后查询使用（附图 2-27）。

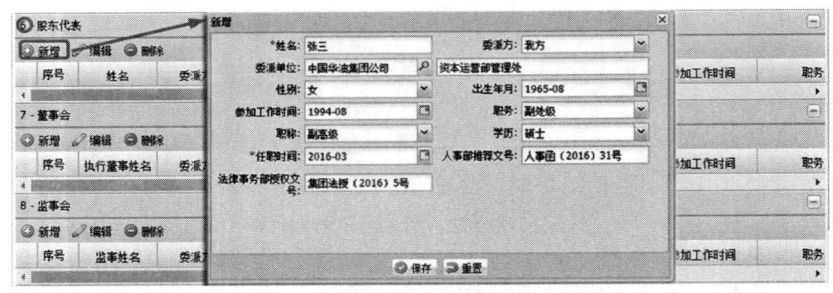

附图 2-27　治理结构第 6 项内容编辑

字段填报说明：

①委派单位：股东代表派出单位信息，信息具体到派出人员所在单位处室。

②人事部推荐文号：股东代表人选推荐文件的文号，如人事函〔201*〕**号。

③法律事务部授权文号：股东代表法律授权文件的文号，如集团法授〔20**〕*号。

④职务：手动选择任职所处级别。从"管理层（股份公司、集团公司领导）、正局级、副局级、正处级、副处级、高级主管、主管、主办、其他"中选择。

附录2 董监事业务管理信息化

⑤职称：手动选择所获职称。选择项有：
正高级：教授级高级职称；
副高级：高级工程师、高级经济师、高级会计师、高级政工师等；
中级：工程师、经济师、会计师、政工师等；
助理级：助理工程师、助理经济师、助理会计师、助理政工师等；
其他。

（6）完善第7项内容。若已设立董事会，则录入董事人员信息；若未设立董事会则录入执行董事人员信息。点击"新增"或"编辑"录入人员信息；点"删除"时，区分是人员信息录入错误删除还是人员任期已满退任。退任人员将作为历史记录日后查询使用（附图2-28）。

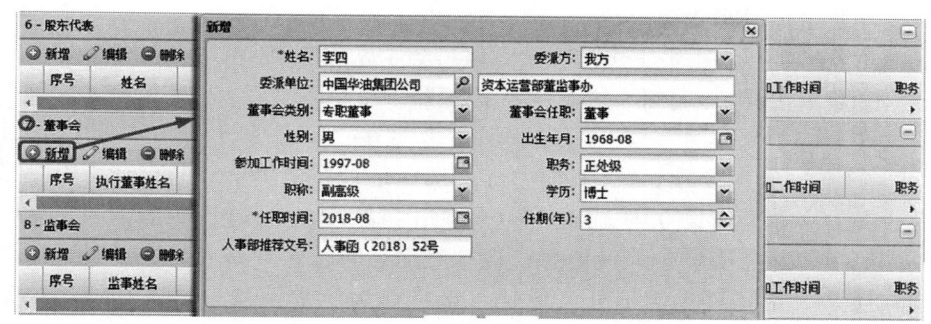

附图2-28　治理结构第7项内容编辑

字段填报说明：
①董事会任职：手工选择。从"董事长、副董事长、董事"中选择。
②董事类别：手工选择所任董事类别。选择项如下。
执行董事：在合资公司管理层任职的董事。
专职董事：由委派单位的专职董监事担任的董事。
兼职董事：由委派单位人事部推荐的非专职董事。
职工董事：由职代会推选的职工代表作为董事。
独立董事：由非股权单位聘请的董事。
其他。

（7）完善第8项内容。点击"新增"或"编辑"录入监事人员信息；点"删除"时，区分是人员信息录入错误删除还是人员任期已满退任。退任人员将作为历史记录日后查询使用（附图2-29）。

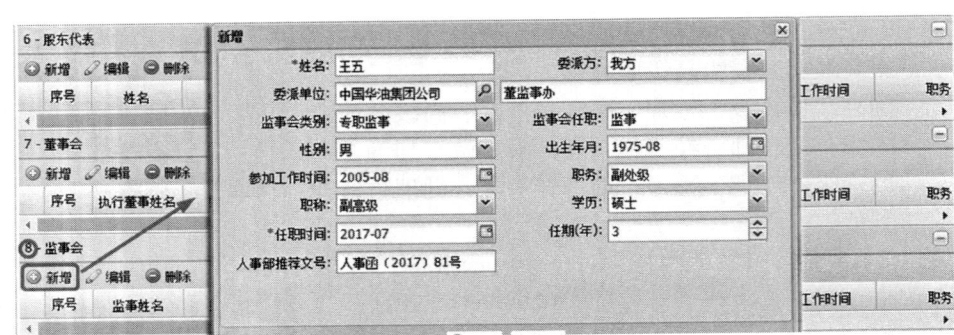

附图 2-29　治理结构第 8 项内容编辑

字段填报说明：

①监事会任职：手工选择。从"监事会主席、监事"中选择。

②监事会类别：手工选择。从"职工监事、专职监事、兼职监事、其他"中选择。

（8）完善第 9 项、第 10 项内容。选择是否在董事会、监事会下设立了专业委员会，若未设立则无须完善该两项内容。若已设立，则点击"新增"或"编辑"录入委员会人员信息；点"删除"时，区分是人员信息录入错误删除还是人员任期已满退任。退任人员将作为历史记录日后查询使用（附图 2-30）。注意："监事会下设立专业委员会情况"只需金融行业的企业录入完善。

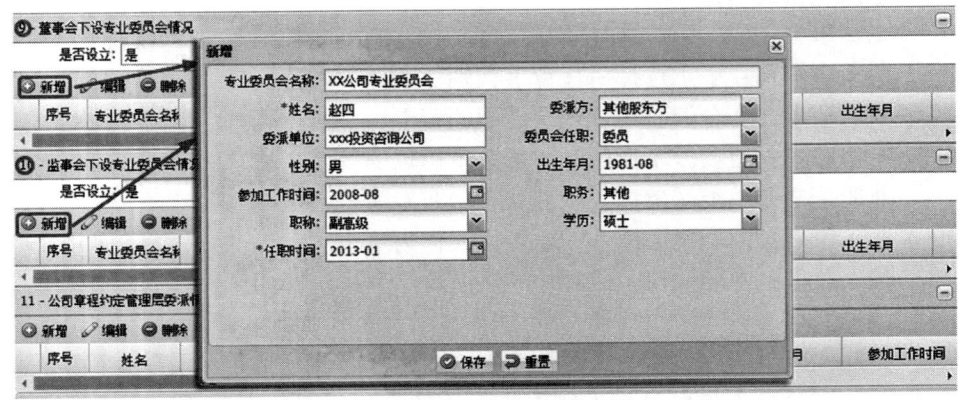

附图 2-30　治理结构第 9 项、第 10 项内容编辑

附录2 董监事业务管理信息化

字段填报说明：

委员会任职：手工选择。从"委员会主任、委员"中选择。

（9）完善第11项内容。点击"新增"或"编辑"录入公司管理层任职人员信息；点"删除"时，区分是人员信息录入错误删除还是人员任期已满退任。退任人员将作为历史记录日后查询使用（附图2-31）。

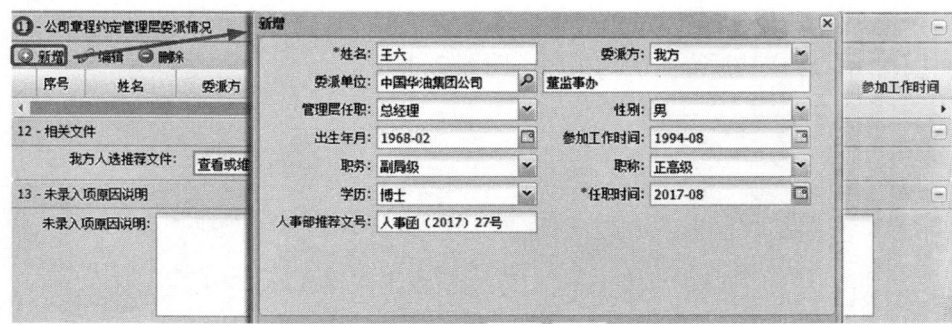

附图2-31 治理结构第11项内容编辑

字段填报说明：

管理层任职：手工选择。从"总经理、副总经理、财务总监"中选择。

（10）完善第12项内容。点击图标" "上传涉及董事、监事、股东代表及管理层人员的推荐及授权文件（附图2-32）。相关文件要求以pdf格式上传。

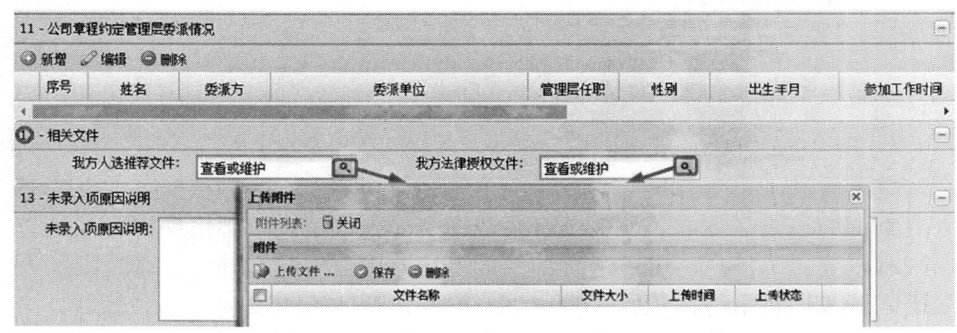

附图2-32 治理结构第12项内容编辑

（11）完善第13项内容。在空白框中录入文字，对前12项中未录入项进行原因说明（附图2-33）。

附图 2-33　治理结构第 13 项内容编辑

治理结构编辑页面第 113 项内容全部完善后，点击左上角"保存"按钮，页面提示保存成功后点击确定关闭（附图 2-34）。

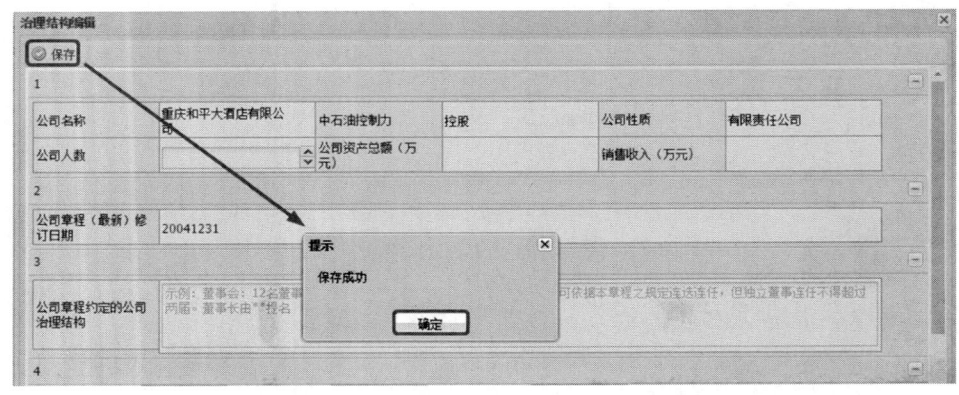

附图 2-34　治理结构编辑完成后全部保存

三、三会议案模块

三会议案模块查询及具体维护方式如下。

1. 进入三会动态

登录后进入系统首页面，在左侧菜单栏顶端法人查询的快捷查询框中录入要查询的法人名称或名称关键字并选中，如查询法人"阳信中国石油昆仑燃气有限公司"信息，可录入全称或关键字"阳信中国石油"。查找到法人后进入法人信息卡片，包含基本信息、财务情况、资本变动、三会分红、治理制度、治理结构等信息。点击"三会动态"及"股利分配"，可查看该法人历年三会召开信息与资料，以及分红到账信息（附图 2-35）。

附录2　董监事业务管理信息化

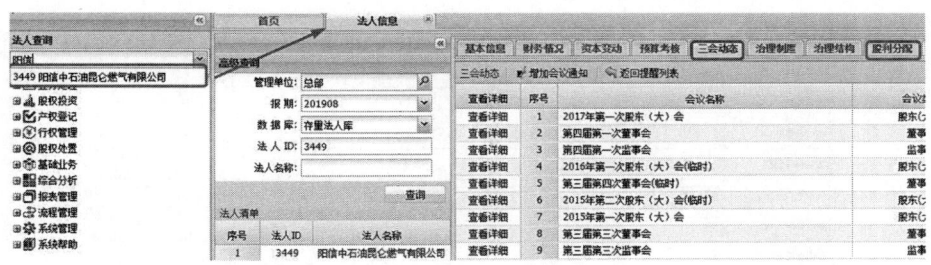

附图 2-35　股权管理系统法人卡片信息

2. 三会动态完善

编辑已有三会记录，点击会议记录名称左侧"查看详细"，点击"编辑会议通知"进入已有会议编辑修改页面；新增会议记录，点击"增加会议通知"，弹出"编辑会议通知"页面，进入新增会议编辑页面（附图 2-36）。

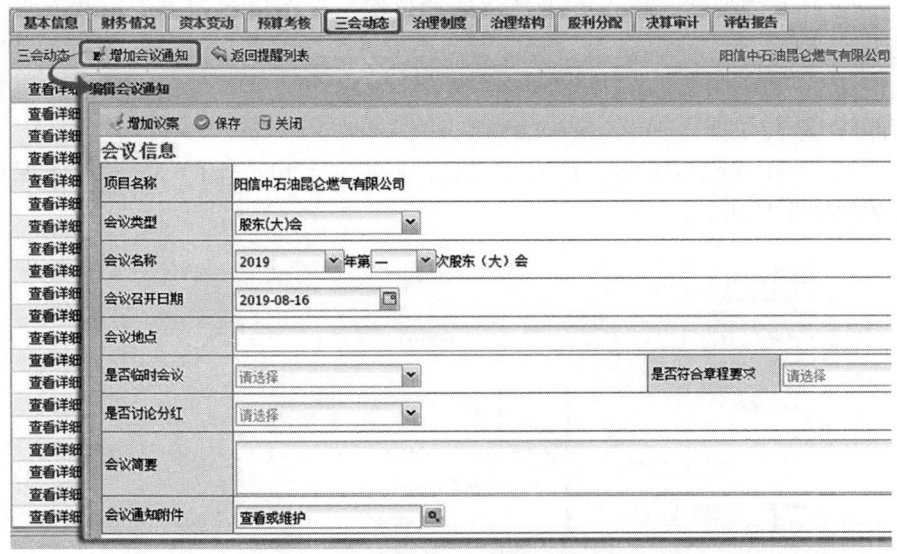

附图 2-36　股权管理系统三会动态编辑页面

（1）录入会议信息。录入会议类型、会议召开时间、召开地点、讨论分红情况、上传会议通知附件等信息，完成后，点击左上角"保存"按钮，并提示保存成功（附图 2-37）。

549

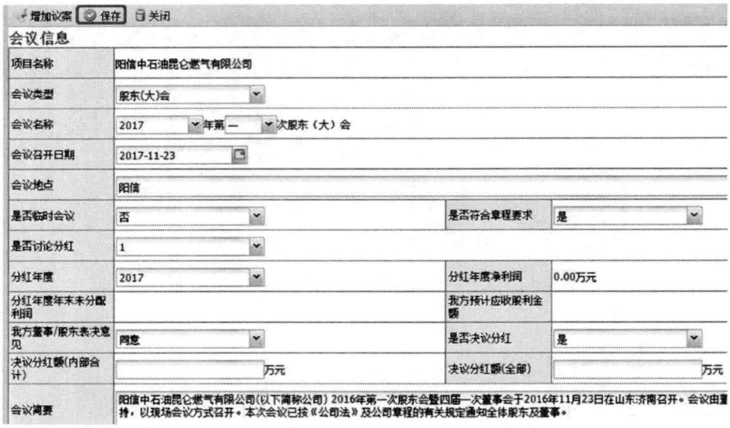

附图 2-37　股权管理系统三会动态会议信息录入

（2）上传议案。点击左上角"增加议案"，在议案列表编辑状态下，①双击录入议案名称，点击右侧议案类型下方下拉框，选择议案类型，最后点击下方"保存"，保存议案名称、议案类型；②点击议案附件下方"查看或维护"上传议案。

将议案依次按以上步骤录入完成后，点击左上角"保存"，并提示保存成功（附图 2-38）。

附图 2-38　股权管理系统三会动态议案上传

（3）录入会议决议。"编辑会议通知"页面录入完成保存后，点击页面左上角出现的"会议决议"，录入会议决议信息。在"会议决议"编辑页面依次录入：

附录2 董监事业务管理信息化

①点击"查看或维护",上传会议决议附件;②录入分红情况相关数据;③录入各股东应分配股利数据,录入完后点击下方"保存"(附图2-39)。

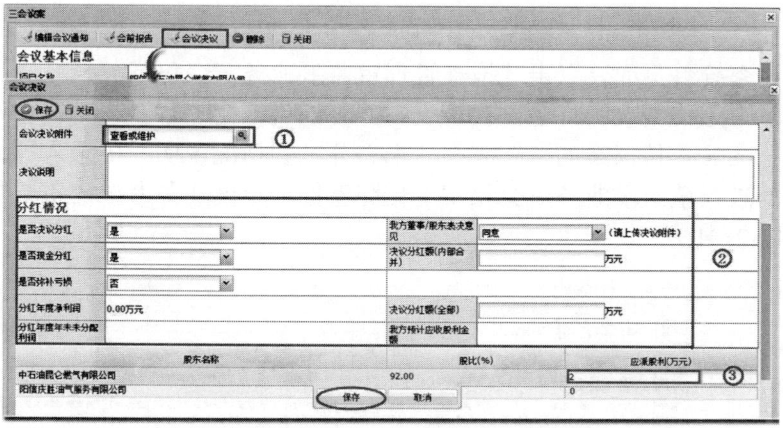

附图2-39 股权管理系统三会动态会议决议录入

以上步骤录入完成后,点击左上角"保存",提示保存成功后,进入股利分配到账确认录入。

3. 录入股利分配

返回法人信息卡片,点击"股利分配",编辑分红到账确认列表。在"分红到账确认列表"中勾选我方股东到账信息数据行,点击左上"编辑",在弹出页面中,依次录入"实派股利""到账日期""会计凭证编号",录入完成后,点击"保存",提示保存成功后即可(附图2-40)。

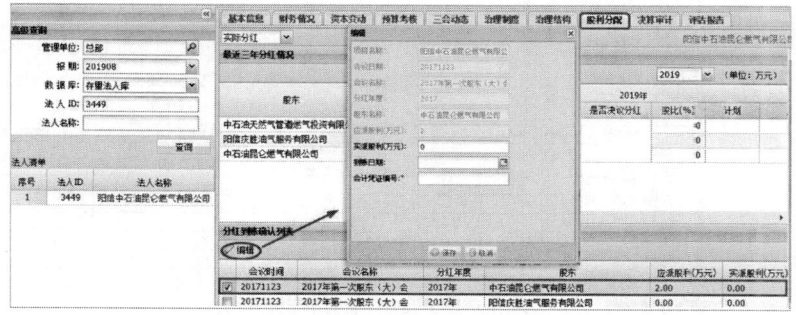

附图2-40 股权管理系统股利分配录入

四、统计分析功能

1. 三会信息统计

进入系统首页面,点击"报表管理董监事业务三会议案",右侧出现年度三会议案上传情况统计表。在该表中,可查看三会议案录入情况,对于未召开三会无法上传议案的,在表中"未召开三会情况说明"中录入原因。此表是总部进行董监事业务三会议案上传完整性、年度业务考核的重要数据依据(附图2-41)。

附图2-41　股权管理系统董监事业务三会议案上传统计表

2. 治理结构信息统计

进入系统首页面,点击"报表管理董监事业务治理结构",右侧出现年度治理结构明细表。在该表中,可查看控参股公司整体董监事委派人员信息录入情况(附图2-42)。治理结构明细表是总部进行董监事委派情况考核的重要参考依据。

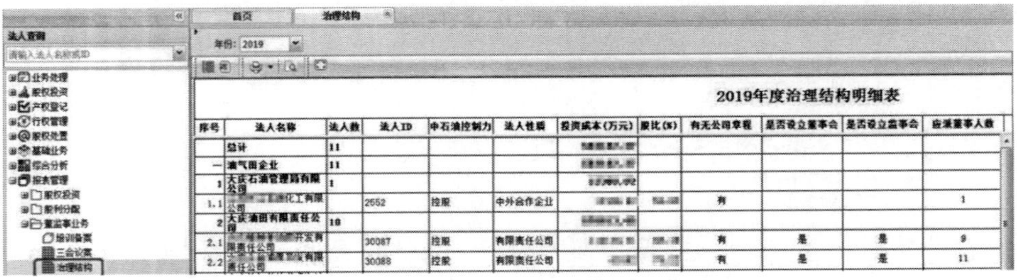

附图2-42　股权管理系统董监事业务治理结构录入统计表

附录2 董监事业务管理信息化

3. 董监事业务考核表

（1）三会议案考核表。

总部人员登录系统首页面，点击"报表管理董监事业务考核表三会议案考核表"，右侧出现各地区公司年度三会议案上传情况汇总表（附图2-43）。

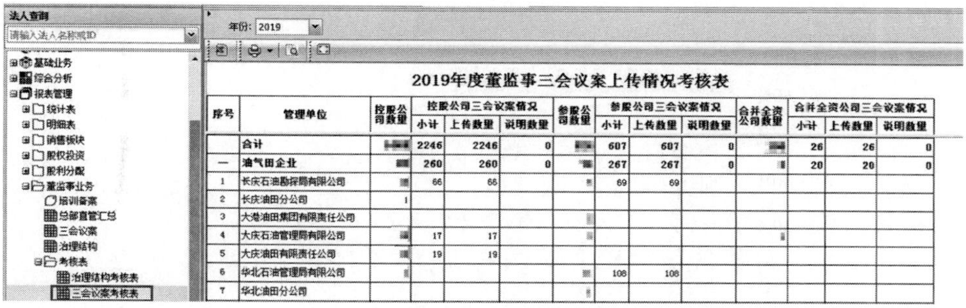

附图2-43　股权管理系统董监事业务三会议案考核表

（2）治理结构考核表。

总部人员登录系统首页面，点击"报表管理董监事业务考核表治理结构考核表"，右侧出现各地区公司章程制定、董监事委派、信息完整性等相关信息汇总统计表（附图2-44）。

附图2-44　股权管理系统董监事业务治理结构考核表

4. 数据分析

根据三会信息及治理结构信息统计表与考核表，可按年度对董监事业务模块信息的维护情况进行数据分析。

（1）三会信息完整度对比分析。

根据股权管理系统各单位三会信息录入维护情况，可对三会模块信息完整度进行年度对比分析、单位排名对比分析、三会信息缺失控参股法人分布对比分析。

分年度对三会信息维护情况进行对比分析（附图2-45）。

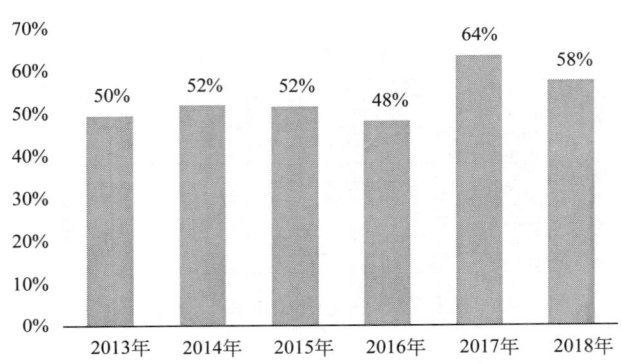

附图2-45　三会信息完整度年度对比分析示例

根据各单位三会信息维护录入情况，对各单位进行排名对比分析（附图2-46）。

2018年三会录入完整度>80%的单位

序号	管理单位	控参股公司数量	完整度
1	广东销售		88%
2	上海销售		84%
3	西南油气田		80%
4	江苏销售		94%
5	辽宁销售		88%
6	北京销售		95%
7	广西销售		89%
8	渤海装备		90%
9	大连石化		100%
10	冀东油田		89%
11	新疆销售	8	100%
12	新疆油田	1	100%

2018年控参股数量>20，三会录入完整度<80%的单位

序号	管理单位	控参股公司数量	完整度
1	中油工程		28%
2	中油油服		29%
3	国际事业		29%
4	安徽销售		43%
5	大庆油田		47%
6	中油资本		48%
7	天津销售		48%
8	海外勘探开发		49%
9	昆仑能源		53%
10	重庆销售		55%
11	四川销售		70%
12	福建销售		72%
13	浙江销售		76%

附图2-46　三会信息完整度单位排名对比分析示例

对股权管理系统内未录入三会信息的控参股法人分布情况进行对比分析（附图2-47）。

附录2 董监事业务管理信息化

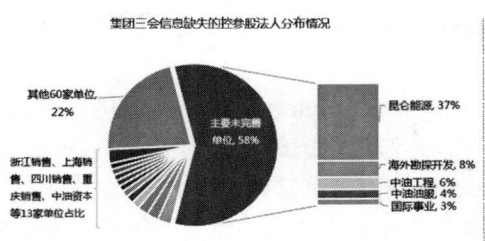

附图 2-47　三会信息缺失的控参股法人分布对比分析示例

（2）治理结构信息完整性分析。

根据股权管理系统治理结构维护情况，可对信息完整度进行分单位对比分析（附图 2-48）。

截至目前，根据股权管理系统中2019年治理结构数据的填报情况，可统计出大部分单位信息维护完整性分布在40%~85%。只有较少单位信息维护完整性达到85%以上。

信息完整性 >85%				信息完整性 <40%			
序号	管理单位	控参股公司数量	信息完整性	序号	管理单位	控参股公司数量	信息完整性
1	江苏销售	31	87%	1	海外勘探开发	127	38%
2	安徽销售	13	92%	2	国际事业	83	38%
3	广西销售	18	89%	3	天津销售	21	39%
4	海南销售	9	95%	4	兰州石化	84	32%
5	新疆油田	43	86%	5	西藏销售	8	32%
6	润滑油公司	6	89%	6	宝鸡钢管厂	8	39%
7	煤层气公司	3	95%				

附图 2-48　治理结构模块信息完整度单位排名对比分析示例

第六节　股权管理系统董监事业务模块维护常见问题

一、系统登录篇

系统网址打不开，提示 Unknown host 错误的解决方法如下。

股权管理系统与其他中国石油内网运行的业务系统一样,需在内网环境下登录使用。将浏览器设置如下。

打开 IE 浏览器,依次点击工具菜单→ Internet 选项"连接"局域网设置→代理服务器→高级(代理服务器为勾选状态时设置有效)→例外,在例外框中录入引号内字符串";*.cnpc*"后点击确定。

浏览器设置后关闭浏览器,再重新打开 IE 或其他浏览器重新登录系统即可。

二、系统录入操作篇

1. 三会录入相关问题

(1)三会需要在系统中录入的字段信息及含义。

解答:系统中需要录入字段信息及含义见附表 2-1、附表 2-2。

附表 2-1　会议基本信息

序号	字段名称	字段说明
1	会议名称	召开的会议名称
2	会议类型	股东(大)会、董事会暨股东(大)会、监事会、监事会、职工代表(大)会、独资公司股东决策会议、全民所有制企业决策会议
3	会议召开日期	会议召开时间
4	会议地点	会议举行地点
5	是否临时会议	是否临时举行的会议
6	是否符合章程要求	召开的会议是否符合章程要求
7	会议简要	会议内容简要说明
8	是否讨论分红	会议内容是否涉及利润分配
9	是否决议分红	是否决定分红
10	分红年度	决定分配的利润年度,当前利润年度可选择上半年、下半年
11	决议分红额(内部合并)	分配给中国石油方股东的利润分配金额合计
12	决议分红额(全部)	分配给所有股东的利润分配金额合计
13	是否弥补亏损	是否弥补以往亏损后再进行利润分配
14	分红年度净利润	分配利润年度的净利润数,从财务报表净利润表数据中自动获取
15	分红年度年末未分配利润	分配利润年度的未分配利润数,从财务报表资产负债表中自动获取

附录2 董监事业务管理信息化

续表

序号	字段名称	字段说明
16	会议通知附件	上传会议通知
17	议案	管理层报告、基本制度、修改章程、法律纠纷、人员任免、业绩考核、财务决算、审计报告、资产报废、资产减值、利润分配、财务预算、聘请中介、关联交易、投资议案、经营计划、注册资本、公司融资、解散议案、人事罢免、提议议案等

附表2-2 会议决议信息

序号	字段名称	字段说明
1	会议决议附件	上传股利分配议案表决结果
2	是否决议分红	是否决定分红
3	是否现金分红	是否现金分红
4	会议决议附件	上传股利分配议案表决结果
5	是否弥补亏损、弥补亏损额	若弥补以往亏损后再进行利润分配，录入弥补亏损金额
6	我方董事/股东表决意见	我方对利润分配议案的表决意见，同意、反对、弃权
7	决议分红额（内部合并）	分配给中国石油方股东的利润分配金额合计
8	决议分红额（全部）	分配给所有股东的利润分配金额合计
9	我方预计应收股利金额	系统自动计算，按照股利分配细则，自动计算利润分配下限

（2）已批复压减处置的法人还需维护三会信息吗？

解答：已批复压减处置的法人若已在处置实施阶段，不需要再在系统中维护三会信息。

（3）三会议案整合文件需要在系统按不同类型拆分录入吗？

解答：议案需分类录入。

（4）系统中必须录入三会才能录入股利分配的到账信息且会议类型有限制。相关分红的内容是否能都在股利分配中体现？

解答：按最新系统升级要求，系统优化升级将考虑把三会及分红到账信息分开录入，取消关联。

2. 治理结构录入相关问题

（1）治理结构需要在系统中录入的字段及含义。

解答：系统中治理结构共需填录13项内容。需录入的字段及含义见附表2-3。

附表 2-3 治理结构录入信息表

序号	字段名称	字段说明
1	公司名称	无须手工填录,从"治理结构"左侧"基本信息"卡片中自动获取最新数据,若信息不正确,需维护更新"基本信息"
	中国石油控制力	
	公司性质	
	公司人数	手工填录。指公司所有在册人数,包括市场化和合同化人数
	公司资产总额	无须手工填录,从"治理结构"左侧"财务情况"卡片中自动获取上一年度决算财务数据,若信息不正确,需在"财务情况"中更新上传财务数据
	销售收入	
2	公司章程(最新)修订日期	无须手工录入,从"治理制度"卡片中自动获取最新上传的章程修订日期。如信息不正确,请在"治理制度"中上传最新修订的公司章程
3	公司章程约定的公司治理结构	手工录入。从最新公司章程中选取约定的治理结构情况录入
4	是否设立股东大会	手工选择。根据公司章程规定的三会设立情况及董监事人员设置情况、董监事人员实际委派情况填录
	是否设立董事会	
	是否设立监事会	
5	应派董事人数(全部)	
	实派董事人数(全部)	
	应派监事人数(全部)	
	实派监事人数(全部)	
6	股东代表个人信息	姓名、性别、出生年月、参加工作时间、任职时间、学历等
	股东代表委派单位	股东代表派出方单位信息,信息具体到派出人员所在单位的具体处室
	股东代表人事部推荐文号	股东代表人选推荐文件的文号,如人事函〔20**〕** 号
	股东代表法律事务部授权文号	股东代表法律授权文件的文号,如集团法授〔20**〕** 号
	股东代表职务	手动选择任职所处级别。从"管理层(股份公司、集团公司领导)、正局级、副局级、正处级、副处级、高级主管、主管、主办、其他"中选择

附录2 董监事业务管理信息化

续表

序号	字段名称	字段说明
6	股东代表职称	手动选择所获职称。选择项有： 正高级：教授级高级职称； 副高级：高级工程师、高级经济师、高级会计师、高级政工师等； 中级：工程师、经济师、会计师、政工师等； 助理级：助理工程师、助理经济师、助理会计师、助理政工师等； 其他
7	董事会个人信息	姓名、性别、出生年月、参加工作时间、任职时间、学历等
	董事会任职	手工选择。从"董事长、副董事长、董事"中选
	董事类别	董事类别：手工选择所获职称。选择项如下： 执行董事：在合资公司管理层任职的董事； 专职董事：由委派单位的专职董监事担任的董事； 兼职董事：由委派单位人事部推荐的非专职董事； 职工董事：由职代会推选的职工代表作为董事； 独立董事：由非股权单位聘请的董事； 其他
	董事委派单位	董事派出方单位信息，信息具体到派出人员所在单位的具体处室
	董事人事部推荐文号	董事人选推荐文件的文号，如人事函〔20**〕**号
	董事职务	手动选择任职所处级别。从"管理层（股份公司、集团公司领导）、正局级、副局级、正处级、副处级、高级主管、主管、主办、其他"中选择
	董事任期	按照公司章程约定时间填写
8	监事个人信息	姓名、性别、出生年月、参加工作时间、任职时间、学历等
	监事会任职	手工选择。从"监事会主席、监事"中选择
	监事会类别	手工选择。从"职工监事（由职代会推选的职工代表担任监事）、专职监事（由股东方推荐的专职董监事担任的监事）、兼职监事（由委派单位人事部推荐的非专职监事）、其他"中选择
	监事委派单位	监事派出方单位信息，信息具体到派出人员所在单位的具体处室
	监事人事部推荐文号	监事人选推荐文件的文号，如人事函〔20**〕**号
	监事职务	手动选择任职所处级别。从"管理层（股份公司、集团公司领导）、正局级、副局级、正处级、副处级、高级主管、主管、主办、其他"中选择

续表

序号	字段名称	字段说明
8	监事任期	按照公司章程约定时间填写
9	专业委员会	选择是否在董事会下设立了专业委员会，若未设立则无须完善该两项内容
9	委员会任职	手工选择。从"委员会主任、委员"中选择
9	委员个人信息	姓名、性别、出生年月、参加工作时间、任职时间、学历等
10	专业委员会	选择是否在监事会下设立了专业委员会，若未设立则无须完善该两项内容
10	委员会任职	手工选择。从"委员会主任、委员"中选择
10	委员个人信息	姓名、性别、出生年月、参加工作时间、任职时间、学历等。
11	管理层人员信息	姓名、性别、出生年月、参加工作时间、任职时间、学历等
11	管理层任职	手工选择。从"总经理、副总经理、财务总监"中选择
11	管理层人事部推荐文号	监事人选推荐文件的文号，如人事函〔20**〕**号
12	相关文件	上传我方人选推荐文件、我方法律授权文件
13	未录入项原因说明	12项中未录入或未完善的原因进行文字说明

（2）什么是股东代表？股东代表必须录入吗？

解答：股东代表是代表股东出席会议并履行股东权利的个人或法人。一人有限公司和未设立股东会的法人无须录入股东代表。

（3）已批复压减处置的法人还需维护董监事人员信息吗？

解答：已批复压减处置的法人若已在处置实施阶段，不需要再在系统中维护治理结构信息。

（4）系统中任命文件、推荐文件、授权文件的区别。

解答：任命文件、推荐文件是人事部出具的任命委派董监事人员的文件；授权文件是法律部出具的授权委托股东代表行使职权的文件。

（5）治理结构董监事、高管人员信息中，除了录入中国石油方委派任命的股东信息外，对方委派任命的股东信息需要录入吗？

解答：需要。治理结构董监事、高管人员信息需要维护公司任职的全部人员的信息。

附录2 董监事业务管理信息化

三、系统查询分析篇

（1）进入报表管理，页面无法显示或提示需安装插件？

解答：点击系统帮助报表插件安装说明，按说明安装报表插件后，报表即可正常显示。如附图 2-49 所示。

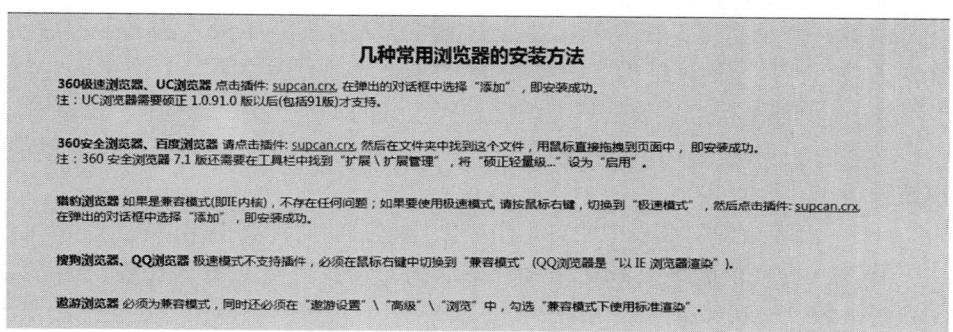

附图 2-49　系统中报表插件安装说明

其他说明：若用 Google 浏览器登录系统，请在系统登录页面系统公告中下载指定版本，并按文档进行设置后再登录系统（附图 2-50）。

附图 2-50　系统公告位置

（2）无法召开三会的法人如何在系统中录入原因说明，考核时参考予以剔除？

解答：登录系统，在"报表管理董监事业务——三会议案"统计表中的列"未召开三会情况说明"中录入理由。

（3）无法完善治理结构信息的法人如何在系统中录入原因说明，以在考核时能够参考予以剔除？

解答：登录系统，在左侧快捷搜索框"法人查询"中录入法人名称后，在法人项目卡片"治理结构"中第13项"未录入项原因说明"中录入。

（4）治理结构考核表信息完整性如何统计的？

解答：根据法人卡片"治理结构"页面中前12项字段信息录入的完整情况统计得出。

（5）治理结构明细表中我方董事委派比率是如何计算得出的？

解答：我方董监事委派比率统计方法为：（我方实派董事人数/全部实派董事人数）×100%。

附录3 公司治理及股权管理相关词条

第一节 股权管理术语

一、投资公司

投资公司是指集团公司、专业公司及所属企业对外投资成立的独立法人公司。投资公司投资成立的独立法人公司称为"再投资公司"。

二、专业公司

专业公司是指集团公司专业分公司和专业子公司。其中，专业分公司包括勘探与生产分公司、炼油与化工分公司、销售分公司和天然气销售分公司等；专业子公司包括中国石油管道有限责任公司、中国石油国际勘探开发有限公司、中国石油油田技术服务有限公司、中国石油工程股份有限公司、中国联合石油有限责任公司和中国石油资本股份有限公司等。

三、所属企业

所属企业是指集团公司所属地区公司及其他企业。

四、派出企业

派出企业是指向投资公司派出人员的集团公司所属专业公司或所属企业。

五、直管公司

直管公司是指集团公司直接管理的投资公司。

六、受托管理公司

受托管理公司是指集团公司授权委托专业公司及所属企业管理的投资公司。

七、股权

本书所称股权是以货币资金、其他可估价并依法转让的非货币资产出资所取得的收益、参与重大决策、选择和监督管理者等股东权利,主要包括表决权、选举权、检查权、转让权、优先受让权、股利分配权和剩余财产分配请求权。

八、股权项目

股权项目是指出资人或股东通过新设股权、增资扩股和股权收购等资本运作方式实施的项目。

九、股权管理

本书所称"股权管理"是股东依据《公司法》等法律法规的规定,通过公司法人安排的治理结构和有关制度,充分发挥所委派的股东代表、董事、监事的作用,控制和影响所投资公司的重大生产经营决策,维护股东合法权益。股权管理包括对股权投资、行权、处置的全过程管理。

十、股权投资管理

股权投资管理有广义和狭义之分。广义的股权投资管理是指从设立股权项目开始到股权项目处置为止的全过程管理。狭义的股权投资管理是指新设

附录3　公司治理及股权管理相关词条

股权项目、股权收购项目或增资扩股项目从前期工作到项目竣工验收为止的管理行为。

十一、新设股权

新设股权是指以货币资金或其他可以估价并依法转让的非货币财产出资，独资设立或者与其他法人企业共同出资设立公司制法人企业的行为。

十二、股权收购

股权收购是指以货币或其他可以估价并依法转让的非货币财产出资，收购目标公司其他股东所持股权的行为。

十三、增资扩股

增资扩股是指以货币或其他可以估价并依法转让的非货币财产出资，包括所投资公司以盈余公积等转增股本或实收资本，增加所投资公司资本金的行为。

十四、股权投资收益

股权投资收益是指企业在一定时期对外投资所取得的回报。包括对外投资所分得的股利、收到的债券利息，以及投资到期收回或到期前转让债权取得款项高于账面价值的差额等。

十五、股权处置

股权处置指退出股权项目时，对所持有股权所进行的包括股权处置方案的编制和报批、股权项目的审计和评估、对股权进行处置等一系列行为的总称。股权处置方式包括转让、划转、清算、吸收合并、减资、核销等。

十六、股权管理系统

股权管理系统是指基于信息化手段，实施和完成各项股权管理工作的数据库网络办公系统。它是开展股权基础管理、综合考核、决策支持等工作的唯一信息平台。所属单位应对股权信息的及时性、准确性、完整性负责。

第二节　公司治理名词释义

一、公司法人治理

公司法人治理（也称公司治理），是指通过一套正式或非正式的、内部或外部的制度安排或机制设计，来协调公司与所有利益相关者之间的利益关系，以保证公司决策的科学化，从而最终维护公司各方面的利益的一种制度安排。一般包括公司治理结构和公司治理机制。

1. 公司治理要素

公司治理要素（corporate governance dements）是指构成公司治理不可缺少的因素。具体来说，公司治理有三要素，分别是规则、合规和问责。

规则在技术层面上也称制度安排。对于股份公司来说，最基础的规则就是股权安排和公司章程设计。

设立了规则，接下来就要合规。我国改革开放30多年来，冲破了计划经济的限制，与市场经济接轨的《证券法》《公司法》《会计准则》都已经设置，一旦出错将付出很大的代价，特别是到海外经营和上市。我国企业至少要掌握三条规则：一是国际化的规则和治理标准，二是上市公司的规则，三是我国企业的治理规则。

如果违规了，就需要进行问责。公司治理强调个人问责，通常做法是集体决策、个人负责，而不是集体决策、集体负责，以此防止责任的不明确。例如，某上市公司董事会开会审议中报，但董事长和总经理都在国外，授权一名董事代为主持会议，并写了授权委托书。在即将召开董事会时，有其他股东提出有紧急事项要求上会，增加临时议题。为了保证董事会决策的科学性，需要准备时间，因此临时增加会议议题是不可以的。双方对是否增加议题发生了争议，并将董事会推迟到了第二天。第二天开会时，要求增加议题的董事提出该代理董事没有权利主持董事会，因为其授权委托书已经过期失效。该代理董事气愤离会，出席会议的董事达不到法定人数，董事会会议无效。最终导致中报没有在截止披露的最后一天前审议，公司股票停牌，证券交易

附录3　公司治理及股权管理相关词条

所谴责董事会，并处罚了董事长、代理董事和要求增加临时议题的董事。

2. 公司治理结构

公司治理结构（corporate governance structure）侧重于公司的内部治理方面，是指公司股东（大）会、董事会、监事会和经理层构成的组织形式。它是现代企业制度的核心。

吴敬琏认为，所谓公司治理结构是指由所有者、董事会和高级执行人员即高级经理人员三者组成的一种组织结构。在这种结构中，上述三者之间形成一定的制衡关系。通过这一结构，所有者将自己的资产交由公司董事会托管；公司董事会是公司的最高决策机构，拥有对高级经理人员的聘用、奖惩以及解雇权；高级经理人员受雇于董事会，组成在董事会领导下的执行机构，在董事会的授权范围内经营企业。

早期对公司治理的认识多局限于公司治理结构层面，公司治理就是纯粹的公司治理结构问题。随着公司治理理论与实务的推进，公司治理结构这一词语也被经常使用，但是所表达的内容已不仅仅局限于治理的结构层面问题，还包括机制问题，与公司治理等同。当然，更严格地说，公司治理结构、公司治理机制与公司治理三个概念不能混用。

3. 公司治理机制

公司治理机制（corporate governance mechanisms）是指规范公司股东（大）会、董事会、监事会和经理层的权责，形成权力机构、决策机构、监督机构和经营管理者之间的制衡机制。

从科学决策的角度看，治理结构不能解决公司治理的所有问题，更需要若干具体的超越结构的治理机制（高闯等，2009）。公司的有效运行和决策科学，不仅需要通过股东大会、董事会和监事会发挥作用的内部治理机制，而且需要一系列通过证券市场、产品市场和经理市场等来发挥作用的外部治理机制，如《公司法》、《证券法》、信息披露、《会计准则》、社会审计和社会舆论等。

二、三会

三会是指公司股东（大）会、董事会和监事会。

股东（大）会是指公司全体股东组成的公司权力机构，是股东在公司内部行使股东职权的法定组织。有限公司称"股东（大）会"，股份公司称"股东大会"。股东（大）会既是一种定期或临时举行的由全体股东出席的会议，又是一种非常设的由全体股东所组成的公司制企业的最高权力机关。

董事会是由公司董事组成的、对内掌管公司事务、对外代表公司的经营决策机构。董事会是公司法人的经营决策和业务执行的常设机构，是代表公司行使法人财产权的会议体机关。中外合资企业不设立股东（大）会，董事会是最高权力机构。

监事会是由公司监事组成的、依据公司章程设立的监督机构，对公司财产以及公司董事、经理等高级管理人员履行职责的行为进行监督。

三、三会会议

三会会议是指公司股东（大）会、董事会和监事会召开的定期会议或临时会议。

四、议案及决议

议案是指符合条件的人员依据公司章程向股东（大）会、董事会、监事会会议提请审议的事项。

决议是指公司股东（大）会、董事会、监事会根据《公司法》和公司章程的规定，对所议事项作出的书面决定。

五、控股股东

控股股东是指持股比例百分之五十以上，或出资比例虽不足百分之五十，但依其出资额或者持有的股份所享有的表决权已足以对股东（大）会的决议产生重大影响的股东。

六、实际控制人

实际控制人虽然不是公司法律意义上的股东，但通过投资关系、协议或者其他安排，能够实际支配公司行为的人。

七、关联关系

关联关系是指公司控股股东、实际控制人、董事、监事、高级管理人员与其直接或者间接控制的企业之间的关系，以及可能导致公司利益转移的其他关系。

八、法人

法人是指具有民事权利能力和民事行为能力，依法独立享有民事权利和承担民事义务的组织。各国法人制度具有共同的特征，但其内容不尽相同。不同的法人形成了不同的法人理论。法人制度理论成为世界各国建立和完善法人制度、规范经济秩序以及整个社会秩序的理论基础。在我国，依据不同的法律设立的法人不同，如企业法人、事业法人、社团法人。

九、法定代表人

法定代表人是指依照法律或者法人章程的规定，代表法人从事民事活动的负责人。我国法律实行单一法定代表人制，公司法定代表人由董事长或执行董事或经理担任（《公司法》第十三条），而证券交易所的法定代表人为总经理（《证券法》第107条），全民所有制工业企业的法定代表人为厂长或经理。

十、派出人员

派出人员主要是指集团公司、专业公司及其所属企业向投资公司委派的股东代表和推荐出任合资公司的董事和监事。

十一、股东代表

股东代表是指取得集团公司（派出企业）授权委托并代表集团公司（派出企业）行使股东权利和履行股东义务的代表人。

十二、专职董监事

专职董监事是指集团公司专职从事董事、监事工作的专业管理人员，受集团公司、专业公司或所属企业推荐并在投资公司任职的董监事人员。

十三、专职董监事业务

专职董监事业务主要包括股东代表的授权委托管理、董监事任职推荐与管理、三会议案及决议管理等业务。

十四、职工董事

职工董事是依照法律规定，通过职工代表大会（或职工大会及其他形式）民主选举产生，进入董事会，代表职工行使参与企业决策、发挥监督作用的职工代表。我国《公司法》规定，两个以上的国有企业或者两个以上的其他国有投资主体投资设立的有限责任公司，其董事会成员中应当有公司职工代表；其他有限责任公司董事会成员中可以有公司职工代表。

十五、独立董事

独立董事是指独立于公司股东且不在公司内部任职，并与公司或公司经营管理者没有重要的业务联系或专业联系，只对公司事务做出独立判断的董事。

十六、职工监事

职工监事是指依照法律规定，通过职工代表大会（或职工大会及其他形式）民主选举产生，进入监事会，代表职工发挥监督作用的职工代表。我国《公司法》规定，监事应当包括股东代表和适当比例的职工代表，其中职工代表的比例不得低于三分之一，具体比例由公司章程规定。

十七、公司僵局

公司僵局是指公司在存续运行中由于股东、董事之间矛盾激化而处于僵

附录3　公司治理及股权管理相关词条

持状况，导致股东（大）会、董事会等公司机关不能按照法定程序作出决策，从而使公司陷入无法正常运转，甚至瘫痪的状况。

十八、所有权与控制权

Fam 和 Jensen 将所有权定义为剩余索取权（residual claims），即对企业总收入扣除所有固定契约支付后的剩余金额的索取权。从股东或者投资者的角度看，投资者享有的所有权，其实质是他们依据股权比例分享现金流量的权利（即享有对企业剩余的分配）。在大多数情况下，所有权需要借助控制权得以最终实现。由此，Grossman 和 Hart 从不完备契约的角度，将企业所有权的核心定义为剩余控制权和剩余索取权。

控制权是雇用和解聘公司高管人员和决定高管人员报酬的权利，并据以主导公司的经营与决策。在股份公司的投票制度下，控制权依附于所有权所衍生的投票权，控制权比例的大小等同于所有权比例，经研究通常以投票权（voting rights）作为控制权的替代变量。

十九、剩余索取权

剩余索取权（residual claim）是一项索取剩余（总收益减去合约报酬）的权利，也就是对资本剩余的索取，用所有现金流入减去了其他各种承诺支付后所剩净现金流的索取权。剩余索取权是相对于合同索取权而言的，指的是对企业收入在扣除所有固定的合同支付（如原材料成本、固定工资、利息等）的余额（即利润）的要求权。剩余索取权具有状态依存性的特征，它的拥有者随企业经营状况而定。相对于其他的权能而言，剩余索取权的激励和约束功能更具有其特别的意义。这种激励方式的主要机理在于，让经营者成为公司的股东或虚拟股东，使经营者与其他股东形成利益共同体，利益取向完全一致。Hart 和 Moore 研究了产权与公司的本质，证明了把企业剩余索取权与剩余控制权集中对称配置给非人力资本所有者的企业产权契约具有最优性。

二十、剩余控制权

Fama 和 Jensen 认为企业决策可分为"决策管理"和"决策控制"。"决策管理"包括最初决策方案提议和决策方案被批准后的执行，而"决策控制"

571

则包括决策方案的审批和对决策方案执行的监督。从这个意义上来看，经理所得到的"决策管理权"就是特定控制权，而董事会所具有的"决策控制权"就是剩余控制权。

在国内，张维迎认为在所有权和经营权相分离的现代企业中，企业控制权裂变为剩余控制权和契约控制权，所谓剩余控制权是指拥有企业剩余索取权的利益主体对企业拥有的实际控制权利，即当一个信号被显示时决定选择什么行为的权威；契约控制权是指对企业生产经营的决策权，其实质是企业的经营权。

二十一、国有股和国家法人股

国有股（stateowned shares）即国有股权，由国家股和国家法人股组成。其中，国家股指有权代表国家投资的部门或机构以国有资产向公司投资形成的股份，包括以公司现有国有资产折算成的股份；国家法人股，是指具有法人资格的国有企业、事业单位以及其他单位以其依法占用的法人资产向独立于自己的股份公司出资形成或依法定程序获取的股份。

二十二、隧道效应

隧道效应，也称利益输送或者掏空效应（tunnelling effect），又称为堑壕效应或者侵占效应（entrenchment effect 或 expropriation effect），具体指公司控股股东通过隐蔽手段转移中小股东利益的过程。隧道效应主要源于现代公司中控股股东和中小股东的委托代理问题。

一般来讲，隧道效应具有以下几个特点：（1）掌握公司控制权的大股东是实施隧道效应的主体。依据目前国内资本市场的实际情况来看，掌握公司控制权的股东一般就是公司的控股股东，控股股东的隧道效应具有一定的广泛性。（2）隧道效应本质上是控股股东对公司的一种利益掏空行为，这类行为体现了控股股东与中小股东之间的利益冲突，这与证券监管部门所倡导的保护中小投资者利益相违背。（3）隧道效应是一种见不得光的地下行为，手段具有一定的隐蔽性。

Johnson，La Porta，LopezdeSilanes 和 Shleifer 在提出隧道效应概念的同时，总结了控股股东可能采取的隧道行为方式。一是诈骗和直接窃取公司资源，低价出售和转让资产或股权，利用下层公司抵押贷款担保，掠夺

附录3　公司治理及股权管理相关词条

下层公司的投资机会等；二是通过稀释股权来相对扩大自己所持有的股权份额。

由于公司股权集中度和法律保护程度较弱，公司大股东出于自己的私利，通常利用手中的控制权侵占和转移公司的利润和财产。一般来讲，影响隧道效应的主要因素一是股权结构，二是法律保护程度。公司的所有权结构不仅影响到控股股东进行侵占的能力，还会对其侵占动机产生影响，特别是当司法体系等制度不足以对投资者权益进行有效保护时，所有权结构更加重要。此外，良好的法律环境有利于保护中小投资者的利益，抑制控股股东的"隧道行为"。

二十三、股利政策

1. 股利的概念

股利是股息和红利的总称，是公司以股东的持股份额为基准从利润中支付给股东的投资报酬的一种形式。股息是指公司按照股东出资比例或者持股份额，按事先约定的固定比例向股东分配的公司盈余；红利是公司除股息之外，根据公司盈利的多少向股东分配的盈余。

根据股份性质不同，即公司发行的股份有普通股与优先股之分，因而股利也有普通股股利和优先股股利之分。优先股股东通常分配的是股息，在分配股息红利时，首先是优先股股东按规定的股息率取得收益分配，然后普通股股东根据余下的利润分取股息，其股息率则不一定是固定的。在分取了股息以后，如果公司还有利润可供分配，就可根据情况给普通股股东分派红利。普通股股东在公司经营情况欠佳的情况下，可以减少、甚至不分派股息，而优先股股东有股息收入的保障，但一般不参与分红。普通股的分红随公司盈利的增减而增减。优先股股利通常为固定金额或固定比例，支付方法在公司章程里有规定，从本质上讲更像是负债。因此，这里所谈的股利主要是指普通股的股利。

股利，就其性质而言，是公司历年实现的累积盈余中的一部分。

2. 股利分配的时间

股利的分派一般是在财务年度结算后，在股东（大）会通过结算方案和利润分配方案之后进行。根据上市公司的信息披露管理规定，境内上市公司必须在会计年度结束的120天内公布年度财务报告，且在年度报告中公布利润分配预案。所以,上市公司的分红派息工作一般都集中在次年的第二和第三季度进行。有些公司的股利一年派发两次,中期派息和年终派息。中期派息是以上半年的盈利为基础,而且要考虑到下半年不至于出现亏损的情况。非上市公司的股利分配时间与上市公司大体相同,非上市公司多采取一年派发一次股利的做法,在董事会、股东(大)会决议后一个月内即进行股利发放,因此通常在财务年度结算后的半年内完成股利支付工作。注册地在境外的企业,受当地法规和监管规定影响,可能会有所延迟。

3. 股利分配的方式

股利分配的方式有多种,常见的有以下几种。

1)现金股利

现金股利,是指用现金支付股利的形式,这是股利分配的最主要形式。公司依据盈利情况、资金使用计划,投资需求等总体平衡,决定现金股利的金额。

2)股票股利

股票股利,也称送红股,是指公司以增发的股票作为股利分配的方式,是上市公司使用的一种分配方式。由于这种方式通常按现有普通股股东的持股比例增发普通股,所以它既不影响公司的资产和负债,也不增加股东权益的总额,但是增加了流通在外的普通股的数量,每股普通股的权益将被稀释,从而可能影响公司股票的市价。

3)财产股利

财产股利,是指以现金以外的资产作为股利分配给股东的形式,包括实物或有价证券。实物股利是指以实物资产或实物产品分配给股东,不增加现金的支出,多用于现金支付能力不足的情况,减少公司的资产净值,这种形式不经常采用。证券股利,最常见的方式是以其他公司的证券代替现金分配给股东,减少了现金的支出,又保留了对其他公司的控制权,而且由于证券的流动性比较好,仅次于现金,投资者也愿意接受。

4)负债股利

负债股利,是指公司通过建立一项负债来分派股利,通常以应付票据、应付公司债券和临时借据来分派股利。以这种形式分配股利,对股东来说,他们又成了公司的债权人。对公司来说,资产总额不变,负债增加,资产净值减少。分配负债股利的原因,是宣告分派股利后,企业财务状况突然发生变化,现金不足以支付股利,为了公司信誉确保如期发放股利所采取的一种

附录3　公司治理及股权管理相关词条

权宜之计。

5）其他形式

股利分配从本质上讲，是指股东定期获得投资收益、收回投资的一种行为。对于注册地在境外的部分企业来说，为了尽快收回投资，规避境外汇率波动风险及其他投资风险，子公司向母公司提供贷款、母公司对境外子公司减资或者以产品分成等多种方式收回投资资本，有的企业将上述方式视同为完成股利分配的行为。因为各国对股利政策存在不同的监管要求，中国公司在境外投资的企业，股利分配通常会受合同模式、交易架构不同等因素的影响，需要在规范操作的前提下，灵活考虑股利分配方式，兼顾公司短期利益和长远利益，保证股东的投资收益。

4. 股利分配的程序

1）制定股利分配计划

股利通常以现金发放，因此股利分配方案应与企业预算管理、现金管理有机结合。企业根据经营状况、盈利预测、资金计划、历年股利分配情况等，编制次年拟向股东分配的股利计划，并做好股利资金安排。

境外企业应当制定风险等级划分，对汇率波动大、地缘政治风险较高等高风险的国家和地区，股利分配频率和金额可适当加大，保证股东及时收回投资。

2）明确股利分配主体

根据企业盈利情况，明确是否符合《公司法》规定的股利分配条件。依据《公司法》，企业如果发生亏损，可以用以后年度实现的利润弥补，也可以用以前年度提取的盈余公积金弥补。企业以前年度亏损未弥补完，不能提取法定盈余公积金。在提起法定盈余公积金前，不得向投资者分配利润。因此，企业如出现累计亏损，则不要求分配股利。有盈余的公司可以作为股利分配主体。注册地在境外的企业，需要综合考虑交易架构及合同模式的影响，评估是否存在融资协议、章程等的约束及限制，确定股利分配主体。股利分配路径原则上应该按照出资关系，逐级向股东分配，产权链条上各级实现盈利的公司，都应该向上一级股东分配利润。

3）履行法人治理程序

股利分配权属于股东（大）会，股利分配方案通常由公司董事会决定并宣布，经股东（大）会认可，即可确定执行。在国内，非上市公司受行政指令影响较大，在加强现代企业制度建设、完善公司治理的大背景下，股利分配应严格履行法人治理程序。独资公司由股东出具股东决定书，合资公司由董事会审议通过并提交股东（大）会，由股东（大）会决策，明确股利分配金额及预计分到股东账面的日期。

4）派发股利

企业根据资金计划安排及决议内容，向股东派发股利。按照公司管理制度要求，完成股利到账信息报备。

此外，上市公司股利分配有几个重要日期：

宣布日（Declaration Date）。公司董事会根据定期发放股利的周期举行董事会会议，讨论并提出股利分配方案，由公司股东大会讨论通过后，正式宣布股利发放方案，宣布股利发放方案的那一天即为宣布日，在宣布日，上市公司应登记有关股利负债（应付股利）。

登记日（Holder-of-record Date）。公司自宣布派发股利到实际将股利发出一般要有一定的时间间隔。由于上市公司的股票在此期间仍在不停地交易过程中，公司股东随着股票的交易而不断变化，为了明确股利的归属，需要明确股权登记日。凡在股权登记日之前（含登记日当天）列于公司股东名单上的股东，都将获得此次发放的股利，而在这一天之后才列于公司股东名单上的股东，将不能获得此次派发的股利，股利仍归原股东所有。

除息日（Ex-Dividend Date）。由于股票交易与过户之间需要一定的时间，因此，只有在登记日之前一段时间内购买股票的投资者，才可能在登记日之前列于公司股东名单之上，并享有当期股利的分配权。一般规定登记日之前的第四个工作日为除息日（逢节假日顺延），在除息日之前（含除息日）购买的股票可以得到将要派发的股利，在除息日之后购买的股票则无权取得股利。除息日对股票的价格有明显的影响。在除息日之前进行的股票交易，股票价格中含有将要发放的股利的价值，在除息日之后进行的股票交易，股票价格中不再包含股利收入，因此，其价格一般低于除息日之前的股票交易价格。

发放日。股利在这一天派发给股东，公司冲销应付股利。

5. 股利政策

股利政策（dividend policy）是股份公司关于是否发放股利、发放多少以及何时发放的方针和政策。它有狭义和广义之分。从狭义方面来说，股利政策就是公司在税后收益和留存收益之间进行的合理配置的策略；而广义的股利政策，则包括股利宣布日的确定、股利发放比例的确定、股利发放时的资金筹集及安排等问题。

附录3　公司治理及股权管理相关词条

概括来说，股利分配将公司利润与现金流有机结合，是检验企业盈利质量最有效的标准，是实现股东收益的最直接体现。股利政策就是基于股东利益、资本成本、盈利能力、价值管理与利润分配之间的相关性，兼顾股东利益和企业的可持续发展而确定的公司盈余分配策略，继而设计并制定的管理制度。不论公司形式、性质、战略、业务、规模多么不同，但有一个共同的属性和目标就是追求股东利益最大化。股东利益最大化将企业的资本成本和投融资决策有机地结合起来，确保企业制定科学有效的投融资策略。

一般来说，处于成长阶段、资金需求较大的企业，其股利分配政策倾向于保留利润；而进入成熟阶段、业绩稳定、成长缓慢的公司完全可以给股东以稳定的现金股利。对于企业的筹融资能力，公司如果有较强的筹融资能力，则可发放较高的股利，并以再融资来满足企业经营对货币资金的需求；反之，则要保留更多的资金用于内部周转或偿还将要到期的债务。对于企业的投资机会和再投资能力来说，从股东财富最大化出发，企业之所以能将税后利润部分或全部留下来用于企业内部积累，其前提是这一部分属于股东的净收益，可以使股东获得高于其他投资渠道的再投资收益。因此，股利分配政策在很大程度上也受公司再投资能力影响。如果公司有较多的有利可图的投资机会，往往采用低股利、高留存利润的政策；反之，如果投资机会较少，就可采用高股利分配政策。对于资本结构和资金成本，企业在确定股利政策时，应全面考虑各种融资渠道、资金来源的数量大小和成本高低，使股利政策与公司合理的资本结构、资本成本相适应。企业债务和权益资本之间的最优比例，即最优资本结构，会使企业价值最大、资金成本最低。

二十四、控制权市场

公司控制权市场（market for corporate control），又指外部接管市场（takeover market），它是指通过收集股权或投票代理权取得对公司的控制，达到接管和更换不良管理层的目的。这种收集可能是从市场上逐步买入小股东的股票，也可以从大股东手中批量购入，通过接管市场形成对不良管理者进行替换的持续性外部威胁。一般来说，并购是达成接管的主要手段，主要涉及两个公司之间的关系，而接管则反映公司股东与管理层关系的变化。除并购之外，收集其他股东的代理权也是实现公司接管的有效手段之一。影响控制权市场有效性的重要因素之一是公司的股权结构。

Manne（1965）较早地注意到了资本市场上的接管对经理的约束作用，

是经典的外部治理理论。根据该理论，即使公司内部治理机制未能发挥作用，公司管理者也不会在执行职务时过分滥用其权利，因为公司控制权交易市场会治理这些不称职的公司管理者。

自20世纪80年代起，Jensen成为公司控制权市场理论的主要倡导者。其主要的观点是"当内部变化受到来自现职管理层的阻碍时，资本市场是公司重构的渠道之一"。在有效的外部治理机制下，面对公司经营业绩下降，中小股东会抛售或寻机转让公司股票，从而导致股价下跌，控制权发生转移并最终导致管理层的更换。之后，调整董事会和经理层、整顿公司业务和重新制定公司的发展战略，使公司重新回到利润最大化轨道上，这时证券市场将重新对公司股票价格进行定位，股价上升，接管者便从中受益。

附录4 工作范本及模板

第一节 工作范本

范本一：西南油气田20××年度专职董监事工作报告（董监事办公室）

20××年，西南油气田的专职董监事工作在原集团公司资本运营部和西南油气田相关部门的指导和支持下，始终围绕提升股权投资收益、防控股权业务风险的目标运行，着力抓好战略规划调整，大力拓展新兴业务发展，持续抓好规范管理与业务优化整合，深入开展开源节流降本增效活动，改进过程监控方式，强化基础工作，实现了股权业务的良性发展，股权投资收益持续稳定增长。

一、总体情况

1. 公司构成

西南油气田对外投资公司以天然气终端销售、页岩气勘探开发生产为主，兼有房地产开发、化工生产、物流贸易、技术咨询等相关业务。截至20××年12月，油气田全资、控股或实质性控制经营的国有投资公司共计23家。其中，按公司性质分：上市单位19家占比82.6%，未上市单位4家占比17.4%；按持股比例分：全资公司7家占比30.4%，控股公司15家占比65.2%，参股公司1家占比4.4%；按经营性质分：天然气终端销售类公司15家占比65.2%；技术咨询与技术服务类公司3家占比12.9%；房地产开发类公司1家占比4.4%；物流贸易类公司2家占比8.7%；化工生产类公司1家占比4.4%。

2. 股权结构

截至20××年12月底，西南油气田管理的23家国有投资公司共拥有股本 395896.49 万元，其中，中国石油投资 238656.32 万元，占比 60.28%；其他股东投资 157240.17 万元，占比 39.72%。在股本总额中，上市单位对外投资公司股本 354857 万元，其中，中国石油投资 213426.83 万元，占比 60.14%；未上市单位对外投资公司股本 41039.49 万元，其中，中国石油投资 25229.49 万元，占比 61.48%（见附表 4-1）。

附表 4-1　20×× 年对外投资公司基本情况表

单位：万元，%

序号	公司名称	股本	中国石油出资额	中国石油股权比例	业务类别
	合　　计	395896.49	238656.32	60.28	
（一）	上市单位公司	354857	213426.83	60.14	
1	重庆市 ×× 燃气有限责任公司	10020	9898.75	98.79	城市燃气
2	达州市 ×× 天然气有限责任公司	2000	1900	95	城市燃气
3	……				
（二）	未上市单位公司	41039.49	25229.49	61.48	
1	四川 ×× 燃气有限责任公司	31000	15190	49	城市燃气、LNG
2	四川 ×× 石油房地产开发有限责任公司	6060.49	6060.49	100	房地产开发
3	……				

3．治理结构

1）股权组织机构

西南油气田股权组织机构纵向上分为油气田—托管单位—对外投资公司三级。油气田机关设资本运营部，负责油气田资本运营管理工作。托管单位设置资本运营管理部门或专职资本运营管理岗，负责本单位的资本运营管理工作。对外投资公司按公司章程的要求，结合生产经营管理实际，规范设立组织机构。

2）法人治理结构

按照建立现代企业制度和完善公司法人治理结构的要求，在 23 家公司中，除 7 家全资和 1 家参股公司外，其余 15 家公司都建立了股东会。股东会是各公司的最高权力机构，由股东代表按照股东的授权行使股东权利。成都 ×× 石油天然气工程有限公司为中国石油全资子公司；中国石油物质 ×× 公司为

附录4 工作范本及模板

中国石油全民所有制企业，这两家公司未设立董事会、监事会。四川××燃气有限责任公司仅设立了董事会，其余20家公司均设立了董事会和监事会。董事会作为公司的决策机构，对公司重大经营活动进行决策，负责经营管理公司的法人财产。有21家公司设有监事会。监事会是公司的监督机构，负责对公司财务以及公司董事、经理和其他高级管理人员履行职责进行监督，维护公司及股东的合法权益。各公司都聘有经理，公司经理对董事会负责，主要行使公司的生产经营管理工作，组织实施董事会决议。各公司由此形成了股东会、董事会、监事会和经理层之间相互制衡的法人治理结构。

到20××年12月，西南油气田管理的23家公司中，共有董事111人，其中，我方委派的董事96人，占比86.5%；共有监事68人，其中，我方委派的监事57人，占比83.8%（附表4-2）。

附表4-2 20××年对外投资公司"三会"人员统计表

单位：人

序号	公司名称	股东会		董事会		监事会	
		人数	我方人数	人数	我方人数	人数	我方人数
	合　　计	100	71	118	96	68	57
（一）	上市单位公司	100	71	101	83	60	49
1	重庆市××燃气有限责任公司	10	10	7	7	3	3
2	达州市××天然气有限责任公司	7	7	5	5	2	2
3	……						
（二）	未上市单位公司	—	—	17	13	8	8
1	四川××燃气有限责任公司			7	3	2	2
2	四川××石油房地产开发有限责任公司			7	7	3	3
3	……						

3）公司机构设置

对外投资公司根据《西南油气田对外投资控股公司机构及岗位设置指导意见》，按照公司的生产经营规模和管理工作的实际需要，合理设置公司的管理机构。一是年销售收入在3000万元以上的公司，基本上按"两办三部"设置内部管理机构，即公司办公室、HSE办公室、生产技术部、财务部、营销部，如重庆市××公司、四川省××公司、南充市××公司等均是按"两办三部"设置内部管理机构;二是年销售收入在 1000 万～3000 万元的公司,设"一办三部",即公司办公室、生产技术部(含 HSE)、财务部、营销部,如成都市××公司等即是如此;三是年销售收入在 1000 万元以下的公司,基本上按职能设置相关管理岗位,如成都市××工程公司等。

4) 再投资公司及分支机构设置

对外投资公司的再投资公司及分支机构包括其投资的全资公司、控股公司、参股公司和所属分公司。到 20×× 年 12 月,在 23 家公司中,有 12 家公司设有再投资公司及分支机构。共有再投资全资公司 7 家,再投资控股公司 22 家,再投资参股公司 13 家,分公司 30 家(附表 4-3)。

附表 4-3 20×× 年对外投资控股公司再投资公司及分支机构一览表

序号	母公司名称	再投资公司及分支机构
1	重庆市××燃气有限责任公司	分公司 5 家:(1)南川分公司(2)万盛分公司(3)大渡口分公司(4)江津分公司(5)长寿分公司
2	泸州市××天然气有限公司	全资公司 2 家:(1)隆昌市××油气有限责任公司(2)荣昌区××天然气有限责任公司;控股公司 1 家:自贡××燃气有限责任公司;参股公司 1 家:宜宾××天然气发展有限公司;分公司 2 家;(1)宜宾分公司(2)渝西分公司
3	……	

4. 用户情况

15 家天然气终端公司均在川渝地区从事天然气终端销售业务。天然气终端公司的用户包括工业用气户、城市燃气用户、商业(集体)用户、CNG(压缩天然气)用户和 LNG(液化天然气)用户五类,每类用户各有其特征(附表 4-4)。

附表 4-4 20×× 年天然气终端销售公司用户细分表

用户类别	现有市场空间	市场特点	市场潜力
1. 工业用户	工业企业、化工企业	竞争激烈,用气量大,输差小,有规模效益	较大
2. 城市燃气用户	城市、乡镇居民用户	市场稳定;安装收益高,后期维护成本大;输差大	稳中有升
3. 商业(集体)用户	城市宾馆、餐厅、学校	用量小,价格高,单位利润率高,但用户比较分散,缺少规模效益	有一定潜力
4. CNG 用户	城市出租车、公交车和少量的社会车辆	与燃油相比,具有一定的价格优势;与其他类别的天然气比较,价格较高;建设投资大;具有一定的安全风险;竞争激烈	稳中有升

附录4 工作范本及模板

续表

用户类别	现有市场空间	市场特点	市场潜力
5.LNG用户	城际客运车、重型卡车、船舶、钻井用发电机组	与CNG相比密度大，更安全，易储存和运输；投资较大，需要一定规模的用户才能赢利	处于初始发展阶段，市场份额将维持在较低水平

1）工业用户

随着西部大开发的深入推进和承接沿海产业转移战略的实施，川渝地区工业发展呈快速增长态势，各地市都建立了各具特色的工业园区，园区内引进了一批工业企业，这些企业多数都需用天然气作为燃料或原料。到20××年年底，天然气终端公司共有工业用户1460家（附表4-5），其销售气量占总销售量的62.1%。天然气终端公司主要向这些新兴的燃气市场供气。其主要特点是：市场竞争激烈，市场空间大，天然气需求大，输差小，具有规模效益和良好的发展潜力，但天然气不能完全满足用户需求和少数用户因天然气价格承受能力有限销售下降的情况同时并存。

附表4-5 20××年天然气终端公司用户数量统计表

单位：户

序号	公司名称	工业用户	城市居民用户	商业集体用户
	合　　计	1460	1298954	32726
（一）	上市单位公司	902	837865	9983
1	重庆市××燃气有限责任公司	121	131560	1680
2	达州市××天然气有限责任公司	169	12198	10
3	……			
（二）	未上市单位公司	558	461089	22743
1	四川××燃气有限责任公司	558	461089	22743
2	……			

2）城市居民用户

四川、重庆是全国最早使用天然气的地区，盆地内多数市县都建有天然气公司，从事本区域内居民生活用气的供应。目前，多数县级以上城市的居民生活用气市场都已开发，只剩下少数城市新区、盆地周边部分县城及乡镇的市场区域，且市场竞争激烈，发展空间有限。其主要特点是：市场稳定，供气量稳中有升，居民用户安装业务利润率高，但输差较大，后期维护成本高。到20××年年底，终端公司共有城市燃气用户129.89万户，其销售气量占总销售量的18.46%。

3）商业（集体）用户

商业（集体）用气主要供应城市宾馆、餐厅、学校等。到20××年年底，终端公司共有商业（集体）用户32726家。其特点是用量小，价格高，单位利润率高，具有一定的市场潜力。但用户比较分散，缺少规模效益。其年销售气量占销售总量的7.71%。

4）CNG用户

CNG主要用作城市出租车、公交车和少量社会车辆的燃料，市场竞争激烈，与燃油相比，CNG具有一定的价格优势，但市场已基本饱和，发展潜力有限，与工业用气和城市燃气相比，CNG价格较高，具有较好的经济效益。20××年，其年销售气量占总销售气量的11.1%。

5）LNG用户

LNG目标用户主要是城际客车、重型卡车、船舶、钻井用发电机等，与CNG相比，具有密度大、更安全、易储存和方便运输等特点。中国石油强力推进"以气代油"发展战略，LNG业有较大的发展潜力。20××年，油气田天然气终端公司的LNG市场开发取得一定进展。20××年，四川××燃气有限公司在建LNG加注站2座，为合江LNG加注站、水富LNG加注站；已完工LNG加注站12座，LNG汽化站1座。截至20××年12月底，公司在运行10座LNG加注站、4辆LNG加注车、1座LNG汽化站；销售LNG1491万立方米，其年销售气量占总销售气量的0.68%。

5. 经营指标

20××年，西南油气田资本运营业务紧紧围绕建设中国天然气工业基地的总体目标，以提高股权投资收益为中心，进一步规范管理，持续推进对外投资业务发展，为油气田公司提供了有力的效益支撑。

1）天然气销售量

20××年，对外投资公司天然气销量220295万立方米，比上年的209994万立方米增加10301万立方米，增长了4.91%。其中：上市国有公司销售天然气173998万立方米，同比增加10180万立方米，增长了6.2%。未上市国有公司（四川××燃气有限公司）销售天然气46297万立方米，同比增加121万立方米，增长了0.3%。天然气销售量增长的主要原因：一是四川××天然气发展有限责任公司增加天然气销售量1.01亿立方米，二是因民用气销量自然增长。20××年，天然气终端公司销售的220295万立方米的天然气中，工业用气为136746万立方米，占62.1%；居民用气40657万立方米，占18.5%；商业（集体）用气16998万立方米，占7.72%；CNG用量24413万立方米，占11.1%；LNG用气1491万立方米，占0.7%（附表4-6）。

附表4-6　20××年天然气终端公司天然气销售结构统计表

单位：万立方米

序号	公司名称	合计	工业气量	居民气量	商业气量	CNG气量	LNG气量
	合　计	220295	136746	40657	16988	24413	1491
（一）	上市单位公司	173998	113284	29612	15020	16082	—
1	重庆市××燃气有限责任公司	40561	32001	3686	1701	3171	—
2	达州市××天然气有限责任公司	24369	19603	1023	151	3592	—
3	……						
（二）	未上市单位公司	46297	23462	11045	1968	8331	1491
1	四川××燃气有限责任公司	46297	23462	11045	1968	8331	1491
2	……						

2）营业收入

20××年，对外投资公司实现营业收入740221万元，比上年实际691337万元增加48884万元，增长了7.1%。其中：上市国有公司实现营业收入472789万元，同比增加38256万元，增长了8.8%。未上市国有公司实现营业收入267432万元，同比增加10628万元，增加了4.1%（附表4-7）。营业收入增加的主要因素：一是从20××年9月1日起，非居民用存量气门站价格提高0.40元/m³，收入比年度预算增加16000元。二是四川××天然气发展有限责任公司页岩气产量1.01亿立方米，比年度预算增加0.21亿立方米；天然气销售价格2,177元/千立方米，比年初预算价格1230元/千立方米提高947元/千立方米，使收入比年度预算增加9400万元。

附表 4-7　20××年对外投资公司营业收入完成情况汇总表

单位：万元

板块名称	20××年	上一年	较上一年增减	
			增减额	增减率，%
合　计	740221	691337	48884	7.1
1. 上市国有	472789	434533	38256	8.8
2. 未上市国有	267432	256804	10628	4.1

3）净利润

20××年，对外投资公司实现净利润54861万元，比上一年的33534万元增加21307万元，增长了63.5%。其中，上市国有公司实现净利润38098万元，同比增加14480万元，增加了61.3%。未上市国有公司实现净利润16763万元，同比增加6827万元，增长了68.7%（附表4-8）。净利润同比增加的主要原因：一是新安装民用户数同比增加1.35万户，增加净利润19000万元。二是四川××石油房地产开发有限责任公司出售B区商品房，增加净利润5700万元。三是新设立的四川××天然气发展有限责任公司，实现净利润6332万元。四是××工程公司处置闲置资产，增加净利润4100万元。五是开源节流降本增效活动著成效，增加净利润2700万元。

附表 4-8　20××年对外投资公司净利润完成情况汇总表

单位：万元

板块名称	20××年	上一年	较上一年增减	
			增减额	增减率，%
合　计	54861	33554	21307	63.5
1. 上市国有	38098	23598	14480	61.3
2. 未上市国有	16763	9935	6827	68.7

4）分回股利

20××年共分回股利13375万元，比上一年的14384万元减少1009万元，下降了7.0%（附表4-9）。其中：上市国有公司分回股利10611万元，比上一年的12476万元减少1865万元，下降了14.9%；国有未上市公司分回股利2764万元，比上一年增加856万元，增长了44.9%。分回股利较上年减少的主要原因是上一年部分天然气终端公司为达到国家规定的燃气经营企业最低

附录4 工作范本及模板

注册资本的要求,增加了分回股利额,而20××年各公司股利分配预算按照上一年实现净利润的50%进行安排。

附表4-9 20××年对外投资公司股利分配情况汇总表

单位:万元

板块名称	20××年	上一年	较上一年增减	
			增减额	增减率,%
合　计	13375	14384	-1009	-7.0
1.上市国有	10611	12476	-1865	-14.9
2.未上市国有	2764	1908	856	44.9

二、专职董监事选派

西南油气田于20××年起开始试点专职董事制度,后于20××年开始全面推行。

20××年,油气田专职董监事业务归口资本运营部管理,下设专职董监事办公室,有专职董监事9人。20××年,共向23家国有投资公司中的19家公司分别派出了4名专职董事和5名专职监事。4家未派出专职董监事的公司中,长宁××公司油气田公司已委派西南油气田领导和有关处室长任董监事,成都××工程有限公司公司系全资公司,中国石油物质××公司为全民所有制企业,未设董事会,只设了1名执行董事;另一家公司系参股的四川××燃气有限责任公司,为昆仑公司控股,西南油气田派出有董事和监事。已派出专职董监事的公司中,除个别公司因《公司章程》中已明确由其他股东派出监事会主席外,其余公司的监事会主席均由专职监事担任(附表4-10、附表4-11)。

附表4-10 20××年西南油气田公司委派专职董监事公司一览表

序号	公司名称	专职董事	专职监事	专职是否任监事会主席
	上市单位公司			
1	重庆市××燃气有限责任公司	肖某某	辛某某	是
2	达州市××天然气有限责任公司	肖某某	辛某某	是
3	……			

附表 4-11　20×× 年西南油气田公司专职董监事任职公司一览表

序号	姓名	专职董事	专职监事
1	毛某某	1. 泸州市 ×× 天然气有限公司	
		2. 江油市 ×× 天然气有限公司	
		3. 四川 ×× 燃气有限责任公司	
		4. 四川 ×× 燃气有限责任公司	
		5. 四川 ×× 石油房地产开发有限公司	
2	舒某某		1. 大英县 ×× 燃气有限责任公司
			2. 南充 ×× 天然气有限责任公司
			3. 成都 ×× 科技发展有限公司
3	……		

三、公司制度建设及运行情况

1. 制定规则运行三会

截至 20×× 年年底，西南油气田所属投资公司均已制定公司章程。建立股东会、董事会、监事会的公司基本都制定了相应的议事规则或工作规则、党组织工作规则。20×× 年，设立股东会、董事会、监事会的全资与控股公司"三会"有效运转，共计召开股东会会议 35 次，审议 132 项议案；召开董事会会议 56 次，审议 276 项议案；召开监事会 22 次，审议 36 项议案。

2. 党建工作写入章程

所有公司均已按要求将党建工作写入公司章程，并在章程中明确党组织研究讨论是董事会、经理层决策重大经营管理事项的前置程序，且党建工作条款经过审核，内容和形式均符合相关规定要求。

3. 支撑机构建设

目前多数公司将董事会办公室挂靠在综合管理部门或与其他职能部门合署办公，并配备一至两名兼职人员承担董事会/监事会相关工作，董事会秘书也全部为兼职。

4. 执行三会决议

各公司均根据自身实际情况，建立了工作机制跟踪检查三会决议执行情况。多数公司由综合管理部门负责决议的督办，确定责任部门后由其定期反馈决议事项执行情况，综合管理部门定期督查决议事项进展，事项办结由主管领导确认并评价。

5. 向股东会报告工作

根据公司法及公司章程的规定，董事会、执行董事对股东会、股东负责，向股东会、股东定期报告工作情况。20××年，各公司通过在股东会会议上提交董事会年度报告的方式向股东会报告其工作情况，未设股东会的公司则主要以公司名义向西南油气田报送公司年度工作总结的方式向股东报告董事会工作情况。

6. 授权董事长或总经理

设立董事会的公司均由董事会对董事长或总经理在财务资金、资产管理、投资、法律纠纷、合同审批等方面进行不同程度的授权。授权内容通过《授权管理制度》和《权限指引表》等制度进行明确，并按照授权事项所涉金额划分，明确董事会对董事长、总经理的具体授权。

四、专职董监事认真履职

专职董监事制度的建立和推行，在油气田形成了一支职业化的董监事队伍，成为油气田与对外投资公司的桥梁和纽带，通过专职董监事的认真履职，为进一步完善公司法人治理结构，切实维护股东权益，不断改进履职方式，切实提升专职董监事工作质量与水平，规范公司运作都发挥了积极作用。

20××年，西南油气田进一步加大专职董监事工作力度，充分发挥专职董监事在公司治理中的决策参与、监督检查和信息沟通作用，增强对任职公司的管控能力，确保对外投资公司经营决策真正体现股东意志和法人治理机制的规范运行，切实有效地推动了任职公司的工作进程。

1. 开展任职公司经营指标评价，按期完成年度工作报告

一是定期填报年度生产经营指标。在集团公司统一的股权管理信息平台上，专职董监事在年初就协助托管单位和任职公司搞好年度财务决算，定期填报或更新任职公司信息，录入年度生产经营指标。二是按期编制完成年度综合报告。专职董监事对任职公司的经营管理、内部控制、财务状况及经营指标进行了全面总结分析，按期完成并向油气田公司领导和集团公司资本运

营部提交了《西南油气田20××年度专职董监工作报告》,为领导决策提供了参考。

2. 发挥决策职能作用,督促对外投资公司完善法人治理结构

20××年,专职董监事任职公司共组织召开股东会、董事会、监事会92次,审议并通过了"三会"报告和议案460项。在审议过程中,专职董监事坚决贯彻落实油气田管理层的决策意图,对各项报告和议案进行认真审议,为持续深化任职公司法人治理结构,推进公司科学决策和强化经营管理发挥了重要作用。

3. 履行董监事职责,督促任职公司持续规范管理

一是每月定期填报履职表。全年填报月度履职表240份,从中发现问题26项,提出改进措施或整改建议意见33条,托管单位和各公司都按照专职董监事提出的整改意见;二是有针对性地开展集中履职监督检查。在总结前几年专职董监事履职检查工作经验的基础上,将专职董监事履职检查由过去的月度分散履职检查改为集中专项履职检查,突出检查实效,全年先后集中开展3次财务收支专项检查,检查直接控股公司17家,发现问题81项,涉及金额1.61亿元,提出改进措施或整改意见92条,并通报到各托管单位和投资公司,督促各单位及时完成了问题整改。三是积极开展专题调研。组织专职董监事对××科技公司公司库存材料管理、静远公司科研费用管理、天泉公司和物资实发公司与主业的关联交易等事项进行了专题调研,促进了相关问题的及时有效处理。通过专职董监事认真履职,持续提升了对外投资公司的管控能力。

4. 参与资本运营相关工作,为提升股权投资收益献计出力

一是组织编制年度股权投资收益预算。专职董监事组织编制了下一年股权投资收益预算,将预算指标分解下达到托管单位,为强化资本运营全面预算管理做出了积极贡献。二是积极参与月度股权业务分析。专职董监事与油气田公司股权管理人员一道,坚持按月组织开展股权业务月度生产经营管理分析,每月定期提交对外投资业务生产经营情况分析报告,及时发现了各公司生产经营管理活动中存在的问题,并提出有针对性的整改措施,为西南油气田强化股权管理提供了决策参考。

为提高科学决策和经营管理水平,做好法律风险和重大风险防范工作,将20××—20××年期间投资公司涉及诉讼案件的数量与金额进行了统计,

附录4 工作范本及模板

为了西南油气田及时、全面、完整掌握其所属的投资公司涉诉法律风险情况提供了参考依据（附表4-12）。

附表4-12 对外投资公司20××—20××年涉诉情况一览表

单位：万元

20××年诉讼案件数量（件）	20××年诉讼案件起诉标的额总和	20××年诉讼案件结案标的额总和	20××年诉讼案件数量	20××年诉讼案件起诉标的额总和	20××年诉讼案件结案标的额总和
13	922.42	645.14	13	1601.06	1575.32

五、资本运营开展的主要工作及成效

20××年是西南油气田资本运营业务专业化运行的关键一年，也是实现公司"十三五"资本运营业务规划目标的关键一年。围绕资本运营业务总体工作思路，重点抓了以下工作：

1. 突出规划战略引领，科学谋划资本运营业务发展

1）深入研究资本运营业务发展战略

针对国家实施低碳发展战略、能源领域对社会资本公平开放、国际油价持续低迷、政府"直供"要求力度加大、天然气价格调整对天然气供需关系的影响，组织各托管单位和投资公司加强调查研究，进一步优化调整分公司天然气终端市场开发与股权业务发展战略，为"十三五"资本运营发展规划编制提供了科学依据。

2）编制完成公司"十三五"资本运营业务发展规划

在20××—20××年股权业务滚动规划的基础上，根据新的形势和要求，组织编制完成了公司"十三五"资本运营业务发展规划，确定了发展目标和发展思路，完善了业务范围和市场布局，调整了业务工作量、投资项目和效益指标的安排部署，明确了确保规划目标实现的具体措施。

3）扎实抓好资本运营专项规划的编制与实施

全面实施对外投资公司信息化建设专项规划，研究了管道完整性管理信息化系统建设前期工作，启动了分布式能源项目发展专项规划的编制，完成了对外投资公司SCADA系统第一批项目前期工作审批，抓好了2015—2017年安全隐患治理专项规划的执行。

4）及时开展专题研究

先后对四川静××工程咨询有限公司和泸州××化工有限公司业务发展问题、南充市××燃气有限责任公司恩阳区域市场发展和经营管理问题、成都市××投资区开发有限责任公司收购并续建成都××安全印制有限责任公司煤改气节能改造项目天然气管道工程、公司未上市通信业务持续重组、川×公司开展楚攀支线投资主体建设方案和华油公司开展广元里程CNG站接管方案等进行了专题研究并提出了解决措施。

2. 深化投资计划管理，有效提升投资收益

1）严格控制投资规模

根据资产轻量化发展要求，按"自我发展、自求平衡"的原则。将对外投资公司投资重点向新增生产能力、安排了天然气终端市场开发、与市政建设同步的园区管网及站场建设、安全隐患治理以及与供气设施配套的数字化建设等项目倾斜，全年调整计划安排投资13.39亿元，较年初框架投资计划减少4000万元，降低3%，有效降低了投资规模，优化了投资结构，保证了投资重点，提升了投资收益。

2）抓好前期工作质量和进度

2015年重点安排了各对外投资公司"十三五"股权业务发展规划编制、天然气终端市场开发、LNG加注站建设、信息化建设、生产辅助等前期项目251项。为确保优质高效完成前期工作任务，公司及时下达了前期工作计划，严格履行前期审批程序，按计划进度督促开展前期工作，保证了前期计划得以有效执行。按计划要求，今年顺利启动了管道完整性管理信息化系统建设前期工作，完成了对外投资公司SCADA系统第一批项目前期工作审批工作，开展了信息化、管道完整性管理规划编制和试点总结工作，推行了标准化设计和无人值守管理，在打造数字化终端公司进程上又前进了一大步。

3）切实抓好建设项目实施管理

指导督促托管单位和对外投资公司在项目费用、质量、工期上认真把关，将项目开工、招投标管理、物资采购、项目结算、竣工验收等内部控制关键点纳入检查考核的重点内容进行监督管理，全年组织了双流区××天然气有限责任公司双流工业园区配气站工程等8个项目的现场检查，完成重点项目5项，节约投资1000万元。

3. 股权投资与处置并举,进一步优化资本运营结构

1)大力抓好新增业务领域股权投资

着重抓好了国家鼓励发展的页岩气勘探开发、管道运营、天然气净化、天然气终端销售等领域的合资合作,开展了遂宁××净化公司等6个公司的组建工作。预计20××年年底全面完成遂宁××天然气净化公司、重庆××管道公司和潼南××天然气公司的组建;四川××管道公司完成了出资协议的审批;四川××页岩气公司结合四川省政府与集团公司战略合作框架协议的签订开展立项报告的上报与可研报告的编制;完成矿服部物业管理公司组建前期工作。

2)扎实开展增资与股权收购工作

为进一步提升对外投资公司的资金实力和创效能力,在反复进行效益分析论证的基础上,对生产运营存在资金缺口的郫都区××公司、对外承担责任能力急需提升的成都××科技公司进行了增资。同时组织华×集团开展了收购成都××科技有限公司25%股权的相关工作。

3)稳步推进业务整合与股权处置

一是加快"五类"股权项目处置。完成了遂宁××运输公司、天×公司、六×公司3个"五类股权"项目的处置和收购工作,指导家×公司完成凤凰富居项目土地注入华×公司,并完成了华×公司100%国有股权挂牌交易工作。二是实施股权结构优化调整。换市场方式大力争取市场资源。为取得成都天府新区终端市场和华润燃气在安徽定远的LNG市场资源,开展了华阳××天然气公司和定远县××燃气发展有限责任公司股权整合工作。三是稳步推进终端销售业务优化整合。为进一步理顺投资公司产权关系和管理界面,使业务领域进一步集中、区域市场进一步统一,在产权结构上形成公司三大燃气终端销售公司的格局,全面启动了公司天然气终端销售业务整合,预计年底完成股权(产权)管理权移交项目的整合,明年3月底完成全部整合工作。

4)及时介入优质股权投资项目准备工作

在非居民用气价格下调、集团公司推行资产轻量化改革、天然气转换能源业务逐步兴起的新形势下,为避免终端市场流失,积极介入优质股权投资项目论证与准备工作。一是开展了成都龙泉绕城十陵区域市场、达州经开区市场等区域合资合作项目的前期协调与准备工作。二是多次与中电国际就成都市高新西区分布式能源合资项目进行接洽,双方初步达成合资合作意向,并着手开展项目立项工作。

4. 多管齐下抓好收益管理，切实保证投资回报

1）全面落实投资收益回报考核制度

按照集团公司要求，在抓好新设立或增资扩股股权项目的投资回报承诺书签订工作的同时，将收益指标纳入股权投资收益预算管理和考核。20××年对外投资公司平均净资产收益率18%，近年新成立的长×公司投资收益率15%，20××年、20××年增资扩股的对外投资公司平均投资收益率均达到了行业基准要求。

2）切实搞好预算执行监控

一是按月开展业务分析。按月做好报表分析，及时发现生产经营中存在的问题，积极开展调查研究并提出应对措施，先后协调解决了峨×公司、新×公司、川×公司各子（分）公司因用户用量大量下降引起的成本结构不合理、LNG项目亏损等问题，保证了投资公司主要经营指标的全面完成。二是及时抓好天然气终端销售价格调整。针对宏观经济下行压力增大、非居民天然气用户需求降低、燃气市场竞争激烈等引起的供需关系变化，及时印发了天然气终端公司工业用气阶梯气量价格优惠指导意见，并对重庆渝川公司竞争区域的部分重点工业用户的价格优惠幅度进行了专项批复，进一步巩固了现有市场区域。三是组织开展了天然气终端销售公司经营资质、经营范围、资产设施、终端销售价格核准等合规性调查，对存在的问题进行了整改完善。四是开展了天然气价格执行情况专项检查。组织各托管单位和天然气终端公司对20××年以来的天然气价格执行情况进行全面检查，查出9个方面的问题89项，涉及金额1.5亿元。对查出的问题，落实了具体整改措施和责任人并限期整改完毕。同时配合四川省发改委做好了泸州××公司价格检查发现问题的整改处理。

3）规范实施股利分配

严格执行集团公司关于各级控参股公司年度股利分配额不得低于上年净利润50%的规定，并纳入分公司对托管单位绩效考核体系严考核，硬兑现。20××年公司对外投资公司股利分配全面完成年度计划。

4）认真落实开源节流、降本增效措施

继续在投资公司开展"人均节约1000元"活动，全面落实开源节流、降本增效分解指标。指导投资公司搞好增收节支、修旧利废工作，严格控制非生产性支出。积极抓好税收策划，有效降低税费支出。组织开展专项检查，抓好长×、川×、华×及"五矿一处"等重点单位的指导和督促，降本增效指标全面完成，全年在公司核定指标基础上增加净利润4000万元。

附录4　工作范本及模板

5. 不断改进履职方式，进一步提升工作质量与水平

1）认真做好任职公司经营管理分析评价

年初对投资公司财务状况、内部控制及风险因素、经营管理指标等进行了全面分析评价，及时为公司资本运营管理提供了决策参考。

2）督促搞好对外投资公司法人治理结构规范运行

一是指导和督促对外投资公司持续完善法人治理结构，按期召开"三会"会议，坚持将重大事项提交"三会"审议，确保了投资公司重大决策依法合规。二是开展了对外投资公司"三会"治理结构运行清理工作，指导对外投资公司规范"三会"议案和决议事项，切实提升法人治理结构运行质量和效力。

3）不断提升专职董监事履职质量

开展专职董监事集中履职专项检查，深入投资公司经营管理各环节，查找管理漏洞和潜在风险，突出检查实效。先后组织专职董监事开展了对外投资公司财务收支、五项费用、小金库及业务招待费、项目及合同管理专项，累计发现问题336项，涉及金额0.9亿元，提出改进措施或整改意见83条，并督促指导各托管单位和投资公司及时完成了问题整改。

6. 加强业务基础建设，筑牢资本运营管理基石

1）持续完善管理制度与业务标准

结合集团公司资本运营管理新要求以及部分单位股权业务委托管理实际，补充制定了《股权（产权）项目委托管理办法》。在完善制度体系的同时，进一步完善了对外投资公司非安设备配置标准。

2）抓好集体经济基础管理

一是抓好集体企业财务核算。正式启用了中油财务信息系统7.0，进一步完善了集体企业会计核算体系和报表体系，提高了核算管理质量。二是加强银行账户管理。严格执行银行账户开户、变更、注销审批制度，开展了银行账户清理工作，使资金运行更加安全高效。三是强化收款清欠工作。召开了集体企业清欠工作对接会，对各集体企业收款清欠工作作了统一部署，针对16家应收款项余额较高或老款较多的集体企业，研究提出了具体清欠措施，保证了计划清欠工作全面完成。四是搞好集体企业资产管理。清理核实了华油公司、天宇公司等集体企业报废固定资产277项。

3）持续推进股权信息系统应用

在20××年完成系统建设的基础上，今年推广应用了计划管理、非国有产权管理、集体企业资产7.0集中核算管理等应用系统。

4）搞好年度管理能力评价与业绩考核。组织完成了 20×× 年度公司对托管单位、托管单位对所托管公司的管理能力评价和年度业绩考核，并根据相关规定完成了相应管理授权及业绩兑现工作，促进了托管单位和对外投资公司管理能力的不断提升。

六、公司财务状况及主要财务指标评价分析

西南油气田专职董监事的任职公司多属中型企业，根据国务院国资委发布的《企业绩效评价标准值》中的国有中型企业相关标准规定，就专职董监事任职公司 20×× 年的财务状况和主要财务指标进行对标分析评价。

截至 20×× 年 12 月 31 日，已委派专职董监事任职的 19 家公司的资产、负债和所有者权益总体情况是。

1．资产

资产总额 532787 万元，较上年增加 8635 万元，增长 1.6%。其中：货币资金 52334 万元，同比增加 10137 万元，增长 24%；内部存款 92410 万元，同比增加 21215 万元，增长 29.8%；应收账款 2833 万元，同比减少 2251 万元，下降 44.3%；其他应收款 4086 万元，同比减少 360 万元，下降 8.1%；预付账款 2709 万元，同比增加 3 万元，上升 0.1%；存货 248608 万元，同比减少 21133 万元，下降 7.8%；固定资产（净值）75910 万元，同比增加 7551 万元，上升 11%；在建工程 10016 万元，同比减少 2294 万元，下降 18.6%。

2．负债

负债总额 358102 万元，比上年减少 32933 万元，下降 8.4%。其中：应付账款 25155 万元，同比减少 3300 万元，下降 11.6%；其他应付款 190181 万元，同比增加 28675 万元，上升 17.8%；预收账款 111901 万元，同比减少 60314 万元，下降 35%；应付职工薪酬 1460 万元，同比增加 338 万元，上升 30.1%；应付股利 193 万元，同比减少 21 万元，下降 10%；递延收益 3762 万元，同比增加 530 万元，上升 16.41%。

3．股东权益

股东权益 174685 万元，同比增加 33568 万元，增长 23.8%。其中：股本 60351 万元，同比增加 17030 万元，上升 39.3%；资本公积 2783 万元，同比减少 1138 万元，下降 29%；盈余公积 35303 万元，同比减少 3674 万元，下

降 9.4%；未分配利润 67914 万元，同比增加 20374 万元，增长 42.9%。

从 19 家公司财务总体状况来看，资产负债结构总体趋于合理，在资产保持稳定、负债持续降低的情况下，股东权益有较大增长，资产负债内部项目间的变化基本都处于合理范围之内。20×× 年成都 ×× 科技发展有限公司与遂宁 ×× 运输有限公司存在的较高应收账款余额的问题也得到有效解决。专职董监事任职公司 20×× 年的资产负债汇总情况（附表 4-13）。

附表 4-13　专职董监事任职公司 20×× 年资产负债情况汇总表

单位：万元

公司名称	上一年			20×× 年		
	资产	负债	所有者权益	资产	负债	所有者权益
合　　计	524152	391035	141117	532787	358102	174685
（一）上市公司	197442	86727	118714	223963	81483	142480
1. 重庆市 ×× 燃气有限责任公司	31526	15294	16232	34181	13285	20895
2. 达州市 ×× 天然气有限责任公司	3864	2985	879	5234	2705	2529
3. ……						
（二）未上市公司	326711	304308	22403	308825	276619	32206
1. 四川 ×× 石油房地产开发有限责任公司	318763	296,920	21843	303084	271479	31605
2. 遂宁 ×× 油田运输有限公司	7948	7388	560	5741	5140	601
3. ……						

七、投资公司治理情况分析

根据全国公司治理指数评价指标体系，构建形成 20×× 年投资公司治理指数。从六个维度对投资公司的治理指数进行了分析。分析结果为，投资公司治理指数平均值为 63.68，中位数为 63.92，样本的极差为 15.20，标准差为 2.96。而同一时期全国公司治理指数平均值为 63.19，中位数为 63.39，极差为 24.75，标准差为 3.02，投资公司治理指数的平均值和中位数均高于全国平均水平。全国公司治理指数的极差和标准差均大于西南油气田投资公司，表明投资公司治理水平平均差异相对较小。董事会治理指数平均值高于全国公司治理指数的平均值，处于相对较高的水平；而监事会治理指数、经理层治理指数的治理指数平均值均低于全国公司治理指数平均值，考虑到不同行业间的公司治理总体状况存在一定的差异，西南油气田投资公司的董事会治理水平从区域整体水平来看走在了全国的前列，监事会与经理层治理水平存在短板，与全国100佳公司治理指数的平均值69.45相比还有较大差距，表明投资公司治理水平还有较大的提升空间。今后将在公司治理能力上采取以下措施进行改进：第一，树立公司治理建设长期性过程性理念，先行先试推动公司治理的深化改革；第二，加大国有公司改革力度，持续推进混合所有制改革；第三，强化公司治理，提升公司治理整体质量；第四，推进监管创新，保护投资者权益和维护市场良好秩序。

八、股权管理及投资公司经营管理情况分析

"十三五"以来，西南油气田资本运营工作按照集团公司"战略型资本运营、价值型股权管理"总体要求，积极适应我国经济发展新常态，持续深化股权管理体系建设，努力推进股权管理运行机制和管理方法创新，不断加强股权项目全过程规范管理，稳步实施股权业务优化整合，大力拓展股权业务新领域，总体上，管理行为不断规范，管理水平逐步提高，股权投资收益稳步递增，股东得到良好回报，开创了资本运营业务与油气勘探开发主营业务同步协调发展的良好局面，为公司整体加快发展做出了积极贡献。

1. 管理体系持续完善，运行机制成熟有效

"十三五"以来，针对公司股权项目迅速增加、业务范围迅速扩张、管理难度迅速加大以及机关机构职能调整等新情况，结合集团公司资本运营业务新要求，对集团公司在公司开展股权管理体系建设试点形成的股权管理制度体系进行了适应性修改，补充制订定了公司股权项目委托管理、集体企业资金管理、银行结算账户管理、预收账款管理、福利费管理、劳保用品管理、终端公司燃气收费管理等制度，印发了四川××天然气发展有限责任公司运行管理实施意见和改进××集团运行管理机制实施意见，使公司资本运营业务形成了较为完善的、覆盖所有业务范围、适应当前发展新形势的完整制度体系。在抓好制度建设的同时，通过不断摸索实践，逐步形成了"统一决策和分级授权管理相结合、归口管理与专业协作相结合、重点管理与重点监控

附录4　工作范本及模板

相结合、业绩考核与兑现奖惩相结合"的股权管理运行机制。在此基础上，通过公司资本运营日常业务归口管理和一年一度的股权管理能力评价、专职董监事履职检查以及内部审计与内控测试等方式，督促托管单位和对外投资公司健全规章制度并执行到位，保证了资本运营业务一体化规范运行。

2. 战略规划不断强化，业务发展稳步推进

根据国内外天然气发展形势变化、国内不断加剧的市场竞争以及公司自身发展要求，积极组织开展多层面、多角度的战略研究，分析资本运营业务面临的机遇与挑战，及时优化、调整业务定位、发展目标、重点项目安排及保障措施，明确了"巩固发展天然气终端销售业务，加快页岩气、管道运营与天然气净化业务，稳步发展LNG业务，兼顾发展其他业务"的发展战略。"十三五"期间，组织编制了公司"十三五"及"十三五"后三年股权业务发展规划、股权投资中长期发展规划以及对外投资公司信息化建设、管道完整性管理、安全隐患治理等专项规划；指导四川××燃气有限公司编制了《川渝地区"十三五"LNG业务发展专项规划》和《"气化长江"专项规划》；按照国家关于央企兴办集体企业改革要求，提出了《进一步加强西南油气田集体经济管理的建议意见》，明确了"稳步推进、分类处理、优化结构、规范管理、风险受控、提升效益"的具体措施。20××年，结合当前国际国内经济形势和行业发展趋势及公司自身发展实际，组织编制了资本运营业务"十三五"发展规划。这些规划和意见为资本运营业务明确了方向和目标，有力指导了公司资本运营业务可持续发展。

3. 业务结构更加优化，发展基础稳步夯实

按照"十三五"资本运营业务发展的总体思路，股权投资与处置并举，积极推进资本运营业务结构持续优化，进一步增强了资本运营业务的市场竞争力。

1）积极拓展新兴业务领域

适应国家加快页岩气产业发展、管输业务公平开放新变化，积极调整股权投资方向与重点，拓展股权业务发展新领域，增强股权业务发展后劲。着重抓好了国家鼓励发展的页岩气勘探开发、管道运营、天然气净化、天然气终端销售等领域的合资合作。完成了四川××页岩气公司、重庆××页岩气公司和雅安××天然气公司、遂宁××天然气净化公司、重庆××管道公司的组建，取得了组建四川页岩气公司的批复文件，开展了四川页岩气公司和物业管理公司的组建前期工作。

2）适时开展增资和股权收购工作

为增强对外投资公司的资金实力和创效能力，"十三五"以来，在扎实做好股权投资项目效益分析论证基础上，先后完成了华×集团公司、重庆××公司等47家公司的增资扩股，增资总额8.21亿元。20××年开展了郫都区××公司和××科技公司增资工作，拟增资总额2500万元。同时还组织××集团开展了成都××公司25%股权的收购相关工作。

3）稳步推进业务优化整合与股权处置工作

一是切实抓好股权处置。完成了泸州××浅层气公司和花×公司在职职工股清退、××监理公司股权收购、成都天×公司等3家公司国有股权业务的处置、凤凰富居项目土地注入华×公司股权处置、自贡××房地产公司部分存量房产处置。二是优化调整油化业务。对××研究院与××科技公司、天×公司的油化产品生产、销售、市场业务界面及营运模式进行了优化调整，理顺了相互间的业务关系，解决了多年困扰××科技公司业务发展的流动资金短缺问题。同时，启动了华×集团油化业务发展的有序退出工作。三是稳步推进天然气终端销售业务整合。为有效取得成都天府新区天然气终端市场资源和华润燃气在安徽定远的LNG市场资源，开展了华×天然气公司和定远县××燃气发展有限责任公司股权整合工作；20××年下半年启动了公司天然气终端销售业务整合工作，着力将川×公司、华×集团、燃气分公司分别打造为主要从事工业园区燃气销售、民用气销售和CNG销售业务为主的终端公司，努力实现公司天然气终端收效业务专业化、规模化、效益化发展。"十三五"期间，西南油气田共实施股权处置项目10个，其中，清算注销项目5个，股权转让项目5个，涉及金额7065.38万元。

4. 增长方式逐步转变，股权价值有效提升

1）严把股权投资审查关口

一是无论股权投资项目还是对外投资公司建设项目，均严格执行行业基准收益标准，切实做好方案优化与投资控制，确保了项目投资回报。二是积极落实股权投资回报承诺考核制度。按集团公司要求，20××年起对所有股权投资项目均由托管单位主要行政负责人和总会计师向西南油气田签署投资回报承诺书，并将收益指标纳入股权投资收益预算管理和考核。三是着力增强对外投资公司资金实力和创效能力。对新形势下投资公司在业务发展中遇到的问题进行集中研究，切实解决其资金缺口、业务瓶颈、风险管控等方面的问题，帮助投资公司增强抵御风险和持续创效的能力。四是积极开展降本

增效活动。努力挖掘对外投资公司发展潜力,切实抓好市场开发和经营效益的同步提升,实现了股权价值的稳步提升。

2)持续推进挖潜增效

按照西南油气田统一要求,连续四年开展了"人均节约1000元"活动,通过增销、顺价、降本等综合措施,累计增效7327万元。切实抓好税收优惠政策的落实。协调指导投资公司享受了西部大开发税收优惠政策,切实抓好"营改增"相关业务的处理,开展了华×公司承接资产税收策划,共减免税费5434万元。目前,公司燃气终端销售和技术咨询服务类对外投资公司都享受了15%的所得税优惠政策,"十三五"期间共减少企业所得税支出约7000万元。

5. 管理行为依法合规,经营风险有效防控

1)深化重大决策事项管理

坚持重大事项集中决策管理,在股权投资项目设立、年度投资计划、财务预算、股利分配、劳动用工、机构设置、股权资产处置等重大事项中切实履行出资人行权管理的权利,重大事项严格履行上报、审批、核准等相关程序,保证了所有投资公司重大事项规范运行。

2)强化股权项目运营过程监管

一是加强投资公司法人治理结构规范运行。指导和督促对外投资公司持续完善法人治理结构,督促按期召开"三会",坚持将重大事项提交"三会"审议,确保重大决策依法合规。二是加强建设项目全过程规范管理。指导督促托管单位和投资公司从项目的费用、质量、工期上认真把关,切实抓好项目开工、招投标管理、物资采购、项目结算、竣工验收等内部控制关键环节工作。"十三五"期间,组织实施重点建设项目1098个,审减投资2.6亿元,完成率96.5%;完成投资30亿元,较批复概算投资节约1.59亿元,节约率5.3%。三是加强预算执行监控。通过月度报表、业务检查、专题调研等及时发现预算执行出现的问题,分析查找原因并提出应对措施,促证了预算执行到位。四是加强专职董监事工作。将专职董监事履职检查由过去的月度分散履职检查改为集中专项检查,突出检查实效。"十三五"期间先后开展对外投资公司财务收支、五项费用、项目及合同管理、天然气销售价格检查等13次,累计发现问题400余项,提出改进措施或整改意见近200条,并督促指导各托管单位和投资公司及时完成了问题整改。针对能×公司库存材料管理、静×公司科研费用管理、天×公司和物资××公司与主业的关联交易、终

端公司价格执行等事项进行了多次专题调研，促进了相关问题的及时有效处理。五是加强终端业务分析和后评价工作。坚持搞好生产经营月度分析，每年度对投资公司财务状况、内部控制及风险因素、经营管理指标等进行全面分析评价，及时为公司资本运营管理提供决策参考。扎实抓好建设项目竣工验收和后评价工作，认真总结股权项目和工程项目管理经验，查找存在的问题，推动股权项目和工程项目管理持续改进。共开展了组建四川××燃气有限责任公司等7个股权投资项目简化后评价、重庆××石油天然气安装工程有限责任公司等3个股权项目的价值评估和李渡工业园供气工程（一期）等3个工程建设项目的后评价。

3）切实抓好投资公司安全风险防控

进一步完善了对外投资公司生产技术及HSE管理制度，全面开展对外投资公司管道完整性管理和信息化建设，编制了2个"三年安全隐患整改计划"。"十三五"期间指导对外投资公司投资24944万元，完成了247个项目的整改治理，历史遗留安全隐患问题基本得到治理，安全风险得到有效防控。

4）加强资金集中管理

在抓好国有公司资金集中管理基础上，规范集体企业银行账户管理，扎实抓好应收款清欠工作，确保了资金运行安全高效。国有控股公司资金集中率100%，华×集团资金集中率超过85%。资金集中管理既防范了资金风险，又提高了资金使用效益。

5）大力加强业务基础管理

一是推进资本运营业务信息化建设。在"十一五"完成中油财务6.0系统推广应用的基础上，进一步完成了对外投资公司合同管理、计划管理、非国有产权管理、集体企业资产7.0集中核算管理等4个应用系统的建设与推广应用工作，无论在业务覆盖面上还是管理规范性上都得到了较大提升。二是持续开展管理能力建设与评价工作。严格按照公司管理规定，坚持开展股权业务管理能力评价，按管理能力授权，促进了各单位管理能力的不断提升。目前，二级单位获甲级管理等级的比例已由"十一五"末的75%上升到"十三五"末的85%以上。

6. 整体实力持续增强，经营业绩显著提升

几年来，通过强化规范管理、优化业务结构、加强市场开拓、狠抓能力建设，对外投资公司创效能力和竞争能力进一步增强。一是通过业务优化整合，大大增强了投资公司市场竞争能力和抵御市场风险的能力。二是通过增

资扩股，提升了投资公司的资金实力和创效能力。三是通过强化规范管理，提高了投资公司的管理水平和效率。四是通过新兴业务领域的开拓，扩大了资本运营业务的经济增长点。五是通过企地合资合作的投资方式，较好实现了资产轻量化发展目标，同时也进一步和谐了企地关系。"十三五"期间，西南油气田资本运营业务共销售天然气186.53亿方，实现营业收入623.57亿元，实现净利润44.26亿元，分回股利48.15亿元。其中，20××年销售天然气36.48亿立方米，较20××年增加0.41亿立方米，增长1.14%；实现营业收入136.36亿元，较20××年增加47.84亿元，增长54.05%；实现净利润15.3亿元，较2010年增加10.55亿元，增长222.3%；分回股利40.53亿元，较20××年增加39.29亿元，增长3155.61%；股权投资收益（合并）9.04亿元，较2010年增加5.15亿元，增长132.27%；股东权益11.62亿元，较20××年增加7.73亿元，增长298.71%。"十三五"对外投资公司平均投资回报率为18.58%。

九、专职董监事履职中发现的问题及建议

经过近几年的公司建设，截至20××年年底，西南油气田所属投资公司已基本完成公司制改革，建立了现代企业制度。但从实际情况来看，部分投资公司还只是在形式上初步建立了现代企业制度，并未真正形成"各司其职、各负其责、协调运转、有效制衡"的运行机制，公司治理"形似而神不至"，依然存在较多突出问题。

1. 核心人员管理思维尚未完全转变

西南油气田推动所属投资公司改革的目标就是要建立"产权清晰、权责明确、政企分开、管理科学"的现代企业制度，实现由行政化管理模式向现代企业管理模式转型。但就当前实际而言，多数公司成立时间不长，企业化模式运行时间较短，相较以前"领导负责制"的行政化管理模式，不少公司对现代企业管理模式仍然相对陌生，管理思维尚未完全转变。部分公司虽已建立"三会一层"治理结构，但在实际运行中依然"固守传统"。未按照现代企业管理模式运行，公司董监高人员未能充分履职，公司在实际运行过程中依然存在行政化管理思维印记，治理主体之间权责不清、约束不够、缺乏制衡等问题均有所表现。究其根本，投资公司现代企业管理模式转型的困难主要在于公司治理理念尚未深入人心，公司治理核心人员——董监高人员与

支撑机构工作人员管理思维还未完全转变过来，履职意识仍需进一步提高。

2. 治理主体权责划分不够清晰

按照《公司法》和《公司章程》的有关要求，绝大多数投资公司虽已制定权责表，但在实际操作中，部分公司的党组织、股东会、董事会、经理层等治理主体因权责界面划分不规范不清晰，在履职过程中仍然存在"缺位"或"越位"现象。

在党组织前置研究讨论重大经营管理事项方面，部分公司未厘清党组织与经营管理层之间的权责界面，导致党组织在履行前置程序时明显偏离正常范围。同时权责界面划分不清或不规范也存在于股东会、董事会、执行董事与经理层之间。

3. 人员配备与支撑力量亟待加强

部分公司董事会支撑机构建设与人员配备情况不甚理想，对董事会的规范有效运行难以形成有力支撑。部分投资公司的董事、监事因岗位调整或退休等原因被免去职务后，新的董事、监事人员未及时选派增补到位，导致部分公司董事会与监事会实际履职人数低于公司章程规定人数。有的公司还存在职工监事应设而未设的现象。

目前，投资公司正处于现代企业制度建设的起步阶段，但支撑机构与人员队伍建设现状无法满足现代企业管理运行的实际需要。多数投资公司未设置专门的支撑机构，也未配备专业的工作团队，甚至没有固定的工作人员，人员变换时也没有形成有效的承接机制。人才队伍的不稳定，造成管理能力的不稳定，极大地影响了公司治理的规范有效运行，导致现代企业管理水平一直得不到有效提升。

4. 董事会作用未得到有效发挥

公司治理是现代企业制度的核心，董事会则是公司治理的关键。作为公司的决策机构，董事会的主要职责是定战略、管团队、议大事、控风险。由于投资公司的董事多来源于西南油气田内部各单位，相对于身份转变，理念意识、行权方式的转变进程更为缓慢和困难。部分投资公司董事仍偏重于具体事务管理，对董事会的功能理解认识不到位，简单地将董事会视为一个表决机构，认为董事会发挥作用就是召开会议进行表决。董事会的作用发挥异化成了简单的投票表决，战略制订、议事把关、风险管控等其他功能基本缺失。

附录4 工作范本及模板

5. "三会"会议运行不够规范

不少公司虽已制定"三会"议事规则或工作规则，但在实际运行中，并未严格按照公司章程与相关制度的规定来执行，"三会"会议在召开方式、召开程序、召开次数等方面存在不少问题或瑕疵：（1）股东会、董事会、监事会会议合并召开，部分应由董事会制订的议题未经董事会审议通过即提交股东会决策，或股东会、董事会未按章程及议事规则的规定各司其职，将所有内容以相同的议案在股东会会议及董事会会议上各审议通过一次。（2）决策会议计划性差，召开过于随意，频次过高。经常出现在年度会议上应提交审议的议案未提交，又以临时会议形式进行审议的现象。（3）会议通知、议案等材料未按公司章程、议事规则的要求提前发给参会人员，议题数量与议案材料临时变动。（4）部分公司股东会、董事会、监事会会议年度召开次数未满足公司章程规定的最低次数要求。

6. 建议

为进一步提升中国特色现代企业制度建设整体水平，推动投资公司法人治理逐渐从外部要求转化为自发要求，实现从"形似"到"神至"的实质转变，结合专职董监事在日常调研中发现的问题和不足，提出以下工作建议。

1）加强核心人员培训，转变思维提升能力

董事、监事、高级管理人员以及董秘和支撑机构工作人员是公司治理最主要的实践者，其管理思维与履职水平直接决定着公司治理运行的实际状况。未来，西南油气田应着重针对董监高以及支撑机构工作人员在履职行权时遭遇的共性难题和短板弱项，制定常态化培训工作方案。通过对董监高及支撑机构人员开展系统培训，加快转变公司治理核心人员的管理思维，强化其履职意识，提升履职能力和业务水平，推动经营管理人员形成对公司治理基本要素的系统性认识，"以人为本"扎实推动投资公司现代企业制度建设。

2）启动履职考核督导，推进支撑机构建设

在提升公司治理核心人员履职能力的同时，西南油气田也应着力对派出专（兼）职董监事加强考核督导，进一步提升其履职水平，对派出的专（兼）职董监事投入足够的时间和精力履行职责提出明确要求，逐步建立起派出专（兼）职董监事的考核评价体系，重点对其职业操守、履职能力、勤勉程度、工作实绩等方面开展定期考核，考核结果作为奖惩、调整岗位、续聘或解聘的重要依据。

同时，投资公司应加强董事会秘书、董事会办公室、监事会办公室等支撑机构建设，成体系培养现代企业制度人才队伍。原则上，投资公司应设置专门的部门或岗位，配备专职工作人员并保持人才队伍稳定和工作有序承接，为公司内部治理主体的履职行权做好支撑保障。

3）进一步明晰权责边界，强化制度建设与执行

国有企业改革不仅仅是建立体制架构的问题，更重要的是以现代企业的运行机制进行有效管理和治理。投资公司应制定完善自身的权责表，解决治理主体之间权责界面划分不清、不合理不规范的问题。后续，专职董监事将继续指导投资公司进一步梳理内部管理模式，优化授权体制与决策流程，科学合理界定"三会一层"与党组织的权责事项和操作模式，建立完善权责对等、运转协调、有效制衡的决策执行监督机制。

此外，多数公司目前虽已制定公司章程、"三会一层"议事规则、治理主体权责表等现代企业核心制度，但更为具体的、涉及经营管理各方面的管理、运行制度尚有所欠缺，仍需要不断建立完善。二级公司应结合自身特点，建立契合自身实际的管理运行制度，全面、完整、系统约束和规范企业的经营管理活动，实现管理方式的制度化、流程化。同时，二级公司在公司治理过程中，应强化制度的有效执行，在"有法可依"的基础上进一步实现"有法必依"，内部治理主体的履职行权严格按照公司章程、议事规则等规章制度来执行，确保"三会一层"与党组织运行程序合规，规范有效。

4）不断加强董事会建设，切实发挥董事会作用

作为公司治理的核心和关键，董事会的运行质量很大程度上决定了公司治理的水平。为充分发挥董事会在公司治理运行中的决策作用，西南油气田作为管理单位，应结合各公司发展实际，进一步配齐建强投资公司董事会，优化董事会人员结构，建立完善董事会相关运行机制。同时，西南油气田应加快专职董事人才库建设，逐步提高投资公司中专职董事占比，形成与经理层成员适度分离的董事会人员配备。

投资公司则应进一步建立健全董事会相关体制机制，推进董事会责权归位，加强作为董事会决策支撑机构的建设，降低董事决策风险，提高董事科学决策的能力和水平。

十、下一年专职董监事工作要点

20××年是全面贯彻落实党的全会精神，进一步深化改革的又一年，油气田专职董监事工作要以党的全会精神为指引，紧紧围绕提高油气田股权投

资收益这个中心,进一步深化专职董监事制度,充分发挥专职董监事在维护股东权益、强化公司法人治理和规范公司经营管理等方面的积极作用,重点抓好以下几方面工作:

1. 完善全资公司法人治理机制,实现国有公司专职董监事任职全覆盖

进一步完善公司法人治理机制,全面推行专职董监事制度,根据油气田公司机构调整情况,西南油气田公司资本运营部专职董监事科定员6人,目前已经全部配备到位,并已完成任职委派,实现国有公司专职董监事任职全覆盖。

2. 发挥专职董监事参与决策的作用,规范公司法人治理运行

一是积极参与公司重大决策。专职董监事要始终代表出资人切实履行其股东权利,参与公司重大决策,督促指导公司规范提交"三会"会议议案,并认真参与审议和表决,不断提高"三会"会议质量,确保公司法人治理机制高效运行和规范运作。二是督促董监事按期提交履职报告。从20××年起,全面落实董监事履职报告制度,专职董监事在做好自身履职报告的同时,要督促指导其他董监事于每年4月底之前向托管单位提交年度履职报告。

3. 改进履职检查方式,强化监督检查职能

一是实施月度集中履职检查。将专职董监事之前只对任职公司的分散履职检查,改为分组集中专项检查,做到检查内容全覆盖。三是改变检查方式。利用内控跟单测试方法,对投资公司发生的业务,从立项、实施、验收全过程进行深入解剖,查找问题,分析原因,提出整改建议,形成专项检查报告,呈油气田领导批示,并按领导批示抓好落实。四是督促问题整改。全年计划检查20家投资公司,对检查发现的问题,通过《专职董监事意见书》等形式督促托管单位和任职公司按照闭环管理的要求限期整改。

4. 加强业务培训,提高履职能力

专职董监事至少每3年参加一次集团公司举办的股权管理和董监事培训班,不断更新知识,扩大视野。同时,油气田继续坚持每年举办一次股权业务和董监事业务培训班,将财务预算、核算、查账等业务纳入培训内容,要求全部专职董监事必须参加,并通过相关培训考试。通过业务培训,进一步提高专职董监事的履职能力。

5. 认真搞好年度经营指标评价,按期完成专职董监事年度工作报告

一是认真搞好任职公司的信息录入。在集团公司统一的股权管理信息平

台上，协助托管单位和任职公司搞好20××年度财务决算工作，录入年度生产经营指标，按期填报和更新完毕任职公司的基本信息。二是按期编制完成年度综合报告。20××年一季度完成各公司上一年的生产经营、财务状况、业绩考核指标等进行综合分析和对标分析，查找差距，提出改进措施，督促各公司全面提高经营管理水平。

范本二：某公司2019年年度财务分析报告
（监事会办公室）

摘要：2019年年度公司营业收入为60165.05万元，营业利润为9638.46万元，营业外收支净额为287.79万元，利润总额为9926.25万元，成本费用总额为126802.45万元，占营业收入的210.76%。营业成本为124795.72万元，营业毛利率为-107.42%，营业利润率为16.02%，资产合计为5628553.64万元，负债合计为3843684.17万元，股东权益合计为1784869.47万元，资产负债率为68.29%，资产净利率为0.17%，净资产收益率为0.55%。

一、实现利润分析

1. 净利润分析

2019年年度累计净利润为9065.58万元，与上年同期的9276.48万元相比有所下降，下降2.27%，如附图4-1所示。

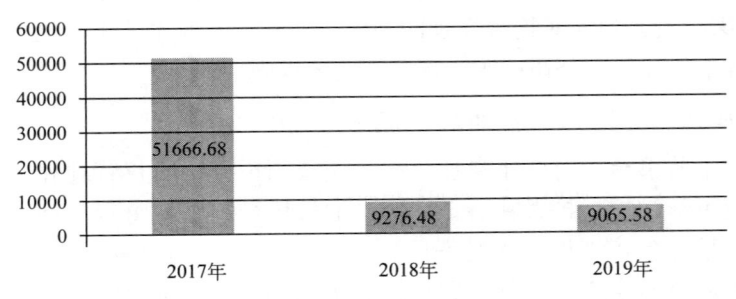

附图4-1　净利润情况图（单位：万元）

2. 实现利润分析

2019年年度累计利润总额为9926.25万元，与上年同期的9649.54万元相比有所增长，增长2.87%，如附图4-2所示。

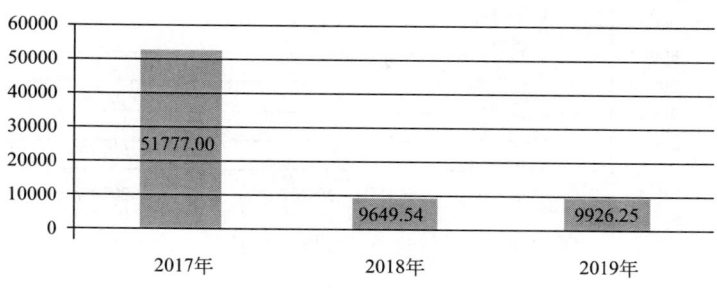

附图4-2　利润总额情况图（单位：万元）

3. 营业利润分析

2019年年度，营业利润为9638.46万元，与上年同期的9374.88万元相比有所增长，增长2.81%（附图4-3）。具体来说，以下项目的变动使营业利润增加：营业收入增加14711.89万元，财务费用减少591.17万元，资产减值损失减少1.16万元，共计增加15304.22万元。以下项目的变动使营业利润减少：营业成本增加9611.40万元，营业税金及附加增加17.50万元，销售费用增加107.67万元，管理费用增加657.23万元，投资收益减少3144.08万元，共计减少13537.88万元。增加项与减少项相抵，使累计营业利润增加263.58万元。

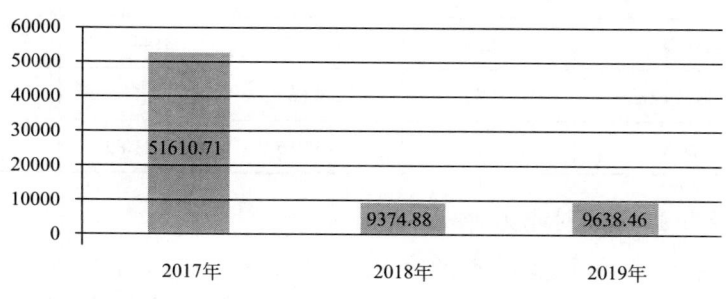

附图4-3　营业利润情况图（单位：万元）

4. 投资收益分析

2019年年度累计投资收益为746.24万元，与上年同期的3890.32万元相比有所下降，下降80.82%，如附图4-4所示。

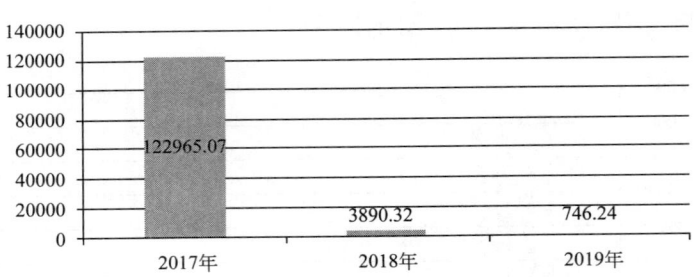

附图 4-4　投资收益情况图（单位：万元）

5. 营业外利润分析

2019 年年度，营业外收支净额为 287.79 万元，与上年同期的 274.66 万元相比有所增长，增长 4.78%，见附表 4-14。

附表 4-14　实现利润增减变化情况表

单位：万元

项目	本年累计	上年同期	增减额	增减率
净利润	9065.58	9276.48	-210.90	-2.27%
利润总额	9926.25	9649.54	276.71	2.87%
营业利润	9638.46	9374.88	263.58	2.81%
投资收益	746.24	3890.32	-3144.08	-80.82%
营业外收支净额	287.79	274.66	13.13	4.78%
营业收入	60165.05	45453.16	14711.89	32.37%

6. 经营业务盈利能力

从营业收入和营业成本的变化情况来看，2019 年年度，营业收入为 60165.05 万元，与上年同期的 45453.16 万元相比有较大增长，增长 32.37%，如附图 4-5 所示。营业成本为 124795.72 万元，与上年同期的 115184.32 万元相比有所增长，增长 8.34%。营业收入和营业成本同时增长，但营业收入增长幅度大于营业成本，表明公司业务盈利能力上升。

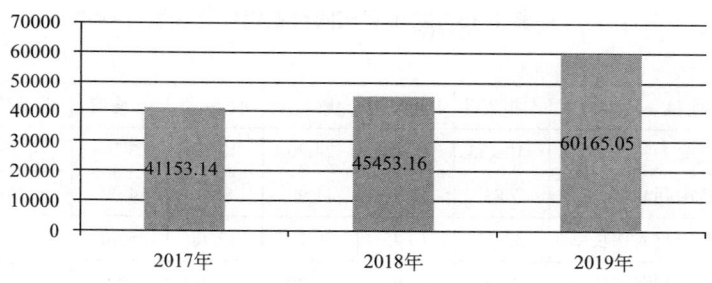

附图 4-5　营业收入情况图（单位：万元）

7. 利润真实性判断

从报表数据来看，公司 2019 年年度营业收入中，有 5074.08 万元来自应收账款，占营业收入的 8.43%，表明在公司当期的营业收入中，应收账款占不小比重。扣除新增应收账款影响之后公司的营业收入净额为 55090.97 万元，公司的营业利润为 15135.21 万元。公司经营业务亏损，公司对外投资业务盈利，非经常性损益为正，营业外收支业务盈利，公司投资业务盈利及非经常性收支收益可以弥补经营亏损，实现利润为正。

8. 结论

2019 年年度，在营业收入迅速扩大的同时，营业利润也有所增长，公司扩大市场销售的战略是成功的，经营业务开展良好。

9. 实现利润同行业指标比较分析

2019 年年度，销售（营业）利润率（%）为 -108.33%，与行业同期较差值 -12.70% 相比，还低 95.63%，说明销售（营业）利润率（%）水平处于行业很差的位置。成本费用利润率（%）为 7.83%，处于行业同期良好值 8.20% 与行业同期平均值 4.00% 之间，说明成本费用利润率（%）水平处于行业中间较好的位置。销售（营业）收入增长率（%）为 32.37%，与行业同期优秀值 20.10% 相比，还高出 12.27%，说明销售（营业）收入增长率（%）水平处于行业领先位置。销售（营业）利润增长率（%）为 2.81%，处于行业同期平均值 3.00% 与行业同期较低值 -3.50% 之间，说明销售（营业）利润增长率（%）水平处于行业中间较后的位置（附表 4-15）。

附表 4–15　实现利润同行业指标比较表

单位：%

项目	本年累计	上年同期	优秀值	良好值	平均值	较低值	较差值
销售（营业）利润率	-108.33	-154.57	24.20	12.10	3.70	-4.80	-12.70
成本费用利润率	7.83	8.25	11.90	8.20	4.00	-2.70	-7.70
销售（营业）收入增长率	32.37	10.45	20.10	12.70	5.40	-7.40	-17.80
销售（营业）利润增长率	2.81	81.84	14.20	8.40	3.00	-3.50	-9.30

二、成本费用分析

1. 成本构成情况

成本费用总额为 126802.45 万元。其中，营业成本为 124795.72 万元，占成本费用总额的 98.42%；营业税金及附加为 544.57 万元，占成本费用总额的 0.43%；销售费用为 692.02 万元，占成本费用总额的 0.55%；管理费用为 3253.25 万元，占成本费用总额的 2.57%；财务费用为 -2483.11 万元，占成本费用总额的 -1.96%，如附图 4-6 所示。

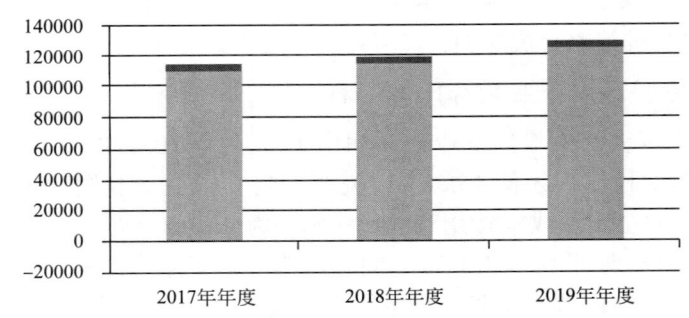

附图 4-6　成本各项构成图（单位：万元）

2. 总成本变化情况及原因分析

2019 年年度，成本费用总额为 126802.45 万元，与上年同期的 116999.82 万元相比有所增长，增长 8.38%。具体来说，以下项目的变动使成本费用总额增加：营业成本增加 9611.40 万元，营业税金及附加增加 17.50 万元，销售

附录4 工作范本及模板

费用增加107.67万元,管理费用增加657.23万元,共计增加10393.80万元。以下项目的变动使成本费用总额减少:财务费用减少591.17万元,共计减少591.17万元。增加项与减少项相抵,使累计成本费用总额增加9802.63万元(附表4-16)。

附表4-16 成本构成情况表

单位:万元

项目	本年累计	上年同期	增减额	增减率	占成本费用总额比,%
营业成本	124795.72	115184.32	9611.40	8.34	98.42
营业税金及附加	544.57	527.07	17.50	3.32	0.43
销售费用	692.02	584.35	107.67	18.43	0.55
管理费用	3253.25	2596.02	657.23	25.32	2.57
财务费用	-2483.11	-1891.94	-591.17	31.25	-1.96
成本费用总额	126802.45	116999.82	9802.63	8.38	100.00

3. 经营业务成本控制情况

2019年年度,营业成本为124795.72万元,与上年同期的115184.32万元相比有所增长,增长8.34%,如附图4-7所示。营业成本占营业收入比为207.42%,与上年同期的253.41%相比有较大幅度下降,下降45.99个百分点。营业成本费用水平下降,企业内部成本控制措施得力,水平提高。

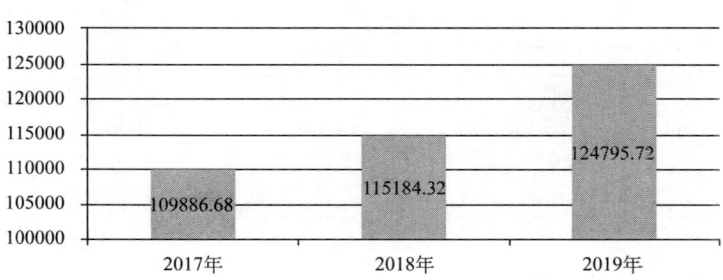

附图4-7 营业成本情况图(单位:万元)

4. 营业税金及附加同期分析

2019年年度,营业税金及附加为544.57万元,与上年同期的527.07万元相比有所增长,增长3.32%。公司需缴纳的税金及附加情况基本保持稳定,如附图 4-8 所示。

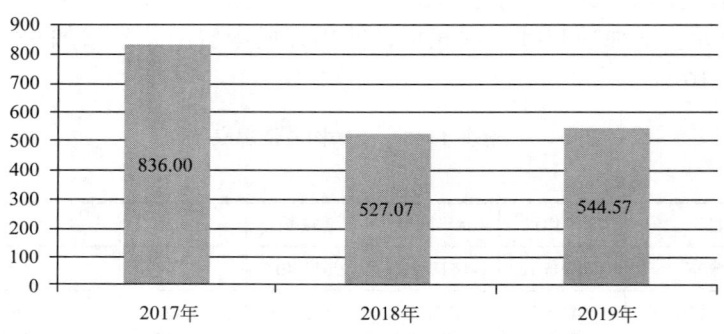

附图 4-8　营业税金及附加情况图（单位：万元）

5. 销售费用的合理性评价

2019 年年度，销售费用为 692.02 万元，与上年同期的 584.35 万元相比有较大增长，增长 18.43%，如附图 4-9 所示。销售费用增长的同时营业收入也有较大幅度的增长，并且营业收入增长明显快于销售费用增长，销售投入取得了非常好的投入效果。

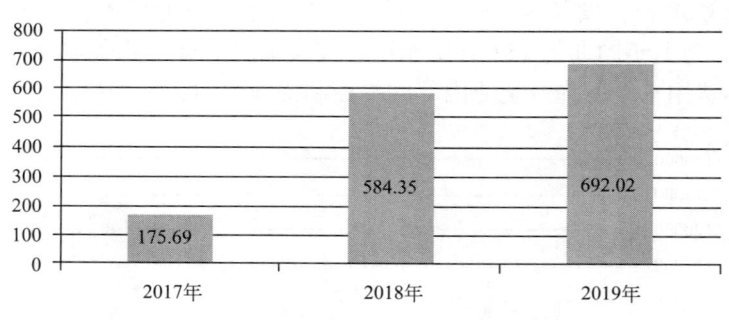

附图 4-9　销售费用情况图（单位：万元）

6. 管理费用的合理性评价

2019 年年度，管理费用为 3253.25 万元，与上年同期的 2596.02 万元相比有较大增长，增长 25.32%，如附图 4-10 所示。管理费用与营业收入同步增长，但营业利润率有所下降，管理费用增长不算超常，但要注意其他成本费用项目的不合理增长。

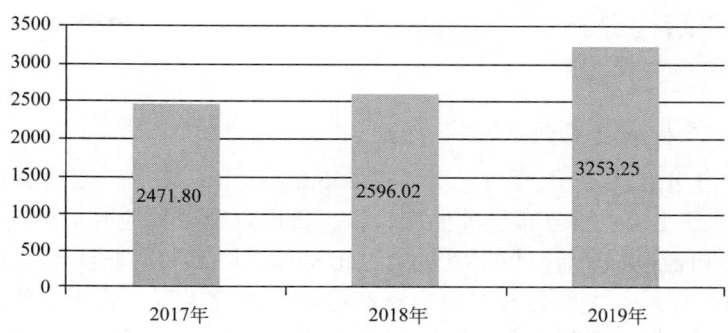

附图 4-10 管理费用情况图（单位：万元）

7. 财务费用的合理性评价

2019 年年度，财务费用为 -2483.11 万元，上年同期为 -1891.94 万元，如附图 4-11 所示。

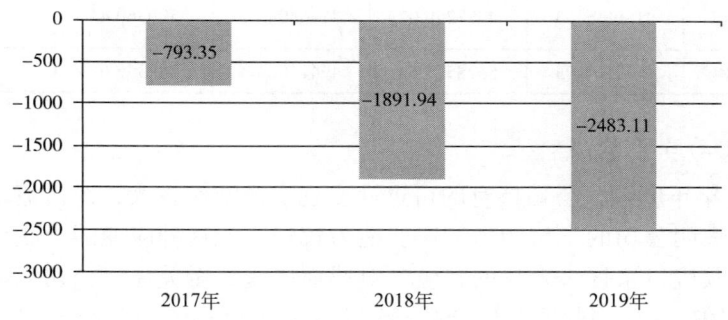

附图 4-11 财务费用预算情况图（单位：万元）

8. 成本费用同行业指标比较分析

2019 年年度，成本费用利润率为 7.83%，处于行业同期良好值 8.20% 与行业同期平均值 4.00% 之间，说明成本费用利润率水平处于行业中间较好的位置，见附表 4-17。

附表 4-17 成本费用同行业指标比较表

单位：%

项目	本年累计	上年同期	优秀值	良好值	平均值	较低值	较差值
成本费用利润率	7.83	8.25	11.90	8.20	4.00	-2.70	-7.70

三、资产结构分析

1. 资产构成基本情况

2019年年度末,资产总计为5628553.64万元,其中:流动资产合计为841294.57万元,主要分布在其他应收款、货币资金、其他流动资产等环节,分别占公司流动资产合计的48.93%、26.87%、15.59%。非流动资产合计为4787259.07万元,主要分布在固定资产净额、在建工程、可供出售金融资产等环节,分别占公司非流动资产合计的60.18%、36.16%、1.53%,见附表4-18。

附表4-18 资产构成情况表

单位:万元

项目	年初数	本年累计	上年同期	增减额	增减率
流动资产合计	744309.40	841294.57	744309.40	96985.17	13.03
非流动资产合计	4196898.63	4787259.07	4196898.63	590360.44	14.07
资产总计	4941208.03	5628553.64	4941208.03	687345.61	13.91

2. 流动资产构成特点

2019年年度末,公司持有的可迅速变现资产数额较大,约占流动资产的26.87%,表明公司的支付能力和应变能力较强,但这种应变能力主要是由短期性融资及应付票据来支持的,应当对偿债风险给予关注。公司流动资产中被别人占用的、应当收回的资产数额较大,约占公司流动资产的51.51%,应当加强应收款项管理,关注应收款项的质量,见附表4-19。

附表4-19 流动资产构成表

单位:万元

项目名称	本期数	本年累计	上年同期	增减额	增减率
货币资金	316460.21	226091.39	316460.21	-90368.82	-28.56%
交易性金融资产	—	—	—	—	—
应收票据	15.00	—	15.00	-15.00	-100.00%
应收款项	3463.45	8537.53	3463.45	5074.08	146.50%
预付款项	2191.89	13235.63	2191.89	11043.74	503.85%

续表

项目名称	本期数	本年累计	上年同期	增减额	增减率
应收利息	—	—	—	—	—
应收股利	—	—	—	—	—
其他应收款	300899.54	411616.14	300899.54	110716.60	36.80%
存货	24302.27	50644.58	24302.27	26342.31	108.39%
一年内到期的非流动资产	—	—	—	—	—
其他流动资产	96977.04	131169.31	96977.04	34192.27	35.26%

3. 资产的增减及其变化原因

2019年年末，资产总计为5628553.64万元，与上年同期的4941208.03万元相比有较大增长，增长13.91%，如附图4-12所示。具体来说，以下项目的变动使资产总计增加：应收账款增加5074.08万元，预付款项增加11043.74万元，其他应收款增加110716.60万元，存货增加26342.31万元，其他流动资产增加34192.27万元，可供出售金融资产增加9000.00万元，长期股权投资增加8168.83万元，在建工程增加585128.39万元，无形资产增加1549.03万元，开发支出增加49.56万元，商誉增加3534.18万元，递延所得税资产增加44.82万元，其他非流动资产增加32791.92万元，共计增加827635.73万元。以下项目的变动使资产总计减少：货币资金减少90368.82万元，应收票据减少15.00万元，投资性房地产减少20.07万元，固定资产净额减少45828.61万元，长期待摊费用减少4057.60万元，共计减少140290.10万元。增加项与减少项相抵，使累计资产总计增加687345.61万元。

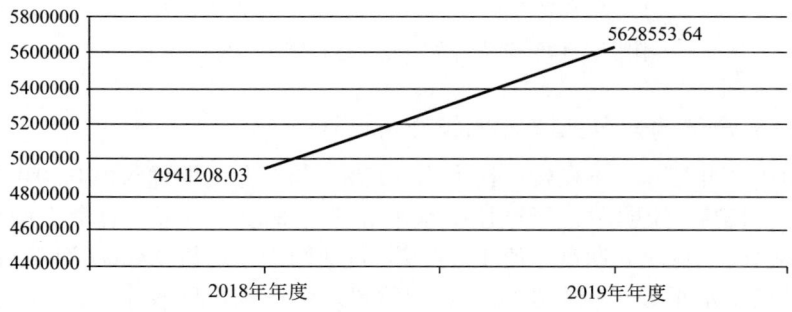

附图4-12 资产总计变化情况图（单位：万元）

4. 资产结构的变动情况

2019年年末，应收账款占营业收入的比重为7.62%，与上年同期的14.19%相比有所下降（附图4-13）。存货占营业收入的比重为53.47%，与上年同期的84.18%相比有所下降（附图4-14）。表明公司本期收现情况好，营业收入质量高，库存积压情况减轻，但需注意及时补充存货，防范缺货成本的增加。

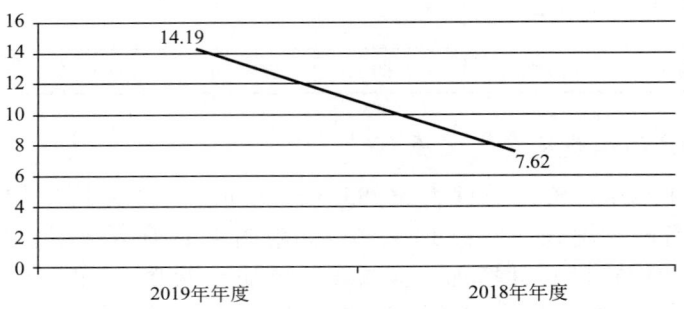

附图4-13 应收账款占营业收入变化图（单位：%）

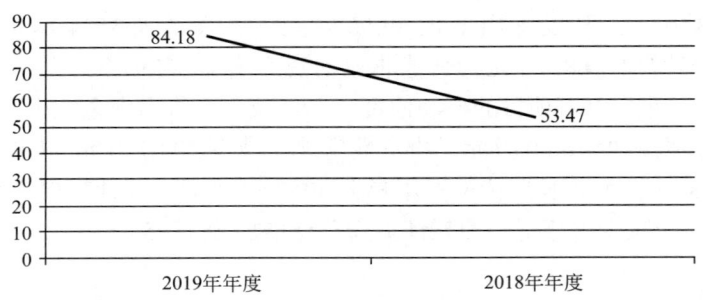

附图4-14 存货占营业收入变化图（单位：%）

5. 资产结构同行业指标比较分析

2019年年度末，不良资产比率为0.18%，与行业同期优秀值0.30%相比，还高出0.12%，说明不良资产比率水平处于行业领先位置。总资产增长率为13.91%，处于行业同期良好值15.00%与行业同期平均值9.40%之间，说明总资产增长率水平处于行业中间较好的位置。资产现金回收率为1.40%，处于行业同期平均值3.50%与行业同期较低值-0.10%之间，说明资产现金回收率

附录4 工作范本及模板

水平处于行业中间较后的位置。总资产报酬率为0.19%,处于行业同期平均值2.30%与行业同期较低值-1.20%之间,说明总资产报酬率水平处于行业中间较后的位置,见附表4-20。

附表4-20 资产结构同行业指标比较分析

单位:%

项目	本年累计	上年同期	优秀值	良好值	平均值	较低值	较差值
不良资产比率	0.18	0.29	0.30	0.40	0.90	2.30	8.70
总资产增长率	13.91	8.37	20.60	15.00	9.40	4.10	-5.00
资产现金回收率	1.40	1.06	18.00	9.10	3.50	-0.10	-3.90
总资产报酬率	0.19	0.21	6.00	4.30	2.30	-1.20	-3.50

四、负债及权益结构分析

1. 负债及权益构成基本情况

2019年年度末,负债合计为3843684.17万元,实收资本为570000.00万元,股东权益合计为1784869.47万元,资产负债率为68.29%(附图4-15)。在负债总额中,流动负债合计为339598.72万元,占负债和股东权益总计的6.03%。付息负债为3476379.45万元,占负债和股东权益总计的61.76%,见附表4-21。

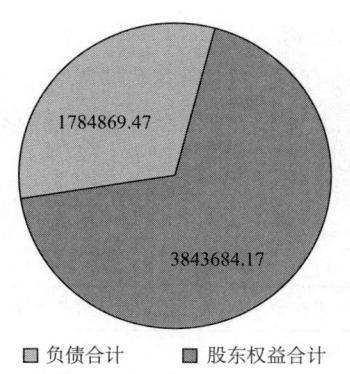

附图4-15 负债及权益构成情况占比图(单位:万元)

附表 4-21 负债及权益构成基本情况

单位：万元

项目	年初余额	期末余额	增减额	增减率
负债和股东权益总计	4941208.03	5628553.64	687345.61	13.91
流动负债合计	239544.22	339598.72	100054.50	41.77
非流动负债合计	3163519.39	3504085.45	340566.06	10.77
股东权益合计	1538144.42	1784869.47	246725.05	16.04

2. 流动负债构成

公司来自非经营性应付款项的资金数额较大，约占流动负债的 6.75%，经营风险较大。公司有息负债及应付票据所占比例较大，约占流动负债的 78.77%，表明公司的偿债压力较大。公司经营活动派生的负债资金数额较多，约占流动负债的 12.11%，如附图 4-16 所示。

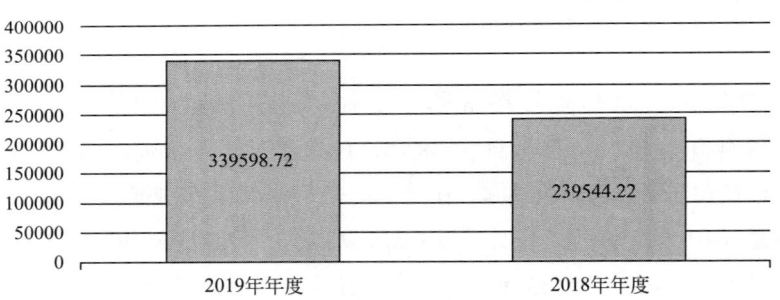

附图 4-16 流动负债情况图（单位：万元）

3. 负债的增减变化情况

2019 年年度末，负债合计为 3843684.17 万元，与上年同期的 3403063.61 万元相比有较大增长，增长 12.95%。公司负债规模有较大幅度增加，负债压力有较大幅度的提高，见附表 4-22。

附表 4-22 负债变化情况表

单位：万元

项目	年初余额	期末余额	增减额
负债合计	3403063.61	3843684.17	440620.56
短期借款	—	20000.00	20000.00

续表

项目	年初余额	期末余额	增减额
应付账款	19767.97	26729.63	6961.66
应付职工薪酬	5310.01	7004.18	1594.17
应交税费	382.34	1048.75	666.41
其他应付款	18593.23	22923.37	4330.14
非流动负债合计	3163519.39	3504085.45	340566.06

4. 负债的增减变化原因

具体来说，以下项目的变动使负债合计增加：短期借款增加20000.00万元，应付票据增加34868.64万元，应付账款增加6961.66万元，预收款项增加3618.30万元，应付职工薪酬增加1694.17万元，应交税费增加666.41万元，其他应付款增加4330.14万元，一年内到期的非流动负债增加27915.18万元，长期借款增加381490.00万元，递延所得税负债增加385.31万元，共计增加481929.81万元。以下项目的变动使负债合计减少：长期应付款减少13881.16万元，其他非流动负债减少29615.31万元，共计减少43496.47万元。增加项与减少项相抵，使累计负债合计增加440620.56万元。

5. 权益的增减变化

2019年年度末，股东权益合计为1784869.47万元，与上年同期的1,538144.42万元相比有较大增长，增长16.04%，如附图4-17所示。

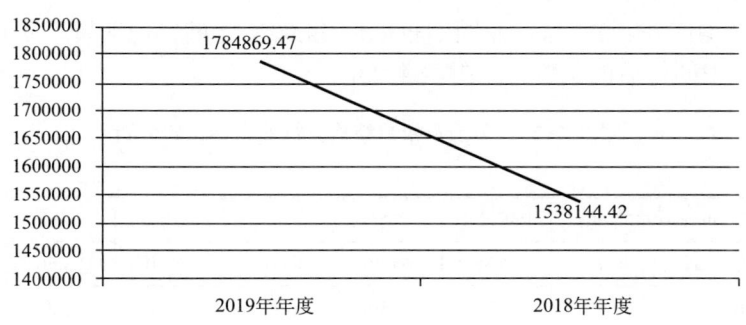

附图4-17 股东权益合计情况图（单位：万元）

未分配利润-19513.55万元与上年同期的-28589.28万元相比，增长9045.73万元，如附图4-18所示。

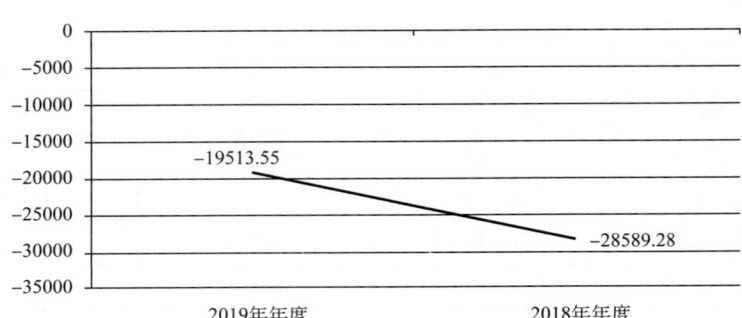

附图 4-18 未分配利润情况图（单位：万元）

6. 权益的增减变化原因

具体来说，以下项目的变动使股东权益合计增加：资本公积增加 218486.75 万元，未分配利润增加 9075.73 万元，少数股东权益增加 19162.59 万元，共计增加 246725.07 万元。

7. 负债及权益结构同行业指标比较分析

2019 年年度末，带息负债比率为 88.09%，处于行业同期平均值 78.40% 与行业同期较低值 88.60% 之间，说明带息负债比率水平处于行业中间较后的位置。净资产收益率为 0.55%，处于行业同期平均值 4.40% 与行业同期较低值 -2.80% 之间，说明净资产收益率水平处于行业中间较后的位置。资本收益率为 0.54%，处于行业同期平均值 4.00% 与行业同期较低值 -3.90% 之间，说明资本收益率水平处于行业中间较后的位置。资产负债率为 68.29%，处于行业同期平均值 64.00% 与行业同期较低值 74.00% 之间，说明资产负债率水平处于行业中间较后的位置，见附表 4-23。

附表 4-23 负债及权益结构同行业指标比较分析

单位：%

项目	本年累计	上年同期	优秀值	良好值	平均值	较低值	较差值
带息负债比率	88.09	86.88	54.20	65.60	78.40	88.60	100.00
净资产收益率	0.55	0.65	8.30	6.10	4.40	-2.80	-8.50
资本收益率	0.54	0.63	9.90	7.20	4.00	-3.90	-8.40
资产负债率	68.29	68.87	54.00	59.00	64.00	74.00	89.00

五、偿债能力分析

1. 支付能力

2019年年度，从支付能力来看，是有现金支付能力的。从发展角度来看，按照当前资产的周转速度和盈利水平，公司短期债务的偿还没有充足的资金保证，需要依靠储备资金借新债还旧债。

2. 流动比率

2019年年度末，流动比率为247.73%，与上年同期的310.72%相比有所下降，下降62.99个百分点，如附图4-19所示。流动比率比上年同期下降的主要原因是：流动资产合计为841294.57万元，与上年同期的744309.40万元相比，增长了13.03%；流动负债合计为339598.72万元，与上年同期的239544.22万元相比，增长了41.77%。流动资产合计增长速度慢于流动负债合计，致使流动比率下降。用当期流动资产偿还流动负债，没有困难，流动比率比较合理。

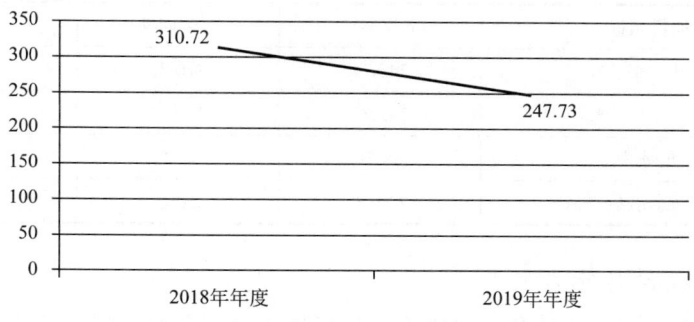

附图4-19 流动比率情况图（单位：%）

3. 速动比率

2019年年度末，速动比率为232.82%，与上年同期的300.57%相比有所下降，下降67.75个百分点，如附图4-20所示。速动比率比上年同期下降的主要原因是：速动资产为790649.99万元，与上年同期的720007.13万元相比，增长了9.81%；流动负债合计为339598.72万元，与上年同期的239544.22万元相比，增长了41.77%。速动资产增长速度慢于流动负债合计，致使速动比率下降。速动资产充足，速动比率合理。

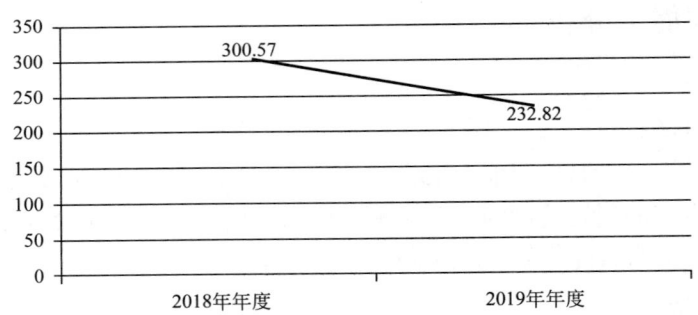

附图4-20 速动比率情况图（单位：%）

4. 短期偿债能力变化情况

公司短期偿债压力增加，但公司经营业务创造现金的能力并没有下降。

5. 短期付息能力

从短期来看，公司拥有支付利息的能力，见附表4-24。

附表4-24 偿债能力指标表

项目名称	本年累计	上年同期	增减额
流动比率，%	247.73	310.72	-62.99
速动比率，%	232.82	300.57	-67.75
资产负债率，%	68.29	68.87	-0.58
已获利息倍数，倍	220.90	22.95	197.95

6. 长期付息能力

2019年年度，从盈利情况来看，公司盈利对利息的保障倍数为220.90倍。从实现利润和利息的关系来看，公司盈利能力较强，利息支付有保证。

7. 负债经营可行性

公司缺乏利息支出数据或财务费用小于0，无法进行负债经营风险判断。

8. 偿债能力同行业指标比较分析

2019年年度，资产负债率为68.29%，处于行业同期平均值64.00%与行业同期较低值74.00%之间，说明资产负债率水平处于行业中间较后的位置。已获利息倍数为220.90倍，与行业同期优秀值4.80倍相比，还高出216.10倍，说明已获利息倍数水平处于行业领先位置。速动比率为232.82%，与行业同期优秀值 138.70% 相比,还高出 94.12%,说明速动比率水平处于行业领先位置。现金流动负债比率为 21.75%,处于行业同期优秀值 23.60% 与行业同期良好值 15.60% 之间,说明现金流动负债比率水平处于行业较前列的位置。带息负债比率为 88.09%,处于行业同期平均值 78.40% 与行业同期较低值 88.60% 之间,说明带息负债比率水平处于行业中间较后的位置,见附表 4-25。

附表 4-25　偿债能力同行业指标比较分析

单位:%

项目	本年累计	上年同期	优秀值	良好值	平均值	较低值	较差值
资产负债率	68.29	68.87	54.00	59.00	64.00	74.00	89.00
已获利息倍数	220.90	22.95	4.80	3.30	2.00	-0.30	-1.70
速动比率	232.82	300.57	138.70	116.20	77.30	47.50	30.40
现金流动负债比率	21.75	21.04	23.60	15.60	4.90	-3.10	-7.20
带息负债比率	88.09	86.88	54.20	65.60	78.40	88.60	100.00

六、盈利能力分析

1. 盈利能力基本情况

2019 年年度,营业利润率为 16.02%,总资产报酬率为 0.19%,净资产收益率为 0.55%,成本费用利润率为 7.83%,见附表 4-26,公司实际投入到企业自身经营业务的内部经营资产为 3800147.99 万元,内部经营资产收益率为 0.25%,对外投资收益率为 0.87%。

附表 4-26　盈利能力指标表

单位:%

项目	本年累计	上年同期	增减额
营业利润率	16.02	20.63	-4.61
总资产报酬率	0.19	0.21	-0.02
净资产收益率	0.55	0.65	-0.10
成本费用利润率	7.83	8.25	-0.42

2. 内部资产的盈利能力

2019年年度，内部经营资产收益率为0.25%，与上年同期的0.25%相比持平。

3. 对外投资盈利能力

对外投资业务的盈利能力明显下降。

4. 内外部资产盈利能力比较

从企业内外部资产的盈利情况来看，对外投资的收益率大于内部资产收益率，内部经营资产收益率又大于企业实际借款利率，说明对内、对外投资的盈利能力都是令人满意的。但相对来看，内部资产的盈利水平偏低。

5. 净资产收益率及其变化原因

2019年年度，净资产收益率为0.55%，与上年同期的0.65%相比有较大幅度下降，下降0.10个百分点。净资产收益率比上年同期增长的主要原因是：净利润为-66461.84万元，与上年同期的-67753.70万元相比，增长了1.91%；平均股东权益为1661506.95万元，与上年同期的1433661.76万元相比，增长了15.89%。净利润增长速度慢于平均股东权益，致使净资产收益率下降。

6. 总资产报酬率及其变化原因

2019年年度末，总资产报酬率为0.19%，与上年同期的0.21%相比有较大幅度下降，下降0.02个百分点。总资产报酬率比上年同期下降的主要原因是：息税前收益为9971.39万元，与上年同期的10089.17万元相比，下降了1.17%；平均资产总额为5284880.84万元，与上年同期的4750378.77万元相比，增长了11.25%。息税前收益下降而平均资产总额增长，致使总资产报酬率下降。

7. 成本费用利润率及其变化原因

2019年年度，成本费用利润率为7.83%，与上年同期的8.25%相比有较大幅度下降，下降0.42个百分点。成本费用利润率比上年同期下降的主要原因是：利润总额为9926.25万元，与上年同期的9649.54万元相比，增长了2.87%；成本费用总额为126802.45万元，与上年同期的116999.82万元相比，增长了8.38%。利润总额增长速度慢于成本费用总额，致使成本费用利润率下降。

8. 盈利能力同行业指标比较分析

2019年年度，净资产收益率为0.55%，处于行业同期平均值4.40%与行业同期较低值负2.80%之间,说明净资产收益率水平处于行业中间较后的位置。总资产报酬率为0.19%,处于行业同期平均值2.30%与行业同期较低值-1.20%之间,说明总资产报酬率水平处于行业中间较后的位置。销售(营业)利润率为-108.33%,与行业同期较差值-12.70%相比,还低95.63%,说明销售(营业)利润率水平处于行业很差的位置。盈余现金保障倍数为8.15倍,处于行业同期优秀值10.50倍与行业同期良好值6.50倍之间,说明盈余现金保障倍数水平处于行业较前列的位置。成本费用利润率为7.83%,处于行业同期良好值8.20%与行业同期平均值4.00%之间,说明成本费用利润率水平处于行业中间较好的位置。带息负债比率为0.54%,处于行业同期平均值4.00%与行业同期较低值-3.90%之间,说明带息负债比率水平处于行业中间较后的位置,见附表4-27。

附表4-27 盈利能力同行业指标比较分析

项目	本年累计	上年同期	优秀值	良好值	平均值	较低值	较差值
净资产收益率,%	0.55	0.65	8.30	6.10	4.40	-2.80	-8.50
总资产报酬率,%	0.19	0.21	6.00	4.30	2.30	-1.20	-3.50
销售(营业)利润率,%	-108.33	-154.57	24.20	12.10	3.70	-4.80	-12.70
盈余现金保障倍数,倍	8.15	5.43	10.50	6.50	3.50	2.70	1.60
成本费用利润率,%	7.83	8.25	11.90	8.20	4.00	-2.70	-7.70
带息负债比率,%	0.54	0.63	9.90	7.20	4.00	-3.90	-8.40

七、营运能力分析

1. 存货周转天数变化原因

2019年年度末,存货周转天数为108.10天,与上年同期的74.12天相比有较大延长,延长33.98天,如附图4-21所示。存货周转天数比上年同期延长的主要原因是:平均存货为37473.43万元,与上年同期的23716.53万元相比,增长了58.01%;营业成本为124795.72万元,与上年同期的115184.32万元相比,增长了8.34%。平均存货增长速度快于营业成本,致使存货周转天数延长。

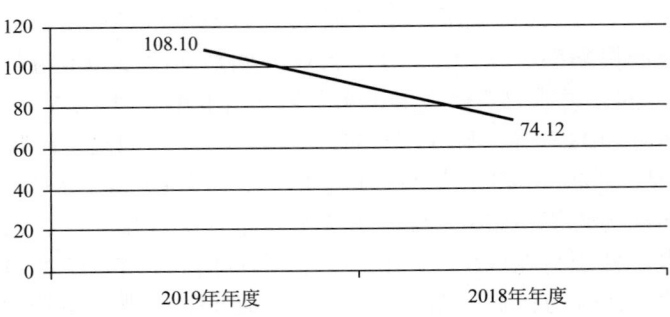

附图 4-21　存货周转天数情况图（单位：天）

2. 应收账款周转天数及其变化原因

2019 年年度末，应收账款周转天数为 35.90 天，与上年同期的 291.52 天相比有较大幅度缩短，缩短 255.61 天，如附图 4-22 所示。应收账款周转天数比上年同期缩短的主要原因是：平均应收账款为 6000.49 万元，与上年同期的 36806.77 万元相比，下降了 83.70%；营业收入为 60165.05 万元，与上年同期的 45453.16 万元相比，增长了 32.37%。平均应收账款下降而营业收入增长，致使应收账款周转天数缩短。

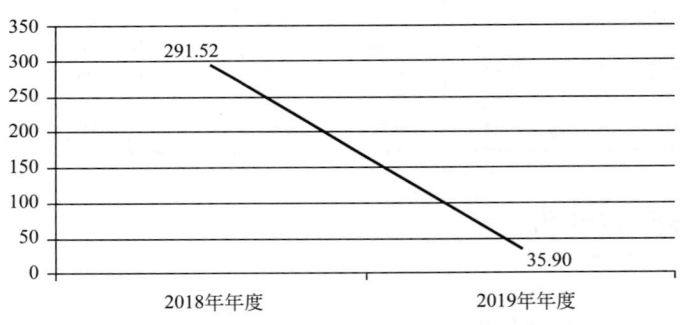

附图 4-22　应收账款周转天数情况图（单位：天）

3. 应付账款周转天数及其变化原因

2019 年年度末，应付账款周转天数为 67.07 天，与上年同期的 43.24 天相比有较大延长，延长 23.83 天。应付账款周转天数比上年同期延长的主要原因是：平均应付账款为 23248.80 万元，与上年同期的 13834.26 万元相比，增长了 68.05%；营业成本为 124795.72 万元，与上年同期的 115184.32 万元相比，增长了 8.34%。平均应付账款增长速度快于营业成本，致使应付账款周转天数延长，如附图 4-23 所示。

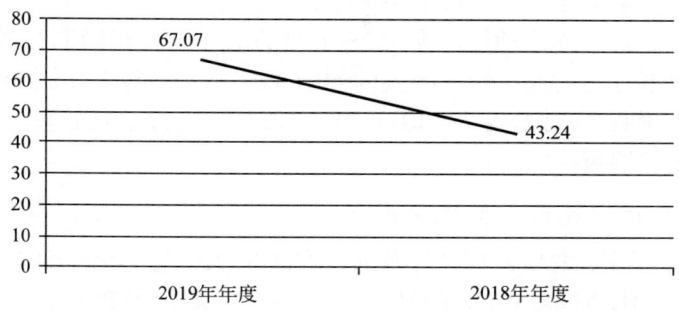

附图 4-23　应付账款周转天数情况图（单位：天）

4. 现金周期

2019 年年度，现金周转天数为 76.94 天，与上年同期的 322.40 天相比有较大幅度缩短，缩短 245.47 天。

5. 营业周期

2019 年年度，营业周期为 144.00 天，与上年同期的 365.64 天相比有较大幅度缩短，缩短 221.64 天。

6. 营业周期结论

2019 年年度，从存货、应收账款、应付账款三者占用资金数量及其周转速度的关系来看，公司经营活动的资金占用有所下降，营运能力有所提高，见附表 4-28。

附表 4-28　营运能力指标表

单位：天

项目	本年累计数	上年同期	增减额
存货周转天数	108.10	74.12	33.98
应收账款周转天数	35.90	291.52	-255.61
应付账款周转天数	67.07	43.24	23.83
营业周期	144.00	365.64	-221.64

7. 流动资产周转天数变化原因

2019年年度末，流动资产周转天数为4743.76天，与上年同期的5905.57天相比有较大幅度缩短，缩短1161.81天。流动资产周转天数比上年同期缩短的主要原因是：平均流动资产为792801.99万元，与上年同期的745630.30万元相比，增长了6.33%；营业收入为60165.05万元，与上年同期的45453.16万元相比，增长了32.37%。平均流动资产增长速度慢于营业收入，致使流动资产周转天数缩短。

8. 总资产周转天数变化原因

2019年年末，总资产周转天数为31622.30天，与上年同期的37624.15天相比有较大幅度缩短，缩短6001.85天。总资产周转天数比上年同期缩短的主要原因是：平均资产总额为5284880.84万元，与上年同期的4750378.77万元相比，增长了11.25%；营业收入为60165.05万元，与上年同期的45453.16万元相比，增长了32.37%。平均资产总额增长速度慢于营业收入，致使总资产周转天数缩短，见附表4-29。

附表4-29 资产周转速度表

单位：天

项目	本年累计	上年同期
流动资产周转天数	4743.76	5905.57
总资产周转天数	31622.30	37624.15
固定资产周转天数	17375.18	23365.23
现金周转天数	76.94	322.40

9. 固定资产周转天数变化原因

2019年年度末，固定资产周转天数为17375.18天，与上年同期的23365.23天相比有较大幅度缩短，缩短5990.05天。固定资产周转天数比上年同期缩短的主要原因是：平均固定资产为2903828.73万元，与上年同期的2950064.80万元相比，下降了1.57%；营业收入为60165.05万元，与上年同期的45453.16万元相比，增长了32.37%。平均固定资产下降而营业收入增长，致使固定资产周转天数缩短。

10. 营运能力同行业指标比较分析

2019年年度，总资产周转率为0.01次，与行业同期较差值0.10次相比，还低 0.09 次，说明总资产周转率水平处于行业很差的位置。流动资产周转率为 0.08 次，与行业同期较差值 0.20 次相比，还低 0.12 次，说明流动资产周转率水平处于行业很差的位置。应收账款周转率为 10.03 次，处于行业同期平均值 10.60 次与行业同期较低值 7.30 次之间，说明应收账款周转率水平处于行业中间较后的位置。存货周转率为 3.33 次，与行业同期较差值 5.00 次相比，还低 1.67 次，说明存货周转率水平处于行业很差的位置，见附表 4-30。

附表 4-30 营运能力同行业指标比较表

单位：次

项目	本年累计	上年同期	优秀值	良好值	平均值	较低值	较差值
总资产周转率	0.01	0.01	1.00	0.70	0.50	0.40	0.10
流动资产周转率	0.08	0.06	3.70	2.60	0.80	0.50	0.20
应收账款周转率	10.03	1.23	26.40	19.40	10.60	7.30	5.40
存货周转率	3.33	4.86	27.10	21.10	11.90	8.60	5.00

八、发展能力分析

1. 销售收入增长率

2019 年年度累计，营业收入为 60165.05 万元，比 2018 年年度累计增长 32.37%，2018 年年度累计比 2017 年年度累计增长 10.45%。平均来看，营业收入的增长率为 21.41%。从这三期来看，营业收入一直保持快速增长态势，且增长速度加快。

2. 净利润增长率

2019 年年度累计，净利润为 9065.58 万元，比 2018 年年度累计下降 2.27%，2018 年年度累计比 2017 年年度累计下降 82.05%。平均来看，净利润的增长率为 -42.16%。从这三期来看，净利润一直处于下滑态势，且本期比上一期下滑程度有所减缓。

3. 资本增长性

2019 年年末，股东权益合计为 1784869.47 万元，比 2018 年年度末增长

16.04%，2018年年度末比2017年年度末增长15.72%。平均来看，股东权益合计的增长率为15.88%。从这三期来看，股东权益合计一直保持快速增长态势，且增长速度加快。

4. 可动用资金总额

2019年年末，可动用资金总额为9065.58万元。说明在没有外部资金来源的情况下，企业用于投资发展的资金如果不超过这一数额，则不会给企业经营业务活动带来不利影响，反之，如果企业的新增投资规模超过这一数额，则在没有其他外部资金来源的情况下，必然占用经营业务活动资金，引起营运资本的减少，将会引起经营活动的资金紧张。

5. 挖潜发展能力

2019年年度，在加速企业流动资产周转速度方面，如果使公司流动资产周转速度提高0.05次，则流动资产占用缩短1884.10天，由此而节约资金334141.08万元，可用于企业今后发展。

6. 发展能力同行业指标比较分析

2019年年度，资本保值增值率为116.04%，与行业同期优秀值107.20%相比，还高出8.84%，说明资本保值增值率水平处于行业领先位置。销售（营业）收入增长率为32.37%，与行业同期优秀值20.10%相比，还高出12.27%，说明销售（营业）收入增长率水平处于行业领先位置。销售（营业）利润增长率为2.81%，处于行业同期平均值3.00%与行业同期较低值-3.50%之间，说明销售（营业）利润增长率水平处于行业中间较后的位置。总资产增长率为13.91%，处于行业同期良好值15.00%与行业同期平均值9.40%之间，说明总资产增长率水平处于行业中间较好的位置，见附表4-31。

附表4-31　发展能力同行业指标比较表

单位：%

项目	本年累计	上年同期	优秀值	良好值	平均值	较低值	较差值
资本保值增值率	116.04	115.72	107.20	105.00	103.40	96.40	90.40
销售（营业）收入增长率	32.37	1104388.26	20.10	12.70	5.40	-7.40	-17.80
销售（营业）利润增长率	2.81	181546.02	14.20	8.40	3.00	-3.50	-9.30
总资产增长率	13.91	8.37	20.60	15.00	9.40	4.10	-5.00

九、经营协调性分析

1. 投融资活动的协调情况

从长期投资和融资情况来看,公司长期投融资活动能为企业提供 501695.85 万元的营运资本,投融资活动是协调的,见附表 4-32。

附表 4-32 营运资本增减变化表

单位:万元

项目名称	本年累计	上年同期	增减额	增减率
营运资本	501695.85	504765.18	-3069.33	-0.61%
股东权益合计	1784869.47	1538144.42	246725.05	16.04%
长期股权投资	13065.17	4896.34	8168.83	166.84%
固定资产	2880914.42	2926743.03	-45828.61	-1.57%
非流动资产合计	4787259.07	4196898.63	590360.44	14.07%

2. 营运资本变化情况

2019 年年末,营运资本为 501695.85 万元,与上年同期的 504765.18 万元相比有所下降,下降 0.61%。具体来说,以下项目的变动使营运资本增加:长期借款增加 381490.00 万元,递延所得税负债增加 385.31 万元,资本公积增加 218486.75 万元,未分配利润增加 9075.73 万元,投资性房地产减少 20.07 万元,固定资产净额减少 45828.61 万元,长期待摊费用减少 4057.60 万元,共计增加 659344.07 万元。以下项目的变动使营运资本减少:长期应付款减少 13881.16 万元,其他非流动负债减少 29615.31 万元,少数股东权益增加 19162.59 万元,可供出售金融资产增加 9000.00 万元,长期股权投资增加 8168.83 万元,在建工程增加 585128.39 万元,无形资产增加 1549.03 万元,开发支出增加 49.56 万元,商誉增加 3534.18 万元,递延所得税资产增加 44.82 万元,其他非流动资产增加 32791.92 万元,共计减少 702925.79 万元。增加项与减少项相抵,使累计营运资本减少 3069.33 万元。

3. 经营协调性及现金支付能力

2019 年年度,从经营性资产(存货、应收账款、预付账款等)和经营性负债(应付账款、预收款项、应付职工薪酬、应交税费等)资金协调情况来看,公司经营业务正常开展,需要企业提供 23227.81 万元的流动资金。而公司投融资活动保证了企业经营活动的资金需求，经营业务是协调的。具体见附表4-33、附表4-34。

附表4-33　经营性资产增减变化表

单位：万元

项目名称	本年累计	上年同期	增减额	增减率
存货	50644.58	24302.27	26342.31	108.39%
应收账款	8537.53	3463.45	5074.08	146.50%
预付款项	13235.63	2191.89	11043.74	503.85%
其他应收款	411616.14	300899.54	110716.60	36.80%

附表4-34　经营性负债增减变化表

单位：万元

项目名称	本年累计	上年同期	增减额	增减率
应付账款	26729.63	19767.97	6961.66	35.22%
预收款项	14407.37	10789.07	3618.30	33.54%
应付职工薪酬	7004.18	5310.01	1694.17	31.91%
应交税费	1048.75	382.34	666.41	174.30%
应付利息	—	—	—	—
应付股利	—	—	—	—
其他应付款	22923.37	18593.23	4330.14	23.29%
一年内到期的非流动负债	126690.08	98774.90	27915.18	28.26%
其他流动负债	—	—	—	—
经营性负债合计	198803.38	153617.52	45185.86	29.41%

4. 营运资金需求的变化

2019年年度，营运资金需求为416399.80万元，与上年同期的274216.67万元相比有较大增长，增长51.85%。营运资金需求增长速度远高于销售收入的增长速度，表明企业在经营业务扩大的过程中资金管理有所放松，资金不合理占用大量增加。

5. 现金支付情况

2019年年度，从企业的现金支付能力来看，企业经营业务需要416399.80万元的营运资金，而企业的营运资本数额为501695.85万元，营运资本能够满足企业经营业务对资金的需求，企业拥有支付能力，当期现金支付能力为85296.05万元。

6. 整体协调情况

从两期的整体协调情况比较来看，都是协调且有支付能力的，各项活动是有资金保证的，如附图4-24所示。

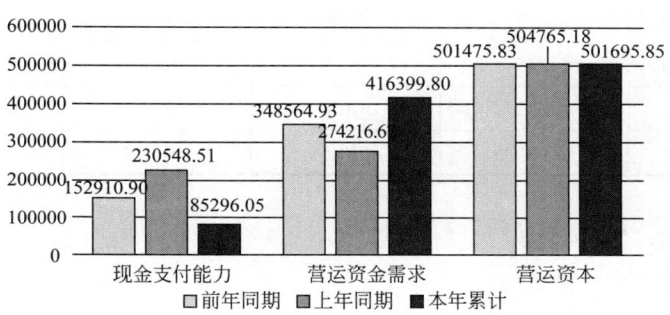

附图4-24　经营协调情况变化图（单位：万元）

十、经营风险分析

1. 经营风险

2019年年度，盈亏平衡点的累计营业收入为-1349.76万元，表示当公司该期营业收入超过这一数值时公司会有盈利，低于这一数值时公司会亏损。营业安全水平为61514.81万元，表示公司当期营业收入下降只要不超过61514.81万元，公司仍然会有盈利。从营业安全水平来看，公司承受销售下降打击的能力较强，经营业务的安全水平较高，如附图4-25所示。

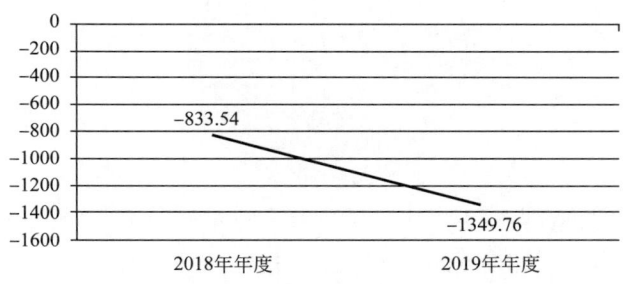

附图4-25　盈亏平衡点变化图（单位：万元）

2. 财务风险

公司缺乏利息支出数据或财务费用小于0，无法进行负债经营风险判断，见附表4-35。

附表4-35 经营风险指标表

项目名称	本年累计	上年同期	增减额	增减率，%
财务风险系数	3.93	3.73	0.20	5.40
经营风险系数	1.15	1.13	0.02	1.68
营业安全率	102.24	101.83	0.41	0.40
盈亏平衡点	-1349.76	-833.54	-516.22	61.93

十一、现金流量分析

1. 现金流入结构分析

2019年年度，现金流入总额为1178354.73万元，与上年同期的1038135.40万元相比有较大增长，增长13.51%。现金流入总额主要分布在取得借款收到的现金、吸收投资收到的现金、收到其他与筹资活动有关的现金等环节，分别占公司现金流入总额的49.17%、19.89%、13.44%。公司销售商品、提供劳务所产生的现金能够满足经营活动的现金支出需求，销售商品、提供劳务使企业的现金净增加73869.67万元。新增借款有51.07%用于偿还旧债，如附图4-26所示。

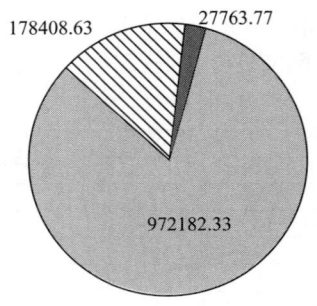

■筹资活动现金流入小计 ■经营活动现金流入小计 ■投资活动现金流入小计

附图4-26 现金流入结构图（单位：%）

附录4 工作范本及模板

2. 现金流出结构分析

2019年年度，现金流出总额为1300783.63万元，与上年同期的973798.47万元相比有较大增长，增长33.58%。现金流出总额为1300783.63万元，主要分布在购建固定资产、无形资产和其他长期资产支付的现金、支付其他与投资活动有关的现金、分配股利、利润或偿付利息支付的现金等环节，分别占公司现金流出总额的51.33%、14.78%、12.09%，如附图4-27所示。

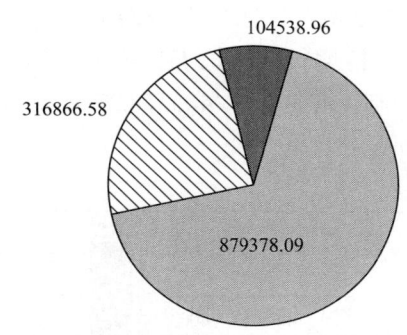

附图4-27 现金流出结构图（单位：%）

3. 现金流动的稳定性分析

2019年年度，现金流入总额为1178354.73万元，主要分布在取得借款收到的现金、吸收投资收到的现金、收到其他与筹资活动有关的现金等环节，分别占公司现金流入总额的49.17%、19.89%、13.44%。现金流出总额为1300783.63万元，主要分布在购建固定资产、无形资产和其他长期资产支付的现金、支付其他与投资活动有关的现金、分配股利、利润或偿付利息支付的现金等环节，分别占公司现金流出总额的51.33%、14.78%、12.09%。2019年年度，营业收到的现金有所增加，经营活动现金流入的稳定性有所增强。工资性支出有较大幅度增加，现金流出的刚性明显增强。

4. 现金流动的协调性评价

2019年年度，投资活动需要资金851614.32万元。经营活动创造资金73869.67万元。投资活动所需要的资金不能被经营活动所创造的现金满足，还需要公司筹集资金。2019年年度，筹资活动新增资金655315.76万元。总体来看，当期经营、投资、融资活动使企业的现金净流量增加。

5. 现金流量的变化

2019 年年度，现金及现金等价物净增加额为 122429.31 万元，与上年同期的 64337.71 万元相比有较大增长，增长 90.29%。经营活动产生的现金流量净额为 73869.67 万元，与上年同期的 50393.10 万元相比有较大增长，增长 46.59%。经营活动现金净流量的变化与累计营业利润的变化不同步，经营活动产生的现金流量净额为 73869.67 万元，营业利润为 9638.46 万元。2019 年年度，投资活动产生的现金流量净额为 -851614.32 万元，与上年同期的 -391434.43 万元相比亏损成倍增长，增长 117.56%。筹资活动产生的现金流量净额为 655315.76 万元，与上年同期的 405378.25 万元相比有较大增长，增长 61.66%，如附图 4-28 所示。

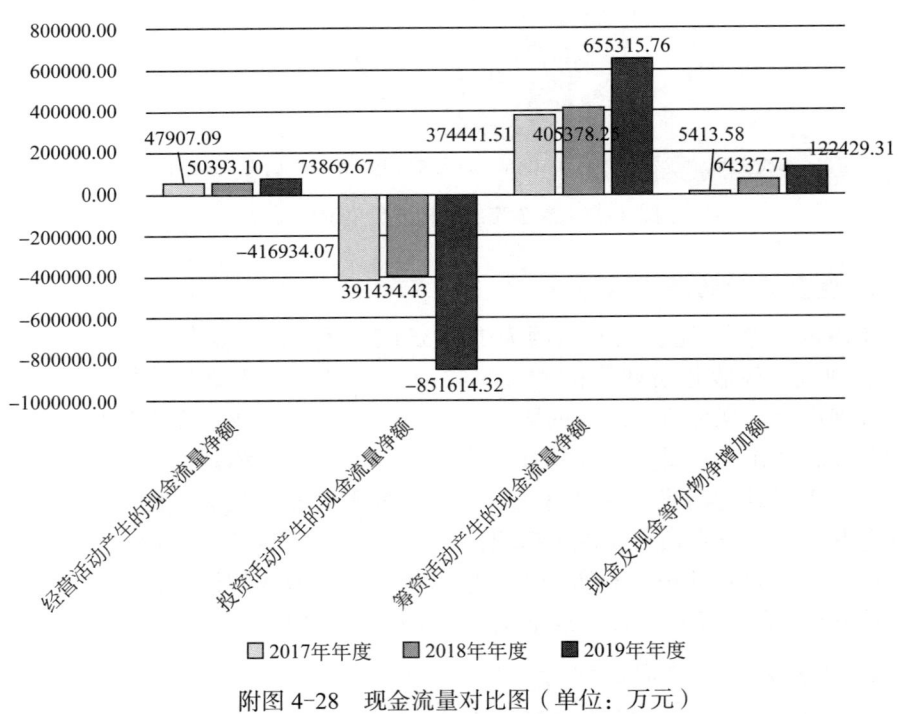

附图 4-28　现金流量对比图（单位：万元）

6. 现金流量的充足性评价

2019 年年度，从当期经营活动创造的现金流量来看，公司依靠经营活动创造的现金来偿还有息债务约需要 47.06 年，而公司债务偿还率为 3.99%，按

附录4 工作范本及模板

照本期债务偿还速度,还债期为0年。从近三期情况来看,企业经营活动创造的现金流量能够满足企业资本性投资、存货投资与现金股利支付的需要,见附表4-36。

附表4-36 现金偿债能力指标表

项目名称	本年累计	上年同期	增减额
债务偿还率,%	3.99	3.46	0.52
现金流动资产比,%	26.87	42.52	-15.64
经营偿债能力	0.02	0.01	0.00
现金流动负债比率,%	21.75	21.04	0.71

7. 现金流动的有效性评价

2019年年度,从经营活动现金净流量来看,在销售收入中,现金利润占销售收入的比例为122.78%。表明公司经营活动创造现金的能力很强,"造血"功能很强。销售现金收益率为122.78%,与上年同期的110.87%相比有较大增长,增长11.91个百分点。资产现金报酬率为2.18%,与上年同期的1.30%相比有较大增长,增长0.87个百分点,详见附表4-37。从经营活动现金流入情况来看,销售活动回收现金的能力很强,销售含金量很高。销售收现率为110.58%,与上年同期的115.74%相比有所下降,下降5.16个百分点。经营活动应当得到的现金为73869.67万元,而实际得到的现金为73869.67万元。表明经营活动的收现情况良好,详见附表4-38。

附表4-37 现金盈利能力指标表

单位:%

项目名称	本年累计	上年同期	增减额
销售现金收益率	122.78	110.87	11.91
资产现金报酬率	2.18	1.30	0.87
收益净现率	814.84	543.24	271.60
资本现金收益率	6.86	4.18	2.68

附表 4-38　现金管理效率指标表

单位：%

项目名称	本年累计	上年同期	增减额
净收益营运指数	0.73	0.80	-0.07
现金营运指数	11.22	6.82	4.40
销售收现率	110.58	115.74	-5.16

8. 自由现金流量分析

2019 年年度，通过企业的经营努力，创造的自由现金流量为 6592.61 万元。经营活动扩大后，企业可支配的自由现金流量为 6592.61 万元。表明现金管理效率没有变化。

9. 现金流量同行业指标比较分析

2019 年年度，资产现金回收率为 1.40%，处于行业同期平均值 3.50% 与行业同期较低值 -0.10% 之间，说明资产现金回收率水平处于行业中间较后的位置。盈余现金保障倍数（倍）为 8.15 倍，处于行业同期优秀值 10.50 倍与行业同期良好值 6.50 倍之间，说明盈余现金保障倍数（倍）水平处于行业较前列的位置。现金流动负债比率为 21.75%，处于行业同期优秀值 23.60% 与行业同期良好值 15.60% 之间，说明现金流动负债比率水平处于行业较前列的位置，详见表 4-39。

附表 4-39　现金流量同行业指标比较表

项目	本年累计	上年同期	优秀值	良好值	平均值	较低值	较差值
资产现金回收率，%	1.40	1.06	18.00	9.10	3.50	-0.10	-3.90
盈余现金保障倍数，倍	8.15	5.43	10.50	6.50	3.50	2.70	1.60
现金流动负债比率，%	21.75	21.04	23.60	15.60	4.90	-3.10	-7.20

十二、杜邦分析

1. 资产净利率变化原因分析

2019 年年度，资产净利率为 0.15%，与上年同期资产净利率为 0.20% 相比下降 0.05%。资产净利率比上年同期下降的主要原因是：销售净利率为 15.07%，与上年同期的 20.41% 相比，下降 26.17%；总资产周转率为 0.01 次，与上年同期的 0.01 次相比持平。销售净利率下降而总资产周转率不变，使资产净利率由 0.20% 下降到 0.15%。

2. 权益乘数变化原因分析

2019 年年度，权益乘数为 3.18，与上年同期的 3.31 相比有所下降，下降 0.13。权益乘数比上年同期下降的主要原因是：平均资产总额为 5284880.84 万元，与上年同期的 4750378.77 万元相比，增长了 11.25%；平均股东权益为 1661506.95 万元，与上年同期的 1433661.76 万元相比，增长了 15.89%。平均资产总额增长速度慢于平均股东权益，致使权益乘数下降。

3. 净资产收益率变化原因分析

同上期相比，总资产净利率和权益乘数均呈下降趋势，致使净资产收益率由 0.65% 下降到 0.55%，企业应当加强成本控制，减少不必要的开支，加速资金周转，努力提高资产的盈利水平，适当增加负债也可以提高权益乘数，从而提高净资产收益率。

4. 杜邦分析同行业比较

2019 年年度，净资产收益率为 0.55%，处于行业同期平均值 4.40% 与行业同期较低值 -2.80% 之间，说明净资产收益率水平处于行业中间较后的位置。总资产周转率为 0.01 次，与行业同期较差值 0.10 次相比，还低 0.09 次，说明总资产周转率水平处于行业很差的位置，详见附表 4-40。

附表 4-40 杜邦分析同行业比较

项目	本年累计	上年同期	优秀值	良好值	平均值	较低值	较差值
净资产收益率，%	0.55	0.65	8.30	6.10	4.40	-2.80	-8.50
总资产周转率，次	0.01	0.01	1.00	0.70	0.50	0.40	0.10

范本三：某公司 2019 年年度财务预警分析报告（监事会办公室）

一、报表真实性检验

1. 报表验证

2019 年年末，资产负债表，损益表，现金流量表数据钩稽关系完全正确。

2. 收入真实性

2019年年度，从报表数据来看，应收账款比率比例小于营业收入减少比率，与去年同期相比，应收账款与营业收入匹配程度差，需对应收账款催收工作予以重视。

3. 成本真实性

2019年年度，从现金流量表和资产表、利润表的关系来看，主营业务成本未发现虚增或少计现象。

4. 不良资产

2019年年末，公司账面上反映的不良资产为10280.51万元，占总资产的0.18%，公司的资产总额为5628553.64万元，公司的优质资产为5618273.13万元（未考虑是否存在不良长期投资）。扣除未投产的在建工程和工程物资，公司实际投入到经营活动的资产为3897566.59万元，投入到内部经营活动的资产为3810473.32万元。

5. 利润真实性及非经常性损益

从报表数据来看，公司2019年年度营业收入中，有5074.08万元来自应收账款，占营业收入的8.43%，表明在公司当期的营业收入中，应收账款占不小比重。扣除新增应收账款影响之后公司的营业收入净额为55090.97万元，公司的营业利润为15135.21万元。公司经营业务亏损，公司对外投资业务盈利，非经常性损益为正，营业外收支业务盈利，公司投资业务盈利及非经常性收支收益不足以弥补经营亏损，实现利润为负。公司利润表上所反映的营业利润有现金流量的支持，经营业务的盈利数据未发现明显异常。

二、负债规模测算

1. 短期资金需求

2019年年度末，已经取得的银行短期借款为20000.00万元，本企业经营活动的短期资金需求为416399.80万元。

2. 长期资金需求

2019年年末，企业资金富裕，不需要资金供长期使用。且可以提供501695.85万元的营运资本。

附录4　工作范本及模板

3. 总资金需求

2019年年末，企业资金富裕，维持目前经营活动正常运转不需要从银行借款。

4. 短期贷款规模

2019年年末，根据企业当前的财务状况和盈利能力计算，企业有能力偿还的短期贷款规模为 105296.05 万元，在持续经营一年之后，公司有能力偿还的短期借款规模是 114361.63 万元，实际已经取得短期贷款 20000.00 万元。

5. 可接受的长期资金需求

2019年年末，按照公司当前的财务状况、盈利能力和发展速度来看：公司有能力在2年内偿还的贷款总额为 123427.21 万元，公司有能力在3年之内偿还的贷款总额为 132492.79 万元，在5年之内偿还的贷款总额为 150623.95 万元，当前实际的长短期借款合计为 3259365.80 万元。

三、资金链监控

1. 会不会发生资金链断裂

2019年年末，公司资金链情况良好，即使出现信任危机，短期内也不会出现资金链断裂的情况。

2. 是否存在长期性资金缺口

2019年年末，企业不存在长期性资金缺口。并且长期性融资活动为公司提供 501695.85 万元的营运资金。

3. 是否存在经营性资金缺口

2019年年末，企业经营活动存在资金缺口，资金缺口为 416399.80 万元。这部分资金缺口目前主要由短期性借款来填补。

4. 未来一年会不会出现资金问题

（1）未来保持当前盈利状况。

2019年年度，营业利润为 9638.46 万元，存货为 50644.58 万元，应收账款为 8537.53 万元，其他应收款为 411616.14 万元，应付账款为 26729.63 万元，货币资金为 226091.39 万元。按照当前的经营状态继续经营下去，企业经过一年的经营之后将不存在资金缺口。

（2）未来经营形势恶化。

单方面恶化：如果应收账款的平均收款期延长 25.00% 或赊账资金增加

25.00%，则公司支付能力从85296.05万元降低到83161.67万元。如果本公司的销售形势恶化，销售额下降25.00%或存货积压增加25.00%，则公司支付能力从85296.05万元降低到72634.91万元。

多方面恶化：如果经营形势恶化，导致存货、应收账款分别上升25.00%、25.00%，应付账款下降25.00%，则本公司支付能力从85296.05万元降低到63818.12万元。

（3）未来经营状况改善。

单方面改善：如果应收账款的平均收款期缩短25.00%或赊账资金减少25.00%，则公司支付能力将从85296.05万元提高为87430.43万元。如果本公司的销售形势好转，销售额上升25.00%或存货积压减少25.00%，则公司支付能力将从85296.05万元提高为97957.20万元。

多方面改善：如果经营形势好转，存货、应收账款分别下降25.00%、25.00%，应付账款上升25.00%，则公司的支付能力将从85296.05万元提高到106773.99万元。

四、偿债能力评价

1. 现在短期债务能否偿还

2019年年末，公司按照当前经营状况有能力在一年内偿还其全部短期借款。

2. 现有长期债务能否偿还

2019年年末，如果当前经营形势不发生大的变化，按照当前的财务状况和盈利水平，仅仅依靠公司自身积累资金来偿还其全部长短期借款，大约需要347.92年。

3. 是否有能力偿还部分债务

2019年年末，公司能在6个月内偿还50.00%的短期借款。公司在十年内难以偿还50.00%的短期借款和50.00%的非流动负债，但在182.75年内可以偿还。

4. 未来能否还债

1）注入新资金

2019年年末，公司短期借款为20000.00万元，长期负债为3504085.45万元，资本金为570000.00万元。如果出资人增加20.00%的资本金，则营运资本将

附录4 工作范本及模板

会增加114000.00万元,尽管公司资金实力有所增加,但还不足以保证按期偿还债务,需要进一步关注盈利能力能否提高。

2) 提高盈利水平

2019年年度,公司的营业利润为9638.46万元,如果营业利润增长20.00%,则营运资本将会增加1927.69万元。但仍然不足以保证债务的按期偿还,需要借新债还旧债。

3) 加速资金周转

2019年年末,本期公司存货为50644.58万元。如果公司存货周转速度提高25.00%,则营运资本会增加12661.15万元,但仍然不足以保证债务的按期偿还,需要借新债还旧债。

针对以上的资产、负债、所有者权益以及资金链和偿债能力评价四方面综合分析,在资产负债表、损益表以及现金流量表中确定及综合评估评判,测算出综合评价指标如下。

(1) 财务效益状况,见附表4-41。

附表4-41 三年财务效益状况一览表

指标	2017年	2018年	2019年	2019年行业参数	
				优秀值	平均值
净资产收益率,%	7.77	0.65	0.55	8.30	4.40
总资产报酬率,%	2.31	0.21	0.19	6.00	2.30
资本保值增值率,%	—	115.72	116.04	107.20	103.40
盈余现金保障倍数,倍	0.93	5.43	8.15	10.50	3.50
成本费用利润率,%	45.99	8.25	7.83	11.90	4.00

(2) 资产营运状况,见附表4-42。

附表4-42 三年资产营运状况一览表

指标	2017年	2018年	2019年	2019年行业参数	
				优秀值	平均值
总资产周转率,次	0.02	0.01	0.01	1.00	0.50
流动资产周转率,次	0.11	0.06	0.08	3.70	0.80

续表

指标	2017年	2018年	2019年	2019年行业参数	
				优秀值	平均值
存货周转率，次	9.50	4.86	3.33	27.10	11.90
应收账款周转率，次	1.17	1.23	10.03	26.40	10.60
不良资产比率，%	0.40	0.29	0.18	0.30	0.90

（3）偿债能力状况，见附表4-43。

附表4-43 三年偿债能力状况一览表

指标	2017年	2018年	2019年	2019年行业参数	
				优秀值	平均值
资产负债率，%	70.85	68.87	68.29	54.00	64.00
已获利息倍数，倍	57.28	22.95	220.90	4.80	2.00
速动比率，%	294.86	300.57	232.82	138.70	77.30
现金流动负债比率，%	19.52	21.04	21.75	23.60	4.90

（4）发展能力状况，见附表4-44。

附表4-44 公司发展能力状况一览表

指标	2017年	2018年	2019年	2019年行业参数	
				优秀值	平均值
销售（营业）收入增长率，%	—	1104388.26	32.37	20.10	5.40
资本积累率，%	—	15.72	16.04	25.80	7.10
三年资本平均增长率，%	—	—	10.33	—	—
三年销售平均增长率，%	—	—	13.50	—	—

五、行业综合诊断

2019年年度末，公司债务风险行业评级得分为：6.6分，评级为：中等。

附录4　工作范本及模板

范本四：控参股公司涉诉案件年度分析报告（董监事办）

摘　要： 为了及时、全面、完整掌握中国石油控参股涉诉法律风险情况，提高股权管理水平，做好法律风险和重大风险防范工作，中国司法大数据研究院依托人民法院大数据管理和服务平台，对3331家中国石油全资及合并全资、控参股企业，2019年期间全国涉民事一审案件和文书，进行专项挖掘和深入分析，形成本报告。主要内容、结论和建议如下。

1. 案件基本情况

2019年1月1日至2019年12月31日，中国石油在全国新发民事一审案件6672件；新发案件量排名靠前的案件受理法院所在地区是：黑龙江、辽宁、甘肃；新发民事一审案件中，金融借款合同纠纷案件最多；新发民事一审案件中，建设工程合同纠纷案件涉案金额最高。

2. 案件当事人情况

中国石油在全国新发民事一审案件中多为被告，原被告比为2348：4585；A公司涉案量最高；B公司涉案总金额最高；中国石油作为原告的金融借款合同纠纷案件最多，C公司主诉案件最多；中国石油作为被告的机动车交通事故责任纠纷案件最多，A公司被诉案件最多，风险较大。

3. 重大涉诉案件分析

涉案金额为100万元以上案件有1560件，其中，涉案金额为100万元以上重大涉诉案件共计432件，占27.69%，金融借款合同纠纷案由案件最多，诉讼地位以被告为主，兰州银行股份有限公司涉案量最多，B公司涉案金额最高。

一、研究统计范围

时间：2019年1月1日至2019年12月31日。

案件类型：民事一审案件。

主体范围：当事人为中国石油（包括其全资及合并全资、参控股单位，共3331家，下文所称"中国石油"均包含其参控股单位）。

二、案件基本情况分析

1. 新发民事一审案件

2019年1月1日至2019年12月31日，当事人为中国石油的新发民事一审案件总量为6672件。其中2019年12月24日案件量最多，为271件，如附图4-29所示。

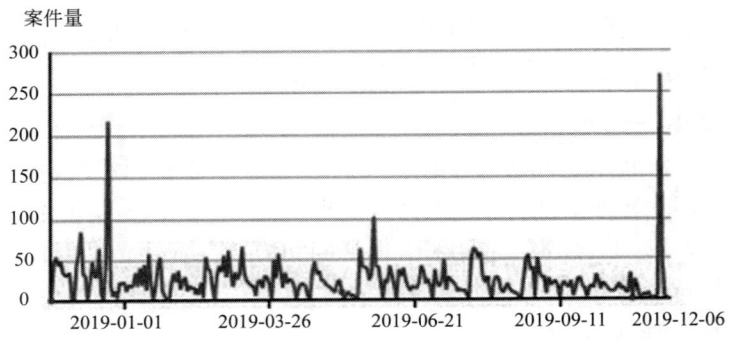

附图4-29　2019年当事人为中国石油的新发民事一审案件趋势

2. 案件量排名靠前的案件受理法院所在地

2019年，当事人为中国石油的新发民事一审案件多分布于黑龙江、辽宁、甘肃等地，案件量占比为14.03%、11.62%、9.68%，如附图4-30所示。

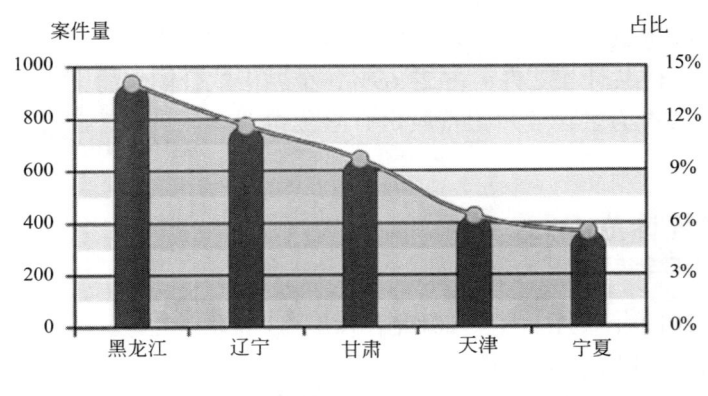

附图4-30　2019年当事人为中国石油的新发民事一审案件地域分布

3. 金融借款合同纠纷案件

2019年,当事人为中国石油的新发民事一审案件涉及237个案由,金融借款合同纠纷案件较多,案件量为643件;其次为买卖合同纠纷案件,案件量为526件,如附图4-31所示。

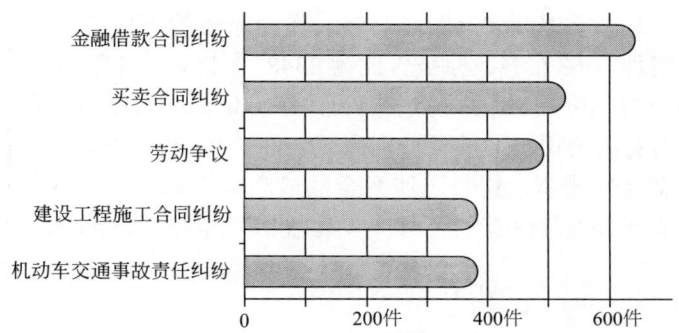

附图4-31　2019年当事人为中国石油的新发民事一审案件量前五案由

4. 建设工程合同纠纷案件

2019年,当事人为中国石油的新发民事一审案件中,建设工程合同纠纷案件涉案金额最高,约为6275848.61万元;其次为金融借款合同纠纷案件,涉案金额为764165.28万元,如附图4-32所示。

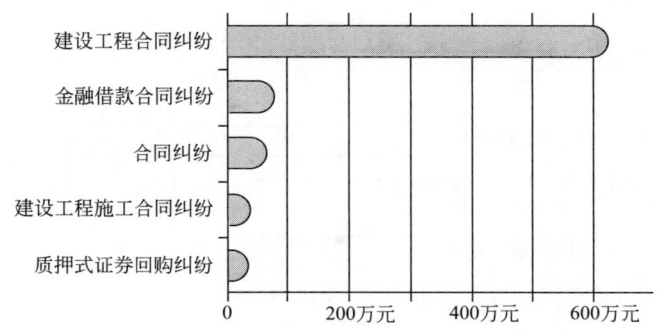

附图4-32　2019年当事人为中国石油的新发民事一审案件涉案金额前五案由

三、当事人情况分析

1. 中国石油在新发民事一审案件中的地位

2019年01月01日至2019年12月31日，新发民事一审案件中，中国石油多为被告，原被告比为2348∶4585；作为原告的案件占比约为32.58%，作为被告的案件占63.62%，原被告比为2348∶4585，如附图4-33所示。涉案量排名靠前的单位是A公司、中国石油东方地球物理勘探有限责任公司、兰州银行股份有限公司，案件量分别为597件、369件、364件，如附图4-34所示。从涉案金额来看，B公司涉案金额最高，为6196118.98万元；其次为山东省金融资产管理股份有限公司，涉案总金额为351145.54万元。

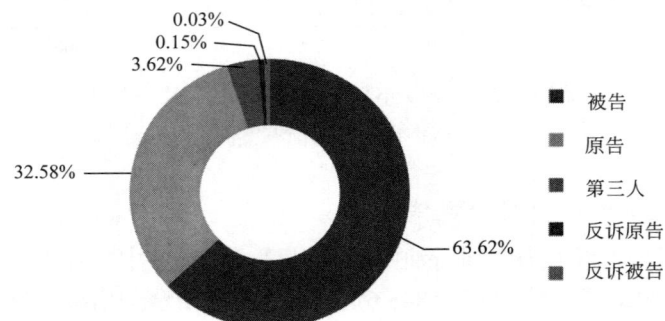

附图4-33　2019年当事人为中国石油的新发民事一审案件诉讼地位分布

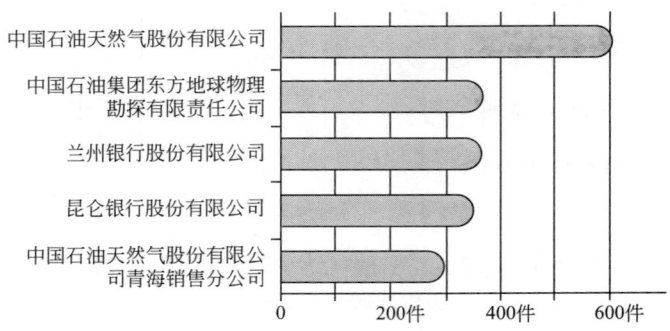

附图4-34　2019年当事人为中国石油的新发民事一审案件量排名前五单位

附录4　工作范本及模板

2. 中国石油作为原告的金融借款合同纠纷案件

2019年，中国石油作为原告的新发民事一审案件中，金融借款合同纠纷案件最多，有627件；其次为票据追索权纠纷案件，案件量为336件，如附图4-35所示。涉案量排名靠前的单位是C公司、A公司，案件量分别为335件、296件和268件。

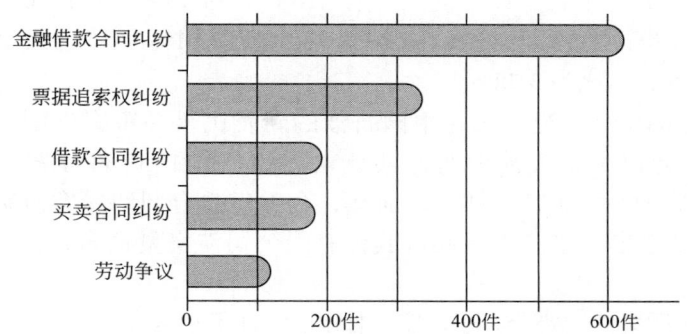

附图4-35　2019年中国石油作为原告的新发民事一审案件排名前五案由

3. 中国石油作为被告的机动车交通事故责任纠纷案件

2019年01月01日至2019年12月31日，中国石油作为被告的新发民事一审案件中，机动车交通事故责任纠纷案件最多，案件量占到总量的8.73%，其次是劳动争议、买卖合同纠纷（附图4-36）。涉案量排名靠前的单位是A公司、中国石油东方地球物理勘探有限责任公司和中意财产保险有限公司，案件量分别为375件、364件和213件。

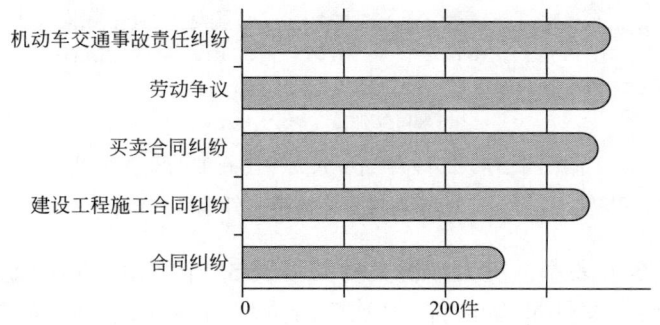

附图4-36　2019年中国石油作为被告的新发民事一审案件排名前五案由

4. 案件涉案金额情况分析

（1）2019年，当事人为中国石油的新发民事一审案件中，有涉案金额记录的案件有6672件。按涉案金额梯度分析，涉案金额为100万元以上案件有1560件，1000万元以上重大涉诉案件占比为27.69%，其中100万元（含）以上500万元（不含）以下的案件有912件，占比为58.46%；500万元（含）以上1000万元（不含）以下的案件有216件，占13.85%；1000万元（含）以上1亿元（不含）以下的案件有373件，占23.91%；1亿元（含）以上的案件有59件，占比为3.78%。

（2）2019年，当事人为中国石油的新发民事一审案件中，涉案金额为1000万元以上重大涉诉案件共计432件，其中59件涉案金额为1亿以上。主要分布于辽宁、甘肃、浙江，金融借款合同纠纷案由案件最多，诉讼地位以原告为主，兰州银行股份有限公司涉案量最多，B公司涉案金额最高。

重大涉诉案件主要分布于辽宁、甘肃、浙江等地区，其中辽宁案件最多，有60件；其次为甘肃，发案量为57件，如附图4-37所示。

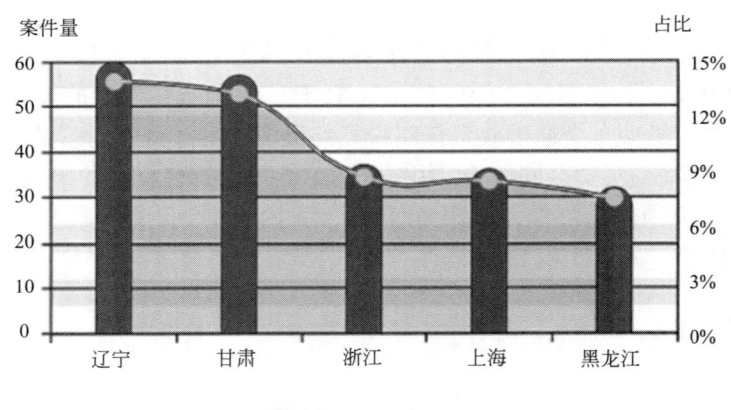

附图4-37 2019年当事人为中国石油的新发民事一审案件重大涉诉案件地域分布

从涉诉案由来看，重大涉诉案件共涉及55个案由，其中金融借款合同纠纷案件最多，案件量为94件；其次为合同纠纷案件，有51件，如附图4-38所示。

附录4 工作范本及模板

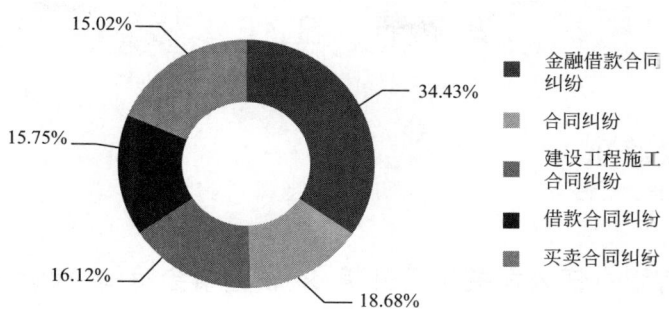

附图4-38 2019年当事人为中国石油的新发民事一审案件重大涉诉案件案由分布

重大涉诉案件中,中国石油诉讼地位以原告为主,占比约为55.67%,如附图4-39所示。

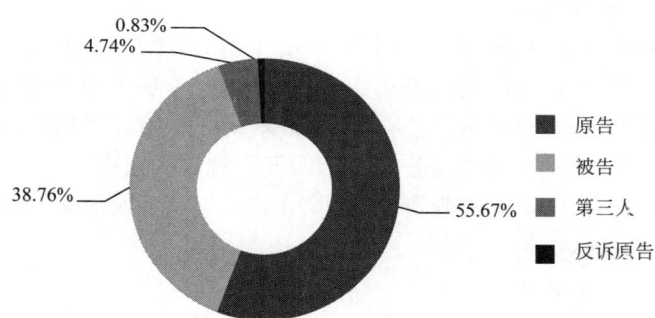

附图4-39 2019年新发民事一审案件重大涉诉案件涉及单位

诉讼地位分布重大涉诉案件涉案总金额为9149533.47万元,其中B公司涉案金额最高。金额最高的案件是山东省金融资产管理股份有限公司起诉冯学君、山东大众报业(集团)置业有限公司、济南大众兴和置业有限公司、王海清、青岛智善置业有限公司、青岛鑫基房地产集团有限公司的(2019)鲁民初17号案件,涉案金额为125229.54万元。

第二节　工作模板

一、会议通知

××有限责任公司关于召开第×届董事会第×次会议的通知

公司各位董事：

根据《中华人民共和国公司法》和《××有限责任公司章程》的有关规定，我公司定于20××年×月×日（周二）9：00在公司D1815会议室召开公司第×届第×次董事会，会议相关事项通知如下。

一、会议审议议案

（1）关于××有限责任公司20××年利润分配方案的议案；

（2）关于××有限责任公司20××年度财务预算报告的议案；

（3）关于××有限责任公司聘请20××年度审计机构的议案；

（4）关于××有限责任公司"十四五"规划的议案；

（5）关于召开××有限责任公司20××年第五次股东会的议案。

议案内容具体见附件1。

二、参会人员要求

（1）参会人员为公司股东代表、董事、监事、高管等。

（2）如董事不能参加，可书面委托其他董事出席会议和参加表决（关联董事之间、非关联董事之间、独立董事之间、非关联董事和独立董事之间，可以相互委托出席会议和参加表决）。请被委托董事将《董事授权委托书》（附件2）在参会时交公司董事会会议工作人员。

（3）参会人员请提前10分钟进入会场。

三、会议地点

石油大厦（北京市东城区东直门北大街9号）D1815会议室。

四、联系人及联系电话

联　系　人：×××

联系电话：×××

传　　　真：×××

邮　　　箱：×××

附录4　工作范本及模板

附件1　董事会会议议案及汇报分工
附件2　董事授权委托书

××有限责任公司
20××年×月×日

附件1　董事会会议材料及汇报分工（略）
附件2　董事授权委托书

董事授权委托书

委托人姓名：
委托人身份证号：
受托人姓名：
受托人身份证号：

　　本人作为××股份有限公司的董事，兹委托×先生代表本人出席×年×月×日召开的××股份有限公司第×届董事会第×次会议，并按照下列权限代为行使表决权：董事会五项议案全部同意，且无其他说明事项。

委托人签名：
委托日期：　年　月　日
受托人签名：
受托日期：　年　月　日

二、三会主持词

1. 第×届董事会第×次会议主持词（主持人：董事长）
各位董事、股东代表、监事、管理层成员：
上午好！
今天我们在这里召开公司第×届董事会的第×会议，感谢大家在百忙中出席本次会议。

下面,开始履行第一次会议议程。

本次董事会会议拟审议议案共计6项,会前已将相关内容送达各位董事审阅。

首先,请各位董事对本次会议通知的时限、会议议案发送的时限、会议召开的地点及召开方式是否有异议发表意见。

各位董事发表意见。

好,各位董事均无异议。

现在由公司常年法律顾问,×律师事务所律师对本次董事会召开的程序等内容进行审核。

律师:公司本次董事会会议的召集、召开程序符合《中华人民共和国公司法》等相关法律法规、《××有限责任公司章程》的规定,会议可以继续进行。

下面开始审议各项议案,本次会议采用举手表决方式对各项议案进行逐项表决。

第一项议案:

请公司董事会秘书×同志报告《关于公司20××年股利分配的议案》。

报告完毕后。

请各位董事对该项议案发表意见。

发表意见后。

请各位董事举手表决,同意的请举手;好,不同意的请举手;好,弃权的请举手。

表决结果:同意×人、不同意×人、弃权×人;

我宣布该项议案表决通过(或不通过)。

其他议案(与上同,略)。

好,董事会各项议案均已审议完毕。下面请律师针对公司董事会召开情况发表见证意见。

律师:公司本次董事会会议符合《中华人民共和国公司法》等相关法律法规和《××有限责任公司章程》的规定,会议做出的各项决议合法有效。

好,我宣布公司第×届董事会第×次会议到此结束。接下来请×先生主持召开公司第×届监事会第×次会议。会议地点D1810会议室,10:30在此会议室继续召开股东大会。

附录4　工作范本及模板

2. 监事会会议主持词（主持人：×监事会主席）

各位监事：

上午好！

根据《中华人民共和国公司法》和《××有限责任公司章程》，现在召开第×届监事会第×次会议。本次监事会共审议×项议案。

首先，请各位监事对本次会议通知的时限、会议议案发送的时限、会议召开的地点及召开方式是否有异议发表意见。

各位监事发表意见。

好，各位监事均无异议。

现在请律师对本次监事会召开的程序等内容进行审核。

律师：公司本次监事会的召集、召开程序符合《中华人民共和国公司法》等相关法律法规、《××有限责任公司章程》的规定，会议可以继续进行。

下面开始审议各项议案，本次会议采用举手表决方式对各项议案进行逐项表决。

第一项议案

由于各位监事已列席公司董事会听取了《关于公司20××年股利分配的议案》，为提高会议效率，请各位监事直接对本议案发表意见。

发表意见后。

请各位监事举手表决，同意的请举手；好，不同意的请举手；好，弃权的请举手。

表决结果：同意×人、不同意×人、弃权×人；

我宣布该项议案表决通过（或不通过）。

其他议案（与上同，略）。

好，监事会对×项议案已全部审议通过。下面请律师针对公司监事会召开情况发表见证意见。

律师：公司本次监事会会议符合《中华人民共和国公司法》等相关法律法规和《××有限责任公司章程》的规定，会议做出的各项决议合法有效。

我宣布××公司第×届监事会第×次会议到此结束。

3. 股东大会主持词（主持人：董事长）

各位股东代表：

现在召开公司×年第×次股东大会。根据《中华人民共和国公司法》和《××有限责任公司章程》，出席本次会议的股东包括：××集团有限公司，拥有×表决权，股东代表为×先生；××股份有限公司，拥有×表决权，股东代表为×先生；××有限责任公司，拥有×表决权，股东代表为×先生。出席会议的股东能够代表公司100%股权。公司董事、监事、管理层成员列席会议。

　　本次股东大会共审议和表决×项议案，由于各位股东代表列席了刚刚结束的公司董事会、监事会，并听取了相关议案报告，为提高效率，不再重复宣读。请股东代表直接对各项议案进行审议、表决。

　　首先，请各位股东代表对本次会议通知的时限、会议议案发送的时限、会议召开的地点及召开方式是否有异议发表意见。

　　各位股东代表发表意见。

　　好，各位股东代表均无异议。

　　现在请律师对本次股东大会召开的程序等内容进行审核。

　　律师：公司本次股东大会的召集、召开程序符合《中华人民共和国公司法》等相关法律法规、《××有限责任公司章程》的规定，会议可以继续进行。

　　好，下面开始对议案进行审议。

　　第一项议案：

　　由于各位股东代表已列席公司董事会听取了《关于公司20××年股利分配的议案》，请各位股东代表直接对本议案进行表决。同意的请举手；好，不同意的请举手；好，弃权的请举手。

　　表决结果：同意×亿股，不同意×亿股，弃权×亿股。

　　我宣布该项议案表决通过（或不通过）。

　　根据会议安排，本次会议已完成全部议程，我宣布×公司×年第×次股东大会到此结束。

　　下面请律师针对公司股东大会召开情况发表见证意见。

　　律师：公司本次股东大会符合《中华人民共和国公司法》等相关法律法规和《××有限责任公司章程》的规定，会议做出的各项决议合法有效。

　　谢谢律师。下面请各位股东代表、董事、监事在决议、会议纪要履行签字程序。

　　结束语：

　　至此，××公司第×届董事会第×次会议、第×届监事会第×次会议、×年第×次股东大会圆满完成各项议程。我代表公司再一次对参加会议的股东代表、董事、监事、高管表示感谢！

　　会议到此结束，谢谢大家！

三、股东代表授权委托书

股东代表授权委托书

委托人：××有限责任公司

受托人：××

身份证号：××

委托代理事项：

本公司持有××有限公司×%股权，现委托××先生作为本公司股东代表，并授权其根据本公司之意思行使股东权利、签署相关文件，本公司承担由此产生的相应的法律责任

委托授权范围：

（1）代为提议召开临时股东大会；

（2）代为行使股东提案权，提议选举或罢免董事、监事及其他议案；

（3）代为参加股东大会，行使股东质询权和建议权；

（4）如董事会和监事会不召开和主持股东大会，代为集中股权召集和主持股东大会；

（5）代为行使表决权，对股东大会每一审议和表决事项代为投票，委托人对表决事项不作具体指示，代理人可以按自己的意思表决；

（6）其他与召开临时股东大会有关事项。

委托授权期限：

本授权委托书自签发之日起生效，授权有效期为20××年×月×日至20××年×月×日。

特别说明：

本委托无转委托权。

委托人 （盖章）：   受托人：

法人代表（签字）：

日期：   日期：

四、股东代表履职报告

××公司20××年度股东代表履职报告

一、20××年公司召开股东大会情况
二、本人担任股东代表履职情况
（一）出席股东大会会议情况
（二）表决和发表意见的情况
（三）监督公司治理结构运行情况
三、股东代表履职成效
四、下一步工作设想

五、董事会工作报告

××公司20××年度董事会工作报告

尊敬的各位董事：

20××年，公司董事会按照《中华人民共和国公司法》《××有限责任公司章程》《董事会议事规则》等规定，认真勤勉地履行了职责，对公司各类重大经营事项实施了审议和决策。现将公司20××年度董事会工作报告报送董事会审议。

一、20××年公司经营指标完成情况
二、20××年董事会工作情况
（一）贯彻落实股东大会决议
（二）推进董事会规范有序运转
（三）公司董事尽职情况
（四）推进党的领导和公司治理有机融合
三、20××年重点工作安排（下一年度）
（一）发挥董事会职能作用，保障公司治理健康运转
（二）切实履行决策监督职责，跟踪落实年度经营目标
（三）持续强化风险管控，高质量推进管理提升

（四）发挥党建引领作用，推进公司高质量发展

附件：公司董事20××年度尽职考核评价结果

六、监事会工作报告

× 公司 20×× 年度监事会工作报告

一、20××年监事会主要工作

（一）完成公司第×届监事会换届工作

（二）监事会会议情况

（三）监事会履责情况

1. 公司财务监督情况

2. 公司依法运作情况

3. 对公司关联交易、资产收购等情况的独立意见

4. 对外担保情况的独立意见

（四）监事会工作存在的不足

二、对董事会工作评价

（一）董事会完成了换届工作

（二）董事会及股东大会会议

（三）对董事会工作评价

三、对公司管理层工作评价

四、监事会对股东及公司的建议

五、20××年监事会工作要点（下一年度）

（一）突出问题导向，强化日常监督

（二）开展专项调研，做好服务监督

（三）加强自身学习，提升服务能力

附件：公司董事及高管20××年度履职考核评价表

七、专职董事述职报告

一、引言

二、公司基本情况介绍

三、报告期内公司经营情况（简述）

1. 对公司所处行业的简要分析

2. 公司主营业务的经营业绩和发展状况

3. 公司主要全资附属企业及控股子公司的经营情况及业绩

4. 在经营中出现的问题与困难及解决方案

四、公司财务状况（简述）

五、董事会日常工作

1. 报告期内董事会的会议情况及决议内容

2. 董事会对股东（大）会决议的执行情况

六、个人参加董事会工作情况

1. 参加董事会次数

2. 董事会发言情况

3. 在董事会上对公司的经营管理提出的建议和意见

4. 对董事会决议的表决

七、股东会、董事会决议执行情况

1. 董事会工作的执行情况

2. 股东会决议执行情况

八、研究工作完成情况

1. 研究工作的投入

2. 研究成果

九、委托责任书各项委托事项落实情况

十、新年度个人工作计划

十一、需向集团公司报告的其他事项

十二、需要集团公司支持解决的其他问题

十三、附表和附件

八、专职董事定期研究报告

一、引言

二、企业概况

包括企业历史发展沿革；企业组织结构框架；企业资本结构；重要子公司及分支机构等。

三、行业发展情况

主要包括行业的发展阶段分析、竞争结构分析、供需分析、行业未来发展预测等。

四、企业生产经营情况

包括企业主要产品及工艺流程；技术水平；市场竞争分析；销售情况；供应情况等。

五、企业管理情况

包括决策程序及执行情况；内控制度及执行情况；组织管理和用人制度；人力资源开发管理；科技开发管理等。

六、财务状况及评价

包括企业具体的财务状况；财务变动情况及原因；对财务状况的评价；会计报表及其附注等。

七、未来发展战略

八、企业发展的风险因素

九、综合评价

十、公司存在的问题及建议

十一、重大或专题事项说明

十二、附表和附件

九、专职监事述职报告

一、引言

二、公司简介

三、主要经营业绩指标及评价

四、监事会日常工作

报告期内监事会的会议情况及决议内容

五、参加监事会工作情况

1. 参加监事会次数

2. 监事会发言情况

3. 在监事会上对公司的经营管理提出的建议和意见

4. 对监事会决议的表决

六、监事会决议执行情况

七、监督检查工作执行情况

1. 公司依法运作情况

2. 对公司财务情况的检查
3. 对公司投资情况的检查
4. 对公司资产交易的检查
八、研究工作完成情况
1. 研究工作的投入
2. 研究成果
九、委托责任书各项委托事项落实情况
十、新年度个人工作计划
十一、需向集团公司报告的其他事项
十二、需要集团公司支持解决的其他问题
十三、附表和附件

附录 5　履职常见问题解答

一、公司及公司章程

1. 我国《中华人民共和国公司法》中对公司是如何分类的？

答：按照《中华人民共和国公司法》第二条规定，本法所称公司是指依照本法在中国境内设立的有限责任公司和股份有限公司。这是按照组织形式将公司分为有限责任公司和股份有限公司。有限责任公司的股东以其认缴的出资额为限对公司承担责任；股份有限公司的股东以其认购的股份为限对公司承担责任。股份有限公司分为发起设立的股份有限公司和募集设立的股份有限公司，股份有限公司又分为普通股份公司和公众公司。

2. 什么是国有独资公司？

答：国有独资公司是指国家单独出资，由国务院或者地方人民政府授权本级人民政府国有资产监督管理机构履行出资人职责的有限责任公司，国有独资公司只包括各级国资委直接管理的企业，不包括以国有独资公司名义出资设立的全资子公司，国有独资公司的二级公司，是法人独资公司。

3. 多个国有投资主体出资设立的公司是国有独资公司吗？

答：《中华人民共和国公司法》第六十四条第二款规定，本法所称国有独资公司，是指国家单独出资、由国务院或者地方人民政府授权本级人民政府国有资产监督管理机构履行出资人职责的有限责任公司。

根据上述规定，国有独资公司主要特征：一是公司类别为有限责任公司。二是公司股东单一，即国有独资公司仅有一个股东。三是公司股东特定，即国有独资公司的股东只能是国家。四是由国务院或者地方人民政府授权本级人民政府国有资产监督管理机构履行出资人职责。

所以，由两个以上国有企业或其他国有单位共同投资组成的公司，公司的投资主体及股东为多个，不是国有独资公司。

4. 什么是国有全资公司？

答：国有全资公司是由两个以上的国有企业或者两个以上的其他国有投资主体投资设立的有限责任公司。

5. 分公司可以独立承担民事责任吗？

答：不可以。《中华人民共和国公司法》第十四条第一款规定，公司可以设立分公司。设立分公司应当向公司登记机关申请登记，领取营业执照。分公司不具有法人资格，其民事责任由公司承担。就是说，分公司不能自行参加民事诉讼，它不具有法人资格。

6. 合伙企业适用《中华人民共和国公司法》吗？

答：合伙企业不适用于《中华人民共和国公司法》，合伙企业适用于《中华人民共和国合伙企业法》。

7. 公司章程应包括什么事项？

答：按照《中华人民共和国公司法》第二十五条规定，有限责任公司章程应当载明下列事项：（1）公司名称和住所；（2）公司经营范围；（3）公司注册资本；（4）股东的姓名或者名称；（5）股东的出资方式、出资额和出资时间；（6）公司的机构及其产生办法、职权、议事规则；（7）公司法定代表人；（8）股东会会议认为需要规定的其他事项。股东应当在公司章程上签名、盖章。

8. 公司登记管理条例关于公司章程变更有哪些规定？

答：《中华人民共和国公司登记管理条例》关于公司章程变更的规定主要有：一是公司变更登记事项涉及修改公司章程的，应当提交由公司法定代表人签署的修改后的公司章程或者公司章程修正案。二是公司章程修改未涉及登记事项的，公司应当将修改后的公司章程或者公司章程修正案送原公司登记机关备案。

9. 公司章程与公司设立协议在效力上的主要区别是什么？

答：公司章程与公司设立协议在效力上的主要区别在于：一是效力对象不同，公司章程调整的是所有股东之间、股东与公司之间、公司的管理机构与公司之间的法律关系；设立协议是各发起人的意思表示，由全体发起人订立，调整的是发起人之间的权利义务关系，因而只在发起人之间具有法律约束力。二是效力期间不同，公司章程随着公司成立而发生效力，并因公司消灭而失去效力；设立协议的效力及于公司设立行为开始，并因公司成立而终止。

二、法定代表人

1. 什么是法定代表人?

答:法定代表人是指依照法律或者法人组织章程规定,代表法人行使职权的负责人。公司的法定代表人对内处于公司管理核心的地位,对外代表公司,以公司的名义对外实施行为是公司的行为,该行为的法律后果由公司承担。

《中华人民共和国民法典》第六十一条规定,依照法律或者法人章程的规定,代表法人从事民事活动的负责人,为法人的法定代表人。法定代表人以法人名义从事的民事活动,其法律后果由法人承受。法人章程或者法人权力机构对法定代表人代表权的限制,不得对抗善意相对人。

《中华人民共和国公司法》第十三条规定,公司法定代表人依照公司章程的规定,由董事长、执行董事或者经理担任,并依法登记。公司法定代表人变更,应当办理变更登记。

在公司章程中明确约定公司法定代表人由董事长、执行董事或总经理担任,实操中法定代表人落实到职位层面,不落实到自然人,以免人员变动导致公司章程的修订。

2. 法定代表人是否可以简称为"法人代表"?

答:不对。法定代表人和法人代表的区别主要如下。

(1)两者本质不同。法人代表也可称为法人的授权代表,这个代表不是固定的,取决于法人的授权,这个授权可以一事一授,也可以是一揽子事项的授权。法定代表人是一个法律概念,是一个企业很重要的一个登记事项,任何一个是法人的单位都会有营业执照,上面都会注明谁是单位的法定代表人。

(2)两者权利不同。法定代表人在企业内部负责组织和领导生产经营活动,对外代表企业,全权处理一切民事活动。法定代表人的权力,是由法人赋予的,法人对法定代表人的正常活动承担民事责任。但是法定代表人的行为超出法人授予的权利范围,法人就可能为其承担责任。

(3)两者所指向的对象不同。法定代表人只能是确定的一人,而法人代表是不确定的,既可以是一人,也可以是多人,既可以是法定代表人,也可以是受法人或法定代表人委托行使职权的其他人。

(4)两者产生方式不同。法人代表依法人或法定代表人授权而产生。而法定代表人则依法律或章程规定依法定程序产生。

（5）两者法律权限不同。法定代表人有权在法律规定的职权范围内，直接代表法人对外行使职权。而法人代表对外行使权力要受到授权范围的限制。

（6）两者登记、变更的程序不同。法定代表人是法人应登记的事项，法定代表人变更需法律程序。而法人代表不需要登记，变更也不需要程序。

（7）两者需要承担的法律责任不同。法人代表在授权范围内行使权利时造成他人损失或其他法律后果的，由法人承担，只有超出委托权限范围所为的行为所造成的损失，才由法人代表承担。而法定代表人是当然的法人代表，通常情况下，除法人承担责任外，对法定代表人可以给予行政处分，构成犯罪的，还可以依法追究刑事责任。

总之，法定代表人是个人，而法人则是组织，像公司、国家机关、事业单位等都是法人。法人代表也是个人，是法人单独授权行使某项具体职责的人。法定代表人是经过工商登记的，行使职权不需要法人授权，而法人代表没有工商登记，需要法人另行授权，超出授权范围或期限就不再是法人代表。

3. 我国就法定代表人问题作出规定的法规有哪些？

答：主要有以下三个法规：

《企业法定代表人登记管理规定》1999年6月12日国务院批准修订，1999年6月23日国家工商行政管理局令第90号公布；

《国家工商行政管理局对变更公司法定代表人有关问题的答复》工商外企字〔2003〕75号2000年7月5日发布；

《关于外商投资企业法定代表人变更登记有关问题的答复》工商外企字〔2003〕国家工商行政管理总局2003年6月6日公布。

4. 股东会任命的与工商登记的法定代表人不一致时，谁有权代表公司？

答：根据《中华人民共和国公司法》规定，公司变更法定代表人的应当及时办理变更登记。不及时变更登记，将会导致股东（大）会任免的法定代表人与工商登记的法定代表人不一致，引发有关公司代理权、行为效力等的争议。当股东（大）会任免的法定代表人与工商登记的法定代表人不一致，如果涉及公司以外的第三人因公司代表权而产生的外部争议，由于工商登记的法定代表人对外具有公示效力，应以工商登记为准。而对于公司与股东之间因法定代表人任免产生的内部争议，则应以有效的股东（大）会任免决议为准，并在公司内部产生法定代表人变更的法律效果。

5. 外国人可以当内资公司的法定代表人吗？

答：可以。我国法律对法定代表人无国籍要求，登记时只需提交公司的任职证明和法定代表人的身份证明即可。

6. 企业可以聘请员工当法定代表人吗？

答：一般员工不可以当公司法定代表人。如果该员工任职公司的董事长、执行董事或者经理，则可以按照公司章程规定并经工商登记后，担任公司法定代表人。

7. 法定代表人一定是股东吗？

答：法定代表人可以是股东，也可以不是股东。由谁担任法定代表人，具体由公司章程规定。

8. 哪些人不能当法定代表人？

答：《企业法定代表人登记管理规定》规定，有下列情形之一的，不得担任法定代表人，企业登记机关不予核准登记。

（1）无民事行为能力或者限制民事行为能力的。（2）正在被执行刑罚或者正在被执行刑事强制措施的。（3）正在被公安机关或者国家安全机关通缉的。（4）因犯有贪污贿赂罪、侵犯财产罪或者破坏社会主义市场经济秩序罪，被判处刑罚，执行期满未逾三年的；或者因犯罪被判处剥夺政治权利，执行期满未逾五年的。（5）担任因经营不善破产清算的企业的法定代表人或者董事、经理，并对该企业的破产负有个人责任，自该企业破产清算完结之日起未逾三年的。（6）担任因违法被吊销营业执照的企业的法定代表人，并对该企业违法行为负有个人责任，自该企业被吊销营业执照之日起未逾三年的。（7）个人负债数额较大，到期未清偿的。（8）有法律和国务院规定不得担任法定代表人的其他情形的。

9. 一人能否同时担任两个以上公司的法定代表人？

答：一人可以担任多家公司的法定代表人。

根据《中华人民共和国公司法》第十三条规定，公司法定代表人依照公司章程的规定，由董事长、执行董事或者经理担任，并依法登记。一个公司的法定代表人，被委派（或受聘）担任另一公司董事长、执行董事或者经理，则可以按照另一公司章程规定并经工商登记后，担任另一公司法定代表人。

10. 当法定代表人有年龄与学历要求吗？

答：法定代表人必须是具有完全民事行为能力的公民，也就是说应当年满18周岁，且精神智力状况完全正常。至于在学历、职称、工作年限等方面则没有要求。

11. 法定代表人需要与公司签订劳动合同吗？

答：根据《中华人民共和国公司法》第十三条规定，公司法定代表人依照公司章程的规定，由董事长、执行董事或者经理担任，并依法登记。公司法定代表人是否需要与公司签订劳动合同，要区分两种情况：一是公司法定代表人与公司之间无劳动关系，则不受《中华人民共和国劳动法》与《中华人民共和国劳动合同法》调整，不需要与公司签订劳动合同。二是公司法定代表人与公司之间存在劳动关系，则受《中华人民共和国劳动法》与《中华人民共和国劳动合同法》调整，应当与公司签订劳动合同。

12. 法定代表人责任风险有哪些？

答：根据《中华人民共和国民法典》第六十二条规定，法定代表人因执行职务造成他人损害的，由法人承担民事责任。法人承担民事责任后，依照法律或者法人章程的规定，可以向有过错的法定代表人追偿。

13. 挂名的法定代表人需要承担法律责任吗？

答：根据《中华人民共和国公司法》第十三条规定，公司法定代表人依照公司章程的规定，由董事长、执行董事或者经理担任，并依法登记。即使法定代表人是"挂名"的，但"挂名"对外并不具有法律效果，依法登记后就是公司法定代表人，主要有以下法律责任：一是民事责任，要为公司对外借款或其他经营行为等造成的损失承担一定损失赔偿责任。二是行政责任，如果公司存在非法经营、抽逃资金、隐匿财产、逃避债务等违法行为，法院可以直接对公司法定代表人采取处罚措施，同时也可以建议有关部门对其给予行政处分。三是刑事责任，公司的犯罪行为，一般情况下由公司承担刑事责任，法定代表人并不因此而承担刑事责任，但因为多数情况下公司犯罪是按照公司主管人员的意志而实施的行为，所以很多情况下还会追究公司主管人员和主要负责人的责任，对于公司来说，一般是将法定代表人认定为直接责任人，对公司的行为承担刑事责任。四是在公司进入破产程序或被申请强制执行时，在特定情形下，行政机关、司法机关有权对公司法定代表人采取强制措施。

附录5　履职常见问题解答

14. 仅有法定代表人的签名，没有盖公司章，合同有效吗？

答：合同是否有效，需要根据法律规定来确定。一是根据《中华人民共和国民法典》第五百零二条规定，依法成立的合同，自成立时生效，但是法律另有规定或者当事人另有约定的除外。二是根据《中华人民共和国民法典》第四百九十条规定，当事人采用合同书形式订立合同的，自当事人均签名、盖章或者按指印时合同成立。在签名、盖章或者按指印之前，当事人一方已经履行主要义务，对方接受时，该合同成立。三是根据《中华人民共和国民法典》第五百零四条规定，法人的法定代表人或者非法人组织的负责人超越权限订立的合同，除相对人知道或者应当知道其超越权限外，该代表行为有效，订立的合同对法人或者非法人组织发生效力。

综上所述，"合同文本上是否加盖有公司印章"不是确定合同有效的法律要件。

15. 法定代表人超越职权订立的合同有效吗？

答：根据《中华人民共和国民法典》第五百零四条规定，法人的法定代表人或者非法人组织的负责人超越权限订立的合同，除相对人知道或者应当知道其超越权限外，该代表行为有效，订立的合同对法人或者非法人组织发生效力。

16. 如何约束并防止法定代表人滥用职权？

答：在公司章程中对法定代表人代表权作出限制是防止其滥用权利的最主要方式。公司应当充分利用章程的自治权明确规定法定代表人权限范围。另外，可以通过董事会或股东（大）会对法定代表人的行为进行约束。在合资公司中，根据出资比例在委派董事长、总经理、财务总监等关键岗位的同时，也要高度重视法定代表人的人选。

17. 公司法人人格否认制度的主要含义是什么？

答：公司法人人格否认制度是指为阻止公司独立人格的滥用，就具体法律关系中的特定事实，否认公司的独立人格和股东的有限责任，责令公司的股东对公司债权人或公共利益直接负责的一种法律制度。因为该制度揭掉了笼罩在公司身上的法人面纱，故又称"刺破公司面纱"。

三、股东出资

1. 什么是股东出资？

答：按照《中华人民共和国公司法》第二十七条规定，股东可以用货币出资，也可以用实物、知识产权、土地使用权等可以用货币估价并可以依法转让的非货币财产作价出资，法律、行政法规规定不得作为出资的财产除外。

2. 什么是注册资本？

答：有限公司的注册资本，按照《中华人民共和国公司法》第二十六条规定，有限责任公司的注册资本为在公司登记机关登记的全体股东认缴的出资额。

股份有限公司的注册资本，按照《中华人民共和国公司法》第八十条规定，股份有限公司采取发起设立方式设立的，注册资本为在公司登记机关登记的全体发起人认购的股本总额。在发起人认购的股份缴足前，不得向他人募集股份。股份有限公司采取募集方式设立的，注册资本为在公司登记机关登记的实收股本总额。

3. 什么是实缴资本？

答：有限公司的实缴资本，按照《中华人民共和国公司法》第二十八条规定，股东应当按期足额缴纳公司章程中规定的各自所认缴的出资额。股东以货币出资的，应当将货币出资足额存入有限责任公司在银行开设的账户；以非货币财产出资的，应当依法办理其财产权的转移手续。股东不按照前款规定缴纳出资的，除应当向公司足额缴纳外，还应当向已按期足额缴纳出资的股东承担违约责任。

股份有限公司的实缴资本，按照《中华人民共和国公司法》第八十三条规定，以发起设立方式设立股份有限公司的，发起人应当书面认足公司章程规定其认购的股份，并按照公司章程规定缴纳出资。以非货币财产出资的，应当依法办理其财产权的转移手续。

4. 公司出资方式有哪些？

答：以货币出资的，应当将货币存入公司在银行开设的账户；非货币资产，应当可以用货币计价，不得高估或低估作价；以实物出资的，应当是股东享有所有权的实物，已经设立担保或者有其他权利负担的实物不能作为出资；以知识产权、债权、股权等非货币财产出资的，应当确认权属是否清楚、权能是否完整、是否可以依法转让；股东应将非货币资产的财产权转移给公司。

5. 关于公司出资法律法规有哪些规定？

答：《最高人民法院关于适用〈中华人民共和国公司法〉若干问题的规定（三）》第八条规定，出资人以划拨土地使用权出资，或者以设定权利负担的土地使用权出资，公司、其他股东或者公司债权人主张认定出资人未履行出资义务的，人民法院应当责令当事人在指定的合理期间内办理土地变更手续或者解除权利负担；逾期未办理或者未解除的，人民法院应当认定出资人未依法全面履行出资义务。

《公司登记管理条例》第十四条规定，股东不得以劳务、信用、自然人姓名、商誉、特许经营权或者设定担保的财产等作价出资。

6. 股东出资需要注意什么？

答：根据《中华人民共和国公司法》的相关规定，各出资人在各自认缴的出资比例进行投入资本金。分别要提供银行出具的进账单原件，不需要强制的验资。同样在进行股权转让后，新股东的出资也不强制再进行验资。各出资人按照各自认缴的出资比例、出资时间缴足资本金。出资人必须是章程中所规定的投资人，此外提醒股东在进行出资时应当由自己的个人账户进行划转，或者进行现金交割。同时要求公司出具相关的股东出资的凭证来证明股东出资的情况。

7. 股东出资时间实操中应该注意什么？

答：公司章程约定出资时间应注意以下两点：一是到期股东负有向公司缴足当期出资的义务，当该项义务未完成时，公司的债权人可向股东要求履行出资义务，用于偿还公司债务；二是未履行当期出资义务的股东，应当向已按期足额缴纳出资的股东承担违约责任。

8. 公司注册资本认缴年限是多久？

答：目前注册资本制度是认缴制度，也就是说在办理营业执照的时候，工商局不需要验资报告，而且注册资本大小和注册资本认缴年限都是由股东自行约定，只要在公司章程中载明就可以。所以，关于注册资本认缴年限的规定就是股东自己约定。

9. 出资人以符合法定条件的非货币财产出资后，因市场变化或者其他客观因素导致出资财产贬值，公司、其他股东或者公司债权人可否请求该出资人承担补足出资责任？

答：《最高人民法院关于适用〈中华人民共和国公司法〉若干问题的规定（三）》第十六条规定，该出资人不必承担补足出资责任，对公司、其他股东和公司债权人的要求，人民法院不予支持。但是，当事人另有约定的除外。

10. 出资人以划拨土地使用权出资，或者以设定权利负担的土地使用权出资，公司、其他股东或者公司债权人可否认定出资人未履行出资义务？

答：《最高人民法院关于适用〈中华人民共和国公司法〉若干问题的规定（三）》第八条规定，对出资人以划拨土地使用权出资，或者以设定权利负担的土地使用权出资的，人民法院应当责令当事人在指定的合理期间内办理土地变更手续或者解除权利负担；逾期未办理或者未解除的，人民法院应当认定出资人未依法全面履行出资义务。

11. 发起人可否通过第三人代垫资金协助设立公司？

答：可以。《最高人民法院关于适用〈中华人民共和国公司法〉若干问题的规定（三）》第十五条规定，第三人代垫资金协助发起人设立公司，双方明确约定在公司验资后或者在公司成立后将该发起人的出资抽回以偿还该第三人，发起人依照前述约定抽回出资偿还第三人后又不能补足出资，相关权利人请求第三人连带承担发起人因抽回出资而产生的相应责任的，人民法院应予支持。

12. 股东抽逃出资，其他股东、董事、高级管理人员是否承担连带责任？

答：《最高人民法院关于适用〈中华人民共和国公司法〉若干问题的规定（三）》第十四条规定，股东抽逃出资，公司或者其他股东请求其向公司返还出资本息、协助抽逃出资的其他股东、董事、高级管理人员或者实际控制人对此承担连带责任的，人民法院应予支持。公司债权人请求抽逃出资的股东在抽逃出资本息范围内对公司债务不能清偿的部分承担补充赔偿责任、协助抽逃出资的其他股东、董事、高级管理人员或者实际控制人对此承担连带责任的，人民法院应予支持；抽逃出资的股东已经承担上述责任，其他债权人提出相同请求的，人民法院不予支持。

13. 公司的注册资本可以"只认不缴"吗？

答：《中华人民共和国公司法》中第二百条规定，公司的发起人、股东虚假出资，未交付或者未按期交付作为出资的货币或者非货币财产的，由公司登记机关责令改正，处以虚假出资金额百分之五以上百分之十五以下的罚款。

注册资本"实缴"改为"认缴"，并不意味着注册资本可以"只认不缴"，只不过是由原来的"先缴"改成了"分次缴纳"。企业应该在承诺的认缴期限内缴纳完毕，同时以认缴的出资额为限承担责任。在如今信息网络的时代，企业的任何信息在网上都能够查询到，如果你在承诺的期限内注册资本没有实缴到位，是要承担相应的民事责任的。假如情节严重的，还可能要承担刑事处罚责任。不仅如此，如果被工商局抽查到，那么也会被工商局列入黑名单中。如今黑名单已经全国联网，不管走到哪，都能被查到，不仅给自己带来影响，也给企业的信誉带来极大的影响。

14. 以挪用等违法犯罪所得的货币出资是否有效？

答：《最高人民法院关于适用〈中华人民共和国公司法〉若干问题的规定（三）》第七条第二款规定，以贪污、受贿、侵占、挪用等违法犯罪所得的货币出资后取得股权的，对违法犯罪行为予以追究、处罚时，应当采取拍卖或者变卖的方式处置其股权。

15. 抽逃出资有哪几种形式？

答：抽逃出资认定标准为有抽逃行为且损害公司权益，要注重行为对公司资本的侵蚀程度及主观过错等，抽逃出资主要有以下几种形式：（1）制作虚假财务会计报表虚增利润进行分配；（2）通过虚构债权债务关系将其出资转出；（3）利用关联交易将出资转出；（4）其他未经法定程序将出资抽回的行为。

16. A和B两个企业合资成立一个C公司，准备签订合资协议，B公司以现金投资，为避免B公司不能按时足额缴纳注册资本金，请问，在合资协议中应该约定哪些违约条款？

答：（1）其他股东对违约方可约定：违约金、赔偿损失（以较大金额为准，包括其他出资方和第三方的损失、监管风险等）、延迟缴付的罚息。（2）对公司补足出资、债务清偿的连带责任。（3）明确不实际出资不能取得股东权利，包括收益权，并限制或禁止表决权等，如果表决权受限，还要再明确在其出资范围内承担对外经营风险。此外，要注意出资方的资信情况与其拟出资额是否匹配，具体可分类型具体表述。

17. 股东违反出资的法律责任有哪些？

答：《中华人民共和国公司法》关于股东违反出资的责任有如下规定。

（1）有限责任公司，按照《中华人民共和国公司法》第二十八条规定，股东不按照前款规定缴纳出资的，除应当向公司足额缴纳外，还应当向已按期足额缴纳出资的股东承担违约责任。对公司的责任就是继续履行，足额缴纳，对其他股东要承担违约责任。

（2）股份有限公司，按照《中华人民共和国公司法》第九十三条规定，股份有限公司成立后，发起人未按照公司章程的规定缴足出资的，应当补缴；其他发起人承担连带责任。因此，发起人承担补缴责任，其他发起人承担连带责任。股份有限公司的认股人未按期缴纳所认股份的股款，经公司发起人催缴后在合理期间内仍未缴纳，公司发起人对该股份另行募集的，人民法院应当认定该募集行为有效。认股人延期缴纳股款给公司造成损失，公司请求该认股人承担赔偿责任的，人民法院应予支持。认股人未按期缴纳的，公司另行募集并可以要求认股人承担赔偿责任。

（3）《最高人民法院关于适用〈中华人民共和国公司法〉若干问题的规定（三）》第十三条规定，股东未履行或者未全面履行出资义务，公司或者其他股东请求其向公司依法全面履行出资义务的，人民法院应予支持。公司债权人请求未履行或者未全面履行出资义务的股东在未出资本息范围内对公司债务不能清偿的部分承担补充赔偿责任的，人民法院应予支持；未履行或者未全面履行出资义务的股东已经承担上述责任，其他债权人提出相同请求的，人民法院不予支持。股东在公司设立时未履行或者未全面履行出资义务，依照本条第一款或者第二款提起诉讼的原告，请求公司的发起人与被告股东承担连带责任的，人民法院应予支持；公司的发起人承担责任后，可以向被告股东追偿。股东在公司增资时未履行或者未全面履行出资义务，依照本条第一款或者第二款提起诉讼的原告，请求未尽《中华人民共和国公司法》第一百四十七条第一款规定的义务而使出资未缴足的董事、高级管理人员承担相应责任的，人民法院应予支持；董事、高级管理人员承担责任后，可以向被告股东追偿。

18. 常见的出资瑕疵有哪些？

答：《中华人民共和国公司法》关于出资瑕疵有如下规定。

（1）非货币出资的差额填补责任。按照《中华人民共和国公司法》第三十条规定，有限责任公司成立后，发现作为设立公司出资的非货币财产的实际价额显著低于公司章程所定价额的，应当由交付该出资的股东补足其差额；公司设立时的其他股东承担连带责任。

（2）以不享有处分权的财产出资。《最高人民法院关于适用〈中华人民共和国公司法〉若干问题的规定（三）》第七条规定，出资人以不享有处分权的财产出资，当事人之间对于出资行为效力产生争议的，人民法院可以参照物权法第一百零六条的规定予以认定。以贪污、受贿、侵占、挪用等违法犯罪所得的货币出资后取得股权的，对违法犯罪行为予以追究、处罚时，应当采取拍卖或者变卖的方式处置其股权。

（3）土地出资瑕疵。《最高人民法院关于适用〈中华人民共和国公司法〉

若干问题的规定（三）》第八条规定，出资人以划拨土地使用权出资，或者以设定权利负担的土地使用权出资，公司、其他股东或者公司债权人主张认定出资人未履行出资义务的，人民法院应当责令当事人在指定的合理期间内办理土地变更手续或者解除权利负担；逾期未办理或者未解除的，人民法院应当认定出资人未依法全面履行出资义务。

（4）非货币财产出资未经评估作价。《最高人民法院关于适用〈中华人民共和国公司法〉若干问题的规定（三）》第九条规定，出资人以非货币财产出资，未依法评估作价，公司、其他股东或者公司债权人请求认定出资人未履行出资义务的，人民法院应当委托具有合法资格的评估机构对该财产评估作价。评估确定的价额显著低于公司章程所定价额的，人民法院应当认定出资人未依法全面履行出资义务。

（5）非货币财产的交付与权属变更。《最高人民法院关于适用〈中华人民共和国公司法〉若干问题的规定（三）》第十条规定，出资人以房屋、土地使用权或者需要办理权属登记的知识产权等财产出资，已经交付公司使用但未办理权属变更手续，公司、其他股东或者公司债权人主张认定出资人未履行出资义务的，人民法院应当责令当事人在指定的合理期间内办理权属变更手续；在前述期间内办理了权属变更手续的，人民法院应当认定其已经履行了出资义务；出资人主张自其实际交付财产给公司使用时享有相应股东权利的，人民法院应予支持。出资人以前款规定的财产出资，已经办理权属变更手续但未交付给公司使用，公司或者其他股东主张其向公司交付、并在实际交付之前不享有相应股东权利的，人民法院应予支持。

（6）股权出资瑕疵。《最高人民法院关于适用〈中华人民共和国公司法〉若干问题的规定（三）》第十一条规定，出资人以其他公司股权出资，符合下列条件的，人民法院应当认定出资人已履行出资义务：①出资的股权由出资人合法持有并依法可以转让；②出资的股权无权利瑕疵或者权利负担；③出资人已履行关于股权转让的法定手续；④出资的股权已依法进行了价值评估。

股权出资不符合第①项、第②项、第③项的规定，公司、其他股东或者公司债权人请求认定出资人未履行出资义务的，人民法院应当责令该出资人在指定的合理期间内采取补正措施，以符合上述条件；逾期未补正的，人民法院应当认定其未依法全面履行出资义务。

股权出资不符合本条第④项的规定，公司、其他股东或者公司债权人请求认定出资人未履行出资义务的，人民法院应当按照本规定第九条的规定处理。

四、三会

1. 股东会有哪些职权？

答：按照《中华人民共和国公司法》第三十七条规定，股东会行使下列职权：（1）决定公司的经营方针和投资计划；（2）选举和更换非由职工代表担任的董事、监事，决定有关董事、监事的报酬事项；（3）审议批准董事会的报告；（4）审议批准监事会或者监事的报告；（5）审议批准公司的年度财务预算方案、决算方案；（6）审议批准公司的利润分配方案和弥补亏损方案；（7）对公司增加或者减少注册资本作出决议；（8）对发行公司债券作出决议；（9）对公司合并、分立、解散、清算或者变更公司形式作出决议；（10）修改公司章程；（11）公司章程规定的其他职权。

2. 《中华人民共和国公司法》关于股东会的非会议模式的规定？

答：《中华人民共和国公司法》第三十七条第二款就"股东会的非会议模式"规定，对股东会职权范围内的事项，股东以书面形式一致表示同意的，可以不召开股东会会议，直接作出决定，并由全体股东在决定文件上签名、盖章。

3. 股东会会议议事方式和表决程序

答：按照《中华人民共和国公司法》第四十三条规定，股东会的议事方式和表决程序，除《中华人民共和国公司法》另有规定的外，由公司章程规定。股东会会议作出修改公司章程、增加或者减少注册资本的决议，以及公司合并、分立、解散或者变更公司形式的决议，必须经代表三分之二以上表决权的股东通过。

4. 股东（大）会职权、召集程序、表决权、议事方式、表决程序有哪些法律规定，实操中应该注意哪些问题？

答：股东（大）会职权：《中华人民共和国公司法》规定了十项必须由股东（大）会行使的职权，规定了股东（大）会会议作出修改公司章程、增加或者减少注册资本的决议，以及公司合并、分立、解散或者变更公司形式的决议，必须经代表三分之二以上表决权的股东通过。除此之外，在股东（大）会职权的增设、股东（大）会召集程序、股东表决权、议事方式和表决程序等方面均充分允许股东自行约定并在章程中载明。实操中，《中华人民共和国公司法》尊重股东自治，在增加股东（大）会职权时，限制性条款的设置应慎重，在兼顾风险控制的同时应充分考虑企业运营的灵活度、便利性需要。

股东（大）会召集程序：《中华人民共和国公司法》第四十一条规定，召开股东（大）会会议，应当于会议召开十五日前通知全体股东；但是，公司章程另有规定或者全体股东另有约定的除外。

股东表决权：《中华人民共和国公司法》第四十二条规定，股东（大）会会议由股东按照出资比例行使表决权；但是，公司章程另有规定的除外。

议事方式和表决程序：《中华人民共和国公司法》第四十三条规定，股东（大）会的议事方式和表决程序，除本法有规定的外，由公司章程规定。

5. 签名被伪造的股东（大）会决议是否必然无效？

答：股东（大）会决议法定无效的情形是指其内容的违法性，其形式上的瑕疵不具有对抗善意第三人绝对效力，在未被撤销的情形下依然有效；而股东（大）会决议只是公司注销登记的法定程序性文件，工商机关对相关文件的审查仅限于形式上的审查，在没有证据证明工商机关的形式审查存在重大过错的情况下，股东以股东（大）会决议签名系伪造为由，要求重新清算的请求法院将不予支持。

6. 公司因股东（大）会议无法召开陷入僵局怎么办？

答：首先要看是大股东还是小股东。如果小股东不来开股东（大）会，表明他放弃了股东的权利，只要在程序上没有过错，一般对公司的运营不会造成实质性的影响。如果是大股东就要看他是否损害了其他股东的利益和公司的利益。一般情况下大股东的是处于控股地位不会故意来侵害自己的利益，如果其故意不参加股东（大）会有可能使公司的运营陷入僵局，这时候小股东或者其他的股东可以根据《中华人民共和国公司法》的相关规定自行召集和主持股东（大）会。如果大股东及其委托的高级管理人员故意损害到其他股东的利益，其他股东也可以依据《中华人民共和国公司法》相关规定提起诉讼来寻求司法救济。

7. 提高或降低股东大会提案权最低持股比例的效力是否有效？

答：防止大股东股权滥用，也防止小股东的股权滥用。降低股东大会提案权最低持股比例是有效的，提高股东大会提案权最低持股比例是无效的。

8. 有限责任公司股东会会议通知时间是否可以调整长于或短于15天？股份公司股东大会是否可以调整为20天？

答：对于有限责任公司这个时间可以按照股东意思进行调整，但是股份公司不可以。

9. 《中华人民共和国公司法》关于董事会人数的规定？

答：《中华人民共和国公司法》关于董事会人数的规定主要有：

（1）《中华人民共和国公司法》第四十四条规定，有限责任公司设董事会，其成员为三人至十三人。

（2）《中华人民共和国公司法》第五十条规定，股东人数较少或者规模较小的有限责任公司，可以设一名执行董事，不设董事会。

（3）《中华人民共和国公司法》第一百零八条规定，股份有限公司设董事会，其成员为五人至十九人。

10. 股份公司董事会决议应当经全体董事的过半数通过，其中，"全体董事"和"过半数通过"是指什么？

答：根据《中华人民共和国公司法》第一百一十一条规定，董事会会议应有过半数的董事出席方可举行。董事会作出决议，必须经全体董事的过半数通过。董事会决议的表决，实行一人一票。

所以，一是"全体董事"而非仅指出席会议董事，不管董事是否出席，都计入表决统计数。二是"过半数通过"是全体董事中必须超过一半的董事在表决时投赞成票。

需要注意：一是董事会会议应有公司董事会全体董事的过半数董事出席方可举行，二是"通过"是统计计算的赞成票必须超过全体董事的一半人数。

11. 董事会有哪些职权？

答：按照《中华人民共和国公司法》第四十六条规定，董事会对股东会负责，行使下列职权：（1）召集股东会会议，并向股东会报告工作；（2）执行股东会的决议；（3）决定公司的经营计划和投资方案；（4）制订公司的年度财务预算方案、决算方案；（5）制订公司的利润分配方案和弥补亏损方案；（6）制订公司增加或者减少注册资本以及发行公司债券的方案；（7）制订公司合并、分立、解散或者变更公司形式的方案；（8）决定公司内部管理机构的设置；（9）决定聘任或者解聘公司经理及其报酬事项，并根据经理的提名决定聘任或者解聘公司副经理、财务负责人及其报酬事项；（10）制定公司的基本管理制度；（11）公司章程规定的其他职权。

12. 董事会的议事方式和表决程序的具体内容？

答：根据《中华人民共和国公司法》第四十八条规定，董事会的议事方式和表决程序，除本法有规定的外，由公司章程规定。董事会决议的表决，

附录5　履职常见问题解答

实行一人一票。

董事会是公司经营管理层面的决策机构。公司章程可以在董事会的法定十项职权外，扩充董事会的职权；也可以对董事会职权的行使进行限制。与股东（大）会相比，董事会的职权可作更加具体、量化的规定。董事会的议事方式和表决程序等应在公司章程或者董事会议事规则中明确，否则将出现无法可依也无据可依的情况。按照《中华人民共和国公司法》要求，有限责任公司董事会的议事方式和表决程序，除《中华人民共和国公司法》另有规定的外，由公司章程规定；股份有限公司董事会会议应有过半数的董事出席方可举行。董事会作出决议，必须经全体董事的过半数通过。

13. 监事会有哪些职权？

答：监事会、不设监事会的公司的监事行使下列职权：（1）检查公司财务；（2）对董事、高级管理人员执行公司职务的行为进行监督，对违反法律、行政法规、公司章程或者股东会决议的董事、高级管理人员提出罢免的建议；（3）当董事、高级管理人员的行为损害公司的利益时，要求董事、高级管理人员予以纠正；（4）提议召开临时股东会会议，在董事会不履行本法规定的召集和主持股东会会议职责时召集和主持股东会会议；（5）向股东会会议提出提案；（6）依照本法第一百五十一条的规定，对董事、高级管理人员提起诉讼；（7）公司章程规定的其他职权。

14. 监事会内部应当建立哪些基本制度？

答：（1）任期计划（三年任期规划和年度监督检查计划）。

（2）履职规章（职务守则、监事会会议制度、请示报告制度、工作流程制度、学习培训制度、保密制度等）。

（3）统一工具（借阅归还资料记录单、证明材料表格、监督检查工作底稿、监督检查汇总工作底稿、年度监督检查事项统计表、咨询访谈记录表、监事会会议记录表、监事会换届交接清单等）。

（4）现阶段监事会的工作报告有哪些？

包括监事会年度监督检查报告［送股东（大）会］，监事会专题报告送股东（大）会，监事会专项报告［送股东（大）会、纪检监察等部门］，监事会提醒函（送董事会或者总经理），监事会改进函（送董事会或者总经理），监事会纠正函（送董事会或者总经理），监事会年终工作总结报告［送股东（大）会］，监事述职报告（分层级上报），按照法律和上级规定作出审查、会签意见的公司事项报告等。

15. 公司以纸质传签、电话会议、网络视频会议等非现场会议形式形成三会决议,是否符合"三重一大"决策制度的要求?

答:在中共中央办公厅、国务院办公厅发布的《关于进一步推进国有企业贯彻落实"三重一大"决策制度的意见》中规定"决策机构要依据各自的职责、权限和议事规则,集体讨论决定'三重一大'事项"。据此,只要相关决议按照"三重一大"决策制度的要求履行了党委会研究前置程序,公司在公司章程、议事规则中未禁止以纸质传签、电话会议、网络视频会议等形式形成三会决议的,则该决议符合"三重一大"决策制度要求。

16. 什么情况下,股东(大)会、董事会决议无效?

答:根据《最高人民法院关于适用〈中华人民共和国公司法〉若干问题的规定(四)》等相关法律法规规定,符合下列情形之一的,人民法院应认定相关决议文件无效或者伪造的相关内容无效:(1)决议内容违反法律、行政法规强制性规定;(2)公司未召集会议或者召集了会议但未进行表决或者表决人数未达到法定多数即形成了决议文件;(3)公司虽然召集了会议,但会议决议与会议记录不符,且公司不能证明会议记录内容存在错误;(4)会议决议的股东或者董事签名系伪造或者其他伪造会议或会议决议的情形。

17. "三重一大"是什么?

答:"三重一大"最早源于1996年中国共产党第十四届中央纪委第六次全会公报,对党员领导干部在政治纪律方面提出的四条要求的第二条纪律要求。具体表述如下:认真贯彻民主集中制原则,凡属重大决策、重要干部任免、重要项目安排和大额度资金的使用,必须经集体讨论作出决定。

(1)重大决策事项,是指依照《中华人民共和国公司法》《中华人民共和国全民所有制工业企业法》《中华人民共和国企业国有资产法》《中华人民共和国商业银行法》《中华人民共和国证券法》《中华人民共和国保险法》以及其他有关法律法规和党内法规规定的应当由股东大会〔股东(大)会〕、董事会、未设董事会的经理班子、职工代表大会和党委(党组)决定的事项。主要包括企业贯彻执行党和国家的路线方针政策、法律法规和上级重要决定的重大措施,企业发展战略、破产、改制、兼并重组、资产调整、产权转让、对外投资、利益调配、机构调整等方面的重大决策,企业党的建设和安全稳定的重大决策,以及其他重大决策事项。

(2)重大项目安排事项,是指对企业资产规模、资本结构、盈利能力以及生产装备、技术状况等产生重要影响的项目的设立和安排。主要包括年度投资计划，融资、担保项目，期权、期货等金融衍生业务，重要设备和技术引进，采购大宗物资和购买服务，重大工程建设项目，以及其他重大项目安排事项。

（3）重要人事任免事项，是指企业直接管理的领导人员以及其他经营管理人员的职务调整事项。主要包括企业中层以上经营管理人员和所属企业、单位领导班子成员的任免、聘用、解除聘用和后备人选的确定，向控股和参股企业委派股东代表，推荐董事会、监事会成员和经理、财务负责人，以及其他重要人事任免事项。

（4）大额度资金运作事项，是指超过由企业或者履行国有资产出资人职责的机构所规定的企业领导人员有权调动、使用的资金限额的资金调动和使用。主要包括年度预算内大额度资金调动和使用，超预算的资金调动和使用，对外大额捐赠、赞助，以及其他大额度资金运作事项。

18. 股东会表决是否按照股东实缴出资比例计算表决权？

答：股东表决权行使不以实缴出资为基本原则，除公司章程另有规定以外，股东不履行出资义务并不影响其表决权之行使。

根据《中华人民共和国公司法》第四十二条规定，股东会会议由股东按照出资比例行使表决权；但是，公司章程另有规定的除外。

19. 哪些主体可以提议召开股东会的临时会议？

答：有权提议召开股东会临时会议的主体有：一是代表十分之一以上表决权的股东；二是三分之一以上的董事；三是监事会或者不设监事会的公司的监事。

五、股东行权

1. 什么是股权？具体包括哪些权利？

答：股权是股东基于对公司投资或其他合法原因而持有公司资本的一定份额所享有的权利。主要包括：（1）股东身份权；（2）参与决策权；（3）选择、监督管理者权；（4）资产收益权；（5）知情权；（6）提议、召集、主持股东（大）会临时会议权；（7）优先受让和认购新股权；（8）转让出资或股份的权利；（9）股东诉权。

2. 关于股东知情权有哪些法律规定？

答：股东知情权是指公司股东了解公司信息的权利，《中华人民共和国公司法》根据公司类型分别规定了有限责任公司股东知情权和股份有限公司股东知情权。主要有以下法律规定：

（1）《中华人民共和国公司法》第三十三条规定，股东有权查阅、复制公司章程、股东会会议记录、董事会会议决议、监事会会议决议和财务会计报告。股东可以要求查阅公司会计账簿。股东要求查阅公司会计账簿的，应当向公司提出书面请求，说明目的。公司有合理根据认为股东查阅会计账簿有不正当目的，可能损害公司合法利益的，可以拒绝提供查阅，并应当自股东提出书面请求之日起十五日内书面答复股东并说明理由。公司拒绝提供查阅的，股东可以请求人民法院要求公司提供查阅。

（2）《中华人民共和国公司法》第九十七条规定，股东有权查阅公司章程、股东名册、公司债券存根、股东大会会议记录、董事会会议决议、监事会会议决议、财务会计报告，对公司的经营提出建议或者质询。

（3）《中华人民共和国公司法》第一百六十五条规定，有限责任公司应当依照公司章程规定的期限将财务会计报告送交各股东。股份有限公司的财务会计报告应当在召开股东大会年会的二十日前置备于本公司，供股东查阅；公开发行股票的股份有限公司必须公告其财务会计报告。

（4）《最高人民法院关于适用〈中华人民共和国公司法〉若干问题的规定（四）》第七条规定，股东依据公司法第三十三条、第九十七条或者公司章程的规定，起诉请求查阅或者复制公司特定文件材料的，人民法院应当依法予以受理。

公司有证据证明前款规定的原告在起诉时不具有公司股东资格的，人民法院应当驳回起诉，但原告有初步证据证明在持股期间其合法权益受到损害，请求依法查阅或者复制其持股期间的公司特定文件材料的除外。

（5）《最高人民法院关于适用〈中华人民共和国公司法〉若干问题的规定（四）》第八条规定，有证据证明股东存在下列情形之一的，人民法院应当认定股东有公司法第三十三条第二款规定的"不正当目的"：①股东自营或者为他人经营与公司主营业务有实质性竞争关系业务的，但公司章程另有规定或者全体股东另有约定的除外；②股东为了向他人通报有关信息查阅公司会计账簿，可能损害公司合法利益的；③股东在向公司提出查阅请求之日前的三年内，曾通过查阅公司会计账簿，向他人通报有关信息损害公司合法利益的；④股东有不正当目的的其他情形。

（6）《最高人民法院关于适用〈中华人民共和国公司法〉若干问题的规定（四）》第九条规定，公司章程、股东之间的协议等实质性剥夺股东依据公司法第三十三条、第九十七条规定查阅或者复制公司文件材料的权利，公司以此为由拒绝股东查阅或者复制的，人民法院不予支持。

（7）《最高人民法院关于适用〈中华人民共和国公司法〉若干问题的规定（四）》第十条规定，人民法院审理股东请求查阅或者复制公司特定文件材料的案件，对原告诉讼请求予以支持的，应当在判决中明确查阅或者复制公司特定文件材料的时间、地点和特定文件材料的名录。

股东依据人民法院生效判决查阅公司文件材料的，在该股东在场的情况下，可以由会计师、律师等依法或者依据执业行为规范负有保密义务的中介机构执业人员辅助进行。

（8）《最高人民法院关于适用〈中华人民共和国公司法〉若干问题的规定（四）》第十一条规定，股东行使知情权后泄露公司商业秘密导致公司合法利益受到损害，公司请求该股东赔偿相关损失的，人民法院应当予以支持。

根据本规定第十条辅助股东查阅公司文件材料的会计师、律师等泄露公司商业秘密导致公司合法利益受到损害，公司请求其赔偿相关损失的，人民法院应当予以支持。

3. 股东资格如何继承？

答：《中华人民共和国公司法》第七十五条规定，自然人股东死亡后，其合法继承人可以继承股东资格；但是，公司章程另有规定的除外。由于有限责任公司具有人合性、资合性双重特征，且通常认为人合性特征更为明显，股东间的相互了解、信任是合作的基础。

4. 公司股东可以退股吗？

答：成为公司股东之后不能通过退股退出公司，当公司成立后，不想参与公司投资经营可以通过依法转让形式对内或对外进行股权转让，要依照法律程序。在规定情形下，股东可要求公司回购股权，包括：公司连续盈利5年不分红；公司进行重大的合并重组、分立、转让主要财产；公司章程规定公司营业期限届满或其他解散事由出现；股东反对公司的相关决议。

5. 大股东滥用控股权有哪些表现？

答：公司治理层面：不按照章程规定召集召开股东（大）会，不向其他股东提供公司财务报告，将应当由股东（大）会审议的事项交董事会或执行董事或未经审议即实施,既不事先获得授权,也不事后确认;股东违约层面:利用关联关系为自己牟利、自我交易、竞业禁止;严重违约:法人人格混同。

6. 如何防止小股东股权滥用?

答:可限制小股东需持有一定数量、一定时间股权方可行使的权利:(1)股东大会召集权10%,连续90日持股合计10%的可以自行召集(股份公司,第101条);(2)股东大会议题提案权3%;(3)提议诉讼以及代为诉讼权(有限公司股东、股份公司连续180日持股超过1%的股东);(4)诉讼解散申请权10%。

7. 为维护小股东权益,公司章程中应该明确哪些权力?

答:(1)公司定期提供财务报告。

(2)规定金额超过合同要通报。

(3)规定采购、销售政策调整作为重大事项要通报。

(4)可以邀请小股东参加公司经理会。

(5)股东年会和临时会议的召开时间。

(6)明确需控股股东主导完成的事项。

(7)明确分红政策。

8. 财务投资者在哪些情况下可以约定退出投资?

答:(1)连续三年不执行分红政策(法律规定连续5年)。

(2)达到事先明确的资本市场规划申报条件,但由于大股东原因不同意申报或会计师律师券商三家中介机构出具了关于公司存在根本性障碍无法申报的结论。

(3)业务调整、公司主营业务方向作出重大调整。

(4)大股东若是通过股权转让或增资方式进入的,使原来的大股东成为小股东的,可以约定在业绩对赌条款完成后,公司未来业绩达到一定条件的,大股东有义务按照事先约定的价格分期收购小股东股权。

(5)消极条件:连续两年不召开股东(大)会,不向股东提供财务报告,连续两年/三年低于事先设定的财务经营目标。

9. 有限责任公司是否可以对股权处置作出特别安排,如控股股东的竞业禁止义务、股权处置限制?作为技术股东和高管股东特别股权限制?

答:有限责任公司股权处置的限制包括一般限制和特别限制。一般限制

附录5 履职常见问题解答

主要是指《中华人民共和国公司法》第七十一条的规定；特别限制是除《中华人民共和国公司法》第七十一条之外其他法律法规以及公司章程等对股权处置的特别规定。因此，在不违反《中华人民共和国公司法》及相关法律法规的前提下，公司可以通过公司章程对股权处置限制作出特别安排。如果特别安排最终目的是有利于全体股东的利益，有利于公司的独立的运用，并且没有损害其他股东的利益，这种安排是有效的。

10. 如何实现控股股东对公司的持续控制？

答：持续控股的条件：主观愿望上想控制，客观上有能力去控制，控股股东需要大幅度地增持自己的股份。对公司的这种控制，一定要最后产生积极的社会效应。

11. 股权转让时找不到其他股东，手续怎么办？

答：当公司股东需要对外转让自己股权时，首先要征得半数股东同意。如果找不到其他股东，由于《中华人民共和国公司法》对书面送达没有具体要求，如何鉴定其他股东是否收到通知，可以寻求法律救济要求法院公告送达，或者其他能够证明已经将书面通知送达其他股东的方式，比如双挂号信等。如果其他股东在法定期限内不作回答即依法视为同意转让。另外，如果公司章程有特别约定的，只要该约定不违反法律禁止性的规定就可以遵从约定，从而把股权转让进行下去。

12. 大股东要转让股权，小股东无力购买怎么办？

答：大股东对外转让股权侵犯了小股东的利益，可以通过诉讼的方式来紧急解决。如果想买买不了，新进入的股东可能会影响小股东的利益的话，可以选择对外转让自己的股权并退出公司。

13. 一些合资加油站的个体老板，把合资公司的财产和家庭财产混为一谈，用个人账户来接收账款和对外进行支付，有何风险？

答：从法律责任承担上讲，如果作为有限责任公司的股东不能够把自己的公司财产和家庭财产明确区分，在对外承担债务责任的时候，人民法院就可能揭开公司的面纱，判决股东来承担无限连带责任，不认为该公司是一个有限责任公司的法人地位。对于股东来说，风险就是有可能家庭财产被执行，这是对公司滥用有限责任公司权利，对股东的一个惩罚，也是对善意的债权人的合理保护。股东在经营公司的时候一定要规范公司财务工作，确保公司财产和家庭财产的分离，这样才能够有效的保护股东个人利益。

14. 股份有限公司的发起人应当承担哪些责任？

答：《中华人民共和国公司法》第九十四条规定，股份有限公司的发起人应当承担下列责任：（1）公司不能成立时，对设立行为所产生的债务和费用负连带责任；（2）公司不能成立时，对认股人已缴纳的股款，负返还股款并加算银行同期存款利息的连带责任；（3）在公司设立过程中，由于发起人的过失致使公司利益受到损害的，应当对公司承担赔偿责任。

六、董事、监事行权

1. 《中华人民共和国公司法》关于董事、监事和高级管理人员的任职资格有哪些规定？

答：按照《中华人民共和国公司法》第一百四十六条的规定，有下列情形之一的，不得担任公司的董事、监事、高级管理人员：（1）无民事行为能力或者限制民事行为能力；（2）因贪污、贿赂、侵占财产、挪用财产或者破坏社会主义市场经济秩序，被判处刑罚，执行期满未逾五年，或者因犯罪被剥夺政治权利，执行期满未逾五年；（3）担任破产清算的公司、企业的董事或者厂长、经理，对该公司、企业的破产负有个人责任的，自该公司、企业破产清算完结之日起未逾三年；（4）担任因违法被吊销营业执照、责令关闭的公司、企业的法定代表人，并负有个人责任的，自该公司、企业被吊销营业执照之日起未逾三年；（5）个人所负数额较大的债务到期未清偿。

2. 董事、监事和高级管理人员有不具备公司法规定任职资格的情形时，应当如何处理？

答：（1）公司违反《中华人民共和国公司法》第一百四十六条规定选举、委派董事、监事或者聘任高级管理人员的，该选举、委派或者聘任无效。（2）董事、监事、高级管理人员在任职期间出现《中华人民共和国公司法》第一百四十六条所列情形的，公司应当解除其职务。

3. 公司法关于董事、监事和高级管理人员的忠实勤勉义务有哪些规定？

答：按照《中华人民共和国公司法》第一百四十七条的规定，董事、监事、高级管理人员应当遵守法律、行政法规和公司章程，对公司负有忠实义务和勤勉义务。董事、监事、高级管理人员不得利用职权收受贿赂或者其他非法收入，不得侵占公司的财产。

按照《中华人民共和国公司法》第一百四十八条的规定，董事、高级管理人员不得有下列行为：（1）挪用公司资金；（2）将公司资金以其个人名义或者以其他个人名义开立账户存储；（3）违反公司章程的规定，未经股东会、股东大会或者董事会同意，将公司资金借贷给他人或者以公司财产为他人提供担保；（4）违反公司章程的规定或者未经股东会、股东大会同意，与本公司订立合同或者进行交易；（5）未经股东会或者股东大会同意，利用职务便利为自己或者他人谋取属于公司的商业机会，自营或者为他人经营与所任职公司同类的业务；（6）接受他人与公司交易的佣金归为己有；（7）擅自披露公司秘密；（8）违反对公司忠实义务的其他行为。董事、高级管理人员违反前款规定所得的收入应当归公司所有。

4. 执行董事的职权？

答：区分两种情况：

有限责任公司的执行董事。股东人数较少或者规模较小的有限责任公司，可以设一名执行董事，不设董事会。执行董事可以兼任公司经理。执行董事的职权由公司章程规定。

股份有限公司的执行董事。是指股份有限公司董事会内部推举出的至少一名成员担任执行董事，在董事会内部接受委任担当具体岗位职务，并就该职务负有专业责任的董事，负有积极地履行董事会职能责任或指定的职能责任。执行董事的职权，来自公司章程的规定。

5. 行政单位公职人员能否担任公司董事？

答：根据《中华人民共和国公司法》《中华人民共和国公务员法》《上市公司股东大会规则》《关于在上市公司建立独立董事制度的指导意见》《关于规范中管干部辞去公职或者退（离）休后担任上市公司、基金管理公司独立董事、独立监事的通知》及《关于加强高等学校反腐倡廉建设的意见》等有关规定，未经批准，公务员、大学行政职务人员不能兼任公司董事。

6. 审议董监事津贴的时候，董监事是否要回避表决？

答：董监事津贴分几种情况，首先还需看公司章程和公司内薪酬委员会工作细则的规定，其次在董事会会议上，不在公司取薪的董事可以进行表决。

7. 调整公司董监事人员，需要办理变更登记吗？

答：根据《中华人民共和国公司登记管理条例》第三十七条规定，公司董事、监事、经理发生变动的，应当向原公司登记机关备案。

8. 关于监事会中职工代表比例的具体规定是什么？

答：根据《中华人民共和国公司法》第五十一条、第七十条、第一百一十七条规定，监事会应当包括股东代表和适当比例的公司职工代表，其中职工代表的比例不得低于三分之一，具体比例由公司章程规定。监事会中的职工代表由公司职工通过职工代表大会、职工大会或者其他形式民主选举产生。

9. 母公司的人员是否可以担任子公司的职工监事？

答：不可以。职工监事首先应该是公司职工，与任职公司有劳资关系。

10. 集团公司监事会主席、专职监事能否兼任其子公司董事？

答：可以兼任。一是不违反任职岗位职权不相容的原则；二是在遵守《中华人民共和国公司法》及相关法律法规的前提下，如公司章程对此无其他特别规定，上一层级的监事会主席及专职监事可以兼任子公司的董事。

11. 监事会需要设置哪些绩效考核指标？

答：监事会关键绩效考核指标（KPI）指标可参考以下：财务审查计划按时完成率，财务状况调查计划完成率，经营管理监督会议召开次数，各项监督检查报告提交及时率，列席董事会、季度经营分析会、年度工作会等会议的次数，监事会、监事工作报告通过率等。

12. 董事、监事如何辞职？

答：董事、监事辞职应当提交书面辞职报告，提交生效。

但以下情形除外：（1）董事、监事辞职导致董事会、监事会成员低于法定最低人数；（2）职工代表监事辞职导致职工代表监事人数少于监事会成员的三分之一；（3）独立董事辞职导致独立董事人数少于董事会成员的三分之一或独立董事中没有会计专业人士。出现上述第一款情形的，上市公司应当在二个月内完成补选。

13. 《中华人民共和国公司法》规定的"监事会行使下列职权：（一）检查公司财务……"，在监事会具体履职过程中，对如何检查财务等无明确的履职要求，其中，监事参加年度监事会，调取公司财务报告和外部审计报告等行为是否可认定履行相关义务？

答：法律法规是有层次的。《中华人民共和国公司法》，甚至公司章程不会对如何做进行具体规定，公司监事会的相关规则、细则可以约定。公司监事会制度是公司法人机构权力制衡机制的重要组成部分，是确保公司资本保值增值，维护公司健康、稳定发展的保证。"监事参加年度监事会，调取公司财务报告和外部审计报告等行为"，只是"部分"履行了"检查公司财务行为……"的规定。其一，从法理上，股东把监督责任交给监事会是防止经营权对所有权的侵犯，是为了公司可持续发展，降低运营风险，防止股东利益被侵犯。其二，什么是"职务行为"这个问题公司法尚没有明确，也没有统一的答案，决策是最大的职务行为，如果这个假设成立，实际操作中监事会要做的工作应远比公司法明确得多。

14. 被罢免的总经理（兼任董事长）把持公司公章怎么办？

答：需要区分两种情况。

（1）罢免程序合法，即严格按照《中华人民共和国公司法》和公司章程的有关规定罢免总经理。如果被罢免的总经理拒不交出印章，为有效防控公司经营风险，应当按照《中华人民共和国公司法》和公司章程的有关规定，及时召开股东会并形成决议，决议内容主要包括：一是立即公告，登报申明公司原公章作废；二是申请新刻，重新刻制公司印章。根据上述股东会决议，及时办理公告和重新刻制公司公章事宜。同时，及时通知（告知）到公司重要客户或重点客户，尽可能地避免或减少公司经济损失。

（2）罢免程序有法律瑕疵，即"罢免总经理的行为"不符合《中华人民共和国公司法》或公司章程的有关规定。这需要及时与相关股东方（或者相关人员）进行有效沟通，妥善处理相关争议和纠纷，完善罢免程序。

七、股权投资、增资

1. 什么是股权增资？

答：增资方式即通过认购目标公司新增股权，成为目标公司的股东，投资款缴付给目标公司。需要注意公司原股东的出资方式构成问题，尤其是知识产权出资。如果公司原股东以知识产权出资的，要特别注意。因为很多知识产权的价值无法确定，可能出资不足。

2. 名义股东与实际出资人之间的内部约定有效吗？

答：实际出资人与名义出资人订立合同，约定由实际出资人出资并享有投资权益，以名义出资人为名义股东，实际出资人与名义股东对该合同效力发生争议的，如无《中华人民共和国合同法》第五十二条规定的无效情形，人民法院应当认定该合同有效，实际出资人可依照"合同约定"向名义股东主张相关权益。

在实际出资人与名义股东就出资约定合法的情况下，二者因投资权益的归属发生争议，实际出资人以其实际履行了出资义务为由向名义股东主张权利的，人民法院应予支持。名义股东以公司股东名册记载、公司登记机关登记为由否认实际出资人权利的，人民法院不予支持。

3. 实际出资人想"转正"怎么办？

答：如果实际出资人未经公司其他股东半数以上同意，请求公司变更股东、签发出资证明书、记载于股东名册、记载于公司章程并办理公司登记机关登记的，人民法院不予支持。

4. 名义股东违规运作怎么办？

答：名义股东将登记于其名下的股权转让、质押或者以其他方式处分，实际出资人以其对于股权享有实际权利为由，请求认定处分股权行为无效的，人民法院可以参照《中华人民共和国民法典》的规定处理。

只要受让方构成善意取得，交易的股权可以最终为其所有。但是，名义股东处分股权造成实际出资人损失，实际出资人请求名义股东承担赔偿责任的，人民法院应予支持。

5. 出资不到位时，股东如何面对公司的债权人？

答：如果公司债权人以登记于公司登记机关的股东未履行出资义务为由，请求其对公司债务不能清偿的部分在未出资本息范围内承担补充赔偿责任，股东以其仅为名义股东而非实际出资人为由进行抗辩的，人民法院不予支持。但是，名义股东在承担相应的赔偿责任后，向实际出资人追偿的，人民法院应予支持。

6. "被股东"了怎么办？

答：如果冒用他人名义出资并将该他人作为股东在公司登记机关登记的，冒名登记行为人应当承担相应责任；公司、其他股东或者公司债权人以未履行出资义务为由，请求被冒名登记为股东的承担补足出资责任或者对公司债务不能清偿部分的赔偿责任的，人民法院不予支持。

7. 《中华人民共和国公司法》关于公司对外担保有哪些规定？

答：在《中华人民共和国公司法》中有关公司对外担保的规定如下。

（1）《中华人民共和国公司法》第十六条，公司向其他企业投资或者为他人提供担保，依照公司章程的规定，由董事会或者股东会、股东大会决议；公司章程对投资或者担保的总额及单项投资或者担保的数额有限额规定的，不得超过规定的限额。

公司为公司股东或者实际控制人提供担保的，必须经股东会或者股东大会决议。

前款规定的股东或者受前款规定的实际控制人支配的股东，不得参加前款规定事项的表决。该项表决由出席会议的其他股东所持表决权的过半数通过。

（2）《中华人民共和国公司法》第一百二十一条，上市公司在一年内购买、出售重大资产或者担保金额超过公司资产总额百分之三十的，应当由股东大会作出决议，并经出席会议的股东所持表决权的三分之二以上通过。

（3）《中华人民共和国公司法》第一百四十八条第三款，董事、高级管理人员不得有违反公司章程的规定，未经股东会、股东大会或者董事会同意，将公司资金借贷给他人或者以公司财产为他人提供担保。

8. 通过产权交易机构网站对外披露信息公开征集投资方的时间？

答：《企业国有资产交易监督管理办法》（国务院国资委 财政部令第32号）第三十九条，企业增资通过产权交易机构网站对外披露信息公开征集投资方，时间不得少于40个工作日。

9. 股份有限公司增加注册资本和减少注册资本是否都要通知和公告债权人？

答：股份有限公司增加注册资本时不需要通知和公告债权人。股份有限公司经批准向社会公开发行新股增加注册资本时，必须公告新股招股说明书和财务会计报表及附表。公司减少注册资本时，应当自作出减少注册资本决议之日起10日内通知债权人，并于30日内在报纸上公告。债权人自接到通知书之日起30日内，未接到通知书的自第一次公告之日起45日内，有权要求公司清偿债务或者提供相应的担保。

八、股利分配

1. 关于红利分配、增资认缴有哪些法律规定？

答：《中华人民共和国公司法》第三十四条规定，有限责任公司股东按

照实缴的出资比例分取红利；公司新增资本时，股东有权优先按照实缴的出资比例认缴出资。但是，全体股东约定不按照出资比例分取红利或者不按照出资比例优先认缴出资的除外。

实操中，有限责任公司可将红利部分或全部优先向一部分股东分配；公司盈利，有可分配利润，当公司亏损时，不做分配；当公司微利，无法满足部分股东固定比例收益要求时，仅能以可分配利润向股东分配，非红利部分的资产不得随意分配。关于增资认缴，一般原则是股东有权优先按照实缴的出资比例认缴增资。股东可以通过约定的方式改变此项原则。

2. 公司如何分配红利？

答：有限责任公司的股东按照实缴的出资比例分取红利，但是，全体股东可以事先约定不按照出资比例分取红利。股份有限公司按照股东持有的股份比例分配，但股份有限公司章程规定不按持股比例分配的除外。

《中华人民共和国公司法》第三十四条规定，股东按照实缴的出资比例分取红利；公司新增资本时，股东有权优先按照实缴的出资比例认缴出资。但是，全体股东约定不按照出资比例分取红利或者不按照出资比例优先认缴出资的除外。

《中华人民共和国公司法》第一百六十六条规定，公司分配当年税后利润时，应当提取利润的百分之十列入公司法定公积金。公司法定公积金累计额为公司注册资本的百分之五十以上的，可以不再提取。

公司的法定公积金不足以弥补以前年度亏损的，在依照前款规定提取法定公积金之前，应当先用当年利润弥补亏损。

公司从税后利润中提取法定公积金后，经股东会或者股东大会决议，还可以从税后利润中提取任意公积金。

公司弥补亏损和提取公积金后所余税后利润，有限责任公司依照本法第三十四条的规定分配；股份有限公司按照股东持有的股份比例分配，但股份有限公司章程规定不按持股比例分配的除外。

股东（大）会或者董事会违反前款规定，在公司弥补亏损和提取法定公积金之前向股东分配利润的，股东必须将违反规定分配的利润退还公司。

公司持有的本公司股份不得分配利润。

《最高人民法院关于适用〈中华人民共和国公司法〉若干问题的规定（五）》第四条规定，分配利润的股东会或者股东大会决议作出后，公司应当在决议载明的时间内完成利润分配。决议没有载明时间的，以公司章程规定的为准。

决议、章程中均未规定时间或者时间超过一年的，公司应当自决议作出之日起一年内完成利润分配。

决议中载明的利润分配完成时间超过公司章程规定时间的，股东可以依据《中华人民共和国公司法》第二十二条第二款规定请求人民法院撤销决议中关于该时间的规定。

九、股权转让、工商变更

1. 什么是股权转让？

答：股权转让是指公司股东依法将自己的股份让渡给他人，使他人成为公司股东的民事法律行为。我国《中华人民共和国公司法》规定股东有权通过法定方式转让其全部股权或者部分股权。

2. 股权转让有哪些条件？

答：《中华人民共和国公司法》第七十一条规定：有限责任公司的股东之间可以相互转让其全部或者部分股权。股东向股东以外的人转让股权，应当经其他股东过半数同意。股东应就其股权转让事项书面通知其他股东征求同意，其他股东自接到书面通知之日起满三十日未答复的，视为同意转让。其他股东半数以上不同意转让的，不同意的股东应当购买该转让的股权；不购买的，视为同意转让。经股东同意转让的股权，在同等条件下，其他股东有优先购买权。两个以上股东主张行使优先购买权的，协商确定各自的购买比例；协商不成的，按照转让时各自的出资比例行使优先购买权。公司章程对股权转让另有规定的，从其规定。

3. 法律对股权转让有哪些限制？

答：根据公司类型的不同，法律对股权的转让有不同的限制。就有限责任公司而言，股权转让分为内部转让和外部转让两种，内部转让完全自由，而外部转让则需要经过半数的其他股东同意，并且其他股东有优先购买权。此外，由于《中华人民共和国公司法》第七十一条第四款规定"公司章程对股权转让另有规定的，从其规定"，因此公司章程中如果对股权转让有不违反法律强制性规定的特殊规定，则以公司章程的规定为准。

就股份有限公司的股权转让限制而方，主要有以下几点：

（1）发起人持有的本公司股份，自公司成立之日起一年内不得转让。

（2）公司公开发行股份前已发行的股份，自公司股票在证券交易所上市交易之日起一年内不得转让。

（3）公司董事、监事、高级管理人员所持本公司股份自公司股票上市交易之日起一年内不得转让。

（4）公司董事、监事、高级管理人员任职期间每年转让的股份不得超过其所持有本公司股份总数的百分之二十五。

（5）公司董事、监事、高级管理人员离职后半年内不得转让其所持的本公司股份。

4. 股权转让有哪些方式？

答：股权转让可以分为直接转让和间接转让。直接转让是指出让人将属于自己的股权直接转让给受让人；间接转让是指出让人与股权并非通过双方意思一致的方式转让，包括继承、公司合并等情况。从直接转让和间接转让交易的税务筹划角度来看，部分股权转让交易如果从直接转让变成间接转让可以实现避税的效果。

5. 公司在何种情况下可以回购股东股权？

答：除非法律规定的特殊情况，公司不得回购股东股权。对有限责任公司而言，在三种情况下股东不满股东（大）会决议可以请求公司回购股东股权：
（1）公司连续五年不向股东分配利润，而公司该五年连续盈利，并且符合本法规定的分配利润条件的。（2）公司合并、分立、转让主要财产的。（3）公司章程规定的营业期限届满或者章程规定的其他解散事由出现，股东（大）会会议通过决议修改章程使公司存续的。

对股份有限公司而言，在四种情况下可以回购股东股权：
（1）减少公司注册资本。（2）与持有本公司股份的其他公司合并。（3）将股份奖励给本公司职工。（4）股东因对股东大会作出的公司合并、分立决议持异议，要求公司收购其股份的。

6. 股权转让后能否要求行使原知情权？

答：不能。知情权是股东享有对公司经营管理等重要情况或信息真实了解和掌握的权利，但是股东在股权转让后不能要求行使公司向其透露其拥有股权期间的经营管理状况。上海市高级人民法院明确规定股东权利不能与其股东身份相分离，股东退出公司丧失了股东身份，不再对公司享有股东权，故其请求对公司行使知情权的权利也随之丧失。

事实上，如果允许原股东继续对公司行使知情权，将对公司的正常经营造成不利影响，甚至导致公司商业秘密外泄。

7. 股权转让后能否请求其持股期间公司盈利的分红？

答：根据具体情况而定。如果在股权转让前公司股东（大）会已经表决通过股利分配方案，只是没有落实，由于股利分配方案通过后股东对股利就有独立于股权的债权请求权，出让人即使转让了股权也可以请求该分红；如果股利分配方案是在股权出让后通过的，由于分红收益权依附于股权，则出让人无权请求该分红。当然，如果出让人与受让人在股权转让协议中对原持股期间的公司盈利分红有特别的约定，从该约定。

8. 股权转让需要交纳哪些税款，如何计算税额？

答：个人股东股权转让需交纳个人所得税（20%）和印花税（0.5‰）。法人股东股权转让需交纳企业所得税（25%）和印花税（0.5‰）。根据《财政部、国家税务总局关于股权转让有关营业税问题的通知》（财税〔2002〕191号）的规定，股权转让不征收营业税。

必须要注意的是，根据《国家税务总局关于加强股权转让所得征收个人所得税管理的通知》（国税函〔2009〕285号）的相关规定，纳税（包括取得免税、不征税证明）是到工商行政管理部门办理股权变更登记的必要前提。

9. 股权转让协议应包括哪些内容？

答：股权转让协议一般应包括下列内容：

（1）当事人双方基本情况，包括转让方与受让方的名称、住所、法定代表人的姓名、职务、国籍等。

（2）公司简况及股权结构。

（3）转让方的告知义务。

（4）股权转让的份额，股权转让价款及支付方式。

（5）股权转让的交割期限及方式。

（6）股东身份的取得时间约定。

（7）股权转让变更登记约定，实际交接手续约定。

（8）股权转让前后公司债权债务约定。

（9）股权转让的权利义务约定。

（10）违约责任。

（11）适用法律争议解决方式。

（12）通知义务、联系方式约定。

（13）协议的变更、解除约定。

（14）协议的签署地点、时间和生效时间。

10. 股权转让合同从何时生效？

答：股权转让合同不属于应当办理批准、登记手续才生效的合同，因此股权转让合同自成立时生效。

11. 实现股权转让一般需要有哪些手续？

答：一般情况下，股权转让经过以下手续：

（1）首先需要与第三方（受让方）签订《股权转让协议》，约定股权转让价格、交接、债权债务、股权转让款的支付等事宜，转让方与受让方在《股权转让协议》上签字盖章。

（2）需要其他股东放弃优先购买权，出具放弃优先购买权的承诺或证明。

（3）需要召开老股东（大）会议，经过老股东（大）会表决同意，免去转让方的相关职务，表决比例和表决方式按照原来公司章程的规定进行，参加会议的股东在《股东（大）会决议》上签字盖章。

（4）需要召开新股东（大）会议，经过新股东（大）会表决同意，任命新股东的相关职务，表决比例和表决方式按照公司章程的规定进行，参加会议的股东在《股东（大）会决议》上签字盖章。讨论新的《公司章程》，通过后在新的《公司章程》上签字盖章。

（5）在上述文件签署后30日内，向税务部门交纳相关税款，再向公司注册地工商局提交《股权转让协议》《股东（大）会决议》《公司章程》等文件，由公司股东（大）会指派的代表办理股权变更登记。

12. 股权转让合同生效是否等于股权转让已经实现？

答：不等于。股权转让合同生效是指股权转让合同对合同双方产生了法律约束力，即出让人有转让股权，受让人有支付对价的义务，但此时股权仍未发生转移，只有完成上述手续，办理工商变更登记，受让人才能真正有效地行使股权。

13. 隐名股东是否有权转让股权？

答：隐名股东是指为了规避法律或出于其他原因，借用他人名义设立公司或者以他人名义出资，在公司的章程、股东名册和工商登记中记载为他人的出资人。《最高人民法院关于适用〈中华人民共和国公司法〉若干问题的规定（三）》将隐名股东称为实际投资人，将名义出资人称为名义股东。根据《最高人民法院关于适用〈中华人民共和国公司法〉若干问题的规定（三）》第二十五条的规定，名义股东处分其名下股权的可以参照认定为无权处分。换言之，隐名股东（实际投资人）是真正有权处分股权的人，其有权转让股权。

14. 其他股东不同意股权转让，又不愿意优先购买的，该如何处理？

答：根据《中华人民共和国公司法》第七十一条的规定，不同意股权转让的股东应购买该股权，不购买的则视为同意。如果其他股东既不同意股权转让，又不愿意优先购买，导致股权转让因缺少公司的议决而无法实现，转让股权的股东可以向法院提起诉讼，通过司法途径解决。

15. 公司内部股权变更后可否不进行工商变更登记？

答：不可以。《公司登记管理条例》第六十九条规定，"公司登记事项发生变更时，未依照本条例规定办理有关变更登记的，由公司登记机关责令限期登记；逾期不登记的，处以1万元以上10万元以下的罚款"，因此如果不及时进行工商登记将要承担相应的罚款。

16. 股东名册变更的法律性质及对股权转让合同效力的影响是什么？

答：有限责任公司股权转让需要进行三个变更手续：股东名册的变更、公司章程的变更、工商登记的变更。

《中华人民共和国公司法》第三十二条规定："记载于股东名册的股东，可以依股东名册主张行使股东权利。"可见，股东名册的作用在于调整公司与股东之间的关系，是股东资格被公司接受的依据。股权转让合同是股东将其在公司中的股东权益让与他人，他人由此取得股东资格而签订的合同，其性质属于债权合同，合同生效后在当事人之间产生债权债务关系。对于股权转让合同何时生效，应当按照《中华人民共和国合同法》的规定进行确认，合同法第四十四条规定："依法成立的合同，自成立时生效。"所以，双方当事人达成股权转让的合意，签署转让合同时就已经生效。变更股东名册是股权转让合同的履行内容，而非生效要件，是否变更并不影响股权转让合同的效力。股东名册的变更使受让方现实地取得股权，从而享有并行使股东权利。

公司章程变更的性质与上述类同。

17. 股权转让协议签署后，工商管理机关以协议不符合登记要件不予办理登记，出让方股东反悔，如何处理？

答：由于工商管理机关不予办理变更登记手续：（1）受让股东可以向人民法院提起诉讼，要求确认股权转让协议有效，并强制转让，由工商管理机关依据生效判决变更股权登记。（2）受让股东也可依据股权转让协议及其他变更文件，提起行政诉讼，起诉工商管理机关履行变更登记的职责。

18. 以参与改制重组方式取得被改制企业对外投资的股权，该股权其他股东能否行使优先购买权？

答：如果被改制公司单笔公开转让股权，公司其他股东当然对该股权有优先购买权，符合《中华人民共和国公司法》第七十二条之规定。但在公司改制、重组过程中，股权转让往往与债务承担是联系在一起的，享有股权必然要承担相应的债务，这时受让方的股权购买与《中华人民共和国公司法》上的股权转让情况就不同了。因而，附有条件的股权转让，公司股东一般不宜主张优先购买权。

实操中应注意：改制、重组企业、公司时，受让股权的，要分清是债务型受让，还是纯粹的市场购买行为，如果按照市场价格购买，应当进行评估，以市场正常价格转让，受让方无须承担转让方的债务。如果是低价受让，或者是无对价受让，则意味着资产与债务一并受让。受让股权，或者承接公司资产，应当由公司债权人同意，不能以此损害公司债权人和公司员工的合法权益。

19. 公司同意转让股权的决议被判决无效，是否影响已经转让的股权？

答：在股权转让交易中应区分股东内部转让与外部转让，内外有别予以处理。如果转让行为发生在公司内部，公司关于股权转让的决议被判决无效、撤销或不存在后，股权转让合同丧失效力，股权回归到转让前的状态。对决议瑕疵负有责任的股东应向无过错的股东承担损害赔偿责任。如果股权转让给公司以外的第三人，应尽量适用代表权、表见代理等法则，保护因信赖公司决议有效而交易的善意第三人的利益，股权转让不必然回归到转让前的状态：当第三人为善意时，必须保护第三人合理信赖利益，股权转让的结果不受影响；当第三人明知公司关于股权转让的决议存在瑕疵而受让股权的，则股权转让的结果不应被确认。

20. 职工股能否转让？

答：在改制企业中，大量职工以职工持股会的形式持有公司股权。部分职工将股权对外转让，受让人要求公司将自己登记为股东，公司予以拒绝，受让人即要求撤销股权转让合同或主张股权转让无效。对此种转让的性质及效力实践中争议很大。

要正确解决这个争议，关键是要明确转让标的的性质。在职工、职工持股会和公司之间形成的三方关系，其性质并不是委托代理，而应当属于信托。因为职工的股权已转移到职工持股会的名下，职工持股会是以自己的名义持有公司的股权的，股权的受益则由职工享有。职工属于信托关系中的委托人，也是受益人，而职工持股会则属于受托人。因此，作为登记在册的公司股东是职工持股会，而不是职工，职工不应直接作为公司的股东来确认。职工所持有的，只是在职工持股会中的信托份额，所转让的只是信托份额的受益权，其效力应当按照信托受益权转让的规定予以判定。实践中把信托误认为是委托，或者以职工股不能直接登记为公司股东为由认定转让合同无效或撤销的，属于适用法律不当。

21. 股权转让协议中没约定价格，协议还有效吗？

答：股权转让价格是股权转让协议中的实质性条款，如果没有约定股权转让价格，那么该协议就会因为缺乏主要的条款而无效。但是如果双方可以协商补充条款或者进行特别的约定，比如赠予等，那么该协议依旧有效。

22. 实际投资人能不能以自己的名义与受让方签署股权转让协议？

答：在实践中有很多实际投资人并没有在工商的股东名册中显示，在转让过程中可以以自己的名义与受让方签订股权转让协议，但这种转让协议不能直接对公司发生法律效力，必须要有公司注册股东配合签订相应的股权转让协议。如果遇到争议，就要首先确立实际投资人的股东地位，这样才能够使股权转让协议有效。

23. 股权转让款可以用于补足原注册资本金吗？

答：根据《中华人民共和国公司法》的规定，对于原股东也就是转让方的股东没有出资到位，对外就要承担这个补足出资的责任，即使他进行了股权转让已经不是股东了，也要承担补足出资的责任。受让方的股东在受让股权，如果不知道原股东没有出资，作为受让方是不承担补足责任的。如果受让方股东知道原股东未进行出资，那么就要承担进行补足的责任。

24. 公司的股东签订了股权转让协议并经过了股东（大）会决议的通过，股东（大）会决议后股东不配合股权变更怎么办？

答：如果股东的股权转让协议性质没有问题，并且已经实际交付股权的，可以向法院提起诉讼请求对该部分股权强制执行公司登记手续。或者要求该股东来赔偿因不执行股东（大）会决议而导致的经济损失。

25.《中华人民共和国公司法》关于有限责任公司股权转让的规定有哪些？

答：根据《中华人民共和国公司法》第七十一条规定，有限责任公司的股东之间可以相互转让其全部或者部分股权。（1）股东向股东以外的人转让股权，应当经其他股东过半数同意。股东应就其股权转让事项书面通知其他股东征求同意，其他股东自接到书面通知之日起满三十日未答复的，视为同意转让。其他股东半数以上不同意转让的，不同意的股东应当购买该转让的股权；不购买的，视为同意转让。（2）经股东同意转让的股权，在同等条件下，其他股东有优先购买权。两个以上股东主张行使优先购买权的，协商确定各自的购买比例；协商不成的，按照转让时各自的出资比例行使优先购买权。（3）公司章程对股权转让另有规定的，从其规定。

26. 股权转让涉及公司章程变更的有关规定？

答：根据《中华人民共和国公司法》第七十三条的规定，依照《中华人民共和国公司法》第七十一条、第七十二条转让股权后，公司应当注销原股东的出资证明书，向新股东签发出资证明书，并相应修改公司章程和股东名册中有关股东及其出资额的记载。对公司章程的该项修改不需再由股东会表决。

十、公司解散

1. 公司解散相关法律规定及操作建议？

答：《中华人民共和国公司法》第一百八十条规定，公司因下列原因解散：（1）公司章程规定的营业期限届满或者公司章程规定的其他解散事由出现；（2）股东（大）会或者股东大会决议解散；（3）因公司合并或者分立需要解散；（4）依法被吊销营业执照、责令关闭或者被撤销；（5）人民法院依照本法第一百八十二条的规定予以解散。

操作建议。公司解散是把双刃剑,可以保护小股东利益、降低损失,也可能使部分股东以公司解散为由损害企业的正常经营及其他股东的权益。应当将何种情况列为解散事由,具体内容应根据实际需要设定。

2. 亏损企业解散清算,董事长一定要进清算组吗?清算组成员是无记名投票产生还是举手表决产生?

答:清算组成员由股东(大)会决议产生,董事长不一定非在里面。清算组成员由股东(大)会决议产生,决议形式没要求,半数通过就可以,根据不同的破产方式有不同的组织形式。

3. 关于公司解散诉讼程序有哪些规定?

答:关于公司解散诉讼程序的有关规定如下:(1)股东提起解散公司诉讼应当以公司为被告。原告以其他股东为被告一并提起诉讼的,人民法院应当告知原告将其他股东变更为第三人;原告坚持不予变更的,人民法院应当驳回原告对其他股东的起诉。(2)原告提起解散公司诉讼应当告知其他股东,或者由人民法院通知其参加诉讼。其他股东或者有关利害关系人申请以共同原告或者第三人身份参加诉讼的,人民法院应予准许。(3)人民法院审理解散公司诉讼案件,应当注重调解。当事人协商同意由公司或者股东收购股份,或者以减资等方式使公司存续的,人民法院应当及时判决。经人民法院调解公司收购原告股份的,公司应当自调解书生效之日起6个月内将股份转让或者注销。股份转让或者注销之前,原告不得以公司收购其股份为由对抗公司债权人。(4)人民法院关于解散公司诉讼作出的判决,对公司全体股东具有法律约束力。(5)人民法院判决驳回解散公司诉讼请求后,提起该诉讼的股东或者其他股东又以同一事实和理由提起解散公司诉讼的,人民法院不予受理。

十一、公司资产处置

1. 什么是公司法定合并?

答:法定合并是指两个以上的公司依照法定程序,不需要经过清算程序,直接合并为一个公司的行为。《中华人民共和国公司法》规定的法定合并为交易提供了三大便利:(1)被消灭公司的债务转移不需要经过债权人的同意,直接由合并后的公司承继债务。(2)被消灭公司的法人人格在合并完成后可以直接消灭,不需要经过清算程序。(3)合并是公司行为,只要股东(大)

会依法通过即可，不需要征求每一个股东的意见。

2. 公司法定合并程序是什么？

答：法定合并的三大便利可能损害债权人和公司股东的利益，因此，《中华人民共和国公司法》规定了严格的合并程序（即法定合并程序），主要包括：（1）签订合并协议；（2）编制资产负债表及财产清单；（3）合并决议；（4）通知债权人；（5）依法进行登记。

《中华人民共和国公司法》第一百七十三条规定，公司合并，应当由合并各方签订合并协议，并编制资产负债表及财产清单。公司应当自作出合并决议之日起十日内通知债权人，并于三十日内在报纸上公告。债权人自接到通知书之日起三十日内，未接到通知书的自公告之日起四十五日内，可以要求公司清偿债务或者提供相应的担保。

3. 公司合并时，如何保护小股东的利益？

答：公司在法定合并时，不需要征求每一个股东的意见，但是《中华人民共和国公司法》给了在股东（大）会上投了反对票的小股东一个权利，即根据《中华人民共和国公司法》第七十四条、第一百四十二条规定，无论是有限责任公司还是股份有限公司，对于股东（大）会通过的合并、分立决议，表决时投反对票的股东有权请求公司按照合理的价格收购其股权。

4. 公司合并时，如何保护债权人的利益？

答：公司在法定合并时，被消灭公司的债务转移不需要经过债权人的同意，但是《中华人民共和国公司法》给了债权人一个权利，即根据《中华人民共和国公司法》第一百七十三条规定，无论债权人的债权是否到期，债权人自接到通知书之日起三十日内，未接到通知书的自公告之日起四十五日内，可以要求公司清偿债务或者提供相应的担保。同时，根据《中华人民共和国公司法》第一百七十四条规定，公司合并时，合并各方的债权、债务，应当由合并后存续的公司或者新设的公司承继。

5. 什么是公司分立？

答：公司分立是指一个公司依照《中华人民共和国公司法》有关规定，通过股东会决议分成两个以上的公司。公司分立可以分为存续分立和解散分立两种形式：一是存续分立，指一个公司拆分成两个以上公司，本公司继续存在并设立一个以上新的公司。二是解散分立，指一个公司拆分成两个以上公司，本公司解散并设立两个以上新的公司。

6. 公司分立的程序是什么？

答：公司分立的程序与公司合并基本一致，对于股东（大）会通过的合并、分立决议，表决时投反对票的股东有权请求公司按照合理的价格收购其股权。公司分立的特殊性主要体现在：（1）当公司派生分立（A 公司分立为 A 公司和 B 公司）导致原公司资本减少时，原公司减资不需要经过法定的减资程序。（2）公司分立程序中设置了"通知债权人程序"。（3）公司分立并未增加债权人的风险。

《中华人民共和国公司法》第一百七十五条规定，公司分立，应当编制资产负债表及财产清单。公司应当自作出分立决议之日起十日内通知债权人，并于三十日内在报纸上公告。

《中华人民共和国公司法》第一百七十六条规定，公司分立前的债务由分立后的公司承担连带责任。但是，公司在分立前与债权人就债务清偿达成的书面协议另有约定的除外。

7. 关于公司分立后对原公司债务承担的法律规定？

答：（1）根据《中华人民共和国民法典》第六十七条规定，法人分立的，其权利和义务由分立后的法人享有连带债权，承担连带债务，但是债权人和债务人另有约定的除外。（2）根据《最高人民法院关于审理与企业改制相关的民事纠纷案件若干问题的规定》第十二条规定，债权人向分立后的企业主张债权，企业分立时对原企业的债务承担有约定，并经债权人认可的，按照当事人的约定处理；企业分立时对原企业债务承担没有约定或者约定不明，或者虽然有约定但债权人不予认可的，分立后的企业应当承担连带责任。（3）《中华人民共和国公司法》第一百七十六条规定，公司分立前的债务由分立后的公司承担连带责任。但是，公司在分立前与债权人就债务清偿达成的书面协议另有约定的除外。

8. 什么是公司减资？

答：公司减资是指公司资本过剩或亏损严重，根据经营业务的实际情况，依法减少注册资本金的行为。

9. 公司减资的法定条件是什么？

答：按照资本不变原则，从法律上严格控制减资行为，原则上公司的资本是不允许减少的，为了确保交易安全，公司减资无论是否造成剩余资本少于法定标准的情况，都必须符合法律规定。我国法律允许在符合一定条件的情况下可以减少资本：一是公司资本过多，形式资本过剩，再保持公司资本不变，会导致资本在公司中的闲置和浪费，不利于发挥资本效能，同时也增加了分红的负担。二是公司严重亏损，资本总额与公司实有资产差距过大，公司资本已失去应有的证明公司资信状况的法律意义，股东也因公司连年亏损得不到应有的回报。

10. 公司减资的法定程序是什么？

答：公司减资的法定程序主要包括：

（1）股东（大）会作出减资决议。根据《中华人民共和国公司法》第三十七条规定，股东会对公司增加或者减少注册资本作出决议。

（2）编制资产负债表及财产清单。根据《中华人民共和国公司法》第一百七十七条规定，公司需要减少注册资本时，必须编制资产负债表及财产清单。

（3）通知、公告债权人。根据《中华人民共和国公司法》第一百七十七条规定，公司应当自作出减少注册资本决议之日起十日内通知债权人，并于三十日内在报纸上公告。债权人自接到通知书之日起三十日内，未接到通知书的自公告之日起四十五日内，有权要求公司清偿债务或者提供相应的担保。

（4）办理变更登记手续。根据《中华人民共和国公司法》第一百七十九条，公司增加或者减少注册资本，应当依法向公司登记机关办理变更登记。

11. 关于减资决议有哪些需要注意的事项？

答：公司做出减资决议应注意以下事项：

（1）减资决议内容。减资决议内容主要包括：减资后的公司注册资本；减资后的股东利益、债权人利益安排；有关修改章程的事项；股东出资及其比例的变化等。

（2）法定最低限额。公司作出减资决议时，应注意公司减少资本后的注册资本不得低于法定的最低限额。

（3）决议表决通过。一是根据《中华人民共和国公司法》第四十三条规定，股东会会议作出修改公司章程、增加或者减少注册资本的决议，以及公司合并、分立、解散或者变更公司形式的决议，必须经代表三分之二以上表决权的股东通过。二是根据《中华人民共和国公司法》第一百零三条规定，股东大会作出修改公司章程、增加或者减少注册资本的决议，以及公司合并、分立、解散或者变更公司形式的决议，必须经出席会议的股东所持表决权的三分之二以上通过。

附录5 履职常见问题解答

（4）无回购请求权。根据《中华人民共和国公司法》第一百四十二条规定，对于股东（大）会通过的减少注册资本决议，表决时投反对票的股东无权请求公司按照合理的价格收购其股权。

12. 企业资产转让进场交易自首次正式披露信息之日起超过12个月未征集到合格受让方的，可否一直使用评估结果？

答：不可以，应当重新履行资产评估及信息披露等资产转让工作程序。

13. 企业资产转让信息披露期满未征集到意向受让方的，可以延期或在降低转让底价、变更受让条件后重新公告。新的转让底价可以低于资产评估结果的90%吗？

答：可以，但是应当经原批准机构同意后方可继续交易。

14. 集团公司及所属企业向外部单位或个人转让哪些境内资产，需要通过产权交易机构公开进行？

答：（1）房产、出让性质的土地使用权以及按照国家法律法规相关规定允许进场交易的其他性质的土地使用权。（2）单次转让评估值在100万元以上的设备设施、在建工程、物资材料、备品备件、工具器具等实物资产以及债权、知识产权等非实物资产。

15. 哪些资产转让可以采用非公开方式进行？

答：集团公司内部所属全资企业与控股企业之间、所属控股企业之间发生的资产转让，经转让行为审批机构批准后，可采用非公开方式进行。政府拆迁征用企业资产、定点单位回收报废车辆、废旧电子设备及其他危废资产等，按照国家或地方有关规定执行。

16. 企业资产转让如何根据转让底价确定转让信息公告期？

答：（1）转让底价高于100万元、低于1000万元的资产转让项目，信息公告期应不少于10个工作日。（2）转让底价高于1000万元的资产转让项目，信息公告期应不少于20个工作日。

十二、工商注销

1. 《中华人民共和国公司法》关于公司解散的原因有哪些？

答：根据《中华人民共和国公司法》第一百八十条的规定，公司因下列原因解散：（1）公司章程规定的营业期限届满或者公司章程规定的其他解散事由出现；（2）股东会或者股东大会决议解散；（3）因公司合并或者分立需要解散；（4）依法被吊销营业执照、责令关闭或者被撤销；（5）公司经营管理发生严重困难，继续存续会使股东利益受到重大损失，通过其他途径不能解决的，持有公司全部股东表决权百分之十以上的股东请求人民法院解散公司，人民法院依法予以解散。

2. 公司章程规定的营业期限届满时，公司必须解散吗？

答：在公司章程规定的营业期限届满时，公司可以通过股东（大）会决议修改公司章程从而让公司存续经营。根据《中华人民共和国公司法》第一百八十一条规定，公司有本法第一百八十条第一项情形的，可以通过修改公司章程而存续。

3. 公司解散有哪些注意事项？

答：在公司解散时应注意以下事项：一是因合并、分立而解散公司，因其债权债务由合并、分立后继续存续的公司承继，在解散时不需要清算。二是公司债权债务无人承继的，在解散时应当清算。三是公司解散事由发生后，公司并未终止，仍然具有法人资格，可以自己的名义开展与清算有关的活动，直到清算完毕并注销后才消灭其主体资格。

4. 什么是公司清算？

答：公司清算是指公司出现法定解散事由、公司章程规定的解散事由等原因进行解散时，为终结公司作为当事人的各种法律关系，使公司的法人资格归于消灭，而对公司未了结的业务、财产及债权债务等进行清理的行为。

5. 如何成立公司清算组？

答：公司应当按照《中华人民共和国公司法》和公司章程的规定，在解散事由出现之日起十五日内成立清算组，有限责任公司的清算组由股东组成，股份有限公司的清算组由董事或者股东大会确定的人员组成，并自清算组成立之日起十日内通知债权人、六十日内在报纸上公告。

根据《中华人民共和国公司法》第一百八十三条规定，公司因本法第一百八十条第一项、第二项、第四项、第五项规定而解散的，应当在解散事由出现之日起十五日内成立清算组，开始清算。有限责任公司的清算组由股东组成，股份有限公司的清算组由董事或者股东大会确定的人员组成。逾期不成立清算组进行清算的，债权人可以申请人民法院指定有关人员组成清算组进行清算。人民法院应当受理该申请，并及时组织清算组进行清算。

根据《中华人民共和国公司法》第一百八十五条规定，清算组应当自成立之日起十日内通知债权人，并于六十日内在报纸上公告。

根据《中华人民共和国公司登记管理条例》第四十一条规定，公司解散，依法应当清算的，清算组应当自成立之日起10日内将清算组成员、清算组负责人名单向公司登记机关备案。

6. 公司清算组的职权是什么？

答：根据《中华人民共和国公司法》第一百八十四条规定，清算组在清算期间行使下列职权：清理公司财产，分别编制资产负债表和财产清单；通知、公告债权人；处理与清算有关的公司未了结的业务；清缴所欠税款以及清算过程中产生的税款；清理债权、债务；处理公司清偿债务后的剩余财产；代表公司参与民事诉讼活动。

7. 公司清算程序是什么？

答：公司清算程序主要包括：

（1）通知债权人。

根据《中华人民共和国公司法》第一百八十五条规定，清算组应当自成立之日起十日内通知债权人，并于六十日内在报纸上公告。

（2）债权申报和登记。

根据《中华人民共和国公司法》第一百八十五条规定，债权人应当自接到通知书之日起三十日内，未接到通知书的自公告之日起四十五日内，向清算组申报其债权，清算组应当对债权进行登记。

债权人申报债权，应当说明债权的有关事项，并提供证明材料。

在申报债权期间，清算组不得对债权人进行清偿。

债权人在规定的期限内未申报债权，在公司清算程序终结前补充申报的，清算组应予登记。

（3）清算方案的确认。

公司自行清算的，清算方案应当报股东（大）会决议确认。人民法院组织清算的，清算方案应当报人民法院确认。

根据《最高人民法院关于适用〈中华人民共和国公司法〉若干问题的规定（二）》第十五条规定，公司自行清算的，清算方案应当报股东会或者股东大会决议确认；人民法院组织清算的，清算方案应当报人民法院确认。未经确认的清算方案,清算组不得执行。

(4)申请公司注销登记。

公司清算结束后,清算组应当制作清算报告,报股东(大)会或者人民法院确认,并报送公司登记机关,申请注销公司登记。

根据《中华人民共和国公司法》第一百八十八条规定,公司清算结束后,清算组应当制作清算报告,报股东会、股东大会或者人民法院确认,并报送公司登记机关,申请注销公司登记,公告公司终止。

根据《最高人民法院关于适用〈中华人民共和国公司法〉若干问题的规定(二)》第十六条规定,人民法院组织清算的,清算组应当自成立之日起六个月内清算完毕。

根据《中华人民共和国公司登记管理条例》第四十二条规定,有下列情形之一的,公司清算组应当自公司清算结束之日起30日内向原公司登记机关申请注销登记:公司被依法宣告破产;公司章程规定的营业期限届满或者公司章程规定的其他解散事由出现,但公司通过修改公司章程而存续的除外;股东会、股东大会决议解散或者一人有限责任公司的股东、外商投资的公司董事会决议解散;依法被吊销营业执照、责令关闭或者被撤销;人民法院依法予以解散;法律、行政法规规定的其他解散情形。

根据《中华人民共和国公司登记管理条例》第四十四条规定,经公司登记机关注销登记,公司终止。

8. 申请公司注销登记应提交哪些文件?

答:根据《中华人民共和国公司登记管理条例》第四十三条规定,公司申请注销登记,应当向原公司登记机关提交下列文件:公司清算组负责人签署的注销登记申请书;人民法院的破产裁定、解散裁判文书,公司依照《公司法》作出的决议或者决定,行政机关责令关闭或者公司被撤销的文件;股东会、股东大会、一人有限责任公司的股东、外商投资的公司董事会或者人民法院、公司批准机关备案、确认的清算报告;《企业法人营业执照》;法律、行政法规规定应当提交的其他文件。

国有独资公司申请注销登记,还应当提交国有资产监督管理机构的决定,其中,国务院确定的重要的国有独资公司,还应当提交本级人民政府的批准文件。

有分公司的公司申请注销登记,还应当提交分公司的注销登记证明。

十三、国企党建工作

1. 规范国有企业党建工作有哪些主要规定？

答：主要有下列规定：

（1）《中国共产党党章》（2017）。

（2）《中国共产党党组工作条例》（2019）。

（3）《中国共产党国有企业基层组织工作条例（试行）》。

（4）《中华人民共和国国有资产法》。

（5）《中华人民共和国公司法》（2018）。

（6）《中共中央办公厅关于进一步推进国有企业贯彻落实"三重一大"决策制度的意见》（中办发〔2010〕17号）。

（7）《中共中央国务院关于深化国有企业改革的指导意见》（中发〔2015〕22号）。

（8）《国务院办公厅关于进一步完善国有企业法人治理结构的指导意见》（国办发〔2017〕36号）。

（9）《国资委党委关于贯彻落实〈关于进一步推进国有企业贯彻落实"三重一大"决策制度的意见〉的通知》（中共国资委委员会 国资党委纪检〔2010〕177号）。

2. 什么是国有企业党组织设置的基本要求？

答：国有企业正式党员3人以上的，应当成立党支部。党员人数在50以上、100人以下的，设立党的总支部委员会；党员人数不足50人，因工作需要的，经上级党组织批准，也可以设立党的总支委员会。党员人数100人以上的，设立党的基层委员会，党员人数虽不足100人，但确因工作需要，或重要的国有企业，经上级党组织批准，也可设立党的基层委员会。

国有企业应按要求同步设置纪检监察机构。

3. 混合所有制企业的党组设置有哪些要求？

答：国有企业混改时，党建要同步谋划，设置或调整党组织，明确理顺混改企业党组织的隶属关系，将党建工作要求写入公司章程，选配好组织负责人，健全党的工作机构，配强党务工作队伍，保障党组织工作经费，有效开展党务工作。

4. 国有企业中党组织应发挥什么作用？

答：根据《中国共产党章程》规定，国有企业党组织发挥领导作用，把方向、管大局、保落实。

（1）把方向，是要自觉在思想上、政治上、行动上同以习近平同志为核心的党中央保持高度一致，坚决贯彻党的理论和路线方针政策，确保国有企业坚持改革发展正确方向。

（2）管大局，是要坚持在大局下行动、议大事、抓重点，加强集体领导、推进科学决策，推动企业全面履行经济责任、政治责任、社会责任。

（3）保落实，是要管干部聚人才、建班子带队伍、抓基层打基础，领导群众组织并发挥其作用，凝心聚力完成企业中心工作，把党中央精神和上级部署不折不扣落到实处。

5. 如何定位不同国有股比混合所有制企业中党组织的地位和作用？

答：根据《中国共产党章程》和有关规定：

（1）国有绝对控股的混合所有制企业，党组织发挥领导作用。

（2）国有相对控股并具有实际控制力的混合所有制企业，参照国有绝对控股混合所有制企业执行并结合实际落实。

（3）国有资本不控股的企业，比照非公有制企业开展党建工作，按照《关于加强和改进非公有制企业党的建设工作的意见（试行）》（中办发〔2012〕11号）的规定执行。

6. 党组织把方向、管大局、保落实的具体内容是什么？

答：把方向、管大局、保落实在国有企业中具体表现为：

（1）加强企业党的政治建设，教育引导全体党员始终在政治立场、政治方向、政治原则、政治道路上同以习近平同志为核心的党中央保持高度一致，坚持和落实中国特色社会主义根本制度、基本制度、重要制度。

（2）学习宣传党的理论，学习贯彻习近平新时代中国特色社会主义思想，贯彻执行党的路线方针政策，保证党中央的重大决策部署和上级党组织的决议在本企业贯彻落实。

（3）研究讨论企业重大经营管理事项，支持股东（大）会、董事会、监事会和经理层依法依章程行权履职。

（4）加强对企业选人用人的领导和把关，抓好企业领导班子建设和干部队伍、人才队伍建设。

（5）履行企业全面从严治党主体责任，领导、支持纪检组织履行监督执纪问责职责，严明政治纪律和政治规矩，推动全面从严治党向基层延伸。

（6）加强基层党组织和党员队伍建设，团结带领职工群众积极投身企业改革发展。

（7）领导企业思想政治工作、精神文明建设、统一战线工作，领导企业工会、共青团等群团组织。

7. 把国有企业党建工作要求写入公司章程的主要依据是什么？

答：在2017年3月15日印发的《中共中央组织部、国务院国资委党委〈关于扎实推动国有企业党建工作要求写入公司章程的通知〉》（组通字〔2017〕11号）中明确：全国国有企业党的建设工作会议明确提出，把党建工作要求写入国有企业公司章程。这是落实党组织在公司法人治理结构中的法定地位的重要制度安排，是把加强党的领导和完善公司治理统一起来、建设中国特色现代国有企业制度的重要举措。

《关于深化国有企业改革的指导意见》（中发〔2015〕22号）第二十四条规定充分发挥国有企业党组织政治核心作用。把加强党的领导和完善公司治理统一起来，将党建工作总体要求纳入国有企业章程，明确国有企业党组织在公司法人治理结构中的法定地位，创新国有企业党组织发挥政治核心作用的途径和方式。

《关于进一步完善国有企业法人治理结构的指导意见》（国办发〔2017〕36号）第二部分第五款规定，坚持党的领导，发挥政治优势。……要明确党组织在国有企业法人治理结构中的法定地位，将党建工作总体要求纳入国有企业章程，明确党组织在企业决策、执行、监督各环节的权责和工作方式，使党组织成为企业法人治理结构的有机组成部分。

8. 《关于进一步完善国有企业法人治理结构的指导意见》中论述"双向进入、交叉任职"领导体制的主要内容是什么？

答：坚持和完善"双向进入、交叉任职"的领导体制，符合条件的国有企业党组（党委）领导班子成员可以通过法定程序进入董事会、监事会、经理层，董事会、监事会、经理层成员中符合条件的党员可以依照有关规定和程序进入党组（党委）；党组（党委）书记、董事长一般由一人担任，推进中央企业党组（党委）专职副书记进入董事会。

9. 《关于深化国有企业改革的指导意见》中论述"加强国有企业领导班子建设和人才队伍建设"的主要内容是什么？

答：根据企业改革发展需要，明确选人用人标准和程序，创新选人用人方式。强化党组织在企业领导人员选拔任用、培养教育、管理监督中的责任,支持董事会依法选择经营管理者、经营管理者依法行使用人权,坚决防止和整治选人用人中的不正之风。加强对国有企业领导人员尤其是主要领导人员的日常监督管理和综合考核评价,及时调整不胜任、不称职的领导人员,切实解决企业领导人员能上不能下的问题。以强化忠诚意识、拓展世界眼光、提高战略思维、增强创新精神、锻造优秀品行为重点,加强企业家队伍建设,充分发挥企业家作用。大力实施人才强企战略,加快建立健全国有企业集聚人才的体制机制。

10.《关于深化国有企业改革的指导意见》中论述"健全公司法人治理结构"的主要内容是什么?

答:重点是推进董事会建设,建立健全权责对等、运转协调、有效制衡的决策执行监督机制,规范董事长、总经理行权行为,充分发挥董事会的决策作用、监事会的监督作用、经理层的经营管理作用、党组织的政治核心作用,切实解决一些企业董事会形同虚设、"一把手"说了算的问题,实现规范的公司治理。要切实落实和维护董事会依法行使重大决策、选人用人、薪酬分配等权利,保障经理层经营自主权,法无授权任何政府部门和机构不得干预。加强董事会内部的制衡约束,国有独资、全资公司的董事会和监事会均应有职工代表,董事会外部董事应占多数,落实一人一票表决制度,董事对董事会决议承担责任。改进董事会和董事评价办法,强化对董事的考核评价和管理,对重大决策失误负有直接责任的要及时调整或解聘,并依法追究责任。进一步加强外部董事队伍建设,拓宽来源渠道。

11.《关于深化国有企业改革的指导意见》中论述"充分发挥国有企业党组织政治核心作用"的主要内容是什么?

答:把加强党的领导和完善公司治理统一起来,将党建工作总体要求纳入国有企业章程,明确国有企业党组织在公司法人治理结构中的法定地位,创新国有企业党组织发挥政治核心作用的途径和方式。在国有企业改革中坚持党的建设同步谋划、党的组织及工作机构同步设置、党组织负责人及党务工作人员同步配备、党的工作同步开展,保证党组织工作机构健全、党务工作者队伍稳定、党组织和党员作用得到有效发挥。坚持和完善双向进入、交叉任职的领导体制,符合条件的党组织领导班子成员可以通过法定程序进入董事会、监事会、经理层，董事会、监事会、经理层成员中符合条件的党员可以依照有关规定和程序进入党组织领导班子；经理层成员与党组织领导班子成员适度交叉任职；董事长、总经理原则上分设，党组织书记、董事长一般由一人担任。

12.《关于中央企业在完善公司治理中加强党的领导的意见》提出了哪些要求？

答：《关于中央企业在完善公司治理中加强党的领导的意见》（以下简称《意见》）对中央企业进一步把加强党的领导和完善公司治理统一起来、加快完善中国特色现代企业制度作出部署、提出要求，是推进中国特色现代企业制度建设的标志性制度成果，对于中央企业坚持和加强党的全面领导、加快建设世界一流企业，具有重要意义。

《意见》坚持以习近平新时代中国特色社会主义思想为指导，全面落实习近平总书记关于坚持党对国有企业的领导必须一以贯之、建立现代企业制度必须一以贯之的重要指示要求，立足于在完善公司治理中加强党的领导，明确了中央企业党委（党组）在决策、执行、监督等各环节的权责和工作方式。

《意见》提出，中央企业党委（党组）是党的组织体系重要组成部分，在公司治理结构中具有法定地位，在企业发挥把方向、管大局、促落实的领导作用。同时，《意见》在明晰中央企业党委（党组）讨论和决定重大事项的职责范围，规范党委（党组）前置研究讨论重大经营管理事项的要求和程序，明确党委（党组）在董事会授权决策和总经理办公会决策中发挥作用的方式，强化党委（党组）在执行、监督环节的责任担当，以及加强党委（党组）自身建设等方面，作出了制度性安排。

《意见》强调，各地区各有关部门和各中央企业党委（党组）要加强分类指导，鼓励探索创新，在国有企业完善公司治理中切实加强党的领导。

附录6 专职董监事任职资格考试样题及题库

一、样题

一、单选题

1. 中国石油天然气集团有限公司是（　　）。
   A. 有限责任公司　　　B. 股份有限公司　　　C. 全民所有制企业
   答案：A
   解析：2017年12月，经国务院国有资产监督管理委员会批准，中国石油天然气集团公司由全民所有制企业整体改制为有限责任公司（国有独资），改制后名称变更为"中国石油天然气集团有限公司"。

2. （　　）是指两家或两家以上的企业合并成一家企业。
   A. 解散清算　　　　　B. 吸收合并　　　　　C. 收购
   答案：B
   解析：吸收合并，是指两家或两家以上的企业合并成一家企业。经过合并，购受企业以支付现金、发行股票或其他代价取得另外一家或几家其他企业的资产和负债，继续保留其法人地位，而另外一家或几家企业合并后丧失了独立的法人资格。

3. 企业对外出售一条生产线，属于（　　）。
   A. 资产剥离　　　　　B. 企业分立　　　　　C. 分拆上市
   答案：A
   解析：资产剥离是将原企业中的资产、负债从原有的企业账目中分离出去的行为。剥离并非是企业经营失败的标志，它是企业发展战略的合理选择。

4. IRR是指（　　）。
   A. 投资回报率　　　　　　　　　　B. 净现值
   C. 预期年化收益率　　　　　　　　D. 内部收益率

附录6　专职董监事任职资格考试样题及题库

答案：D

解析：内部收益率（Internal Rate of Return），就是资金流入现值总额与资金流出现值总额相等、净现值等于零时的折现率。

5.《中华人民共和国公司法》现行版本是根据2018年10月26日第十三届全国人民代表大会常务委员会第六次会议《关于修改〈中华人民共和国公司法〉的决定》（　　）修正。

A. 第三次　　　　B. 第四次　　　　C. 第五次　　　　D. 第六次

答案：B。

解析：《中华人民共和国公司法》现行版本是根据2018年10月26日第十三届全国人民代表大会常务委员会第六次会议《关于修改〈中华人民共和国公司法〉的决定》第四次修正。

6. 下列选项不属于股权管理原则的是（　　）。

A. 统一集中　　　B. 分级授权　　　C. 价值最小化　　D. 依法合规

答案：C

解析：根据集团公司股权管理办法，股权管理应遵循价值最大化原则。吸引社会资源向集团公司流动，通过与集团公司已有要素结合，实现价值创造，发挥产权流转对资源配置的积极作用，实现集团公司价值最大化，强化股权全生命周期价值管理，提升集团公司整体价值。

7. 集团公司股权管理业务主要通过（　　）进行办理。

A. 集中报销系统　　　　　　　　B. 股权管理系统
C. Fmis　　　　　　　　　　　　D. 合同管理系统

答案：B

解析：根据集团公司股权管理办法，股权管理业务资料（包括控参股公司三会相关信息及议案相关资料）应及时上载股权管理信息系统。

8. 下列选项不属于股权处置范畴的是（　　）。

A. 新设合资公司　　　　　　　　B. 清算
C. 吸收合并　　　　　　　　　　D. 减资

答案：A

解析：股权处置方式包括转让、划转、清算、吸收合并、减资、核销等。股权处置完成后及时办理国有产权及工商变更或注销登记。

9. 下列选项中，可采取协议转让方式的交易类型是（　　）。

A. 转让方和受让方均不是集团公司全资、绝对控股或实际控制
B. 转让方为集团公司全资、绝对控股或实际控制，受让方不是

C. 受让方为集团公司全资、绝对控股或实际控制，转让方不是
D. 转让方和受让方均为集团公司全资、绝对控股或实际控制

答案：D

解析：根据《中国石油天然气集团有限公司股权管理办法》，股权转让应秉承公开、公平、公正的原则实施。境内股权转让一般采取进场交易方式；境外股权转让一般按国际邀标方式进行交易；转让方和受让方均为集团公司全资、绝对控股或实际控制的企业时，可采取协议转让方式。

10. 到（　　），党组织在国有企业法人治理结构中的法定地位更加牢固，充分发挥公司章程在企业治理中的基础作用，国有独资、全资公司全面建立外部董事占多数的董事会，国有控股企业实行外部董事派出制度，完成外派监事会改革。

A. 2019 年　　　　B. 2020 年　　　　C. 2025 年　　　　D. 2030 年

答案：B

解析：国务院办公厅文件《关于进一步完善国有企业法人治理结构的指导意见》（国办发〔2017〕36 号）。主要目标：到 2020 年，党组织在国有企业法人治理结构中的法定地位更加牢固，充分发挥公司章程在企业治理中的基础作用，国有独资、全资公司全面建立外部董事占多数的董事会，国有控股企业实行外部董事派出制度，完成外派监事会改革。

11. 根据《中国石油天然气集团有限公司股权管理办法》，专职董监事所任职公司的数量，原则上不超过（　　）。

A. 5 家　　　　B. 6 家　　　　C. 8 家　　　　D. 10 家

答案：B

解析：集团公司、专业公司及所属企业应综合考虑专职董监事所任职公司的规模、业务相关性、管理复杂程度等因素，确定每位专职董监事所任职公司的数量，原则上不超过 6 家。

12. 有价证券本身（　　）。

A. 没有价格，有价值　　　　B. 没有价值，有使用价值
C. 没有使用价值，有价值　　　　D. 没有价值，有价格

答案：D

解析：有价证券是指标有票面金额，用于证明持有人或该证券指定的特定个体拥有所有权或债权的凭证。这类证券本身没有价值，但由于其代表着持有人或指定的个体可以凭该证券直接取得一定量的商品、货币，或是取得利息、股息等收入的权利，可以在之前市场上买卖和流通，客观上具有了交

易价格。

13. 按交易活动是否在固定场所进行分类，证券市场可以分为（　　）。
A. 股票市场和债券市场　　　　　B. 发行市场和流通市场
C. 场内市场和场外市场　　　　　D. 国内市场和国际市场
答案：C
解析：按交易活动是否在固定场所进行分类，证券市场可以分为有形市场和无形市场。有形市场通常也称场内市场，指有固定场所的证券交易所市场。一般而言，证券必须达到证券交易所规定的上市标准才能在场内交易。

14. 按募集方式分类，债券可以分为（　　）。
A. 一次到期债券和分期到期债券
B. 公募债券和私募债券
C. 记名债券和无记名债券
D. 可转换债券和不可转换债券
答案：B
解析：债券按募集方式可分为公募债券和私募债券。公募债券是指向社会公开发行，向不特定的多数投资者公开募集的债券，任何投资者均可购买，可以在证券市场上转让。私募债券是指向与发行者有特定关系的少数投资者募集的债券，其发行和转让均有一定的局限性，一般不能在证券市场上交易。

15. ETF 是一种在交易所上市交易的开放式证券投资基金产品。ETF 管理的资产是（　　），其股票种类与某一特定指数包含的成分股票相同。
A. 单一股票　　　　　　　　　　B. 单一债券
C. 一篮子股票组合　　　　　　　D. 一篮子债券组合
答案：C
解析：ETF 指数基金代表一篮子股票的所有权，是指像股票一样在证券交易所交易的指数基金，其交易价格、基金份额净值走势与所跟踪的指数基本一致。因此，投资者买卖一只 ETF，就等同于买卖了它所跟踪的指数，可取得与该指数基本一致的收益。

16. 根据党中央对国有企业改革和发展的要求，国有资产管理应实现从"管资产"向"管（　　）"的转变。
A. 企业　　　　B. 投资　　　　C. 资金　　　　D. 资本
答案：D

17. 当投资者持有一个上市公司已发行的股份的（　　）时，应依法进行公告。

A. 3%	B. 5%	C. 8%	D. 10%

答案：B

解析：《中华人民共和国证券法》规定，当投资者持有一个上市公司已发行的股份的5%后，通过证券交易所的证券交易，其所持该上市公司已发行的股份比例每增加或者减少5%时，应当依照法律规定进行书面报告和公告。

18. 控股股东是否并表的判断标准是（　　）。

A. 控股股东是指其出资额占有限责任公司资本总额百分之六十七以上或者其持有的股份占股份有限公司股本总额百分之六十七以上的股东

B. 应根据《中华人民共和国公司法》和《企业会计准则第33号——合并财务报表》综合判断

C. 控股股东是指其出资额占有限责任公司资本总额百分之五十以上或者其持有的股份占股份有限公司股本总额百分之五十以上的股东

D. 控股股东是指其出资额占有限责任公司资本总额百分之九十以上或者其持有的股份占股份有限公司股本总额百分之九十以上的股东

答案：B

解析：《中华人民共和国公司法》控股股东是指其出资额占有限责任公司资本总额百分之五十以上或者其持有的股份占股份有限公司股本总额百分之五十以上的股东；出资额或者持有股份的比例虽然不足百分之五十，但依其出资额或者持有的股份所享有的表决权已足以对股东会、股东大会的决议产生重大影响的股东。但是否并表，需考虑公司章程是否有一票否决权等相关约定。

《企业会计准则第33号——合并财务报表》合并财务报表的合并范围应当以控制为基础予以确定。控制，是指投资方拥有对被投资方的权力，通过参与被投资方的相关活动而享有可变回报，并且有能力运用对被投资方的权力影响其回报金额。

该准则所称相关活动，是指对被投资方的回报产生重大影响的活动。被投资方的相关活动应当根据具体情况进行判断，通常包括商品或劳务的销售和购买、金融资产的管理、资产的购买和处置、研究与开发活动以及融资活动等。

因此，是否控股，是否合并报表，应当根据《中华人民共和国公司法》《企业会计准则第33号——合并财务报表》和公司章程相关约定，综合判断。

19. 下列选项中，不可以提议召开股东会临时会议的是（　　）。

A. 代表十分之一以上表决权的股东

附录6 专职董监事任职资格考试样题及题库

B. 三分之一以上的董事

C. 监事会或者不设监事会的公司的监事

D. 总经理

答案：D

解析：根据《中华人民共和国公司法》第三十九条规定，股东会会议分为定期会议和临时会议。

定期会议应当依照公司章程的规定按时召开。代表十分之一以上表决权的股东，三分之一以上的董事，监事会或者不设监事会的公司的监事提议召开临时会议的，应当召开临时会议。

20. 公司章程与公司设立协议的效力对象不同，设立协议调整的是（　　）之间的权利与义务。

A. 所有股东之间

B. 股东与公司之间

C. 公司的管理机构与公司之间

D. 发起人之间

答案：D

解析：公司章程与公司设立协议在效力上的主要区别在于效力对象不同，公司章程调整的是所有股东之间、股东与公司之间、公司的管理机构与公司之间的法律关系；设立协议是各发起人的意思表示，由全体发起人订立，调整的是发起人之间的权利义务关系，因而只在发起人之间具有法律约束力。

二、多选题

1. 下列属于股权处置方式的是（　　）。

A. 转让　　　　B. 划转　　　　C. 清算　　　　D. 核销

答案：ABCD

解析：根据《中国石油天然气集团有限公司股权管理办法》第四十三条规定，股权处置方式包括转让、划转、清算、吸收合并、减资、核销等。股权处置完成后及时办理国有产权及工商变更或注销登记。

2. 国务院国资委以管资本为主推进职能转变方案的基本原则包括（　　）。

A. 坚持准确定位　　　　　　　B. 坚持依法监管

C. 坚持搞活企业　　　　　　　D. 坚持提高效能

E. 坚持党的领导

答案：ABCDE

解析：国务院办公厅《关于转发国务院国资委以管资本为主推进职能转

变方案的通知》（国办发〔2017〕38号），提出基本原则是坚持准确定位、坚持依法监管、坚持搞活企业、坚持提高效能、坚持党的领导。

3.根据《国家出资企业产权登记管理暂行办法》规定，产权登记分为（　　）。

A.占有产权登记　　　　　　B.变动产权登记
C.注销产权登记　　　　　　D.修正产权登记

答案：ABC

解析：根据《国家出资企业产权登记管理暂行办法》第十条规定，产权登记分为占有产权登记、变动产权登记和注销产权登记。

4.国务院印发《改革国有资本授权经营体制方案》提出了改革国有资本授权经营体制的主要举措包括（　　）。

A.优化出资人代表机构履职方式
B.分类开展授权放权
C.加强企业行权能力建设
D.完善监督监管体系

答案：ABCD

解析：《改革国有资本授权经营体制方案》提出了改革国有资本授权经营体制的主要举措。一是优化出资人代表机构履职方式。出资人代表机构要依法科学界定职责定位，通过实行清单管理、强化章程约束、发挥董事作用、创新监管方式，加快转变履职方式，依据股权关系对国家出资企业开展授权放权。二是分类开展授权放权。出资人代表机构对不同类型企业给予不同范围、不同程度的授权放权。其中，对国有资本投资、运营公司，一企一策有侧重、分先后地向符合条件的企业开展授权放权。对其他商业类和公益类企业，要充分落实企业的经营自主权。对其中已完成公司制改制、董事会建设较规范的企业，要逐步落实董事会职权。三是加强企业行权能力建设。通过完善公司治理、夯实管理基础、优化集团管控、提升资本运作能力，确保各项授权放权接得住、行得稳。四是完善监督监管体系。通过搭建实时在线的国资监管平台，整合监督资源，严格责任追究，实现对国有资本的全面有效监管。

5.股份有限公司的设立，可以采取（　　）的方式。

A.合伙设立　　B.发起设立　　C.募集设立　　D.单独设立

答案：BC

解析：《中华人民共和国公司法》第七十七条规定，股份有限公司的设立，可以采取发起设立或者募集设立的方式。

附录6　专职董监事任职资格考试样题及题库

6.下列属于股权投资范围的行为是（　　）。
A.清算注销　　B.新设股权　　C.股权收购　　D.增资扩股
答案：BCD
解析：清算注销属于股权处置。

7.原则上，符合集团公司股权投资主体资格的是（　　）
A.集团公司
B.专业公司
C.所属企业
D.所属企业设立的全资公司（包括独资及集团公司范围内合并全资公司）、控股子公司
答案：ABC
解析：根据《中国石油天然气集团有限公司股权管理办法》，股权投资主体原则上限定为集团公司、专业公司及所属企业。所属企业设立的全资公司（包括独资及集团公司范围内合并全资公司、控股子公司）一般不得进行股权再投资，确需再投资的，报集团公司审批。

8.股权投资管理主要包括（　　）。
A.编制股权投资中长期业务发展建议规划、年度投资建议计划
B.股权投资立项、可行性研究
C.股权投资审批、实施
D.分析评价及考核
答案：ABCD
解析：股权投资管理包括编制股权投资中长期业务发展建议规划、年度投资建议计划、立项、可行性研究、审批、实施、分析评价及考核等内容。

9.股权投资应审慎选择股权投资合资方，重点关注合资方的（　　）。
A.其投资战略目标
B.资金与技术实力
C.区域资源配置及市场开拓能力
D.企业文化等与我方的契合度
答案：ABCD
解析：审慎选择股权投资合资方，应重点关注其投资战略目标、资金与技术实力、区域资源配置及市场开拓能力、组织类型、企业文化等方面与我方的契合度及优势互补程度，并综合考虑合资方及其最终出资人守法合规及市场信誉等情况。

10. 股权处置业务应关注的要点是（   ）。
A. 遵循依法规范、方案优化、控制风险、落实责任的原则
B. 股权处置不涉及风险事宜，无须防范和控制风险
C. 严格可行性论证，优选处置方式与时机，降低处置成本，提高处置收益
D. 依法履行审计、评估程序，妥善处理人员安置等有关问题
答案：ACD
解析：根据《中国石油天然气集团有限公司股权管理办法》，股权处置要遵循依法规范、方案优化、控制风险、落实责任的原则；要严格可行性论证，优选处置方式与时机，降低处置成本，提高处置收益；要依法履行审计、评估程序，妥善处理人员安置等有关问题，有效防范和控制风险，防止国有资产流失。

11. 要明确党组织在国有企业法人治理结构中的法定地位，将党建工作总体要求纳入国有企业章程，明确党组织在企业决策、执行、监督各环节的权责和工作方式，使党组织成为企业法人治理结构的有机组成部分。做到（   ）。

A. 组织落实   B. 干部到位   C. 职责明确   D. 监督严格
解析：ABCD
解析：要明确党组织在国有企业法人治理结构中的法定地位，将党建工作总体要求纳入国有企业章程，明确党组织在企业决策、执行、监督各环节的权责和工作方式，使党组织成为企业法人治理结构的有机组成部分。做到组织落实、干部到位、职责明确、监督严格。要充分发挥党组织的领导核心和政治核心作用，领导企业思想政治工作，支持董事会、监事会、经理层依法履行职责，保证党和国家方针政策的贯彻执行。保证党组织参与公司经营管理中的重大决策。

12. 完善国有企业法人治理结构是全面推进依法治企、推进国家治理体系和治理能力现代化的内在要求，是新一轮国有企业改革的重要任务。坚持的基本原则是（   ）。

A. 坚持深化改革   B. 坚持党的领导
C. 坚持依法治企   D. 坚持权责对等
答案：ABCD
解析：国务院办公厅文件《关于进一步完善国有企业法人治理结构的指导意见》（国办发〔2017〕36号）。提出以下四项基本原则：
（1）坚持深化改革。尊重企业市场主体地位，遵循市场经济规律和企业发展规律，以规范决策机制和完善制衡机制为重点，坚持激励机制与约束机

制相结合,体现效率原则与公平原则,充分调动企业家积极性,提升企业的市场化、现代化经营水平。

(2)坚持党的领导。落实全面从严治党战略部署,把加强党的领导和完善公司治理统一起来,明确国有企业党组织在法人治理结构中的法定地位,发挥国有企业党组织的领导核心和政治核心作用,保证党组织把方向、管大局、保落实。坚持党管干部原则与董事会依法选择经营管理者、经营管理者依法行使用人权相结合,积极探索有效实现形式,完善反腐倡廉制度体系。

(3)坚持依法治企。依据《中华人民共和国公司法》《中华人民共和国企业国有资产法》等法律法规,以公司章程为行为准则,规范权责定位和行权方式;法无授权,任何政府部门和机构不得干预企业正常生产经营活动,实现深化改革与依法治企的有机统一。

(4)坚持权责对等。坚持权利义务责任相统一,规范权力运行、强化权利责任对等,改革国有资本授权经营体制,深化权力运行和监督机制改革,构建符合国情的监管体系,完善履职评价和责任追究机制,对失职、渎职行为严格追责,建立决策、执行和监督环节的终身责任追究制度。

13. 健全以公司章程为核心的企业制度体系,充分发挥公司章程在企业治理中的基础作用,依照法律法规和公司章程,严格规范履行出资人职责的机构和( )的权责,强化权利责任对等,保障有效履职,完善符合市场经济规律和我国国情的国有企业法人治理结构,进一步提升国有企业运行效率。

A. 股东(大)会
B. 董事会
C. 经理层
D. 监事会
E. 党组织和职工代表大会
答案:ABCDE

解析:国务院办公厅文件《关于进一步完善国有企业法人治理结构的指导意见》(国办发〔2017〕36号)。提出规范主体权责:健全以公司章程为核心的企业制度体系,充分发挥公司章程在企业治理中的基础作用,依照法律法规和公司章程,严格规范履行出资人职责的机构、股东会(包括股东大会)、董事会、经理层、监事会、党组织和职工代表大会的权责,强化权利责任对等,保障有效履职,完善符合市场经济规律和我国国情的国有企业法人治理结构,进一步提升国有企业运行效率。

14. 根据《中国石油天然气集团有限公司股权管理办法》,集团公司、专业公司及所属企业有下列情形之一的，应委派专职董监事：（　　）。

A. 股权比例小于（或等于）50%的参股公司

B. 股权比例大于50%，但由合资对方推荐的人选担任合资公司董事长、总经理或财务总监的控股公司

C. 资产规模较大、管理难度较高且具有重要战略意义的合资公司

D. 人事部门认为需要委派专职董监事的其他公司

答案：ABCD

解析：集团公司、专业公司及所属企业有下列情形之一的，应委派专职董监事：一是股权比例小于（或等于）50%的参股公司；二是股权比例大于50%，但由合资对方推荐的人选担任合资公司董事长、总经理或财务总监的控股公司；三是资产规模较大、管理难度较高且具有重要战略意义的合资公司；四是人事部门认为需要委派专职董监事的其他公司。

15. 专职董监事是强化行权履职管理、有效行使出资人权利的专业力量，具有（　　）的作用。

A. 决策参谋　　　B. 执行督导　　　C. 经营顾问　　　D. 经营管理

答案：ABC

解析：专职董监事是强化行权履职管理、有效行使出资人权利的专业力量，具有决策参谋、执行督导和经营顾问的作用。

16.《国务院关于改革国有资本授权经营体制方案》坚持的原则是（　　）。

A. 坚持党的领导　　　　　　B. 坚持政企分开政资分开

C. 坚持权责明晰分类授权　　D. 坚持放管结合完善机制

答案：ABCD

解析：改革国有资本授权经营体制方案的基本原则：

（1）坚持党的领导。将坚持和加强党对国有企业的领导贯穿国有资本授权经营体制改革全过程和各方面，充分发挥党组织的领导作用，确保国有企业更好地贯彻落实党和国家方针政策、重大决策部署。

（2）坚持政企分开政资分开。坚持政府公共管理职能与国有资本出资人职能分开，依法理顺政府与国有企业的出资关系，依法确立国有企业的市场主体地位，最大限度减少政府对市场活动的直接干预。

（3）坚持权责明晰分类授权。政府授权出资人代表机构按照出资比例对国家出资企业履行出资人职责，科学界定出资人代表机构权责边界。国有企业享有完整的法人财产权和充分的经营自主权，承担国有资产保值增值责任。

附录6 专职董监事任职资格考试样题及题库

按照功能定位、治理能力、管理水平等企业发展实际情况,一企一策地对国有企业分类授权,做到权责对等、动态调整。

(4)坚持放管结合完善机制。加快调整优化出资人代表机构职能和履职方式,加强清单管理和事中事后监管,该放的放权到位、该管的管住管好。建立统一规范的国有资产监管制度体系,精简监管事项,明确监管重点,创新监管手段,提升监管水平,防止国有资产流失,确保国有资产保值增值。

17. 根据《国务院关于改革国有资本授权经营体制方案》,优化出资人代表机构履职方式包括(　　)。

A. 实行清单管理　　　　　　B. 强化章程约束
C. 发挥董事作用　　　　　　D. 创新监管方式

答案:ABCD

解析:优化出资人代表机构履职方,主要包括:

(1)实行清单管理。制定出台出资人代表机构监管权力责任清单,清单以外事项由企业依法自主决策,清单以内事项要大幅减少审批或事前备案。将依法应由企业自主经营决策的事项归位于企业,将延伸到子企业的管理事项原则上归位于一级企业,原则上不干预企业经理层和职能部门的管理工作,将配合承担的公共管理职能归位于相关政府部门和单位。

(2)强化章程约束。依法依规、一企一策地制定公司章程,规范出资人代表机构、股东(大)会、党组织、董事会、经理层和职工代表大会的权责,推动各治理主体严格依照公司章程行使权利、履行义务,充分发挥公司章程在公司治理中的基础作用。

(3)发挥董事作用。出资人代表机构主要通过董事体现出资人意志,依据股权关系向国家出资企业委派董事或提名董事人选,规范董事的权利和责任,明确工作目标和重点;建立出资人代表机构与董事的沟通对接平台,建立健全董事人才储备库和董事选聘、考评与培训机制,完善董事履职报告、董事会年度工作报告制度。

(4)创新监管方式。出资人代表机构以企业功能分类为基础,对国家出资企业进行分类管理、分类授权放权,切实转变行政化的履职方式,减少审批事项,强化事中事后监管,充分运用信息化手段,减轻企业工作负担,不断提高监管效能。

18. 下列属于中国资本市场范畴的是(　　)。

A. 国债市场　　　　　　　　B. 股票市场
C. 企业中长期债券市场　　　D. 中长期放款市场

答案：ABCD

解析：上述四项是中国资本市场的四种典型类型。

19. 下列关于股票的表述正确的是（　　　）。

A. 股票是股份公司发行的所有权凭证

B. 股票是股份公司各个股东的持股凭证

C. 同一类别的每一份股票所代表的公司所有权是相等的

D. 上市公司都会发行股票

答案：ABCD

20. 2018年5月16日，《上市公司国有股权监督管理办法》（36号令）颁布，下放了部分审批权限，将未涉及控股权转移及集团内部的划转和非公开业务下放给国家出资企业审核批准，有助于提高国资运营效率。该办法由（　　）联合颁布。

A. 国务院国资委　　　　　　B. 财政部

C. 银保监会　　　　　　　　D. 证监会

答案：ABD

解析：该文件的完整文号为《国务院国有资产监督管理委员会 财政部 中国证券监督管理委员会令第36号》。

三、判断题

1. （　　）集团公司发展目标为到2020年规模实力保持世界一流水平，经营业绩、国际竞争力达到国际大公司先进水平。

答案：正确

解析：集团公司发展目标为建设世界一流综合性国际能源公司，第一步，到2020年，世界一流综合性国际能源公司建设迈上新台阶，规模实力保持世界一流水平，经营业绩、国际竞争力达到国际大公司先进水平，在做强做优上走在央企前列；第二步，到2030年，建成世界一流综合性国际能源公司。

2. （　　）集团公司股权投资负面清单禁止类的业务领域，可视情况开展投资。

答案：错误

解析：根据《中国石油天然气集团有限公司股权管理办法》第十一条，列入集团公司股权投资负面清单禁止类的业务领域，一律不得开展股权投资。列入集团公司股权投资负面清单其他类型，以及不属于专业公司及所属企业主营业务的股权投资，须经集团公司审批。

3. （　　）集团公司对新增法人不控制，全面统计汇总分析及评价新增法

附录6 专职董监事任职资格考试样题及题库

人情况。

答案：错误

解析：根据《中国石油天然气集团有限公司股权管理办法》第十二条，集团公司严格控制新增法人，全面统计汇总分析及评价新增法人情况。专业公司及所属企业新设全资公司应及时在股权管理信息系统中录入投资决策、审批、注册等相关信息。

4.（　　）股权收购应由收购方委托中介机构进行资产评估或估值。委托中介机构进行资产评估或估值时，可不签署保密协议。

答案：错误

解析：根据《中国石油天然气集团有限公司股权管理办法》第二十九条，股权收购应由收购方委托中介机构进行资产评估或估值。委托中介机构进行资产评估或估值时，应与其签署保密协议。

5.（　　）股权管理不纳入集团公司年度绩效考核体系。

答案：错误

解析：根据《中国石油天然气集团有限公司股权管理办法》第八十一条，股权管理纳入集团公司年度绩效考核体系。集团公司对专业公司及所属企业股权管理考核内容主要包括股权信息、股权投资收益、股权投资、股权处置、股利分配、专职董监事业务管理及集团公司组织开展的相关专项工作等。

6.（　　）集团公司积极推行专职董监事制度。

答案：正确

解析：根据《中国石油天然气集团有限公司股权管理办法》第六十五条，集团公司实行专职董监事制度。集团公司、专业公司及所属企业根据合资公司规模及管理工作量，合理设置董监事办公室和专职董监事岗位。董监事办公室具体负责专职董监事业务的管理。

7.（　　）根据《改革国有资本授权经营体制方案》，我国目标在2022年基本建成与中国特色现代国有企业制度相适应的国有资本授权经营体制。

答案：正确

解析：2019年4月28日，国务院印发《改革国有资本授权经营体制方案》，方案提出目标在2022年基本建成与中国特色现代国有企业制度相适应的国有资本授权经营体制。

8.（　　）股东与股东大会拟审议事项有关联关系时，应当回避表决，其所持有表决权的股份不计入出席股东大会有表决权的股份总数。

答案：正确

解析：股东与股东大会拟审议事项有关联关系时，应当回避表决，其所持有表决权的股份不计入出席股东大会有表决权的股份总数。

9.（　　）根据国务院国资委的工作要求，央企上市公司的市值管理应以提升内在价值为核心。

答案：正确

解析：国务院国资委领导在近两年多个场合的会议、讲话及文章中反复强调，要坚持以提升内在价值为核心的市值管理理念，依托上市公司平台整合优质资产，盘活存量股份，抓好亏损上市公司专项治理，不断提升价值创造能力。

10.（　　）可转换债券是指在特定时期内可以按某一固定的比例转换成普通股的债券，它具有债务与权益双重属性，属于一种混合性筹资方式。

答案：正确

解析：可转换债券是指在特定时期内可以按某一固定的比例转换成普通股的债券，它具有债务与权益双重属性，属于一种混合性筹资方式。

二、题库

第一套题

一、单项选择题

1.关于股东的表述，下列选项正确的是（　　）。

A.股东应当具有完全民事行为能力

B.股东资格可以作为遗产继承

C.非法人组织不能成为公司的股东

D.外国自然人不能成为我国公司的股东

2.张某打算自己投资设立一企业从事商贸业务。下列选项错误的是（　　）。

A.张某可以设立一个一人有限责任公司从事商贸业务

B.张某可以设立一个个人独资企业从事商贸业务

C.如果张某设立个人独资企业，则该企业不能再入伙普通合伙企业

D.如果张某设立一人有限责任公司，则该公司可以再入伙普通合伙企业

附录6　专职董监事任职资格考试样题及题库

3. 公司企业在市场经济发展过程中，已形成一套完整的组织形式，实现了单体决策、经理负责执行、（　　），使所有者、经营者和生产者之间通过公司的权力机构、监督机构、形成各自独立、权责分明、相互制约的关系，以法律和公司章程加以实现。

　　A. 独立核算和民主监督　　　　B. 独立监督和民主管理
　　C. 独立自主和自负盈亏　　　　D. 独立创新和共同管理

4. 住所地在长春的四海公司在北京设立了一家分公司。该分公司以自己的名义与北京实达公司签订了一份房屋租赁合同，租赁实达公司的楼房一层，年租金为30万元。现分公司因拖欠租金而与实达公司发生纠纷。下列判断正确的是（　　）。

　　A. 房屋租赁合同有效，法律责任由合同的当事人独立承担
　　B. 该分公司不具有民事主体资格，又无四海公司的授权，租赁合同无效
　　C. 合同有效，依该合同产生的法律责任由四海公司承担
　　D. 合同有效，依该合同产生的法律责任由四海公司及其分公司承担连带责任

5. 某市房地产主管部门领导王大伟退休后，与其友张三、李四共同出资设立一家房地产中介公司。王大伟不想让自己的名字出现在公司股东名册上，在未告知其弟王小伟的情况下，直接持王小伟的身份证等证件，将王小伟登记为公司股东。下列表述正确的是（　　）。

　　A. 公司股东应是王大伟
　　B. 公司股东应是王小伟
　　C. 王大伟和王小伟均为公司股东
　　D. 公司债权人有权请求王小伟对公司债务承担相应的责任

6. 以募集方式设立股份有限公司的，认股人从（　　）起不能抽逃其出资。

　　A. 缴付出资之后
　　B. 法定验资机构对出资进行验资并出具验资报告之后
　　C. 公司创立大会召开之后
　　D. 公司登记主管机关登记之后

7. 某股份有限公司的注册资本为6000万元，2004年年末的净资产为8000万元，法定盈余公积金余额为3000万元。2005年年初，经股东大会决议通过，拟将部分法定盈余公积金转增股本，根据《中华人民共和国公司法》的规定，本次转增股本最多不得超过（　　）。

　　A. 1200万元　　　B. 1500万元　　　C. 2000万元　　　D. 3000万元

8. 甲、乙、丙于 2018 年 3 月出资设立东海有限责任公司。2019 年 4 月，该公司又吸收丁入股。2020 年 10 月，该公司因经营不善造成严重亏损，拖欠巨额债务，被依法宣告破产。人民法院在清算中查明：甲在公司设立时作为出资的房产，其实际价额明显低于公司章程所定价额；甲的个人财产不足以抵偿其应出资额与实际出资额的差额。按照《中华人民共和国公司法》的规定，对甲出资不足的行为，正确的处理方法是（　　）。

A. 甲以个人财产补交其差额，不足部分由乙、丙、丁补足

B. 甲以个人财产补交其差额，不足部分由乙、丙补足

C. 甲以个人财产补交其差额，不足部分待有财产时再补足

D. 甲、乙、丙、丁均不承担补交该差额的责任

9. 根据《中华人民共和国公司法》的规定，公司合并时，应在法定期限内通知债权人，该法定期限为（　　）。

A. 公司做出合并决议之日起 10 日内

B. 合并各方签订合并协议之日起 10 日内

C. 合并各方主管部门批准之日起 10 日内

D. 公司办理工商登记后 10 日内

10. 根据《中华人民共和国公司法》的规定，股份有限公司董事会做出决议，应由（　　）。

A. 出席会议的董事过半数通过

B. 出席会议的董事 2/3 以上通过

C. 全体董事的过半数通过

D. 全体董事的 2/3 以上通过

11. 甲、乙、丙三位股东以发起方式设立 A 股份有限公司，公司经营一段时间后，甲股东向银行贷款 100 万元，拟由 A 公司为其提供担保，关于该担保事项，下列说法正确的是（　　）。

A. 按照公司章程的规定由董事会或者股大东会进行决议

B. 由董事会作出决议

C. 无须经过会议讨论，甲股东可以安排公司经理办理担保事项

D. 必须经股东大会决议

12. 下列选项中，不属于有限责任公司的出资方式是（　　）。

A. 土地使用权　　B. 房屋使用权　　C. 工业产权　　D. 机器设备

13. 甲、乙、丙三人共同出资 100 万元设立了某有限责任公司，其中甲出资 50 万元，乙出资 30 万元，丙出资 20 万元。公司成立后，召开了第一次股

附录6　专职董监事任职资格考试样题及题库

东会会议。有关这次会议的下列情况中，不符合《中华人民共和国公司法》规定的有（　　）。

A. 会议由甲召集和主持

B. 会议决定不设董事会，由甲任执行董事，甲为公司法定代表人

C. 会议决定设 1 名监事，任期 3 年

D. 会议选举了公司章程所定的全部董事，包括两名职工代表出任的董事

14. 甲、乙、丙为某有限责任公司股东。现甲欲对外转让其股份，下列判断正确的是（　　）。

A. 甲必须就此事书面通知乙、丙并征求其意见

B. 在任何情况下，乙、丙均享有优先购买权

C. 在符合对外转让条件的情况下，受让人应当将股权转让款支付给公司

D. 未经工商变更登记，受让人不能取得公司股东资格

15. 某公司为上市公司，根据《中华人民共和国公司法》，下列人员中，不得担任该公司独立董事的有（　　）。

A. 最近 1 年内直接持有该公司 0.3% 已发行股份的自然人股东

B. 间接持有该公司 6% 已发行股份的股东单位

C. 该公司第 11 大自然人股东

D. 在该公司第 6 大股东单位任职的人员

16. 会计核算上将融资租赁方式租入的资产视为企业的资产，反映了会计信息质量（　　）要求。

A. 实质重于形式　　　　　　B. 谨慎性

C. 相关性　　　　　　　　　D. 及时性

17. 甲公司以其持有的对 A 公司的股权，与乙公司的房地产进行交易，此项交易为（　　）。

A. 以资抵债　　　　　　　　B. 资产置换

C. 股权置换　　　　　　　　D. 以股抵债

18. 某公司为上市公司，根据我国公司法，下列情形中，该公司应召开临时股东大会的是（　　）。

A. 该公司未弥补的亏损额达实收股本总额的 1/5

B. 持有该公司 5% 股份的股东请求召开

C. 1/5 的监事提议召开

D. 董事人数不足法律规定人数的 2/3

19. 某国有独资公司拟改组监事会，确定监事会共有成员 9 人，根据《中华人民共和国公司法》，该公司改组后监事会成员中职工代表不得少于（　　）。

A. 1 人　　　　B. 2 人　　　　C. 3 人　　　　D. 4 人

20. 企业应当由相关部门和人员或委托具有相应资质的专业机构对投资项目进行（　　），通过对与投资项目有关的经济、社会、技术等方面情况进行全面的调查研究，对各种投资方案进行分析，对投资后的经济效益和社会效益进行预测，为投资决策提供依据。

A. 可行性研究　　B. 项目建议　　C. 评估　　D. 决策

二、多项选择题

1. 在投资决策中，项目风险的衡量和处理方法有（　　）。

A. 调整资本成本法　　　　　　B. 每股利润分析法
C. 调整资本报酬率法　　　　　D. 调整折现率法
E. 调整现金流量法

2. 甲为某有限责任公司股东，持有公司 15% 的表决权股。甲与公司的另外两个股东长期意见不合，已两年未组织召开公司股东会，公司经营管理出现困难，甲与其他股东多次协商未果，在此情况下，甲可以采取下列（　　）措施解决问题。

A. 请求法院解散公司
B. 请求公司以合理的价格收购其股权
C. 将股权让给另外两个股东退出公司
D. 经另外两个股东同意撤回出资以退出公司
E. 甲可以委派代表参加股东（大）会

3. A 公司生产装潢建材，产品主要销售给各建筑工地，公司的原料有常备料及特殊配件，近年来，产销均衡，但公司库存有逐年增加的情况，经过调查了解发现，该公司在接到顾客订单后，直接交采购员王某办理采购，王某不仅超量购买，而且单价偏高，采购经理是王某的亲戚，因此，仍签字核准王某的采购。请问公司采购内部控制存在的缺陷有（　　）。

A. 采购前未执行请购程序
B. 采购未经授权
C. 请购过量、单价过高的商品未建立特殊控制程序，无采购预算
D. 授权核准与采购的执行未经明确划分权责
E. 采购管理无人进行监督

4. 甲公司因货款债务被乙公司申请法院强制执行，法院决定对甲公司所

附录6 专职董监事任职资格考试样题及题库

持丙有限责任公司的40万股股权予以强制执行。丁公司表示愿意受让该项股权，但丙公司其他四位股东除王某外，李某、张某、刘某三位均不同意丁公司受让该项股权，下列选项正确的是（　　）。

A. 由于大部分股东不同意丁公司受让股权，因此法院不能强制执行甲公司所持有的丙公司的股权

B. 李某、张某和刘某反对丁公司让甲公司的股权，因此应当购买该股权

C. 上述四位股东对该股权在同等条件下享有优先购买权

D. 上述四位股东在法定期限内不行使优先购买权，视为放弃

E. 上述股东可不参考甲的意见执行相关操作

5. 下列属于赊销授信的内容的是（　　）。

A. 赊销授信审批　　　　　　B. 开具销售发票

C. 审批销售折扣与折让　　　D. 发送货物未付款

E. 制定货物抵押政策

6. 金某是甲公司的小股东并担任公司董事，因其股权份额仅占10%，在5人的董事会中也仅占1席，其意见和建议常被股东（大）会和董事会否决。金某为此十分郁闷，遂向律师请教维权事宜。在金某讲述的下列事项中，金某可以就（　　）事项以股东身份对公司提起诉讼。

A. 股东（大）会决定：为确保公司的经营秘密，股东不得查阅公司会计账簿

B. 董事会任期届满，但董事长为了继续控制公司，拒绝召开股东（大）会改选董事

C. 董事会不顾金某反对制订了甲公司与另一公司合并的方案

D. 股东（大）会决定：公司监事调查公司经营情况时，若无法证明公司经营违法的，其调查费用自行承担

E. 举证在董事会改选过程中存在贿选行为

7. 对重大筹资方案应当进行风险评估，形成评估报告，报（　　）审批。

A. 董事会　　　B. 股东大会　　　C. 监事会　　　D. 总经理

E. 职工代表大会

8. 公司的董事、高级管理人员不得有下列行为（　　）。

A. 将公司的资金以其个人名义或以其他个人名义开立账户储蓄

B. 利用职务便利为自己或者他人谋取属于公司的商业机会

C. 将他人与公司交易的佣金归为己有

D. 经股东（大）会、股东大会或者董事会同意，将公司资金借贷给他人

或者以公司财产为他人提供担保

E. 擅自披露公司秘密

9. A 公司股东大会批准董事会的投资权限为 1 亿元以下。董事会决定由总经理负责实施。总经理决定由证券部负责总额在 1 亿元以下的股票买卖。A 公司规定：公司划入营业部的款项由证券部申请，由会计部审核，总经理批准后划转入公司在营业部开立的资金账户。经总经理批准，证券部直接从营业部资金账户支取款项。证券买卖、资金存取的会计纪录由会计部处理。检查人员了解和测试投资的内部控制制度后发现：证券部在某营业部开户的有关协议及补充协议未经会计部或其他部门审核。根据总经理的口头批准，会计部已将 8000 万元汇入该户。证券部处理证券买卖的会计纪录，月底将证券买卖清单交给会计部，会计部据此汇总登记。

根据上述资料，假定其他内容不存在缺陷，请指出 A 公司内部会计控制在设计与运行方面存在的缺陷（　　）。

A. 由证券部直接支取款项，使授权与执行职务未得到分离，容易造成款项的安全问题

B. 与证券投资有关的活动是上市公司的一项非常重要的活动，不宜由证券部一个部门全权办理，应由两个部门控制。有关的协议未经独立的部门审查，可能会使有关的条款不在协议中载明，即可能会存在协议外的约定。建议甲公司与营业部的协议应经会计部或法律部审查

C. 证券部自己处理证券买卖的会计处理，业务的执行与记录的不相容职务未得到分离，并且未得到适当的授权和批准

D. 月末会计部汇总登记证券投资记录，未及时按每一种证券分别设立明细账，详细核算，可能会造成投资收益核算发生差错甚至舞弊

E. 总经理仅为口头批准未履行书面审批程序，后续无法举证审批管理责任

10. 从货物给付的时间看，保理业务可以分为（　　）。

A. 到期给付保理　　　　　　　B. 预付货款保理

C. 国内保理　　　　　　　　　D. 国际保理

E. 全球保理

11. 长期股权投资的投资决策风险包括（　　）。

A. 退出时机与方式选择的风险

B. 道德风险

C. 违反国家法律法规风险

D. 投资项目的可行性论证风险

附录6 专职董监事任职资格考试样题及题库

E. 信息披露风险

12. 在进行项目的现金流量估算时,影响每年净营业现金流量的因素有(   )。
    A. 资本成本   B. 企业所得税   C. 营业收入   D. 付现成本
    E. 资本结构

13. 上市公司董事会应当设立审计委员会,并可以根据需要设立(   )等相关专门委员会。专门委员会对董事会负责,依照公司章程和董事会授权履行职责,专门委员会的提案应当提交董事会审议决定。
    A. 战略投资委员会   B. 提名委员会
    C. 预算管理委员会   D. 审计委员会
    E. 风险管理委员会

14. 控制权是指股东对公司的控制程度,也称表决权、话语权、话事权和发言权等。控制权分为(   )三个部分。
    A. 对股东控制程度   B. 对董事会控制程度
    C. 对商品和人的实际控制程度   D. 对股东会的控制程度
    E. 对监事会的监督权限

15. 需要由有限责任公司股东(大)会作出特别决议的事项有(   )。
    A. 修改章程   B. 增加或者减少注册资本
    C. 公司合并、分立、解散或者变更公司形式
    D. 选举董事长   E. 分配股利

16. 根据《中国石油天然气股份有限公司股权管理办法》第六十一条规定,派出人员按(   )程序办理合资公司股东会、董事会、监事会议案。
    A. 在派出单位授权范围内的三会议案,按派出单位内部程序批准后表决
    B. 超出派出单位授权范围的三会议案,根据股份公司规划计划、财务、资金、人事、资本运营、安全环保等相关专业管理制度,经股份公司、专业公司审批或备案后实施表决
    C. 派出人员的授权范围由派出单位结合实际自行制定
    D. 在派出单位授权范围内的三会议案,按集团公司财务部内部程序批准后表决
    E. 在派出单位授权范围内的三会议案,按总部内控部内部程序批准后表决

17. 风险评估的方法有(   )。
    A. 威胁评估   B. 安全评估   C. 风险预测评估   D. 风险处置清单
    E. 事故树评估法

18. 根据《中国石油天然气股份有限公司股权管理办法》第八十一条规定，股权管理纳入股份公司年度绩效考核体系。股份公司对专业公司及地区公司股权管理考核内容主要包括（　　）。专职董监事业务管理及股份公司组织开展的相关专项工作等。

A. 股权信息　　　B. 股权投资收益　　C. 股权投资　　　D. 股权处置

E. 股利分配

19. 股份有限公司的特征有（　　）。

A. 公司的资本总额平分为金额相等的股份

B. 公司可以向社会公开发行股票筹资，股票可以依法自由转让

C. 法律对股份公司股东人数只有最低限度，无最高人数规定

D. 股东对其所认购股份对公司承担有限责任，公司以其全部资产对公司债务承担责任

E. 每一股份有一表决权，股东以其所认购持有的股份，享受权利承担义务

20. 下列属于母公司与子公司之间的法律关系的特点的是（　　）。

A. 子公司受母公司的实际控制

B. 母公司拥有子公司重大事项的决定权，其中尤其是能够决定子公司董事会的组成

C. 母公司与子公司之间的控制关系主要是基于股权的占有，而不是直接依靠行政权力控制公司

D. 母公司、子公司各为独立的法人

E. 在财产责任上，除非适用法人人格否认制度，母公司和子公司也各以自己所有的财产对各自的债务负责，互不连带

三、判断题

1. (　　) 管理幅度较小，而管理层次较多，则会形成高层结构的组织，反之，则会形成扁平结构的组织。

2. (　　) 公司业务经理的所有客户要定期尽职调查。

3. (　　) 个体企业和合伙制企业具有法人资格。

4. (　　) 子公司、分公司均是独立法人公司。

5. (　　) 单位对于重要的采购与付款业务，应当组织专家进行可行性论证，由董事长审批。

6. (　　) 以实物形态存在的产权关系发生变化时，不会影响公司财产的完整。

7. (　　) 整个采购的关键控制环节是采购作业环节。

附录6 专职董监事任职资格考试样题及题库

8.（　　）企业的一般环境对个别企业的影响产生间接的影响，而任务环境对个别企业的影响产生直接的影响。

9.（　　）工作成果考评一般适用于员工绩效较难量化考评，以脑力劳动为主的管理人员和工程技术人员。

10.（　　）集团公司、专业公司及所属企业需设置董监事办公室，根据合资公司规模及管理工作量，合理设置专职董监事岗位。

正确答案：

一、单项选择题

1～10：1. B　2. C　3. B　4. C　5. A　6. C　7. B　8. B　9. A　10. C

11～20：11. D　12. B　13. D　14. A　15. B　16. A　17. B　18. D　19. C　20. A

二、多项选择题

1～5：1. DE　2. AC　3. ABCDE　4. CD　5. ABCD

6～10：6. ADE　7. ABCD　8. ACE　9. ABCDE　10. AB

11～15：11. CD　12. BCD　13. ABCDE　14. ABC　15. ABC

16～20：16. ABC　17. BCDE　18. ABCDE　19. ABCDE　20. ABCDE

三、判断题

1～5：1. √　2. √　3. ×　4. ×　5. ×

6～10：6. ×　7. √　8. √　9. ×　10. ×

第二套题

一、单项选择题

1. 某股份有限公司原注册资本为3000万元，某年需要减少注册资本300万元，那么该减少注册资本的决议的通过方式为（　　）。

A. 经股东大会持表决权过半数的股东通过决议

B. 必须经出席会议的股东所持表决权的2/3以上通过

C. 必须经出席会议的股东所持表决权的1/3以上通过

D. 必须经出席会议的股东所持表决权的全部通过

2. 并购企业在进行尽职调查时，应该首先查看客户企业的（　　）等核心资料。

A. 财务数据　　　　　　　　　B. 公司章程

C. 信用数据　　　　　　　　　D. 业务数据

3. 因犯有贪污罪被判处刑罚后，不得担任公司的董事的情形是（　　）。

　　A. 执行期满未逾 1 年　　　　　　B. 执行期满未逾 2 年

　　C. 执行期满未逾 3 年　　　　　　D. 执行期满未逾 5 年

4. 甲有限责任公司的董事 A 违反公司章程的规定进行的行为损害了公司股东 B 的利益，那么 B（　　）。

　　A. 可以直接向法院提起诉讼　　　B. 必须通过董事会提起诉讼

　　C. 必须通过监事会提起诉讼　　　D. 必须通过股东（大）会提起诉讼

5. 甲公司是股份有限公司，注册资本 2 亿元，累计提取法定公积金余额 5000 万元。2006 年度税后利润为 3000 万元，该公司当年应当提取的法定公积金数额是（　　）。

　　A. 150 万元　　　B. 200 万元　　　C. 300 万元　　　D. 500 万元

6. 下列属于公开发行证券的是（　　）。

　　A. 向特定对象发行证券累计超过 150 人

　　B. 向特定对象发行证券

　　C. 向不特定对象发行证券

　　D. 向特定对象发行证券累计超过 100 人

7. 某公司拟公开发行股票 8000 万股，委托承销团代销，代销期间届满时，属于发行失败的是（　　）。

　　A. 向投资者出售的股票为 8000 万股

　　B. 向投资者出售的股票为 7200 万股

　　C. 向投资者出售的股票为 6400 万股

　　D. 向投资者出售的股票为 5400 万股

8. 某上市公司股本总额为 1 亿元，2007 年拟增发股票 2 亿股，其中一部分采用配售的方式发售，那么该配售股份数量最多不应超过（　　）。

　　A. 3000 万股　　　B. 6000 万股　　　C. 7000 万股　　　D. 10000 万股

9. 环境分析技术主要有战略要素评估矩阵和（　　）两种。

　　A. 核心能力分析　　　　　　　　B. SWOT 分析

　　C. 财务分析　　　　　　　　　　D. 生命周期分析法

10. 战略目标的制定应遵循关键性、平衡性和（　　）等原则。

　　A. 可检验性　　　　　　　　　　B. 可实现性

　　C. 可挑战性　　　　　　　　　　D. 权变性

11. 企业内部控制的核心理念是目标、风险与控制，涵盖领导和业务两个层面，内容包括组织结构、决策机制、关键岗位、财务系统、预算、经营活动、

附录6 专职董监事任职资格考试样题及题库

资产管理、建设项目、采购以及销售合同管理等核心业务活动。通过完善决策权、执行权和（　　）三权分立机制，对经营活动关键环节风险点和薄弱环节，用制度和流程规范。

A. 授信权　　　　B. 监督权　　　　C. 审批权　　　　D. 审核权

12. 下列不属于保险合同特点的是（　　）。

A. 不要式合同　　　　　　　　B. 单务合同

C. 有条件的合同　　　　　　　D. 属人合同

13. 内部会计控制原则的正确表述是（　　）。

A. 企业经理层是制度的制定者，有权掌控内部会计控制

B. 财务会计主管是财会工作的领导者，应当有权操纵内部会计控制

C. 企业内部涉及财会工作的所有人员均不拥有超越内部会计控制的权力

D. 监察、审计是企业专司监督的部门，可修改掌控内部会计控制

14. A公司计划修建一座办公楼，工程预算总造价300万元，其中，装饰工程100万元。后该公司与建筑公司签订基建工程合同，合同及其附件写明：只将土建工程分包给建筑公司，装饰公司另行发包，而工程造价却未将装饰工程部分剥离出来，仍按300万元总额包给建筑公司。该案例说明A公司在以下（　　）环节中未建立内部控制，或者设计了内部控制，却未有效执行。

A. 合同的签订与审批职务未分离

B. 对固定资产购建进行验收控制

C. 对固定资产支出应进行预算制度控制

D. 对固定资产购建进行记录和入账控制

15. 为保证投资业务运行和会计记录的相互核对、控制关系，投资业务的职务分离制度规定，与投资的会计人员相分离的是（　　）。

A. 投资业务的操作人员　　　　B. 投资计划的编制人员

C. 投资的审批人员　　　　　　D. 有价证券的保管人员

16. 甲公司于2018年12月申请破产。法院受理后查明：在2018年9月，因甲公司无法清偿欠乙公司100万元的货款，而甲公司董事长汪某却有150万元的出资未缴纳，乙公司要求汪某承担偿还责任，汪某随后确实支付给乙公司100万元。下列表述正确的是（　　）。

A. 就汪某对乙公司的支付行为，管理人不得主张撤销

B. 汪某目前尚未缴纳的出资额应为150万元

C. 管理人有义务要求汪某履行出资义务

D. 汪某就其未履行的出资义务，可主张诉讼时效抗辩

17. 甲、乙、丙三人拟成立一家小规模商贸有限责任公司，注册资本为8万元，甲以一辆面包车出资，乙以货币出资，丙以实用新型专利出资。对此，下列表述正确的是（　　）。

　　A. 甲出资的面包车无须移转所有权，但须交公司管理和使用

　　B. 乙的货币出资不能少于二万元

　　C. 丙的专利出资作价可达到四万元

　　D. 公司首期出资不得低于注册资本的30%

18. 新余有限公司共有股东4人，股东刘某为公司执行董事。在公司章程无特别规定的情形下，刘某可以行使的职权是（　　）。

　　A. 决定公司的投资计划

　　B. 否决其他股东对外转让股权行为的效力

　　C. 决定聘任公司经理

　　D. 决定公司的利润分配方案

19. 北京某石油有限公司共有7个股东，公司成立两年后，决定增加注册资本500万元。下列表述正确的是（　　）。

　　A. 股东（大）会关于新增注册资本的决议，须经三分之二以上股东同意

　　B. 股东认缴的新增出资额可分期缴纳

　　C. 股东有权要求按照认缴出资比例来认缴新增注册资本的出资

　　D. 一股东未履行其新增注册资本出资义务时，公司董事长须承担连带责任

20. 甲乙丙丁戊五人共同组建一有限公司。出资协议约定甲以现金十万元出资，甲已缴纳六万元出资，尚有四万元未缴纳。某次公司股东（大）会上，甲请求免除其四万元的出资义务。股东（大）会五名股东，其中四名表示同意，投反对票的股东丙向法院起诉，请求确认该股东（大）会决议无效。对此，下列表述正确的是（　　）。

　　A. 该决议无效，甲的债务未免除

　　B. 该决议有效，甲的债务已经免除

　　C. 该决议需经全体股东同意才能有效

　　D. 该决议属于可撤销，除甲以外的任一股东均享有撤销权

二、多项选择题

1. （　　）都对实施内部控制负有责任。

　　A. 董事会　　　B. 管理层　　　C. 风险管理人员

　　D. 内部审计人员　　E. 财务人员

附录6　专职董监事任职资格考试样题及题库

2. 财产保护控制包括（　　）。
A. 财产记录　　B. 实物保管　　C. 定期盘点　　D. 账实核对
E. 财产保险

3. 符合性测试的主要方法有（　　）。
A. 证据检查法　　B. 穿行测试法　　C. 实地观察法　　D. 文字说明法
E. 访谈调研法

4. 下列属于内部环境要素的是（　　）。
A. 企业文化　　B. 治理结构　　C. 反舞弊机制　　D. 内部审计
E. 人力资源政策

5. 以下属于不相容职务的有（　　）。
A. 授权批准　　B. 业务经办　　C. 会计记录　　D. 财产保管
E. 稽核检查

6. 合规风险识别、评估的步骤包括（　　）。
A. 梳理本行业及本单位所有的合规风险点
B. 分析合规风险形成或产生的原因
C. 对合规风险进行"高中低"分类
D. 划分"固有风险"和"剩余风险"
E. 形成整体合规风险评估报告并进行预警提示

7. 货币资金控制主要围绕（　　）目标。
A. 保证货币资金业务收支的真实与合法
B. 保证货币资金的使用效益
C. 保证货币资金业务核算的准确与可靠
D. 保证货币资金的安全完整
E. 保证货币资金的流通性

8. 海外直接投资创办企业类型主要包括（　　）。
A. 在东道国开办独资企业
B. 与东道国企业合资开办企业
C. 收购或合并国外企业
D. 对外发行债券
E. 对国外企业进行一定比例以上的股权投资

9. 企业宏观环境主要包括（　　）等宏观因素。
A. 政治法律　　B. 经济　　C. 财政货币政策　　D. 技术
E. 社会文化

10. 企业在（　　）情况下使用信用政策。
   A. 合作三年以上　　　　　　　　B. 无不良记录
   C. 资金回来速度快　　　　　　　D. 信用记录良好
   E. 评级为 A 级别客户

11. 成本费用预测常用的定量分析法（　　）。
   A. 因素分析法　　B. 德尔菲法　　C. 类推法　　D. 趋势分析法
   E. 技术进步法

12. 对申请担保企业资信评估的内容应包含（　　）。
   A. 企业的基本情况分析　　　　　B. 企业的经营素质和管理水平分析
   C. 企业产品市场和行业分析　　　D. 企业财务分析
   E. 企业竞争对手分析

13. 审计委员会的职责包括（　　）。
   A. 负责聘请注册的会计师事务所，事务所支付报酬并监督其工作
   B. 受聘的会计师事务所应直接向审计委员会报告
   C. 可以接受并处理本公司会计、内部控制或审计方面的投诉
   D. 有权雇用独立的法律顾问或其他咨询顾问
   E. 审查公司的内控制度

14. 2004 年，张三、李四、王二共同投资设立了甲有限责任公司，下设分公司 A、B；子公司有限公司 C、D，其后，张三和 C 公司共同在韩国设立了股份有限公司 E，据此判断下列选项不正确的是（　　）。
   A. B 公司具有法人资格
   B. E 公司是本国公司
   C. D 公司的民事责任由甲承担
   D. 张三对 E 公司的责任不负责
   E. E 公司是 A 公司的关联企业

15. 关于金融资产的计量，下列说法中正确的有（　　）。
   A. 交易性金融资产应当按照取得时的公允价值和相关的交易费用之和作为初始确认金额
   B. 可供出售金融资产应当按取得该金融资产的公允价值和相关交易费用之和作为初始确认金额
   C. 可供出售金融资产应当按照取得时的公允价值作为初始确认金额，相关的交易费用在发生时计入当期损益
   D. 持有至到期，投资在持有期间应当按照摊余成本和实际利率计算确认

附录6 专职董监事任职资格考试样题及题库

利息收入，计入投资收益

E. 交易性金融资产应当按照取得时的公允价值作为初始确认金额，相关的交易费用计入当期损益

16. 运用现金流量贴现模式对目标公司进行价值评估需要解决的基本问题是（　　）。

A. 资本结构规划　　　　　　　　B. 贴现率的选择
C. 预测期的确定　　　　　　　　D. 明确的预测期后现金流量估测
E. 价格指数的确定

17. 企业并购的风险有（　　）。

A. 行业风险　　B. 文化风险　　C. 体制风险　　D. 法律风险
E. 反收购风险

18.《中华人民共和国民法典》第八十四条规定，营利法人的（　　）不得利用其关联关系损害法人的利益；利用关联关系造成法人损失的，应当承担赔偿责任。

A. 控股出资人　　　　　　　　　B. 实际控制人
C. 法人直系亲属　　　　　　　　D. 法人旁系亲属
E. 董事、监事、高级管理人员

19. 集团公司财务部是专职董监事业务的归口管理部门，其主要职责表述正确的有（　　）。

A. 负责建立和完善集团公司专职董监事业务管理制度，持续改进和优化专职董监事业务工作机制

B. 负责提出直管公司专职董监事人员委派方案，按规定履行相关程序后，出具推荐函

C. 负责集团公司专职董监事队伍建设，组织业务培训和直管公司专职董监事年度述职

D. 负责直管公司专职董监事的日常履职监督评价

E. 负责直管公司三会议案管理，组织审查三会议案，提出处理意见和管理建议

20.《中国石油天然气股份有限公司股权管理办法》第七条规定，专业公司根据职责或授权负责本专业股权管理，主要履行以下职责（　　）。

A. 组织编制股权投资中长期业务发展建设规划、年度建议计划，组织编制股权处置年度建议计划

B. 负责专业公司直接投资以及地区公司未获授权的境外股权投资立项审批

C. 负责授权范围内股权投资集处置项目的审批及转授权管理，并向资本运营部备案

D. 负责专业公司直接投资股权的可行性研究报告的编制，负责地区公司未获授权境外股权投资可行性报告的初审

E. 负责实施专业公司出资或受托管理的股权投资及处置

三、判断题

1.（　　）公司经营管理发生严重困难，继续存续会使股东利益受到重大损失，通过其他途径不能解决的，持有公司全部股东表决权20%以上的股东，可以请求人民法院解散公司。

2.（　　）全面预算是企业财务管理的重要组成部分，它是为达到企业既定目标编制的经营、资本、财务等年度收支总体计划，从某种意义上讲，全面预算也是对企业经济业务规划的授权批准。

3.（　　）加强对应收票据的管理，其取得和贴现必须由保管票据的主管人员书面批准。

4.（　　）转让、核销对外投资，应经集体审议批准。核销对外投资应取得因被投资单位破产等不能收回投资的法律文书和证明文件。

5.（　　）企业对各种债权投资和股权投资都要作可行性研究并根据项目和金额大小确定审批权限，对投资过程中可能出现的负面因素应制定应对预案。

6.（　　）检查人员可以观察仓库实际的发货过程，是否和规定的发货程序一致。为使观察收到实效，检查人员最好采用突击的形式执行观察程序。

7.（　　）修改公司章程的决议必须经出席会议的股东所持表决权的三分之二以上通过。

8.（　　）公司累计发行债券总额不得超过公司净资产的30%。

9.（　　）内部审计机构对审计过程中发现的重大问题，可以直接向审计委员会或董事会报告。

10.（　　）集团公司、专业公司及所属企业应向参股公司委派专职董监事。

正确答案：

一、单项选择题

1～10：1.B　2.B　3.D　4.D　5.C　6.C　7.D　8.A　9.B　10.D

11～20：11.B　12.A　13.C　14.A　15.D　16.C　17.C　18.C　19.B　20.A

附录6 专职董监事任职资格考试样题及题库

二、多项选择题
1~5：1. ABCDE 2. ABCDE 3. ABC 4. ABCDE 5. ABCDE
6~10：6. ABCDE 7. ABCD 8. ABCDE 9. ABDE 10. ABCDE
11~15：11. AD 12. ABCD 13. ABCDE 14. ABC 15. BDE
16~20：16. BCD 17. ABCDE 18. ABE 19. ACDE 20. ABCDE

三、判断题
1~5：1. × 2. √ 3. × 4. √ 5. √
6~10：6. √ 7. √ 8. × 9. √ 10. √

第三套题

一、单项选择题

1. 我国各类公司具有的共同特征是（　　）。
   A. 具有独立的法人人格　　　　　　B. 资本具有股份性
   C. 设立程序的一致性　　　　　　　D. 集团性

2. 现代公司区别于其他形式企业组织的重要特点是（　　）。
   A. 所有权与经营权分离　　　　　　B. 控制权的获取方式不同
   C. 股东的构成有差异　　　　　　　D. 债权与所有权一致

3. 公司制是现代企业主要的典型的组织形式。股份有限公司和有限责任公司二者最主要的区别在于（　　）。
   A. 是否以营利为目的　　　　　　　B. 是否具有决策、执行和监督机构
   C. 是否发行股票筹资　　　　　　　D. 是否以全部资产对债务承担责任

4. 有限责任公司的注册资本是指公司登记机关登记的（　　）。
   A. 全体股东认缴的出资额　　　　　B. 全体股东实缴的出资额
   C. 公司有权催缴的未缴资本　　　　D. 公司授权发行的未发行资本

5. 下列关于风险管理、内部控制、公司治理三者的关系的说法中，错误的是（　　）。
   A. 风险管理框架下的内部控制是站在企业战略层面分析、评估和管理风险
   B. 内部控制比风险管理的范围要广泛得多
   C. 在风险管理框架下的内部控制既包括提前预测和评估各种现存和潜在风险，又包括在问题或事件发生后采取后动反应
   D. 依照风险管理的整体控制思维，扩展内部控制的内涵和外延，将治理、风险和控制作为一个整体为组织目标的实现提供保证

6.《中国石油天然气股份有限公司股权管理办法》第二章股权投资第一节一般规定的第十条规定,股权投资主图原则上限定为股份公司,按专业公司、地区公司管理的(　　)。

　　A. 全资及控股公司　　　　　　B. 有限公司
　　C. 股份有限公司　　　　　　　D. 全资子公司

7. 董事或高级管理人员接受他人与公司交易的佣金归为己有的行为,属于(　　)。

　　A. 正当的劳务报酬行为　　　　B. 违反对公司忠实义务的行为
　　C. 正常的市场经济行为　　　　D. 违反对公司勤勉义务的行为

8. 公司在经营活动中可以自己的财产为他人提供担保。关于担保的表述中,下列选项正确的是(　　)。

　　A. 公司经理可以决定为本公司的客户提供担保
　　B. 公司董事长可以决定为本公司的客户提供担保
　　C. 公司董事会可以决定为本公司的股东提供担保
　　D. 公司股东(大)会可以决定为本公司的股东提供担保

9. 王某向银行申请贷款,需要他人担保。陈某系甲有限公司的控股股东和董事长,是王某多年好友。王某求助于陈某,希望得到甲公司的担保。甲公司章程规定,公司对外担保须经股东(大)会决议。下列选项正确的是(　　)。

　　A. 甲公司不能为王某提供担保,因为陈某不能向甲公司提供反担保
　　B. 甲公司不得为王某提供担保,因为公司法禁止公司为个人担保
　　C. 甲公司可以为王某提供担保,但须经股东(大)会决议通过
　　D. 甲公司可以为王某提供担保,但陈某不得参加股东(大)会表决

10. 非关联交易类境外收购项目执行《中国石油天然气股份有限公司董事会授权收购项目管理小组议事规则》有关规定,其余股权投资审批级次与权限,不属于专业公司及地区公司授权范围的股权投资为(　　)的股权投资,由发展计划部、金融与股权投资处组织审批,审批前以股权管理信息的形式向股份公司股权投资业务主管领导报告。

　　A. 0.5 亿元人民币以上　　　　B. 2 亿元人民币以上
　　C. 1.5 亿元人民币以上　　　　D. 1 亿元人民币以上

11.《中国石油天然气股份有限公司股权管理办法》第四条规定,股份公司股权管理应遵循(　　)原则。

　　A. 集中处置　　B. 分级授权　　C. 价值最小化　　D. 分级审批

12. 董事会和监事会的关系是(　　)。

附录6　专职董监事任职资格考试样题及题库

　　A. 监事会是董事会的下属机构　　B. 董事会是监事会的下属机构
　　C. 董事会与监事会平等制约　　D. 董事会与监事会毫不相干
　　13. 股东大会与董事会之间是（　　）。
　　A. 领导与被领导关系　　B. 信任与托管关系
　　C. 平等合作关系　　D. 监督与被监督关系
　　14.《专职董监事管理细则》第二十二条规定，专职董监事处理三会议案程序为议案收集和处理→议案审查→意见传达→参会表决→信息上传→（　　）。
　　A. 档案立卷　　B. 督办监督　　C. 通知下发　　D. 跟踪落实
　　15. 张平以个人独资企业形式设立"金地"肉制品加工厂。2011 年 5 月，因瘦肉精事件影响，张平为减少风险，打算将加工厂改换成一人有限公司形式。对此，下列表述错误的是（　　）。
　　A. 因原投资人和现股东均为张平一人，故加工厂不必进行清算即可变更登记为一人有限公司
　　B. 新成立的一人有限公司仍可继续使用原商号"金地"
　　C. 张平为设立一人有限公司，须一次足额缴纳其全部出资额
　　D. 如张平未将一人有限公司的财产独立于自己的财产，则应对公司债务承担连带责任
　　16. 甲股份有限公司成立后，董事会对公司设立期间发生的各种费用如何承担发生了分歧。下列费用中应当由发起人承担的是（　　）。
　　A. 发起人蒋某因公司设立事务而发生的宴请费用
　　B. 发起人李某就自己出资部分所产生的验资费用
　　C. 发起人钟某为论证公司要开发的项目而产生的调研费用
　　D. 发起人缪某值班时乱扔烟头将公司筹备组租用的房屋烧毁，筹备组为此向房主支付的 50 万元赔偿金
　　17. 某投资项目的原始投资为 3600 万元，项目经济寿命期为 4 年，每年营业净现金流量均为 1200 万元，则该项目的投资回收期为（　　）。
　　A. 2.00 年　　B. 3.00 年　　C. 4.07 年　　D. 13.33 年
　　18. 王某依《中华人民共和国公司法》设立了以其一人为股东的有限责任公司。公司存续期间，王某实施的（　　）行为违反《中华人民共和国公司法》的规定。
　　A. 决定由其本人担任公司执行董事兼公司经理
　　B. 决定公司不设立监事会，仅由其亲戚张某担任公司监事
　　C. 决定用公司资本的一部分投资另一公司，但未作书面记载

749

D. 未召开任何会议，自作主张制定公司经营计划

19. 甲上市公司在成立 6 个月时召开股东大会，该次股东大会通过的下列决议中符合法律规定的是（　　）。

A. 公司董事、监事、高级管理人员持有的本公司股份可以随时转让

B. 公司发起人持有的本公司股份自即日起可以对外转让

C. 公司收回本公司已发行股份的 4% 用于未来 1 年内奖励本公司职工

D. 决定与乙公司联合开发房地产，并要求乙公司以其持有的甲公司股份作为履行合同的质押担保

20. 某企业生产某产品的固定成本为 40 万元，单位可变成本为 30 元，单价为 50 元，则该产品的盈亏平衡点的产量是（　　）。

A. 10000 件　　　　B. 20000 件　　　　C. 30000 件　　　　D. 40000 件

二、多项选择题

1. 关于公司原始所有权、法人产权和经营权的说法，错误的是（　　）。

A. 股东保留对股票占有的权利，法人则享有对实物资产的占有权利

B. 法人产权和经营权均包含对公司财产占有、使用和收益的权利

C. 原始所有权与法人产权的客体是同一财产

D. 原始所有权与法人产权反映的是相同的经济法律关系

E. 法人产权是一种派生所有权，是所有权的经济行为

2. 有下列（　　）情形之一的，应当委派专职董监事。

A. 我方持股比例小于或等于 50% 的参股公司，应当委派专职董监事。若因我方持股比例较低，在参股公司无董事或监事席位时，该参股公司的我方股东代表优先从派出单位的专职董监事中选派

B. 我方持股比例大于 50%，但由合资方出任董事长、总经理或财务总监的控股公司

C. 全资或合并全资公司

D. 资产规模较大、管理难度较高且具有重要战略意义的控股公司

E. 其他有必要委派专职董监事的情形

3. 企业进行筹资决策时，需要承担的资本成本有（　　）。

A. 机会成本　　B. 人工费用　　C. 用资费用　　D. 筹资费用

E. 变动成本

4. 风险管理的过程可划分为（　　）等几个阶段。

A. 风险识别　　B. 风险衡量　　C. 风险处置　　D. 风险规避

E. 风险管理效果评价

附录6 专职董监事任职资格考试样题及题库

5. 赊销合同执行中可能在（   ）发生风险问题。
   A. 生产环节　　B. 加工环节　　C. 销售环节　　D. 收货并验收环节

6. 为寻找那些可能在过去损失中反思及总结未来损失的模型，风险管理人员应尽力收集损失数据。这些数据要求具有（   ）。
   A. 完整性　　B. 统一性　　C. 及时性　　D. 系统性
   E. 相关性

7. 公司章程应当体现集团公司管控意志，满足集团公司管理所投资公司的需要。公司章程原则上应遵循的原则包括（   ）。
   A. 我方持股比例大于50%的股权投资项目，在三会议事规则、公司治理结构等方面，应体现我方控制权
   B. 双方各持50%股权的投资项目，公司章程中关于三会议事规则、公司治理结构等条款，应明确公司后续运营中的分歧解决机制
   C. 我方持股比例等于或小于50%但我方是第一大股东的股权投资项目，参照第一种情形设计和谈判
   D. 我方持股比例小于50%且我方不是第一大股东的股权投资项目，应按股比委派董事，如无法委派董事则应委派监事。如既不能委派董事，也不能委派监事的，应确保我方的知情权、参与权，并应定期获得完整财务报告等经营信息
   E. 公司章程应在遵守公司注册地法律规定的前提下，落实股份公司关于股利分配、债务、资金、安全环保等方面的管理要求

8. 对担保机构的评价标准为（   ）。
   A. 信用扩张能力　　B. 资产的状况　　C. 风险控制能力　　D. 风险分散能力
   E. 风险转嫁能力

9. 对外投资在尽职调查时，重点审查内容包括（   ）。
   A. 是否存在不相容职务混岗的现象
   B. 决策过程是否符合规定的程序
   C. 处置是否经过集体决策并符合授权批准程序
   D. 会计记录是否真实、准确、完整
   E. 投资策略是否合理

10. 甲、乙、丙成立天问投资咨询有限公司，甲、乙各以现金50万元出资，丙以价值20万元的办公设备出资。甲任公司董事长，乙任公司总经理。公司成立后，股东的（   ）可构成股东抽逃出资的行为。
    A. 甲与自己所代表的公司签一份虚假的购货合同，以支付货款的名义，

自天问公司支付给自己50万元

B. 乙以公司总经理身份，与自己所控制的另一公司签订设备购置合同，将15万元的设备款虚报成65万元，并已由天问公司实际转账支付

C. 丙擅自将天问投资咨询有限公司若干贵重设备拿回家

D. 三人决议制作虚假财务会计报表虚增利润，并进行分配

E. 经甲乙丙三人同意后把办公设备中的一部分以20万元租赁给其他公司，按月收取租金

11. 有限责任公司可以设经理，经理对董事会负责，行使（　　）职权。

A. 主持公司的生产经营管理工作，组织实施董事会决议

B. 制定公司的具体规章

C. 决定公司内部管理机构设置方案

D. 拟订公司的基本管理制度

E. 决定聘任或者解聘除应由董事会决定聘任或者解聘以外的负责管理人员

12. 股权清算工作应按（　　）流程组织实施。

A. 二级单位组织编制股权处置方案，经二级单位决策机构批准后，上报公司审查

B. 公司总经理办公会审议，通过后上报中国石油审批

C. 中国石油下达批复意见后，公司按照法定程序指导二级单位组织实施

D. 成立清算组

E. 审计、评估，编制清算方案按法定程序形成股权企业的股东（大）会决议，并办理产权和工商注销等相关手续。

13. 周某向钱某转让其持有的某有限任公司的全部股权，并签署了股权转让协议。关于该股权转让和股东的认定问题，下列选项正确的是（　　）。

A. 在公司登记机关办理股权变更登记前股东仍然是周某

B. 在出资证明书移交给钱某后，钱某即成为公司股东

C. 在公司变更股东名册后，钱某即成为公司股东

D. 在公司登记机关办理权登记后该股权转让取得对抗效力

E. 两人对公司都有股东表决权利

14. 股东的权利包括（　　）。

A. 表决权　　　　　　　　　　B. 代表诉讼提起权

C. 临时股东（大）会召集请求权　　D. 公司解散请求权

E. 股东（大）会和董事会决议无效确认请求权和撤销请求权

附录6 专职董监事任职资格考试样题及题库

15. 良好的公司治理目标包括（　　）。
   A. 完善股东大会、董事会、监事会及其下设的议事和决策机构，建立议事规则和决策程序
   B. 明确董事会和董事、监事会和监事、高级管理层和高级经理人员在组织管理中的责任
   C. 建立独立董事制度，对董事会讨论事项发表客观公正的意见
   D. 建立外部监事制度，对董事会、董事、高级管理层及其成员进行监督
   E. 增加董事会的权力及对公司具体经营的管理

16. 筹资内部控制的目标主要有（　　）。
   A. 保证筹资活动经过适当的审批程序
   B. 保证筹资业务的合法性
   C. 保证合理地对利息费用进行调整和正确地计提及适当地支付利息和股利
   D. 保证为债权人和股东提供有助于其决策的信息
   E. 保证资金数额达到既定目标

17. 集团公司分类设定的股利分配下限正确的是（　　）。
   A. 全资公司（不含金融、贸易类公司）：集团公司投资的各层级独资公司、合并全资公司股利分配比例100%
   B. 控（参）股公司（不含金融、贸易类公司）：集团公司投资的各层级其他控（参）股公司股利分配比例不低于40%
   C. 金融类公司：集团公司投资的各层级独资、合并全资、控（参）股的金融类公司，股利分配比例不低于30%
   D. 贸易类公司：集团公司投资的各层级独资、合并全资、控（参）股的贸易类公司，股利分配比例不低于20%
   E. 以上都正确

18. 股权核销仅适用于2000年及以前形成的股权。股权核销应在组织清理调查的基础上，取得合法有效证据，包括（　　）。
   A. 所投资公司被宣告破产的，应当取得法院破产清算的清偿文件及执行完毕证明
   B. 所投资公司被注销、吊销工商登记或被有关机构责令关闭的，应当取得当地工商部门注销、吊销公告，或有关机构的决议或行政决定文件，以及被投资单位清算报告及清算完毕证明
   C. 涉及诉讼的，应当取得司法机关的判决或裁定及执行完毕的证据；无法执行或被法院终止执行的，应当取得法院终止裁定等法律文件

D. 涉及仲裁的，应当取得相应仲裁机构出具的仲裁裁决书，以及仲裁裁决执行完毕的相关证明

E. 其他能够取得的该股权投资发生事实损失的合法文件、有效证据

19. 采购与付款循环控制包括（　　　）。

A. 请购控制　　　　B. 审批控制　　　　C. 采购控制　　　　D. 验收控制

E. 付款控制

20. 我方派出的董事履行的主要职责（　　　）。

A. 出席董事会会议，按照派出单位意愿行使表决权利

B. 跟踪并督促落实董事会决议

C. 根据派出单位管理要求，提议召开临时股东（大）会或董事会

D. 根据公司章程规定或董事会委托处理公司事务

E. 法律法规和公司章程规定的其他权利

三、判断题

1. （　　）法定代表人简称法人。

2. （　　）根据 COSO 报告，内部控制只能够向企业管理层保护资产安全完整等目标提供合理保证，而不是绝对保证。

3. （　　）企业应建立专门风险管理部门，并应将信用管理岗位与销售业务岗位设在一起。

4. （　　）专职董监事负责督促任职企业及时在股权信息系统对公司治理、三会议案等相关信息进行维护。

5. （　　）当财务杠杆系数和营业杠杆系数都为 1.5 时，则总杠杆系数为 3。

6. （　　）每股利润无差别点是指两种或两种以上筹资方案下普通股每股利润相等时的息税前盈余点。

7. （　　）董事任期届满未及时改选，或者董事在任期内辞职导致董事会成员低于法定人数的，原董事不再履行董事职务。

8. （　　）公司内部股权整合涉及的股权转让，采取协议转让方式进行，转让价格可以双方协商确定。

9. （　　）对专业公司及所属企业投资的重要合资公司，集团公司可直接委派专职董监事。

10. （　　）公司解散时，股东尚未缴纳的出资不应作为清算财产。

正确答案：

一、单项选择题

1～10：1. A　2. A　3. C　4. A　5. D　6. A　7. B　8. D　9. C　10. D

11～20：11. B 12. C 13. B 14. D 15. A 16. C 17. B 18. C 19. C 20. B

二、多项选择题

1～5：1. BD 2. ABDE 3. CD 4. ABCE 5. CD

6～10：6. ABDE 7. ABCDE 8. ACDE 9. ABCD 10. ABD

11～15：11. ABDE 12. ABCDE 13. CD 14. ABCDE 15. ABCD

16～20：16. ABCD 17. BCD 18. ABCDE 19. ABCDE 20. ABCDE

三、判断题

1～5：1. × 2. √ 3. × 4. × 5. ×

6～10：6. √ 7. × 8. × 9. √ 10. ×

第四套题

一、单项选择题

1. 甲、乙、丙三人共同投资设立了东兴化工有限责任公司。现甲打算请求公司收购其股份。甲咨询了律师。律师说，有下列情形之一的，股东就可以请求公司按照合理的价格收购其股权。其中律师说法错误的是（　　）。

　　A. 对公司减资决议投反对票的股东

　　B. 对公司合并决议投反对票的股东

　　C. 对公司分立决议投反对票的股东

　　D. 对公司转让主要财产的决议投反对票的股东

2. 当公司经营管理发生严重困难、继续存续会使股东利益受到重大损失、通过其他途径不能解决时，有权行使司法解散请求权的主体是（　　）。

　　A. 公司

　　B. 持有公司全部股东表决权 10% 以上的股东

　　C. 2/3 以上的董事

　　D. 全体监事

3. 重大关联交易以及其他需要提交董事会审议的关联交易，应当由（　　）审查后，提交董事会批准。

　　A. 股东大会　　　　　　　　B. 安全检查委员会

　　C. 审计监察委员会　　　　　D. 风险控制委员会

4. 下列选项中，不属于股份公司股东大会职权范围的是（　　）。

　　A. 决定公司的经营计划和投资方案　　B. 对公司发行债券作出决议

　　C. 决定董事的报酬　　　　　　　　　D. 审议批准公司的弥补亏损方案

5. 关联股东包括下列股东或者具有下列情形之一的股东：一是为交易对方；二是为交易对方的直接或者间接控制人；三是（　　）；四是与交易对方受同一法人或者自然人直接或间接控制；五是因与交易对方或者其关联方存在尚未履行完毕的股权转让协议或者其他协议而使其表决权受到限制和影响的股东；六是监管机构认定的可能造成公司利益对其倾斜的股东。

　　A. 间接控制　　　　　　　　　　B. 被交易对方直接控制
　　C. 被第三方间接控制　　　　　　D. 被交易对方直接或者间接控制

6. 按《中华人民共和国公司法》的规定，外国公司是指（　　）。
　　A. 依照外国法律在中国境外设立的公司
　　B. 公司住所地在中国境外的公司
　　C. 公司控制股东为外国人的公司
　　D. 公司经济活动中心在中国境外的公司

7. 下列关于"有限责任"的解释，正确的是（　　）。
　　A. 有限责任公司股东以其认缴的出资额为限对公司承担责任
　　B. 有限责任公司股东以其实缴的出资额为限对公司承担责任
　　C. 有限责任公司股东以其全部资产为限对公司承担责任
　　D. 有限责任公司以其注册资本为限对公司债务承担责任

8. 我国修改后的《中华人民共和国公司法》中，新增加的公司解散原因是（　　）。
　　A. 股东（大）会决议解散　　　　B. 行政解散
　　C. 司法解散　　　　　　　　　　D. 公司合并、分立解散

9. 同一般股东相比，发起人股东在义务、责任承担及资格限制上有自己的特点，下列不属于发起人股东的特点是（　　）。
　　A. 对公司设立承担责任　　　　　B. 股份转让受到一定限制
　　C. 资格的取得受到一定限制　　　D. 从事职业受到一定限制

10. 每名专职董监事所任职公司数量原则上不超过（　　），每名兼职董监事所任职公司数量原则上不超过（　　）
　　A. 6家、8家　　　　　　　　　　B. 8家、6家
　　C. 6家、6家　　　　　　　　　　D. 8家、8家

11. 某股份有限公司决定于2020年10月30日召开董事会，根据我国公司法，该公司应当与（　　）前通知全体董事。
　　A. 2020年10月15日　　　　　　　B. 2020年10月20日
　　C. 2020年10月23日　　　　　　　D. 2020年10月25日

附录6 专职董监事任职资格考试样题及题库

12. 私营企业是指由自然人投资设立或由自然人控股,以雇佣劳动为基础的营利性经济组织。这类企业原以经营第( )为主,现已涉足的相关产业,向科技型、生产型、外向型方向发展。

　　A. 第一产业　　　　　　　　B. 第一产业和第二产业
　　C. 第三产业　　　　　　　　D. 第二产业

13.《中华人民共和国民法典》第一百零七条规定,非法人组织解散的,应当依法进行( )。

　　A. 吊销营业执照　　　　　　B. 破产
　　C. 兼并　　　　　　　　　　D. 清算

14. 企业应当编制对外投资( ),它一般应包括:项目的必要性和依据、投资条件的初步分析、投资估算和资金筹措设想、经济效益和社会效益初步估算等内容。

　　A. 可行性研究报告　　　　　B. 评估报告
　　C. 建议书　　　　　　　　　D. 决策建议书

15. 单位对于重要的采购与付款业务,应当组织专家进行可行性论证,由( )审批。

　　A. 董事长　　　　　　　　　B. 总经理
　　C. 负责采购的副总经理　　　D. 企业领导集体决策

16. 内部控制体系是企业管理层使用的制度与流程,用以确保按照规定要求执行组织的任务、( )、程序、计划和遵从使用的法律法规。

　　A. 政策　　　B. 制度　　　C. 体制　　　D. 工作

17. 甲公司的债权人A将其持有的对甲公司的债权转换成其对甲公司的股权,在甲公司( )。

　　A. 留存收益增加　　　　　　B. 长期负债增加
　　C. 注册资本增加　　　　　　D. 长期股权投资增加

18. 运用某种有偿方式将风险转移到资金雄厚的机构,从而改变风险承担主体,是指( )。

　　A. 风险转移　　　　　　　　B. 风险规避
　　C. 风险缓解　　　　　　　　D. 风险承担

19. 项目风险评价的依据是( )。

　　A. 项目范围说明书、风险管理计划
　　B. 风险管理计划、风险流程手册、组织管理知识
　　C. 风险管理计划、风险流程手册、项目范围说明书

D. 风险管理规划、风险识别和评估的成果、项目进展状况、项目类型

20. 廉政风险防控工作流程主要包括动员部署、廉政风险信息收集、（　　）、指定廉政风险防控措施、廉政风险防控评价五个工作流程。

A. 廉政风险整理、归类　　　　　B. 廉政风险评估评级
C. 廉政风险制度优化　　　　　　D. 廉政风险体系建设

二、多项选择题

1. 对外投资的执行应与（　　）岗位相分离。

A. 决策　　　B. 审批　　　C. 绩效评估　　　D. 会计记录
E. 备案管理

2. 以下属于请购与审批控制原则的是（　　）。

A. 计划控制原则　　　　　　　B. 预算控制原则
C. 政策控制原则　　　　　　　D. 审批控制原则
E. 监督审查原则

3. 企业风险预警具体包括（　　）等内容。

A. 市场预警　　　B. 行业预警　　　C. 合同预警
D. 销售预警　　　E. 客户预警

4. 专职董监事通过参加任职公司三会行权履职，包括（　　）。

A. 议案收集和处理、审查　　　B. 意见传达
C. 参会表决　　　　　　　　　D. 信息上传
E. 跟踪落实

5. 按照《集团公司股权管理办法》，股权管理包括对境内外（　　）的全过程管理。

A. 股权投资　　　B. 股权处置　　　C. 股东行权
D. 专职董监事　　E. 股权基础工作

6. 股权投资管理包括（　　）等内容。

A. 编制股权投资中长期业务发展建议规划、年度投资建议计划
B. 立项、可行性研究　　　C. 审批　　　D. 实施　　　E. 分析评价及考核

7. 公司的登记事项包括（　　）。

A. 名称、住所
B. 股东姓名或名称、法定代表人姓名
C. 注册资本　　　D. 公司类型　　　E. 经营范围、营业期限

8. 关于公司原始所有权与法人产权的说法，错误的有（　　）。

A. 法人产权是一种终极所有权

附录6 专职董监事任职资格考试样题及题库

B. 法人产权就是经营权
C. 原始所有权与法人产权反映的是不同的经济法律关系
D. 原始所有权表现为对公司财产的实际控制权
E. 原始所有权与法人产权的客体是同一财产

9. 三会议案分为重大事项议案和一般事项议案。重大事项议案主要包括（　　）。
A. 战略规划、投资计划、增减资本、资产处置
B. 融资方案、发行债券、股权质押、对外捐赠、对外担保
C. 年度预决算方案、利润分配、薪酬制度
D. 选举董事、选举监事、选举董事长、聘任总经理
E. 修改章程、合并分立、破产、解散清算

10. 在我国，可以成为法人股东的包括（　　）。
A. 外国企业　　B. 国内企业　　C. 社团法人　　D. 自然人
E. 投资基金组织

11. 控参股公司的（　　）议案需报母公司履行先内部后法定程序。
A. 公司设立
B. 公司合并、分立、解散或者变更公司形式
C. 股东方增加席位的法人治理结构设置的变动
D. 融资租赁
E. "中国石油昆仑"字号使用。

12. 董事基于法律、公司章程的规定享有以下权利（　　）。
A. 知情权　　B. 会议出席权　　C. 选举和被选举权　　D. 表决权
E. 请求补偿权

13. 进场交易的股权转让方案要内容完整、分析全面、原因具体、数据准确，对（　　）等内容要重点说明。
A. 股权处置方式比选过程
B. 股权转让原因及可行性
C. 股权转让涉及的有关问题处理
D. 股权受让方的详细情况
E. 股权投资与股权管理中的经验及教训

14. 作为公司法人治理结构的重要组成部分，董事会是公司的（　　）。
A. 最高权力机构　　B. 法定常设机构　　C. 股东机构决议的执行机构
D. 对外代表机构　　E. 经营决策机构

15. 风险规划的主要工作是（　　）。
A. 决策者针对项目面对的形势选定行动方案
B. 选择适合于已选定行动路线的风险应对策略
C. 确定项目风险来源、风险产生的条件
D. 对识别出来的风险进行定量分析
E. 确定风险应对主体

16. 企业风险评估具体包括风险辨识、（　　）等三个步骤。
A. 风险评价　B. 风险预测　C. 风险预警　D. 风险提示　E. 风险分析

17. 集团公司股权投资应遵循的原则包括（　　）。
A. 战略导向　B. 价值引领　C. 防范风险　D. 我方主导　E. 依法合规

18. 基本风险管理工具或方案应包括（　　）。
A. 规避风险　B. 降低风险　C. 承担风险　D. 转移风险　E. 缓释风险

19. 下列关于企业经营决策的说法，错误的是（　　）。
A. 决策目标是决策最基本的要素
B. 决策结果是决策实施后所产生的效果和影响
C. 从决策的重要性来看，企业业务层决策是最重要的、最高层次的决策
D. 备选方案的存在是决策的前提
E. 决策条件是指决策过程中面临的时空状态

20. 甲、乙、丙三人共同组建一有限责任公司。公司成立后，甲将其股权的20%中的5%转让给第三人了，丁通过受让权成为公司股东。甲、乙均安全足额缴纳出资，但发现由丙出资的机器设备的实际价值明显低于公司章程所确定的数额。对此，下列表述错误的是（　　）。
A. 由丙补交其差额，甲、乙和丁对其承担连带责任
B. 丙当向甲、乙和丁承担违约责任
C. 由丙补交其差额，甲、乙对其承担连带责任
D. 丙应当向甲、乙承担违约的责任
E. 甲、乙与丁存在关联关系

三、判断题

1.（　　）每名专职董监事所任职公司的数量，原则上不超过六家；兼职董监事，原则上不超过四家。

2.（　　）按照风险容忍程度，可以将风险影响范围划分为可忽略风险、可接受风险和不可接受风险三个区域。

3.（　　）《中华人民共和国公司法》第四条规定，公司股东依法享有资

附录6 专职董监事任职资格考试样题及题库

产收益、参与重大决策和选择管理者等权利。

4.（　　）企业可以由付款审批人和付款执行人单独完成询价与确定供应商工作。

5.（　　）应收账款无法收回时，经批准后方可作为坏账注销，会计部门不需要对已注销的应收账款备查登记。

6.（　　）有限责任公司股东必须是二人以上自然人或法人。

7.（　　）专职董监事负责任职公司重大事项研究及三会议案审查，提出处理意见和管理建议，在职责及授权范围内行使职权。

8.（　　）流动比率、速动比率、资产负债率、已获利息倍数等是债权人关注企业偿债能力的指标。

9.（　　）股权转让是指股东将一定比例或份额的股权转让给第三方的行为。

10.（　　）投资项目涉及的风险因素很难进行定量分析，一般只能采用定性分析。

正确答案：

一、单项选择题

1～10：1.A　2.B　3.D　4.A　5.D　6.A　7.A　8.C　9.D　10.C

11～20：11.B　12.C　13.D　14.C　15.D　16.A　17.C　18.A　19.D　20.B

二、多项选择题

1～5：1.ABCD　2.ABCD　3.ABCDE　4.ABCDE　5.ABCE

6～10：6.ABCDE　7.ABCDE　8.ABD　9.ABCE　10.ABCE

11～15：11.ABCDE　12.ABCDE　13.ABCE　14.BCDE　15.ABE

16～20：16.AC　17.ABCE　18.ABCDE　19.AC　20.ABD

三、判断题

1～5：1.×　2.×　3.√　4.×　5.×

6～10：6.×　7.√　8.√　9.√　10.×

第五套题

一、单项选择题

1.依照《中华人民共和国公司法》，不属于有限责任公司法定设立条件的是（　　）。

A.股东符合法定人数

B. 股东出资达到法定资本最低限额
C. 有固定生产经营场所和必要的生产经营条件
D. 有公司名称

2. 有限责任公司股东可以分期缴纳注册资本，且全体股东的首次出资额不得低于注册资本的百分之二十。有限责任公司的首次出资额最低应当为（   ）。
  A. 六千元   B. 三万元   C. 十万元   D. 十五万元

3. 以下属于有限责任公司股东会行使的职权有（   ）。
  A. 对发行公司债券作出决议
  B. 决定公司的经营计划和投资方案
  C. 选举和更换由职工代表担任的董事
  D. 决定公司内部管理机构的设置

4. 企业关联方的构成：一是该企业的母公司，二是该企业的子公司，三是与该企业受同一母公司控制的其他企业，四是（   ），五是对该企业施加重大影响的投资方。
  A. 联营企业   B. 合营企业
  C. 第三方控制的母公司   D. 对该企业实施共同控制的投资方

5. 有限责任公司可以设经理，由董事会决定聘任或者解聘。经理对董事会负责，行使（   ）职权。
  A. 决定公司年度经营计划和投资方案
  B. 决定公司内部管理机构设置
  C. 制定公司的具体规章
  D. 决定聘任或解聘公司副经理、财务负责人

6. 关于有限责任公司股东向股东以外的人转让股权，下列说法错误的是（   ）。
  A. 书面通知其他股东征求同意
  B. 经其他股东三分之二以上同意
  C. 经股东同意转让的股权，其他股东在同等条件下有优先购买权
  D. 其他股东半数以上不同意转让的，不同意的股东应当购买该转让的股权；不购买的，视为同意转让

7. 公司分配当年税后利润时，应当提取利润的百分之十列入公司（   ）。
  A. 资本公积金   B. 任意公积金
  C. 法定公益金   D. 法定公积金

附录6 专职董监事任职资格考试样题及题库

8. 上市公司董事长、经理、董事会秘书，应当对公司临时报告信息披露的真实性、准确性、完整性、及时性、公平性（　　）。
   A. 承担责任　　　　　　　　　B. 承担相应责任
   C. 承担一般责任　　　　　　　D. 承担主要责任

9. 监事会中除股东代表选任的监事外，还应当包括（　　）。
   A. 适当比例的审计监督人员　　B. 适当比例的执行层人员
   C. 适当比例的职工代表　　　　D. 管理层级人员

10. 股东是指持有公司或组织所有权（股权）或份额的"（　　）"或"组织"。
    A. 直系亲属　　B. 旁系亲属　　C. 人　　　　D. 法人

11. 《公司法》若干问题的规定出台了（　　）。
    A. 3个　　　　B. 4个　　　　C. 5个　　　　D. 6个

12. 公司在遵守信息披露规则的前提下，建立与投资者的重大事项沟通机制，在制定（　　）时，通过多种方式与投资者进行充分沟通和协商。
    A. 涉及股东权益的重大方案　　B. 公司发展计划
    C. 融资计划　　　　　　　　　D. 年度经营计划

13. 公司应确定由（　　）负责投资者关系工作。
    A. 证券事务代表　　B. 副总经理　　C. 董事会秘书　　D. 董事长

14. 专职董监事每年接受继续教育培训时间不少于（　　）。
    A. 15学时　　　B. 20学时　　　C. 30学时　　　D. 40学时

15. 上市公司全部有效的股权激励计划所涉及的标的股票总数累计不得超过公司股本总额的（　　）。
    A. 1%　　　　B. 3%　　　　C. 5%　　　　D. 10%

16. 上市公司董事会下设的薪酬与考核委员会负责拟定股权激励计划草案。薪酬与考核委员会应当建立完善的议事规则，其拟订的股权激励计划草案应当提交（　　）审议。
    A. 董事会　　　　　　　　　　B. 年度股东大会
    C. 临时股东（大）会　　　　　D. 证券交易所

17. 股东大会就股权激励计划作出决议，必须经（　　）以上通过。
    A. 参加网络投票的股东所持表决权的2/3
    B. 出席会议的股东所持表决权的2/3
    C. 出席会议的股东所持表决权的1/2
    D. 参加网络投票的股东所持表决权的1/2

18. 上市公司对外担保总额不得超过最近一个会计年度合并会计报表净资产的（　　）。
　　A. 20%　　　　　　B. 25%　　　　　　C. 30%　　　　　　D. 50%
19. 上市公司未能制止资金被侵占或者没有及时追讨被占用资金的，责令上市公司限期整改，提出（　　）的建议．
　　A. 确认董事会成员负连带责任　　B. 提请股东大会审议
　　C. 认定对此负有责任的董事、高管人员为不适当人选
　　D. 认定对此负有责任的董事、高管人员承担赔偿责任
20. 下列属于股份有限公司经理职权的是（　　）。
　　A. 制定公司的年度财务预算方案、决算方案
　　B. 组织实施公司年度经营计划和投资方案
　　C. 决定公司内部管理机构的设置
　　D. 制订公司的利润分配方案和弥补亏损方案

二、多项选择题

1. 客户经营情况出现合规性风险问题具体指（　　）。
　　A. 经营权证照不齐全或发现有假　　B. 未通过年审
　　C. 有多头注册、多个牌子一套人马　　D. 国家及我公司授信政策规定
　　E. 设立不规范，产权关系不明晰，治理结构不科学，发起人或股东不符合法定人数
2. 公司的公积金（不含资本公积）可用于（　　）。
　　A. 弥补公司的亏损　　B. 公益性捐赠　　C. 扩大公司生产经营
　　D. 转为增加公司资本　　E. 清理债权、债务
3. 专职董监事应当具备的任职资格和条件包括（　　）。
　　A. 符合《中华人民共和国公司法》规定的董事、监事任职资格与条件
　　B. 熟悉并遵守国家法律法规和规章制度
　　C. 具备财务、法律、企业管理等方面的专业知识或工作经验
　　D. 有强烈的事业心和高度责任感，具有较强的综合分析、决策判断、语言表达、协调沟通等业务工作能力
　　E. 能够忠实执行派出单位战略意图和决策要求，自觉维护派出单位的权益
4. 收购人作出提示性公告后至要约收购完成前，被收购公司除继续从事正常的经营活动或者执行股东大会已经作出的决议外，未经股东大会批准，被收购公司董事会不得通过（　　）等方式，对公司的资产、负债、权益或者经营成果造成重大影响。

附录6　专职董监事任职资格考试样题及题库

A. 处置公司资产　　　B. 对外投资　　　C. 调整公司主要业务

D. 担保或贷款　　　E. 开设新的银行结算账户

5. 上市公司及其控股或者控制的公司购买、出售资产，达到下列标准之一的，构成重大资产重组（　　）。

A. 购买、出售的资产总额占上市公司最近一个会计年度经审计的合并财务会计报告期末资产总额的比例达到50%以上

B. 购买、出售的资产在最近一个会计年度所产生的营业收入占上市公司同期经审计的合并财务会计报告营业收入的比例达到50%以上

C. 购买、出售的资产净额占上市公司最近一个会计年度经审计的合并财务会计报告期末净资产额的比例达到50%以上，且超过5000万元人民币

D. 购买、出售的资产在最近一个会计年度所产生的营业收入占上市公司同期经审计的合并财务会计报告营业收入的比例达到30%以上

E. 购买、出售的资产净额占上市公司最近一个会计年度经审计的合并财务会计报告期末净资产额的比例达到50%以上，且超过3000万元人民币

6. 上市公司董事会在审议通过回购股份决议后，向证券交易所提交下列哪些材料并公告，发出股东大会通知（　　）。

A. 董事会审议通过回购股份方案的决议

B. 回购报告书（预案）

C. 独立董事意见

D. 股东大会通知

E. 证券交易所要求的其他材料

7. 董事、监事和高级管理人员辞职应当提交书面辞职报告。除（　　）情形外，董事和监事的辞职自辞职报告送达董事会或监事会时生效。

A. 董事、监事辞职导致董事会、监事会成员低于法定最低人数

B. 职工代表监事辞职导致职工代表监事人数少于监事会成员的三分之一

C. 独立董事辞职导致独立董事人数少于董事会成员三分之一或者独立董事中没有会计专业人士

D. 董事或监事在离职报告中专项说明离职原因

E. 将董事或监事离职报告报上市公司监事会备案

8. 股权管理遵循（　　）原则。

A. 统一集中　　　　　　　　B. 分级授权

C. 价值最大化　　　　　　　D. 依法合规

9. 下列对股权投资要求表示正确的有（　　）。

A. 全资公司（包括独资及合并全资）、控股子公司一般不得进行股权再投资；确需再投资的，报集团公司审批

B. 新设法人应符合国务院国资委和股份公司关于法人层级的要求

C. 根据发展需要新增法人，全面统计汇总分析及评价新增法人情况

D. 股权投资应满足集团公司股权投资内部收益率要求或相关行业财务基准收益率水平

E. 列入集团公司股权投资负面清单禁止类的业务领域，一律不得开展股权投资

10. 股权考核重点主要包括（　　）等股权管理业务。

A. 股权投资、股权处置　　　B. 专职董监事业务

C. 股权投资收益、股利分配　　D. 高级管理人员的委派

E. 股权信息

11. 专职董监事业务管理原则为（　　）。

A. 依法合规　　　B. 分级管理　　　C. 利益兼顾

D. 忠诚勤勉　　　E. 价值最大化

12. 公司股东可以用（　　）出资。

A. 货币　　　B. 劳务　　　C. 知识产权

D. 土地使用权　　　E. 名称权

13. 根据《中华人民共和国公司法》，有限责任公司董事会享有的职权有（　　）。

A. 决定公司内部管理机构的设置

B. 决定公司合并、分立和解散

C. 制定公司的基本管理制度

D. 执行股东（大）会的决议

E. 批准公司利润分配方案

14. 董事会对股东（大）会负责，行使（　　）职权。

A. 召集股东（大）会会议，并向股东（大）会报告工作

B. 决定公司的经营计划和投资方案

C. 决定公司的年度财务预算方案、决算方案

D. 决定公司的利润分配方案和弥补亏损方案

E. 决定公司内部管理机构的设置

附录6　专职董监事任职资格考试样题及题库

15. 上市公司不得以下列哪些方式将资金直接或间接地提供给控股股东及其他关联方使用（　　）。
    A. 有偿或无偿地拆借公司的资金给控股股东及其他关联方使用
    B. 通过银行或非银行金融机构向关联方提供委托贷款
    C. 委托控股股东及其他关联方进行投资活动
    D. 为控股股东及其他关联方开具商业承兑汇票
    E. 代控股股东及其他关联方偿还债务

16. 专职董监事应当具备以下任职资格和条件（　　）。
    A. 符合公司法规定的董事、监事任职资格与条件
    B. 熟悉并遵守国家法律法规和规章制度，具备财务、法律、企业管理等方面的专业知识或工作经验
    C. 有强烈的事业心和高度责任感，具有较强的综合分析、决策判断、语言表达、协调沟通等业务工作能力
    D. 副处级及以上
    E. 能够忠实执行派出单位战略意图和决策要求，自觉维护派出单位的权益

17. 内部控制的局限性表现在（　　）。
    A. 人为错误　　　　　　　　B. 制度缺憾
    C. 越权管理　　　　　　　　D. 串通舞弊
    E. 环境或系统的变化

18. 公司业务经理在尽职调查时，必须了解客户企业基本情况，具体包括（　　）。
    A. 注册资本构成　　　　　　B. 实收资本到位情况
    C. 市场占有率分析　　　　　D. 公司股东之间的出资比例
    E. 各股东在本公司经营中所负责的内容及权责划分情况

19. 对企业的企业尽职调查具体包括（　　）等内容。
    A. 企业主个人及其配偶的职业发展情况及前景评价
    B. 行业、职务、工作履历、受教育程度等
    C. 家庭财产、负债情况，收入支出情况
    D. 查询企业主的信用记录状况
    E. 与政府有关联的民营企业

20. 采用自保方法处理承担风险所受到的限制有（　　）。
    A. 基金规模的限制　　B. 可能发生财务调度困难
    C. 风险单位数目有限　　D. 税法方面的不利　　E. 法律的限制

三、判断题

1.（　　）上市公司进行重大资产重组，其独立董事应当对聘用的评估机构的独立性、评估假设前提的合理性和评估定价的公允性发表独立意见。

2.（　　）所谓关联关系，是指公司控股股东、实际控制人、董事、监事、高级管理人员与其直接或者间接控制的企业之间的关系，以及可能导致公司利益转移的其他关系。

3.（　　）上市公司只能在公司住所地召开股东大会。

4.（　　）财务报表分析的主体是企业的各种利益相关者，主要有股东、企业管理者、债务人、顾客、政府机构等。

5.（　　）企业在对客户评估评级时，必须全方位360度评估，还原客户的真实经营情况，让客户充分暴露劣迹，客观公正地对待客户等级评定工作。

6.（　　）中央企业负责人经营业绩考核指标包括年度经营业绩考核指标和任期经营业绩考核指标。

7.（　　）对国际组织和外国政府援助、贷款项目的财务收支，审计机关不能进行审计监督。

8.（　　）股东（大）会决议股东签字盖章后，一经形成不得撤销。

9.（　　）派出单位在同一家投资公司有多个董事或监事席位时，由其中级别最高的负责联系其他董事或监事，保持信息对称，使相关意见和管理要求在投资公司得到一致表达。

10.（　　）公司可视情况指定或设立投资者关系工作专职部门，负责公司投资者关系工作事务。

正确答案：

一、单项选择题

1～10：1.C　2.B　3.A　4.D　5.C　6.B　7.D　8.D　9.C　10.C
11～20：11.C　12.A　13.C　14.C　15.D　16.A　17.B　18.D　19.C　20.B

二、多项选择题

1～5：1.ABCDE　2.ACD　3.ABCDE　4.ABCD　5.ABC
6～10：6.ABCDE　7.ABC　8.ABCD　9.ABDE　10.ABCE
11～15：11.ABD　12.BCD　13.ACD　14.ACD　15.ABCE
16～20：16.ABCE　17.ABCDE　18.ABCDE　19.ABCD　20.ABCD

三、判断题

1～5：1.√　2.√　3.×　4.×　5.√
6～10：6.√　7.×　8.×　9.×　10.√

附录6　专职董监事任职资格考试样题及题库

第六套题

一、单项选择题

1. 下列关于中外合资有限公司董事会的表述，错误的是（　　）。
   A. 董事会是公司的最高权力机构
   B. 董事会成员人数不得少于 3 人
   C. 董事长必须由中方合营者担任
   D. 董事会会议应当由全体董事的三分之二以上出席方能举行

2. 《中华人民共和国公司法》对股份有限公司股东转让股份的规定，正确的是（　　）。
   A. 发起人持有的本公司股份，自公司成立之日起三年内不得转让
   B. 公司监事在任职期间每年转让的股份不得超过其所持有本公司股份总数的 25%
   C. 公司公开发行股份前已发行的股份，未经其他股东过半数同意不得转让
   D. 公司经理在离职后 1 年内不得转让其所持有的本公司股份

3. 下列选项中，属于股份有限公司董事会职权范围的是（　　）。
   A. 拟订公司内部管理机构设置方案
   B. 制订公司年度财务预算方案、决算方案
   C. 制定公司具体规章
   D. 拟订公司基本管理制度

4. 根据《中华人民共和国公司法》规定，下列不能担任公司法人代表的人员是（　　）。
   A. 公司董事长　　　　　　　B. 公司执行董事
   C. 公司总经理　　　　　　　D. 公司监事

5. 一年前成立的某一人公司的注册资本为人民币 30 万元，由于经营不善，亏损严重，现公司净资产只剩 18 万元，因此，公司决定减资。下列减资方案正确的是（　　）。
   A. 将注册资本减为 3 万元　　　B. 将注册资本减为 6 万元
   C. 将注册资本减为 8 万元　　　D. 将注册资本减为 10 万元

6. 公司分立后，分立和被分立公司之间的关系是（　　）。
   A. 公司与子公司关系　　　　　B. 总公司与分公司关系
   C. 债权与债务关系　　　　　　D. 不存在关系

7. 按我国《中华人民共和国公司法》规定，成立后的公司，其增资决定权属于（   ）。
   A. 发起人   B. 股东（大）会
   C. 董事会   D. 总经理

8. 战略管理系统的规范性通常与两个因素有非常大的关系，即企业的规模和企业所处的发展阶段，明茨博格认为，中小企业可能采取（   ）。
   A. 计划性模式   B. 企业家战略管理系统模式
   C. 适用性模式   D. 市场模式

9. 股权激励是指在公司（   ）时，企业为了激励和留住核心人才，推行的一种长期激励机制。
   A. 萌芽期   B. 成长期   C. 成熟期   D. 成长期及后期

10. 企业风险前移处理预警工作具体包括（   ）。
    A. 企业违约风险   B. 企业销售风险
    C. 企业行业预警风险   D. 企业采购风险

11. 关联交易若成交价格与账面值、评估值（如有）或市场价格（如有）中任意一项差异超过（   ）的，应当说明原因并做特别风险提示，公司董事会还应当披露本次关联交易所产生的利益转移方向。
    A. 10%   B. 20%   C. 5%   D. 30%

12. 国有股东资产重组方案披露后申请交易所停牌期间，若国有股东与上市公司资产重组的方案未能获得国有资产监督管理机构同意的，国有股东（   ）月内不得重新启动该事项。
    A. 3个   B. 6个   C. 9个   D. 12个

13. 甲公司是乙公司的全资子公司，丙公司是甲公司的债权人。在乙公司的运营过程中，经常任意无偿调用甲公司的资金。现丙公司对甲公司的债权到期，但其无力清偿全部债务。根据《中华人民共和国公司法》的规定，下列表述正确的是（   ）。
    A. 甲公司对丙公司承担清偿责任，乙公司承担补充责任
    B. 乙公司对丙公司承担清偿责任，甲公司承担补充责任
    C. 由甲公司独立对丙公司承担清偿责任
    D. 由甲公司和乙公司承担连带清偿责任

14. 公司（   ）是指法定代表人无法正常或不愿行使法人权利的时候，可以委托第三人行使职权，因此看作是企业法人的代表。
    A. 法定代表人   B. 法人代表   C. 企业法人   D. 企业股东

附录6 专职董监事任职资格考试样题及题库

15. 董事一年内未出席董事会会议次数占当年董事会会议次数二分之一以上，且无疾病、境外工作或境外学习等特别理由的，交易所公开认定其（　　）不适合担任上市公司董事。
    A. 一年　　　　　B. 两年　　　　　C. 三年　　　　　D. 三年以上

16. 分析资源利用情况，原则上运用（　　）来进行。
    A. 利润与销售收入的比率　　　　B. 产出与资源投入的比率
    C. 利润与成本的比率　　　　　　D. 利润与资金的比率

17. 依照《企业集团登记管理暂行规定》，下列选项中不属于设立企业集团应当具备的条件的是（　　）。
    A. 母公司至少拥有两家子公司
    B. 企业集团的母公司注册资本在 5000 万元人民币以上
    C. 母公司和子公司的注册资本总和在 1 亿元人民币以上
    D. 集团成员单位均具有法人资格

18. 上市公司应在年报（　　）部分披露独立董事相关工作制度的建立健全情况、主要内容以及独立董事履职情况。
    A. 董事会报告　　　　　　　　　B. 监事会报告
    C. 股东大会的决议　　　　　　　D. 公司治理结构

19. 上市公司的控股股东、控股股东控制的其他关联方、上市公司的实质控制人等对上市公司进行直接或间接的捐赠、债务豁免等，从经济实质上判断属于资本投入性质的，上市公司取得的经济利益流入应计入（　　）。
    A. 经营利润　　　　　　　　　　B. 所有者权益
    C. 税后利润　　　　　　　　　　D. 专项应付款

20. 企业逾期损失额计算方法是（　　）。
    A. 逾期概率 × 逾期损失率 × 数量 × 单价
    B. 逾期概率 × 逾期损失率 × 违约概率
    C. 逾期概率 × 逾期损失率 × 储备金率
    D. 数量 × 单价 × 银行利率 ÷365× 逾期天数

二、多项选择题

1. 限售存量股份是指（　　）。
    A. 存量股份因送股、转增、配股而孳生的股份
    B. 已经完成股权分置改革、在沪深主板上市的公司有限售期安排的股份，俗称"股改限售股"
    C. 上市公司增发、定向增发形成的有限售期规定的股份

D. 新老划断后在沪深主板上市的公司于首次公开发行（IPO）前已发行的股份，俗称"发起人股"

E. IPO过程中向战略投资者配售形成的有限售规定的股份

2. 下列事项可由股东大会以普通决议通过（　　）。

A. 公司增加或者减少注册资本

B. 董事会拟定的利润分配方案和弥补亏损方案

C. 董事会和监事会成员的任免及其报酬和支付方法

D. 公司年度预算方案、决算方案

E. 公司章程的修改

3. 公司董事为自然人，有下列（　　）情形之一的，不能担任公司的董事。

A. 限制民事行为能力

B. 因贪污、贿赂、侵占财产、挪用财产或者破坏社会主义市场经济秩序，被判处刑罚，执行期满未逾5年

C. 担任破产清算的公司、企业的董事或者厂长、经理，对该公司、企业的破产负有个人责任的，自该公司、企业破产清算完结之日起未逾1年

D. 担任因违法被吊销营业执照、责令关闭的公司、企业的法定代表人，并负有个人责任的，自该公司、企业被吊销营业执照之日起未逾3年

E. 个人所负数额较大的债务到期未清偿

4. 有下列（　　）情形之一的，不得收购上市公司。

A. 收购人负有数额较大债务，到期未清偿，且处于持续状态

B. 收购人最近3年有重大违法行为或者涉嫌有重大违法行为

C. 收购人最近3年有严重的证券市场失信行为

D. 收购人为自然人的，存在《中华人民共和国公司法》第一百四十七条规定情形

E. 法律、行政法规规定以及中国证监会认定的不得收购上市公司的其他情形

5. 定期报告披露前出现业绩提前泄漏，或者因业绩传闻导致公司股票及其衍生品种交易异常波动的，上市公司应当及时披露本报告期相关财务数据（无论是否经审计），包括（　　）。

A. 主营业务收入　　　　B. 主营业务利润　　　　C. 利润总额和净利润

D. 总资产和净资产　　　E. 每股收益和净资产

附录6 专职董监事任职资格考试样题及题库

6. 内部控制是全员参与的过程,包括( )。
   A. 企业董事会　　　　B. 企业监事会　　　　C. 企业的经理层
   D. 企业的全体员工　　E. 企业的股东(大)会

7. 企业采购货物时,必须对( )进行充分调研方可提交申请采购报告。
   A. 市场价格行情　　　B. 上游客户　　　　　C. 下游客户
   D. 公司采购价格标准　E. 客户运营能力

8. 发行可转换公司债券的上市公司,其年度报告和中期报告还应当包括( )。
   A. 转股价格历次调整的情况,经调整后的最新转股价格
   B. 可转换公司债券发行后累计转股的情况
   C. 前十名可转换公司债券持有人的名单和持有量
   D. 担保人盈利能力、资产状况和信用状况发生重大变化的情况
   E. 公司的负债情况、资信变化情况以及在未来年度还债的现金安排

9. 《上市公司募集资金管理规定》所称募集资金系指上市公司通过公开发行证券,包括( )。
   A. 首次公开发行股票
   B. 配股、增发
   C. 实施股权激励计划募集的资金
   D. 发行可转换公司债券
   E. 发行分离交易的可转换公司债券

10. 风险的基本构成要素包括( )。
    A. 风险因素　　B. 风险事件　　C. 风险结果　　D. 风险概率
    E. 风险损失

11. 良好的内部控制应该具备的特征有( )。
    A. 有效性　　　B. 审慎性　　　C. 全面性　　　D. 及时性
    E. 独立性

12. 风险管理的基本流程包括( )。
    A. 收集风险管理初始信息
    B. 进行风险评估
    C. 制定风险管理策略
    D. 提出和实施风险管理解决方案
    E. 风险管理的监督与改进

13. 企业总经理需要具备（　　）等。
   A. 阅读财务报表的能力　　　　　　B. 审核战略规划的能力
   C. 审批客户授信能力　　　　　　　D. 审阅公司各种制度的能力
   E. 仁厚、贤德的能力

14. 上市公司可以根据自身特点拟定年度社会责任报告的具体内容，但报告至少应当包括（　　）。
   A. 对员工健康及安全的保护、对所在社区的保护及支持、对产品质量的把关等
   B. 如何防止并减少污染环境、如何保护水资源及能源、如何保证所在区域的适合居住性、以及如何保护并提高所在区域的生物多样性等
   C. 如何通过其产品及服务为客户创造价值
   D. 如何为员工创造更好的工作机会及未来发展机会
   E. 如何为其股东带来给高的经济回报等

15. 上市公司发生以下哪些与环境保护相关的重大事件，且可能对其股票及衍生品种交易价格产生较大影响的，上市公司应及时披露事件情况及对公司经营以及利益相关者可能产生的影响（　　）。
   A. 公司有新、改、扩建具有重大环境影响的建设项目等重大投资行为的
   B. 公司因为环境违法违规被环保部门调查，或者受到重大行政处罚或刑事处罚的，或被有关人民政府或者政府部门决定限期治理或者停产、搬迁、关闭的
   C. 公司由于环境问题涉及重大诉讼或者其主要资产被查封、扣押、冻结或者被抵押、质押的
   D. 公司被国家环保部门列入污染严重企业名单的
   E. 新公布的环境法律、法规、规章、行业政策可能对公司经营产生重大影响的

16. 上市公司参股金融机构，是指上市公司参股或控股银行、证券公司、期货公司（　　）等机构。
   A. 信托公司　　　B. 典当行　　　C. 保险公司　　　D. 基金公司
   E. 担保公司

17. 下列选项中，构成关联方关系的有（　　）。
   A. 甲公司某一董事同时兼任乙公司的总经理，甲公司和乙公司的关系
   B. A公司和B公司同受W公司的重大影响，A公司和B公司之间的关系
   C. E公司拥有F公司20%的股份，F公司生产产品的技术资料依赖于E

附录6 专职董监事任职资格考试样题及题库

公司，E 公司和 F 公司的关系

D. 甲公司的某一董事之子为戊公司的总会计师，甲公司和戊公司之间的关系

E. 甲公司与其代理商之间的关系

18. 内部人控制的表现形式为（　　）。

A. 私分企业资产

B. 职务侵占与职务挥霍

C. 财务报表粉饰甚至财务造假

D. 违规决策

E. 利用关联交易进行利益输送

19. 上市公司章程对下列哪些人员具有约束力（　　）。

A. 董事　　　　B. 监事　　　　C. 控股股东　　　D. 财务总监

E. 董事会秘书

20. 企业总经理私下违规放货存在（　　）。

A. 货权风险　　B. 应收账款风险　　C. 赊销风险　　D. 货物丢失风险

E. 采购风险

三、判断题

1. （　　）不良资产剔除法、关联交易剔除法、异常利润剔除法和现金流量分析法是对企业会计报表粉饰的识别方法。

2. （　　）关联交易剔除法是指将其他业务利润、投资收益、补贴收入、营业外收入从企业利润总额中剔除，以分析和评价企业利润来源的稳定性。

3. （　　）内部控制是由控制环境、会计系统和控制程序构成。

4. （　　）内部控制的类型包括预防性控制、检查性控制、纠正性控制、指导性控制和补偿性控制。

5. （　　）公司财务处长可以任本公司的职工监事。

6. （　　）筹资业务的执行与相关会计记录职务必须分离。

7. （　　）股利支付清单编制人应同支票填制人在职务上分离。

8. （　　）专职董监事通过参加任职公司三会行权履职，包括：议案收集和处理、议案审查、意见传达、参会表决、信息上传和跟踪落实等。

9. （　　）委托独立的机构代为保管有价证券是限制性接触控制最为有效的方法。

10. （　　）为减少发放股利时发生欺诈舞弊或错误的可能性，公司股利的支付可委托代理机构办理。

正确答案：

一、单项选择题

1～10：1. C　2. B　3. B　4. D　5. D　6. D　7. B　8. B　9. D　10. C

11～20：11. B　12. A　13. D　14. B　15. D　16. B　17. A　18. D　19. B　20. D

二、多项选择题

1～5：1. BD　2. BCD　3. ABDE　4. ABCDE　5. ABCDE

6～10：6. ABCD　7. ABDE　8. ABCDE　9. ABDE　10. ABC

11～15：11. ABCDE　12. ABCDE　13. ABCDE　14. ABCDE　15. ABCDE

16～20：16. ABCDE　17. ABC　18. ABCDE　19. ABCD　20. ABCD

三、判断题

1～5：1. √　2. ×　3. √　4. √　5. ×

6～10：6. √　7. √　8. √　9. √　10. √

第七套题

一、单项选择题

1. 股份有限公司董事会会议由董事长召集和主持。若董事长不能履行职务或不履行职务时，董事会会议（　　）。

A. 不能召开

B. 由副董事长召集和主持

C. 由监事会主席召集和主持

D. 由代表 1/10 以上表决权的股东召集和主持

2. 重大关联交易以及其他需要提交董事会审议的关联交易，应当在董事会批准之日起（　　）工作日内报告监事会。

A. 20 个　　　　B. 15 个　　　　C. 12 个　　　　D. 10 个

3. （　　）类型公司最多。

A. 国有全资公司　　　　　　　　B. 有限责任公司

C. 股份有限公司　　　　　　　　D. 一人公司

4. 发起人认购公司应发行的全部股份而设立公司的，属于（　　）。

A. 发起设立　　B. 渐次设立　　C. 复杂设立　　D. 募集设立

5. 下列关于中外合资有限公司合营各方股权转让规则的表述，错误的是（　　）。

A. 合营一方转让其全部或部分股权时，合营他方有优先购买权

附录6 专职董监事任职资格考试样题及题库

B. 合营一方向第三者转让股权的条件,不得比向合营他方转让的条件优惠

C. 合营一方向第三者转让其全部或部分股权的,须经合营他方同意

D. 合营一方向第三者转让部分股权的,股权转让协议经双方签字生效

6. 东海一人有限责任公司成立时的注册资本为人民币50万元。由于公司经营不善,亏损严重,现公司净资产只剩18万元。公司股东决定减资。下列减资方案正确的是(   )。

A. 将注册资本减为3万元　　　B. 将注册资本减为6万元

C. 将注册资本减为8万元　　　D. 将注册资本减为10万元

7. 甲公司经股东(大)会决议派生分立出乙公司。甲、乙双方商定,原甲公司的债务双方各承担一半。分立前甲公司欠丙公司100万元的债务,丙公司实现自己债权的正确方式是(   )。

A. 只能请求甲公司承担债务责任

B. 只能请求乙公司承担债务责任

C. 可以请求甲、乙公司承担连带责任

D. 只能请求甲、乙公司承担按份责任

8. 某有限责任公司有甲、乙、丙三个股东,丙持股40%。现丙为了顺利离婚,欲将其持有的公司股权的一半让与即将与之离婚的妻子,下列说法正确的是(   )。

A. 在任何情况下,甲、乙均享有优先购买权

B. 丙必须就此事书面通知甲、乙并征求他们的同意

C. 在符合转让条件的情况下,受让人丙妻应当将股权转让款支付给公司

D. 未经工商变更登记,受让人丙妻不能取得公司股东资格

9. 通过投资关系、协议或其他安排而能够实际支配公司行为的人,是公司的(   )。

A. 原始股东　　　B. 控股股东　　　C. 母公司　　　D. 实际控制人

10. 关于国有独资公司组织机构的设置问题,下列表述正确的是(   )。

A. 经国有资产监督管理机构同意,董事会成员可以兼任经理

B. 董事和经理不得在其他公司兼职

C. 经理由国有资产监督管理机构委派

D. 监事会成员不得少于三人

11. 企业规模较大、投资回报率较高、薪酬成本在企业经营总成本中所占比例较低、在产品市场上的竞争者少的情况下,一般采取的薪酬水平定位政策是(   )。

A. 薪酬拖后政策 B. 市场追随政策
C. 薪酬领袖政策 D. 混合薪酬政策

12. 某企业通过市场环境分析发现该企业的油漆业务市场机会低,面临的威胁低,该企业的油漆业务属于威胁—机会矩阵图中的( )。
A. 成熟业务 B. 冒险业务 C. 理想业务 D. 困难业务

13. 某企业高薪聘请顶尖专家组建研发部门专门攻克充电技术,从技术来源的角度看该企业的这种技术创新战略属于( )。
A. 切入型战略 B. 合作创新战略
C. 自主创新战略 D. 技术跟随战略

14. 根据《中华人民共和国公司法》,关于股份有限公司发起人的说法,正确的是( )。
A. 发起人不能是法人
B. 公司不能设立时发起人对设立行为所产生的债务负有限责任
C. 发起人须半数以上,在中国境内有住所
D. 发起人持有的本公司股份自公司成立之日起三年内不得转让

15. 甲公司计划开发生产A产品,经测算投资A产品的标准离差率为40%,风险报酬系数为40%,则甲公司开发生产A产品的风险报酬率是( )。
A. 15% B. 16% C. 40% D. 80%

16. 2018年10月10日,某股份有限公司半数董事提议召开董事会临时会议,根据《中华人民共和国公司法》,该公司董事长应当于( )前召集和主持该会议。
A. 2018年10月15日 B. 2018年10月17日
C. 2018年10月20日 D. 2018年10月25日

17. 企业主要分类有合资、独资、国有、私营、全民所有制、集体所有制、( )、有限责任等。
A. 股份制 B. 股份合作制 C. 联营企业 D. 外商投资企业

18. 刘、关、张约定各出资40万设立甲有限公司,因刘只有20万元,遂与张约定由张为其垫付出资20万元。公司设立时,张以价值40万元的房屋评估为60万元骗得验资。后债权人发现甲公司注册资本不实。甲公司欠缴的20万元出资的补交方式为( )。
A. 应由刘补交20万元,张、关承担连带责任
B. 应由张补交20万元,刘、关承担连带责任
C. 应由刘、张各补交10万元,关承担连带责任

附录6 专职董监事任职资格考试样题及题库

D. 应由刘、关各补交10万元，张承担连带责任

19. 集团公司、专业公司、所属单位向金融企业、境内外上市公司推荐任职的专职董监事，还需要执行（　　）的相关规定。

A. 国外法律法规　　　　　　B. 监管机构

C. 集团公司　　　　　　　　D. 国务院国资委

20. 甲公司出资20万元，乙公司出资10万元共同设立丙有限责任公司。丁公司系甲公司的子公司。在丙公司经营过程中，甲公司多次利用其股东地位通过公司决议让丙公司以高于市场同等水平的价格从丁公司进货，致使丙公司产品因成本过高而严重滞销，造成公司亏损。下列选项正确的是（　　）。

A. 丁公司应当对丙公司承担赔偿责任

B. 甲公司应当对乙公司承担赔偿责任

C. 甲公司应当对丙公司承担赔偿责任

D. 丁公司，甲公司共同对丙公司承担赔偿责任

二、多项选择题

1. 企业资源分析过程包括（　　）。

A. 分析潜在资源　　　B. 分析现有资源　　　C. 分析资源利用情况

D. 分析资源的应变力　　　E. 进行资源的平衡分析

2. 企业分红权是指股东享受公司（　　）的权利，一般是按照投入公司的资本额比例享受资产分红的权利。

A. 股权增资　　　B. 股息　　　C. 股利　　　D. 股票

E. 有价证券

3. 国有重点大型企业监事会的职责是（　　）。

A. 检查企业贯彻执行有关法律、行政法规和规章制度的情况

B. 检查企业的经营效益、利润分配、国有资产保值增值、资产运营等情况

C. 召集和主持监事会会议

D. 检查公司财务

E. 监督违法违纪情况

4. 货币的时间价值率是扣除（　　）因素后的平均资产利润率。

A. 资本市场平均报酬　　　B. 投资必要报酬　　　C. 无风险报酬

D. 通货膨胀　　　E. 风险报酬

5. 有限责任公司股东（大）会由全体股东组成，股东（大）会是公司的权力机构，依照行使（　　）职权。

A. 修改公司章程

B. 决定聘任或者解聘公司经理及其报酬事项

　　C. 审议批准公司的年度财务预算方案、决算方案

　　D. 对公司增加或者减少注册资本作出决议

　　E. 对公司合并、分立、变更公司形式、解散和清算等事项作出决议

　6. 提案人可以向股东（大）会、董事会、监事会提出（　　）提案。

　　A. 总经理工作报告、固定资产投资计划、财务预决算报告、股利分配方案等

　　B. 生产经营类、安全生产类

　　C. 人员调整类

　　D. 对外投融资类、股权、资产处置类

　　E. 其他提案

　7. 股权核销是指按照国家有关法律法规规定，将持有的股权在财务核算中进行核销或账销案存的行为。股权核销应取得合法证据包括（　　）。

　　A. 法院破产清算的清偿文件及执行完毕证明

　　B. 工商部门注销、吊销公告

　　C. 有关机构的决议或行政决定文件，以及股权项目清算报告及清算完毕证明

　　D. 司法机关的判决或裁定及执行完毕的证据

　　E. 仲裁机构出具的仲裁裁决书，以及仲裁裁决执行完毕的相关证明

　8. 广义的公司治理包括（　　）。

　　A. 股东　　　　B. 债权人　　　　C. 供应商　　　　D. 雇员

　　E. 政府

　9. 中外合资经营企业的设立原则是（　　）。

　　A. 国家主权原则　　B. 保护投资者合法权益原则　　C. 平等互利原则

　　D. 遵循国际通行规则的原则　　　　E. 公平竞争的原则

　10.《中国石油天然气股份有限公司股权管理办法》第四十三条规定，股权处置方式包括（　　）等。股权处置完成后及时办理国有产权及工商变更或注销登记。

　　A. 转让　　　　B. 划转　　　　C. 清算　　　　D. 吸收合并

　　E. 减资和核销

　11. 上市公司治理准则阐明了我国上市公司治理的基本原则、投资者权利保护的实现方式，以及上市公司（　　）所应当遵循的基本的行为准则和职业道德等内容。

附录6 专职董监事任职资格考试样题及题库

A. 董事　　　　　B. 监事　　　　　C. 经理　　　　　D. 职工代表
E. 全体员工

12. 上市公司审计委员会的主要职责包括（　　）。
A. 提议聘请或更换外部审计机构
B. 监督公司的内部审计制度及其实施
C. 负责内部审计与外部审计之间的沟通
D. 负责公司的财务信息及其披露
E. 审查公司的内控制度

13. 上市公司提名委员会的主要职责包括（　　）。
A. 研究董事、经理人员的选择标准和程序并提出建议
B. 广泛搜寻合格的董事和经理人员的人选
C. 对董事候选人选进行审查并提出建议
D. 对监事候选人选进行审查并提出建议
E. 对经理人选进行审查并提出建议

14. 甲、乙出资设立注册资本为400万元的丙有限责任公司，章程规定：甲以现金出资280万元，乙以现金出资40万元，专利作价40万元，机器设备作为实物出资作价40万元。公司成立后，甲按期足额缴纳现金280万元，乙只缴纳了20万元现金，其专利的实际市场价额为20万元，机器设备虽然已实际移交给公司，但该设备属于丁所有，系丁委托乙保管。下列选项正确的是（　　）。
A. 乙应当履行其余20万元现金出资的义务，并应当向甲承担违约责任
B. 乙应当补足其专利权出资的实际价额与作价金额之间的差额，甲对此承担连带责任
C. 丙公司应根据丁的请求向其返还机器设备
D. 甲、乙达成协议，可以通过减少资本程序免除乙对差额部分的出资责任
E. 乙对于该设备具有处置权

15. 股权激励计划的激励对象可以包括上市公司的（　　），以及公司认为应当激励的其他员工。
A. 董事　　　　　　　　　　　B. 监事　　　　　　　　　　　C. 高级管理人员
D. 核心技术（业务）人员　　　E. 独立董事

16. 专职董监事应当终止任职的情形包括（　　）。
A. 因工作需要，调整任职公司
B. 按规定已办理离岗或退休手续

C. 因健康原因或岗位（职务）变动，不适合继续担任

D. 因个人原因辞职的

E. 违反法律法规或相关规定，造成严重后果或影响

17. 银行业金融机构依据《关于规范上市公司对外担保行为的通知》、上市公司公司章程及其他有关规定，认真审核（　　）。

A. 由上市公司提供担保的贷款、申请的材料齐备性及合法合规性

B. 上市公司对外担保履行董事会或股东大会审批程序的情况

C. 上市公司对外担保履行信息披露义务的情况

D. 上市公司的担保能力

E. 贷款人的资信、偿还能力等其他事项

18. 客户出现重大风险事项具体包括（　　）。

A. 股权转让　　　　　　B. 股权纠纷案件　　　　　　C. 高管层集体离职

D. 关联企业超能力对外担保　　E. 客户业务人员离职

19. 公司下列哪些对外担保行为，须经股东大会审议通过（　　）。

A. 为资产负债率超过 50% 的担保对象提供的担保

B. 本公司及本公司控股子公司的对外担保总额，达到或超过最近一期经审计净资产的 50% 以后提供的大额担保

C. 公司的对外担保总额，达到或超过最近一期经审计总资产的 30% 以后提供的任何担保

D. 单笔担保额超过最近一期经审计净资产 10% 的担保

E. 对股东、实际控制人及其关联方提供的担保

20. 投资者及其一致行动人不是上市公司的第一大股东或者实际控制人，其拥有权益的股份达到或者超过该公司已发行股份的 5%，但未达到 20% 的，应当编制包括哪些内容的简式权益变动报告书（　　）。

A. 投资者及其一致行动人的姓名、住所；投资者及其一致行动人为法人的，其名称、注册地及法定代表人

B. 持股目的，是否有意在未来 12 个月内继续增加其在上市公司中拥有的权益

C. 上市公司的名称、股票的种类、数量、比例

D. 在上市公司中拥有权益的股份达到或者超过上市公司已发行股份的 5% 或者拥有权益的股份增减变化达到 5% 的时间及方式

E. 权益变动事实发生之日前 6 个月内通过证券交易所的证券交易买卖该公司股票的简要情况

附录6 专职董监事任职资格考试样题及题库

三、判断题

1.（　　）独立董事原则上应每年有不少于五天的时间到上市公司现场了解公司的日常经营、财务管理和规范运作情况。

2.（　　）担任破产清算的公司的董事，对其破产负有个人责任的，自该公司破产清算完结之日起未逾五年的，不得担任证券公司的董事。

3.（　　）国有企业和国有资产控股的企业在遵守国家有关规定的前提下可以买卖上市交易的股票。

4.（　　）《中华人民共和国公司法》中的公司高级管理人员，是指公司的经理、副经理、财务负责人，上市公司董事会秘书和公司章程规定的其他人员。

5.（　　）公司合并时，债权人可以要求公司清偿债务或者提供相应的担保。不清偿债务或者不提供相应的担保的，公司不得合并。

6.（　　）按照统一管理、分级负责原则，集团公司、专业公司、所属单位负责专职董监事队伍建设。按照干部管理权限，根据工作需要安排专职董监事向派出单位进行年度述职。

7.（　　）国有独资公司董事会所有成员必须由国有资产监督管理机构委派。

8.（　　）股份有限公司董事会的决议违反法律、行政法规或公司章程、股东大会决议，致使公司遭受严重损失，参与决议且对决议未表示异议的董事要对公司负赔偿责任。

9.（　　）董事长在接到重大事件发生报告后，应当立即向董事会报告，并敦促董事会秘书组织临时报告的披露工作。

10.（　　）上市公司董事、监事、高级管理人员、持股5%以上的股东及其一致行动人、实际控制人应当及时向上市公司董事会报送上市公司关联人名单及关联关系的说明。

正确答案：

一、单项选择题

1～10：1.B　2.D　3.D　4.A　5.D　6.D　7.C　8.B　9.D　10.A
11～20：11.C　12.A　13.C　14.C　15.B　16.C　17.A　18.A　19.B　20.C

二、多项选择题

1～5：1.BCDE　2.ABC　3.AB　4.DE　5.ACDE
6～10：6.ABCDE　7.ABCDE　8.ABCDE　9.ABCD　10.ABCDE
11～15：11.ABC　12.ABCE　13.ABCE　14.ABCD　15.ABCD
16～20：16.ABCDE　17.ABCDE　18.ABCD　19.BCDE　20.ABCDE

三、判断题
1~5: 1.× 2.× 3.√ 4.√ 5.√
6~10: 6.× 7.× 8.√ 9.√ 10.√

第八套题

一、单项选择题

1. 风险应对的第一原则是（　　）。
   A. 不冒不能承担的风险　　　　　B. 重视风险影响的可能性
   C. 平衡风险影响大小　　　　　　D. 综合应对项目风险

2. 在绩效考核时，以企业战略为导向，寻找驱动战略成功的关键成功因素，并建立与之密切联系的关键绩效指标体系，通过对关键绩效指标的跟踪监测衡量战略实施过程的状态并采取必要的修正。基于这种做法的绩效考核方法是（　　）。
   A. 平衡计分卡　　B. 交替排序法　　C. 目标管理法　　D. 标杆超越法

3. 大多数企业客户重点违约红线临界点是（　　）。
   A. 30天　　　　　B. 50天　　　　　C. 60天　　　　　D. 90天

4. 企业重点关注战略大客户违约风险具体包括（　　）。
   A. 总经理违约风险　　　　　　　B. 客户违约风险
   C. 企业法人违约风险　　　　　　D. 法律违约风险

5. 某上市公司2017年5月发行5年期公司债券2000万元，2年期公司债券1500万元。2020年1月，该公司鉴于到期债券已偿还且具备再次发行公司债券的其他条件，计划再次申请发行公司债券。经审计确认该公司2019年12月末净资产额为6000万元。该公司此次发行公司债券额最多不得超过（　　）。
   A. 400万元　　　B. 500万元　　　C. 800万元　　　D. 100万元

6. 资产和负债按照在公平交易中，熟悉情况的交易双方自愿进行资产交换或者债务清偿的金额计量的会计属性是（　　）。
   A. 现值　　　　B. 公允价值　　　C. 历史成本　　　D. 重置成本

7. 下列项目中，符合资产定义的是（　　）。
   A. 购入的某项专利权　　　　　　B. 经营租入的设备
   C. 待处理的财产损失　　　　　　D. 计划购买的某项设备

8. 界定从事会计工作和提供会计信息的空间范围的前提是（　　）。
   A. 会计主体　　B. 持续经营　　C. 会计分期　　D. 货币计量

附录6 专职董监事任职资格考试样题及题库

9. 下列各项中, 会导致留存收益总额发生增减变动的是( )。
   A. 资本公积转增资本   B. 盈余公积补亏
   C. 盈余公积转增资本   D. 以当年净利润弥补以前年度亏损

10. 公司监事会主席产生的方式是( )。
    A. 股东(大)会选举产生   B. 董事会选举产生
    C. 职工大会选举产生   D. 全体监事选举产生

11. 有限责任公司董事会的职权是( )。
    A. 对公司发行债券作出决议
    B. 决定公司经营计划和投资方案
    C. 审议批准公司的年度财务预算方案、决算方案
    D. 制定公司的具体规章

12. 甲股份有限公司与乙有限责任公司准备实施合并。下列说法中正确的是( )。
    A. 有限公司不能与股份公司合并
    B. 有限公司可以与股份公司合并, 但合并后只能是有限公司
    C. 有限公司可以与股份公司合并, 但合并后只能是股份公司
    D. 有限公司可以与股份公司合并, 合并后可以是有限公司, 也可以是股份公司

13. 按照干部管理权限, 每年( )前, 专职董监事就上年度履职情况向派出单位进行述职。
    A. 2月   B. 3月   C. 4月   D. 5月

14. 股权转让进场交易的, 自首次正式披露信息之日起超过12个月未征集到合格受让方的, 应当( )。
    A. 延期
    B. 降低转让底价
    C. 变更受让条件后重新进行信息披露
    D. 重新履行审计、资产评估以及信息披露等产权转让工作程序

15. 甲乙丙三人共同投资设立了新兴贸易有限责任公司。一年后, 甲欲退股并咨询了律师, 律师说, 有下列情形之一的, 就可以退股。律师的下列说法中违背《中华人民共和国公司法》规定的是( )。
    A. 只要公司连续五年不向股东分配利润, 股东就可以要求退股, 而该公司连续五年盈利, 并且符合本法规定的分配利润条件
    B. 对公司合并决议投反对票的股东可以要求退股

C. 对公司分立决议投反对票的股东可以要求退股
D. 对公司转让主要财产的决议投反对票的股东可以要求退股

16. 依我国《公司法》规定，股份有限公司以超过股票票面金额的价格发行股票，所得的溢价款收入，应当列入（　　）。
   A. 注册资本　　　　　　　　B. 利润
   C. 盈余公积金　　　　　　　D. 资本公积金

17. 住所地在天津的四海公司在北京设立了一家分公司。该分公司以自己的名义与北京实达公司签订了一份房屋租赁合同，租赁实达公司的楼房一层，年租金为30万元。现分公司因拖欠租金而与实达公司发生纠纷。下列判断正确的是（　　）。
   A. 房屋租赁合同有效，法律责任由合同的当事人独立承担
   B. 该分公司不具有民事主体资格，又无四海公司的授权，租赁合同无效
   C. 合同有效，依该合同产生的法律责任由四海公司承担
   D. 合同有效，依该合同产生的法律责任由四海公司及其分公司承担连带责任

18. 企业的重大投资项目应当（　　）。
   A. 由股东大会决定　　　　　B. 由董事会决定
   C. 实行集体决策或者联签制度　D. 由经理决定

19. 公开发行可转换公司债券，应当委托具有资格的资信评级机构进行（　　）。
   A. 信用评级和信息披露　　　B. 信用评级和跟踪评级
   C. 跟踪评级和信息披露　　　D. 信用评级和资产评估

20. 上市公司定期报告应当由公司（　　）签署书面确认意见，由监事会进行审核并提出书面审核意见。
   A. 高级管理人员　　　　　　B. 董事
   C. 独立董事、高级管理人员　D. 董事、高级管理人员

二、多项选择题

1. 企业在对客户评级时，重点对客户的（　　）资料进行评估和评级。
   A. 公司章程　　　B. 股权协议书　　　C. 高管层道德及人品
   D. 董事长的生活习惯　　　E. 总经理的工作习惯

2. 监事会可要求公司（　　）出席监事会会议，回答所关注的问题。
   A. 职工代表　　　B. 董事　　　C. 经理及其他高级管理人员
   D. 内部及外部审计人员

附录6 专职董监事任职资格考试样题及题库

3. 公司的法定代表人可以由（   ）担任。
   A. 董事长　　　　B. 执行董事　　　　C. 独立董事　　　　D. 总经理
   E. 董事会秘书

4. 股份有限公司申请股票上市，应当符合的条件是（   ）。
   A. 股票经国务院证券监督管理机构核准已公开发行
   B. 公司股本总额不少于人民币三千万元
   C. 公开发行的股份达到公司股份总数的百分之二十五以上；公司股本总额超过人民币四亿元的，公开发行股份的比例为百分之十以上
   D. 公司最近三年无重大违法行为，财务会计报告无虚假记载
   E. 公司董事、监事、高级管理人员最近三年无重大违规行为

5. 甲、乙、丙、丁四人拟设立一家有限责任公司。关于该公司的注册资本与出资，下列表述正确的是（   ）。
   A. 公司注册资本可以登记为1元人民币
   B. 公司章程应载明其注册资本
   C. 公司营业执照不必载明其注册资本
   D. 公司章程可以要求股东出资须经验资机构验资
   E. 必须规定出资额度相同

6. 张三、李四、王五成立天问投资咨询有限公司，张三、李四各以现金50万元出资，王五以价值20万元的办公设备出资。张三任公司董事长，李四任公司总经理。公司成立后，股东的（   ）可构成股东抽逃出资的行为。
   A. 张三向王五借资金20万元，用于购买个人房屋
   B. 张三与自己所代表的公司签订一份虚假购货合同，以支付货款的名义，由天问公司支付给自己50万元
   C. 李四以公司总经理身份，与自己所控制的另一公司签订设备购置合同，将15万元的设备款虚报成65万元，并已由天问公司实际转账支付
   D. 王五擅自将天问公司若干贵重设备拿回家
   E. 三人决议制作虚假财务会计报表虚增利润，并进行分配

7. 具有（   ）情形的法人，被认定为上市公司的关联法人。
   A. 直接或者间接地控制上市公司的法人
   B. 由A项所述法人直接或者间接控制的除上市公司及其控股子公司以外的法人
   C. 关联自然人直接或者间接控制的或者担任董事、高级管理人员的，除上市公司及其控股子公司以外的法人

D. 持有上市公司 3% 以上股份的法人或者一致行动人

E. 中国证监会、证券交易所或者上市公司根据实质重于形式的原则认定的其他与上市公司有特殊关系，可能或者已经造成上市公司对其利益倾斜的法人

8. 上市公司（　　）可向上市公司股东征集其在股东大会上的投票权。

A. 董事　　　　　　　　B. 独立董事　　　　　　　　C. 监事

D. 符合有关条件的股东　　　E. 职工代表

9. 方圆公司与富春机械厂均为国有企业，合资设立富圆公司，出资比例为 30% 与 70%。关于富圆公司董事会的组成，下列说法正确的是（　　）。

A. 董事会成员中应当有公司职工代表

B. 董事张某任期内辞职，在新选出董事就任前，张某仍应履行董事职责

C. 富圆公司董事长可由小股东方圆公司派人担任

D. 方圆公司和富春机械厂可通过公司章程约定不按出资比例分红

E. 富圆公司成立后可以不断引入私人入股

10. 利用股权激励计划（　　）获取不正当利益的，中国证监会依法没收违法所得，对相关责任人员采取市场禁入等措施；构成犯罪的，移交司法机关依法查处。

A. 购买商业保险　　B. 虚构业绩　　　C. 操纵市场　　　D. 进行内幕交易

E. 设计薪酬奖励方案

11. 专职董监事有下列（　　）情形之一的，应当按照股份公司规定对责任人给予相应处分。

A. 未经批准擅自进行议案处理

B. 未经批准或未执行派出单位决策意见，擅自在三会会议上进行表决或者签署相关决议

C. 未密切配合经理层工作，投资公司经济效益下滑的

D. 与投资公司人员串通编造虚假报告

E. 泄露任职公司商业秘密，损害公司合法利益

12. 股东大会对提案进行表决时，应当由（　　）共同负责计票、监票。

A. 律师　　　　　B. 独立董事　　　　C. 股东代表　　　　D. 监事代表

E. 职工代表

13. 有下列哪些情形的，公司须在事实发生之日起 2 个月以内召开临时股东大会（　　）。

A. 董事人数不足《中华人民共和国公司法》规定人数或者上市公司章程

附录6 专职董监事任职资格考试样题及题库

指引所定人数的2/3时

  B. 公司未弥补的亏损达实收股本总额1/5时

  C. 单独或者合计持有公司10%以上股份的股东请求时

  D. 董事会认为必要时

  E. 监事会提议召开时

  14. 董事长或企业高管层中，至少应有一位懂得财务专业知识，看懂财务三表，具体包括（　　）及表中内容。

  A. 资产负债表   B. 利润表   C. 现金流量表

  D. 应付账款明细表   E. 未达账项明细表

  15. 上市公司关于为他人提供担保公告重要内容提示包括（　　）。

  A. 被担保人名称

  B. 本次担保金额及为其担保累计金额

  C. 本次是否有反担保（若有，介绍反担保方名称、反担保方式）

  D. 对外担保累计金额

  E. 对外担保逾期的累计金额

  16. 上市公司变更募集资金投资项目公告中重要内容提示包括（　　）。

  A. 原项目名称

  B. 新项目名称，投资总金额（合作投资项目需介绍合作对方）

  C. 变更募集资金投向的金额

  D. 新项目预计完成的时间、投资回报率

  E. 新项目预计正常投产并产生收益的时间

  17. 董事应向上市公司全面披露其（　　）等利益往来或者冲突事项。

  A. 近亲属姓名

  B. 本人及其近亲属是否与上市公司经营同类业务

  C. 是否与上市公司存在业务往来

  D. 是否与上市公司存在其他债权债务关系

  E. 是否持有本公司股份或其他证券产品

  18. 关于公司的财务行为，下列选项正确的是（　　）。

  A. 在会计年度终了时，公司须编制财务会计报告，并自行审计

  B. 公司的法定公积金不足以弥补以前年度亏损时，则在提取本年度法定公积金之前，应先用当年利润弥补亏损

  C. 公司可用其资本公积金来弥补公司的亏损

  D. 公司可将法定公积金转为公司资本，但所留存的该项公积金不得少于

转增前公司注册资本的 25%

E. 公司可将法定公积金转为公司资本，但所留存的该项公积金不得少于转增前公司注册资本的 50%

19. 华胜股份有限公司于2020年召开董会临时会议，董事长甲及乙、丙、丁、戊等共五位董事出席，董事会中其余4名成员出席。董事会表决之前，丁因意见与众人不合，中途退席，但董事会经与会董事一致通过，最后仍作出决议。下列选项错误的是（　　）。

A. 该决议有效，已由出席会议董事的过半数通过
B. 该决议无效，因丁退席使董事的同意票不足全体董事表决票的二分之一
C. 该决议是否有效取决于公司股东（大）会的最终意见
D. 该决议是否有效取决于公司监事会的审查意见
E. 该次会议可以请成员表决后由职工代表大会再投票表决

20. 监事会、不设监事会的公司的监事行使（　　）职权。

A. 检查公司财务
B. 对董事、高级管理人员执行公司职务的行为进行监督，对违反法律、行政法规、公司章程或者股东（大）会决议的董事、高级管理人员提出罢免的建议
C. 特定情况下，对董事、高级管理人员提起诉讼
D. 提议召开临时股东（大）会会议，在董事会不履行《中华人民共和国公司法》规定的召集和主持股东（大）会会议职责时召集和主持股东（大）会会议
E. 向股东（大）会会议提出提案

三、判断题

1.（　　）根据《中华人民共和国公司法》，公司的实际控制人是指虽不是公司的股东，但通过投资关系、协议或者其他安排，能够实际支配公司行为的人。

2.（　　）集团公司、专业公司及所属单位应综合考虑合资公司数量、投资成本、股权结构、董监事会结构、盈利情况、合资方及其高管委派情况等因素，由集团公司财务部核定专职董监事委派数量。

3.（　　）只要有限责任公司连续五年不向股东分配利润，则对股东（大）会决议投反对票的股东可以请求公司按照合理的价格收购其股权。

4.（　　）股份有限公司董事会会议必须有过半数的董事出席才可以举行，且董事会作出决议，必须经出席董事会会议的董事三分之二以上

附录6　专职董监事任职资格考试样题及题库

通过。

5.（　　）上市公司公告的信息披露资料存在虚假记载、误导性陈述或者重大遗漏，致使投资者在证券交易中遭受损失的，上市公司应当承担赔偿责任；上市公司的控股股东、实际控制人有过错的，应当与上市公司承担连带赔偿责任。

6.（　　）上市公司控股股东、实际控制人及其一致行动人应当及时、准确地告知上市公司是否存在拟发生的股权转让、资产重组或者其他重大事件，并配合上市公司做好信息披露工作。

7.（　　）上市公司董事、监事和高级管理人员当年可转让但未转让的本公司股份，应当计入当年末其所持有本公司股份的总数，该总数作为次年可转让股份的计算基数。

8.（　　）企业财务核心风险评估指标为偿债能力分析、运营能力分析和获利能力分析。

9.（　　）集团公司财务部董监事办每年组织专职董监事业务培训工作，并纳入集团公司人事部年度业务培训计划，专职董监事每年接受继续教育培训时间不少于20学时。

10.（　　）原国有重点大型企业监事会是由监事会主席、专职监事以及兼职监事组成。

正确答案：

一、单项选择题

1～10：1. A　2. A　3. D　4. B　5. A　6. B　7. A　8. A　9. C　10. D

11～20：11. B　12. D　13. C　14. D　15. A　16. D　17. C　18. C　19. B　20. D

二、单项选择题

1～5：1. ABCDE　2. BCD　3. ABD　4. ABCD　5. ABD

6～10：6. BCD　7. ABCE　8. ABD　9. ACD　10. BCD

11～15：11. ABDE　12. ACD　13. ACDE　14. ABC　15. ABCDE

16～20：16. ABCDE　17. ABCDE　18. BD　19. ACDE　20. ABCDE

三、判断题

1～5：1. √　2. ×　3. ×　4. ×　5. √

6～10：6. √　7. √　8. √　9. ×　10. √

第九套题

一、单项选择题

1. 某钢铁公司利用自有资金并购了一家铁矿石供应企业，此项并购属于（　　）。
   A. 混合并购　　　B. 杠杆并购　　　C. 横向并购　　　D. 纵向并购

2. 某公司经过拆分后，原公司持有新公司45%的股权，则该公司重组采用的是（　　）方式。
   A. 分拆　　　　　B. 标准分立　　　C. 解散式分立　　D. 换股分立

3. 《中国石油天然气股份有限公司股权管理办法》第四十条规定，专业公司及地区公司严格按批准文件实施股权投资，不得变更投资主体、（　　）、股权结构等内容，如有变更按管理权限履行审批程序。
   A. 投资债权　　　B. 投资证券　　　C. 投资土地　　　D. 投资金额

4. 《中华人民共和国民法典》第八十五条规定，营利法人的权力机构、执行机构作出决议的会议召集程序、表决方式违反法律、行政法规、（　　），或者决议内容违反法人章程的，营利法人的出资人可以请求人民法院撤销该决议。但是，营利法人依据该决议与善意相对人形成的民事法律关系不受影响。
   A. 公司章程　　　　　　　　　　　B. 股东协议书
   C. 公司董事会纪要　　　　　　　　D. 公司股东会纪要

5. 股东（大）会会议作出修改公司章程、增加或者减少注册资本的决议，以及公司合并、分立、解散或者变更公司形式的决议，必须经代表（　　）以上表决权的股东通过。
   A. 二分之一　　　B. 三分之一　　　C. 三分之二　　　D. 四分之三

6. 监事会、不设监事会的公司的监事发现公司经营情况异常，可以进行调查；必要时，可以聘请会计师事务所等协助其工作，费用由（　　）承担。
   A. 监事　　　　　B. 控股股东　　　C. 公司　　　　　D. 其他股东

7. 国有独资公司监事会成员不得少于五人，其中职工代表的比例不得低于（　　），具体比例由公司章程规定。
   A. 二分之一　　　B. 三分之一　　　C. 三分之二　　　D. 四分之一

8. 设立公司应当申请名称预先核准，预先核准的公司名称保留期为（　　），预先核准的公司名称在保留期内，不得用于从事经营活动，不得转让。
   A. 1个月　　　　B. 3个月　　　　C. 6个月　　　　D. 12个月

附录6 专职董监事任职资格考试样题及题库

9.张某是A公司的发起人股东,公司成立后,张某抽逃出资,根据我国《中华人民共和国公司法》,应对张某应处以(　　)的罚款。

A. 注册资本 5% ～ 15%

B. 认缴的出资额 10% ～ 15%

C. 抽逃出资金额 5% ～ 15%

D. 抽逃出资金额 10% ～ 15%

10. 下列情形,应在两个月内召开临时股东大会的是(　　)。

A. 董事人数不足法律规定人数的三分之二

B. 公司未弥补的亏损达实收股本总额的五分之一

C. 合计持有公司 5% 以上股份的股东请求

D. 单独持有公司 3% 以上股份的股东请求

11. 按照集团公司股权管理办法,新设合资公司设立登记的经营期限(　　),其中技术引进类(　　)。需要更长期限的股权投资,报集团公司批准。

A. 一般不超过年 30 年;一般不超过 20 年

B. 一般不超过年 15 年;一般不超过 10 年

C. 一般不超过年 20 年;一般不超过 10 年

D. 最长可以永久存续;一般不超过 15 年

12. 根据《中华人民共和国公司法》,有限责任公司经理的聘任和解聘由(　　)决定。

A. 股东会　　　B. 董事会　　　C. 监事会　　　D. 职工代表大会

13 关于股份有限公司监事会的说法,错误的有(　　)。

A. 监事会成员不得少于 3 人

B. 监事会成员中的职工代表的比例不得低于三分之一

C. 监事会主席由监事会中半数以上监事选举产生

D. 监事定期会议每年至少召开 1 次

14. 甲公司被乙公司兼并,则(　　)。

A. 甲、乙公司均存续　　　　　B. 甲、乙公司均解散

C. 仅甲公司解散　　　　　　　D. 仅乙公司解散

15. 境内股权投资批复后,原则上于(　　)内完成工商登记;境外股权投资批复后,原则上于(　　)内完成注册登记。逾期的,按管理权限重新履行审批程序。

A. 2 年, 3 年　　B. 2 年, 1 年　　C. 1 年, 3 年　　D. 1 年, 2 年

16. 名义股东和隐名股东的区别是（　　）。

A. 股东父亲名字和股东母亲名字

B. 直系亲属名字和旁系亲属名字

C. 直接对外公开名字和委托他人在工商局注册名字

D. 股东名字和股东弟弟的名字

17. 股权投资项目批复后，其投资主体、合资方案、经济评价等内容发生重大变化的，或批准超过（　　）未开展实质性工作的，要重新开展报批工作。

A. 6个月　　　B. 12个月　　　C. 18个月　　　D. 24个月

18. 公司新准入的客户，从风险角度（　　）客户只能签订现款现货贸易合同。

A. 有交易记录　　　　　　B. 经营未满三年

C. 稳健性企业　　　　　　D. 发展型企业

19. 中外合资经营企业申请者应当自收到批准证书之日起（　　）内，按照国家有关规定，向工商行政管理机关办理登记手续。合营企业的营业执照签发日期，即为该合营企业的成立日期。

A. 1个月　　　B. 3个月　　　C. 6个月　　　D. 12个月

20. 王某是甲公司的发起人股东，公司成立后，王某因抽逃5000万元被查处，根据我国《中华人民共和国公司法》，对王某处以（　　）的罚款。

A. 50万～250万元　　　　　B. 50万～500万元

C. 250万～750万元　　　　　D. 250万～1000万元

二、多项选择题

1. 专职董监事处理三会议案程序包括（　　）。

A. 议案收集、处理和审查　　　B. 意见传达

C. 参会表决　　　　　　　　　D. 信息上传

E. 跟踪落实

2. 股权投资项目可研中，对增资扩股项目要求表述正确的是（　　）。

A. 由盈余公积、资本公积转增实收资本的增资项目，要编制可行性研究报告

B. 增资前后目标公司股权结构发生变化，或合资各方以非货币资产出资，以及以现金出资但以收购资产为主要目的的增资扩股项目，应委托有资质的资产评估机构对拟出资的非货币资产、增资扩股目标公司和拟收购资产出具资产评估报告，并按照集团公司相关规定，办理资产评估备案

C. 增资扩股项目应有目标公司其他股东的书面意见

附录6 专职董监事任职资格考试样题及题库

D.增资前后目标公司股权结构发生变化的,应提供拟修改的投资合同和公司章程

E.通过增资扩股方式增加我方持股比例的股权投资项目,应对增资扩股方案和股权收购方案进行比选

3.专业公司主要履行的行权管理职责包括(　　)。

A.负责组织落实有关行权管理的法律法规、股份公司规定

B.根据需要负责制(修)订本专业公司行权管理制度

C.负责直接管理合资公司的行权管理

D.指导监督所属企业行权管理工作

E.负责集团公司要求的其他行权管理事项

4.专职董监事年度述职内容包括(　　)。

A.贯彻落实派出单位重大决策部署情况

B.参加任职公司三会会议及议案表决情况

C.任职公司三会决议执行情况

D.个人其他主要工作情况

E.相关工作建议

5.委派到合资公司的董监事应具备以下条件(　　)。

A.法律法规规定的董监事任职条件和股份公司规定的相应任职条件

B.熟悉并能够贯彻执行国家有关法律法规和股份公司、专业公司及地区公司的有关规章制度

C.掌握财务管理、法律以及合资公司所处行业相关专业知识,具有一定的经营管理工作经验

D.忠实履行职责,能够维护股份公司合法权益

E.具有较强的分析判断及沟通协调能力

6.集团公司、专业公司、所属企业委派或推荐专职董监事,要综合考虑的因素包括(　　)。

A.投资公司章程　　　　B.合资方　　　　C.董事会和监事会结构

D.高管委派情况及我方出资额、持股比例　　　　E.我方人员编制

7.《中国石油天然气股份有限公司股权管理办法》第四十五条规定,专业公司及地区公司持有的股权进行处置的,由专业公司及地区公司编制处置方案。股份公司直接持有的股权进行处置的,由股份公司财务部组织编制处置方案。处置方案应包括(　　)等内容。

A.处置方式选择　　B.税收筹划　　　　C.处置流程　　　　D.处置方案

E. 处置结果

8. 股权投资立项应当对（　　）等投资必要性及可行性进行初步论证。

A. 投资方向　　　　B. 市场格局　　　　C. 发展前景　　　　D. 商标使用

E. 税收筹划

9. 根据《中华人民共和国公司法》，关于股份有限公司股东大会的说法，正确的有（　　）。

A. 股东大会应当每年召开两次

B. 股东大会的表决实行一人一票

C. 股东可以委托代理人出席股东大会

D. 股东大会增加注册资本的决议，必须经出席会议的股东所持表决权的过半数通过

E. 股东大会享有对公司重要事项的最终决定权

10. 公司法所称公司"三会"是指（　　）。

A. 董事会　　　　B. 监事会　　　　C. 职工代表大会　　　　D. 党委会

E. 股东（大）会

11. 设立有限责任公司，应当具备（　　）。

A. 股东符合法定人数　　　　B. 股东出资达到法定资本最低限额

C. 公司章程　　　　D. 有公司名称、组织机构　　　　E. 有公司住所

12. 对符合以下（　　）条件之一的股权需进行清理整顿。

A. 连续三年停业的法人

B. 与股权投资可行性研究报告相比发生重大负面偏差的法人

C. 连续三年亏损且扭亏无望的法人

D. 满足分红条件，但连续三年不分红或低于股份公司分红标准的法人

E. 不执行集团公司、派出单位制度要求的法人

13. 有限责任公司股东会由全体股东组成，股东会是公司的权力机构，依照行使（　　）职权。

A. 修改公司章程

B. 决定聘任或者解聘公司经理及其报酬事项

C. 审议批准公司的年度财务预算方案、决算方案

D. 对公司增加或者减少注册资本作出决议

E. 对公司合并、分立、变更公司形式、解散和清算等事项作出决议

14.《中国石油天然气股份有限公司股权管理办法》第三条规定，股权管理包括（　　）。

附录6 专职董监事任职资格考试样题及题库

A. 境内外股权投资　　　B. 股权处置　　　C. 股东行权
D. 股权基础工作　　　　E. 公司股利的分配权

15. 下列关于经理机构的说法，正确的是（　　）。
A. 经理机构是股东（大）会的辅助机关，从属于股东（大）会
B. 董事会与经理机构之间是以控制为基础的合作关系
C. 国有独资公司的经理的聘任或解聘由国有资产监督管理机构决定
D. 有限责任公司的经理对董事会负责
E. 股份有限公司的经理可决定聘任或解聘由董事会决定聘任或者解聘以外的负责管理人员

16.《中国石油天然气股份有限公司股权管理办法》第六十条规定，我方派出的监事履行（　　）主要职责。
A. 根据股东会授权和监事会议事规则，对董事及合资公司管理层行使监督职责，按程序向股东（大）会报告
B. 监督合资公司财务工作
C. 出席合资公司监事会，审查相关议案
D. 根据派出单位管理要求，提议召开临时股东会及临时监事会
E. 法律法规和公司章程规定的其他权利

17. 当企业进行并购后，可以降低代理成本，这种代理成本包括（　　）。
A. 机会成本　　B. 剩余损失　　C. 监督成本　　D. 契约成本
E. 销售成本

18. 有限责任公司设董事会，两个以上的国有企业或者其他两个以上的国有投资主体投资设立的有限责任公司，其董事会成员中应当有公司职工代表，董事会中的职工代表由公司职工通过（　　）选举产生。
A. 职工代表大会　B. 股东会　　C. 董事会　　D. 监事会
E. 职工大会

19. 股权处置包括转让、（　　）等方式。股权处置完成后及时办理国有产权及工商变更或注销登记。
A. 划转　　　B. 清算　　　C. 吸收合并　　　D. 减资
E. 核销

20. 公司因下列原因解散（　　）。
A. 公司章程规定的营业期限届满或者公司章程规定的其他解散事由出现
B. 股东（大）会或者股东大会决议解散
C. 因公司合并或者分立需要解散

D. 依法被吊销营业执照、责令关闭或者被撤销

E. 人民法院依照股东请求予以解散

三、判断题

1. （　　）《中华人民共和国公司法》所称公司是指有限责任公司和股份有限公司。

2. （　　）《中国石油天然气股份有限公司股权管理办法》第六十二条规定，派出人员负责收集整理合资公司财务报告、生产经营情况报告等，并按时交付派出单位的股权管理部门。

3. （　　）公司召开首次股东大会的日期为公司成立日期。

4. （　　）公司可以设立分公司，分公司不需要向公司登记机关申请登记，领取营业执照。

5. （　　）子公司、分公司总经理均可同时签订股权协议书。

6. （　　）境内增资扩股项目需按照国务院国资委相关规定履行进场交易等程序。

7. （　　）集团公司规定所投资公司股利分配计算基础为经审计的中国会计准则个别财务报表当年净利润。

8. （　　）股份是指以货币量计算的均等资本单位 或单位资本。单位资本的总和构成公司的股本。股份有限公司将发行资本分为等额股份，由投资人购买 来募集资本。

9. （　　）股权处置方式包括转让、划转、清算、吸收合并、核销、减资等。

10. （　　）股权转让分为进场交易和协议转让两种方式，一般采取协议转让方式。

正确答案：

一、单项选择题

1～10：1. D　2. A　3. D　4. A　5. C　6. C　7. B　8. C　9. C　10. A

11～20：11. C　12. B　13. D　14. C　15. D　16. C　17. B　18. B　19. A　20. C

二、多项选择题

1～5：1. ABCDE　2. BCDE　3. ABCDE　4. ABCDE　5. ABCDE

6～10：6. ABCD　7. ABC　8. ABC　9. CE　10. ABE

11～15：11. ACDE　12. ABCD　13. ACDE　14. AB　15. BDE

16～20：16. ABCDE　17. BCD　18. AE　19. ABCDE　20. ABCD

三、判断题

1～5：1. √　2. √　3. ×　4. ×　5. ×

6～10: 6.√ 7.× 8.√ 9.√ 10.×

第十套题

一、单项选择题

1.《中华人民共和国民法典》第八十七条规定，为公益目的或者其他非营利目的成立，不向出资人、设立人或者会员分配所取得利润的法人，为非营利法人。非营利法人包括（　　）、社会团体、基金会、社会服务机构等。

A. 幼儿园　　　　B. 事业单位　　　　C. 政府机构　　　　D. 福利院

2. 下列关于公司法人财产的说法，错误的是（　　）。

A. 法人财产是公司产权制度的基础

B. 法人财产包括出资者依法注入的资本金及其增值和公司在经营期间负债

C. 法人财产从归属意义上讲是属于股东的，因此股东拥有法人财产权，可随意支配、处置法人财产

D. 一旦资金注入公司形成法人财产后，出资者不得随意从企业中抽回

3. 下列关于股东的说法，错误的是（　　）。

A. 发起人股东对公司设立承担责任

B. 发起人股东持有的本公司股份自成立之日起 1 年内不得转让

C. 设立股份公司，应当有 2 人以上 200 人以下的发起人，其中须一半以上的发起人在中国境内有住所

D. 企业法人、各类投资基金组织和自然人均可成为法人股东

4. 下列关于股份有限公司股东大会的说法，错误的是（　　）。

A. 股东大会是股份公司的最高权力机构

B. 股东大会分为首次会议、定期会议和临时会议三种

C. 股东大会应当每年召开 1 次年会

D. 公司未弥补的亏损达实收股本总额 1/3 时，应当在两个月内召开临时股东大会

5. 根据《中华人民共和国公司法》，董事会的表决实行（　　）的原则。

A. 一股一票　　　B. 一人一票　　　C. 累计投票　　　D. 资本多数决

6. 根据《中华人民共和国公司法》，下列职权中，不属于董事会的职权是（　　）。

A. 执行股东（大）会的决议　　　　B. 修改公司章程

C. 聘任或解聘公司经理、财务负责人　D. 制定公司的基本管理制度

7. 对于（　　）及以前的合资公司、全资公司，已经被吊销或未按正常程序注销营业执照、并有合法证据证明的，应当进行股权核销，终止行使股权。
　　A. 2005 年　　　　B. 2000 年　　　　C. 1998 年　　　　D. 1996 年

8. 股份公司直接出资，且无专业公司管理的股权投资立项，由（　　）部牵头，会同相关业务部门集体研究论证，并组织审议批准。
　　A. 战略部　　　　B. 财务部　　　　C. 发展计划部　　　　D. 资金部

9.《中国石油天然气股份有限公司股权管理办法》第二十七条规定，确定新设公司的经营期限，应充分考虑股权投资方式、合资条件、发展环境的不确定性及法律法规规定等因素，有效控制风险。新设合资公司设立登记经营期限一般不超过（　　），其中技术引进类一般不超过 10 年。
　　A. 5 年　　　　B. 20 年　　　　C. 15 年　　　　D. 10 年

10.《专职董监事管理细则》第十八规定，专业公司、所属企业对专职董监事的委派或推荐及任职终止，应在履行相关程序结束后（　　）工作日内，将相关情况向集团公司财务部董监事办备案。
　　A. 5 个　　　　B. 7 个　　　　C. 8 个　　　　D. 10 个

11. 股份制企业是指企业的财产由（　　）出资者共同出资，并以股份形式而构成的企业。我国的股份制企业主要是指股份有限公司和有限责任公司（包括国有独资公司）两种组织形式。
　　A. 一个及一个以上　　　　　　　B. 三个及三个以上
　　C. 两个或两个以上　　　　　　　D. 四个及四个以上

12. 企业法律尽职调查需要遵循客观性原则、（　　）和审慎性原则。
　　A. 公平原则　　　B. 全面性原则　　　C. 公正原则　　　D. 系统性原则

13. 某公司注册资本为 500 万元，该公司年终召开董事会研究公司财务问题。在该董事会的决议内容中，下列选项不合法的是（　　）。
　　A. 鉴于公司历年的法定公积金已达 300 万元，决定本年度不再提取法定公积金
　　B. 鉴于公司连年赢利，决定本年度税后利润依公司章程全部由股东按持股比例分配
　　C. 为扩大生产，将该公司历年的法定公积金全部用于转增股本
　　D. 公司合法转增部分的股本由各股东按原持股比例无偿取得

14. 甲、乙、丙三人共同出资设立一家有限责任公司。甲的（　　）不属于抽逃出资行为。
　　A. 将出资款项转入公司账户验资后又转出去

B. 虚构债权债务关系将其出资转出去

C. 利用关联交易将其出资转出去

D. 制作虚假财务会计报表虚增利润进行分配

15. 北京泰清有限公司共有6个股东，公司成立两年后，决定增加注册资本500万元。下列表述正确的是（　　）。

　　A. 股东（大）会关于新增注册资本的决议，须经三分之二以上股东同意

　　B. 股东认缴的新增出资额可分期缴纳

　　C. 股东有权要求按照认缴出资比例来认缴新增注册资本的出资

　　D. 一股东未履行其新增注册资本出资义务时，公司董事长须承担连带责任

16. 按照《中国石油天然气股份有限公司股权管理办法》规定，股东代表一般由（　　）兼任。

　　A. 派出单位的领导　　　　　　B. 委派的专职董监事

　　C. 在合资公司职位最高的派出人员　　D. A或B或C

17. 按照《中国石油天然气股份有限公司股权管理办法》规定，金融类公司股利分配计算基础为经审计的中国会计准则个别财务报表当年（　　）。

　　A. 净利润　　　B. 利润总额　　　C. 可供分配利润　　D. 息税后利润

18. 资金来源构成及其比例关系称为（　　）。

　　A. 债务结构　　　B. 资金结构　　　C. 股本结构　　　D. 资本结构

19. 甲公司出资1亿元对乙公司进行股权投资，该项投资应计入（　　）。

　　A. 甲公司资产负债表上的资产

　　B. 乙公司资产负债表上的负债

　　C. 甲公司资产负债表上的负债

　　D. 甲公司资产负债表上的股东权益

20. 《中华人民共和国民法典》第九十三条规定，设立捐助法人应当依法制定法人章程。捐助法人应当设理事会、民主管理组织等决策机构，并设执行机构。理事长等负责人按照法人章程的规定担任法定代表人。捐助法人应当设（　　）等监督机构。

　　A. 审计部　　　B. 纪检监察部　　　C. 风险控制部　　　D. 监事会

二、多项选择题

1. 有限责任公司章程应当载明（　　）。

　　A. 公司名称和住所　　　　B. 公司经营范围　　　　C. 公司注册资本

　　D. 董事、监事的姓名　　　E. 股东的出资方式、出资额和出资时间

2. 控股子公司股东会、董事会、监事会会议，提案人可以提出的议案有

（　　）。

A. 总经理工作报告、固定资产投资计划、财务预决算报告、股利分配方案等定期报告

B. 生产经营类、安全生产类

C. 人员调整类

D. 对外投融资类、股权、资产处置类

E. 其他提案

3. 根据 OECD 制订的《公司治理准则》，下列对公司治理概念理解正确的有（　　）。

A. 公司治理是以企业所有者股东为中心的对工商企业进行管理和控制的一整套体系

B. 良好公司治理应形成适当激励，使董事会和管理层能够做出有益于股东的决策

C. 通常，公司治理概念有狭义和广义之分

D. 公司治理反映了企业的文化、政策，如何处理利益相关者之间的关系和价值观

E. 通过对董事会运作、薪酬制定、股东权利行使等方面加以实现对风险管理水平的提升

4. 股东派出的股东代表履行的主要职责有（　　）。

A. 出席合资公司股东（大）会，严格按授权行使股东权利

B. 负责联系合资公司，了解其运行动态，提出管理建议

C. 跟踪并督促落实股东（大）会决议

D. 督促合资公司按章程要求分配股利

E. 根据派出单位要求，提议召开临时股东（大）会会议

5.《中国石油天然气股份有限公司股权管理办法》第六条的第五项规定，法律事务部负责组织审核（　　）等法律文件，办理法律授权、工商登记等法律手续。

A. 法律意见书　　B. 合同　　C. 章程　　D. 协议

E. 授权

6. 行权管理是指对行使我方股东权利行为的管理，行使我方股东权利行为主要包括（　　）。

A. 设置机构、派出人员　　B. 明确职责、行权履职　　C. 绩效考核

D. 监督检查　　E. 我方对合资公司管理的其他要求

附录6 专职董监事任职资格考试样题及题库

7. 根据股利折现模型，影响普通股资本成本率的因素有（　　）。
   A. 股利政策　　　　　　B. 股票发行价格　　　　　C. 股利水平
   D. 企业所得税税率　　　E. 股票发行费用

8.《中国石油天然气股份有限公司股东大会召集通知》规定，股东大会召集通知的对象，是指何人需要被通知的问题。（　　）是否被通知参加股东（大）会会议，对股东行使其表决权，作出反映自己意志的意思表示，以形成有效的决议有重要的影响。
   A. 股东　　　　B. 企业法人　　　　C. 董事长　　　　D. 总经理
   E. 业务经理

9.《中国石油天然气股份有限公司股权管理办法》第五十五条规定，委派到合资公司的董监事应具备的条件是（　　）。
   A. 法律法规规定的董监事任职条件和股份公司规定的相应任职条件
   B. 熟悉并能够贯彻执行国家有关法律法规和股份公司、专业公司及地区公司的有关规章制度
   C. 掌握财务管理、法律以及合资公司所处行业相关专业知识，具有一定的经营管理工作经验
   D. 忠实履行职责，能够维护股份公司合法权益
   E. 具有较强的分析判断及沟通协调能力

10. 股权管理基础工作是全面反映行权管理效果的必要管理活动，主要包括（　　）。
    A. 股权投资收益预算、股权决算、法人分红　　B. 股权投资、股权处置
    C. 股权管理考核、业务培训　　　　　　　　　D. 股权统计分析评价
    E. 股权信息系统管理

11. 某上市公司总股份为1.5亿股，该公司在股权分置改革时承诺三年内不增资扩股，其后该公司对章程进行了修改。关于修改后的章程内容，下列选项违法的是（　　）。
    A. 公司董事持有的本公司股份在离职后三年内不得转让
    B. 公司在一年内回购本公司股份1000万用于实施股权激励
    C. 公司监事持有的本公司股份在离职时经股东大会批准可以转让
    D. 任何时候公司都不得接受本公司的股票为质押物
    E. 公司股东可以将公司票据进行抵押融资

12. 甲、乙二公司与刘某、谢某欲共同设立一注册资本为200万元的有限责任公司，他们在拟订公司章程时约定各自以如下方式出资。下列出资不合法的是（　　）。

A. 甲公司以其企业商誉评估作价80万元出资

B. 乙公司以其获得的某知名品牌特许经管权评估作价60万元出资

C. 刘某以保险金额为20万元的保险单出资

D. 谢某以其设定了抵押担保的房屋评估作价40万元出资

E. 注册公司时货币资金不得低于注册资本金的30%

13. 与技术跟随战略相比，技术领先战略的特征有（　　）。

A. 风险和收益相对较小

B. 技术来源以自主开发为主

C. 市场开发重点是挤占他人市场

D. 技术开发的重点是工艺技术

E. 投资重点是技术及市场开发

14. 股权处置要对处置方式进行比选，从发展战略、（　　）、处置周期等方面进行论证，择优选定处置方式，并按要求编制股权处置方案。

A. 实施的可行性　　B. 人员安置　　C. 税收筹划　　D. 处置成本

E. 处置时机

15. 吸收合并经批准后，实施步骤包括（　　）。

A. 形成合并决议　　　　B. 财产清查　　　　C. 通知、公告债权人

D. 审计、评估　　　　　E. 签订合并协议并组织实施

16. 投资组合战略的影响因素有（　　）。

A. 盈利与风险　　　　B. 政府政策　　　　C. 经营规模

D. 产业性质　　　　　E. 进入壁垒

17. 对核心能力整合的基本方式有（　　）。

A. 技术复合　　　　B. 技术融合　　　　C. 技术组合

D. 技术的功能性组合　　E. 技术整合

18. 经营资源中的无形资产包括（　　）。

A. 技术资源　　B. 组织资源　　C. 商誉　　D. 人力资谭

E. 财务资源

19. 并购后两个企业的协同效应主要体现在（　　）。

A. 生产协同　　　　B. 经营协同　　　　C. 财务协同

D. 人才技术协同　　　E. 市场协同

附录6 专职董监事任职资格考试样题及题库

20. 生命周期分析法的战略建议有（　　）。
A. 发展战略　　　　　　B. 有重点的发展战略　　C. 渗透战略
D. 调整战略　　　　　　E. 退出战略

三、判断题

1.（　　）《中华人民共和国公司法》《中华人民共和国证券法》都明确规定，只有规范化的股份有限公司才能公开发行股票和上市，因此，无论是国有企业、集体所有制企业、私营企业还是有限责任公司，在申请上市之前必须改制成规范化的股份有限公司。

2.（　　）董事任期届满未及时改选，或者董事在任期内辞职导致董事会成员低于法定人数的，在改选出的董事就任之前，原董事仍应当依照法律、行政法规和公司章程的规定，履行董事义务。

3.（　　）有限责任公司董事会成员可以为单数，也可以为偶数。

4.（　　）股权运营核心目标包括股权谈判、公司股权价值提升、工商、财务、税务处理和协议准备与仪式准备。

5.（　　）两个以上的国有企业或者两个以上的其他国有投资主体投资设立的有限责任公司，其董事会成员中应当有职工董事。

6.（　　）合资公司即将期满需要延期的，由托管单位审批并报集团公司备案。

7.（　　）公司因故未成立，债权人请求全体或部分发起人对设立公司行为所产生的费用和债务承担连带清偿责任的，人民法院应予支持。

8.（　　）股东（大）会会议通过书面方式形成决议的，可以委托他人代理签字。

9.（　　）评估判断一个企业的现实经营能力，首先应对企业的财务状况进行客观公正地分析。

10.（　　）从资本市场看，企业的长期资金来源主要有普通股、优先股、公司债券三种。

正确答案：

一、单项选择题
1～10：1.B　2.C　3.D　4.B　5.B　6.B　7.B　8.C　9.B　10.D
11～20：11.C　12.B　13.C　14.A　15.B　16.B　17.C　18.D　19.A　20.D

二、多项选择题
1～5：1.ABCE　2.ABCDE　3.CD　4.ABCDE　5.ABCD
6～10：6.ABCDE　7.ABCE　8.ABC　9.ABCDE　10.ACDE

11～15: 11. BCE 12. ABCD 13. BE 14. ABCDE 15. ABCDE
16～20: 16. ACD 17. ABD 18. AC 19. ABCD 20. ABDE

三、判断题

1～5: 1. √ 2. √ 3. √ 4. √ 5. √
6～10: 6. × 7. √ 8. × 9. √ 10. √

附录7 公司治理常用网址及微信公众号

一、公司治理常用网址

中国公司治理网 http://old.cg.org.cn/
国际公司治理网络 http://www.icgn.org
欧洲公司治理协会（ECGI）http://www.ecgi.org/
中国证券监督管理委员会（中国）http://www.csrc.gov.cn/
中国银行业监督管理委员会（中国）http://www.cbrc.gov.cn
中国保险监督管理委员会（中国）http://www.circ.gov.cn
上海证券交易所（中国）http://www.sse.com.cn
深圳证券交易所（中国）http://www.szse.cn
中国香港 http://www.hkiod.com
美国 http://www.nacdonline.org/
英国 http://www.iod.com/
澳洲 http://www.companydirectors.com.au/
加拿大 http://www.icd.ca/
新西兰 http://www.iod.org.nz/
南非 http://www.iodsa.co.za/
巴西 http://www.ibgc.org.br
爱尔兰 http://www.iodireland.ie
俄国 http://www.nand.ru
最高人民法院裁判文书网 http://wenshu.court.gov.cn/
全国企业信用信息公示系统 http://gsxt.saic.gov.cn/

二、公司治理微信公众号

董事会杂志	微信号：dshweixin
董事品阅	微信号：dongshipinyue
AOCD董事	微信号：ChinaDirectors
监事会那些事	微信号：gzkl001007
南开管理评论	微信号：gh_255e4ba757c5
哈佛商业评论	微信号：hbrchinese
清华管理评论	微信号：tbr2013
股权投资论坛	微信号：pe821010
公司法权威解读	微信号：bj13910169772
比较公司治理	微信号：bijiaogongsizhili
公司治理现代观点	微信号：Corporate_Governance
公司治理与诉讼实务	微信号：jhcompany
贾翱公司法评论	微信号：jiaaocompanylaw
连城公司治理	微信号：gongsizhili
公司治理青年论坛	微信号：gszlqnlt
中国公司治理	微信号：NKCACG
香港董事学院	微信号：hkcdonline
国资智库	微信号：SHGZYJY
国企混改研究	微信号：guoqihungai
企业风险治理研究	微信号：Ly1714533548

参考文献

［1］邓峰.普通公司法［M］.北京：中国人民大学出版社，2009.
［2］施天涛.公司法论［M］.4版.北京：法律出版社，2018.
［3］刘俊海.公司法学［M］.3版.北京：北京大学出版社，2020.
［4］朱锦清.公司法学［M］.北京：清华大学出版社，2019.
［5］李维安，郝臣.公司治理手册［M］.北京：清华大学出版社，2015.
［6］李维安.公司治理学［M］.4版.北京：高等教育出版社，2020.
［7］李维安，武立东.公司治理教程［M］.上海：上海人民出版社，2002.
［8］李维安，牛建波.CEO公司治理［M］.北京：北京大学出版社，2014.
［9］张维迎.理解公司：产权、激励与治理［M］.上海：上海人民出版社，2014.
［10］高明华.公司治理学［M］.北京：中国经济出版社，2009.
［11］宁向东.国有企业改革与董事会建设［M］.北京：中国发展出版社，2012.
［12］宁向东.公司治理理论［M］.北京：中国发展出版社，2006.
［13］剧锦文.企业与公司治理理论研究［M］.北京：中国经济出版社，2018.
［14］鲁桐，仲继银，孔杰.公司治理：董事与经理指南［M］.北京：中国发展出版社，2008.
［15］仲继银.公司治理案例—世界顶尖公司的创立、传承与控制［M］.北京：中国发展出版社，2013.
［16］仲继银.董事会与公司治理［M］.3版.北京：企业管理出版社，2018.
［17］仲继银.伟大的公司：创新、治理与传承［M］.北京：企业管理出版社，2019.
［18］赵旭东.公司法学［M］.北京：高等教育出版社，2015.
［19］武立东.组织理论与设计［M］.北京：机械工业出版社，2015.
［20］王吉鹏.集团管控［M］.北京：经济管理出版社，2012.
［21］上海国家会计学院.公司治理［M］.北京：经济科学出版社，2011.
［22］席酉民，赵增耀.公司治理［M］.北京：高等教育出版社，2004.

[23] 秦守勤. 企业与公司法学 [M]. 上海：复旦大学出版社，2012.

[24] 乔路. 公司章程制定指南 [M]. 北京：法律出版社，2015.

[25] 王光英. 公司控制权及其争端解决 [M]. 北京：人民日报出版社，2017.

[26] 袁天荣. 企业并购利益主体行为动机研究 [M]. 北京：经济科学出版社，2007.

[27] 剧林源，毕子君. 基于企业生命周期的公司治理结构分析 [J]. 财经界：学术版，2016（9）：56+58.

[28] 杨红英，童露. 论混合所有制改革下的国有企业公司治理 [J]. 宏观经济研究，2015（1）：42-51.

[29] 赵继新，肖秀梅. 国有股权代表相关研究综述 [J]. 管理观察，2016（1）：163-166.

[30] 屈茂辉，肖海军. 建立经营性国有资产代表人制度 [J]. 政法论坛：中国政法大学学报，2002，20（6）：68-74.

[31] 袁庆宏. 公司治理评价中的监事会指标体系设置研究 [J]. 南开管理评论，2003，6（3）：20-22.

[32] 贺卫. 关于我国上市公司监事会职权的研究 [D]. 西南政法大学，2014.

[33] 郭国荣，刘胜飓. 不断提高监督的有效性是新形势下监事会工作科学发展的关键 [J]. 国有资产管理，2009（2）：21-24.

[34] 上市公司协会. 上市公司独立董事履职指引. 南京：江苏人民出版社，2019.

[35] 张国旺. 中央企业董事会规范化建设地理论基础与发展展望 [N]. 理论学刊，2014.

[36] 杜尧，薛恒新. 董事会制度的国际比较及中国的启示 [N]. 财经研究，2013.

[37] 李丽贤. 董事会特征与内部控制的相关性分析 [N]. 现代商贸工业，2014.

[38] 吴建斌. 董事长行权不能绕开董事会 [N]. 董事会，2013.

[39] 张静. 试论公司瑕疵决议制度 [J]. 山西高等学校社会科学学报，2013,25（7）：66-68，75.

[40] 秦永法. 大公司董事评价方向与出路 [N]. 董事会，2012.

[41] 李建伟. 选择独立董事的合适人选 [J]. 现代管理科学，2004,000（004）：

20-22.

[42] 经济合作与发展组织. OECD公司治理原则[M]. 北京：中国财政经济出版社，2005.

[43] 梁能. 公司治理结构：中国的实践与美国的经验[M]. 北京：中国人民大学出版社，2000.

[44] 黄佳琦，宋夏云. 瑞幸咖啡财务舞弊案例分析[J]. 财务管理研究，2020（5）：1-10.

[45] 李唯滨，张一凡. 瑞幸咖啡做空事件分析——基于审计视角[J]. 财务管理研究，2020（05）：110.

[46] 李维安，郝臣，崔光耀，郑敏娜，孟乾坤. 公司治理研究40年：脉络与展望[J]. 外国经济与管理，2019,41（12）：161-185.

[47] 陈艳，程庆龙. 公司治理生态危机与财务造假——兼议中美公司治理之比较[J]. 商业经济，2004（10）：30-31.

[48] 冯若文，姚远. 公司治理视角下的康美财务造假案例剖析[J]. 江西科技师范大学学报，2019（4）：70-77.

[49] 励贺林. 瑞幸咖啡财务造假暴露内控系统形同虚设[N]. 中国会计报，2020-05-15（009）.

[50] 宋晓满，陈楚璨. 会计师事务所外部治理效用探究——基于创业板上市公司IPO审计的面板数据分析[J]. 南京审计学院学报，2014,11（2）：96-107.

[51] 薛阳达. 美国的集体诉讼制度[J]. 金融博览，2020（2）：82-83.

[52] 高宇. 日本财阀企业的发展及其社会影响[J]. 日本学刊，2012（4）：138-151.

[53] 吕静鹏. 国有化与私有化[D]. 南京大学，2012.

[54] 苗玲，于忠伟. 谈谈监事会如何对企业财务情况进行监督检查[J]. 黑龙江财会，2001（4）：40-41.

[55] 李恒. 监事会监督检查方法与技巧初探[J]. 广西财政高等专科学校学报，2005,18（1）：74-78.

[56] 严学锋. 超大型企业如何有效管控？中国石油专职董监事"精炼"之道[OL]. 董事会，2019（10）. https://www.163.com/dy/article/ETI0JT2F0530IE6O.html.

[57] 范国权. 中国特色国有控参股企业治理模式的创新——辽河油田专职董

　　　　监事制度的探索与实践［J］.经济要参，2018（9）.35-40.

［58］邓素明.农商行监事会履职须遵循"四有四不"原则［OL］.中国金融新闻网，2017. https://www.financialnews.com.cn/ncjr/nsh/201706/t20170601_118332.html.

［59］Berle A A, Means G C.The modern corporation and private property［M］.Macmillan, 1933.

［60］Sheldon O.The Philosophy of Management［M］.Sir I.Pitman, 1923.

［61］Jensen M C, Meckling W H.Theory of the firm：Managerial behavior, agency costs and ownership structure［J］.Social Science Electronic Publishing, 1976, 3（4）：305-360.

［62］Berle A A, Means G C.The modern corporation and private property［M］.Macmillan, 1933.

后　　记

　　一滴水可以折射太阳的光辉，一盏灯可以点亮前行的方向。伴随中国改革开放和市场经济蓬勃发展的伟大进程，以 2000 年中国石油天然气股份有限公司组建并在海外上市为标志，中国石油资本运营业务正式扬帆启航。

　　二十年来，集团公司资本运营业务秉承"战略型资本运营和价值型股权管理"的管理理念，按照"职业、敬业、专业"的执业要求，不断完善资本运营平台，强化企划战略研究，持续推动内部资源优化配置，稳步推进海外收购兼并，着力打造"两级出资、三级管理"股权管理架构，全面推行专职董监事制度，为持续规范控参股公司治理体系和治理能力现代化建设做出了积极贡献。

　　二十年来，集团公司资本运营业务的发展历程，彰显了大型央企资本运营的专业技能和宽广视野，展示了中国企业跨出国门、纵横捭阖全球资本市场的矫健身姿，记录中国企业的改革与成长，折射出中国经济市场化、国际化的脉动。

　　为进一步总结经验、创新发展，我们组织编写《资本运营培训系列丛书》，《中国石油控参股公司股东代表、董事、监事履职实务》作为开篇之作，纳入集团公司人力资源部统编培训教材编写计划。历时两年，终于与读者见面了。

　　两年来，我们查阅了大量的国内外管理文献资料，梳理了集团内部多个企业董监事业务管理的成功案例，回顾了集团公司专职董监事制度实施十六年来的酸甜苦辣，汇总了多家大型企业集团公司治理的成功实践，探索了财务智能分析、大数据分析、信息化技术等在董监事履职中的应用，编写了常见问题解答及专职董监事任职资格考试题库，这些都成为本书的原始素材和真实案例，奉飨同仁。

　　原资本运营部历任专职董监事周福生、王跃峰、纪成岐、句泽、魏国良、严九、陈方红、卢丽萍、张国臣、周远鸿、盖文国、王建荣等，结合自己多年的履职经验提出了很多经典案例和有价值可借鉴的履职经验。近年来，原资本运营部实习学生樊雪琪、毛宁、姚震、范家瑛、陈子欣、王晗、韩承志、王晴云、濮桂芳、张棣为、张继月、王月旖、陈浩、张麒麒、代玮晟、黄维康、秦瑜洁、张婧宇、李星宇、王晓航、衡秋汝等，做了大量的文献查询、资料翻译及文字整理等基础工作，在此一并表示感谢。

　　涓涓细流入沧海，款款案例写春秋。希望我们的努力和付出，能为集团公司控参股公司法人治理水平的提升贡献微薄之力。囿于编者的水平与学识，书中难免存在疏漏与不足，恳请广大读者和业界同仁不吝赐教，将书中的疏漏和不足之处反馈至 dingquan@petrochina.com.cn。同时，为了加强董监事及股权管理从业人员交流的常态化、学习的日常化，共襄盛举，我们通过微信平台建立了"公司治理交流群"。由于目前交流群人数较多，可先添加微信号 18910395905，并标明"公司治理交流"，将邀请您加入，共同交流、共同学习、共同提高。

　　征途漫漫，唯有实践。中国特色的公司治理探索之路任重而道远，需要实践者不断开拓进取、砥砺前行，期待本书能使公司治理的亲历者回首奋斗的足迹、坚守者品味成功的喜悦、后继者受到前行的启迪。

　　初心弥坚，有业必成。未来在公司治理的路上让我们继续一路同行、一路收获，共同为推进中国公司治理的发展和进步而努力。

编者
2020 年 12 月 31 日于中国石油大厦